安徽省志

Chorography of Anhui Province

财政志

Finance

(1979—2010)

安徽省地方志编纂委员会办公室
Compilatory Commission of Anhui Chorography

方志出版社
Publishing House of Local Records

图书在版编目（CIP）数据

安徽省志．财政志：1979—2010 / 安徽省地方志编纂委员会办公室编．— 北京：方志出版社，2015.9
ISBN 978－7－5144－1573－5

Ⅰ．①安…　Ⅱ．①安…　Ⅲ．①安徽省 — 地方志②地方财政 — 财政史 — 安徽省 — 1979—2010　Ⅳ．① K295.4

中国版本图书馆 CIP 数据核字（2015）第 049042 号

安徽省志·财政志（1979—2010）

编　　者：安徽省地方志编纂委员会办公室
责任编辑：王笃银

出 版 人：冀祥德
出 版 者：方志出版社
地址　北京市朝阳区潘家园东里 9 号（国家方志馆 4 层）
邮编　100021
网址　http://www.fzph.org
发　　行：方志出版社发行中心
电话（010）67110500
经　　销：各地新华书店
印　　刷：安徽新华印刷股份有限公司

开　　本：889 × 1194　　1/16
印　　张：30.25
字　　数：619 千字
版　　次：2015 年 9 月第 1 版　　2015 年 9 月第 1 次印刷
印　　数：0001~1500 册

ISBN 978－7－5144－1573－5　　定价：360.00 元

安徽省地方志编纂委员会

曾任安徽省地方志编纂委员会成员

主　任: 王金山（2006.12—2009.3）

王三运（2009.3—2012.5）

李　斌（2012.5—2013.6）

副主任:（按姓氏笔画为序）

王　信　田唯谦　仲建成　吕振凡　孙亚军　朱文根

吴　行　张武扬　张岳峰　夏邦文　董介林　谢广祥

委　员:（按姓氏笔画为序）

马新民　王　洵　王宇铭　王守亚　王佛生　王林建

王学银　王宜斌　方志华　邓顺华　叶如强　朱　宁

任兆祥　刘　泉　刘成典　刘志祥　刘战平　江刘伍

江明安　毕美家　孙永吉　李　明　李玉华　李抗美

李迎春　李明阳　李维勇　杨本清　杨绿章　肖桂兰

吴　浩　吴　静　吴韦人　吴世平　吴桂和　余　群

汪华东　汪建国　汪炳瑜　沈　毅　张　永　张少国

张正耀　张华建　张庆军　陈　平　陈亚萍　陈运才

陈素伟　林　红　罗　宏　罗建国　罗曙生　金　燕

俞凤翔　周　庆　周建春　郑　宏　郎　涛　赵卫弘

胡　冰　施立业　洪治社　洪禹候　秦亚东　聂庆义

聂皖辉　莫　欣　夏育才　徐礼国　徐家声　郭　敏

郭本纯　高　莉　高俊文　高维岭　黄玉明　黄发友

黄红文　黄家华　曹承锋　崔海燕　董　庆　蒋传华

蒋福亮　楚建平　蔡建平　樊　勇

《安徽省志》总编室

主　　任： 朱文根

副 主 任： 刘成典　吴　静　王守亚　严　希　吴良琴　王　晖

成　　员：（按姓氏笔画为序）

王富宏　计媛媛　史五一　朱海滨　孙　平　苏爱梅
杜中文　李宇涵　杨永成　余祖本　张　军　张　慧
周小平　胡　利　胡卫星　黄志军　章慧丽

《安徽省志·财政志》审稿组

初　　审： 吴良琴

复　　审： 刘成典　朱长才

核　　审： 朱文根　罗建国

审查验收

安徽省人民政府

《安徽省志·财政志》编纂委员会

《安徽省志·财政志》编辑室

曾任《安徽省志·财政志》编纂委员会成员

主　任　陈先森（2007.7-2012.2）

副主任　（以姓氏笔画为序）

王林建　左　俊　毕小彬　张广寿　迟本能　项仕安

黄　然

委　员　（以姓氏笔画为序）

于华伟　毛立明　刘小兵　孙学鹏　朱旭初　忻信华

张永祥　张维东　陈江吼　陈永年　陈言邦　宋宝泉

范成法　姚本虎　钱　正　黄克来　盛普田　虞明哲

曾任《安徽省志·财政志》编辑室成员

主　编　左　俊

副主编　董照军　陈言邦　金沙

编　辑　陈言邦

2000 年 4 月 17 日，省委、省政府在芜湖市召开全省农村税费改革试点工作动员会

颍上县十八里乡谢庄村税改纳税通知书到户大会场景（2000 年 摄）

2000年10月23日至24日，省政府召开全省公共财政支出改革现场会

2001年，安徽省财政厅国库支付中心成立

五河县财政局开展公共财政支出改革培训（2000年 摄）

2008 年 2 月 23 日，安徽省民生工程实施工作会议召开

2008 年 2 月 23 日，省政府与 17 个市政府签订民生工程目标责任书

民生工程项目，从左至右分别为：无为县高沟镇渡江希望小学留守儿童之家项目（2011 年 摄）、休宁县万安镇潜阜村卫生室项目（2012 年 摄）、凤阳县小岗村农村安全饮水工程项目（2013 年 摄）

2008 年 10 月 24 日，惠民直达工程试点工作座谈会在合肥召开

2010 年 6 月 19 日，省政府召开会议，部署推进惠民直达工程扩大试点

财政支持淮河治理骨干工程之一——临淮岗洪水控制工程（2006 年 摄）

利用世界银行贷款项目——合铜黄高速公路（2008 年 摄）

利用亚洲开发银行贷款
徐明高速公路项目大桥主塔
（2012 年 摄）

财政支持园区建设——滁州市煤化盐化工业园（2008年 摄）

财政支持自主品牌汽车工业发展——整装待发的奇瑞汽车（2009年 摄）

黄山现代农业综合开发示范区（2012 年 摄）

广德县茆林村村级公益事业一事一议财政奖补文体设施项目（2010 年 摄）

财政支持下的马鞍山市当涂现代农业示范区新农村建设（2012 年 摄）

乡镇财政所标准化建设——明光市三界镇财政所外景（2011 年 摄）

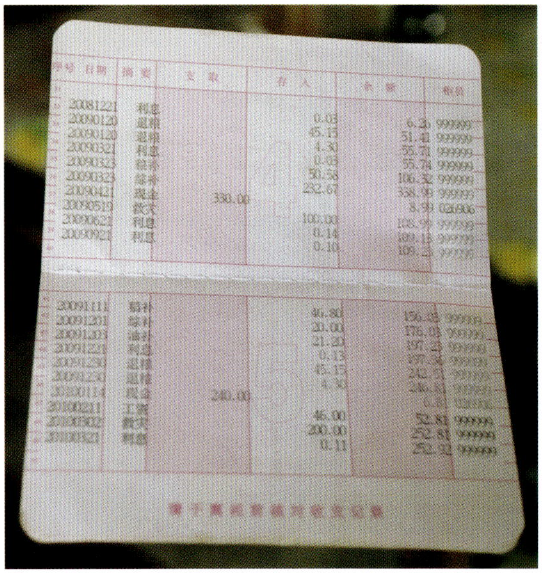

乡镇财政所标准化建设——肥西县严店乡财政所内景（2010 年 摄）

惠农补贴资金存折（2010 年 摄）

总 凡 例

一、《安徽省志（1986—2005）》以马克思列宁主义、毛泽东思想、邓小平理论、“三个代表”重要思想和科学发展观为指导，坚持辩证唯物主义和历史唯物主义，全面、客观、系统地记述1986—2005年间安徽省自然、政治、经济、文化、社会等方面的情况。

二、本志贯彻国务院《地方志工作条例》《安徽省地方志工作条例》，依法修志。

三、本志遵循中国地方志指导小组《地方志书质量规定》，力求存真求实、客观公正、全面系统，寓观点于记述之中。

四、本志各分志名称为《安徽省志·××志（1986—2005）》。

五、本志记述的地域范围为2005年的安徽省行政区域；时间上限为1986年，下限为2005年，少数分志的时限根据情况作适当上溯或下延，特色分志不设时限。

六、本志采用述、记、志、传、图、表、录等体裁，以志为主。各分志一般为篇章节条目体，部分为章节条目体，个别分志根据实际需要采用条目体。

七、入志人物坚持生不立传的原则。除人物志外，各分志坚持以事系人、人随事出的原则，不设人物录、人物简介。

八、本志采用规范书面语体文、记述体。表述力求严谨、朴实、简洁、流畅。语言文字、标点符号、计量单位等使用规范，按国家规定执行。

九、本志资料由各承编单位搜集整理，文中不注明出处。

十、本志采用省统计部门公布的法定数据，没有列入统计范围的，采用业务主管部门的统计数据。

十一、本志所涉组织、机构、法律法规、文件、会议等专有名称，第一次使用时用全称，简称括注于全称之后。各类译名以新华通讯社译文为准。

十二、本志所用地图均以安徽省测绘部门和有关部门绘制或审定的为准。

十三、本志设总凡例，各分志设凡例。

凡　　例

一、《安徽省志·财政志》记述时限上溯至1979年，下延至2010年，旨在完整反映改革开放至“十一五”时期末安徽财政改革发展历程。安徽省财政厅领导班子成员名单及部分图片收录时限有所下延。

二、本志采用篇章节条目体。

三、为避免与市县志书内容重复，本志着重记述省级财政改革发展史实。本着详近略远的原则，2000年以前的略述，2000年以后的详述。

四、本志资料主要来源于财政系统，统计数据来源于省财政决算和《安徽统计年鉴》。资料来源一般不注明出处。

五、本志记述中使用的专用名词较多，常用的专用名词不加注；专业性较强或不常用的专用名词，在书中第一次出现时加注在括号内。各个时期的机构、职务均采用当时的称谓。

目 录

Main Contents

概 述

1979—2010年,在中共安徽省委、省政府的正确领导和财政部的大力指导下,安徽财政以邓小平理论、“三个代表”重要思想、科学发展观为指导,坚持主动理财,服务跨越发展,积极创新理财思路,努力推进财政改革,扩大财政收支规模,优化财政收支结构,大力支持经济和社会事业发展,财政工作取得可喜的成绩。2010年,安徽财政收入2063.82亿元,是1979年21.1亿元的98倍,年均增长15.9%,高于同期GDP增速,占GDP比重逐年提升, 2010年达16.8%,比1993年高出9.7个百分点,财政经济呈现良性互动的发展局面;财政支出达到2587.61亿元,是1979年20.35亿元的127倍,年均增长16.9%,人均财政支出3771元,较1979年增长88倍,财力保障水平不断提高,为安徽厚积薄发、加速崛起奠定了坚实的物质基础。与此同时,安徽财政改革和管理亮点纷呈,可圈可点,始终走在全国前列,率先在全国开展农村税费改革试点和农村综合改革试点,率先推行粮食补贴方式改革,率先推行公共财政支出改革和民生财政支出改革,率先实施财政补贴农民资金管理“一卡通”“一线实”和“惠民直达工程”改革,积极推动部门预算管理、省直管县、乡财县管、公务卡管理、财政专户管理、预决算信息公开等一系列管理方式创新,推进财政科学化精细化管理,不断提高依法理财、科学理财、民主理财、主动理财的水平,这些改革的推进和管理的创新,有力地提升了财政运行质量,为安徽财政跨越式发展注入了强大动力。此外,安徽财政始终将机构队伍建设作为基础工作来抓,不断强化机构建设的首要保障作用和队伍建设的战略支撑作用,抓机关、带系统、促发展,强化机构职能,加快队伍建设,努力形成分工明确、职能清晰、保障有力的机构设置,打造一支素质优良、团结奋进、风清气正的干部队伍,为做好财政工作提供了重要的组织保障和智力支持。

一

改革是社会发展的强大动力,财政改革是经济体制改革的先导。1979—2010年,安徽财政坚持解放思想、锐意进取,不断加大改革创新力度,建立完善分税制财政管理体制,率先在全国开展农村税费改革、省直管县和公共财政支出改革,坚定不移地推进政府采购、国库集中支付、部门预算、非税收入、农村综合改革等各项改革,为安徽经济社会发展增添动力。

1978 年，中央十一届三中全会把财政体制改革作为经济体制改革的突破口，安徽财政开始推进财政包干体制改革，财政体制由“统收统支”向“包干体制”逐步过渡。1980 年，省财政在 9 县 1 市进行“划分收支，分级包干”包干体制改革试点。1982 年，全面实行财政包干体制。1983 年，省以行署、市、县当年实际借款为基础作适当调整，据以调减各地的包干支出基数，并相应调整上缴中央财政的分成比例和地方分成办法。1985 年，对市、县实行“划分税种，核定收支，超收分成，分级包干”的财政体制，包干收入分为中央财政固定收入，省财政固定收入，市、县财政固定收入和中央、省、市、县财政共享收入，地方收入首先要保证上缴中央财政 20%，然后省与地市县再进行分配，一般按中央、省、县“二、一、七”分成；包干支出按行政、事业单位隶属关系划分，兼顾市、县的财力状况。通过改进和完善财政包干体制，打破了以前“统收统支”的局面，促进了财政收入的逐步增长。

1985—1993 年，针对市县财政困难，采取县级经济体制综合改革、改进包干办法、完善激励机制等措施，较好地调动了地市县组织财政收入的积极性。1985 年，在涡阳、宿县等 22 个县试行县级经济体制综合改革，在财政管理体制上给予优惠政策。1987 年，对省辖 8 市实行增收分成的办法，鼓励各市增收多留。1988 年，改进包干办法，收入包干基数中不再扣除直接上缴中央财政 20% 部分，改由省统一上缴中央财政，改进分成办法，由原来的“核定收支，超收分成”改为“定额上缴递增，定额补助递减”。1992 年，将省直接包干到县（市）改为包干到地市，由地市包干到县（市）。1990 年以后，先后制定财政平衡奖、消化赤字奖、收入上台阶奖和增收节支奖，实行“以奖代补”，于 1993 年扭转了连续 10 多年的财政赤字。

1994 年，安徽开始实行以分税制为核心的财政体制改革。按照中央对地方分税制财政体制改革的统一部署，对省以下的财政体制进行相应改革：在管理层级方面，实行省管市、市管县的财政管理体制；在收入划分方面，省级除省属企业所得税作为固定收入外，增值税 25% 和地方税种全部按属地原则划归市县；在支出划分方面，省市县分级承担；在税收返还方面，以 1993 年为基期年，按市县上划中央的消费税和 75% 的增值税减去中央和省下划收入的净额作为税收返还基数，全额返还，充分调动了各级政府当家理财的积极性。

1998 年，安徽在全国较早地开展政府采购制度改革试点。1998 年，省政府印发《安徽省政府采购管理暂行办法》，省级正式成立政府采购中心。2003 年，《中华人民共和国政府采购法》颁布实施，省财政制定《安徽省省级政府采购 2004 年集中采购目录及标准》，政府采购范围进一步扩大，政府采购工作步入法制化轨道。2010 年，省级电子化政府采购管理应用系统投入运行，并与“金财工程”财政一体化平台相衔接，较好地实现了政府采购“从资金监管到采购业务监管与操作执行”全流程电子化，提高了工作效率。政府采购制度改革的推进，在规范采购、节约财政资金的同时，发挥了政策引导功能，促进了节能环保、自主创新和产业发展。

1999年，为减轻农民负担，规范农村收费行为，安徽在来安、望江、怀远、濉溪4个县开展了以“取消乡统筹、改革村提留、调整农业税”为主要内容的农村税费改革试点。2000年，扩大到所有市县，继土地改革、家庭联产承包经营以后的又一次农村重大改革在安徽先行展开。改革初期的主要内容是：“三个取消、一个逐步取消、两个调整、一项改革”，即取消乡统筹费等专门面向农民征收的行政事业性收费和政府性基金，取消农村教育集资，取消屠宰税；逐步取消统一规定的劳动积累工和义务工；调整农业税政策，调整农业特产税政策；改革村提留征收使用方法。农村税费改革涉及农村的政治、经济、文化、教育等各个方面，在推进农村税费改革的同时，采取一系列的改革配套措施：2000年开展乡镇机构改革和完善乡镇财政体制改革；2001年开展农村义务教育管理体制改革；2002年开展村级管理体制改革。农村税费改革是农村一次深入的体制变革，在全国率先结束沿袭2600年的农业税历史，初步理顺了农村分配关系，有效遏制了农村“乱收费、乱集资、乱摊派”现象的蔓延，大幅度减轻农民负担，极大地改善了农村党群干群关系。

2001年，为适应市场经济的财政管理模式，改变过去财政管理上分散、随意性大、透明度不高、工资无保障等问题，安徽全面推开县级公共财政支出改革。改革的主要内容是：依据满足社会公共需要的原则，合理界定和调整财政支出范围，将现行财政供给单位按向社会提供公共产品和公共服务程度划分为财政全额供给、部分供给和停止供给3类，全面明晰财政支出范围；按照现代财政管理的要求，实行国库集中支付、非税收入收缴、罚缴分离、单位工资统一发放和政府采购等制度改革，使财政管理向现代财政管理的方向迈出了实质性的一步。通过公共财政支出改革，界定财政支出范围，细化预算编制，规范支出管理，初步建立了与市场经济体制相适应的公共财政支出体系。

同年，为配合公共财政支出改革进程，省财政还积极推动国库集中支付制度改革。改革分为启动、推广、深化3个阶段，在省政府办公厅、省财政厅等16个部门和滁州、铜陵、黄山3市启动改革试点。2002年，省级所有预算部门和单位全部实行财政国库集中支付制度，到2007年，省级所有财政性资金全部纳入国库集中支付范围，市级将预算内、预算外、政府性基金全部纳入国库集中支付范围。在改革过程中，省财政不断完善改革试点办法和配套措施，陆续开发代理银行的应用软件系统，积极推进财税库银税收收入电子缴库横向联网。国库集中支付改革的实施，增强了财政支出透明度，规范了预算执行程序，实现了预算执行的全过程监督。

2002年以后，为进一步调动市县积极性，省对市县分税制进行了调整和完善。2002年实行所得税收入分享改革，按照企业隶属关系，实行中央、省、市县按比例分享，中央分享50%，省市县分享50%。2003年中央分享60%，省市县分享40%。2004年，省财政将地方分享的40%部分，市县与省按25%和15%的比例分享，并实施出口退税机制改革，基本形成了符合社会主义市场经济要求的中央和地方政府间财政关系框架。

2002年开始，省财政积极推进部门预算改革。截至2006年预算年度，省本级125

个一级预算单位全部纳入部门预算编制范围，并延伸到1368个二级单位；2008—2010年，市县财政部门全面推进部门预算改革。部门预算改革，为政府深化改革、调整结构和促进发展提供科学的依据，促进了预算编制的制度化、公开化和透明化。同时，省本级所有部门预算和大部分二级单位预算，全部报送省人大审查，并建立部门预算查询系统，有力地强化了省人大对预算的审查监督力度。

2004年起，为缓解县乡财政困难，促进县域经济和社会事业的发展，省财政对安徽57个县（包括县级市，不包括市辖区和马鞍山、铜陵、淮南、淮北市辖县）实行“省直管县”财政体制。“省直管县”后，省财政在体制补助（上解）、税收返还、转移支付、财政结算、项目申请、专项补助、资金调度、工作部署等方面直接到县，建立了省以下高效的财政运行机制。同时，深化“乡财县管”改革，坚持“三权”（乡镇预算管理权、资金所有权和使用权、财务审批权）不变原则，实行“预算共编、账户统设、集中收付、采购统办、票据统管”的财政管理方式，由县财政直接管理并监督乡镇财政收支。调整乡镇财政所管理体制和职能，由县财政局对乡镇财政所实行垂直管理。为顺利推进“乡财县管”改革，对取消农业税及附加后，原从农业税附加中开支的村组干部报酬和误工补贴、农村五保户供养经费、村办公经费，由省财政通过转移支付予以补助，严格控制村级债务，实行“村账乡管村用”，取消所有村级账户，由乡镇代管村级资金，统一开设“村级集体资金专户”核算村级资金。通过“省直管县”和“乡财县管”改革，缓解了基层财政困难，确保了县乡工资正常发放和机构正常运转，控制了县乡政府债务，促进了县域经济和社会事业的发展。

2005年，省财政开展以界定收入管理范围、明确征收管理职责、改进收缴管理模式、实施统一票据管理为主要内容的政府非税收入征管改革试点。2006年，省级和市县非税收入征管改革稳步推进，初步建立以“单位开票、银行收款、财政统管、政府统筹”的非税收入征管新机制。通过非税收入征管改革，规范非税收入征收范围、征管行为和征管方式，有效遏制“三乱”（乱收费、乱罚款、乱摊派）现象，增强了政府宏观调控能力。

同年，为切实转变乡镇政府职能，加快建立农村工作新机制，省政府决定，将农村改革重点转向农村综合改革，并确定在肥西等18个县（市）进行试点。在取得阶段性试点经验和成效的基础上，2007年全面推开农村综合改革。改革的主要内容是：“一个转变、三个建立、一个改进”，即转变乡镇政府职能；建立农村基层管理新体制，建立农村公共产品供给新机制，建立“三农”社会化服务新体系；改进农村工作考核评价办法。2008—2010年，农村综合改革紧扣乡镇政府职能转变这个关键，认真解决乡镇政府职能缺位、错位和越位问题。通过调整乡镇区划和村级规模、深化乡镇机构改革、积极推进乡镇领导体制和事业单位改革等措施，切实转变乡镇政府职能，初步构建农村管理和农村公共产品供给新机制，有力推进了农村社会化服务体系建设。

2007年起，为尽快解决人民群众“生活难、看病难、上学难”等问题，安徽开始实施民生工程改革，统筹一部分财政资金，用工程化措施解决民生中的一些难点问题。

从 2007 年开始的 12 项,逐年扩面提标,2008 年扩展到 18 项,2009 年扩展到 28 项,2010 年扩展到 33 项,2007—2010 年,安徽民生工程累计投入 853.8 亿元,惠及城乡群众由 4000 万人增至 6000 万人,人均受益由 200 元增至 500 元。

二

1979—2010 年,在经济发展的基础上,省财政依法加强收入征管,通过建立健全以税收收入为主、非税收入为辅的财政收入体系和分级分税的财政体制,初步形成了科学化、规范化、法制化的财政收入稳定增长机制,财政收入规模不断迈上新台阶,财政实力显著增强。2010 年,安徽财政收入 2063.82 亿元,是 1979 年 21.1 亿元的 98 倍,年均增长 15.9%,人均财政收入 3008 元,是 1979 年的 68 倍。财政收入质量进一步提高,2010 年税收收入占财政收入 87.3%,非税收入占 12.7%,税收筹集财政收入主渠道的作用得到强化。财政和经济发展呈现良性互动的局面,2010 年财政收入占 GDP 比重达 16.8%,比 1978—2010 年平均比重 12.7% 高出 4.1 个百分点,经济发展成果转化为财政增收的能力逐步增强,财政实力的增强也为促进经济发展和社会进步提供了坚实的财力保障。

1979—1984 年,安徽财政处于调整恢复阶段,始终在 20 亿 ~ 25 亿元区间徘徊,由 1978 年的 22.48 亿元增至 1984 年的 24.38 亿元,年均增长 3.0%。1979 年、1980 年,为确保市场经济体制改革顺利进行,改善人民生活,采取了提高农副产品收购价格,对粮油肉等价差实现财政补贴,对企业试行利润留成制度,由此造成财政收入分别较上年减少 6.6% 和 3.4%。1981 年,开展财经纪律大检查(1985 年改名为税收财务物价大检查),共查出违纪金额 2.28 亿元,收缴入库 0.51 亿元,在一定程度上缓解了财政困难,增加了当年财政收入。1982 年,省财政认真贯彻执行中央十条经济建设方针,工农业生产得到恢复性增长,财政收入实现 6.4% 的增长。1983 年,根据国务院的决定,安徽对国营企业实行利改税,开征所得税的国营企业共 3474 家,同时,制定若干鼓励企业扭亏增盈的改革措施,全年预算内国营工业企业亏损额减少 1688 万元,扭亏 24.1%,有力地支持了财政收入增长。1984 年,在完成国营企业利改税第一步改革的基础上,全面实行利改税第二步改革,对地市县财政收入实行比上年多增收、多分成的办法,调动了市县组织收入的积极性。

1985—1993 年,由于实行“总额分成”财政体制,地市县财政收入按 20% 比例直接上缴中央财政,地方财力捉襟见肘,财政运行呈现体制制约、缓慢发展态势,财政收入由 1985 年的 30.16 亿元,增长到 1993 年的 73.21 亿元,年均增长 11.7%。1985 年,受部分商品价格上涨、财政体制、工商税制、农业税制部分变动的影响,财政收入较上年增长 23.7%,首次突破三十亿元大关。同时,在重新核定地市收入包干基数、提高县级财政超收分成比例、支持综合经济体制改革县和省重点扶持县发展等政策的带动下,17 个地市财政收入实现全面增收。1986年，省财政进一步改进、完善乡镇财政体制，大多数地方实行“收支挂钩、一定几年”办法，建立健全乡镇财政预决算制度，更好地调动了乡镇增收节支的积极性，全年乡镇财政收入达6.75亿元，占县级财政收入的44.8%。1987年，安徽财政困难局面开始出现，一方面中央财政向省财政借款2.96亿元，并连续借用3年，减少了可用财力，另一方面，为搞活经济和提高人民生活水平而采取的政策性因素，减收增支因素增多，省级和54个行署、市、县有财政赤字，至分税制改革前，累计财政赤字达11.78亿元，占当年财政收入的21.4%。1988年，省财政进一步改进县级财政体制，实行“递增上交包干、递减补助包干”和“定额上交递增、定额补助递减”的包干办法，充分调动了市县发展生产、组织收入的积极性。1989年，省财政认真执行国务院有关清理欠税的文件精神，强化税收征管，坚决纠正越权免税，加上部分工商税收范围扩大、税率调整，财政收入增长幅度较大，达到52.42亿元，增长20.4%。1990年，受市场疲软影响，工业生产减速，经济循环不畅，经济效益下降，产品税、增值税、营业税等经常性税收收入增长乏力，导致收入增长缓慢，仅为4%。1991—1992年，安徽遭受历史上罕见的特大洪涝灾害，各类经济损失达275.3亿元，超过“七五”时期财政收入的总和，加大了财政困难，两年财政收入仅分别增收0.1%、1.1%，面对困难，省财政大力开展增收节支，狠抓财源建设，千方百计筹集资金，支持企业挖潜改造，促产增收。1993年，各级财政部门为争取1994年分税制改革有利条件，大力组织收入，财政收入实现73.21亿元，增长32.8%；财政支出72.01亿元，实现当年收支平衡，累计财政赤字8.6亿元。

1994—1997年，省政府提出振兴安徽财政的战略构想，连续出台一系列推动财政发展的文件，着力加强财源建设，同时，分税制改革的推进，初步理顺了政府与企业、政府之间的分配关系，激励各地组织财政收入积极性，财政运行呈现体制转型、激励发展态势，加上经济快速发展和财政改革全面推进，财政收入增长较快，1994年突破百亿大关，达到108.98亿元，1998年达到235.04亿元，年均增长29.2%。1994年，安徽在全国较早地完成了中央和地方两套税务机构的分设和组建工作，省政府将财政收入目标列为各级党政领导政绩的主要考核目标之一，与地市鉴定财政收入和平衡目标责任书，制定平衡及消化赤字奖励机制，共消化历年累计赤字6.28亿元。1995年，进一步完善分税制财政体制，重点是落实县（市）对乡镇的分税制财政体制改革和省辖市对所辖区的财政体制改革，基本上理顺了各级财政分配关系，进一步完善“以奖代补”的财政收入综合考核体系，促进了全年财政收入的快速增长。1996年，财政收入连续第四年超30%增长，基本实现“两个消灭、两个提高”（即消灭历年赤字，消灭历年财政欠发工资，实现当年不欠账，在财政增长的同时，提高建设性支出比重，提高工资水平），不仅使财政基本摆脱了多年来赤字包袱拖累和欠发工资的困扰，而且加快了财政经济良性循环的进程。同时，将部分行政性收费纳入预算管理及对罚没收入实行“收支两条线”管理，进一步规范了预算外资金收支行为。1997年，随着财税改革形成的激励因素基本消化，政策性增收效应逐步递减，财政收入增幅开始下降，进入平稳适度增长区间,从产业和所有制来看,二三产增收较多,增值税、消费税增收占比60%,地方小税增收较多,收入结构多元化趋势越来越明显。

1998—2002年,受亚洲金融危机、国内紧缩经济形势及部分地区自然灾害影响,财政收入增长放缓,从高速发展阶段步入调整结构、平稳发展阶段,从1998年262.07亿元到2002年的346.65亿元,年均增长7.2%。1998年,省财政沉着应对亚洲金融危机,贯彻落实积极的财政政策,实现了国家下达的"两税"目标和清欠任务,财政收入占GDP比重进一步提高,增值税、消费税、营业税等主体税种增收较多,非税收入增长速度大幅下降,可用财力相对增加。1999年,安徽地方财政收入增长9.5%,高出财政总收入2.3个百分点,对缓解财力紧张状况起到了一定作用,但总体收入增幅呈持续下降趋势,一些地方收入结构单一,增长后劲明显不足,财政债务负担加剧、风险加大。2000年,国家出台了许多减收政策,加上安徽出现严重的旱涝灾害,组织收入工作遇到前所未有的困难,财政收入仅增长3.4%,5个地市未完成地方财政收入预算,4个地市地方财政收入负增长,部分地市资金调度出现困难。2001年,财政收入继1994年、1997年连续跨上100亿元、200亿元台阶之后,突破300亿元,达到309.55亿元,主要得益于各级财政抓住经济回升和国家实施所得税收入分享改革的机遇,加大征管力度,与经济发展直接相关的主体税种增收较多。2002年,随着经济形势的好转,财政收入增速明显加快,达到12%,增值税、消费税成为拉动财政收入增长的重点税源,收入结构和质量稳步提升。

2003—2010年,中国经济进入新一轮经济周期的上升阶段,安徽经济保持较快增长速度,为财政改革和发展奠定了良好基础,财政收入连续跨越1000亿元、2000亿元台阶,年均增长25.9%,多项财政改革全面推进,财政运行呈现体制创新、跨越发展态势。2003年,安徽财政收入突破400亿元,占GDP比重超过10%,与经济增长相关的增值税、所得税、营业税增长幅度较大,成为拉动财政收入增长的主导力量。2004年,财政收入达到520.71亿元,提前一年完成"十五"计划目标,在省直管县改革的带动下,安徽有8个市财政收入增长超20%,25个县收入超2亿元,其中凤台、宁国、肥西财政收入过6亿元。2005年,安徽经济继续保持平稳较快增长,财政收入的规模和质量进一步提升,圆满完成"十五"各项任务。2006年,在经济活力增强、税收征管规范及税收政策调整三重作用推动下,安徽财政收入增幅位列全国第四位,地方小税种增长迅速,地方财政收入比重上升1.6个百分点,财政收入源于经济发展和依法征管的自主稳定增长机制初步形成。2007年,安徽财政收入首次突破1000亿元大关,市县财政收入增速明显加快,合肥市收入超200亿元,61个县增幅达34.4%,高于安徽平均增幅7.7个百分点,中心城市和县域经济发展对财政的贡献显著提升。2008年,受国际金融危机蔓延和经济放缓的影响,安徽财政收入增长呈现出前高后低之势,税收政策减收集中,房地产等相关行业营业税下降明显,财政持续高速增长的压力开始显现。2009年,在积极财政政策的影响和带动下,财政收入增长呈现"低开－企稳－回升"的态势,总体保持了平稳较快增长，特别是地方财政收入实现赶超“两湖”，增速高出全国5.5个百分点，居中部第一。2010年，安徽继续扩大应对金融危机成果、巩固经济回升向好势头，财政收入高开稳走，财政收入突破2000亿元大关，比上年增长33.0%，创分税制改革以来的新高，其中，地方财政收入总量和增幅均位居中部第二，有6个市财政收入达到100亿元，47个县超5亿元，24个县超10亿元，特别是皖北地区加快发展，三市七县收入增幅高于安徽平均水平3.6个百分点。财政收入规模的壮大和质量的提升，为安徽科学发展、全面转型奠定了坚实的物质基础。

三

1979—2010年，省财政根据经济社会发展和民生实际情况，积极争取中央财政政策和资金支持，不断加大财政支出力度，优化财政支出结构，从以计划经济为主的财政，逐步向适应社会主义市场经济发展要求的公共财政转变，不断加大经建、公共、民生和专项投入，在推动经济发展、维护社会稳定、改善人民生活和振兴县级财政等方面取得了显著成就。2010年，安徽财政支出2587.61亿元，是1979年20.35亿元的127倍，年均增长16.9%，人均财政支出3771元，是1979年的89倍。由于受经济发展和财政体制的影响，32年间，安徽财政支出波动幅度较大，根据各个时期的支出结构和重点，大致分为四个阶段。

1979—1993年，市场经济体制改革目标尚未确立，经济发展中的不确定因素较多，财政体制仍是中央集权下的“包干分成”模式，地方政府财政调控能力较弱，财政支出增长的波动性较大，财政支出年均递增9.5%，其中，1980—1981年、1987年和1992—1993年出现负增长，财政支出主要集中于农业、企业经济建设和教科文卫事业方面。1979年，财政经建和教科文卫投入分别达60.8%和21.5%，对生产恢复和人民生活的提高起到了一定的促进作用。1980年，安徽大幅度地提高农副产品收购价格，由于销价不动带来的财政价格补贴达到1.9亿元，支持了农业生产，保障了社会稳定。1981年，重点支持工业生产特别是轻纺织业、电子工业生产，用于挖革改的资金达3.6亿元，完成项目投资550个，发挥了财政的杠杆作用，促进了工业特别是消费品生产的发展。1982年，省财政继续执行农副产品补贴和稳定农业税负担政策，补贴总额达4.7亿元，较上年增加24.9%，有效地改善了人民生活。1983年，面对日益严峻的财政收支形式，省财政通过压缩基建投资和公用经费来支持各项事业的发展，全年压缩基建投资616万元，公用经费3300万元，保证了急需的重点支出。1984年，为缓解基层财政困难局面，省财政专项安排扶持县级经济发展资金2000多万元，支持涡阳等18个县发展生产，受到明显效果，当年就有14个县摘掉了补贴帽子。1985年，财政支持教育事业费支出达5.6亿元，比上年增长20.2%，高于当年财政经常性收入增长18%的幅度，达到了中央提出的“两个提高”的要求。1986年，省财政在支持生产、搞活企业方面做了大量的工作，对 51 家大中型企业和纺织行业减免调节税 3100 万元，调整国营工交商企业第二步利改税实施方案，进一步增强了企业自我改造和自我发展的能力。1987—1988 年，在部分干部提高工资和物价上涨的情况下，安徽行政经费仅增长 4.6%，社会集团购买力实际支出下降 17.8%，初步扭转行政经费增长过猛的势头。1989 年，省财政进一步调整支出结构，控制和压缩一般性支出，共压支 800 多万元，坚决控制和压缩基建支出和企业挖改支出，两者分别比上年下降 13.4% 和 27.6%，同时增加对“三农”和教育的投入，支农支出增长达到 53.9%。1990 年，省财政按照国家产业政策和治理整顿的要求，通过安排商业贷款贴息、合理投放财政信用资金，帮助一部分企业解了燃眉之急。1991 年，针对因灾财政收入大幅下降的情况，省财政重点保证人员工资，除中央安排的 11.5 亿元救灾款外，安排防汛救灾、水毁修复经费 1.9 亿元，做到对必保支出的及时拨付。1992 年，为促进县级财政收入上亿元、上台阶，对滁州等 16 个县市进行择优扶持，给予相应的政策和资金的扶持，取得较好效果。1993 年，由于改革前期准备工作的进行，行政管理成本支出相应增加，达到 17.1 亿元，占财政支出的 23.7%，为改革顺利推进奠定了基础。

1994—1998 年，随着市场经济体制改革不断深化，分税制财政管理体制逐步完善，中央政府转移支付力度继续加大，中央和地方支出责任和分配关系进一步理顺，地方政府财政支配能力有所增强，安徽财政支出步入较快增长阶段，财政支出年均递增 26.9%，重点加大对农业、科技、教育等领域的投入，集中资金保证国家重点建设，加强基础设施和基础产业，为经济发展奠定了坚实基础。1994 年，省本级和市县对年度支出预算的安排均实行“零基预算”，坚持人头费用按定额、专项经费严格履行报批手续，坚持“三保一控”，即保工资兑现、保机关运转、保办案经费、控消费性支出，同时，努力增加重点建设性支出和事业性支出。1995 年，省财政在继续做好支持企业扭亏增盈的同时，积极筹措 1 亿元资金用于缓解企业流动资金紧张矛盾，取得良好效益。1996 年，财政生产建设性支出完成 47.2 亿元，增长 54.2%，其中基建、技改、支农支出分别增长 45.6%、87.5%、27.5%，初步实现了吃饭型财政向吃饭建设型财政的转变。1997 年，安徽财政支出连续三年低于财政收入增长幅度，基本扭转了支出总量膨胀的局面，农科教卫等重点支出完成较好，各项法定支出增幅明显高于上年。1998 年，面对严峻的经济环境，省财政积极加大对启动经济、重点支出的投入力度，安排社会保障补助支出 3.6 亿元，支持国有企业顺利改革，完成生产建设性支出 66.6 亿元，比上年增长 19.6%，为安徽经济发展奠定了基础。

1999—2006 年，随着政府职能转变和市场在资源配置中基础性作用的增强，财政保障范围进行了相应调整，逐步退出对一般性竞争性领域的直接投入，着重保障政府履行经济调节、市场监管、社会管理等职能，安徽财政支出年均增幅 18.4%。8 年间，安徽财政用于社会保障的资金投入累计达到 722 亿元，占财政支出比重 16.1%，初步建立起城镇职工和居民医疗保险、新型农村合作医疗、城乡医疗救助为主体的基本医疗保障体系。1999年，各级财政深入贯彻中央积极财政政策，努力克服财政收支矛盾，坚持有保有压、有进有退的方针，按照保运转、保稳定、保改革、保重点、促发展的顺序安排财政支出，有力地支持了国有企业、医疗保险制度、住房制度、粮食流通体制等改革。2000年，为县乡工资发放提供财力支持，省财政重点安排县乡补助20多亿元，基本做到了当月工资正常发放，全年消化欠发工资6.6亿元，有40多个市县补发了历年欠发基本工资。2001年，社会保障补助支出达到31.8亿元，养老保险基金支出59亿元，实现了“两个确保”和城镇居民最低生活保障的需要。2002年，安徽社保支出（抚恤和社会福利救济费、行政事业单位离退休经费和社会保障补助支出）88.2亿元，增长35.8%，较好地保障了下岗职工、困难职工和离退休职工以及城镇困难居民的生活。2003年，面对突如其来的“非典”疫情和严重洪涝灾害，省财政紧急动用预备费，迅速调度资金，确保“非典”防治和抗洪救灾资金的需要，全年“非典”防治支出4.75亿元，下拨抗洪抢险救灾资金32.5亿元，同时，为加强公共卫生体系建设，下拨公共卫生建设资金8760万元，比上年增长3.5倍。2004年，省财政对“三农”的投入明显增加，全年对农民增加的补贴和减免税费达33.97亿元，人均政策性增收66.7元。2005年，省财政支持经济发展的职能得到进一步发挥，用于支持“861”行动计划建设资金达65亿元，为改善企业融资环境，增加资本金2.2亿元，支持组建省担保集团、徽商银行，省中小企业信用担保中心为企业提供担保、再担保金额10.3亿元，增长47.1%。2006年，安徽财政用于“三农”投入283.2亿元，增长27%，一卡通发放农民各类补贴资金近40亿元，人均收益77元，安排6.6亿元加速实施扶贫“整村推进”工程。

2007—2010年，伴随着经济的快速发展，财政支出规模迅速扩大，连续突破1000亿元、2000亿元大关，年均增长实现27.7%，同时，省财政坚持财力向基层倾斜、向民生倾斜、向“三农”倾斜，支出结构发生新的变化，按照新的政府收支分类标准，各类支出占财政支出比重分别为：经济建设类支出占财政支出比重由2006年的25.7%升至2010年的32.6%；教科文类由18.8%升至19.2%；社保卫生类由19.1%升至20.0%；行政管理类由18.7%升至24.5%；其他支出类由17.6%下降至3.7%。从2007年开始，按照科学发展观的要求，安徽大力推进以民生为重点的社会建设，“民生工程”从最初的12项逐步扩容至33项，投入资金逐年增加，2007年78亿元，2008年176亿元，2009年254亿元，2010年为345亿元，年均增幅达到64.2%，4年共投入民生工程资金853.8亿元，占同期财政支出11.2%。至2010年年底，安徽民生工程共惠及城乡群众6000万人，人均受益500元，214.6万人享受农村低保、45.8万人享受农村五保、20.9万户获得城市低收入家庭住房保障、4750万人受益于新农合、269.8万人次获得城乡医疗救助、296.7万农村人口解决了饮水不安全问题、近800万中小学生享受“两免一补”政策、115.8万高校和中职贫困学生获得资助。实施民生工程，用工程化措施解决民生问题，是省财政继农村税费改革之后惠民政策的重大创新，是“保增长、保民生、保稳定”的重大举措，显著改善了困难弱势群体的生活水平，明显提高了人民群众的幸福指数。

四

财政管理是财政部门的一项经常性的重要工作，贯穿财政预算编制、执行、监督、决算等全过程。1979—2010年，随着市场经济体制的逐步完善和财政体制改革的不断深化，安徽不断加大财政管理力度，逐步确立“主动理财、科学理财、民主理财、依法理财”的理财思路，通过部门预算管理、省直管县、乡财县管、公务卡管理、财政专户管理、预决算信息公开等一系列措施，推进财政科学化精细化管理，财政活动的管理水平得到有效提高，初步构建了适应社会主义市场经济发展需要的公共财政管理体系，保障了财政职能作用的发挥，较好地服务了改革发展稳定大局。

1979—1984年，中央和地方财政“分灶吃饭”后，省财政确立“自力更生、精打细算、力求平衡”的理财思路，努力“保吃饭、保运转”，财政管理的重点是针对收入中存在的越权减免税收、银行占压税款、“跑冒滴漏”和浪费国家资金现象，支出上的一些地方不坚持量财办事、铺张浪费现象，加大清缴、稽查、监督力度，从源头上堵住资金流失的漏洞，对控制随意减免、拖欠、截留财政收入以及乱开口子、擅自突破预算等起到了积极的作用，维护了财经纪律，支持了各项财政改革的顺利推进。特别是从1981年起，开展财经纪律大检查（1985年改名为税收财务物价大检查），至1993年，共查出违纪金额36.37亿元。其中，收缴入库15.57亿元，年均1.73亿元。

1985—1993年，经济不景气，财政收入增长缓慢，但财政经济改革增加了财政减收增支因素，支出刚性压力加大，部分地市财政赤字加剧。面对困难，安徽财政管理的重点放在了增收节支上，一方面，狠抓财源建设，千方百计筹集资金，支持企业挖潜改造，促产增收，另一方面，调整支出结构，控制一般性支出，压缩结转经费，加强资金调度，除农、科、卫、教以及人员经费等足额保障外，其他支出一律进行压缩，对单位公用经费实行包干使用、超支不补的方法，严格控制社会团体购买力，有效地保证了重点支出。

1994年，中央和地方实行分税制后，省财政按照“先干不争论、先试不评论、先做后规范”的要求，确立“效益好坏看利润、支持多少看上交”的地方财源建设思路，在省本级和各地市全面实行“零基预算”方法，在编制预算时，不考虑基期情况，不受以往各年增量预算的束缚，通过对原有的各项开支重新审核并测算来编制年度预算。省级单位按决算核实各类财政供给人数，根据财力状况调整各项人员经费和公用经费定额，坚持人头费用按定额供给，专项经费按项目安排，坚持收支平衡，预算资金的分配更加科学、合理和规范。

1995年，省财政在狠抓增收节支的同时，密切注视财政运行质量，按照国务院部署，开展清理清查小金库工作，全年共查出违纪金额3.41亿元，查出行政事业单位小金库资金1967万元，通过开展预算外资金清理清查，基本摸清了预算外资金的规模、分布、使用、结余和管理情况，预算外资金管理工作逐步规范化。

1996年，各级财政部门从抓规范入手，加大财政管理力度，在收入征管上，积极改革征管办法，坚持依法治税，规范征管，将全部行政性收费纳入预算管理，对罚没收入实现收支两条线管理，在支出管理上，按照适度从紧的要求，积极改革预算分配办法，对财政周转金和专项基金进行清理、整顿和集中，在制度、管理、计划、开户、核算方面实现了统一。

1997年，省财政以“财政运行质量年”为抓手，全面开展税源普查，依法加强财税执法检查，深化税收征管改革，全面推行“以申报纳税和优质服务为基础、以计算机网络为依托，集中征收，重点稽查”的征管模式。

1998—1999年，省财政将财政管理制度建设作为一项大事来抓，结合省政府《关于做好跨世纪财政工作的意见》的要求，制定下发了多项财政管理制度，包括省级预算管理暂行办法、综合财政预算管理办法、财政运行质量考核办法、财政工作分类指导暂行办法、收据票据管理暂行办法、财政债务管理暂行规定等100多条，对财政工作逐步走向科学化、规范化、制度化产生了积极推动作用。

2000年，根据省政府颁发的《安徽省预算追加听证办法》，省财政首次召开省级预算追加听证会，为项目的正确决策提供科学依据，标志着安徽预算支出管理改革朝着法制化、规范化、科学化方向迈出了重要一步。

2001年，省财政切实加强预算执行分析，把提高财政经济预测水平、政策制定水平和财政规划水平作为财政管理的重要基础工作来抓，坚持每月召开一次有关处室及税务部门参加的预算执行分析会和每季召开一次各地市预算科及部分县预算股参加的预算执行分析会，及时准确地掌握财政执行中的新情况、新问题，建立健全与省人大、政协委员联系制度，主动向代表、委员提供预算分析报告并接受监督。

2003年，继续推进收支两条线管理，加大综合预算管理力度，对所有预算外收入的部门全部实行收支脱钩管理，预算外收入全部缴入国库或财政专户，彻底打破“谁收费谁支配、谁有钱谁消费”的预算外资金分配格局，同时在省直部门逐步规范部门政策外补贴，消除部门、单位之间收入差距过大、分配不公的现象。

2004年，为进一步加强对县级财政工作的指导、管理和监督，规范县级财政收支行为，省财政印发《安徽省县级财政预算审查暂行办法》，每年选择部分县（市），对其预算进行审查，真实掌握县级财政供给人员、财政收入构成、可用财力规模、工资保障程度等情况。

2005年，针对上半年“等项目”，下半年尤其到年底“突击花钱”，造成财政资金的浪费和使用效益不高的问题，省财政出台《关于进一步加强省级预算支出管理的通知》、《安徽省省级预算支出指标管理暂行办法》，加强指标管理与预算编制、国库集中支付之间的衔接，加快支出进度，提高预算执行效率。

2006年，省财政本着“有利于财政加强预算管理、有利于部门加强财务管理、有利于人大的审查监督、有利于为领导分析决策提供参考依据”的原则，全面实施新的政府收支分类改革，提前1年完成财政部提出的项目支出预算按经济分类编制的目标。

2007年，省财政在推进财政科学化精细化管理方面进行了有益探索和大胆实践，提出了“四破四立”的理财观，即：破除账房先生意识，树立主动理财理念；破除摇头先生意识，树立服务大局理念；破除财力困难意识，树立服务发展理念；破除主观臆断意识，树立科学理财理念。财政科学化、精细化管理以实现“六个全面”为目标，即全面完善政府预算体系、全面实施部门预算制度、全面深化国库制度改革、全面推行预算绩效评价、全面强化财政运行监督、全面推进体制机制创新。同时，以“六个着力，六个提高”为手段，即：着力科学化，提高财政管理的针对性；着力精细化，提高财政管理的有效性；着力过程化，提高财政管理的严密性；着力绩效化，提高财政管理的创新性；着力法治化，提高财政管理的规范性；着力基础化，提高财政管理的持续性。在执行中做好5篇文章，即：围绕崛起做支持发展文章，围绕管理做规范理财文章，围绕民生做强农惠农文章，围绕和谐做工作协调文章，围绕效能做能力建设文章，推动建立健全财政管理制度、运行机制和工作规范，完善岗责体系，全面提升财政管理水平。

2008年，为进一步保障各项惠民政策的落实和资金的及时足额发放到位，完善为民服务全程代理工作机制，省财政在认真总结过去惠民资金“一卡通”、为民服务“一站办”、惠民对象“一线实”等试点经验的基础上，正式启动惠民直达工程试点，着力构建“管理一体化、平台一网联、审核一线实、发放一卡通、服务一站办”为一体的资金管理体系。安徽省惠民直达工程的实施，确保了惠农资金补贴及时到位、安全可靠，深受广大农民欢迎，在全国产生了广泛影响。

2009年，省财政以加强“两基”（财政管理基础工作和财政基层建设）建设为抓手，强基础、促发展、惠民生，大力推进乡镇财政建设，注重发挥乡镇财政就地服务和就地监管的优势，着力实现乡镇财政从“收钱”到“发钱”、从“管钱”到“管事”的历史性转变，安徽乡镇财政管理体制、管理方法、管理职能和办公环境得到全面强化或完善。同时，制定《安徽省预算支出绩效考评实施办法》，选择2个市、10个县开展绩效考评工作试点，建立科学、规范、高效的财政资金分配和管理体制，健全预算决策机制，提高资金使用效益。

2010年，省财政确立“全员参与、全面覆盖、全程监控”的监督理念，积极构建“预算编制、预算执行、监督检查、绩效评价”四位一体的财政“大监督”管理新机制，财政监督机构和队伍建设切实加强，财政监督与财政管理职能实现有机融合。

五

财政机构队伍建设是财政工作的基石。1979—2010年，安徽财政始终坚持把机构建设作为财政工作的首要保障，把队伍建设作为强化财政管理的战略支撑，抓机关、带系统、促发展，紧扣中心、服务大局，强化机构职能，加快队伍建设，努力形成分工明确、职能清晰、保障有力的机构设置，打造一支素质优良、团结奋进、风清气正的干部队伍，为做好财政工作提供了重要的组织保障和智力支持。

1979—2010年，为解决财政职能对市场经济的"越位"和"缺位"问题及构建公共财政的要求，省财政厅逐步完善职能，经1995年、2000年机构改革，其内设机构根据不同时期财政工作的重点和需要不断调整，人员配置及时调配，确保了财政改革发展的需要。1995年，按照"转变职能、理顺关系、精兵简政、提高效率"的总体要求，省财政厅实施机构改革，初步建立公务员制度。经省政府批准，省财政厅内设办公室、综合计划处、预算管理处、工交企业财务处、商贸企业财务处、外事财务处、行政事业财务处、省直财务处、社会保障处、农业财务处、农业税收处、基本建设处、会计处、政策法规处、财政监督处、控制社会集团购买力办公室、农业综合开发办公室、世界银行贷款业务处、人事教育处、机关党委。1996年，对厅属14个事业单位进行"两个过渡"（全额向差额、差额向自收自支过渡）的界定工作。2000年，历时4个月，完成机构改革任务，划出3项职能、划入8项职能，转变7项职能，根据部门预算、预算编制和执行分开、加强预算管理以及企业资产财务统管的原则，重新设置处室，共设24个处室，精简幅度为19.2%，建立职责清晰、运转协调、相互制约、办事高效、行为规范的厅内设机构，进一步理顺了各处室之间的关系，人员编制由301名减至185名，精简幅度为38.5%。2001年，为适应农业财政管理新形势，成立安徽省农业综合开发投资评估中心，农税处划分为农业税务局（处级建制）、省农村税费改革领导小组办公室。2002年，为整合厅内机构，提升行政效率，省农业综合开发办公室与省农业综合开发投资评估中心合并，成立省农业综合开发局，处级建制（其中局长按副厅级高配），安徽省财政经济开发处从国元集团收回，与安徽省中华会计函授学校合并，两单位合并后，对外称安徽省财政经济开发处，同时，为加强预算编制管理，设立省直预算编制办公室。2003年，为响应政企分开原则，省财政撤销省职工大学财会分校，安徽爱普科技公司改制，与省财税信息计算中心脱钩。2004年，为加强政府非税收入管理，成立安徽省非税收入征收管理局，处级建制。2005年，为促进安徽信用担保业发展，省政府同意成立安徽省信用担保集团有限公司，归省政府直管，先期授权省财政厅具体管理。2006年，为加强社会保障资金管理和国有资本经营预算编制，成立社会保障资金管理中心和国有资本经营预算处。2007年，随着农村税费改革的完成，省农村税费改革领导小组办公室（省财政厅农村税费改革处）更名为省农村综合改革领导小组办公室，省编办重新核定省财政厅行政编制191名。2009年，省政府批准《省财政厅主要职责内设机构和人员编制规定》，核定省财政厅机关行政编制225名，其中：厅长1名，副厅长6名，纪检组长1名，监督检查局局长（高配副厅级），处级领导职数66名（正处级25名，副处级41名）；同时，首次明确地方金融机构和国有文化资产的监管职责划归省财政厅。

1979—2010年，省财政立足打造一流队伍，大力开展财政人事教育、离退休干部管理、机关党建和纪检监察等工作，为安徽财政改革发展提供了人才、政治和纪律保障。1984—1987年，安徽财税系统广泛开展在职干部学历教育，采取多种渠道，有计划、分期分批把各级财政干部输送到各级党校、大中专院校、电大、函授、夜大脱产和业余学习，财税系统干部队伍的素质有了明显提高，大中专以上文化程度占职工总数的20.5%。1999年，组织100多名处以上党员领导干部进行以“三讲”（讲学习、讲政治、讲正气）为主要内容的党性党风集中教育活动，使党员领导干部接受了一次系统的马列主义、毛泽东思想和邓小平理论教育，有力推动了财政厅机关内部管理、机关作风和党风廉政建设。2001年，在上海财经大学继续教育学院举办财政系统首期财政干部岗位培训班，到2008年年底，共举办35期岗位培训班，1800名财政干部参加培训。2003年，开展学习贯彻“三个代表”重要思想活动，引导全厅广大党员把“三个代表”重要思想作为统领全局、贯穿始终的根本指针，统一了思想，干部职工的政治素质明显提升。2004年，根据省直管县财政体制改革的要求，从厅机关选派57名处级干部到57个省直管县担任联络工作，每期3年，进一步掌握了县级财政的真实情况，提高了县级财政的管理水平，加强了省与县之间的工作沟通和联系，锻炼了机关干部队伍。2005年，按照中央和省委的要求，财政厅作为第一批次开展先进性教育活动的单位，严格做到“五个到位”和“七个坚持”，巩固和扩大教育活动成果，狠抓落实，建立健全保持共产党员先进性的长效机制，切实推动各项工作。2006年，开展竞争上岗活动，一次性拿出职位最多、参与人数最多，9个副处级领导职位，58人报名参加，营造了一个想干事的有机会、会干事的有舞台、干成事的有结果的良好氛围。同时，实现厅机关24个非领导职务公务员岗位交流，处室（局）轮岗面达100%。2007—2010年，充分运用公开招考、招聘、选调等形式，持续补充新生力量，不断改善干部队伍结构。厅机关及厅属事业单位新进人员114人，其中：选调生58人，公开招考、招聘30人，军转安置14人，其他形式10人，厅机关公务员中，具有本科以上学历的208人，其中研究生学历64人，占厅机关公务员29.4%，厅机关及厅属事业单位干部队伍的结构得到极大的改善。同时，每年选定主题，开展主题建设年活动，相继开展了岗位大练兵、作风建设年、规范管理年、能力建设年、学习提升年、服务发展年活动，以主题活动为牵引，切实加强机构作风建设，不断提升财政效能，健康向上、团结奋进、风清气正的干事创业氛围进一步形成，涌现出了像沈浩这样的先进典型，为安徽财政树立了良好的形象。2008年，省财政厅44个党支部494名党员分3个阶段、11个环节扎实开展学习实践科学发展观活动，同时，为全面提高理财能力、管理水平和干部素质，省财政厅在全厅开展创建学习型财政机关活动，通过大力开展业务培训、坚持岗位练兵、突出岗位培训、健全学习制度、完善激励机制等措施，进一步确立了现代学习理念，树立“终身学习、学以致用、实践为本和专博统一”的理念。2009年，按照“一把手”负总责和分管领导各负其责的要求，签订党风廉政责任书，认真履行“一岗双责”，并组织厅机关和厅属单位对落实党风廉政建设责任制情况进行自查，切实加强党风廉政建设。2010年，围绕“科学理财创先进，学习沈浩争先锋”活动主题，深入开展“五要五比”主题实践活动，围绕“沈浩给我们留下什么，对照沈浩学习什么，立足岗位该干什么”开展大讨论，进一步增强了党员干部的政治觉悟和思想境界。

1979—2010 年，是安徽财政实力不断壮大、财政保障能力不断提升的 32 年，是财政职能不断健全和完善、财政运行机制适应经济社会发展要求不断转变的 32 年，是财政改革不断深化、服务经济社会发展能力不断提高的 32 年，是财政管理走向科学化精细化、干部队伍素质不断提升的 32 年。这是中共安徽省委省政府和财政部正确领导的结果，是各地区和各部门大力支持的结果，也是广大财政干部职工开拓进取扎实工作的结果。

第一篇　财政发展

1979—2010年，安徽财政经历了从“建设财政”到“公共财政”的转变与发展。改革开放以后，财政实力不断增强，财政收入迅猛增长，从1979年的21.1亿元增至2010年的2063.82亿元，实现了从改革开放之初吃饭难保的穷财政过渡到民生优先的和谐财政的历史性跨越。

财政实力的不断壮大，为安徽各项事业的发展奠定了物质基础。全省财政支出结构逐渐优化，不断加大对公共服务领域的投入，大幅增加教育等社会事业、农业、科技、环境保护以及基础设施建设等重点支出，优先保障和改善民生，舍得向公共事业投入、舍得向民生投入日渐成为重音。

32年间，在复杂多变的宏观经济形势和自然灾害等影响下，安徽财政遇到了亚洲金融危机、非典疫情、特大洪涝灾害等种种困难局面，增支减收的矛盾凸显，给预算执行带来了很大难度。全省财政围绕每年初确定的预算目标任务，积极培植财源，加强收入征管，压缩基建支出和行政成本，科学运筹资金，保障重点支出，逐步树立了“开源节流、增收节支、降本提效”的理财观念，预算执行平稳有序。

第一章　财政运行

改革开放以后，全省经济总体上保持了平稳健康发展，经济总量逐年提高，财政收入总量持续攀升，收入结构趋于合理，财政支出规模不断扩大，支出结构逐步优化，财政收入占 GDP 比重稳步提高，人均财政收支增长迅速，财政实力和财力保障水平显著增强，财政运行呈现出积极向好势头。2010 年，全省财政总收入 2063.82 亿元，是 1979 年 21.1 亿元的 98 倍，年均增长 15.9%。随着财政收入逐年增加和中央财政支持力度逐年加大，全省财政支出总量持续增长，2010 年财政支出 2587.61 亿元，是 1979 年 20.35 亿元的 127 倍，年均增长 16.9%，超过财政收入增速 1.5 个百分点。为推动经济体制改革，1979—1993 年，经过采取一系列放权让利措施，全省财政收入占 GDP 比重由 1979 年的 16.5% 降至 1993 年的 7.1%。1994 年实行分税制后，调动了地方组织收入的积极性，全省财政收入增速明显高于同期 GDP 增速，比重逐年提升，2010 年达到 16.8%，比 1993 年高出 9.7 个百分点，财政经济呈现良性互动的发展局面。在财政收支规模双双扩大的同时，人均财政收支水平随之提高。1979 年，人均财政收入为 44 元，人均财政支出为 42 元。1999 年，人均财政支出首次超过人均财政收入。2010 年，全省人均财政收入达到 3008 元，人均财政支出 3771 元，较 1979 年分别增长 67 倍和 88 倍。人均财政收支水平的提高保障了“吃饭财政”向公共财政的转变和向基本公共服务均等化目标的迈进。

第一节　财政收入

受经济发展的周期性及不断推进的财政体制改革的影响，1979 年以后，全省财政收入增长具有明显的阶段性特征。

1979—1993 年，高度集中的计划经济向市场经济逐步转变，财政收入由企业上缴利润为主逐步向以税收收入为主过渡，复合税制由此建立并发展。但“分级包干”“放权让利”的改革形式同时导致了税源不足和税基不稳，财政收入增长缓慢，全省财政收入年均增长 8.7%。

1994—2000 年，分税制改革进一步理顺中央与地方财政分配关系，调动了地方财政的积极性，财政收入步入较快增长轨道，1994 年安徽财政总收入突破 100 亿元大关，1997 年再破 200 亿元大关。之后，亚洲金融危机对全省财政收入增长产生了不利影响，但全省财政收入仍保持了年均 17.8% 的增长率。

安徽省财政收支与 GDP、人口统计表

表 1-1-1　　单位:亿元

科目 年度	财政收入	增长%	财政支出	增长%	GDP	增长%	财政收入占GDP%	总人口（万人）	人均财政收入（元）	人均财政支出（元）
1979	21.10	-6.6	20.35	11.9	127.31	11.7	16.5	4803	44	42
1980	20.28	-3.4	16.66	-18.1	140.88	10.7	14.4	4893	41	34
1981	20.66	1.8	15.40	-7.6	170.51	21.0	12.1	4957	42	31
1982	21.98	6.4	16.87	9.5	187.02	9.7	11.8	5016	44	34
1983	22.39	1.8	20.38	20.8	215.68	15.3	10.4	5056	44	40
1984	24.38	8.9	23.56	15.6	265.74	23.2	9.2	5103	48	46
1985	30.16	23.7	33.88	43.8	331.24	24.6	9.1	5156	58	66
1986	35.45	17.5	46.18	36.3	382.76	15.6	9.3	5217	68	89
1987	38.84	9.6	44.53	-3.6	442.35	15.6	8.8	5287	73	84
1988	43.55	12.1	46.64	4.7	546.94	23.6	8.0	5377	81	87
1989	52.42	20.4	55.25	18.5	616.25	12.7	8.5	5469	96	101
1990	54.50	4.0	61.57	11.4	658.02	6.8	8.3	5661	96	109
1991	54.53	0.1	84.97	38.0	663.60	0.8	8.2	5744	95	148
1992	55.14	1.1	74.11	-12.8	801.16	20.7	6.9	5817	95	127
1993	73.21	32.8	72.01	-2.8	1037.14	29.5	7.1	5870	125	123
1994	108.98	48.9	93.27	29.5	1320.43	27.3	8.3	5938	184	157
1995	147.52	35.4	135.88	45.7	1810.66	37.1	8.1	5999	246	227
1996	193.14	30.9	178.71	31.5	2093.30	15.6	9.2	6054	319	295
1997	235.04	21.7	207.24	16.0	2347.32	12.1	10.0	6109	385	339
1998	262.07	11.5	242.07	16.8	2542.96	8.3	10.3	6152	426	393
1999	280.85	7.2	288.60	19.2	2712.34	6.7	10.4	6205	453	465
2000	290.42	3.4	323.47	12.1	2902.09	7.0	10.0	6278	463	515
2001	309.55	6.6	403.80	24.8	3246.71	11.9	9.5	6325	489	638
2002	346.65	12.0	456.86	13.1	3519.72	8.4	9.8	6369	544	717
2003	412.29	18.9	507.44	11.1	3923.10	11.5	10.5	6410	643	792
2004	520.71	26.3	601.53	18.5	4759.32	21.3	10.9	6461	806	931
2005	656.55	26.1	713.06	18.5	5350.17	12.4	12.3	6516	1008	1094

续表 1-1-1

科目 年度	财政收入	增长%	财政支出	增长%	GDP	增长%	财政收入占GDP%	总人口（万人）	人均财政收入（元）	人均财政支出（元）
2006	816.51	24.4	940.23	31.9	6112.5	14.2	13.4	6593	1238	1426
2007	1034.73	26.7	1243.83	32.3	7360.92	20.4	14.1	6676	1550	1863
2008	1326.05	28.2	1647.13	32.4	8851.66	20.3	15.0	6741	1967	2443
2009	1551.23	17.0	2141.92	30.0	10062.82	13.7	15.4	6795	2283	3152
2010	2063.82	33.0	2587.61	20.8	12263.4	21.9	16.8	6862	3008	3771

说明：

1. 财政收支数据来源于历年财政收支决算总表；

2. 地区生产总值（GDP）、户籍人口数据来源于《安徽统计年鉴》和统计公报

2001—2010年，通过所得税收入分享改革、出口退税分担机制改革、转移支付制度改革以及非税收入管理改革等措施，进一步完善了分税制财政管理体制，规范了财政分配关系，财政收入稳定增长机制初步建立。这一阶段，全省财政总收入接连跨越500亿元、1000亿元、2000亿元三个台阶，年均增长23.5%。

1979年以后，随着财税体制改革特别是预算管理体制改革的推进，财政收入科目发生了较大变化。改革开放之初按工商税收、农业税收、企业收入分类，"利改税"后增加了企业所得税；1998年后直接按税收类型分类；2007年政府收支分类改革的全面实施，财政收入分类体系整体调整。但是，收入科目的变化没有改变财政收入的实质，其主体内容仍保持一定的延续性，基本可分为五类，即：工商税收、农业税收、企业收入、非税收入和上划中央收入。

安徽省财政收入分项及比重统计表

表 1-1-2　　单位：万元

科目 年度	财政收入	工商税收		农业税收		企业收入		非税收入		上划中央收入	
			占%		占%		占%		占%		占%
1979	209963	130361	62.1	16788	8.0	62315	29.7	499	0.2	—	—
1980	202818	134964	66.5	14841	7.3	52527	25.9	486	0.2	—	—
1981	206557	147084	71.2	18962	9.2	39834	19.3	677	0.3	—	—
1982	219820	165449	75.3	18847	8.6	34421	15.7	1103	0.5	—	—
1983	223873	175802	78.5	18661	8.3	28055	12.5	1355	0.6	—	—
1984	243847	205260	84.2	19708	8.1	17760	7.3	1119	0.5	—	—

续表 1-1-2

科目 年度	财政收入	工商税收	占 %	农业税收	占 %	企业收入	占 %	非税收入	占 %	上划中央收入	占 %
1985	301578	269399	89.3	24234	8.0	5880	1.9	2065	0.7	—	—
1986	354488	306721	86.5	24677	7.0	18173	5.1	4918	1.4	—	—
1987	388390	337498	86.9	24151	6.2	18016	4.6	8726	2.2	—	—
1988	435528	384642	88.3	30559	7.0	-9555	-2.2	29881	6.9	—	—
1989	524216	449703	85.8	39745	7.6	-11432	-2.2	46200	8.8	—	—
1990	544966	471961	86.6	40614	7.5	-24269	-4.5	56659	10.4	—	—
1991	545280	454437	83.3	25588	4.7	-34317	-6.3	99572	18.3	—	—
1992	551395	520863	94.5	44259	8.0	-47507	-8.6	33780	6.1	—	—
1993	732092	713996	97.5	44998	6.1	-62586	-8.5	35684	4.9	—	—
1994	1089800	352447	32.3	101107	9.3	31238	2.9	61994	5.7	543014	49.8
1995	1475200	491809	33.3	138894	9.4	64940	4.4	142611	9.7	636946	43.2
1996	1931403	680598	35.2	189856	9.8	60812	3.1	214668	11.1	785469	40.7
1997	2350364	844461	35.9	214664	9.1	92130	3.9	253961	10.8	945148	40.2
1998	2620687	929396	35.5	222750	8.5	96651	3.7	343065	13.1	1028825	39.3
1999	2808495	1004920	35.8	223954	8.0	113838	4.1	400205	14.2	1065578	37.9
2000	2904229	892158	30.7	324944	11.2	214982	7.4	355103	12.2	1117042	38.5
2001	3095500	940698	30.4	320025	10.3	321316	10.4	339774	11.0	1173687	37.9
2002	3466520	1064979	30.7	348037	10.0	206383	6.0	382755	11.0	1464366	42.2
2003	4122917	1199343	29.1	377956	9.2	191675	4.6	438513	10.6	1915430	46.5
2004	5207114	1434941	27.6	355054	6.8	276347	5.3	679942	13.1	2460830	47.3
2005	6565525	1921754	29.3	222888	3.4	295531	4.5	899997	13.7	3225355	49.1
2006	8165120	2391234	29.3	323178	4.0	454567	5.6	1111286	13.6	3884855	47.6
2007	10347253	3078949	29.8	381335	3.7	666582	6.4	1310107	12.7	4910280	47.5
2008	13260466	3992814	30.1	541410	4.1	838512	6.3	1873461	14.1	6013803	45.4
2009	15512286	4740560	30.6	757078	4.9	969991	6.3	2171546	14.0	6873111	44.3
2010	20638197	6178965	29.9	1420604	6.9	1266485	6.1	2627898	12.7	9144245	44.3

说明：

1. 数据来源于历年财政收支决算总表；

2. 为便于分析，将 2007-2010 年政府收支分类科目中隶属于非税收入的国有资本经营收入纳入企业收入类统计

工商税收 工商税收是对从事工商经营活动所取得的流转额、收益额以及对财产、对收益、对行为和资源级差所得课征的各种税收的统称。分税制改革之前，工商税收是财政收入的主体，工商税收占财政总收入比重从1979年的62.1%攀升至1993年的97.5%。1994年推行分税制改革后，由于“两税”（75%增值税和消费税）上划，地方工商税收占财政总收入的比重有所下降，保持在30%左右。工商税种是不断变化的，1982年“利改税”开征增值税，1984年开征营业税、产品税，1985年开征建筑税、城市建设维护税等，1994年分税制改革停征并合并了部分税种。至2010年，全省工商税种稳定，主要有：增值税、营业税、个人所得税、资源税、城镇土地使用税、土地增值税、城市建设维护税、房产税、印花税以及车船税，分别各占工商税收总量的21%、47%、5%、2%、5%、5%、9%、3%、2%、1%，已基本形成以增值税、营业税为主体的工商税制合理结构。

农业税收 农业税收是对从事农牧业生产的单位或个人就其收入额以及以耕地占用和土地、房屋权属转移等行为征收的税种，主要包括农业税、农业特产税、牧业税、烟叶税、耕地占用税、契税。农业税收受国家惠农政策影响较大：1979—1993年，农业税收占全省财政收入比重在7%左右；分税制改革后，农业税、农业特产税以及耕地占用税增长较快，农业税收比重有所提高；2005年，取消农业税、农业特产税，农业税收比重下降至4%左右。2010年，全省耕地占用税、契税、烟叶税3项占财政收入总量6.9%。

企业收入 企业收入是国家以所有者身份从国有企业取得的财政收入。改革开放之初，全省企业收入在全省财政收入中占有重要地位，1979年占29.7%。随着“利改税”政策的实施以及国有企业经营困难的加剧，企业收入比重不断下降，1989年出现收不抵补现象，直至1994年才由负转正。1994年以来，国有企业改革不断深化，企业经营效率得到很大提高，企业收入占财政收入的比重有所提高，由1994年的2.9%增至2008年的6.3%。1979年以来，企业收入科目不断调整，“利改税”之前企业收入科目主要有国有企业上缴利润、国家批准的价格补贴以及企业上交基本折旧基金。“利改税”后，国有企业上缴利润逐步演化为企业所得税，国家批准的价格补贴更名为国有企业计划亏损补贴，企业上交基本折旧基金改为国有企业调节税。1994年后，新增企业所得税退税，并停征了国有企业调节税。2010年，全省企业收入仅包括企业所得税、国有资本经营收入两项，占财政收入总量6.1%。

非税收入 非税收入是指除税收以外，由政府部门、事业单位、代行政府职能的社会团体及其他组织依法取得的财政性资金，是财政收入的重要组成部分。非税收入起源于预算外收入，又不同于预算外收入，主要包括七类：专项收入（主要包括排污费收入、水资源费收入、教育费附加收入、矿产资源补偿费收入、探矿权采矿权使用费及价款收入、国家留成油销售后上缴收入等）、行政事业性收费收入、罚没收入、国有资本经营收入、国有资源（资产）有偿使用收入、政府性基金收入、其他收入。1979年以后，全省非税收入占财政收入比重呈上升趋势，特别是2004年财政部颁布《关于加强政府非税收入管理的通知》后,非税收入增长较快,年均增长 30%。非税收入占财政收入的比重由 1979 年的 0.2% 增至 2010 年的 12.7%。

上解中央财政收入　上解中央财政收入特指分税制改革后,由国税部门征收的按一定比例上解中央财政的收入。主要包括增值税的 75%、消费税的 100%、证券交易税的 50%。2001 年,新增企业所得税和个人所得税的 60%。1994 年以后,全省上解中央财政收入占财政总收入的比重在 37.9%~49.8% 之间，2010 年为 44.3%。

财政收入结构　分税制改革以后,安徽省对财政收入结构进行了调整和优化,2007 年政府收支分类改革将预算收入分为税收收入和非税收入两类,后逐步形成“税收收入为主,少量必要规费为辅”的格局,财政收入合理稳定增长机制初步建立。分税种看,增值税、营业税和企业所得税三大主体税种增长迅速,占地方税收收入的比重逐年提高,贡献超过 65%。分产业看,随着国家支农惠农力度的加大,第一产业提供税收的能力逐步下降,二、三产业创税能力不断增强。

第二节　财政支出

1979—2010 年,受经济发展和财政体制调整的影响,全省财政支出波动幅度较大,大致分为两个阶段。1979—1993 年为第一阶段。市场经济体制改革目标尚未确立,经济发展中的不确定因素较多,财政体制仍是中央集权下的“包干分成”模式,地方政府财政调控能力较弱,财政支出增长的波动性较大,全省财政支出年均递增 9.5%。其中,1980—1981 年、1987 年和 1992—1993 年出现负增长。1994—2010 年为第二阶段。市场经济体制改革不断深化,分税制财政管理体制逐步完善,中央政府转移支付力度继续加大,中央和地方支出责任和分配关系进一步理顺,地方政府财政支配能力有所增强,全省财政支出步入稳定较快增长阶段,全省财政支出年均递增 22.9%。财政支出按照支出用途可分为经济建设支出、教科文支出、社保卫生支出、行政管理支出以及其他支出。

安徽省财政支出分项及比重统计表

表 1-1-3　　　　单位:万元

科目 年度	财政支出	经济建设支出		教科文支出		社保卫生支出		行政管理支出		其他支出	
			占 %		占 %		占 %		占 %		占 %
1979	203534	123846	60.8	32081	15.8	25120	12.3	18530	9.1	3957	1.9
1980	166632	80048	48.0	40903	24.5	23120	13.9	18571	11.1	3991	2.4
1981	154043	63840	41.4	42745	27.7	22856	14.8	18522	12.0	6080	3.9
1982	168654	68198	40.4	47844	28.4	22199	13.2	26194	15.5	4219	2.5
1983	203781	84102	41.3	54196	26.6	29773	14.6	32286	15.8	3424	1.7
1984	235579	94839	40.3	58160	24.7	30898	13.1	41977	17.8	9706	4.1

续表 1-1-3

科目/年度	财政支出	经济建设支出		教科文支出		社保卫生支出		行政管理支出		其他支出	
			占 %		占 %		占 %		占 %		占 %
1985	338757	111950	33.0	70157	20.7	34125	10.1	48682	14.4	73843	21.8
1986	461758	132740	28.7	84310	18.3	36280	7.9	61976	13.4	146452	31.7
1987	445289	115538	25.9	87491	19.6	37160	8.3	68379	15.4	136720	30.7
1988	478131	122983	25.7	104791	21.9	41481	8.7	79485	16.6	129391	27.1
1989	552515	133773	24.2	116354	21.1	49373	8.9	95547	17.3	157468	28.5
1990	615700	149008	24.2	133591	21.7	57855	9.4	113478	18.4	161768	26.3
1991	849700	216415	25.5	146343	17.2	133232	15.7	123611	14.5	230099	27.1
1992	741097	179264	24.2	173909	23.5	79493	10.7	153689	20.7	154742	20.9
1993	720085	174278	24.2	190566	26.5	73971	10.3	170615	23.7	110655	15.4
1994	932746	240918	25.8	252228	27.0	96831	10.4	246562	26.4	96207	10.3
1995	1358776	367068	27.0	325554	24.0	119148	8.8	324373	23.9	222633	16.4
1996	1787143	534809	29.9	394965	22.1	160681	9.0	400776	22.4	295912	16.6
1997	2072408	627469	30.3	443624	21.4	224428	10.8	467567	22.6	309320	14.9
1998	2420656	745627	30.8	463681	19.2	307074	12.7	491460	20.3	412814	17.1
1999	2886031	852990	29.6	548618	19.0	437662	15.2	572461	19.8	474300	16.4
2000	3234728	927608	28.7	632971	19.6	570411	17.6	662829	20.5	440909	13.6
2001	4037988	1093739	27.1	777044	19.2	784817	19.4	806697	20.0	575691	14.3
2002	4568579	1188041	26.0	896481	19.6	1039250	22.7	903870	19.8	540937	11.8
2003	5074398	1193894	23.5	982527	19.4	1192752	23.5	1010269	19.9	694956	13.7
2004	6015280	1505392	25.0	1223428	20.3	1277418	21.2	1240123	20.6	768919	12.8
2005	7130633	1748993	24.5	1366754	19.2	1412903	19.8	1407250	19.7	1194733	16.8
2006	9402329	2420969	25.7	1770433	18.8	1792159	19.1	1760072	18.7	1658696	17.6
2007	12438342	3063291	24.6	2551796	20.5	2718567	21.9	3607484	29.0	497204	4.0
2008	16471253	4295945	26.1	3427810	20.8	3320447	20.2	4709253	28.6	717798	4.4
2009	21419217	6191824	28.9	4023997	18.8	4697017	21.9	5416435	25.3	1089944	5.1
2010	25876135	8438073	32.6	4959721	19.2	5183771	20.0	6340057	24.5	954513	3.7

说明：

1. 数据来源于历年财政收支决算总表；

2. 将 2007–2010 年支出科目归类到原科目：环境保护、农林水事务、交通运输、工业商业金融等事务科目并入经济建设支出；教育、科学技术、文化体育与传媒、科目并入教科文支出；医疗卫生、社会保障和就业科目并入社保卫生支出；一般公共支出、国防、公共安全、城乡社区事务科目并入行政管理支出；地震灾后恢复重建支出、国债还本利息支出、其他支出科目并入其他支出

经济建设支出　经济建设支出是财政用于发展工业、交通、邮电、农业、商业等国民经济和城市公用事业的生产建设及其相应的事业费支出。按照2006年预算支出科目划分，经济建设支出包括基本建设支出、企业挖潜改造资金、地质勘探费、科技三项费用、流动资金、农林水利气象等支出、工业交通商业等部门事业费、城市维护费8类。此外，还包括1993年取消的城镇青年就业费以及1999年取消的简易建筑费科目。2010年，全省经济建设支出843.81亿元，较1979年增长67倍。改革开放32年，全省经济建设支出在财政支出中的比重逐年下降，由1979年的60.8%降至2010年的32.6%，平均比重达27.9%。经济建设支出中，农林水利气象支出处于首位，平均比重达32.3%。

教科文支出　教科文支出是财政用于支持教育、科学、文化等事业发展的支出。按照2006年预算支出科目划分，教科文支出包括教育支出、科学支出、文体广播事业费、其他支出4项。其中，教育支出包括教育事业费和党政群干部训练事业费；科学支出包括自然科学事业费、技术开发研究经费、科研管理机构经费、科协事业费；文体广播事业费包括文化事业费、出版事业费、文物事业费、体育事业费等；其他支出包括档案事业费、地震事业费、计划生育事业费以及其他文教事业费。2010年，全省教科文支出495.97亿元，较1979年增长153倍，年均增长17.5%。1979—2010年，全省教科文支出在财政支出中的比重平均达到19.8%。教科文支出中，教育支出所占比重最高，达到82.8%；科学和文体广播事业费占17.2%。

社保卫生支出　社保卫生支出包含社会保障支出和医疗卫生支出两大类。社会保障支出是政府为失去收入来源和劳动能力的人提供基本生活保障所安排的财政支出，是财政收入分配和社会稳定职能的集中体现。财政社会保障支出包括抚恤和社会福利救济费、社会保障补助支出、行政事业离退休经费3类。32年间，全省社会保障支出增长迅速，由1979年的1.34亿元增至2010年的334.15亿元，年均递增19.5%。社会保障支出占财政支出比重逐年提高，从1979年的6.6%提高到2010年的12.9%。医疗卫生支出是政府为保障人民健康的财力支持，主要包括医疗卫生事业费和公费医疗经费。1979—2010年，全省医疗卫生支出由1.17亿元增至184.22亿元，增长156倍，年均递增17.8%，占财政支出的比重由5.7%提高到7.1%。

行政管理支出　行政管理支出是财政用于国家权力机关、行政管理机关和外事行使其职能所需的费用支出，地方财政行政管理支出还包括国防支出。行政管理支出是政府履行其职能的一项必不可少的财力保证，具有纯公共支出和非生产性支出的性质，对社会安定、人民生存条件和环境的改善意义重大。按照2006年预算支出科目划分，行政管理支出包括行政管理费、外交外事支出、武装警察部队经费、公检法司支出、国防支出和其他部门事业费。1979—2010年，全省行政管理支出由1.85亿元，增至634.01亿元，年均递增20.7%；占财政支出比重从9.1%提高到24.5%。行政管理支出中，行政管理费居于首位，平均比重达62%，其次是其他部门事业费，平均比重为19%，公检法司支出增长幅度较大，所占比重从1988年设立初的19%增长到2006年的30%。

其他支出 其他支出包括价格补贴支出（1985年设立）、支援不发达地区支出（1988年设立）、土地和海域开发建设支出（1998年设立）、债务利息支出（2003年设立）、专款支出、其他支出（包括预留调整工资款）。其他支出类中其他支出所占比重最高，2006年达到48%，其次是价格补贴支出，比重为26%。

财政支出结构 改革开放以后，省财政不断调整财政支出结构，加大对公共服务领域的投入，着力保障和改善民生，支出结构进一步优化，保障能力进一步提高。1979—2010年，全省财政支出结构调整经历3个时期。1979—1998年，重点加大对农业、科技、教育等领域的投入，集中资金保证国家重点建设，加强基础设施和基础产业，为经济发展奠定了坚实基础。1999—2006年，随着政府职能转变和市场在资源配置中基础性作用的增强，财政保障范围进行了相应调整，逐步退出对一般性、竞争性领域的直接投入，着重保障政府履行经济调节、市场监管、社会管理等职能。8年间，全省财政用于社会保障的资金投入累计达到722亿元，占财政支出比重16.1%。2007—2010年，按照新的政府收支分类标准，全省各类支出占财政支出比重分别为：经济建设类支出占财政支出比重由2006年的25.7%升至32.6%；教科文类由18.8%升至19.2%；社保卫生类由19.1%升至20.0%；行政管理类由18.7%升至24.5%；其他支出类由17.6%将至3.7%。按照科学发展观的要求，全省大力推进以民生为重点的社会建设，"民生工程"从最初的12项逐步扩容至33项，投入资金逐年增加。同时，着力提升"861"行动计划，安排企业挖潜改造资金，提高企业自主创新能力，筹集资金支持县域经济、园区经济、非公经济发展，为中小企业贷款提供担保和贴息，支持经济发展。

第三节 财政平衡

财政收支矛盾是财政分配的基本矛盾，收大于支出现财政盈余，支大于收发生财政赤字，收支相当则为财政平衡。改革开放后，省财政坚持"基本平衡、略有结余"的指导思想，有效化解财政赤字，财政结余稳步增长。财政平衡因素除财政收支基本因素外，有两个重要因素，即中央补助收入和上解中央支出。

安徽省财政收支平衡统计表（一）

表 1-1-4　　　　单位：万元

科目 年度	收入合计	一般预算收入	免抵未调库归还收入	中央补助收入	拨入棉纤品调价损补	有价证券本息收入	调入资金	国债转贷收入	国债转贷资金结余	社会保险基金收入	调入预算稳定调节基金	财政部代发地方债收入	电力专项基金收入	股票售价收入	上年结余收入
1979	288287	209963	—	18275	—	—	9	—	—	—	—	—	—	—	60040
1980	219912	148938	—	23775	—	—	4	—	—	—	—	—	—	—	47195
1981	220965	147397	—	25216	—	—	5	—	—	—	—	—	—	—	48347
1982	295286	219820	—	35250	—	—	85	—	—	—	—	—	—	—	40131
1983	336492	223873	—	48673	2808	—	213	—	—	—	—	—	—	—	60925
1984	381646	243847	—	62121	5545	—	297	—	—	—	—	—	—	—	69836
1985	478760	301578	—	108670	—	—	203	—	—	—	—	—	—	—	68309
1986	592796	354488	—	162462	—	49	210	—	—	—	—	—	—	—	75587
1987	588762	388390	—	140990	—	196	56	—	—	—	—	—	—	—	59130
1988	626567	435528	—	153034	—	216	275	—	—	—	—	—	—	—	37514
1989	732576	524216	—	148370	—	92	1536	—	—	—	—	—	—	—	58362
1990	786392	544966	—	158674	—	21	2932	—	—	—	—	—	—	—	79799
1991	939708	545280	—	327894	—	27	2358	—	—	—	—	—	—	—	64149
1992	905769	551395	—	203321	—	318	6176	—	—	51092	—	—	16095	—	77372
1993	1060812	732092	—	134493	—	114	28817	—	—	125632	—	—	18376	—	21288
1994	1422062	546786	—	590182	—	489	35686	—	—	134594	—	—	17421	13903	83001

续表 1-1-4

科目 年度	收入合计	一般预算收入	免抵未调库归还收入	中央补助收入	拨入棉纤品调价损补	有价证券本息收入	调入资金	国债转贷收入	国债转贷资金结余	社会保险基金收入	调入预算稳定调节基金	财政部代发地方债收入	电力专项基金收入	股票售价收入	上年结余收入
1995	1941595	838254	—	622708	—	381	13786	—	—	207566	—	—	16789	13902	228209
1996	2484496	1145934	—	725530	—	250	50179	—	—	315621	—	—	7000	—	239982
1997	2864701	1405216	—	753763	—	106	18942	—	—	396923	—	—	—	21000	268751
1998	2993185	1591862	—	987991	—	—	31909	73903	—	—	—	—	—	—	307520
1999	3711204	1742917	—	1329121	—	—	32716	189094	20240	—	—	—	—	—	397116
2000	4119212	1787187	—	1617077	—	—	34485	162312	7000	—	—	—	—	—	511151
2001	4986861	1921813	—	2274584	—	—	54540	142718	—	—	—	—	—	—	593206
2002	5404659	2002154	—	2538915	—	—	51798	97946	19840	—	—	—	—	—	694006
2003	5912995	2207487	—	2934491	—	—	81641	96423	10930	—	—	—	—	—	582023
2004	7011035	2746284	20000	3540808	—	—	77592	21149	7089	—	—	—	—	—	598113
2005	8306325	3340170	22319	4008488	—	—	62132	22887	5820	—	—	—	—	—	844509
2006	10744635	4280265	—	5304457	—	—	107189	37678	4326	—	—	—	—	—	1010720
2007	13841481	5436973	—	7177865	—	—	68218	—	3721	—	—	—	—	—	1154704
2008	17813494	7246197	—	9146950	—	—	165617	—	—	—	—	—	—	—	1254730
2009	22538700	8639175	—	11897131	—	—	74982	—	—	—	122600	770000	—	—	1034812
2010	27433630	11493952	—	14030667	—	—	100330	—	—	—	45600	890000	—	—	873081

安徽省财政收支平衡统计表（二）

表 1-1-5　　单位:万元

科目 年度	支出合计	一般预算支出	上解中央支出	增设预算周转金	拨付棉纤品调价损失	购买有价证券	中央借用地方财政款	拨付国债转贷资金及结余	安排预算稳定调节基金	社会保障基金支出及结余	电力建设基金支出及结余	调出资金	年终结余	
													结转下年支出	净结余
1979	288287	203534	38596	—	—	—	—	—	—	—	—	—	19755	26402
1980	219912	166632	4933	—	—	—	—	—	—	—	—	—	32777	15570
1981	220965	154043	7994	—	—	841	17956	—	—	—	—	—	24308	15823
1982	295286	168654	60343	—	—	364	5000	—	—	—	—	—	36489	24436
1983	336492	203781	59747	—	2808	320	—	—	—	—	—	—	46376	23460
1984	381646	235579	71996	—	5545	217	—	—	—	—	—	—	43394	24915
1985	478760	338757	61590	2559	—	267	—	—	—	—	—	—	49863	25724
1986	592796	461758	71722	—	—	186	—	—	—	—	—	—	54820	4310
1987	588762	445289	76214	—	—	145	29600	—	—	—	—	—	49563	-12049
1988	626567	478131	89947	—	—	127	—	—	—	—	—	—	78996	-20634
1989	732576	552515	100224	—	—	38	—	—	—	—	—	—	91888	-12089
1990	786392	615700	106516	—	—	27	—	—	—	—	—	—	101255	-37106
1991	939708	849700	12620	—	—	16	—	—	—	—	—	—	143276	-65904
1992	905769	741097	64669	—	—	50	—	—	—	62570	16095	—	126242	-104954
1993	1060812	720085	113711	—	—	7	—	—	—	125632	18376	—	144301	-61300
1994	1422062	932746	107505	1561	—	26	—	—	—	134594	17421	—	203988	24221

续表 1–1–5

科目 年度	支出合计	一般预算支出	上解中央支出	增设预算周转金	拨付棉纤品调价损失	购买有价证券	中央借用地方财政款	拨付国债转贷资金及结余	安排预算稳定调节基金	社会保障基金支出及结余	电力建设基金支出及结余	调出资金	年终结余	
													结转下年支出	净结余
1995	1941595	1358776	112250	6232	—	—	—	—	—	207566	16789	—	214624	25358
1996	2484496	1787143	93600	2430	—	—	—	—	—	315621	7000	—	212469	66233
1997	2864701	2072408	95903	2277	—	—	—	—	—	396923	—	—	231391	65799
1998	2993185	2420656	98528	770	—	—	—	73903	—	—	—	2212	331500	65616
1999	3711204	2886031	101757	803	—	—	—	209334	—	—	—	2105	464271	46903
2000	4119212	3234728	117967	1650	—	—	—	169312	—	—	—	2349	535197	58009
2001	4986861	4037988	109393	400	—	—	—	142718	—	—	—	2354	645532	48476
2002	5404659	4568579	133979		—	—	—	117786	—	—	—	2292	524452	57571
2003	5912995	5074398	118671	11221	—	—	—	107353	—	—	—	3239	547383	50730
2004	7011035	6015280	118632	3019	—	—	—	28238	—	—	—	1357	745644	98865
2005	8306325	7130633	133642	600	—	—	—	28707	—	—	—	2023	929418	81302
2006	10744635	9402329	137157	5710	—	—	—	42004	—	—	—	2731	1059990	94714
2007	13841481	12438342	137766	4210	—	—	—	3721	—	—	—	2712	1133061	121669
2008	17813494	16471253	141678	1078	—	—	—	—	160780	—	—	3893	923443	111369
2009	22538700	21419217	145870	—	—	—	—	—	98934	—	—	1598	873081	701404
2010	27433630	25876135	158284	—	—	—	—	—	577424	—	—	—	821787	699929

说明：数据来源于历年财政收支决算总表

中央补助收入　中央补助收入是中央财政对地方财政的支持，包括返还性收入、财力性转移支付收入和专项转移支付收入。返还性收入又包括增值税、消费税返还和所得税、出口退税返还；财力性转移支付收入包括一般性转移支付补助、企业上下划及调整收入增减补助、各项结算补助、专项财力转移支付和其他补助；专项转移支付收入包括专项补助和增发国债补助等。改革开放后，中央补助收入分为两个阶段。1979—1993 年，全省中央补助收入由 1.83 亿元增至 13.45 亿元，增长 6.3 倍，年均递增 15.2%。主要包括企业上下划及调整收入增减补助、结算补助、专项补助和其他补助 4 项。分税制改革以后，中央补助收入包括返还性收入、一般性转移支付补助、专项财力转移支付收入 3 项。1994—2010 年，全省中央补助收入由 59.02 亿元增至 1403.07 亿元，年均递增 21.9%。

上解中央支出　上解中央支出是指地方按照有关法律法规或财政体制的规定，上解中央的各项支出，包括体制上解支出、专项上解支出、出口退税专项上解、地方企业折旧上解以及其他上解。体制上解支出是按照中央与安徽实行“总额分成”体制，上解中央财政的体制支出；专项上解支出是指由于国家出台改革政策引起原来应由下级财政负担的支出转移到中央财政负担，由此需要下级财政专项上解中央财政一部分支出。1979—2010 年，全省上解中央支出总额为 300.34 亿元，其中体制上解支出 229.19 亿元和专项上解支出 53.23 亿元。实行分税制之前，体制上解支出按照预算收入和规定的上解比例确定；1994 年后，沿用改革前财政包干体制确定每年体制上解支出为 9.36 亿元。

财政赤字　1979 年以后，全省财政收支快速增长，收支相抵共出现 7 次财政赤字，集中在 1987—1993 年间，1992 年达到最高值 104954 万元，为当年 GDP 的 1.3%。原因是中央财政向地方财政大量借款，地方财政包干基数调整，以及提高工资开支标准等，致使财力增长赶不上支出增长，出现连续赤字。1994 年，随着分税制体制的推行，中央对下转移支付和补助逐渐提高，地方财政收入稳步增长，全省财力保障水平明显提高，连续 15 年实现财政平衡、略有结余。分级来看，省级财政只有 1987 年、1988 年出现赤字，财政赤字主要发生在县级。1982 年全省赤字县 3 个，赤字额 272 万元，1985 年赤字县（市）36 个，累计赤字 4527 万元，1988 年赤字县（市）54 个，累计赤字 33565 万元；1990 年有 53 个县（市），5 个省辖市出现赤字，累计赤字 48036 万元，县级财政赤字面不断扩大，赤字额持续增长。分税制改革实施以来，为化解县级财政赤字，防范财政风险，省财政不断深化财政改革。一方面，减轻县级财政负担。2005 年以后，省财政安排化解县乡政府债务奖补资金 6.6 亿元；2008 年，安排下达化解农村义务教育债务奖补资金 28 亿元，比国家要求时间提前 1 年完成农村义务教育债务化解工作。另一方面，完善省以下财政管理体制。2004 年，在全国率先启动“省直管县”和“乡财县管”财政体制改革，不断加大省对下转移支付力度，健全财政事权与财力相匹配机制，增强县乡财政实力，促进全省财政收支平衡。

第二章　预算执行

预算是基本财政收支计划，预算执行反映财政收支计划完成全过程。1979—1985年，安徽财政收支打破在20亿元区间徘徊的局面，跃上30亿元台阶。全省财政收入由1978年的22.48亿元增至1985年的30.16亿元，年均增长4.3%；财政支出由18.19亿元增至33.88亿元，年均增长9.3%。全省财政为支持经济体制改革作出了较大贡献。1986—1993年，安徽财政一度受财政体制制约和财政赤字困扰，预算执行难度较大。1994年，实行分税制财政体制，激发了各级财政组织收入的积极性，加上经济快速发展和财政改革全面推进，全省预算执行情况逐步好转。进入21世纪以后，全省财政步入科学发展轨道。2007年，财政收支双双突破1000亿元大关；2008年，财政收支与2005年相比实现了3年翻一番；2010年财政收支双双突破2000亿元大关，超额完成"十一五"财政目标，为"十二五"财政发展奠定了坚实基础。

第一节　"七五"时期预算执行

"七五"时期（1986—1990年），全省预算执行的着力点是：开展增收节支，控制赤字过猛。根据中央财政对安徽的财政体制，省财政对地市县实行财政包干"总额分成"体制（财政总收入上交中央财政20%），财政收不抵支。为了保工资、保运转，全省各级财政大力开展增收节支，尽力控制赤字过快增长。全省财政收入由1985年的30.16亿元，增至1990年的54.50亿元，年均增长12.6%；财政支出由33.88亿元，增至61.57亿元，年均增长12.6%，期末财政赤字为3.72亿元。

1986年预算执行　1986年，全省财政收入35.45亿元，为地方调整预算（下同）的100.1%，增长17.5%（比上年，下同）；财政支出46.18亿元，为预算的90.7%，增长36.3%。省级和41个县（市）累计财政赤字1.01亿元。

1986年，全省各级财政部门狠抓增收节支。省财政对51户大中型企业和纺织行业减免调节税3100万元，调整国营工交商企业第二步利改税实施方案；对丝绸、机械58户重点企业实行固定资产分类折旧；对省属煤炭企业继续采取扶持政策，实行产量、亏损包干等，增强企业自我改造和自我发展能力。继续安排发展县级经济资金2000万元；安排支援不发达地区发展资金2500万元，用于帮助革命老区和沿淮行蓄洪区贫困县发展生产、脱贫致富。对特困地区和受灾地区减免农业税5190万元。进一步完善乡镇财政体制,实行“收支挂钩”办法,建立健全乡镇财政预决算制度,更好地调动乡镇增收节支的积极性。全省乡镇财政组织收入达6.75亿元,占县(市)级财政收入的44.8%,增长19.1%。全省有1131个乡镇建立发展生产周转金,用于乡镇经济和各项事业的发展。在全省范围内开展税收财务物价大检查,共查补入库各种违纪金额1.04亿元,促进了财政收支平衡。

1987年预算执行 1987年,全省财政收入38.84亿元,为预算的103.6%,增长9.6%;财政支出44.53亿元,为预算的91.3%,下降3.6%。省级和54个地市县累计财政赤字1.2亿元。

1987年,是省财政相当困难的一年。一方面中央财政向省财政借款2.96亿元(连续借用3年),减少省财政可用财力,另一方面经济建设和各项事业发展要求财政增加投入。同时,一些改革措施增加减收增支因素。为此,全省各级财政部门广泛开展增收节支活动,把增加收入的重点放在增加生产、降低消耗、提高经济效益方面;把节约支出的重点放在压缩基建支出和行政经费方面,取得了一定成效。预算内工业企业经济效益有所提高,财政支出得到有效控制,其中基本建设支出下降35.4%。行政经费在增加人员、部分干部提高工资和物价上涨情况下,增长幅度只有4.2%。

1988年预算执行 1988年,全省财政收入42.38亿元,为预算的106.8%,增长9.1%;财政支出46.64亿元,为预算的87.2%,增长4.7%。省本级、2个省辖市和54个县(市)财政赤字3.42亿元。

1988年,全省各级财税部门加强税收征管,坚持依法治税。全年工商税收增长14%,为完成预算任务作出了贡献。改进财政管理体制,进一步调动各地增收节支积极性,当年市县收入增长12.6%,其中县级增长19%。重点增加农业、教育投入,控制和压缩一般性支出,全省财政用于农业支出3.99亿元,增长11.6%,其中支援农业生产支出增长37.5%。教育事业费支出8.55亿元,增长23.2%。严格控制和压缩社会集团购买力,全省实际支出6.3亿元,增长5.4%,其中专控商品购买额5855万元,下降37%。认真开展税收财务物价大检查,全省共查出各种违纪金额应补交2.08亿元。

1989年预算执行 1989年,全省财政收入52.42亿元,为预算的110.2%,增长20.4%;财政支出55.25亿元,为预算的86.7%,增长18.5%。当年收支平衡,略有结余。全省54个县(市)累计财政赤字3.4亿元。

1989年,全省各级财政部门在增收节支方面做了大量工作。整顿财税秩序,加强收入征管,对越权减免税问题进行清理纠正,开征新税,整顿个体工商户纳税秩序;紧缩财政支出,调整支出结构,增加支农和教育投入,全省预算内支农支出增长27.7%,预算内资金、支农周转金和世界银行贷款三方面用于农业投入9.7亿元。全省预算内教育支出增长10.4%,加预算外用于教育资金,共增长13.7%。各级各部门采取有效措施,帮助企业克服困难,对全省31个重点产品和290个重点企业在能源、原材料和资金上予以重点支持。强化财政职能,严肃财经纪律。全省税收财务物价大检查共查出应上缴财政的违纪金额 1.88 亿元。对粮食、外贸、食品行业 1988 年财务进行重点审计，共审计出应上缴财政的违纪金额 4856 万元。

1990 年预算执行 1990 年，全省财政收入 54.50 亿元，为预算的 100.5%，增长 4.0%；财政支出 61.57 亿元，为预算的 87.3%，增长 11.4%。全省累计财政赤字 3.71 亿元。

1990 年，全省各级财政部门狠抓开源挖潜，促产增收，支持经济发展。基本建设支出 3.42 亿元，增长 11.9%；企业挖潜改造支出 1.75 亿元，增长 50.9%；支农支出 3.17 亿元，增长 20.2%。扶持特困企业生产自救，在启动资金上给予支持；对政策性亏损企业，提前拨付计划亏损补贴 8.7 亿元。积极组织收入，到欠税较多企业，帮助解决困难。保证重点支出，克服困难，保工资、保物价补贴、保教育投入。继续开展税收财务物价大检查，共查出应交财政违纪金 1.9 亿元。

第二节 “八五”时期预算执行

“八五”时期（1991—1995 年），全省预算执行的着力点是：顺应体制转型，确保收支平衡。1991 年，安徽遭受特大洪涝灾害，损失巨大，预算执行开局不利，至 1992 年全省财政赤字增至 11.78 亿元，占当年财政收入五分之一。1994 年，省财政抓住实行分税制财政体制机遇，千方百计组织收入。1995 年，全省财政总收入（含上划中央“两税”收入，下同）147.52 亿元，年均增长 22.0%；财政支出 135.88 亿元，年均增长 17.1%。期末基本消灭赤字，实现净结余 2.54 亿元。

1991 年预算执行 1991 年，安徽遭受历史上罕见的特大洪涝灾害，给国民经济和社会事业造成巨大损失，也给财政预算执行带来极大困难。全省财政收入 54.53 亿元，为预算的 89.2%，增长 0.1%；财政支出 84.97 亿元，为预算的 86.5%，增长 38%。全省累计财政赤字 6.59 亿元。

1991 年，全省各级政府和财政部门一手抓抗灾救灾，恢复生产；一手抓增收节支，精心理财和依法治税，努力缓解财政困难，减少灾害损失。各级财政部门积极服务于抗灾救灾，采取切实措施，打破常规，提高办事效率，缩短防汛救灾和修复经费的下拨时间，保证资金及时到位。除中央财政拨付的 11.48 亿元救灾款外，省财政调剂安排防汛救灾和水毁修复经费 1.95 亿元，用于支持全省防汛救灾、堵口复堤、生产恢复、文教科卫及公检法等行政事业单位的水毁修复。支持灾后经济和各项事业恢复发展。全省共对 2400 多户受灾企业给予灾情减免税照顾。省财政报经批准发行 1 亿元的水毁修复债券，重点解决部分企业灾后生产恢复的资金困难。加强收入征管工作，千方百计缩小收入差距。抓住重点税源，对年纳税 100 万元以上的企业进行重点税源普查，加强征管。全省大部分地区集中时间和人力，开展多项个体私营企业税收检查，查补入库税款 6082 万元。

1992 年预算执行 1992 年，全省财政收入 55.14 亿元，为预算的 104.7%，增长

1.1%;财政支出74.11亿元,为预算的85.3%,下降12.8%。全省累计财政赤字11.78亿元。

1992年,年初预算就有赤字,执行中又出现了一系列的增支因素,其中用于个人部分增支过猛,增加了预算执行的难度。全省各级财政部门支持企业转换经营机制,帮助企业走向市场、提高效益,增强后劲。在工资分配、企业留利、补充流动资金等10个方面扩大企业自主权。多方面筹集资金,积极扶持县乡经济发展,促进县财政收入上台阶。对滁州、宣州、当涂等16个县(市)进行择优扶持,取得成效,16个扶持县当年财政收入增长27.3%。同时切实采取措施,千方百计完成全年收入任务;严格控制和合理安排支出,保证重点支出需要;进一步深化财税改革,加强财政监督和管理。改进财政管理体制,省直管到地市本级,县(市)全部下放给地市管理。为进一步强化预算管理,省政府制发《关于切实加强预算管理的通知》,对控制随意减免、拖欠、截留财政收入以及乱开口子、擅自突破预算支出等起到了积极作用。

1993年预算执行 1993年,各级财政部门为争取1994年分税制改革有利条件,大力组织收入。全省财政收入73.21亿元,为预算的110.4%,增长32.8%;财政支出72.01亿元,为预算的87%,下降2.8%。全省实现当年收支平衡,累计财政赤字8.6亿元。

1993年,全省财政部门狠抓财源建设,促进县(市)财政收入上台阶。35个重点扶持县(市)财政收入达20.1亿元,比扶持协议规定的当年收入超收17.3%,增幅高于全省县级收入增幅。宁国、界首、巢湖等县(市)收入还提前1~2年达到与省签订的协议目标。全省财政收入超5000万元的县(市)由1992年的13个,增加到23个,其中超亿元县(市)继阜阳、亳州两市之后又增加了巢湖市和宿州市。严格执行税法,加大收入征管力度,努力完成和超额完成收入任务。采取有效措施,整顿财税秩序,强化预算管理,认真清理检查越权减免税和违反税法的行为。大力开展清理欠税,全省欠税由6.02亿元减少到1.55亿元。严格控制一般支出,加强资金调度,保证重点需要。财政支农支出增长4%,财政教育事业费支出增长11.4%,科技经费支出增长5.4%,促进了农业和科教事业的快速发展。

1994年预算执行 1994年,中央对地方实行分税制财政体制改革,调动了地方增收的积极性。全省财政总收入108.98亿元,增长48.9%,其中地方财政收入54.68亿元,为预算的40.7%,增长75.6%;财政支出93.27亿元,为预算的82.1%,增长29.5%。全省实现当年财政收支平衡,并消化一部分历年财政赤字。

1994年,省委省政府制发《关于做好新财税体制下财政工作的意见》,组建国税、地税两套机构,加强财、税、库三家工作协调,及时解决新问题,全省财政预算执行较好:财政收入在1993年快速增长的基础上,继续保持较高增幅。其中上划中央“两税”(消费税全部和增值税75%部分)收入完成了目标。各地尽力兑现工改增资,特别是重点兑现教师工资。努力增加农业投入,全省财政支农支出、农林水气事业费增幅较高。积极实施“以财养税”,增加生产建设性支出。省财政对地市实行“以奖代补”的激励政策。地市及县级财政实力进一步增强。继合肥市之后,阜阳、蚌埠、安庆三地市财政收入突破10亿元大关,财政收入超亿元县（市）由4个增加到11个。

1995年预算执行 1995年,全省财政总收入147.52亿元,增长35.4%,其中地方财政收入83.83亿元,为预算的110.9%,增长53.3%;财政支出135.88亿元,为预算的87%,增长45.7%。全省财政净结余2.54亿元。

1995年,省委省政府转发《省财政厅关于今后五年全省财政工作目标和任务的报告》,进一步激励各地加快财政发展。各级党政主要领导亲自抓财税工作,理清思路,明确目标,落实任务,在全省上下形成了不甘落后、争先进位的良好理财氛围。加大财税改革力度,落实省辖市对所辖区财政体制改革,县（市）对乡镇财政体制改革,基本上理顺各级财政分配关系。完善"以奖代补"政策,设立增收节支综合奖,进一步调动各地增收节支的自觉性和积极性。投放1.8亿元加大财源建设力度。在前3年已扶持40个县（市）的基础上,通过公开招标,又扶持13个县（市）。对第一轮扶持到期的宁国县、界首市进行第二轮扶持。全省34个亿元县（市）中有25个是重点扶持县（市）。其中宁国县跃入全国综合经济实力百强县行列。积极筹措资金1亿元,支持企业缓解流动资金紧张矛盾。

第三节 "九五"时期预算执行

"九五"时期（1996—2000年）,全省预算执行的着力点是:应对金融危机,加大财政投入。1998年,面对亚洲金融危机,省财政沉着应对,抓住国家实施积极财政政策机遇,大力争取国债专项资金并多方筹集资金,支持重点项目建设,有力拉动内需,确保经济持续快速发展。2000年,全省财政总收入290.42亿元,年均增长14.5%;财政支出323.47亿元,年均增长18.9%。

1996年预算执行 1996年,全省财政总收入193.14亿元,增长30.9%,其中地方财政收入114.59亿元,为预算的107.8%,增长36.7%;财政支出178.71亿元,为预算的98.5%,增长31.5%。净结余6.62亿元。

1996年,实施振兴财政工程,基本实现"两个消灭、两个提高"（即:消灭历年财政赤字,实现当年净结余,消灭历年财政欠发工资,实现当年不欠账;提高财政建设支出占财政支出比重,提高工资水平）。在财政收入继续保持快速增长的基础上,经过艰苦努力,全省结束了自1982年以来财政赤字历史,除个别地方外,财政欠发工资的问题基本解决。全省财政建设支出占财政支出比重达26.5%,比上年提高4个百分点,职工工资水平也有适当提高。地市县财力进一步增强,继续保持收支平衡。财政收入超10亿元的地市达到8个,比上年新增1个,合肥、阜阳两市财政收入分别达到24.72亿元和24.67亿元;财政收入亿元县（市）52个（不含原阜阳市）,比上年增加19个,占全省县（市）总数的77.6%,其中地方财政收入亿元县（市）24个,新增9个;地市县财政继续保持收支平衡。

1997年预算执行 1997年，全省财政总收入235.04亿元，增长21.7%，其中地方财政收入140.52亿元，为预算的106.3%，增长22.6%；财政支出207.24亿元，为预算的90%，增长16.0%。全省财政收入净结余6.58亿元。

1997年，“财政运行质量年”活动在全省范围开展。全省各级政府和财税部门以提高财政运行质量统揽财政工作全局，采取改变财政奖励办法，强化财政运行质量考核指标，促进财政健康发展。开展节支增效，保障工资发放、收支平衡和重点支出增长。抓好财源建设，支持县级经济发展，省财政筹集2.34亿元资金，采取公开招标的方式，择优扶持8个县（市）、2个省辖市和5个省属企业的财源建设。省财政通过预算安排8000万元支持企业技术改造和扭亏增盈；通过省信托投资公司将8000万元周转金贷款，转为企业资本金，大力支持企业发展。当年，全省财政收入增幅略高于国内生产总值增幅，财政支出基本保证工资正常发放和农科教等重点支出增长，财政收支结构方面，生产建设性支出保持适度增长，占财政总支出比重达26.5%；各项事业费稳定增长，行政管理费增长得到有效控制。

1998年预算执行 1998年，全省财政总收入262.07亿元，增长11.5%，其中地方财政收入159.19亿元，为预算的99.4%，增长13.3%；财政支出242.07亿元，为预算的87.3%，增长16.8%。全省财政净结余5.02亿元。

1998年，面对亚洲金融危机，国家实施积极财政政策，发行国债加大对基础设施的投入。省财政抓住机遇，争取到国债专项资金41亿元，涉及农林水、交通、电网、粮库及城建共94个项目，有力拉动内需，促进经济发展。全省财政收入增长高于国内生产总值增长2.5个百分点，占国内生产总值的比重为9.3%，比上年提高0.5个百分点；非税收入增幅下降22.8个百分点，可用财力相对增加。财政支出基本保证了工资发放、改革需要及农科教等重点支出的增长。各级财政部门调整支出结构，加大建设性投入：基本建设支出23.75亿元，增长58.9%；企业挖潜改造支出15.7亿元，增长24%。

1999年预算执行 1999年，全省财政总收入280.85亿元，增长7.2%，其中地方财政收入174.29亿元，为预算的101.6%，增长9.5%；财政支出288.60亿元，为预算的93.5%，增长19.2%。全省财政净结余4.69亿元。

1999年，全省各级财政部门在依法理财、深化改革、规范管理等方面取得新进展。积极财政政策得到有效落实，争取国债资金44亿元，再次保持占全国5%的份额。支持一大批关系国计民生的重大项目建设，突破了一些长期制约经济发展的“瓶颈”。财政支出改革取得新进展。优先保工资、保运转、保办案。全面推行综合财政预算管理，增强各级政府调控能力。实行预算追加听证制度，加快财政决策公开化、民主化、科学化进程。支持国有企业发展。争取国家“债转股”项目22个，转股金额177.52亿元；争取科技三项费用、政策性补贴等资金1.85亿元；省财政安排1.37亿元专项资金，支持国有企业技改、扭亏和科技开发。同时，支持农业产业化、社会化服务体系建设、农业科技示范园区建设、农业综合开发、江淮分水岭地区综合治理、畜牧进位工程、种子工程、菜篮子工程等项目。乡镇财政解困工程正式启动。各地组织开展“全省乡镇财政普查”工作，制定乡镇财政攻坚计划。当年清理清退乡镇不在编人员 11 万人，减少财政支出 6 亿元。省财政安排转移支付资金 3.11 亿元，用于兑现乡镇欠发工资。

2000 年预算执行 2000 年，全省财政总收入 290.42 亿元，增长 3.4%，其中地方财政收入 178.72 亿元，为预算的 103.3%，增长 2.5%；财政支出 323.47 亿元，为预算的 90.6%，增长 12.1%。全省财政净结余 5.8 亿元。

2000 年，安徽省遭受较为严重的旱涝灾害，加上国家出台一系列减收政策，预算执行难度较大。各级财政部门克服不利因素，抓住经济回升的机遇，同心协力，严征细管，财政收入任务圆满完成。同时，着力推进财政改革。经中央批准，安徽在全国率先开展农村税费改革试点。争取中央农村税费改革专项转移支付 11 亿元，省财政安排 1 亿元资金相配套，下达农业税灾减指标 1.2 亿元，共 13.2 亿元，全部安排到乡村，为保障农村基层组织的正常运转和五保户的供养发挥了重要作用。全省农民税费负担减少 16.9 亿元，人均减负 33.9 元，平均负担减轻 31%。保障县乡工资正常发放，消化县乡财政欠发工资 6.6 亿元。省财政全年累计安排对县乡补助 20 亿元，为县乡工资发放提供财力支持。财政支出改革步伐进一步加快。在五河、霍山、南陵三县开展公共财政支出改革试点，取得良好效果。在省本级试行编制部门预算，初步理顺财政与部门的关系，财政部门内部运行程序进一步规范。全面实施政府采购，全省共节约资金 13477 万元，资金节约率 14.3%。乡镇财政解困工程继续推进，省财政专项安排 6936 万元，对 370 多个特困乡镇实施了转移支付。对各县（市）欠省财政的周转金，实行 3 年挂账，进一步缓解县乡债务压力。省财政安排 4.2 亿元资金，用于扶贫开发项目，支持农业产业化、农业科技示范园区建设。

第四节 “十五”时期预算执行

“十五”时期（2001—2005 年），全省预算执行的着力点是：推进综合改革，加快财政发展。安徽在全国率先实施农村税费改革，从试点到全省取消农业税，成效显著。公共财政支出改革，推动国库管理、政府采购、集中支付、部门预算等基本制度的建立，为预算执行创造了良好条件。2005 年，全省财政总收入 656.55 亿元，年均增长 17.8%；财政支出 713.06 亿元，年均增长 17.1%。

2001 年预算执行 2001 年，全省财政总收入 309.55 亿元，增长 6.6%，其中地方财政收入 192.18 亿元，为预算的 103.8%，增长 7.5%；财政支出 403.8 亿元，为预算的 97%，增长 24.8%。全省财政净结余 4.85 亿元。

2001 年，全省农村税费改革取得阶段性重要成果。调整和完善农业税收政策，继续加强督查，狠抓政策落实，在增加农村义务教育投入和保障基层组织正常运转方面采取一系列措施。全省农村义务教育投入 55.9 亿元，增长 22%。与改革前相比，全省农民共减轻政策性负担19.4亿元,人均政策性减负35.6%。公共财政支出改革向纵深推进。全省纳入支出改革范围的76个县(市、区),全部成立会计核算中心和政府采购中心。已有5个市实施公共财政支出改革试点。省级成立国库支付中心,首批16个试点单位的支出全部纳入中心实行集中支付。部门预算全面实行,省级选择8个部门预算报省人大常委会审查。工资统发稳步推进,在省直40家行政单位实行工资委托银行统一发放。全省政府采购范围和规模不断扩大,采购行为进一步规范。确保工资发放和社会保障取得新成效。把全省农村中小学教师工资全部上收到县级管理,优先保障教师工资发放。全省财政供给人员工资基本做到正常发放,并消化部分历年欠发工资。全省社会保障补助支出31.8亿元,全省养老保险基金支出59亿元,实现"两个确保"和城镇居民最低生活保障。积极财政政策得到有效落实,及时拨付国债项目资金34.7亿元,支持长江干堤加固、临淮岗洪水控制工程、马钢薄板项目等一大批重点项目建设。争取世行贷款7125万美元,支持淮河流域水污染防治项目建设。筹措资金19144万元,支持实施56项高新技术产业化重大项目建设。通过中介机构为中小企业提供再担保资金2.1亿元。落实中央调整收入分配政策,提高了全省行政事业单位职工和离退休人员工资水平。

2002年预算执行 2002年,全省财政总收入346.65亿元,增长12%,其中地方财政收入200.22亿元,为预算的105.4%,增长4.2%;财政支出456.86亿元,为预算的97.9%,增长13.1%。全省财政净结余5.7亿元。

2002年,全省工资和行政事业管理费支出252.5亿元,确保财政供给人员工资正常发放,并基本消化临泉等20个县8.1亿元历年欠发工资;全省社保支出88.2亿元,保障下岗职工、困难职工和离退休职工以及城镇困难居民的生活。全省农业支出28.2亿元,支持农产品流通、品牌和农业产业化工程,开展森林生态效益补助试点;安排扶贫资金4.4亿元,重点扶持贫困地区和山库区;安排4.8亿元资金,实施国家农业综合开发项目。全省基本建设支出53.8亿元,其中国债资金支出41.8亿元,用于长江干堤加固、退耕还林、城市基础设施和企业技术改造等项目建设。省财政拨付4亿元专项资金,重点支持高新技术产业发展、国有企业扭亏脱困和改革发展等。公布取消289项行政事业性收费项目,降低63项收费标准,平均降幅35%,切实减轻了企业和农民负担。全省政府采购项目预算19.5亿元,实现采购合同金额17亿元,资金节约率12.6%。省级对47个政府部门353个预算单位实行国库集中支付,省国库支付中心实际支付资金13.5亿元,比未纳入国库管理减少支出1.4亿元,相应增强政府资金调控能力。

2003年预算执行 2003年,全省财政总收入412.29亿元,增长18.9%,其中地方财政收入220.75亿元,为预算的107.3%,增长10.3%;财政支出507.44亿元,为预算的96.4%,增长11.1%。全省财政净结余5亿元。

2003年,面对突发的"非典"疫情和严重的洪涝灾害,省财政迅速建立应急机制,紧急动用预备费,积极争取中央财政支持,及时安排"非典"防治资金4.75亿元,安排抗洪救灾资金32.5亿元。推进各项财政改革:完善省以下财政体制,对下转移支付资金100亿元;在五河等9县推行乡财县管改革试点;在总结来安、天长粮食补贴方式改革试点经验的基础上,全面推开,向农民直接发放粮补资金6.27亿元;农村税费改革进一步减轻农民负担1.7亿元;省直117个部门及所属单位全部纳入国库集中支付。省财政投入各类支农专项资金20亿元,促进农村经济结构调整和增加农民收入。拨付18.3亿元专项资金,重点支持国有企业关闭破产和扭亏脱困。安排专项贴息资金5000万元,支持皖北地区和工业园区经济发展。及时拨付国债专项资金21亿元,支持水利、交通等一批重大项目建设。省中小企业信用担保中心为979家企业提供担保和再担保贷款5亿元。

2004年预算执行 2004年,全省财政总收入520.71亿元,增长26.3%,其中地方财政收入274.62亿元,为预算的116.2%,增长24.4%;财政支出601.53亿元,为预算的105.7%,增长18.5%。全省财政净结余4.7亿元。

2004年,在全国率先取消农业税附加,同时降低农业税税率2.2个百分点,直接减轻农民负担15亿元,当年农业税总体负担降低42.9%。全省向农民发放粮食直补、农机补贴、水稻小麦油菜良种补贴11.97亿元。省财政安排专项资金18.6亿元,安排扶贫专项资金5.4亿元,着力改善贫困地区农民生产生活条件。全省财政用于"三农"支出158亿元,增长20%。省财政拨付"861"行动计划专项资金33.3亿元。为一批中小企业提供担保和再担保贷款7.1亿元。积极争取国际金融组织贷款和外国政府贷款1.4亿美元。全省完成出口退税27.3亿元,还清历年欠退税14.7亿元。省财政安排专项资金5.8亿元,支持农村中小学危房改造、农村现代远程教育建设试点、向农村中小学贫困生免费提供教科书。安排社保补助资金57亿元,基本做到确保国有企业下岗职工的基本生活费和离退休人员基本养老金按时足额发放,以及城市居民最低生活保障应保尽保。安排农村特困群体救助资金3.5亿元,探索建立农村特困群众生活救助制度。多渠道筹集再就业资金4.7亿元,全力促进就业和再就业工作。省财政稳步推进财政改革。实施省直管县和乡财县管改革,建立县级最低财力保障机制和县级财政激励约束机制,努力缓解县乡财政困难,促进县域经济加快发展。全年省财政增加对县乡转移支付和财力补助40亿元;对县乡借用省级财政周转金和专项资金借款余额豁免50%,共核销借款3.53亿元;免除县以下农村中小学危房改造借款1.9亿元;减免农民负担的农业综合开发土地治理项目财政有偿资金债务6亿元;安排皖北地区发展贴息资金3000万元;安排县级重点工业园区基础设施建设贷款贴息和奖励资金1亿元。全省政府采购项目预算41.7亿元,节约资金5亿元,资金节约率12.1%。省国库支付中心办理省直单位资金支付73.7亿元,比预算单位用款计划减少支出3.8亿元,结余率4.9%。

2005年预算执行 2005年,全省财政总收入656.55亿元,增长26.1%,其中地方财政收入334.02亿元,为预算的114.9%,增长21.6%;财政支出713.06亿元,为预算的104.4%,增长18.5%。全省财政净结余8.13亿元。全面完成"十五"财政收支计划。

2005 年,安徽在全国率先免除农业税后,省财政深化省直管县财政体制改革,支持县域财政经济发展。安排对县级税收增收奖励发展资金 3 亿元;安排工业园区建设贴息奖励资金 1.2 亿元,引导和带动银行、社会资金投入 36 亿元;安排实施县乡财政振兴工程资金 22 亿元。同时帮助县乡化解历史债务 14 亿元。全年省财政对下转移支付和财力性补助 145 亿元,增长 27.7%。县(市)财政收入仍保持较快增长,61 个县(市)中财政收入超 2 亿元的县有 26 个,其中超 5 亿元的县有 7 个。全省财政用于“三农”支出 223 亿元,增长 41%。向农民发放粮食直补、农机补贴、水稻小麦油菜良种补贴 14.6 亿元,免除农业税 19.2 亿元,农民人均受益 70 元。安排扶贫专项资金 5.65 亿元,改善贫困地区农民生产生活条件。大力支持经济发展,安排“861”行动计划建设资金 65 亿元;安排专项资金 1.85 亿元,支持东向发展、皖北发展、旅游发展和合肥国家科技创新试点市建设;对企业出口退税 45.6 亿元;安排外贸发展资金 1.65 亿元,促进外向型经济加快发展;利用外国政府贷款 8000 万美元,支持淮化集团技改等项目;安排中小企业发展资金 5000 万元。增拨资本金 2.2 亿元,支持组建省担保集团、徽商银行。省中小企业信用担保中心为企业提供担保、再担保金额 10.3 亿元,增长 47.1%。全省财政用于科学、教育、卫生、文化等社会事业支出 162.5 亿元,增长 10.2%。省财政拨付社保补助资金 37.8 亿元,多渠道筹集再就业资金 4.6 亿元,落实各项再就业优惠政策,全省 20 万下岗失业人员实现了再就业。安排 2.3 亿元资金用于全省五保对象生活困难补助,安排 11.7 亿元用于城乡特困救助,安排 2.7 亿元支持农村中小学危房改造、农村现代远程教育建设试点,安排 2767 万元实行农村部分计划生育家庭奖励扶助,安排 2.3 亿元落实贫困县困难农民家庭义务教育“两免一补”政策。省财政推进公共财政改革。省直 125 个部门预算全部报省人大审查;省市两级国库支付中心实际支付资金 182.7 亿元;全省实际执行政府采购 74.2 亿元,节约资金 9.9 亿元,资金节约率 11.9%。

第五节　“十一五”时期预算执行

“十一五”时期(2006—2010 年),全省预算执行的着力点是:坚持科学理财,服务跨越发展。省财政牢固树立科学发展观,坚持以人为本理财理念,努力组织收入,科学安排支出。除大力支持“861”行动计划外,坚持财力向基层、向民生、向“三农”倾斜,推进新农村建设,创新财政资金管理方式,整合财力,实施民生工程,拉动内需,带动财政发展。2010 年,财政总收入 2063.8 亿元,年均增长 25.7%;财政支出 2583.5 亿元,年均增长 29.4%。财政收支分别是 2005 年的 3.1 倍和 3.6 倍。

2006 年预算执行　2006 年,全省财政总收入 816.51 亿元,增长 24.4%,其中地方财政收入 428.03 亿元,为预算的 115.3%,增长 28.1%;财政支出 940.23 亿元,为预算的 89.4%,增长 31.9%。全省财政净结余 9.5 亿元。

2006 年,全省财政用于“三农”投入 283.2 亿元,增长 27%。安排农业综合开发资金12亿元，着力提高农业综合生产能力。通过“一卡通”发放农民各类补贴资金40亿元，增长11.1%，农民人均受益77元。集中投入5000万元，引导和带动肥西等10个试点县整合财政支农资金10亿元。安排6.1亿元，加速实施扶贫“整村推进”工程，并在太湖、金寨、霍山3县开展贫困村村民生产发展互助资金试点，探索财政扶贫新路。18个县农村综合改革试点工作基本完成。着力支持“861”行动计划。全省财政安排基本建设支出97.6亿元，安排企业挖潜改造资金32.2亿元，提高企业自主创新能力。拨付商务发展促进资金3亿元，对出口企业退税58.6亿元。利用外国政府贷款和国际金融组织贷款1.9亿美元。为全省中小企业贷款提供担保再担保34亿元。筹集县域发展资金40亿元，拨付县级工业园区贴息奖励资金1.5亿元。兑现县级税收增长奖励和财政强县奖励资金5.6亿元。推进县（市）财政发展，财政收入超2亿元县达35个，新增9个。其中，财政收入超5亿元县9个；超10亿元县1个（凤台县）。省财政安排县级财政转移支付资金185亿元，增长36%，显著提高县乡财政保障能力。省级国库集中支付资金167.8亿元，增长83.2%；全省完成政府采购104亿元，节约资金15亿元，资金节约率14.7%。清理取消省级行政事业性收费61项，降低收费标准32项，当年减轻企业和社会负担32.2亿元。

2007年预算执行 2007年，全省财政收支双破千亿元大关。财政总收入1034.73亿元，增长26.7%，其中地方财政收入543.7亿元，为预算的109.4%，增长27%；财政支出1243.83亿元，为预算的93.3%，增长32.3%。全省财政净结余12.2亿元。

2007年，省财政在加强财政收入征管的同时，支持经济发展。紧紧围绕“861”行动计划，支持东向发展，协调区域经济发展。安排基本建设资金65.1亿元，加快防洪保安、淮河治理、通达工程建设步伐，一批事关国计民生的重大基础设施相继建成。争取外国政府贷款和国际金融组织贷款4.6亿美元，支持环境保护、公共卫生、高速公路、农田综合治理等项目建设。安排18.9亿元，推进国有企业改组改制。安排3.9亿元，着力提高企业自主创新能力。安排15.5亿元，促进节能减排和生态补偿，支持建设资源节约型和环境友好型社会。推进新农村建设。全省财政用于“三农”的各项支出365.9亿元，增长29.2%。安排专项资金2.6亿元，重点支持新农村“千村百镇”示范工程建设。狠抓支农惠农政策落实，全年打卡发放27项补贴农民资金71.7亿元，增长63%，人均得到财政补贴139元。安排28.3亿元，着力提高农村生产发展能力。全面推进农村综合改革，农村义务教育“两免一补”政策全面落实，直接减轻农民义务教育负担达23.2亿元。保障和改善民生。圆满完成12项民生工程年度目标。全年民生工程投入78.4亿元，全省4000万群众享受实惠，人均受益196元。安排大中型水库移民后期扶持资金7.9亿元，全省117万库区移民从中受益。全省81个县（市、区）开展新型农村合作医疗试点工作，参合农民3602万人，参合率85.7%。筹措资金49.3亿元，应对民生热点问题，落实石油价格补贴政策，大力扶持生猪发展，重点对种粮农民、相关弱势群体和公益性行业实行补贴。筹集并拨付18.6亿元，保障抗洪救灾和灾后重建，60多万蓄滞洪区群众获得补偿,重建倒房11.3万间,竣工率达100%,确保灾民安全过冬。

2008年预算执行　2008年,全省财政总收入1326.05亿元,增长28.2%。其中地方财政收入724.62亿元,为预算的120%,增长33.3%;全省财政支出1647.13亿元,为预算的112.1%,增长32.4%。全省财政净结余11.0亿元。全省财政收入、财政支出分别比2005年增长102%、127.6%。全省财政净结余11.1亿元。

2008年,省财政灵活运用多种政策手段,增加政府投资,扩大消费需求。安排25亿元专项转移支付资金,用于支持各市县建立中小企业担保基金、中小企业贷款风险补偿资金和贴息资金,解决中小企业融资难问题。继续做好增值税转型改革试点,取消和停征114项行政事业性收费,切实减轻企业税费负担。有效放大转移支付资金效应,提前下达新增一般性转移支付50亿元,增强市县政府调控经济和保障民生的能力。及时足额兑现县级财政发展奖励资金、财政强县奖励资金及县级企业所得税增长返还政策资金11.2亿元;安排6亿元,专项支持合芜蚌自主创新综合配套改革试验区创新体系建设;安排皖北和沿淮市县发展扶持资金3.2亿元,促进皖北及沿淮地区加快发展;安排19.3亿元加大节能减排和环境治理保护力度;多渠道筹集安排18.8亿元,促进国有企业改组改制、结构调整,妥善解决政策性关闭破产国有企业退休人员社会保障问题。精心组织实施18项民生工程,各级财政安排民生工程资金176.4亿元,其中省财政拨付中央和省级资金136.9亿元,全省5000万人受益,人均受益350元。省财政统筹安排53.6亿元,有力推进义务教育经费保障机制改革和高等院校、中等职业院校困难学生资助体系建设,促进教育均衡发展;足额下达农村低保补助资金6.8亿元,农村低保标准由683元提高到860元,全省180万农村低保对象受益;及时下拨5000万元补助资金,确保全省5.1万未参保城镇集体企业退休人员基本生活保障资金全部发放到位;多渠道落实44.5亿元,推进城镇居民基本医疗保险制度和新型农村合作医疗制度实现全覆盖;安排维护社会稳定和公共安全建设资金19.8亿元,改善政法系统基础设施,促进和谐安徽建设;全省农村五保户供养按照不低于1200元标准予以保障,全省45.7万农村五保户纳入了财政保障范围。加大财政“三农”投入力度,全省财政“三农”投入481.9亿元,增长31.7%,高于财政支出增幅1.2个百分点。各级财政投入36.9亿元,推进土地开发整理和农业综合开发,强化农业基础地位。全省通过“一卡通”发放27项财政补贴农民资金109亿元,农民人均受益210元。选择合肥等14个市及省农垦集团开展农业保险试点,各级财政统筹安排保费补贴2.5亿元,为全省农户提供63亿元风险保障,有效降低自然灾害给农民带来的损失。省财政安排6.1亿元,加快病险水库除险加固工程进度。全面清理核实锁定全省农村义务教育债务30.6亿元,省财政分配下达各地化债奖补资金25亿元,确保债务偿还兑付工作顺利进行。

2009年预算执行　2009年,全省财政总收入1551.2亿元,增长17.0%。其中地方财政收入863.92亿元,为预算的111.6%,增长19.2%;财政支出2141.92亿元,为预算的96.6%,增长30%。全省财政净结余15.1亿元。

2009年，省财政争取中央投资144亿元，争取财政部代理发行地方政府债券77亿元，筹措落实配套资金166亿元，有力保障了一批打基础、管长远、增后劲的重大项目开工建设。加大对企业帮扶力度，认真落实结构性减税政策，取消、停征和调整129项行政事业性收费，全年减轻企业和居民税费负担140亿元；支持信用担保体系建设，为中小企业融资累计提供担保再担保350亿元；争取外国政府、国际金融组织贷款2.3亿美元，报批使用国家开发银行贷款140亿元，支持基础设施、县域经济、环境保护等方面建设；省级财政多渠道筹集安排11.4亿元，促进国有企业改组改制、结构调整，妥善解决政策性关闭破产国有企业退休人员社会保障问题。积极实施家电、汽车、摩托车、农机下乡及汽车以旧换新政策，全省累计销售各类下乡产品231.5万台（辆），拉动消费108亿元，200多万户农户享受财政补贴15.5亿元；省级安排2.8亿元，支持"双百工程"（重点改造100家大型农产品批发市场，着力培训100家大型农产品流通企业）、"双进工程"（便利消费进社区，便民服务进家庭）建设，加快形成农村现代流通体系；安排6.2亿元外经贸专项资金，扩大外部需求。促进发展方式转变，省级安排6亿元，推进合芜蚌自主创新综合配套改革试验区建设；安排12亿元，重点支持污染治理和环境保护；安排21.8亿元，支持淘汰落后产能、节能减排和资源枯竭城市转型；安排12.6亿元，支持退耕还林等林业生态工程建设。安排4.7亿元，促进皖北和沿淮三市六县、革命老区加速发展。全面完成28项民生工程年度目标任务，投入254亿元，惠及群众6000多万人。全省"三农"投入达676亿元，比上年增加194亿元，增长40.3%。省级安排76.4亿元，支持水利工程、农村公路等建设；投入11.9亿元，改造中低产田127万亩；安排7亿元，用于农村居民饮水、沼气等工程建设；筹措6.4亿元，对608个贫困村实施扶贫工作整村推进。全省通过"一卡通"发放27项财政补贴农民资金共计120.7亿元，比上年增加11.7亿元，人均受益300元。推进政策性农业保险试点，统筹安排保费补贴6.4亿元，为全省1615万农户提供210亿元风险保障，降低农业生产风险。下拨5.6亿元，全面启动村级公益事业建设"一事一议"财政奖补试点工作，完善为民服务全程代理制。

2010年预算执行 2010年，全省财政总收入突破2000亿元大关，实现2063.82亿元，增长33.0%。其中地方财政收入突破1000亿元大关，实现1149.4亿元，为预算的122.5%，增长33.0%；全省财政支出2587.61亿元，为预算的97.2%，增长20.8%。全省财政净结余8.2亿元。

2010年，省财政采取措施，力促发展方式转变。协议利用国际金融组织和外国政府贷款6.1亿美元；支持省级融资平台协议利用国家开发银行贷款117.4亿元；争取财政部代理发行地方政府债券89亿元，保障重点建设项目资金需要，拉动消费需求增长。兑付家电、汽车、摩托车、农机下乡及家电、汽车以旧换新产品补贴资金38.3亿元，拉动市场销售311.2亿元；安排促进外经贸发展资金4.6亿元，刺激进出口恢复增长。安排25亿元，推进自主创新和战略性新兴产业发展；统筹安排16.2亿元，支持节能减排和循环经济发展；安排7亿元，支持国家技术创新工程试点省和合芜蚌自主创新综合配套改革试验区建设；投入6.4亿元，支持创建13家投资基金公司，撬动社会资本40.2亿元；安排12.1亿元，推进资源枯竭城市转型和生态功能区保护，促进区域协调发展。安排10亿元专项资金，大力支持皖江城市带承接产业转移示范区建设；安排5.4亿元专项补助资金，支持皖北三市七县加快发展；新增安排20亿元均衡性转移支付，提高县级基本公共服务均等化水平；安排20.5亿元财政强县和税收增长等奖励资金，鼓励县域经济加快发展。惠民生，推动社会和谐建设。全省投入33项民生工程资金345亿元。安排123.4亿元，提高义务教育公用经费标准，保障校舍安全工程资金需求。投入25.2亿元，提高优抚对象保障水平和企业退休人员养老金标准，社会保障体系进一步健全。投入20.3亿元，推进基层医药卫生体制综合改革。统筹安排就业资金20.6亿元，支持解决高校毕业生、农民工、困难群体就业；统筹安排47.5亿元，推进廉租住房、公共租赁房、棚户区改造和农村危房改造等保障性安居工程建设，改善群众住房条件。增投入，加快城乡统筹步伐。全省"三农"支出842.7亿元，增长24.7%，高于全省财政支出增幅4.1个百分点。下达产粮、产油大县奖励资金14.7亿元，促进全省粮油生产；安排14.5亿元，支持农村交通、病险水库除险加固、小型农田水利等重大基础设施建设。落实惠农政策。通过"一卡通"及时兑现各项涉农补贴资金146.3亿元，增长21.2%，农民人均直接受益372元；安排扶贫资金9.7亿元，促进贫困地区脱贫致富；安排9.6亿元支持农业政策性保险；投入19.2亿元，推进村级公益事业建设"一事一议"财政奖补试点；投入8.8亿元，健全村级组织运转经费保障机制；安排14.1亿元，支持林业生态工程建设；统筹安排16.9亿元，支持整体推进农村土地整治示范省建设。

第二篇　财政改革

改革是发展的动力。1978年国家开始进行改革开放，财政改革首当其冲。1979—2010年间，安徽财政改革以财政管理体制改革为主线。1980年，省开始对市县实行“包干分成”财政体制改革，改变之前财政收支过度集中的管理模式，市县财力有所增加，政府积极性有所带动。1994年，全国自上而下实行分税制财政体制改革，中央与省、省与地市、地市与县（市）之间划分收入范围和支出范围，各级政府的财政责任得到明确，地方政府享有较高的财政自主权。分税制财政体制适应社会发展要求，在改革之后长时间内保持未变。2003年、2004年，安徽先后开始实行“乡财县管”和“省直管县”财政体制改革，分税制财政体制得到优化和完善。

在分税制财政管理体制下，安徽财政在支出和收入的管理上经历一系列改革。1999年实行公共财政支出改革，2001年实行国库管理制度改革，2002年实行部门预算编制改革，2003年实行政府采购制度改革，这些改革着重从支出环节入手，规范财政资金流动，促进财政向“公共财政”方向转变。在收入方面，2000年实行农村税费改革，2005年实行非税收入征管改革。其中，安徽在全国率先开展农村税费改革，结束了沿袭2600年的农业税历史。此外，安徽财政还开展了粮食财务管理体制改革、农村综合改革等其他诸多改革。安徽财政的系列改革，在促进财政自身健康运行的同时，也在推动社会经济各项事业变革和发展。

第一章 财政体制改革

财政体制是中央与地方、地方上下之间财政分配的基本制度和政策，它明确划分中央与地方、地方各级政府之间的财政活动范围和权责关系。1979年后，根据中央统一部署，安徽结合本省实际，先后实施“包干分成”财政体制改革、分税制财政体制改革，以及“乡财县管”和“省直管县”财政体制改革。安徽财政体制在中央对安徽财政体制的框架内有所完善和改革创新。

第一节 “包干分成”财政体制改革

“包干分成”财政体制是“财政包干、总额分成”体制的简称。1979年，中央决定将财政管理体制改革作为经济体制改革的突破口，推行“划分收支、分级包干”财政管理体制，对安徽实行“收支挂钩，增收分成”体制。“收支挂钩”按照核定的当年预算指标，确定当年收支挂钩的比例，完成预算指标的，可按核定的支出指标开支；完不成的，则按收支挂钩的比例，削减支出指标，以保证财政收支平衡。“增收分成”以上年决算为基础，对当年收入比上年增加的部分，省按照65%分成。从1980年起，中央对全国各省、市、自治区全面实行财政包干。在划分收支范围、核定收支基数的基础上，采取“定额上解、定额补助、总额分成”等办法。1981年，财政部对安徽实行“包干分成”体制，分成比例为：安徽77%，中央23%。1982年，因企业上下划，分成比例改为：安徽76.15%，中央23.85%。1985年起，中央对安徽继续实行财政“包干分成”体制，但在收支包干范围和基数方面有所调整，调整后上解中央比例为19.9%，比原上解比例有所降低，主要是一部分收入上划中央。当年，安徽人均财政收支水平偏低，与邻近省份（福建、江西）相比，应属于定补省。由于实行财政“包干分成”体制，上解比例过大，制约了安徽财政发展。但是，安徽顾全大局，一方面坚决执行财政“包干分成”体制，另一方面从实际出发，不断调整、改进和完善省对市县的财政“包干分成”体制。

调整“包干分成”财政体制 中央对安徽财政体制调整后，省对地市县实行相应改革。1980年4月26日，省政府决定在亳县、怀远、滁县、庐江、当涂、东至、祁门、金寨、潜山9县和安庆市实行“划分收支，分级包干”财政体制改革试点，收支包干基数以1980年收支决算为基础经适当调整后核定，收大于支的部分定额上交省，支大于收的部分省给予定额补助，实际收入超过基数部分根据不同县市按比例分成。

1982年,这一改革在全省推开,由省直接包干到县,一定3年。按照体制规定,列入各地收入包干范围的有:各地所属企事业收入、工商税收、盐税、农业税和其他收入,以及上划省级管理的企业上缴利润的50%,省辖市工业用棉价差补贴和城镇人口蔬菜补贴。各地支出包干范围主要是所属行政事业单位人员经费和发展事业支出。省统筹基本建设投资、企业挖改资金、企业流动资金、省重点安排的科技三项费用、支农支出等发展生产部分、特大自然灾害救济费和特大抗旱防汛经费等。

1985年起,省对地市县实行"划分税种、核定收支、超收分成、分级包干"的财政体制。

1985—1987年,中央对安徽上解留成比调整为19.9%∶80.1%。

1988年,中央对安徽财政体制再次调整,上解比例为22.5%。省对地市县财政体制也相应调整:将石油部、电力部、石化总公司和有色金属总公司所属企业的产品税、增值税、营业税的70%划作中央固定收入;将省辖8市(不含黄山市)征收的产品税、增值税、营业税的20%划作省固定收入,其余部分纳入各地总额分成收入;除排污费、城市水资源费收入和1985年开始征收的城市维护建设税划作地方固定收入外,其他各项地方预算收入,包括原规定作为地方固定收入的县办工业利润50%留成、其他工商税等,也列入包干收入范围,省参与分成。按照调整后的包干范围,收入基数以1983年决算收入为基础核定,支出基数在各地1983年包干支出的基础上,结合各地财力状况核定。考虑到1985年调整工资,各级财政增支因素较多,省对一部分困难县给予照顾,将其支出基数调增到接近全省县级平均增长水平;其他地方支出基数均维持在1983年既得财力水平上。调整以后,各地的支出基数均比1983年支出基数有较大的增长,按同口径比较,平均增长23.3%,其中省辖市增长34%。

与前一体制比较,对各地超基数收入分成办法作了一些改变:计算超基数收入时,当年实际收入和包干收入基数均按全额计算,不扣除上解中央20%;不分定交县、定补县,均按同一比例留成;省辖8市的留成比例基本维持原水平,县级留成比例略有提高。各地超基数收入的分成比例分别是:合肥、蚌埠、芜湖、马鞍山4市上解中央20%,上交省50%,市留成30%;淮南、淮北、铜陵、安庆4市上解中央20%,上交省40%,市留成40%;县级(含行署、地辖市、原黄山市,下同)上解中央20%,上交省10%,县级留成70%。为配合省对部分县进行县级经济体制综合改革,省财政对临泉、无为、和县、歙县、祁门、宣城、泾县、金寨、六安、潜山、东至、贵池、凤阳、天长、全椒、繁昌、当涂、长丰18个试点县的财政分成进一步放宽,实行"按比例递增上交或递减补助"的办法。

对各试点县区别不同情况,分别确定5%～7%的收入递增速度,其递增速度内的超基数收入,仍按全省统一的分成比例,上解中央20%,上交省10%,县留成70%。其中上交省10%换算成绝对额,与各试点县定额上交或定额补助数合并,实行递增上交或递减补助。超过递增速度以上的超基数收入,除上解中央20%以外,全部留县。同时,对临泉、金寨2个困难县给予特殊照顾,其超基数收入上解中央的20%由省代交。

改进"包干分成"财政体制 1988年年初，省对马鞍山、芜湖、铜陵、安庆沿江4市，进而扩大到省辖8市，分别实行"定额递增上交、定额递减补助"的财政包干办法，一定3年。主要内容是：取消超基数收入省和市按比例分成的办法，将市1987年底基数内的定额上交和超基数收入上交合并作为市上交省定额，在此定额基础上按一定比例逐年递增上交，其余部分除按原规定上解中央27.6%以外（此比例属中央借款进基数后调增的），全部留市，超收不交，短收不补；省不再直接包干到市所辖的县，市对所辖县的财政体制，由市根据具体情况自行确定。

1988年下半年，省改进县级财政体制，财政收支包干范围未作变动，对收支包干基数作了调整：收入基数以各地1987年参与总额分成的决算收入为基础计算（不再扣除上解中央部分）；支出基数以各地1987年决算应得财力（扣除应承担的中央借款）为基础计算。改进包干办法后，各县（市）不再直接承担上解中央财政，当年收入除定额递增上交省外（定额补助县无上交，省另外按定额补助递减数给予补助），全部留县（市）。各县（市）提前知道自身3年财力情况，有效地防止收入滑坡，最大限度地鼓励多超收。对行署、市所辖县（市）超基数收入继续实行奖励，为简便结算，改按所辖县（市）超基数收入全额计算，不再扣除上解中央部分，奖励比例分别降低1个百分点，调整后为3%～5%，与原奖励水平持平。

1989年起，由于行政区划的变动，省对黄山市的财政体制作相应调整。其包干办法及收支基数等均不作变动，调整为：以黄山市为单位进行包干，包括所辖县（区），市对所辖县（区）的包干办法可自行确定；将收入递增率调低为3%，递增率内包干上交比例为22.5%，按此计算1989、1990年的包干上交数额。根据撤销原安庆行署并入安庆市，并成立新的池州行署的区划变动，省财政分别对其收支基数重新核定，分成办法等仍比照执行。

完善"包干分成"财政体制 中央对安徽实行的财政"包干分成"体制原定于1990年到期，由于实行分税制的条件尚不成熟，财政"包干分成"办法延续执行，仍按22.5%计算上解。由于中央对安徽体制暂不变动，省政府决定，省对各地的体制也不作大的变动，只作部分调整。1991年，省辖8市的递增上交数仍按原办法延续计算；行署、县（市）的递增上交数只按1990年的核定数上交，不再递增，其中当年收入（参与分成部分）超过1990年的增收部分分别按原分档比例36.6%、30%和22.5%交省。

1992年，省由原来直接包干到县（市），改为包干到地区和省辖市。主要是：将行署、省辖市与其所辖县（市）的基数合并，形成全地区和全省的收支基数；将定额上交递增或定额补助递减数相加，形成上交地区的定额上交递增数或补助地区的定额补助递减数；省辖7市本级定额递增上交比例统一改为4%，在1991年的基础上计算递增，铜陵市本级仍按原定的50万元计算递增；各地区当年收入超过1990年部分一律按22.5%计算上交；省对行署、市所辖县（市）超基数收入给予奖励的政策停止执行，原给的奖励调进基数；将提高农业税计税价格增加的收入任务、新开征的资源税和1990年起中央财政集中财力各地分担的任务，也相应调进各地收支基数。

实行财政“包干分成”体制，改变了计划经济体制下财政统收统支的过度集中管理模式，其实质是一种财政放权，地方政府由原来被动安排财政收支转变为主动参与经济管理，体现“统一领导、分级管理”的原则。地方政府财力的不断增强，使其有能力增加对本地区的重点建设项目，以及教育、科学、卫生等各项事业的投入，促进地方经济建设和社会事业的发展。但是，体制缺乏必要公开性、科学性、公平性，导致地区间财力分配不合理，不利于调动市县组织财政收入的积极性。

第二节　分税制财政体制改革

随着社会主义市场经济体制的建立和完善，“包干分成”财政体制与之不相适应，主要有：税收调节功能弱化，政府间财力分配不规范，财力分散，中央宏观调控能力越来越弱。为此，中央决定从 1994 年开始实行分税制财政体制改革。改革的着力点是建立规范合理的财政分配机制，即根据事权与财权相结合原则，确定中央财政与地方财政的支出范围，将税种统一划分为中央税、地方税和中央地方共享税，建立中央税收和地方税收体系，分设两套税务机构分别征管，逐步实行比较规范的政府间税收返还和转移支付制度。按照中央对分税制财政体制改革的统一部署，1994 年，省政府颁发《关于实行分税制财政管理体制改革的决定》，标志着分税制财政体制在全省实施。

省对地市分税制改革　基本原则是与中央对省分税制改革相衔接，地市财力存量部分不作调整，保证各地既得利益，省级财政适当集中增量财力，实行省管地市财政管理体制。

划分省与地市收入范围　中央按照分税制改革后的税种和收入项目，将维护国家权益、实施宏观调控所必需的税种划为中央税；将同经济发展直接相关的主要税种划为中央与地方共享税；将适合地方征管的税种和收入划作地方固定收入。省级财政收入包括省属企业的所得税、利润、计划亏损补贴以及其他收入等。除此以外的地方固定收入和分享收入，均划分给地市。具体包括：营业税（不含铁道部门、各银行总行、各保险总公司集中缴纳的营业税），个人所得税、遗产和赠予税、土地增值税、城市维护建设税（不含铁道部门、各银行总行、各保险总公司集中缴纳的部分）、车船使用税、房产税、屠宰税、资源税（不含海洋石油资源税）、城镇土地使用税、印花税、固定资产投资方向调节税、农牧业税和耕地占用税、农业特产税，地方税税款滞纳金、罚没收入，地方企业所得税（不含地方和外资银行及非银行金融企业所得税），地方企业上交的利润，国有土地有偿使用收入，专项收入和其他收入等。

划分省与地市支出范围　省财政主要承担省级党政机关运转所需经费，省本级直接管理的事业发展支出，调整全省国民经济结构，协调地区发展，实施宏观调控所需的支出。具体包括：省统筹基本建设支出、省属企业挖潜改造资金支出、省本级行政管理费、公检法司支出、部分武警经费和民兵事业费、由省本级负担的农林水利等部门事业费、工业交通等部门事业费、商业部门事业费、文教卫生事业费、科学事业费、其他部门事业费、抚恤和社会福利救济费、价格补贴支出和其他支出、由省财政安排的科技三项费用、支农支出、支援不发达地区发展资金等。地市财政主要承担地市党政机关运转所需经费以及本地区经济、事业发展支出。具体包括：地市自筹基本建设支出、企业挖潜改造资金、简易建筑费、科技三项费用、支援农村生产支出、农林水利等部门事业费、工业交通等部门事业费、商业部门事业费、城市维护费、文教卫生事业费、科学事业费、其他部门事业费、抚恤和社会福利救济费、行政管理费、公检法司支出、价格补贴支出、专项支出和其他支出。

核定税收返还基数和返还比例　省对地市财政税收返还以1993年为基期年，按地市上划中央的消费税和75%的增值税减去中央和安徽省上下划收入后的净额作为税收返还基数，全额返还。从1994年起，中央对地方按全国上划增值税和消费税平均增长率的1∶0.3确定税收增长返还额。中央返还安徽省的税收增长额，省级留50%，返还地市50%。

确定原体制定额上交（补助）和递增比例　以地市1993年收入为基础，按原体制应交省或省应补助的数额，作为地市上交（补助）的定额。在核定原体制的定额上交（补助）和递增比例时，遵循以下原则：原体制地市定额上交数，省对地市定额补助数，递增上交数或递减补助数，地市超1990年实绩或超基数上交数，城镇土地使用税和印花税上交省50%或70%部分。据此，省对上交地市确定适当比例，实行逐年递增上交。

调整有关政策　1994年，根据国务院《关于分税制财政管理体制税收返还改为与本地区增值税和消费税增长率挂钩的通知》精神，省财政决定对地市税收返还额在1993年基数上逐年递增，递增率按本地市增值税和消费税增长率的1∶0.15系数确定。

地市对县（市）分税制改革　地市对县（市）财政体制，基本与省对地市体制相衔接，保证各县既得利益，适当集中财力，增强地市宏观调控能力。但对各县（市）财力集中的程度各地有所不同，大致有三种类型。

不变型　地市完全比照省对地市体制，对县（市）不再另行集中财力，也不从体制上给予照顾。如蚌埠、池州、马鞍山和黄山4地市属此种类型。

照顾型　地市根据财力可能，对县（市）予以适当照顾，如减免定额上交数，降低递增上交比例等。如合肥、芜湖、淮北、铜陵、安庆5市对县（市）递增上交比例由6%改为5%。

集中型　地市采取不同的方式集中县（市）级财力。宣城地区规定从1994年起，各县（市）按当年地方财政收入2%的比例集中到地区。滁州市规定对税收增长返还部分，市按1∶0.14的比例返还各县（市），集中的1个百分点作为奖励资金。宿县地区规定从1994年起各县（市）按当年地方财政收入3%的比例上交地区（1994年上交一半）；对税收增长返还部分，地区留15%，返还各县（市）35%（即按1∶0.105的系数确定增长返还）；对补助县（市）核定的补助基数按5%的递增率实行递减补助。阜阳地区规定对税收增长返还部分，地区留50%，返还县（市）50%（即按1∶0.075的系数确定税收增长返还）；对县（市）因粮食提价增加的收入按10%~15%的比例集中（阜阳市和亳州、涡阳、蒙城、界首、太和5县（市）为15%，其他县（市）为10%），作为奖励资金；对上交县（市）按6%~7%的比例递增上交（阜阳、亳州为7%，涡阳、蒙城、界首为6%）。六安地区规定从1994年起对各县（市）财政收入总量集中3%。巢湖地区规定各县从1994年起按当年地方财政收入总额2%的比例上交地区。

省财政根据财力状况，对市县财政给予支持。2002年出台减轻县级财政负担的8条政策，减少县级财政体制上解1亿元，取消县级财政体制上解5%递增、粮食风险基金筹集、民兵训练费配套等政策，并对市财力分配作了相应调整。从2003年开始，实施所得税收入分享改革，按照中央60%、省级15%、市县25%的比例和属地原则统一分享所得税收入。从2004年起，实行出口退税负担机制改革，各市县出口货物退税超基数地方应负担部分，由出口货物的市县承担，县级承担部分由省财政予以补助。

第三节　“乡财县管”财政体制改革

2003年，安徽率先试行“乡财县管”改革。省财政厅选择和县、祁门等9县开展“乡财县管”改革试点。2004年，在全省推行“乡财县管”改革。

“乡财县管”改革内容　在乡镇政府管理财政的法律主体地位不变，财政资金所有权和使用权不变，乡镇享有的债权及负担的债务不变的前提下，县级财政部门在预算编制、账户统设、集中收付、采购统办和票据统管等方面，对乡镇财政进行管理和监督，帮助乡镇财政提高管理水平。乡镇政府在县级财政部门指导下编制本级预算、决算草案和本级预算的调整方案，组织本级预算的执行。

预算共编　县级财政部门按有关政策，明确预算安排顺序和重点，提出乡镇财政预算安排的指导意见，报同级政府批准；乡镇政府根据县级财政部门的指导意见，编制本级预算草案并按程序报批。在年度预算执行中，乡镇政府提出的预算调整方案，需报县级财政部门审核；调整数额较大的，需向县政府报告。

账户统设　取消乡镇财政总预算会计，由县财政会计核算中心代理乡镇财政总会计账务，核算乡镇各项会计业务。相应取消乡镇财政在各银行和金融机构的所有账户，由县会计核算中心在各乡镇金融机构统一开设县财政专户分账户。

集中收付　收入管理程序：乡镇财政预算外资金全部纳入预算管理，各项财政收入就地缴入县乡国库，由县财政会计核算中心根据乡镇收入类别和科目，分别进行核算。支出拨付程序：以乡镇年度预算为依据，按照先重点后一般的原则，优先保障人员工资。

采购统办　乡镇各项采购支出，由乡镇提出申请和计划，经县会计核算中心按照预算审核后，交县采购中心集中统一办理，采购资金由县会计核算中心直接拨付供应商。

票据统管　乡镇使用的行政事业性收费票据、农业税税收凭证等，其管理权全部上收到县级财政部门，实行票款同行、以票管收，严禁坐收坐支，严禁转移和隐匿各项收入。

“乡财县管”改革措施　调整和完善县乡财政管理体制，加大对困难乡镇的扶持力度，尽可能增加乡镇可用财力。规范乡镇财政支出管理，统一工资和津补贴发放标准，分类制定公务费定额，明确乡镇支出范围和各项开支标准，优先保证人员工资正常发放，严格控制会议、招待、小车、电话等费用开支，严禁搞劳民伤财的“形象工程”和“政绩工程”。清理乡镇财政供给人员，严格乡镇人员编制管理，属于清理清退范围的各类超编人员、不在编人员和自聘人员，财政不得供给经费。核实乡镇各项债权债务，逐一登记造册报县政府备案。运用信息技术实现县乡联网，统一购买和开发“乡财县管”财务核算软件，发放到县乡使用，逐步实现县财政会计核算中心与各乡镇联网，实现乡镇支出网上申请和审核，解决乡镇到县城往返报账问题，提高管理水平和工作效率。

第四节　省直管县财政体制改革

省直管县财政体制是指为了缓解县级财政困难，解决政府预算级次过多等问题，在现行行政体制与法律框架内，省级财政直接管理县（市）财政的一种财政管理方式。2004 年，省财政在全省 57 个县（市）实行省直管县财政管理体制。

省直管县财政体制改革内容　改革遵循“保持现行分配格局、支持县域经济发展、权责统一、循序渐进”等基本原则。

收支划分　对符合省财政支持县域经济发展要求的市、县财政收支范围暂不作调整，逐步创造条件，按财政体制规定，进一步严格规范市、县财政收支范围。

财政收入目标的下达和考核　省财政及国税、地税的收入目标在征求市意见后，直接分解并下达到县（市），考核到县（市）。

体制补助（上解）基数　以 2003 年省财政核定的县体制补助或上解基数为基础，将 2003 年市对县（市）的体制补助调整为市对省的定额上解基数，相应增加省对县（市）的体制补助基数。

税收返还　“两税”和金融企业所得税返还基数，以 2003 年各市核定的所属县（市）返还额作为省财政对各县（市）的返还基数，相应调整省财政对市本级的返还基数。

转移支付　省财政对县（市）的转移支付，按照公平、公正、科学、规范的办法，统一计算分配到县（市），相应调整省财政对市本级的转移支付。

财政结算　年终财政结算项目、结算数额，由省财政直接结算到县（市）。市对县（市）的各项补助、转移支付及资金往来扣款等，年终由省财政根据市财政有关文件分别与市、县（市）财政办理结算。

资金调度　省财政直接确定各县（市）的资金留解比例。预算执行中的资金调度，由省财政直接拨付到县（市）。

专项资金补助　各县（市）要求专项资金支持，直接向省直有关主管部门和省财政厅申报，但对按规定需要市财政配套资金的项目，应经市财政审核同意后上报。省财政的专项补助资金，由省财政厅或省财政厅会同省直有关部门直接分配和下达到县（市），同时抄送市财政及有关部门。

债务偿还　各县（市）举借国际金融组织贷款、外国政府贷款、国债转贷资金和中央财政有偿资金等，由县（市）财政直接向省财政承诺偿还，到期后由省财政直接与县（市）进行结算。

市对县的补助　市对县的各项补助，继续由市财政直接下达到所属县，补助数额原则上应在2003年的基础上逐步增加。

业务指导与工作部署　省财政厅部署工作和业务指导直接到县，各县财政工作中的有关情况和问题直接向省财政厅报告。

省直管县财政体制改革措施　在资金分配、预算审查等方面采取措施，理顺省以下财政分配关系，构建以省、市（县）两级财政管理为主的政管理模式。

建立激励约束机制　为防止县级财政产生和滋长依赖思想，在测算分析县级财政基本支出保障水平，合理确定县级基本支出最低保障线的基础上，调整和完善省财政一般转移支付办法，研究建立对县级财政的激励约束机制，实行分类指导。对经济较发达的县（市），保证其既得利益；对财力水平低于最低保障线的困难县（市），给予适当补助，确定的补助基数一定4年不变。制定激励政策，鼓励各县（市）加快经济发展、自求财政平衡。对发展较快的县级开发区、工业园区的基础设施建设给予财政贴息，鼓励加快工业发展。

严格控制新增财政供给人员　从2004年起，县乡新增财政供给人员，必须报省编办、省人事厅和省财政厅共同审批。同时，省财政建立县乡财政供给人员基础信息库，对所有财政供给人员进行审核管理。

实行县级财政预算审查制度　从2004年起，省财政每年选择部分县（市）进行预算审查。对县级预算安排不符合要求的，按法定程序督促其调整。

选派省直管县财政联络员　为确保省直管县财政体制改革顺利实施，省政府决定，从财政厅机关选派57名处级干部作为财政联络员，开展为期3年的联络和指导工作。以全面掌握县级财政基本情况，指导县（市）财政管理与改革工作，协助落实有关工作任务。

第五节　转移支付制度改革

1994年，中央与地方实行分税制财政体制改革后，为保证市县财政正常运行，安徽开始实施财政转移支付制度改革，通过加大转移支付力度、完善转移支付制度，推进县乡消灭财政赤字、化解债务，提升全省经济社会发展的均衡性和可持续性。当年，省财政对地市实行“以奖代补”激励政策，兑现各项奖励资金3亿元，首次实现全省财政收支平衡。

1995年，省财政开始探索对下转移支付制度，力求以现行分税制财政体制为基础，以保证各地具有最基本的公共服务能力为目标，突出重点，通过转移支付，为财政困难县有效行使基本行政职能提供帮助。

1996年，为消灭财政赤字，省财政采取两项硬措施：对过去已给的消化财政赤字奖励、平衡奖励，如再出现财政赤字，将奖励如数扣回；对历年财政赤字，1996年消化给予奖励，以后年度消化不予奖励。同时，在借鉴财政部“过渡期转移支付办法”的基础上，结合省情，按照“财权与事权相适应、公平和效率相统一、政策与实际相结合”的原则，制定了《省对部分困难县的转移支付测算方案》。

1998年，按照省政府《关于财政工作实行分类指导的暂行规定》，在加大转移支付力度的同时，进一步完善、规范转移支付办法，合理、公正、科学的分配转移支付资金，解决县级财力不平衡现象。

2000年，制定《安徽省乡镇财政管理条例》，要求各县让利于乡镇，转移支付重点补到乡镇，增强乡镇政府履行职责的能力和财政自我发展能力。

2004年，按照“统一规范、兼顾公平、注重效率”原则，研究提出调整省对下一般转移支付办法。

2005年，印发《关于开展化解全省县乡政府债务工作的通知》，启动全省化解县乡政府债务工作，设立化解县乡政府债务奖补资金，进一步增强县乡财力保障水平，省对下财力补助和转移支付达到150亿元，促进省内地区间公共服务均等化。

2006—2008年，先后下发《安徽省化解县乡政府债务试点工作考评办法》《关于全面开展化解县乡政府债务试点工作的通知》，实行“以奖代补”，完善县乡政府债务管理激励约束机制。研究制定《2008年省对下一般性转移支付办法》，健全一般性转移支付指标体系，完善一般性转移支付基本框架和方法，实行以标准财政收支为基础的因素法分配和公式法计算，并公开下发市县，统一、规范、透明的转移支付制度初步形成。

2009年，着手建立均衡性、政策性、激励性有机统一并各有侧重的一般性转移支付体系。进一步完善省对下转移支付体系，统筹处理好省与市县分配关系，增强基层政府提供公共服务的能力。

2010年，按照统一规范、科学合理、公开透明、突出重点、正确引导的原则，制发《2010年省对下均衡性转移支付办法》，进一步增强均衡性转移支付功能，转移支付制度建设更趋完善，保障了基层政府实施公共管理、提供基本公共服务以及各项民生政策的基本财力需要。当年，省财政多方筹措资金，新增下达均衡性转移支付资金20亿元。

第二章　农村税费改革

农村税费改革，是根据社会主义市场经济发展的要求，按照减轻农民负担和保障农村基层组织正常运转的原则，对原有农村税费征管体制进行调整和完善，建立与社会主义市场经济相适应的农村分配体制。2000年，安徽在全国率先全面开展农村税费改革试点，并于2005年取消农业税，在全国孕育和催生了终结农业税2600年的历史性变革。

第一节　改革前期试点

安徽农村税费改革经历较长时间前期试点。1992年，涡阳县新兴镇党委政府开始寻找减轻农民负担的办法。经过测算，该镇一年各项开支需要资金260万元，全镇共有耕地8.9万亩，每亩地一年只要收取30元就能满足支出需要。镇党委政府决定在全镇实行税费征收改革，每亩地一年分午、秋两季共征收30元税费，每个劳力每年出5~10个义务工和10~20个劳动积累工，此外不得向农民征收任何税费和劳务。涡阳县委县政府积极支持新兴镇进行改革试点。11月23日，新兴镇人民代表大会隆重召开，代表们对镇政府提出的税费征收改革方案一致投赞成票。新的方案于1993年1月1日开始实行。新兴镇实行新的税费征收办法，深受农民群众欢迎，不仅使税费征收简便易行，而且调动了农民群众的生产积极性。当年，不少农户大幅度扩大药材、苔干、池藕等高效农业的种植面积，午季获得大丰收。全镇午季税费征收只用10天时间，农民就主动缴清全部税费，为多年来所罕见。实行改革后，全镇农民人均负担为55.4元，比上年下降37.7%，按亩均负担计算，比上年下降20.6%。在总结新兴镇经验的基础上，涡阳县委县政府经过反复研究，决定于1994年在全县推广税费征收改革试点工作。

1993年11月3日，太和县向省政府提交《关于农民负担税费改革意见的调查报告》。11月16日，省政府办公厅批复《太和县农村税费改革试点实施方案》。1994年1月，太和县农村税费改革试点在全县31个乡镇全面推开。其基本做法是在坚持农业税、农业特产税国家税收性质不变，村提留、乡统筹集体性质不变的前提下，按照“依据地亩，税费合并，以粮计征，乡镇结算，税费分流”的原则，将农民承担的农业两税和村提留乡统筹改为按土地实物计征。

1998年，财政部批准安徽省五河县作为农村费改税试点县。五河县拟定《五河县费改税试点方案》，将农村正在征收的“五统”改为“农村公益事业建设税”。全年完成农村公益事业建设税1200万元。试点工作开展后，全县农民人均负担一直控制在138元，亩均负担78元。五河县在推动农村税费改革的同时，推动乡镇机构改革，2000年10月在全省率先完成乡镇机构改革任务。全县乡镇党政机构由220个压缩为45个，机关工作人员由521人简至481人，乡镇事业单位由256个压缩为124个。

1999年，经省政府批准并报财政部同意，安徽在怀远、濉溪、来安、望江4县进行以“取消乡统筹、改革村提留、调整农业税”为主要内容的农村税费改革试点。省财政厅通过调研，上报财政部《关于要求扩大我省农村税费改革试点的请示》，并代省委省政府起草送财政部《关于要求在我省全省范围内开展农村税费改革试点工作的函》，为争取在安徽进行农村税费改革试点提供依据。

2000年3月2日，中共中央国务院颁发《关于进行农村税费改革试点工作的通知》，确定在安徽以省为单位进行农村税费改革试点。这是继土地改革、家庭联产承包责任制以后的又一次农村重大改革。

第二节 改革主要内容

2000年2月28日，中共安徽省委召开省委常委会议，讨论并原则通过《安徽省农村税费改革试点方案》。4月23日，国务院正式批准《安徽省农村税费改革试点方案》。4月26日，省委、省政府发出《关于在全省范围内开展农村税费改革试点工作的通知》，明确了农村税费改革的主要内容，即“三个取消、一个逐步取消、两个调整、一项改革”。

三个取消 取消现行按农民上年人均纯收入一定比例征收的乡村两级办学（即农村教育事业费附加）、计划生育、优抚、民兵训练、修建乡村道路费等城乡统筹费；取消农村教育集资等专门面向农民征收的行政事业性收费和政府性基金、集资；取消屠宰税，停止征收在生产环节和收购环节征收的屠宰税，原来随屠宰税附征的其他收费项目也要一律停征。

一个逐步取消 全省用3年时间逐步取消统一规定的劳动积累工和义务工，2000年每个劳力每年承担义务工和劳动积累工最高分别不超过7个和13个，2001年不超过5个和10个，2002年不超过4个和6个，2003年起全部取消。

两个调整 调整农业税政策：确定农业税计税土地面积，以农民第二轮合同承包、用于农业生产的土地为基础确定，计税土地发生增减变化时，农业税应当同步进行调整；调整农业税计税常产，以1998年前5年间农作物的平均产量为依据确定，并保持长期稳定；合理确定农业税税率，仍实行地区差别比例税率，最高不超过7%，贫困地区农业税税率从轻确定，国有和集体农场以及有农业收入的机关、部队、企业、学校按其实收产量的4%征收，其他有农业收入的单位和个人的农业税比照当地同等税收水平征收。调整农业特产税政策：按农业特产税税率略高于农业税率、减少征收环节、农业税和农业特产税不重复交叉征收的原则，根据国家农业特产税的统一政策，以及全省农业特产品集中产区和山区、库区的实际情况，适当调整部分农业特产税率；取消原部分一个应税品目两道环节征税，实行一个应税品目只在一道环节征税，对在非农业税计税耕地上从事应税农业特产品生产的继续征收农业特产税，对在农业税计税土地上种植应在生产环节纳税的农业特产品，按照农业特产税和农业税中较多的一种收取。

一项改革　即改革村提留征收和使用办法。村干部报酬、五保户供养、办公经费，除原由集体经营收入开支的仍继续保留外，由农民上缴村提留开支的部分，采用新的农业税附加和农业特产税附加方式收取（不含国有和集体农场以及有农业收入的部队、机关、学校、企业）。农业税附加比例最高不超过改革后农业税的20%。农业特产税附加比例要根据村干部报酬、五保户供养、办公经费三项费用的实际支出需要从严确定，并保持长期稳定。以农业税附加或农业特产税附加方式收取的村提留属于集体资金，由农业税征收机构负责征收，乡镇经营管理部门负责监督管理，实行乡管村用，专户储存，专款专用。

第三节　改革主要做法

省委省政府组织有关部门对1993年至改革前的全省主要农作物产量、二轮承包土地面积、农业人口、农业税收和乡统筹、村提留等86个指标进行全面统计调查，逐级测算到乡镇、村，最终制定《安徽省农村税费改革试点方案》并报国务院批准后，全面启动试点工作。

分阶段实施改革　2000年，全省农村税费改革试点工作主要分为五个阶段进行。

第一阶段：组织、发动和宣传。省农村税费改革领导小组（简称省税改领导小组）根据中央批准的《安徽省农村税费改革试点方案》，在全省范围内进行广泛宣传和发动。省税改领导小组办公室（简称省税改办）组织全省农村税费改革业务培训，组织新闻宣传部门开展各种形式的农村税费改革宣传工作。

第二阶段：制订方案和配套办法。各地市县根据《中共中央国务院关于进行农村税费改革试点工作的通知》及《安徽省农村税费改革试点方案》，结合本地实际，进一步制定本地的实施方案和实施细则。省税改办组织制定、下发相关配套措施文件。

第三阶段：审批方案。省税改办根据中央及省有关改革规定，对各地市县上报的改革方案进行审核，经省税改领导小组批准后，下发到各地市县。各县同时相应做好对所属各乡镇改革方案的审批工作。为统一掌握政策尺度，减少中间环节，省政府对各县（市、区）的农村税费改革实施方案直接进行审批。省税改办专门成立6个方案审核小组，制定审核原则和程序，并明确处理各类问题的政策界限，集中时间审核方案，提出审核意见后，报省政府进行批复。各县（市、区）根据省政府批复，及时对所属乡镇的改革方案进行批复。乡镇根据县批复的数额将各项农业税收指标分解落实到村、到户。同时，将到户的农业税收任务分解情况及时张榜公布，做到公开、公平、公正，接受广大农民监督。

第四阶段：组织实施。各市县根据省税改领导小组审批的方案，全面启动改革试点工作。

第五阶段：检查总结。在各地实施改革的同时，省税改领导小组组织对各地实施情况进行跟踪调查，随时掌握改革试点的全面情况，对改革过程中出现的问题及时进行解决。各地也同时组织对本地改革的情况进行检查和监督。午、秋两季征收任务完成以后，省税改领导小组组织对各地改革情况进行验收和总结，最后形成总结材料上报国务院农村税费改革工作小组。

定措施规范改革 省委办公厅、省政府办公厅根据省委省政府关于农村税费改革的主体文件制发一系列配套文件，加以细化和落实。

清理各项涉农收费项目 对各地自行出台的收费、集资项目一律取消，不得以任何理由擅自向农民收费、集资和摊派。坚决取消涉及农民负担的各种达标和升级活动。对经批准保留的少量涉农收费，由省农民负担监督管理部门会同有关部门报经省政府同意后，通过新闻媒体向社会公布，从县到乡镇、村、村民组都要张贴公告，接受广大农民和社会各界的监督。对承担有偿服务事务的乡镇有关站、所，将不体现政府职能的收费，报有关部门批准后，及时转为经营性收费，坚持自愿原则，根据服务的质量与数量由双方协商付费。农村中生产用电、生产用水严格实行计量收费。任何部门和单位不得在农民建房、婚姻登记、计划生育、农民子女入学、农村户籍、外出务工、农机监理等管理过程中搭车收取任何费用。在逐步取消“两工”期间，对保留的部分劳动积累工和义务工，不得强行以资代劳。

开展乡镇机构改革 做好对现有乡镇机构和财政负担人员的清理工作，稳步推进乡镇政府机构改革，积极推进乡镇事业单位改革。市县不得突破省定编制数额。按照有关法律法规，根据乡镇具体情况，确定内设机构和人员编制，精简人员。乡镇不得在核定的行政和事业编制之外再聘用临时人员。省级有关部门按照农村税费改革的要求，清理整顿以向农民收费为主要经费来源的事业单位，清退多余人员。省级财政部门建立“以奖代补”措施，促进乡镇净化支出范围。

加强农村基层组织建设和民主法制建设 采取小村并大村、扩大村级规模、村组干部交叉兼职等办法，精简村组干部，进一步核减村组干部补贴标准。按照《中华人民共和国村民委员会组织法》的规定，积极推进“村务公开、村民自治”。乡镇要将村逐户测算的农业税及附加负担情况交村民大会讨论通过并张榜公布，接受监督。

完善乡镇财政体制 按照财权与事权相统一的原则，相应赋予乡镇与其承担事权相一致的财权。上级财政在财力许可的情况下，对在税费改革中因政策因素导致财力减少的地方予以适当补助，加大对困难县及乡镇的转移支付力度，保证乡镇基层组织正常运转。健全和完善县乡镇财政体制，规范县、乡镇、村之间分配关系，严禁无偿平调、挪用乡镇及村级集体财产，保护农民合法权益不受侵犯。农村税费改革后增加的农业

税收入全部留归乡镇。严格各项资金管理，强化乡镇财政预算约束，坚持量入为出。加强乡镇及村级财务建设，培训财务人员，加强和完善农村基层组织的财务核算和管理工作。

发展乡镇及村级集体经济　以市场为导向，通过制定本区域内农村经济发展计划，引导农民合理调整农业种植结构，积极扶持和促进乡镇集体经济、村级经济的发展。建立和培育农副产品流通市场，促进农副产品按市场经济规律顺畅流通。结合农村税费改革，积极搞好粮食购销体制改革。

加强农业税收征管　根据农村税费改革的基本原则，严格按照国家税法和税费改革的要求，制定操作规程，依率征税，依法减免。从简化手续、便于操作入手，为广大纳税农户和其他纳税单位、个人缴纳农业税及其附加、农业特产税及其附加提供方便。严格各项社会减免和灾情减免的审批程序，强化税收保全措施，完善农税征管体系。加强现有农业税收征管队伍建设，提高各级尤其是乡镇一级征收人员的政策水平和业务素质，配备和充实乡镇财政部门中农税征管力量，建立完整的征管体系。

加强监督　纪检、监察、农经等部门积极做好监督检查工作，对有令不行、巧立名目、变相加重农民负担的单位和个人，给予严肃处理。对在改革中不顾大局、违反纪律、以权谋私的单位和个人，给予党纪、政纪处分，触犯法律的，依法处理。对举报和处理乱收费、乱集资、乱摊派有功的人员，予以奖励。

稳步推进改革　安徽被确定为全国农村税费改革试点省后，省委省政府高度重视，重点抓落实，稳步推进改革开展。

2001年，对农业税计税常产实行上限控制，下调部分农业特产品的税率，缩小农业特产税征收范围。省委省政府按照“巩固、完善、规范、配套”的工作思路，围绕“既要明显减轻农民负担，又要保证乡村正常工作和发展的必要经费，特别是保证农村义务教育经费”两大目标，完善有关配套政策，努力探索深化改革和巩固成果的新举措。从2001年9月起，全面实行“分级管理、以县为主”的农村义务教育管理体制，将农村中小学教师工资上收到县统一管理，保证农村中小学教师国标工资按时足额发放。同时，加大对农村义务教育转移支付力度，确保农村义务教育投入不低于税费改革前的水平。

2002年，在萧县和砀山县进行取消农业特产税试点。

2003年，全面取消农业特产税，与改革前相比共减轻农民负担7亿元。农村税费改革试点工作在全国普遍推广以后，安徽继续坚持“目标不变、任务不减、工作不松”，稳步推进农村税费改革工作，进一步完善各项配套措施，特别是开展“农村税费改革规范年”活动。

2004年，马鞍山、铜陵两市及芜湖、池州等市的部分区和乡镇全面免征农业税，农民税收负担逐年下降，部分农民已经享受到零税赋优惠政策。省委省政府要求各地按照中央“多予、少取、放活”的方针，继续开展“农村税费改革规范年”活动，坚决防止在一片“减负”声中农民负担反弹的现象发生。同时，率先在全国按取消农业税附加全额实行财政补贴，并降低农业税税率2.2个百分点。

2005年，农业税在全省范围取消，与改革前相比，全省农民政策性负担减少54.5亿元，人均减负109.4元，亩均减负93.8元。至此，农村税费改革工作圆满结束，全省转入农村综合改革试点阶段。

第三章 农村综合改革

2005年,全省全面取消农业税后,为巩固农村税费改革成果,省委省政府及时把农村改革的重点转向农村综合改革,选择18个县率先进行试点。在取得试点成效和经验的基础上,省委省政府决定在全省推开农村综合改革试点工作。

第一节 改革内容

从2005年起,全省农村改革进入新的阶段,改革的重点转向以深化乡镇机构、农村义务教育、县乡财政体制和建立农村基层工作新机制等为主要内容的农村综合改革。省委省政府制发《关于开展农村综合改革试点建立农村基层工作新机制的意见》,决定在庐江、当涂、休宁、广德、怀宁、南陵、怀远、濉溪、来安、颍泉、舒城、宁国、铜陵、肥西、青阳、萧县、凤台、蒙城等18个县(市、区)先行开展农村综合改革试点,改革试点的主要内容是"一个转变、三个建立、一个改进"。

一个转变 即转变乡镇政府职能。按照有所为有所不为的原则,调整乡镇的经济管理职能,提高社会管理和公共服务水平,加强乡镇政府自身建设,进一步巩固农村基层政权,建设服务型、法制型政府。乡镇经济工作主要任务是加强政策引导、制定发展规划、服务市场主体和营造发展环境,促进经济发展和农民收入较快增长。把政府不该管、管不了的事交给企业、社会组织和中介机构。努力提高农业综合生产能力,推进农业和农村经济结构调整,推动农村富余劳动力向城镇和非农产业转移。进一步转变职能、精简机构、压缩编制、分流人员,建立行为规范、运转协调、公正透明、廉洁高效的乡镇行政管理体制和运行机制。合理设置乡镇党政内设机构,可以设置综合机构,也可以不设机构只设综合岗位。严把人员进口关,继续深入探索乡镇人员分流方式。加大乡村撤并力度,根据现代交通、通讯和管理手段比较发达的新情况,进一步扩大乡村规模,降低管理成本。扩大乡镇领导体制改革试点,提倡乡镇党政领导交叉任职,减少领导职数。完善乡镇用人激励机制,积极推进民主选拔干部进程。探索统一县乡干部福利待遇的途径和办法,由县统一发放乡镇干部工资。衡量乡镇机构改革的成效,主要看四条:看是否有利于提高工作效率,降低行政成本;看是否增强为"三农"服务的功能,促进农村经济社会发展;看是否提高依法行政能力,促进农村社会稳定;看是否有利于巩固税费改革成果,确保农民负担不反弹。

三个建立 即建立农村基层管理新体制、公共产品供给新机制、“三农”社会化服务新体系。

建立农村基层管理新体制 按照职权与责任相统一、财权与事权相一致的原则，进一步加大县级政府及其部门的工作职责，切实为乡镇“减压松绑”。凡属县级可以完成的行政事务，可以试行以县为主、乡镇协助体制。同时，加强电子政务建设，利用现代信息技术重构农村基层工作运作方式，扩大县级政府及其部门直接到村到户的公共服务；推进县乡政务公开，增强县乡政府工作透明度，提高政府公信力；理顺乡村关系，推行乡镇村党务公开，建立健全村务公开、民主管理制度，不断增强村级自治功能。探索农民负担源头预防措施，建立防止农民负担反弹长效机制。严格执行减轻农民负担的四项制度（涉农税收、价格和收费的公示制；农村义务教育收费的一费制；对公费订阅报刊费用的限额制；对涉及加重农民负担事件的责任追究制）。积极探索化解乡村债务的新途径，采取最严格措施制止发生新债。认真执行中央规定的“约法三章”：各地一律不得对乡镇下达招商引资指标，乡镇政府一律不得举债搞建设，乡镇政府一律不得为经济活动提供担保。市县政府在贫困落后地区乡村投资兴办项目或工程，除国家明确规定外，不再要求乡村提供配套资金，停止以有偿资金方式扶持农民。

建立农村公共产品供给新机制 努力贯彻以工促农、以城带乡方针，逐步实现公共产品供给向农村基础设施、义务教育、公共卫生、计划生育、社会治安的倾斜。进一步巩固完善县乡财政体制改革，切实规范财政转移支付制度，逐步提高县乡财政自我保障能力。采取以奖代补、以工代赈、民办公助、合同承包等方式，调动社会各方面力量参与投入的积极性。引导农民发扬自力更生、艰苦奋斗的精神，积极开展自己直接受益的基础设施建设和发展公益事业，严格区分加重农民负担与农民自愿投工投劳改善自己生产生活条件的政策界限，进一步完善“一事一议”政策。按照城乡统筹的要求，各试点县充分发挥公共财政职能，逐步扩大公共财政覆盖面，财政投入逐步向农村基础设施和教育、卫生、文化、环境保护等方面倾斜，探索建立覆盖城乡的公共财政制度。

建立“三农”社会化服务新体系 以农民需求为导向，着力构建服务“三农”新体系，按照政事分开和公益性职能与经营性职能分开的原则，整合乡镇现有事业站所，依据经济区域和服务范围设置经济技术服务中心和社会发展服务中心。积极推进事业单位人事制度改革，在公益性服务机构可以实行全员聘用制，建立职工薪酬与服务绩效挂钩的绩效工资制。政府可以通过委托代理、合同承包、向市场购买服务等方式，让社会经营组织为“三农”提供公益服务。建立以县级农技机构为主导，区域性推广机构为主体的农技推广体系。科学界定农技推广的公益性职能和经营性服务，公益性职能可以确定专门机构承担，经费由财政保障；经营性服务可以从政府职能中剥离出来，按照市场化方式运作。

一个改进 即改进农村工作考核评价办法。建立与乡镇政府新职能相适应的工作考核评价体系，考核重点从注重形式和过程转向注重成果和绩效，突出对乡镇服务“三农”的绩效进行考核。省、市、县各级各部门要认真落实正确的政绩观，对各类表彰奖励、检查督导和达标升级活动进行一次全面清理，该摒弃的坚决摒弃，建立切合实际的激励约束长效机制。各试点县按照要求，改进对乡镇的考核方式，努力实现考核工作从重过程向重结果、重形式向重绩效的转变，将乡镇的工作重心引导到抓服务、促发展上来，突出工作绩效和群众满意度考核，把群众的评价作为考核乡镇工作的重要依据之一。南陵县在对乡镇政府考核中，突出经济发展、“三农”服务、计划生育、社会稳定、发展环境等内容。当涂县制定民主评议村干部的新办法，进一步完善村级组织议事规则和决策程序，规范了村干部工作绩效考核和工作报酬管理。

第二节　改革做法

2007年1月30日，省委省政府召开全省农村综合改革工作会议，确定2007年在全省范围内全面展开农村综合改革试点。

深化乡镇机构改革　压缩乡镇党政机关和事业单位数量，精简编制和人员，综合设置乡镇机构，党政机关内设机构个数控制在3~4个，乡镇领导职数控制在5~9名。与2000年相比，2007年全省乡镇党政机关内设机构减少53.8%，行政编制减少23.4%，在岗人员减少28.4%；全省乡镇事业单位减少81.3%，事业编制减少45.7%，在岗人员减少50.5%。安徽省确保乡镇机构、编制和人员只减不增，乡镇机构改革工作走在全国前列，得到中央编办的充分肯定。

深化农村义务教育管理体制改革　开展“一破三立”的教育改革（“一破”即撤销乡镇教办、“三立”即成立中心学校、教育经费结算分中心和教育人才管理中心），建立了“以县为主”的教育管理体制，实施农村义务教育经费保障机制改革，开展了农村中小学危房改造工程，全部免除了城乡义务教育阶段学生学杂费和农村学生的课本费。

清理化解农村义务教育债务　2007年，安徽被国务院确定为全国14个农村义务教育债务清理化解工作试点省之一。省政府召开两次电视电话会议，领导小组召开三次会议，专门部署化债工作，并制定上报《安徽省清理化解农村义务教育债务实施方案》，下发《关于全面开展清理化解农村义务教育债务工作的通知》等配套文件。

2008年4月，在县级全面清理审计的基础上，省审计厅抽调180人，组成12个审计核实工作组，对各市县农村义务教育债务进行审计核实，并锁定全省债务规模。省财政积极筹集省级化债资金12亿元，争取中央奖补资金16.15亿元，市县配套化债资金2.64亿元，共安排化债兑付资金30.79亿元。省及各市县设立化债资金专户，专款专用，封闭运行。10月，省财政厅制发偿债资金奖补办法和支付办法，开始资金偿债兑付。2008年年底，农村义务教育债务清理化解工作通过了省级考核验收。

2009年，省化债领导小组相继制发《关于认真做好农村义务教育化债考核验收工作的通知》和《关于开展清理化解农村义务教育债务省级考核验收工作的通知》。6月，牵头组织省财政、农业、教育、审计等部门，对全省17个市进行全面考核验收，重点抽查了29个县（市、区）和省监狱管理局等单位。针对省级考核验收中发现部分地方政策落实不到位和操作不规范等问题，下发了整改通知。全省共化解农村义务教育债务31.52亿元，超额完成省锁定的化债任务，直接偿还兑付债权人15万人。

2010年，受国务院农村综合改革工作小组和财政部委托，财政部驻安徽省财政监察专员办事处从6月起，开始对全省清理化解农村义务教育债务工作进行考核验收。选择太湖县、临泉县等12个县（区）进行实地考核验收，全部考核验收工作于9月底结束，并顺利通过国家考核验收。

探索农村公益服务新模式 探索农村公益性服务"以钱养事"试点，把农业技术、畜牧水产、水利工程管护、电影放映等农村公益性项目列入"以钱养事"范围，构建"服务主体多元化、服务行为社会化、服务形式多样化"的农村公益性服务新模式。根据改革要求，同步推进国有农场税费改革、巢湖区域减轻农民负担综合改革、集体林权制度改革、建立农民负担监管有效机制等相关改革工作。

开展村级公益事业建设一事一议财政奖补试点 2008年，休宁县作为国务院农村综合改革办公室的联系点被列入全国试点范围。全县21个乡镇188个行政村上报建设项目377个，涉及道路建设、水利设施建设、饮水工程、村庄亮化和农民休闲娱乐场所等，工程预算1254万元，其中，群众自筹313万元，村集体筹资174万元，县级财政补助767万元。试点工作受到基层干部群众的普遍欢迎，不少村民除按照标准筹资外，主动筹资投劳，投入公益事业。各项工程涉及受益农户20.9万人。

2009年5月，国务院综改工作小组、财政部、农业部正式将安徽省列入全国一事一议财政奖补试点省范围。7月，省试点方案得到国务院综改工作小组批复。8月25日，省农村综合改革领导小组召开全面动员和部署一事一议财政奖补试点工作会议。同时，省政府印发《关于开展村级公益事业建设一事一议财政奖补试点工作的通知》，全面启动全省试点工作。全年省、市、县、乡四级财政全年共安排奖补资金95066万元，农民筹资45909万元，筹劳5782万个工日；共审批项目20655个，受益人口3182万人。

2010年，全省共审批一事一议财政奖补项目22514个，项目投入总额475527万元，其中：中央和省财政奖补资金117042万元，市财政奖补资金922万元，县财政奖补资金30977万元，乡镇财政奖补645万元，村集体经济投入7708万元，社会捐赠9438万元，整合其他支农惠农资金15220万元，带动农民筹资48215万元，筹劳11853万个（按一个工日20元折资237060万元）。

推行为民服务全程代理制 2008年8月，省委省政府在亳州市召开全省新农村建设暨为民服务全程代理工作现场会，总结推广谯城区为民服务全程代理制经验和做法，推动为民服务全程代理工作的开展。全省已建立乡镇政务服务中心1192个，占乡镇总数90%，建立村级代理点15000个，占村级总数70%。

2009年，全省76个县区、1248个乡镇、15900多个村均设立为民服务中心和代理点，方便了群众办事。

开展“惠民直达工程”试点　2008年，省政府选择芜湖市、滁州市和金寨县、太和县、合肥市蜀山区开展“惠民直达工程”试点。主要内容：按照管理“一体化”、平台“一网联”、审核“一线实”、发放“一卡通”、服务“一站办”要求，将惠民政策和资金管理工作分成体制创新、平台搭建、对象审核、资金发放和服务提供5个既相对独立又相互联系的子系统，构建保障惠民政策和资金落实到位的管理体系。管理“一体化”，是指构建政府统一领导、部门分工负责、上下统一协调、整体配合联动的工作机制，切实解决职能交叉、权责不清的问题。平台“一网联”，是指利用计算机网络技术建立惠民直达工程信息系统，纵向上建立省、市、县、乡四级骨干网，横向上实现各级政府与同级主管部门、代理金融机构的连接。审核“一线实”，是指根据居民人口、劳动力状况、资源条件等因素综合测算家庭收入，初步界定补助对象范围，并组织召开村（社区）居民代表会议，由群众评议。发放“一卡通”，是指县级财政部门在金融机构设立“惠民资金专户”，同时为每户补助对象建立个人账户，金融机构为每户补助对象发放一个专用存折，并根据财政部门提供的惠民资金发放花名册，在规定时间内将惠民资金直接打入补助对象个人账户。服务“一站办”，是指县（市、区）在乡镇（街道）设立为民服务中心，村（社区）设立为民服务代理点，集中办公，对群众申请办理的事项，实行“一个中心”对外，“一个窗口”受理，“一条龙”服务。

2010年5月，省政府决定在原有5个试点地区的基础上，将试点范围扩大到全省17个市的35个县区。其中，芜湖、滁州、六安3市在全市范围内全面铺开实施。

第四章　政府非税收入征管改革

根据财政部《关于加强政府非税收入管理的通知》要求，2004年8月，省机构编制委员会办公室批准成立安徽省非税收入征收管理局（简称省非税局），由省财政厅主管。11月29日省长办公会和2005年1月10日省委常委会先后听取省财政厅关于加强政府非税收入管理的工作汇报，省政府审批同意省财政厅上报的《实施政府非税收入管理改革的工作方案》。2005年3月，省财政厅成立非税收入管理改革领导小组，下设办公室，启动安徽省非税收入管理改革。通过改革，2010年，全省非税收入实现1642.6亿元，比2005年274.7亿元增加1367.9亿元，年均增长43%。其中，纳入一般预算管理的非税收入为282.8亿元，比2005年93.2亿元增加189.6亿元，年均增长24.9%。

第一节　政府非税收入征管改革内容

非税收入管理改革主要包括非税收入收缴管理、票据管理、预算管理等改革内容。2005年，省政府第184号令颁布《安徽省政府非税收入管理暂行办法》，以政府法规的形式对改革涉及的内容进行了进一步规范。

非税收入收缴管理改革　省级政府非税收入实行收缴分离制度，按照“单位开票、银行代收、财政统管”的模式进行规范管理。省财政厅会同人民银行合肥中心支行确定代理银行。省非税局在代理银行开设省级政府非税收入汇缴结算账户，用于归集、记录、结算政府非税收入款项。取消执收单位政府非税收入过渡账户，执收单位收取的所有政府非税收入均应按规定统一缴入省级政府非税收入汇缴结算账户，再由省非税局按规定分收入级次、科目类别或执收单位、收入项目定期划缴国库或财政专户。对所属单位级次较多、分布较广的部门，省非税局可委托代理银行为其所属独立核算的执收单位设立政府非税收入财政汇缴专户，用于执收单位政府非税收入的收缴。设立政府非税收入财政汇缴专户的执收单位，将收取的政府非税收入缴入政府非税收入财政汇缴专户，再由代理银行按日划缴省级政府非税收入汇缴结算账户。同时，进一步规范政府非税收入征收方式，依法采取直接收入或委托收取，严格政府非税收入减免，探索罚没物品统一规范管理。

非税收入票据管理改革　改革票据种类设置，将原有政府非税收入票据简化为“政府非税收入一般缴款书”和“政府非税收入专用收据”两类。建立以收款收据和缴款凭证合一的“政府非税收入一般缴款书”为主体、“政府非税收入专用收据”为辅助的政府非税收入票据体系；制定《安徽省省级政府非税收入票据日常管理实施细则》，改进票据管理方式，采用现代信息技术，加强单位票据管理，提高财政管理效率。

非税收入预算管理改革　对省级政府非税收入信息管理系统数据库内执收项目逐一梳理、核对，凡应当纳入预算管理的非税收入全部纳入预算管理；改进政府非税收入预算编制办法，将政府非税收入预算编制到具体项目；深化“收支两条线”改革，实行“收支脱钩”制度，完善部门综合预算，实现政府税收与非税收入统筹安排，提高政府调控能力。

非税收入管理信息化改革　以“金财工程”收入管理系统为依托，兼顾与其他财政业务管理系统相衔接，设计开发省级政府非税收入管理信息系统，实行财政部门、代理银行间信息联网，实现省级政府非税收入管理信息化。依托全省“金财工程”大平台，同步推进全省非税系统上下联网贯通，实现省与市县财政之间的信息共享和业务畅通。

第二节　省级非税收入征管改革做法

为保证政府非税收入管理改革的顺利进行，按照“先试点，后推开；先省级，后市县；先部分单位，后所有单位”的改革原则，省级非税收入征管改革率先开展。

2005 年 1 月 12 日，省委召开常委会，听取省财政厅工作汇报，讨论并原则同意开展非税收入征管改革试点。10 月 8 日，经省委省政府同意，省财政厅下发《关于实施省本级政府非税收入管理改革试点的通知》，决定从 10 月 1 日起对省政府办公厅、省人事厅、省财政厅、省委党校、省工商局、省国土资源厅、省文化厅、省水利厅、省卫生厅、省民政厅、省交警总队等 11 个部门进行改革试点，同时确定了中国工商银行安徽省分行、中国银行安徽省分行、招商银行股份有限公司合肥分行、徽商银行股份有限公司 4 家代理银行。10 月 10 日，省委省政府在肥召开省直单位政府非税收入管理改革动员大会，标志着省直单位政府非税收入管理改革正式启动。

11 月 10 日，省财政厅会同省监察厅、省直机关事务管理局、省审计厅、省物价局、人民银行合肥中心支行联合下发《关于开展省直试点单位政府非税收入清理清查的通知》，要求对省直试点单位政府非税收入的具体项目、票据使用和账户开设情况进行一次全面的清理和界定。通过清理界定，共明确 11 家省直试点部门 201 个执收执罚单位，政府非税收入项目 339 项，取消不合法的政府非税收入项目 5 项，新增政府非税收入项目 26 项，新增纳入非税管理范围单位 6 个；取消各试点单位的非税收入过渡性账户 273 个，原账存资金约 11.28 亿元全部缴入国库。按照“核旧领新”原则，重新确定各试点单位启用新票据的时间、范围、种类及购领数量。在清理界定的基础上，结合各试点单位工作实际，省财政厅分别制定 11 个省直试点单位政府非税收入收缴改革的方案，明确各试点单位政府非税收入的征管范围、征收方式、收缴方式、账户管理、票据管理、减免缓及退付管理等问题。

2006 年 1 月，经省委省政府同意，省财政厅印发《关于全面推进省本级政府非税收入管理改革的通知》，决定从 2 月 15 日起，分阶段、分步骤全面推进省级政府非税收入管理改革。2—12 月，分 4 批全面启动省直 101 个部门 882 个执收单位的非税收入管理改革。在清理清查和充分调研的基础上，省非税局统一编制执收单位和收入项目代码，建立执收单位基础数据信息库，逐部门制定并下发 67 个部门非税收入管理改革实施方案。至此，有政府非税收入的 78 家省直部门全部纳入非税管理。6 月，通过公开招标，中国建设银行安徽省分行、中国农业银行安徽省分行、交通银行合肥分行、中信银行合肥分行被确定为省级非税收缴代理银行，省级非税收缴代理银行扩大到 8 家。

2007 年 3 月，省财政厅与人行合肥中心支行联合印发《安徽省省级政府非税收入银行代收工作考评暂行办法》，加强对代理银行非税代收工作的考核。省非税局会同工行安徽分行、省交警总队高速支队联合开发非税收入 POS 专用收费系统并正式投入使用。6 月，经省非税局和人行合肥中心支行评审通过，光大银行合肥分行、兴业银行合肥分行被确定为省级非税收缴代理银行。至此，省级非税收缴代理银行增至 10 家，代理银行网点扩大到 2516 个。同时，省非税局采取分类指导、提供政策咨询和技术支持等方式，重点推动和深化省质监局、省海事局等省直垂直管理部门的非税管理改革，促使省直垂直管理部门非税收缴改革全面实施。

2008 年 1 月，“安徽非税收入网”开通。网站开设非税简讯、法规制度、办事指南、非税项目、技术支持等 8 个版块，面向社会公开，并开展网上非税查询、咨询等在线服务，着力构建网上非税。同年，省财政厅印发《安徽省政府非税收入监督检查暂行办法》，规范非税收入管理。

2009 年，省非税局建立全省非税收入收缴执行情况报告制度，统一分析报告体系，定期召开全省非税收入收缴执行情况分析会，及时掌握全省非税收入进度。同时，认真总结并积极推广合肥“零费制”、滁州和铜陵“一表制”以及池州“一费清”等非税收入征管改革经验，创新非税征管方式，稳步推行大厅集中收缴、POS 刷卡、非税机构直征等非税征缴方式，积极探索网上支付等现代征缴手段，提高非税征管效率。

第三节　全省非税收入征管信息系统建设

随着财政改革的推进和信息技术的提高，全省非税收入征管手段逐步向信息化管理转变。1986—2004 年，非税收入征管基本上是通过手工操作或简单的微机处理来完成的，管理手段粗放简单，管理效能较低。随着经济社会发展和财政管理水平的提高，计算机技术逐步应用到包括非税收入在内的财政管理的各个方面，大大提升了财政管理水平。

开展非税信息系统建设　2005 年,省财政厅按照“金财工程”建设要求,成功开发安徽版政府非税收入信息管理系统,建立了以现代计算机数据交换、网络技术和银行资金清算为基础,以收入征缴、审核、监管为一体的非税收入征收管理信息化系统。

财政管理子系统　实现以财政管理为核心,以信息互联为基础、以规范征管为目标的信息化管理,重点建立三个模块:基础数据管理模块,它是整个非税收入征管系统运行的基础,贯穿于非税管理业务的始终;收入管理模块,用于区分待查收入、预收收入和非税收入,确定划缴国库或财政专户的资金量,归集整理历年政府非税收入征收数据,形成各年度口径统一的政府非税收入数据库,对预算执行情况进行分析、评估,编制政府非税收入预算执行报表;财政管理核算模块,实现接收代理银行的电子数据自动生成记账凭证,待查、预收、调整、退付的确认、分成收入的确认按时间段进行分成统筹,按收入项目的资金管理方式上缴国库和财政专户,上缴上级分成和返还下级分成等功能。

单位执收子系统　实现对部门和单位从项目设置、执收标准到打印票据的全过程信息化控制。实现执收单位利用电脑和票据打印机开具符合财政要求的“安徽省政府非税收入一般缴款书”(简称“缴款书”)。完成执收单位对其使用票据购领申请、入库、发放、作废和缴销申请的全过程电脑操作。通过该系统开具“缴款书”,及时将收缴信息传递到与之联网的财政管理子系统后,代理银行从财政管理子系统调取收缴票面信息,完成代收业务,并传递代收信息到财政管理子系统,实现三方对账。对执收单位的主管部门提供该部门内所有执收单位的非税收入信息和票据使用信息的查询功能。推行大厅集中收缴、非税机构直接征收等方式,推广 POS 刷卡系统联网,提高非税征收管理手段。

银行代理子系统　构建银行与财政互联的非税收入代理信息化平台。代理银行子系统由银行内部网络、数据库等构成。代理银行按照规定,通过系统检验“缴款书”的真伪、票面信息的准确性。通过输入缴款书号码,直接调取执收单位录入的票面信息,降低出错率,提高工作效率。及时将资金划转政府非税收入汇缴结算账户,定时传递收缴信息到财政管理子系统。

票据管理子系统　实现票据印制、购领、入库、发放、核销、销毁等涵盖票据流转全过程信息化管理的功能。实现财政对“缴款书”的自动发放和缴销。根据向执收单位发售的“缴款书”,记录并传送购领号码到财政管理子系统。执收单位向缴款人开具“缴款书”并由缴款人到代收银行缴款后,代收银行按“安徽省政府非税收入一般缴款书”内容通过与财政管理子系统的联网,定时将收缴电子信息传送到财政管理子系统,再由其根据执收单位编码和一般缴款书的购领号码逐一核销单位已使用的“安徽省政府非税收入一般缴款书”。按照票据“发、审、验、核、销、查”工作的要求,对执收单位“安徽省政府非税收入一般缴款书”购领和使用情况进行审验,并根据“安徽省政府非税收入一般缴款书”号码档案检查执收单位收费情况。

完善非税信息系统建设　2007 年,省非税局根据全省各地非税改革的需要,组织技术力量，完善省级非税系统。7 月 26 日，省非税局举办非税管理信息系统升级演示汇报会，省财政厅非税信息化改革领导小组成员单位有关专家到会对该系统进行论证，并予以验收通过。11 月 13 日，省财政厅下发《关于统一采购市、县（区）非税系统主要设备和软件的通知》，将全省非税系统主要设备和软件纳入金财工程范畴，并对全省市县非税系统设备采购工作进行具体部署。

推进非税信息系统建设 2008 年，针对非税管理信息系统存在的一些问题和各市县非税管理的共性需求，省非税局组织力量对非税管理信息系统进行全面完善升级，进一步优化业务流程，强化自定义报表功能，拓展同级分成功能，新增非税综合业务在线处理和查询平台。9 月 10 日，2008 版安徽省非税收入管理信息系统通过评审验收。在推进全省非税信息化建设过程中，省非税局按照“统一政策、分级管理”的原则，建立数据库统一管理机制，确立非税管理的统一口径，保障各地区相关信息更新的实时性和准确性；建立非税信息系统的授权管理、日常维护与运行保障机制；建立系统开发升级改造管理机制，不断完善系统，使其满足各地征管工作需求。同时，按照金财工程建设对数据规范性的要求，组织技术人员根据预算单位编码体系和收支分类科目进行非税信息系统与财政业务系统的数据对接，完成非税信息系统与部门预算系统的数据接口开发工作，实现资源共享。

2009 年，全省 93 个市、县、区中，除个别县（区）因办公用房等确有困难外，其余全部实现非税征管信息系统的上线运行。同时，省非税局根据系统运行情况，持续做好非税管理信息系统升级改造，开发使用非税收入决算报表编制系统，增设非税收入资金决算、票据统计和项目库 3 个报表体系及 18 张明细报表。

2010 年，根据非税征管改革实际，借鉴外省经验，省非税局组织开发具有安徽特色的政府非税收入管理信息系统，招标采购硬件设施和网络设备，建立以各级财政为中心节点、连接全省7580个银行代收网点和9173个执收单位的非税征管信息化平台。同时，根据实际需要，不断升级完善非税收入管理信息系统，探索 POS 刷卡、网上支付等现代收缴手段，创新系统搭建方式，增强非税征管信息化平台的服务功能和资源利用效率。

第五章　公共财政支出改革

公共财政支出改革主要内容是逐步实行“预算统编、会计统配、国库统付、采购统办”,做到预算内外收入一个口径、管理一个渠道、支出一个漏斗。1999年,省财政厅为缓解财政支出压力、优化财政支出结构、加强财政支出监管和提高财政资金使用效益,选择五河、霍山、南陵3县在全国率先推行公共财政支出改革。2000年3月,省政府办公厅批转《安徽省公共财政支出改革试点县改革方案》。8月,省政府印发《关于进一步推进财政支出改革的意见》。10月,全省公共财政支出改革现场会在五河县召开。12月,省政府成立省公共财政支出改革领导小组,下设办公室,挂靠省财政厅。2001年4月,省政府印发《关于全面推进县级公共财政支出改革意见的通知》,公共财政支出改革在全省展开。

第一节　部门预算编制改革

2002年,省财政厅开始推进部门预算编制改革,主要将省级部门的财政拨款收入、预算外收入、事业收入、事业单位经营收入以及其他收入统筹考虑来安排部门预算支出。省财政厅逐步将省直单位预算外资金纳入预算管理范围,提高省政府可支配财力,增强宏观调控能力。

2005年度预算编制,重点是收支脱钩,统筹安排政府税收和非税收入。对省级18个部门行政本级行政事业性收费收入实行收支脱钩管理,部门行政本级组织的各项行政事业性收费收入,扣除按规定应上缴国家有关部门的收入外,对资源性收费收入,按30%用于单位安排成本性支出;对管理性、审批性、证照性等收费收入,按50%用于单位安排成本性支出,扣除成本性支出后的收费收入,由省财政统筹使用。

2006年度预算编制,将预算内外各项财政资金收支和其他资金收支统一纳入部门综合预算。对组织收入较多(20万元以上)的15个省直行政单位本级,按收费性质不同,分类核定收费成本,成本性支出在年初部门预算中足额安排,成本以外的收入全部由省财政统筹安排。按综合预算管理的要求,对自收自支单位纳入预算管理的行政事业性收费收支纳入部门预算。将省交通厅、建设厅、公安厅等部门所属的8个自收自支单位作为部门二级预算单位,其收取的行政事业性收费收入及其安排的支出统一纳入部门预算管理,收入按项目据实编制,支出按规定编制。

截至2006年预算年度，省本级125个一级预算单位已全部纳入部门预算编制范围，并延伸到1368个二级单位。

2007年度主要是加强对政府非税收入收支预算的编制管理。对非税收入准确性、真实性、完整性进行审核，将初步审核后的部门组织收入预算送交省非税收入征收管理局进一步审核。对单位用非税收入安排的支出，人员经费严格按照国家和省有关工资和津补贴政策编制，公用经费实行综合定额管理，项目支出细化编制、强化论证、提高效益，真正把资源配置到促进事业发展上。同时，加强政府性基金预算编审工作，严格按照政府性基金收支科目和具体支出用途，细化政府性基金预算编制，将政府性基金预算纳入部门预算，统一编制，统一批复。

2008年度，落实全口径预算管理的政策，部门所有的收支项目（包括预算内收支、预算外收支、其他资金收支）统一纳入综合财政预算。凡年初可确定的财力全部纳入省级综合预算管理。严格审核收入预算。在部门预算建议草案上报后，由专人分部门、分收费项目进行审核，对经常性收费项目结合上年收入情况、下年变化因素进行审核，对新增收入项目，审核其合法性。同时，对部门虚报、漏报收入等现象进行认真核实，予以纠正。同年，全省各级财政全面推进部门预算改革，省本级所有部门预算全部报送省人大审查，并建立部门预算查询系统，方便对预算的审查监督。

2009年度，为规范省级预算编制内部规程，制定《安徽省财政厅省级预算编制内部规程》，对预算编制职责、程序进行调整和规范。

2010年度注重完善收入预算编制，对组织收入列报口径作了较大调整。主要包括：利息收入全部纳入预算；行政单位出租出借、投资收益、资产处置等国有资产收益收入纳入预算；事业单位资产处置收入纳入预算，事业单位出租出借、投资收益等收入纳入财政专户。

第二节　国库管理制度改革

财政国库管理制度改革，主要是建立国库单一账户体系，所有财政性资金都纳入国库单一账户体系管理，收入直接缴入国库或财政专户，支付通过国库单一账户体系支付到商品和劳务供应者或用款单位。

省级财政国库管理制度改革　省级财政国库管理制度改革按照“完善试点办法，扩大试点范围，规范操作规程，积极向前推进”的思路进行。

改革试行　2001年6月，省政府办公厅印发《安徽省财政国库管理制度改革试行方案》。9月，省编办批准省财政厅成立国库支付中心。10月，省财政厅单独或联合人民银行合肥中心支行相继制订《安徽省财政国库支付执行机构职能和业务流程》《安徽省财政国库管理制度改革试点资金支付管理暂行办法》《安徽省财政国库管理制度改革试点会计核算暂行办法》《安徽省财政国库管理制度改革试点资金银行支付清算办法》等一系列文件和办法，使改革试点工作有章可循。同时，开发、修改、完善财政国库集中支付系统软件，选定国库集中支付代理银行。11 月，省政府召开省直单位实行财政国库集中支付试点动员大会，选定省政府办公厅、省财政厅等 16 个部门进行改革试点。同时，省财政厅国库支付中心正式揭牌运转，省国库集中支付制度改革试点工作正式启动。

2002 年 4 月，省本级增加省民委、省外经贸厅等 10 个部门进行试点。11 月，省政府有 47 个部门、353 个基层预算单位纳入国库集中支付改革范围。

2003 年 8 月，省本级又有 39 个部门、130 个基层预算单位纳入国库集中支付改革范围。10 月，省级所有预算部门和单位全部实行财政国库集中支付制度改革。

提高改革技术支撑　2002 年，省财政厅陆续开发代理银行的应用软件系统，解决预算单位就近办理支付业务的需要；实现省财政国库支付中心支付数据与省财政总预算会计软件的连接，总预算会计登账、对账更加快捷准确；开发国库集中支付数据网上查询系统，方便预算单位及时对账，方便业务处室及时全面了解各预算单位预算执行情况；开发与人民银行的网上清算系统，缩短代理银行、人民银行和支付中心之间的清算时间，保证资金及时到位。

2003 年，研究开发网上支付申报、审批、支付系统软件，选择省级 7 个部门及所属 55 个预算单位进行试点。

2004 年，分 5 批将省级 111 个主管部门的 834 个基层预算单位全部纳入网上申报、审批、支付的试点范围。

2007 年，根据新的政府收支分类科目，修改完善全省国库集中支付系统、国库集中支付网上申报、审批和支付系统、财政总预算会计软件，重新修订制发财政国库集中支付新凭证。

扩大资金支付规模　按照“横向到边，纵向到底”的目标要求，全面深化国库集中支付制度改革，解决好地区之间、预算单位之间以及不同类型资金之间改革不平衡的问题。2005 年，省财政厅印发《关于将政府性基金纳入国库集中支付的通知》，规定自 2006 年 1 月 1 日起，将省级政府性基金全部纳入国库集中支付范围。

2006 年，印发《关于将非部门预算单位支出纳入国库集中支付的通知》，规定自 10 月 1 日起，将省级财政非部门预算支出纳入国库集中支付范围。

2007 年，省级所有财政性资金基本上全部纳入国库集中支付范围。

应用推广公务卡试点　公务卡，是指预算单位工作人员持有的，主要用于日常公务支出和财务报销业务的信用卡。2007 年，省财政厅与人民银行合肥中心支行联合印发《省级预算单位公务卡管理暂行办法》，对公务卡日常管理、公务卡支付管理、公务卡财务报销管理、参与公务卡改革的各部门管理职责等作出明确规定。同时，督促国库集中支付代理银行开发公务卡管理系统。

2008 年 3 月，省财政厅与省人行、审计厅、监察厅联合召开省直预算单位公务卡改革动员部署大会，并进行改革业务培训，正式启动省级预算单位公务卡制度改革，并选择省药监局、交通厅、质监局等 10 个单位开展试点工作。各试点单位与工商银行签订公务卡项目协议，共办理公务卡 1220 张。

加强中央资金国库集中支付管理　2006 年，中央将农村义务教育经费保障机制专项资金首次实行国库集中支付。省财政厅会同省教育厅制定《安徽省农村义务教育经费中央专项资金支付管理暂行办法》，对专项资金预算文件下达、用款计划编报、支付申请审核、资金拨付程序、会计账务处理及对账等各项工作做出规定，按照有关规定办理全省各级财政部门中央专项资金特设专户账户开设和备案手续。11 月起，省财政厅通过财政国库集中支付，将农村义务教育中央专项资金直接拨付至各市、县（区）特设专户。

2007 年，中央将能繁母猪保险保费补贴等专项资金，通过省级财政国库集中支付，直接拨付到各市、县（区）特设专户。

2008 年，中央将政策性农业保险保费补贴资金、化解农村义务教育“普九”债务资金、新型农村合作医疗补助资金、家电下乡补贴资金等中央专项资金，通过省财政国库集中支付，直接拨付到各市、县（区）特设专户。

实施财税库银横向联网　财税库银税收收入电子缴库横向联网是指财政、税务、国库、银行利用信息网络技术，通过电子网络系统办理税收收入征缴入库等业务，税款直接缴入国库，实现税款征缴信息共享的缴库模式，为相关部门加强税收征缴管理和进行统计分析提供有力支持。2007 年 9 月，省财政厅联合省国家税务局、省地方税务局、中国人民银行合肥中心支行向财政部、国家税务总局和中国人民银行请示，选定铜陵市作为安徽省开展财税库银税收收入电子缴库横向联网工作的首批试点市。

2008 年，省财政厅联合省国税局、省地税局、人民银行合肥中心支行印发《关于 2008 年财税库银税收收入电子缴库横向联网扩大试点工作的通知》，共批复 10 个市开展试点工作。

2009 年，经人民银行总行批准，安徽省作为第一批推广上线单位于 10 月正式上线运行。11 月 16 日，最后一批财政单位节点顺利开通，标志省财政与人行横向联网系统正式起步。

市县财政国库管理制度改革　省财政厅在推进省级财政国库管理制度改革试点的同时，着手对市县财政国库管理制度改革进行指导和推动。

市财政国库管理制度改革　2002 年，在省财政厅的指导下，除亳州、巢湖、池州 3 个市实行会计集中核算外，其余 14 个市全部开展国库集中支付改革试点。

2003 年，省财政厅建立市级改革进展情况定期上报制度，并印发《关于市级财政国库管理制度改革情况的通报》和《关于进一步加强财政国库管理制度改革工作的意见》，对各市改革再次提出要求，强调加快进度，提高质量。同时，研究制定《安徽省财政国库存款利息使用管理暂行办法》。当年，市级纳入财政国库集中支付的预算单位占各市预算单位总数的平均比例达到91%，超过70%比例的目标要求。

2005年，省财政厅指导巢湖市开展会计集中核算与国库集中支付制度的衔接转轨试点工作。

2006年，亳州市进行全面衔接转轨试点，池州市拟定改革试点方案。省财政厅统一为条件成熟的市安装国库集中支付网上申报、审批和支付系统，为各市进一步完善改革配套措施提供技术支持和保障。

2007年，市级国库集中支付的资金范围不断扩大，部分市按照《财政部关于深化地方国库集中收付制度改革的指导意见》，将预算内、预算外、政府性基金全部纳入国库集中支付范围。

县财政国库管理制度改革　2005年8月，金寨县率先推进县级国库集中收付制度改革，积极探索会计集中核算向国库集中收付制度转轨。

2007年8月，省财政厅在金寨县召开全省县级国库集中支付改革试点现场会，首批选择肥西等12个县（市、区）进行试点。

2008年，省财政厅按照财政国库集中支付“纵向到底、横向到边”的改革目标，结合县级财政管理特点，总结县级国库集中支付制度改革试点经验，扩大改革试点面，共选定长丰等17个县（区）进行县级会计集中核算向国库集中收付制度转轨试点。

2009年，省财政厅在总结前两年29个县（市、区）改革试点经验的基础上，将其余47个县（市、区）全部纳入国库集中支付制度改革范围。

第三节　政府采购制度改革

安徽是在全国较早开展政府采购制度改革的试点省份。1995年，在省直行政单位进行小汽车定点维修、统一保险和办公用房招标修缮等方面开展政府采购试点工作。1998年，省级成立政府采购中心。2000年，省财政厅成立政府采购管理处，完成了省级政府采购管理机构与操作机构的分设，标志着政府采购管理机制的正式确立，为规范政府采购运作，推进政府采购的稳步进行起到了良好的促进作用。2001年，省政府印发《关于全面推进县级公共财政支出改革意见的通知》，要求县级建立政府采购机构。截至2008年年底，全省17个市、76个县（市、区）已设立政府集中采购机构，从事政府集中采购的人员达560人。其中，市级一般4~6人，县级一般2~5人。按照“管采分离”的要求，市县已设立政府采购监督管理机构66个。其中，市级17个，县级49个，从事政府采购的监管人员达140人，市级一般2~3人，县级一般1~2人。

健全政府采购制度体系　推行政府采购以后，省政府和省财政厅加大政府采购制度建设力度，规范政府采购行为，形成全省政府采购制度体系。

省政府印发采购制度　1998年7月，省政府印发《安徽省政府采购管理暂行办法》。

2000年10月，省政府办公厅印发《关于建立安徽省政府采购联席会议制度的通知》。

2003年8月，省政府办公厅转发省财政厅制定的《安徽省省级政府采购2004年集中采购目录及标准》。11月，省政府印发《关于政府采购中违法行为的行政处分规定》。

省有关部门联合印发采购制度　2000年7月，省监察厅、省财政厅、省审计厅、省编办联合印发《关于进一步推进我省政府采购工作的意见》。

2003年11月，省司法厅、省财政厅联合印发《关于政府采购招投标办理公证的通知》。

2004年5月，省教育厅、省财政厅联合印发《安徽省省属院校政府采购管理暂行办法》。

省财政厅印发采购制度　2000—2007年，省财政厅先后印发《关于建立政府采购特邀监察员制度的通知》《安徽省政府采购预算管理暂行办法》《安徽省县级政府采购操作规程》《安徽省财政厅政府采购工作责任制暂行办法》《安徽省政府采购行为规范》《关于建立政府采购预算执行通报制度的通知》《关于编报分月政府采购清单工作的通知》《安徽省政府采购项目档案管理暂行办法》《安徽省省直行政事业单位复印纸定点采购管理暂行办法》《安徽省工程项目试行政府采购制度暂行规定》《关于省政府部门使用正版软件实行定点采购的通知》《关于全面加强政府采购工作的意见》《安徽省政府采购供应商质疑处理办法》等20项管理制度。

2008年，省财政厅先后制发《关于加强省级政府采购预算执行工作的通知》《关于加强集中采购执行工作的意见》《安徽省财政厅内部政府采购工作管理办法》《关于规范政府采购监督管理审批工作的通知》《关于安徽省省级政府采购计算机等办公设备实行协议供货的通知》《关于政府采购政策促进我省经济又好又快发展的意见》等6项管理制度。同时，对现行政府采购制度、办法进行认真清理，"废"、"立"并重，废止已过时的制度10项，为加强政府采购监督管理，规范政府采购行为，奠定了坚实的基础。

2009年，省财政厅先后制发《关于进一步加强政府采购工作的意见》《关于加快省级政府采购预算执行工作的通知》《政府采购供应商诚信档案管理办法》《安徽省电子化政府采购管理暂行办法》等制度。

2010年，先后制发《安徽省政府投资工程项目政府采购管理暂行规定》《安徽省政府采购特邀监察员工作暂行办法》，基本完成了政府采购制度体系建设。

电子化政府采购　2008年12月，电子化政府采购系统建设启动，系统组织开发工作按照"一套系统，两个网络，三个平台，四个信息库"的总体规划和设计框架，选择较为成熟的系统集成和技术选型为切入点，按照关键节点和轻重缓急顺序，逐步开发实施了符合政府采购电子化要求的功能模块。

2009年1月，省级政府采购门户网站、专家库系统正式投入运行。12月，电子化政府采购协议供货采购模块、电子采购文件编评系统、执行操作、采购监管等模块投入试运行。

2010年1月1日,省级电子化政府采购管理应用系统投入运行。同时,按照金财工程建设要求,围绕“采购计划申报——采购任务下达——采购项目执行—合同资金支付”政府采购管理关键节点,与“金财工程”财政一体化平台相衔接,较好地实现了政府采购“从资金监管到采购业务监管与操作执行”全流程电子化,创新了工作载体,提高了政府采购工作效率。

截至2010年年底,安徽省政府采购系统共下达政府采购任务1968项,涉及政府采购预算金额37.75亿元;签订2376个政府采购合同,涉及政府采购合同金额15.65亿元;为811个政府采购项目,抽取政府采购评审专家计9708人次。

强化政府采购政策引导功能 实施政府采购改革后,全省财政部门在规范采购、节约财政资金的同时,发挥政府采购政策引导功能,促进节能环保、自主创新和产业发展。

促进节能环保 贯彻财政部和国家发改委2004年印发的《节能产品政府采购实施意见》,要求全省各级国家机关、事业单位和团体组织用财政性资金进行采购的,应当优先采购节能产品。2006年,省财政厅就奇瑞轿车、江淮汽车列入“绿色清单”事宜及时向财政部汇报,并与国家环境标志认证机构及省环保局进行沟通。2007年3月,奇瑞轿车入围政府采购“绿色清单”。6月,江淮汽车所申报的26个型号的汽车通过“中国环境标志”认证,并列入政府采购“绿色清单”。2010年,贯彻落实国家关于计算机、空调、复印机等强制采购节能产品政策,对于协议供货项目,要求投标人在标书中注明“节能产品证书号”所在“清单”页码。在国家发布新空调国标后,协议供货定速空调只采购“节能产品政府采购清单”中能效为1级的产品,同时增加变频式空调采购。

促进自主创新 2006年,省财政厅牵头,省科技厅、省发改委、省经委、省质监局组成“安徽省政府采购促进自主创新协调机构”,负责研究制定运用政府采购政策促进自主创新产品发展的有关政策规定。2007年,省财政厅制发《安徽省自主创新产品政府采购管理暂行办法》,明确各级财政部门是自主创新产品政府采购活动的监督管理部门,在部门预算审批过程中,优先安排自主创新产品的采购预算。同时,支持具有自主知识产权品牌奇瑞汽车等产品的发展,引导采购人采购奇瑞汽车。奇瑞汽车在全省政府采购活动中所占份额逐年攀升,得到省委省政府的肯定。

促进民族产业发展 政府采购坚持采购本国产品,对确需采购进口产品的,实行严格的审批制度,促进民族产业的发展。2004—2010年,全省政府采购规模中采购本国货物为98%。在授予国外企业的合同中,主要是国内没有生产或达不到技术要求的大型医疗器械及设备。

第六章　民生支出改革

安徽在财政民生支出方面进行改革创新，通过实施民生工程，统筹一部分财政资金，用工程化措施解决民生中的一些难点问题。2006 年 12 月 20 日，省长办公会议对民生方面存在的薄弱环节进行深入分析，为尽快解决人民群众“生活难、看病难、上学难”等问题，提出实施民生工程。12 月 30 日，省委常委会研究决定从广大人民群众最关心、最直接、最现实的利益出发，从 2007 年起开始实施民生工程。至 2010 年年底，全省民生工程累计投入 853.8 亿元，惠及城乡群众由 4000 万增至 6000 万，人均受益由 200 元增至 500 元。

2008 年，中共中央总书记胡锦涛视察安徽时，肯定了安徽民生工程改革做法，指出：“我觉得实施民生工程这个做法很好，因为你们向社会公布了，将来就要让全社会来监督我们是不是都落实到位了，我们还要一项一项狠抓落实，一定要抓出成效。”

第一节　民生工程内容

2007 年，安徽开始实施 12 项民生工程，以后逐年扩面提标。2008 年扩展到 18 项，2009 年扩展到 28 项，2010 年扩展到 33 项。同时，投入资金随之扩大，2007—2010 年 4 年分别投入 78 亿元、176 亿元、254 亿元、345 亿元，年均增幅达到 64.2%。

2007 年 12 项民生工程　12 项民生工程主要包括生活保障、医疗卫生、义务教育、农村保障等四个方面。

建立农村居民最低生活保障制度　将全省农户年人均收入低于 683 元的绝对贫困人口纳入低保范围，给予每人每年平均 260 元补助，使农村困难群众的基本生活得到稳定保障。

提高农村“五保户”供养标准　在现有每人每年平均 850 元的基础上，提高到每人每年平均 1200 元，使全省“五保户”达到当地农村居民平均生活水平。　完善城镇未参保集体企业退休人员基本生活费保障机制　对城镇未参保集体企业退休人员，纳入当地城镇居民最低生活保障范围，并按当地城镇居民最低生活保障标准发放基本生活费。

推进新型农村合作医疗制度　将新型农村合作医疗试点范围扩大到全省 80% 的县（市、区），覆盖全省农业人口 4080 万人。

探索建立城镇居民基本医疗保障制度　参照新型农村合作医疗办法，探索建立城镇居民基本医疗保障制度。实行个人缴费、政府支持和社会捐助相结合的筹资机制。

逐步提高城乡医疗救助水平　将城乡低保对象、农村“五保户”、农村重点优抚对象纳入医疗救助范围。并逐步提高城乡医疗救助水平，建立健全城乡医疗救助体系。

逐步建立重大传染病病人医疗救治和生活救助保障机制　进一步落实对艾滋病病人的“四免一关怀”政策，逐步加大对艾滋病病人的医疗救治和生活救助力度。对结核病人、血吸虫病人以及确诊为人感染禽流感、传染性非典型性肺炎、霍乱等重大传染病病例或疑似病例的病人，继续按规定提供医疗救治费用。

推进城乡卫生服务体系建设　从2007年起，用5年时间改扩建1230所乡镇卫生院、15911个村级卫生室和2000个城市社区卫生服务机构，在全省基本健全城乡卫生服务体系。

全面实施城乡义务教育经费保障机制改革　从2007年起，全部免除城乡义务教育阶段学生学杂费，继续对农村贫困家庭学生免费提供国家课程教科书，并补助寄宿生生活费。免费提供农村贫困家庭学生教科书资金由中央财政全额负担，补助农村贫困家庭寄宿生生活费继续由市、县财政负担。

全面消除农村中小学危房　从2007年起，用2年时间完成全省304万平方米D级危房改造任务，确保全省农村中小学校舍安全。

加速推进农村饮水安全工程建设　从2007年至2011年，用5年时间按照国家有关标准，解决全省农村饮水安全问题。

完善农村部分计划生育家庭奖励扶助制度　对农村只有一个子女或两个女孩的计划生育家庭，夫妇年满60周岁以后给予奖励扶助。奖励扶助金按每人每年600元的标准发放，其中只生育一个独生女的另增发120元。省提标部分全部由省财政负担。

2008年18项民生工程　2007年12项民生工程继续实施，部分项目提高了标准，新增6项民生工程。

大中型水库移民后期扶持　自2006年7月1日起，20年内对大中型水库移民每人每年补助600元。2010年，基本解决移民安置区基础设施薄弱、生态环境脆弱等突出问题。

城市低收入家庭住房困难保障　全省所有市、县对人均住房建筑面积低于10平方米的城市低保住房困难家庭应保尽保，有条件的市、县可适当提高补贴标准。

贫困白内障患者实施免费复明手术　加快实现2015年残疾人“人人享有康复服务”的目标进程，解决贫困白内障患者复明的迫切需求。2008—2011年，对全省4万名低保对象、“五保户”、优抚对象及其他贫困家庭的白内障患者实施免费复明手术。

农村广播电视“村村通”工程建设　2008—2010年，完成30404个“盲村”建设任务，全面实现全省20户以上已通电自然村通广播电视，使“盲村”农民能够收听收看到4套以上的广播节目和8套以上的电视节目。同时，加快设备更新改造、提高农村地区的

广播电视无线覆盖水平。

农村公路“村村通”工程建设　2008—2010年，新改建通建制村水泥（沥青）路6万公里，覆盖人口约5000万人，基本实现全省所有建制村通水泥（沥青）路的目标，让农民群众安全便捷出行。

高校和中职学校家庭经济困难学生资助　建立健全普通本科高校、高等职业学校和中等职业学校家庭经济困难学生资助政策体系，通过提供国家奖学金、国家励志奖学金和国家助学金，解决全省家庭经济困难学生的就学问题。

2009年28项民生工程　全省农村中小学304万平方米D级危房改造任务于2008年圆满完成，自2009年起，农村中小学校舍维修改造纳入正常工作安排，不再列入民生工程项目。2009年继续实施2008年其他17项民生工程，并新增11项民生工程。

农村五保供养服务机构建设　加大全省农村五保供养服务机构新建、改建、扩建力度，提高集中供养率。2009—2012年，计划新建敬老院1370所，新增入院五保对象13.45万人，总投资11.5亿元，集中供养率达50%。2009年投资3.99亿元，增加47500张床位。

重度残疾人生活救助　2009年安排资金1.69亿元，对40.12万已享受低保的重度残疾人予以生活救助，其中城镇重度残疾人每人每年补助600元，农村重度残疾人每人每年补助360元，缓解重度残疾人医疗康复支出负担较重、生活水平偏低等困难。

新型农民培训工程　2009年安排2.54亿元，培训新型农民56万人，其中农村劳动力转移培训“阳光工程”30万人、新型农民科技培训工程6万人、农业专业技术培训和农民创业培训20万人。

农民工技能培训工程　鼓励农民就近转移就业，扶持农民工返乡创业，2009年安排1.5亿元，对50万农民工进行技能培训。

提高妇女儿童健康水平　降低孕产妇死亡率、婴儿死亡率和五岁以下儿童死亡率，提高妇女儿童健康水平，计划用4年时间，使全省妇女儿童健康相关指标达到中部地区领先水平和东部地区平均水平。2009年安排2亿元，对农村孕产妇住院分娩给予补助，实行免费婚前医学检查，对县级妇幼保健所修缮房屋、购置设备，以及儿童免疫规划一类疫苗接种给予补助。

“农家书屋”工程　满足基层农民群众日益增长的精神文化需求，加快建设“农家书屋”，到2015年基本覆盖全省所有的行政村。2009年投入6000万元，在全省建设3000家“农家书屋”；每个农家书屋配置标准为2万元。

乡镇综合文化站建设　大力繁荣农村文化，到2010年全省建设乡镇综合文化站1150个，基本实现乡乡有综合文化站建设目标。2009年投入1.3亿元，建设332个乡镇综合文化站，每个乡镇综合文化站投资40万元，其中建设资金30万元，配套设施资金10万元。

农民体育健身工程　提高农民体育健身设施水平，到2010年，全省规划在4000个行政村建设标准的农民体育健身工程。2009年投资1650万元，在550个行政村实施农民体育健身工程。每村投入3万元，建设一块混凝土标准篮球场，配备一副标准篮球架和2张室外乒乓球台。

政策性农业保险制度　创新支农方式，构建市场化农业支持保护体系，进一步扩大政策性农业保险试点，政策性农业保险资金由各级财政和投保户共同承担，2009年投入3.9亿元。

农村沼气建设工程　推广使用沼气，加强农村基础设施和环境建设，2009年安排2.2亿元，建设5万口沼气池，开展改厨、改厕、改圈，建设20个养殖场大中型沼气工程和一批乡村沼气服务网点。

病险水库除险加固工程　加快全省病险水库除险加固步伐，用3年时间完成全省89座大中型水库除险加固任务，到2012年完成全省1820座小型病险水库除险加固任务。2009年投资14.9亿元，对811座病险水库实施除险加固，其中继续实施2008年省计划内小型水库加固工程400座、新增开工省计划内小型水库加固工程300座、国家规划内重点小型病险水库93座、国家规划内大中型水库18座。

2010年33项民生工程　2009年28项民生工程继续实施，部分项目提高了标准，新增5项民生工程。

社会（儿童）福利中心建设　从2010年开始用3年时间，新建、改扩建61个县级社会（儿童）福利中心，新增床位5400张，每张床位投入6万元，三年总投资3.24亿元。2010年安置床位1800张，投入资金1.08亿元。

农村留守儿童之家建设　从2010年开始用3年时间，整合利用乡镇（街道）、村（居）委会文化室、寄宿学校等现有资源，在全省1308个乡镇创办留守流动儿童活动室，每个留守流动儿童活动室2万元，投入资金2616万元，由省妇联负责实施；在农村地区确定2万个留守儿童之家，为留守儿童之家配备电话、电视机（3000元），投入资金6000万元。2010年建设400个留守流动儿童活动室，启动7000个留守儿童之家配套工程，投入资金2900万元。

光荣院建设　2009—2011年，用3年时间，在全省建设30所标准化光荣院，安置床位3800张，项目完成后，集中供养率达到30%。光荣院建设每张床位投入2.7万元，3年总投资1.026亿元。2010年安置床位1515张，投入资金4091万元。

农村清洁工程　从2010年开始用5年时间，投入15亿元，在全省每个乡镇建设生活垃圾处理设施，开展乡镇环境卫生综合整治，促进农村环境改善。2010年在皖北3市和沿淮6县120个乡镇以及“千村百镇示范工程”的125个镇共245个镇建设垃圾收集和处理设施，投入资金3.2亿元。

校舍安全工程　2010年投入资金50亿元，在全省中小学校开展抗震加固、提高综合防灾能力建设，使学校校舍达到重点设防类抗震设防标准。

第二节 民生工程实施

2006年年底，省委省政府提出，由省财政厅牵头，集中一段时间，着力解决一些突出的民生问题，不断提高人民的生活质量和幸福指数。总体思路是，通过民生工程这一载体，运用工程化的措施、项目化的手段，优先解决群众最关心、最直接、最现实的利益问题，不断加大保障和改善民生的力度。民生工程实施，本着尽力而为、量力而行的原则，从实际出发，区分轻重缓急，突出重点，分步进行。

实施方式 省委省政府统筹考虑，科学研究确定民生工程项目，一年突出一些重点，一年抓住一些要点，一年解决一些难点。2007年，启动实施12项民生工程，主要解决“学有所教、病有所医、老有所养”问题。从2008年起，当年实施18项，2009年实施28项，逐步将民生工程项目覆盖到“住有所居”和“劳有所得”范畴。至2010年，民生工程项目增加到33项，涵盖生活保障、教育培训、医疗卫生、农业和农村基础设施、农村文化建设等五大类。

运行模式 省委省政府坚持用创新的理念、改革的办法，专门成立民生工程协调小组，着力建立健全工作机制和运行模式。根据省委省政府部署，民生工程的实施，由各级财政部门牵头协调服务，加强沟通联系，协调完善政策，会商解决问题，推动民生工程工作顺利开展。各级相关部门围绕年度目标，细化分解任务，找准关键环节，积极组织实施，社会各界广泛参与。同时，实行公开阳光操作，项目选择广泛征求社会各界和基层干部群众的意见和建议。项目实施过程中，对于发放或补助到人的项目，严格做到政策公开、程序透明、支付到人、打卡发放；对于工程类项目，严格落实招投标、政府采购、工程监理和竣工验收等各项制度。

资金保障 2007—2010年，全省累计投入民生工程资金853.8亿元。

争取中央资金 4年共争取中央补助405.8亿元。

省级财政投入 省级民生工程投入由2007年的30亿元增加到2010年的112.4亿元，四年增长了2.7倍。全省在没有中央补助的情况下，挤出财力，投入55亿元，实施了农村五保户供养、城镇未参保集体企业退休人员生活保障、农村留守儿童之家建设、农村清洁工程等10个民生工程项目。

市县配套资金 在确定民生工程筹资方案时，按“省级为主、分级负担、财力下移”的原则，省级和市、县按8∶2或7∶3比例分担。省财政2007—2010年下达增量均衡性转移支付共90亿元，2009年安排市县地方政府债券40亿元，2010年安排49亿元，保证各地配套资金足额落实。

其他渠道筹资 采取以奖代补、合资共建、贴息补助等形式，鼓励和吸引企业、社会组织、个人资金投入。对于新农合、城镇居民医保、农业保险等准公共产品，采用财政拿大头，个人筹资作为补充。对于社区卫生医疗等公共服务，通过政府购买服务方式来解决。

监督考核 省委省政府将民生工程作为中心工作，每年纳入重点工作督查体系。每年年初，省政府专门召开全省民生工程实施会议，省政府主要领导亲自部署，并与各市政府主要负责人签订民生工程实施目标责任书，层层分解任务，逐级负责落实。对照签订的目标责任书，省政府每年组织对各市民生工程实施情况及效果进行目标责任考核，在全省性综合督查和考核中，实行随机抽样，实地验证扣分，保证了政策落实。同时，引入社情民意调查机制，将人民群众赞成不赞成、满意不满意作为评价民生工程的根本标准，每年对全省40多万户城乡居民和受益对象进行电话调查，将群众知晓度、满意度计入各地考核成绩。

第七章　财政支持经济社会领域改革

财政改革与经济社会改革密不可分，相互支持，相互促进。改革开放以后，安徽财政在推进自身改革的同时，大力支持国有企业改革、政策性农业保险试点、文化体制改革、医药卫生和农村合作医疗改革等，发挥财政职能作用，推动经济社会发展。

第一节　支持企业改革

20世纪90年代中期开始，全省各级财政部门紧紧围绕“服务企业，发展经济”这条主线，发挥财政职能作用，推动国有经济战略性调整和企业改组改制，支持企业改革与发展。

企业不良资产处置　2004年，帮助21家省属企业整体打包处置积欠省工商银行不良贷款31502万元（本金18193万元、利息13309万元），按20%的受偿率，安排4000万元作为偿债资金来源。

2006年，根据省政府关于打包处置华融、信达、长城、东方4家资产管理公司在皖不良金融资产的统一部署和省政府领导批示精神，分别拨付省国有资产运营公司、省科技产业投资公司打包处置不良金融资产专项补助资金10900万元、4100万元。

2007年，参与不良金融资产打包处置工作。落实省财政配套资金11000万元，支持省国有资产运营公司和省科技产业投资公司筹措受让资金，打包打折受让4家资产管理公司在皖不良金融资产。省国有资产运营公司和省科技产业投资公司与合肥、淮北、阜阳、亳州、池州、淮南、芜湖、滁州、安庆9市正式签署不良金融资产分包处置协议，确定不良金融资产的打包范围、转让价格和价款支付方式，为全省不良金融资产分包处置工作开了好头。配合省商务厅制定《安徽省国有流通企业减债脱困工程试点工作方案》，按照政策性与市场化相结合的原则，采取“整体打包、协商定价、一次性回购”的办法处置国有流通企业在4家资产管理公司在皖不良金融资产，争取国家专项补助资金7108万元。

推进国有企业重组　1997年，积极做好企业集团组建工作，配合省经贸委制定《关于省级重点企业集团组建方案制定和实施的指导意见》。

2002年，经过调研，向省政府提交重组方案并经经省长办公会议研究通过，省商务厅12家直属企业的国有资产授权省徽商集团经营，并与其合并重组。

2003年,会同省经贸委和省委企业工委等部门认真做好安徽江淮汽车集团有限公司和安徽安凯汽车集团有限公司、安徽安兴联合总公司和省旅游集团公司的联合重组工作,进一步优化国有资产存量;积极参与军工企业改革脱困、省化肥公司组建石化集团、十多家小水电上划组建省水电集团公司及合肥等4市所辖县盐业公司的人财物上划省盐业公司管理等工作,及时办理有关手续,推进企业兼并重组的顺利实施。

2004年,推动江淮汽车集团对安凯汽车集团的重组、安兴联合总公司与安徽旅游集团公司的联合重组、安徽省对外经济贸易发展公司等省属企业间的重组改制和省属企业子公司股权多元化的改革步伐。

2005年,参与论证深圳安徽总公司与黄山(香港)公司、马钢公司与合钢公司、飞彩股份等企业的重组方案。

2007年,全省各级财政部门按照“抓大放小”和“有所为,有所不为”的方针,参与并支持国有企业改组改制工作。至2009年年底,全省770家国有大中型企业,对外出售和关闭破产的439家,剩余331家,完成改制329家,改制面达99.4%,其中,125家改制为股份有限公司,204家改制为有限责任公司。列入《安徽省“十一五”国有重要骨干企业改革重组规划》的64家市属国有重要骨干企业有61家完成改制。全省国有大中型企业基本完成公司制改革,初步建立现代企业制度。全省列入《安徽省“十一五”期间国有集体中小企业改革规划》的企业,2009年年底实现改制任务超过2/3。

推动国有企业改制 1995年,为适应建立现代企业制度的需要,积极稳妥推进国有企业公司制改建工作,转发财政部《国有企业公司制改建有关财务问题的暂行规定》,明确企业改建中各类财产损失以及待摊费用、递延资产等处理方法。

1996年,参与审核全省32家企业的现代企业制度试点方案。

1997年,为鼓励和引导股份制试点工作健康发展,根据各地股份制试点情况,配合省体改委研究制定由省政府办公厅发文的《转发省体改委关于实现股份合作制若干问题试行意见》,对推进股份制试点各项要求作具体规定。

1999年,为协助“两淮”有效实施债转股,配合省经贸委等部门,研究债转股实施方案,共向国家经贸委推荐债转股企业23家,债转股金额140亿元左右。参与起草由省政府印发的《安徽省国有控股、参股公司企业内部职工持股试行办法》《安徽省鼓励技术要素参与收益分配试行办法》和《安徽省国有企业经营者年薪制试行办法》。

2000年,认真做好国有股权管理和资产评估合规性审核工作,办理国有企业改制为有限责任公司2家,配合省电力局完成首批28个趸售县供电企业的改制,参与全省11家规范建立现代企业制度试点方案的论证。同时,积极进行国有股权转让试点,批准海螺集团、安徽生物研究所、省高等级公路总公司、省进出口公司转让部分国有股股权,共转让国有股39447万股,其中转让给公司内部职工723万股;批准巢湖维尼龙厂和安凯集团公司用部分国有股股权进行质押,使它们获得银行贷款;提请省政府授权省军工集团、长安电器总厂、铜陵有色集团行使国有资产所有者权力,使它们的债转股方案进入实施。

2001年，先后审批安徽双轮酒业股份有限公司等8家股份有限公司的国有股权管理方案、安徽医药工业有限公司等10家有限责任公司的股权设置方案；对安徽全柴动力股份有限公司和合肥丰乐种业股份有限公司国有股配股方案进行审批；批准丰原生化股份公司增发融资72120万元，飞彩、华茂、全柴股份公司配股融资59310万元，江汽、山鹰、三佳股份公司首发融资114500万元，共融资245930万元；先后对安徽省技术进出口股份有限公司等4家企业的国有股权向非国有经济（含个人）转让进行批复，转让收入4677万元；对江汽股份首发减持国有股800万股和安徽东兴盐化股份公司1986万股国有股无偿划转给中国盐业总公司进行审批。

2002年，审批20家股份有限公司国有股权设置方案，对7家股份公司国有股转让、变更、划转，2家上市公司国有股配股，对4家上市公司国有股质押进行批复，对6家企业的资产处置方案进行审批。全省共有7家企业新发、增发和配股，在资本市场筹集资金23亿元，增强企业发展后劲。

2003年，对15家股份有限公司涉及的国有股权问题、2家上市公司的国有股配股方案和10家股份有限公司的国有股转让行为以及1家上市公司国有股质押进行批复、审核或备案；参与论证3家拟上市企业的核准材料，为其提供有益的意见和建议，全年共首发A股3只、发行可转换债券3只，增发H股1只，共募集资金30.83亿元人民币。

2004年，共有8家企业首发A股，其中2家在深圳中小企业板上市。上市公司发行可转债1家、配股1家、增发1家，从资本市场上募集资金33.95亿元。

2005年，参与江淮汽车集团公司和水安公司改制方案的论证修改和古井集团转让、高界高速公路经营权转让等重点评估项目的评审。

2006年，安排5000万元国有企业改革专项资金，专项用于合钢公司的改制工作；拨付614万元，对安徽裕安实业总公司改制工作进行补助。

支持企业分离社会职能 1996年，印发财政部制定的《国有企业试行破产有关财务问题的暂行规定》和《企业兼并有关财务问题的暂行规定》，使企业破产工作有章可循。

2002年，根据国家六部委《关于进一步推进国有企业分离办社会职能工作的意见》和省政府相关文件精神，会同省经贸委加大工作力度，加快工作进度，推进企业自办中小学校的分离移交工作。

2003年，为加快分离合肥、淮北、淮南、铜陵四市的分离办学步伐，从以前年度结余资金中调整400万元，用于减轻四市分离办学负担。

2004年，对省属工业企业办学比较集中的淮南市、淮北市和铜陵市移交后的经费负担情况进行测算、分析，并从政策上给予一定的支持，确定5年过渡期，过渡期内，每年仍由企业承担的办学经费比例分别为90%、80%、70%、30%和20%。帮助安徽长安电子（集团）公司和安徽客车总厂解决400万元中小学分离移交经费。

2005年,支持15家省属企业分离辅业,分流富余人员20970人,安置职工17530人。同年,国务院办公厅下发《关于第二批中央企业分离办社会职能工作有关问题的通知》,要求74家中央企业的1500多个机构实施分离移交,涉及在皖的有12家企业的32个机构。当年,签署移交协议的有11家企业的30个机构。同年拨付安徽长安电子(集团)公司和安徽客车总厂400万元中小学分离移交经费。

2006年,根据《财政部、总后勤部关于军队装备修理工厂分离中小学公安机构的通知》,与总装备部所属中国人民解放军第7410工厂联系并了解情况,为7410工厂子弟学校分离移交做好准备。另外,及时将财政部、国资委已批复下达的11家中央企业集团的分离移交经费和资产下达到相关市、县。

截至2009年年底,安徽共分离接收中央企业自办中小学29所,公安机构15个,争取中央财政经费补助基数9338万元,全省已完成分离中央企业办社会职能的任务。全省国有企业自办中小学校360所,其中:省属国有企业自办中小学校230所,全省国有企业自办中小学校在职教职工16358人。除国有农场所办的中小学校外,省属国有工业企业自办中小学校主要集中在合肥、淮北、淮南和铜陵4市,基本完成市属企业和省属企业所办的中小学校的移交工作。

企业改革破产补贴　2000年,省财政厅配合有关部门关闭破产资源枯竭的煤炭企业6家,争取国家财政补贴20亿元;纺织毛纺压锭2876锭,争取国家补贴262万元;丝绸压绪34680绪,争取国家补贴416万元。

2001年,江淮化工厂、淮北矿务局相城煤矿、淮南矿务局潘二、孔集煤矿和淮南煤矿钢铁厂破产后,由于破产费用没有落实,职工生活安置困难。省财政厅多次到财政部反映实际困难,争取国家补贴资金84264万元。

2002年,淮北市张庄、沈庄煤矿和淮南市潘二、谢集、李一煤矿等项目列入国家政策允许关闭破产范围。共争取中央财政企业关闭破产补助资金14.8亿元,核销银行呆坏账12.4亿元,处置不良资产22亿元,项目所涉及资产、人员、资金等在全国煤炭行业和全省国有企业中规模最大。

2003年,铜陵有色金属集团公司的铜官山铜矿等4个项目和中国有色金属安徽分公司项目列入国家政策允许关闭破产范围。共争取中央财政企业关闭破产补助资金12.06亿元,核销银行呆坏账2.42亿元,安置21765名企业职工。

2004年,为省中煤三建(集团)公司所属的淮北梧南煤矿争取到中央财政企业关闭破产补助资金66105万元,保障关闭破产企业职工安置。

2005年,企业关闭破产工作重点是中央在皖军工企业,为安庆船用电器厂争取到中央财政补助资金2422万元,江淮仪表厂、合肥纺织纤维总厂的破产资金方案已通过财政部安徽专员办的审核。为已关闭破产的淮南、淮北矿业集团等企业落实了“填平补齐”中央财政补助资金11060万元。为帮助企业改制脱困,维护稳定大局,对安徽疏浚工程总公司、安徽国际经济技术合作公司改制中的职工安置费用缺口部分一次性予以补助,全年累计拨付4227万元。针对安徽水利建筑工程总公司改制工作无法推进的现状,根据省政府批复精神,对其已上缴的企业国有资本转让收入5062万元予以退回,保持其生产经营的正常运行。

2006年,落实江淮航空仪表厂关闭破产中央财政补助资金3257万元,淮南煤矿机械厂47110万元,合肥纺织纤维总厂3510万元。争取关闭小企业中央财政专项补助资金700万元。安排5000万元国企改革专项资金,专项用于合钢公司改制工作。拨付614万元,对安徽裕安实业总公司改制工作进行补助。

2007年,根据企业关破进度,拨付淮南煤矿机械厂、合肥纺织纤维总厂、芜湖造船厂、铜陵有色第一冶炼厂、淮北矿业集团等企业关闭破产资金47040万元。芜湖造船厂、铜陵有色建筑安装公司、铜陵有色运输部、淮北矿业集团临涣煤矿等企业政策性关闭破产方案获国家批准,共争取到中央财政国家政策性关闭破产补助资金142973万元。拨付永达厂国有企业改制补助资金1200万元。参与省直脱钩托管企业改制,落实改制专项资金8300万元。

2008年,对列入当年国企改制范围的省属企业的改制方案和人员安置方案,进行逐一审核,根据审核结果并报经省国企改革领导小组批准及时拨付改制补助资金。全年共拨付省直脱钩托管企业改制补助8300万元，57家省直脱钩托管企业的改制基本完成;拨付改制补助8786万元,完成巢东集团公司、安徽水建安装公司、安徽丝绸公司等3个公司的改制任务;拨付关闭破产补助资金1.5亿元,支持江汽、皖中、农垦等3个集团所属的13家企业政策性破产工作。

2009年,指导铜陵有色、淮北矿业,就尾矿库治理、所属矿山企业关闭破产补助问题制定有关方案,及时向中央有关部委汇报沟通,争取中央资金。共拨付企业关闭破产补助资金专户9301.25亿元、国企改革资金1483.92亿元。

2006—2010年,江淮航空仪表厂、淮南煤矿机械厂、合肥纺织纤维总厂、芜湖造船厂、铜陵有色第一冶炼厂等企业和淮北矿业集团临涣煤矿等项目被列入到国家政策允许关闭破产的范围之中。经过努力,共争取中央财政企业关闭破产补助资金353113万元,解决企业关闭破产资金不足难题。争取关闭小企业中央财政专项补助资金4689万元,并按照规定及时下拨到有关市县（区）。

第二节 支持粮食流通体制改革

改革开放以后,针对粮食企业经营发展情况,省财政采取支持粮食企业改革、建立粮食风险基金、消化粮食财务挂账和实施粮食直接补贴等方式,推进粮食流通体制改革,对于搞活粮食经营、促进粮食生产、保障粮食安全发挥出重要作用。

支持粮食企业改革 1978年之前,国家对农民（包括互助组、农场、生产队）生产的粮食,按照国家下达的计划统一收购,对非农业人口的粮食消费,核定计划统一销售。

粮食统购价格和统销价格由国家统一确定。1978 年,农村实行家庭联产承包责任制,政府相应对原有粮食流通中的统购统销体制作调整和改革,实行双轨制。双轨制是对一部分粮食流通继续实行计划管理,对另一部分粮食流通放开经营,实行市场调节。国家对粮食企业实行“购、销、调”包干办法,财政对粮食企业财务管理办法也进行相应改革。

1979 年,安徽对粮食商业企业经营平价粮油所发生的合理费用,按实际经营粮油的数量和规定的定额标准计算,给予定额补贴。定额补贴分储存补贴和销售补贴。1982 年改为全系统亏损总额包干,减亏留成,超亏不补。当年 5 月,国家提高粮食、油料统购价格,粮食价格平均提高 20%,油料价格平均提高 25%。为不影响城镇居民的生活水平,统销价格不变,这样就形成购销价格倒挂,企业发生亏损,由省财政单独给予价差补贴。超购粮油加价也由原来按统购价加价的 30%,改为加价 50%,加价款仍列中央财政由中央金库退库。

1981 年,财政对粮食企业实行定额补贴和利润留成办法,对议价利润留成比例改为“三、三、四”分成,即省财政 30%,地市县财政 30%(地区和省辖市 10%,县和地辖市 20%),粮食部门 40%。

1982 年,省财政对粮食企业亏损实行“亏损总额(盈亏相抵后的净亏损)包干,超亏不补,减亏全留”的办法。当时商定亏损包干总额 7000 万元,一定 3 年,每年递减 500 万元(实际上按包干办法只兑现了头两年)。财政对粮食企业实行包干办法以后,1982—1985 年,省粮食局对企业继续实行定额补贴和利润留成办法,对议价利润省财政应分的 30%部分不再分成;地市县分成的 30%部分,仍由省粮食厅从实现的议价利润中转拨给各级财政。

1983 年,省财政对粮食商业平价亏损改为“减亏分成,超亏不补”的办法,即省粮食局年初根据商品流转计划和财务计划,按照地市经营量,核定经营万斤粮油亏损定额,并核定有关费用定额,年终与实绩对比,减亏的部分以地市粮食局为单位分成 40%;超过亏损定额的,除得不到分成外,还要检查超亏原因,然后给予弥补。同时,对盈利企业继续实行利润留成办法。1984 年,对“减亏分成”办法作了修改,继续实行。

1985 年,省粮食局对平价粮油经营亏损,以地、市为单位实行“小包干”,年终按计划检查,减亏的按原规定执行。

1986 年,省政府批转省财政厅、省粮食局《关于粮食企业财务体制下放管理的报告》,将以前由省统一管理的粮食企业经营盈亏和粮油价差补贴下放到地市县管理。当年下划财政收入包干亏损基数 11600 万元,粮油购销倒挂差价补贴基数 16977 万元。

1987 年,省财政厅、省粮食局制发《关于下达 1987 年度粮食购、销、调拨包干和财务包干办法的通知》。从 1987 年起,中央对安徽省粮食加价款实行总额包干、结余(超支)归地方财政承担(在此之前向中央实报实销)。省包干的粮食加价款由省财政与粮食部门实行结余(超支)“六、四”分成(分担)。1989 年 10 月,省财政厅制发《关于进一步做好粮食、食品企业控亏节支工作的通知》，要求完善粮食企业经营责任制，严格控制并逐步压缩不合理平价粮油销售，取消粮食企业在费用中列支的综合奖，积极清理和解决粮食企业挂账，控制粮食亏损补贴，加强库存平价粮油的管理。

1990年，安徽贯彻执行国家粮食专项储备政策，完成中央下达19.59亿斤粮食储备任务。省财政厅及时拨付粮食储备补贴，对解决农民“卖粮难”、保护粮食主产区和提高农民种粮积极性起到积极作用（储备粮的结算价由中央制定，利息费用由中央财政承担）。

1992年4月1日起，粮食实行购销同价，省财政取消对粮食企业的加价款补贴。

1993年，粮价放开后，省财政厅制发《关于收回粮食企业财政包干基数的通知》，相应收回原下划的粮食企业亏损补贴和盈利上缴的财政包干基数11600万元，重新核定补贴范围，原上缴利润不再上缴财政。

1995年，省政府制发《关于粮食部门实行两条线运行实施意见的通知》，将政策性业务和商业性经营划分开来，实行两条线的运行机制，做到宏观管好、微观搞活。

1996年，省财政厅制发《关于提高粮食收购价格后有关财政财务处理问题的通知》，对粮价变动后定购粮库存成本、专储粮结算价调整等有关问题作明确规定。

1998年，国务院发布《当前推进粮食流通体制改革的意见》，提出粮食流通体制改革要贯彻落实“三项政策，一项改革”，即严格按规定范围以保护价敞开收购农民余粮，国有粮食购销企业实行顺价销售，对收购资金实行封闭运行，加快国有粮食企业自身改革。省政府制发《关于贯彻国务院进一步深化粮食流通体制改革的决定的通知》，省财政厅会同有关部门制发《关于筹集省级粮食风险基金的意见》和《关于消化粮食企业新增财务挂账和不合理占用贷款的意见》2个配套文件，推进粮食流通体制改革。

2002年，省政府印发《关于加快国有粮食企业改革的意见》，提出国有粮食购销企业3年内减员分流50%。为此，省财政从粮食风险基金中挤出40089万元资金，对各市县按国有粮食购销企业离岗职工每人5000元标准给予补助。至2002年末，全省国有粮食购销企业108000名职工中，有64200人签定解除劳动关系协议，23200人领取安置补助资金后离开企业。

2003年末，全省国有粮食购销企业减员分流在职职工80178人，占2002年末在职职工总人数的76%，提前完成减员分流任务。

建立粮食风险基金 粮食风险基金是中央和地方政府用于促进粮食生产、平抑粮食市场价格、维护粮食正常流通秩序、实施经济调控的专项资金。中央和地方粮食风险基金建于1994年。从1999年起，中央对地方粮食风险基金实行包干政策。安徽积极贯彻中央决策，建立和管好粮食风险基金，保护生产者和消费者利益。

根据国务院《关于印发粮食风险基金实施意见的通知》规定，1994年，安建立省级粮食风险基金，主要用于省政府为平抑粮食市场价格而吞吐粮食时发生的利息、费用和价差支出，以及对贫困地区吃返销粮的农民由于粮价提高而增加的开支的补助。中央核定安徽省省级粮食风险基金最低规模 26000 万元。其中省财政配套设立 7357 万元的粮食风险基金，中央补助 18600 万元。

1997 年，省财政厅适当调整粮食风险基金使用范围，增加对超储粮食利息、费用实行补贴，确定按粮食的超储量给予补贴。

1998 年，粮食企业实行敞开收购农民余粮政策后，在一段时间内粮食库存增加，致使周转粮食库存和流转费用增加。因此，省财政配套粮食风险基金增加至 44251 万元，中央补助增加至 72643 万元。

从 1999 年起，中央对地方粮食风险基金补助实行包干，包干总额由中央补助和地方筹集。中央核定安徽省粮食风险基金规模 152440 万元，其中中央补助 82142 万元，省自筹 70298 万元（其中省级筹集 43061 万元，市县筹集 27237 万元）。9 月，省财政厅会同省计委、省粮食局、中国农业发展银行安徽省分行出台《关于对地市粮食风险基金补助实行包干办法的通知》，包干总额为 139561 万元。

从 2001 年起，中央财政新增安徽省粮食风险基金包干金额 20424 万元，新增部分不需省配套。调整后，全省粮食风险基金包干总金额为 172864 万元。其中，中央补助 102566 万元、省自筹 70298 万元。

2002 年，省财政厅与省粮食局制发《关于调整粮食风险基金补贴政策和各市粮食风险基金包干、筹集办法的通知》，规定粮食风险基金补贴范围和使用范围。为支持县域经济发展，减轻县级财政负担，经省政府批准，从 2002 年起，取消县级财政承担的粮食风险基金筹集任务，改由省财政承担。

2003 年，省财政厅会同有关部门制发《关于调整粮食风险基金补贴政策的通知》，规定从 6 月 1 日起，停止实行省对市的粮食风险基金包干办法，粮食风险基金由省统筹安排使用。

2004 年开始，在粮食风险基金中列支对农民的粮食直接补贴，粮食风险基金的使用范围调整为：对种粮农民的直接补贴；对省级储备粮油的利息费用补贴；对政策性挂账的利息补贴；按保护价收购的老库存粮食在未销售之前的利息费用补贴；对国有粮食购销企业分流人员给予的适当补助；与粮食直接补贴相关的工作经费。

消化粮食财务挂账　粮食财务挂账，是指国家对粮食企业自身无法偿还的农业发展银行及其他商业银行贷款实行停息。粮食财务管理体制在由中央下放到地方后，由于多方面原因，全国绝大部分地区包括安徽省都出现数额巨大的粮食财务挂账。

1992 年，国务院 193 次总理办公会议要求对粮食财务挂账实行新老划断，各地均不得增加新的挂账。据此，省政府与财政部签订《安徽省制止 1992 年新增粮食财务挂账责任书》，省财政与各地市签订《制止 1992 年新增粮食财务挂账责任书》。

1994 年 6 月，省财政厅对 1991 年以前的粮食财务挂账进行清理核实。全省财务挂账为 29.65 亿元，其中，政策性挂账 28.24 亿元，占 95.2%，企业挂账 1.41 亿元，占 4.8%。

从 1995 年 11 月 1 日起，中央对安徽省 1991 年以前的粮食政策性挂账 28.24 亿元实行停息，要求5年消化完。省政府专门召开会议，制发《关于制止和消化粮食财务挂账的通知》，并与各市签订《制止和消化粮食政策性财务挂账责任书》，明确消化任务。由于各级政府及财政、粮食等部门重视，当年全省累计消化粮食政策性财务挂账11439万元，超比例多消化2019万元，超额完成规定目标。

1996年，省财政厅制发《安徽省制止和消化粮食政策性财务挂账奖励办法》。9月，召开全省制止和消化粮食政策性财务挂账工作会议，由于各级财政、粮食、银行等部门通力合作，全年累计消化粮食政策性财务挂账75628万元，比预定目标多消化9739万元。

1997年4月24日，省政府召开全省制止和消化粮食政策性挂账奖励兑现大会，向消化粮食挂账获奖单位和个人颁发奖金320万元，兑现以奖代补资金2211万元。同年，省财政厅与省粮食局、农业发展银行安徽省分行联合下发《关于抓紧做好今年消化政策性老挂账工作的通知》，对消化粮食政策性挂账提出要求和指导性意见，并下拨粮食政策性挂账贴息款。当年，全省超额完成消化粮食政策性挂账任务。

2000年，全省累计消化1991粮食年度末政策性挂账19亿元，其中，2000年当年消化挂账总额10671万元。

之后，省财政厅对1992年3月至1998年5月末新增政策性粮食财务挂账和1998年6月至2003年5月末国有粮食购销企业新发生其他粮食政策性财务挂账进行认真核实。2007年，完成政策性粮食财务挂账清理确认及企业剥离情况表的填制上报。

截至2006年末，全省粮食政策性财务挂账余额为186.02亿元，其中：1992年3月至1998年5月末新增政策性粮食财务挂账80.72亿元，陈化粮价差亏损挂账27.94亿元，保护价粮价差亏损挂账24.06亿元；1998年6月至2003年5月末国有粮食购销企业新发生其他粮食政策性财务挂账53.3亿元。企业经营性粮食财务挂账总额36.9亿元，其中：1991年末经营性粮食财务挂账1110万元，1992年3月至1998年5月末新增经营性粮食财务挂账31.79亿元，1998年6月至2003年5月末国有粮食购销企业经营性粮食财务挂账5.01亿元。

实施粮食直接补贴 粮食直接补贴，是指为促进粮食增产和农民增收，国家财政按粮食实际种植面积和一定的补贴标准，对农户直接给予的补贴。安徽是全国首批实施粮食直接补贴的地区。

2002年，经国务院批准，安徽在来安县、天长市开展粮食补贴方式改革试点，全面放开粮食购销市场，对农民实行直接补贴，国有粮食企业自负盈亏。省政府印发《关于印发安徽省粮食补贴方式改革试点实施方案的通知》，规定试点县（市）对农民补贴资金来源仍为其包干的粮食风险基金。全年共对2试点县（市）发放粮食补贴3928万元，平均每户补贴180元。

2003年5月22日，省政府召开全省扩大粮食补贴方式改革试点工作电视电话会议，决定从6月1日起，在全省扩大粮食补贴方式改革试点。同时，省政府成立省扩大粮食补贴方式改革试点工作协调小组,常务副省长张平任组长、副省长赵树丛任副组长,省财政厅及有关部门为成员,下设粮食补贴方式改革试点工作办公室(简称省粮补办),在省财政厅办公。当年向农民发放粮食补贴款62701万元,惠及4600多万农民。

2004年,全省粮食直接补贴工作进展顺利,粮食直接补贴资金增至69146万元,使粮食直接补贴资金总额占粮食风险基金总额的比例达40%。从2004年起,安徽省开始扶持种粮大户,对种植小麦、稻谷的耕地面积达100亩的种粮大户,每亩增加10元粮食直接补贴,调动种粮大户积极性。同年,财政部通报表彰了安徽省粮食补贴工作。

2005年,全省对农民粮食直接补贴资金增至86432万元,粮食直接补贴资金总额占粮食风险基金总额的比例为50%,达到财政部目标要求。同年,安徽省开始实施小麦高产攻关计划。为扶持和鼓励农民种优质粮,对小麦良种良法示范户粮食直接补贴每亩增加8元。安徽省粮补工作再次得到财政部通报表彰。

2006年,为稳定农民种粮收益,国家综合考虑柴油、化肥、农药、农膜等农业生产资料价格变动因素,对种粮农民生产资料增资给予粮食综合直补,中央财政拨付安徽省粮食综合直补资金68630万元。全省对农民粮食直接补贴资金和粮食综合直补资金及时发放给农民,实现省政府制定的粮食补贴方式改革目标。

2007年,安徽从粮食风险基金中安排2500万元用于对水稻良种良法示范户增加粮食直接补贴,调动农民种植优质水稻品种的积极性。全年共争取中央财政粮食综合直补资金165442万元,比上年增长140%。粮补工作连续4年得到财政部通报表彰。

2008年,安徽争取中央财政多项支农惠农专项资金67.7亿元,其中:超级产粮大省奖励资金3977万元;产粮(油)大县奖励资金11.69亿元,比上年增加3.65亿元,增幅45.4%;农资综合直补资金43.37亿元;粮食直接补贴8.89亿元,生猪调出县奖励5481万元。

第三节　支持文化体制改革

2003年开始,安徽省各级财政部门将文化建设作为公共财政保障的重点,通过财政政策、资金、管理和服务等手段,支持和推动文化体制改革。

推进文化强省建设　2006年9月,省委、省政府印发《关于深化文化体制改革的实施意见》,提出各级财政要加大对公益性文化事业的投入,增幅不低于同级财政经常性收入的增长幅度;要进一步改进财政扶持方式,对文化事业单位的投入逐步实行项目资助和政府订单制,提高资金使用效益;积极稳妥地推进经营性文化事业单位转企改制,建立资产经营责任制,防止国有资产流失。转制企业自工商登记之日起,实行企业财政、税收、社会保障和劳动人事制度,在5年内给予财政、税收等方面的优惠政策。

2008年2月,省财政厅出台《关于财政支持文化发展的若干意见》,提出要完善文化财政政策,逐步完善扶持公益性文化事业、发展文化产业、推进文化体制改革,激励文化创新等方面的财政税收优惠政策；利用文化体制改革试点契机，保证安徽列入文化体制改革试点地区的文化企业和非试点地区的试点企业享受到规定的税收优惠；建立规范有效的公益性文化事业投入机制，把加大投入和改进投入方式结合起来，支持公益性文化事业单位推进内部管理体制和运行机制改革。激发文化工作者和文化事业单位支持、参与改革的积极性和主动性，保障经营性文化事业单位转企改制地顺利进行；财政继续拨付转制单位原有的事业费，用于解决转制前已经离退休人员的社会保障问题；同级财政实施补助改革成本的政策，补助转制中支付改革成本确有困难的艺术院团等文化事业单位；支持建立文化产业人才激励机制，对有突出贡献的文化人才实行重奖。

2009 年 8 月，省委、省政府印发《加快建设文化强省的若干意见》，把深化改革由试点向全省展开，要求各地要明确“时间表”和“路线图”，加快建立党委领导、政府管理、行业自律、企事业单位依法运营的文化管理体制和富有活力的文化产品生产经营机制，深化文化行政管理体制改革，实行政企、政事分开和管办分离，更好地履行政策调节、市场监管、社会管理、公共服务等政府职能。决定从 2009 年开始，连续五年，省财政每年安排 3000 万元，分别设立精神文明建设“五个一工程”、重大题材影视剧创作、舞台艺术精品工程等专项资金；每年安排 2000 万元专项资金，重点解决省属演艺院团设施更新、剧目创作、人才培养等问题；省直院团演出场次补贴经费由 200 万元增长到 700 万元，增长 3.5 倍，补贴标准由每场次 2000 元标准提高到每场次 7000 元等等。

2010 年 6 月，省财政厅印发《安徽省省级文化强省建设专项资金管理暂行办法》，明确专项资金主要采取项目补贴、贷款贴息、奖励和补充资本金的方式，对精神文明建设“五个一工程”、重大题材影视剧创作、舞台艺术精品工程等十一类项目予以资助和支持。

支持文化产业发展和文化事业单位转制 2006 年 9 月，省委办公厅、省政府办公厅印发《关于支持文化体制改革促进文化产业发展的若干规定》，明确安徽省公益性文化事业单位改革和文化事业单位转制的有关政策，要求省属文化企业集团等需实行经营性国有资产授权经营的，要报经省政府批准。省属文化企业集团由省委宣传部领导，省财政厅负责资产监管，省行业主管部门负责行业管理。地方国有文化资产需实行授权经营的，可参照办理。文化事业单位在转制过程中，要加强国有资产的管理，按规定做好资产清查、审计和评估等工作。转企单位在改制确定的资产评估基准日之前形成的不良资产，经财政部门审批后，可从净资产中核销。转制后，执行《企业会计制度》。转制为企业的出版、发行单位，转制时可结合资产评估，对其库存积压待报废的出版物做一次性处理，损失允许在净资产中扣除；转制后对库存出版物的呆滞损失实行分年核价、提取提成差价的办法。

2007 年 2 月，财政部、海关总署、国家税务总局下发《关于公布第二批不在试点地区的文化体制改革试点单位名单和新增试点地区名单的通知》，确定安徽新华发行集团有限公司旗下的安徽新华图书音像连锁公司、安徽新华教育图书发行有限公司、安徽省新龙图贸易进出口有限公司及十七个地市公司为第二批不在文化体制改革试点地区的文化体制改革试点单位，同时确定合肥、淮北、芜湖、安庆、黄山、蚌埠、巢湖七市为文化体制改革新增试点地区。

2008年2月，财政部、海关总署、国家税务总局下发《关于发布第三批不在试点地区的文化体制改革试点单位名单的通知》，明确安徽报元印务有限公司及安徽新华发行集团有限公司下属62家公司按照财政部、海关总署、国家税务总局《关于文化体制改革中经营性文化事业单位转制为企业的若干税收政策问题的通知》和《关于文化体制改革试点中支持文化产业发展若干税收政策问题的通知》规定享受除免征车船使用税以外的税收优惠政策。

2010年11月，省委宣传部、中国人民银行合肥中心支行、省财政厅下发《关于金融支持安徽省文化产业发展繁荣的实施意见》，提出支持符合条件的文化企业上市融资，加强对拟上市企业的政策支持和改制指导，省及当地财政对上市成功的小型文化企业给予一定比例的上市费用补贴。明确各级财政可通过文化产业发展专项资金等，对符合条件的文化企业，给予贷款贴息和保费补贴。

截至2010年年底，全省93家国有专业艺术表演院团除一家保留事业体制外，其余在整合调整后全部转制为企业，投入力度和转制进度在全国位于领先地位。

推进艺术表演团体改革　2003年年初，省政府办公厅印发《关于进一步深化省直六家艺术表演团体改革若干意见的通知》，规定对艺术表演团体的演出，原则上给予2000元的演出补贴，同时明确从2003年起，省直艺术表演团体离退休人员的工资由省财政全额供给，在职人员的工资以现有编制内实有在职人数扣除符合退休条件即将退休人员为固定基数，由省财政按80%供给（省徽剧团除外），之后增加人员不再增加财政经费。

2006年，省财政厅会同文化部门在对省直5个艺术表演团体在职和离退休老同志人员经费以及单位财务状况进行专题调研的基础上，形成了深化艺术表演团体改革的意见上报省政府，决定从2003年起，对省直艺术表演团体离退休人员的工资由省财政全额供给，对在职人员将供给标准由60%提高到80%。

第四节　支持医药卫生体制改革

按照国务院的工作部署和财政部的文件精神，在深入研究论证基础上，安徽省决定以取消药品加成、实行零差率销售为突破口，全面实施基层医药卫生体制综合改革，推动基本药物制度的建立。改革的目标是到2020年建立覆盖城乡居民基本医疗卫生制度、实现人人享有基本医疗卫生服务。

2009年，省政府制发《关于基层医药卫生体制综合改革试点的实施意见》，从年底起在全省32个县（市、区）率先启动改革试点。综合改革的主要内容涉及管理体制、人事制度、分配制度、基本药物制度和保障制度五项改革。

按照“花钱买机制、花钱建机制”的思路，省财政厅相继制定基层医疗卫生机构运行补偿、预算管理、财政保障、收支分析等一系列财政政策措施，建立健全基层医药卫生体制综合改革财政保障机制。2010 年 1 月开始，全省财政部门建立基层医疗卫生机构经常性收支月报制度，及时了解各收支项目的增减幅度，及时发现并解决改革中存在的困难和问题。同时，为规范管理，财政部门会同卫生部门按照基层医疗卫生机构运行补偿办法等有关文件要求，建立预算管理制度，根据基层医疗卫生机构的职能定位和工作职责，在科学核定其任务量的基础上，合理核定收支，并按照统一的预算编制程序和定额标准，科学编制基层医疗卫生机构的收支预算，操作过程中实行国库集中收付。

2010 年，省政府对综合改革试点政策进行系统评估论证，制发《关于基层医药卫生体制综合改革的实施意见》，从 2010 年 9 月 1 日起在全省推开基层综合改革，提前 1 年在全省实现基本药物制度基层“全覆盖”。同时，将基层医疗卫生机构收支全部纳入县级国库集中收付、统一管理。

通过医药卫生体制综合改革，基层医疗卫生机构的公益性定位，基本公共卫生服务和基本医疗服务得到加强，乡镇卫生院机构编制得到规范管理。改革过程中，建立起“因事设岗、竞聘上岗、全员聘用、合同管理、能进能出”的用人机制，医务人员结构得到优化；初步建立绩效考核分配机制，全省普遍建立了按岗定酬、按工作业绩取酬的两级绩效考核制度，试点地区已全面启动了绩效考核，兑现了绩效工资；初步形成药品保障体系，药品价格大幅下降，全省中标的 288 个品种、857 个品规的基本药物价格，比国家指导价平均下降 52.8%，较过去基层医疗机构实际采购价平均下降 10% 左右，基层医疗卫生机构次均门诊费、住院费平均下降 20% 以上；初步建立公共财政保障机制，2010 年，32 个试点县（市、区）财政补助资金 10.69 亿元，较 2009 年同期增加 8.64 亿元，增长 10.9%。76 个推开县（市、区）财政补助资金 9.63 亿元，较 2009 年同期增加 6.48 万元，增长 48.6%。

第五节　支持政策性农业保险试点

政策性农业保险是中央出台的一项重大惠农政策，是投保人支付少额保费、政府补贴大部分保费，把被保险人农业生产经营过程中自然灾害或意外事故造成的财产损失风险转嫁给保险人的一种制度安排。2007 年，中央开始在吉林、内蒙古、新疆、江苏、四川、湖南等六省区试点，安徽开展能繁母猪保险工作。2008 年，安徽作为第二批试点省正式开始试点。2009 年，安徽政策性农业保险试点扩大到 17 个市、93 个县（市、区），试点品种基本覆盖了全省主要农作物。

加强规章制度建设　2007 年，为应对生猪价格上涨带来的民生问题，全省积极贯彻国家能繁母猪保险保费补贴政策，省政府及时下发《关于开展能繁母猪保险工作实施意见》，组织召开全省能繁母猪保险工作会议，从 2007 年 8 月至年底前分 3 个阶段全面开展能繁母猪保险工作；省财政厅先后制发《安徽省生猪养殖贷款担保风险补偿办法》《关于开展能繁母猪保险工作实施意见》《安徽省能繁母猪保险保费补贴管理暂行办法》，确定省与市县保费补贴负担比例（省级21%，市县9%），及时预拨中央和省级财政负担的保费补贴资金6340万元，保障能繁母猪保险工作顺利进行。

2008年4月，省政府出台《关于开展政策性农业保险试点工作的实施意见》，确定种植业中的水稻、小麦、玉米、油菜、棉花和养殖业中的能繁母猪、奶牛为试点品种，试保险费率分别定为：水稻5%、小麦4%、玉米5%、油菜4%、棉花5%、能繁母猪6%、奶牛8%。同时明确对种植业保险保费中央财政补贴35%，省财政补贴25%，市县财政补贴20%，种植场（户）承担20%。养殖业保险保费根据不同品种，实行差异化补贴，其中，能繁母猪保险保费中央财政补贴50%，省财政补贴21%，市县财政补贴9%，养殖场（户）承担20%；奶牛保险保费中央财政补贴30%，省财政补贴21%，市县财政补贴9%，养殖场（户）承担40%。安徽省政策性农业保险工作全面启动。

2008年5月，省财政厅出台《安徽省政策性农业保险资金管理暂行办法》，对种植业保险资金实行"专户储存、单独核算、封闭运作、财政监督"的管理办法，要求经营种植业保险的市级保险经办机构，在银行开设农业保险资金专用账户，单独建账，分险种核算，资金在专用账户内封闭运行。同时规定保险经办机构应按照当年种植业保险保费收入的25%比例，提取种植业保险巨灾风险准备金。

2008年5月，省财政厅出台《安徽省政策性农业保险保费补贴管理暂行办法》，明确政策性农业保险保费补贴由中央、省、市、县财政部门分险种、按比例承担，规定种植业保险保费由中央财政补贴35%、省财政补贴25%、市县财政补贴20%、投保人承担20%；能繁母猪保险保费由中央财政补贴50%、省财政补贴21%、市县财政补贴9%、投保人承担20%；奶牛保险保费由中央财政补贴30%、省财政补贴21%、市县财政补贴9%、投保人承担40%。同时规定市、县财政的分担比例由各地自行确定。省农垦集团投保的政策性农业保险，由地方财政提供的保费补贴，按现行预算管理体制由省级财政承担。

2008年8月，省财政厅、省农险办会同有关部门制定《安徽省政策性农业保险理赔管理暂行办法》，明确了农业保险理赔管理的总体要求、组织实施、赔案处理、理赔标准、信息反馈、监督检查等内容，规定种植业保险实行比例赔付、分段计算，累计赔款不超过保险金额上限；理赔起点为30%，并实行15%的绝对免赔；损失率达到80%以上（含80%）的，按农作物生长期保险金额全额赔付。养殖业保险理赔标准为能繁母猪每头1000元、奶牛每头最高不超过6000元。

2008年11月，省财政厅下发《关于政策性农业保险保费补贴管理有关问题的通知》，就试点工作中存在的有些地方承担的保费补贴资金落实不到位，拨付进度慢，出现拖欠保费等现象，要求各市要严格执行保费补贴政策，足额安排本级和县级财政应承担的保费补贴。各地应承担保费补贴资金按以下原则确定：对已完成承保工作的水稻、玉米、棉花保险，以实际承保数量和市县财政补贴比例，计算应承担的保费补贴数额；对尚在承保期的小麦、油菜、能繁母猪、奶牛保险，按各地上报的预计承保数量和市县财政补贴比例，计算应承担的保费补贴数额。

2009年6月，省农险办下发《关于2009年政策性农业保险试点品种保险金额、费率和理赔标准的通知》，明确2009年各政策性农业保险试点险种的保险金额、费率和理赔标准，新增规定大豆保险的保险金额为160元/亩、费率为6%；理赔标准为起赔点30%、绝对免赔率为15%，大豆各生长阶段的保险金额为苗期64元/亩、开花期96元/亩、结荚鼓粒期128元/亩、成熟期160元/亩。

完善操作规范 2009年2月，针对2008年年底入冬以来安徽北部出现的旱情，为充分发挥农业保险在支持抗旱减损方面的积极作用，最大限度地减少农户旱灾损失，省财政厅下发《关于切实做好当前政策性农业保险工作的紧急通知》，出台五条措施，要求各地密切关注本地旱情发展、积极协助做好抗旱减损工作、准确及时地搞好理赔服务、进一步加快农业保险承保进度、切实加大农业保险舆论宣传力度。

2009年9月，省农险办印发《关于当前政策性农业保险试点过程中几个具体问题的通知》，对试点工作中出现的关于保费的缴纳收取、五保户和特困户保费负担、补种作物的投保、养殖业保险标的物死亡无害化处理等几个具体问题予以了规范明确。同月，省政府转发省财政厅等四部门《关于进一步做好政策性农业保险工作的意见》，要求各地要坚持严格按照"政府支持、市场运作、自主自愿、协同推进"的原则推进试点，引导广大农户自觉自愿参与农业保险，同时进一步规范承保行为，坚持"见费出单"，加快查勘定损速度，提高理赔服务质量和效率，严肃处理虚构保险标的骗取财政补贴资金、编造虚假赔案套取保险资金等违法违规行为。

2010年3月，省财政厅印发《关于开展全省政策性农业保险规范管理活动的通知》，决定于2010年在全省范围内开展政策性农业保险规范管理活动。通过开展政策性农业保险规范管理活动，进一步明确各级政府与保险经办机构职责分工，规范展业承保、查勘、定损、理赔等操作环节，建立和完善农业保险服务体系，提高服务质量和水平，做到职责明晰、承保规范、查勘及时、定损合理、理赔科学、工作精细。

2010年6月，省政府办公厅批转下发省财政厅等四部门《关于进一步加强政策性农业保险基层管理和服务的指导意见》，要求遵循政策性农业保险"政府引导、市场运作、自主自愿、协同推进"的工作原则，以理清基层政府与保险经办机构职责为切入点、加强基层农业保险服务体系建设为抓手，着力建立起分工合理、协作有力、运转高效的基层农业保险工作机制。

2010年7月，针对沿江江南和江淮之间先后出现持续强降水造成的水灾，省财政厅下发《关于切实做好当前水灾理赔和防灾减损工作的紧急通知》，要求各地把做好灾后理赔工作作为当前工作的重中之重，及时掌握和统计投保标的的受灾情况等信息，建立理赔绿色通道，准确、及时定损理赔到户，帮助受灾农户尽快恢复生产，同时要加强承保工作，努力扩大保险覆盖面，做到抗灾、承保“两不误、两促进”。

建立完善工作机制　2008 年 5 月，省财政厅在合肥召开全省政策性农业保险试点工作培训会议，对全省各市县的财政、农委部门的相关负责人进行政策和业务培训，进一步明确工作思路。

2008 年 7 月，省农险工作领导小组确定合肥、池州、芜湖等 14 个市和省农垦集团为 2008 年省政策性农业保险试点单位。为及时掌握政策性农业保险业务开展情况，研究农业保险试点工作中存在的问题，调整完善有关政策措施，省财政厅开始着手建立政策性农业保险统计制度，要求从 2008 年 1 月开始，由各市财政部门和省农垦集团每季度报送政策性农业保险统计报表。

2009 年，省政府决定，政策性农业保险市财政补贴这部分将由省财政统一支付，农业保险纳入地方政府民生政绩考核之中，提高地方政府开展政策性农险的积极性。

2010 年 4 月，省财政厅召开全省家电下乡和政策性农业保险工作视频会议，对推进全省政策性农业保险试点工作作了全面部署和具体要求。

2010 年 7 月，为及时掌握政策性农业保险业务开展情况，研究、调整和完善农业保险政策措施，省财政厅对政策性农业保险统计报表进行了修订，将《安徽省政策性农业保险业务统计表》修订为《安徽省政策性农业保险（种植业及林业）业务统计表》、《安徽省政策性农业保险（养殖业）业务统计表》；将《安徽省农业保险保费补贴资金使用情况统计表》修订为《安徽省政策性农业保险保费补贴资金执行情况统计表》。

推进服务机构建设　2008 年 6 月，省政策性农业保险经办机构招标项目经省政府采购中心公开招标，确定中标单位为国元农业保险股份有限公司、中国人民财产保险股份有限公司安徽省分公司。

2009 年 2 月，省农险办下发《关于试点单位政策性农业保险经办机构选择有关问题的通知》，要求各地支持保险经办机构持续经营，不得随意变更保险经办机构。对确需变更保险经办机构的，当地政府要与保险经办机构协商一致，在确保试点工作不受影响的前提下，严格按照双方签订的协议规定办理，切实履行双方的责任和义务。

2009 年 6 月，为加强政策性农业保险管理，规范农业保险展业承保、定损理赔和保费补贴申报行为，省农险办下发《关于加强政策性农业保险管理工作的通知》，从经办机构选择、服务网络建设、保险展业行为、保险理赔管理、保费补贴管理和监督检查等 6 个方面，进一步规范政策性农业保险管理工作。通知要求各地维护农业保险大局，严禁随意调整经办机构；加快服务网络建设，转变保险服务理念；规范保险展业行为，切实提高承保质量；规范保险理赔管理，维护投保农户利益；加强保费补贴管理，提高保险信息质量；加强监督检查，严肃处理违法违规行为。

加大督查考核力度　2009 年 6 月，省农险办在全省范围开展试点工作专项督查，对各地政策性农业保险的组织机构建设、目标任务分解、保险政策宣传、试点进展情况、基层反映情况作全面督查。同时，省农险办下发《关于表彰 2008 年度政策性农业保险试点工作先进单位的通报》,对合肥等 8 个试点单位、国元农险马鞍山支公司等 7 个保险经办机构予以通报表彰,并分别授予“先进试点单位”“先进经办机构”称号。

2009 年 9 月,为推动农业保险工作持续健康发展,根据政策规定和试点工作实际,省财政厅对《安徽省政策性农业保险试点工作考评暂行办法》进行了进一步修订完善。

2010 年 6 月,为总结 2009 年全省政策性农业保险实施情况,提高试点工作质量和水平,省财政厅印发《关于开展全省政策性农业保险“回头看”活动的通知》,明确“回头看”活动以规范业务操作为重点,一看职责分工是否合理、二看展业承保是否规范、三看保险理赔是否规范、四看资金管理是否规范。通知同时规定,活动采取听取汇报、查阅资料、检查账簿、走访农户等方式,分市县和保险经办机构自查、省财政厅重点抽查两个阶段,在各保险经办机构、各试点市县（区）和省农垦集团进行。

第三篇　财政收入

1979—2010年，全省财政收入以1994年分税制改革和2000年完善分税制为节点，财政收入基本分为工商税收、企业收入、农业税收和非税收入。其中：工商税收始终是财政收入的主体，1982年“利改税”开征增值税，1984年开征营业税、产品税，1985年开征建筑税、城市建设维护税等，1994年分税制改革停征并合并了部分税种，至2010年，基本形成以增值税、营业税为主体的工商税制合理结构，占财政收入总量29.9%；企业收入在财政收入中占有重要地位，“利改税”之前包括国有企业上缴利润、国家批准的价格补贴以及企业上交基本折旧基金，之后分别演化为企业所得税、国有企业计划亏损补贴、国有企业调节税，1994年新增企业所得税退税并停征国有企业调节税，再经演变至2010年，企业收入包括企业所得税、国有资本经营收入两项，占财政收入总量6.1%；农业税收受国家惠农政策影响较大，1994年分税制改革后，农业税、农业特产税以及耕地占用税增长较快，2005年农村税费改革全面取消农业税、农业特产税，2010年耕地占用税、契税、烟叶税三项农业税收占财政收入总量6.9%。非税收入是财政收入的重要组成部分，主要包括专项收入、行政事业性收费收入、罚没收入、国有资本经营收入、国有资源（资产）有偿使用收入、基金收入和其他收入，32年间其征管工作逐步规范，收入稳定增长，2010年占财政收入为12.7%。

第一章 工商税收

工商税收是以从事工商业经营活动的单位和个人为主要征税对象而征收的各种税收的总称，工商税收是财政收入的主要来源。1979—2010年，工商税制沿革以分税制改革为界点分为前后2个阶段，工商税收征管以主管部门为标志分为3个部分。1979—1993年，省税务局隶属于省财政厅，财政主管税务工作；1994年，省成立国家税务局和地方税务局，分别主管国税、地税征管。

第一节 分税制前工商税收

1979—1993年，安徽工商税收征管在税收制度、管理体制、征管方式等方面不断突破。特别是1987年10月，省政府颁布实施《安徽省税收征收管理办法》，使工商税收征管的各个环节有章可循。至1993年（分税制改革前），安徽工商税收收入由1979年的13.04亿元增加到71.4亿元，年均增长12.9%。

工商税制沿革 1979年，国家兼顾中央和地方的税收管理权限，将工商税收划分为中央税、地方税和中央地方共享税，并对工商税制进行了一系列变革，初步实现由单一税制向以流转税和所得税为主，其他税相配合的复合税制体系的转变。

1980年，安徽根据国家有关规定，先后开征中外合资经营企业所得税、个人所得税、工商统一税、城市房地产税、车船使用牌照税等，逐步形成了比较完整的涉外工商税收制度。

1981年9月，安徽重新修订《安徽省集市交易税暂行规定》，决定从11月1日起，恢复征收集市交易税。

1982年7月，根据国务院批转的国家计委和财政部报告，安徽开征烧油特别税。同月，根据财政部要求，对生产电风扇、自行车和缝纫机的14户企业，全面试行增值税。

1983年10月，安徽执行国务院发布的《建筑税暂行条例》，开征建筑税。

1984年10月，国家对工商税制进行改革，废止工商税，开征增值税、产品税、营业税、盐税；增加资源税、城市维护建设税、土地使用税、车船使用税。

1985年，安徽开征国营企业工资调节税、集体企业奖金税和事业单位奖金税。同时开征集体企业所得税、外国企业所得税、城市维护建设税。

1986年1月，安徽执行《中华人民共和国城乡个体工商业户所得税暂行条例》，开征城乡个体工商业户所得税。10月,执行《中华人民共和国房产税暂行条例》和《中华人民共和国车船使用税暂行条例》,开征新的房产税和车船使用税。12月,分别制定《安徽省房产税实施细则》和《安徽省车船使用税实施细则》。

1987年1月,安徽根据《中华人民共和国个人收入调节税暂行条例》,对国内公民取消征收个人所得税,开征个人收入调节税。

1988年9月,安徽根据国务院发布的《中华人民共和国筵席税暂行条例》,决定暂停征收筵席税。10月,执行《中华人民共和国印花税暂行条例》及其实施细则规定,重新开征印花税。11月,执行《中华人民共和国私营企业所得税暂行条例》及其实施细则,开征私营企业所得税;执行《中华人民共和国城镇土地使用税暂行条例》,开征城镇土地使用税。

1989年2月,制订《安徽省城镇土地使用税实施办法》。

1991年4月,安徽根据国务院发布的《中华人民共和国固定资产投资方向调节税暂行条例》及其实施细则规定,停征建筑税,开征固定资产投资方向调节税。7月,根据《中华人民共和国外商投资企业和外国企业所得税法》,将中外合资经营企业所得税和外国企业所得税合并,统一涉外企业所得税制度。

截至1993年年底,同全国一样,安徽的工商税收分为流转税类、资源税类、所得税类、特定目的税类、财产和行为税类、涉外税类等6个大类,税种增至32个。

1993年12月,国务院批转国家税务总局《工商税制改革实施方案》,决定从1994年1月1日起,实行新的工商税收制度,对原工商税收制度进行改革。统一合并内资企业所得税和个人所得税;改革流转税制,停征产品税,开征消费税,执行新的增值税和营业税政策,实行以增值税为主体,消费税、营业税相配合的流转税制;停征国营企业所得税、集体企业所得税和私营企业所得税,统一开征新的企业所得税;调整资源税的征税范围与税负;开征土地增值税,增设证券交易税、遗产税;取消国有企业调节税、集市交易税、牲畜交易税、烧油特别税、各种奖金税、国营企业工资调节税、特别消费税;保留并适当调整城市维护建设税、土地使用税、房产税、车船使用税;将屠宰税、筵席税的管理权下放地方。经过改革后,全国工商税制中的税种,由32个减少为18个,税制结构趋于合理,初步实现统一税法、公平税负、简化税制、合理分权的新税制体系。

工商税收征管 1979—1993年,财政、税务部门通过加强纳税基础工作、改进税款征收办法、强化纳税检查工作、清理整顿税收秩序、规范税务发票管理等多种手段,推进工商税收征收管理改革与创新。

加强纳税基础工作 1981年4月,省税务局要求建立纳税申报制度,规定缴纳工商税和工商所得税的企业按期向基层税务机关报送纳税申报表和有关财务报表。1982年9月,省税务局对一切有收入、收益依法应该纳税的单位和个人,进行全面性的纳税登记,由市县税务局审查核定后发给“税务登记证”。1986年10月,“安徽省税收征收管理办法”规定,凡从事生产经营实行独立核算并经工商行政管理机关批准开业的

纳税人，从领取“营业执照”之日起30日内，向主管税务机关申报办理税务登记，领取“税务登记证”。其他有纳税义务的单位和个人，除只缴纳集市交易税、牲畜交易税、屠宰税，出售自产应税农、林、牧、水产品的，以及从事临时经营与其他有临时性收入的，暂不办理纳税登记外，在成为法定纳税义务人之日起30日内申报登记，领取“税务登记卡”。纳税人在领取“税务登记证（卡）”之日起15天内，向主管税务机关如实填写“税务鉴定申报表”，经税务机关审核后发给“纳税鉴定书”。1992年，国家出台“中华人民共和国税收征收管理法”及其实施细则，规定从事生产、经营的纳税人、扣缴义务人须按规定设置账簿，并按规定的保管期限保管账簿、记账凭证、完税凭证及其他有关资料。纳税人在申报期限内办理纳税申报，报送纳税申报表、财务会计报表以及税务机关根据实际需要要求纳税人报送的其他纳税资料。

改进税款征收办法 1984年3月，安徽推行泗县税务局试办的联收岗位责任制，实行奖勤罚懒、奖功罚过，调动专管员的工作主动性和积极性。省税务局制发《安徽省税务系统联收岗位责任制试行办法》，要求各级税务局和基层所在岗的正式工作人员，都实行联收计酬岗位责任制。各项收入计划按月核定，落实到人，按月考核，计酬金额按月兑现。1986年10月，《安徽省税收征收管理实施办法》对税款征收方式作出全面规定：对于财务会计制度健全，有专人办理纳税，并能按税法规定正确计算应纳税款的纳税人，实行查账征收；对于凭证完整，税务机关能掌握其生产经营情况，但账务不健全的纳税人，实行查定征收；对于生产经营的商品或项目便于查验的纳税人，实行查验征收；对于生产经营比较正常，但账证不健全的纳税人，实行定期定额征收；对于生产经营不正常，又不能提供完整账证的纳税人，实行按次或按期核定征收；对于零星分散，税务机关不易掌握的税收，实行委托单位代征、代扣、代缴办法；对于农民自产自销应税农、林、牧、水产品的税收，实行起运征收。1987年，在联收岗位责任制的基础上，对组织完成收入任务、促产增收、减免税效益和降低错漏率，实行税收征管工作的目标管理，每年的目标管理都要有所提高。1989年5月，省税务局发出《关于征管模式改革试点工作意见》，建立“征、管、查相分离”的内部制约机制，规定：城市企业分局实行征收、管理、检查三分离；城市集贸分局对个体工商户实行征收、管查两分离，对农贸市场的零散税收，实行“划片定点，双人征管，按期轮换”；农村税务所，实行征管、检查两分离。1991年，省税务局实行税款征收分层次管理，将年纳税1000万元以上的企业作为重点，地市将纳税100万元以上的企业作为重点，县（市、区）将年纳税10万元以上的企业作为重点，分别采取措施，加强管理，及时掌握其生产经营和纳税情况。1993年，针对外商投资企业避税的现象，省税务局专门成立反避税领导小组和办公室，制定反避税工作规程、处理方法，抽调人员赴有关地市对避税企业进行重点审计，遏制外商投资企业的避税行为，强化了对外商投资企业的税收征管。

强化纳税检查工作 1981年6月，省政府发出《关于加强工商税收管理和反对偷税漏税的布告》，对纳税单位和个人普遍清查偷漏欠税工作。清查历经5个月，共查出

偷漏税款2009万元，欠税1677万元，漏管户4064户。1983年10月，根据财政部、国家税务总局《关于个体工商户必须依法纳税的通知》，对个体工商户进行纳税检查，重点检查个体运输、手工卷烟、贩卖紧俏商品、私人酿酒以及长期没有纳税的漏户，共清查出个体工商户偷漏欠税3074万元，税务登记户增加7.5万个。1988年4月，省税务局颁发《安徽省税务检查站管理办法》，明确税务检查范围，对检查范围内的应税物品，纳税人持有统一发票、外销证、完税证及税务机关规定的其他证明之一并且货证相符的，验后放行。否则，除追补应纳税款外，一般均应加以罚款。1992年，国务院办公厅和国家税务局下发《关于严格执行税收滞纳金制度的通知》，省税务局作出5条具体规定，要求正确处理支持企业生产经营和依法纳税的关系，把清理欠税作为组织收入的一项重要工作来抓。全年累计清理欠费入库10亿元，占全部入库工商税收的18%。1993年，省税务局督促和指导各地市县成立稽查专门机构，充实人员，改善装备，并修订和完善稽查程序及有关制度，使税务稽查工作有章可循。

清理整顿税收秩序　1985年3月，为适应改革、开放、搞活的新形势，省税务局发出《关于下放产、增、营三税部分税收管理权限的通知》，下放给地市和县（市）税务局部分减免税权限。1987年8月，针对执行管理体制不严，擅自越权减免税款和重审批、轻管理的现象，省税务局规定在6个方面掌握好减免税的宽严尺度：适销对路的短线产品从宽，积压滞销的产品从严；经济效益好的从宽，经济效益差的从严；内涵技术改造的从宽，外延扩大生产的从严；发展生产的从宽，维持吃饭的从严；工业生产从宽，低税率的商业从严；投资小、见效快的从宽，投资大、回收期长的从严。1989年4月，省税务局对之前省里超越权限颁发的减免税规定作全面清理，至11月底，共纠正34条。1993年，中央要求纠正承包流转税，严格控制税收减免。省税务局专门成立清理整顿减免税领导小组和办公室，共清理出省级越权自定的税收优惠政策53条，并及时发文纠正，因纠正承包流转税、停止困难性减免税等共增收7亿元，占全年工商税收增收额的35.2%。

规范税务发票管理　1984年，安徽开始统一发票管理，单位及个人在购销商品、取得和支付劳务时，必须使用统一发票，凭此收付款和记账。1987年2月，根据《全国发票管理暂行办法》，省政府颁发《安徽省发票管理实施办法》。规定一切印制、使用发票的单位和个人，必须接受税务机关的监督和管理。未经税务机关批准，任何单位和个人不得自行印制、出售和承印发票。发票只准在开票所在地的市、县范围内使用。跨市、县经营的，凭《固定工商业户外出经营税收管理单》，向经营地税务机关申请购用当地发票。省外单位和个人来省内经营的，比照办理。没有发票的财务开支，财会人员有权拒绝报销。

第二节　分税制后国税收入

1994年8月，安徽根据国家规定和分税制财政体制要求，分别组建安徽省国家税务局（简称“省国税局”）和安徽省地方税务局（简称“省地税局”）两套税务机构。

其中，省国税局主要负责增值税、消费税、中央企业所得税、外商投资企业和外国企业所得税、地方和外资银行及非银行金融企业所得税、出口产品退税、中央滞补罚收入等各税的征收管理。随着经济形势和中央税收政策的变化，安徽国税收入由1994年的71.5亿元上升到2010年的1030.2亿元，年均增长18.1%。

安徽省国税收入统计表

表3-1-1 单位：万元

年份	增值税	消费税	营业税	企业所得税	个人所得税	车辆购置税	海关代征	其他收入	出口退税	合计
1996	760331	233296	3363	34035	7598	—	—	20246	—	1058869
1997	812916	251904	21231	36804	499	—	—	2313	—	1125667
1998	971131	330663	33075	45427	60	—	—	280	—	1380636
1999	1001264	330046	31794	40444	188	—	—	112	—	1403848
2000	1071173	310685	31563	65451	29641	—	39833	541	-132055	1548352
2001	1196026	325325	26953	136320	57933	—	—	2078	-155217	1589418
2002	1311195	377402	16155	153208	63851	—	51996	2415	-181937	1794296
2003	1490660	403657	3044	198603	62380	—	80619	2726	-347556	1894142
2004	1847012	533733	1626	291506	76566	—	87104	2690	-419034	2421203
2005	2324712	611625	114	378486	85680	111270	84956	4049	-455625	3145267
2006	2781073	668815	2043	572474	110154	146650	131602	5023	-586093	3831741
2007	3312272	773481	333	870421	130602	199854	267414	5897	-668697	4891577
2008	3890864	851051	143	1208805	96963	225610	463677	5979	-735844	6007248
2009	4481205	1295317	285	1276245	45696	281971	416532	5856	-693244	7109863
2010	5633500	1701395	—	1746930	13068	455685	751097	6138	-812529	9495284

说明：

1.1996、1997、1998、1999、2001年的增值税和消费税含海关代征数字；

2. 未统计1996—1999年出口退税数据；

3. 企业所得税包含外商投资企业和外国企业所得税；

4. 其他收入包含城市维护建设税、车船使用税、房产税、屠宰税、土地使用税、印花税、投资方向调节税、滞纳金和罚款收入、能交基金、预算调节基金。

国税税制沿革 1993年11—12月，国家先后颁布《中华人民共和国增值税暂行条例》及其实施细则、《中华人民共和国消费税暂行条例》及其实施细则，构建国税基本税制。

1995年，根据财政部、国家税务总局《关于调整金银首饰消费税纳税环节有关问题的通知》，从1月1日起，金银首饰由生产销售环节征收消费税改为零售环节征收，税率为5%。

1997年1月,金融、保险企业营业税税率由5%提高到8%。

1998年7月,安徽增值税一般纳税人运输费用扣除率由10%降为7%,其申报抵扣的运输费,一律按7%的扣除率计算进项税额;卷烟消费税税率由原来的40%,调整为甲类卷烟50%、乙类卷烟40%、丙类卷烟25%共三档税率。

1999年11月,省国税局执行国务院《对储蓄存款利息所得征收个人所得税的实施办法》,对人民币、外币储蓄存款利息所得征收个人所得税,税率为20%。

2000年10月,国务院颁布《中华人民共和国车辆购置税暂行条例》,决定自2001年1月1日起,对购置汽车、摩托车、电车、挂车、农用运输车等征收车辆购置税,税率为10%。

2001年,金融、保险业营业税税率分3年由8%降低到5%,每年下调1个百分点。即2001年使用税率7%,2002年使用税率6%,2003年使用税率5%。

2002年1月,企业所得税收入分享比例改革,新办企业所得税由国税局负责征管。同时,钻石及钻石饰品由生产、进口环节改为零售环节征税。

2006年1月,根据新修改的《中华人民共和国个人所得税法》,个人应纳税所得额调整为月工资、薪金所得减除费用1600元后的余额。

2007年3月,十届全国人大五次会议审议通过《中华人民共和国企业所得税法》,取消外商投资企业和外国企业所得税,统一内、外资企业所得税制度。

2008年3月,个人应纳税所得额调整为月工资、薪金所得减除费用2000元后的余额。10月,对储蓄存款利息所得暂免征收个人所得税。11月,国务院公布修订以后的《中华人民共和国增值税暂行条例》,允许购进固定资产时,进项税额从销项税额中抵扣。

国税收入征管 1994—2010年,国税部门通过建立征管秩序、改革征管制度、推进发票管理、优化纳税服务等多种手段,加强国税收入征管。

建立国税征管秩序 1995年,省国税局制发《安徽省国税系统流转税工作制度》和《关于加强增值税管理的意见》,从增值税一般纳税人认定、初期进项税抵扣、专用发票稽核到政策检查、工作总结等方面作了具体规定,对一般纳税人实行“分类管理”办法和“三单二证一票”申报制度,基本解决开票不纳税、凭一张专用发票即可扣税的问题。1996年,国税征收按月下达收入计划,按期办理税款征解,确保均衡入库。对不按期缴税的企业,采取停供专用发票、加收滞纳金等措施,促使企业及时足额缴税。6—10月,国税稽查部门对电力、粮食、建材等重点行业进行专项稽查,全年查补入库税款4.4亿元,其中电力行业1.2亿元。1997年,省国税局制发《纳税申报管理办法》、《税款征收管理办法》和《代征税款管理办法》,明确纳税申报的时间、方式、报送资料、延期申报、税款追征、复议应诉、赔偿责任,统一规定代征范围、代征条件、批准确认程序、上岗培训、人员管理,严格税款征收和税源控管。同时,重新修订《税收征管业务规程》,建立从税务登记、纳税申报、税款征收到税务稽查等一系列新程序,为提高税收征管质量

提供制度保障。1999年，省国税局制发《税收征管质量考核办法》，开始全面推行征管质量考核。2000年，制发《安徽省国税系统税收质量考核实施办法》，明确和完善登记率、申报率、入库率、滞纳金加收率、欠税增减率、处罚率、申报准确率“七率”考核。考核指标在2003年调整为“六率”，2006年发展为“十二率”。2008年，国税征管全年登记率、申报率、入库率和欠税增减率分别达到99.9%、99.6%、99.8%和-11.8%。

改革国税征管制度　1995年，根据国家税务总局统一部署，省国税局先后制发《安徽省国税系统征管改革总体方案》《安徽省国税系统征管改革试点工作意见》和《安徽省国税系统蓝色纳税申报制度》，全面开展征管改革试点，在16个地市确定20个征管改革试点单位。截至1996年年底，共有130个征收单位进行改革试点，试点单位覆盖纳税户6万户，试点单位改革后按期申报率由改革前的70%提高到98%。1997年，改革工作全面铺开。省政府把征管改革列为10项重点工作之一，并进行综合部署，组织考核验收。省国税局根据征管改革的要求，制发17项征管改革配套制度。各地市结合实际，制定体操作办法并认真实施。到2000年，安徽城市市区和县城改革面达到100%，农村地区改革面达到69.5%，纳税人自行申报纳税制度和税务稽查体系基本建立，初步实现国税集中征收和税收电子化收征管。

加强个体税收征管　1997年开始，为贯彻国务院和国家税务总局关于加强个体私营经济税收征管的有关规定，省国税局制定个体工商户建账建制的实施方案，明确建账范围、对象和实施步骤，建账面由1996年的3500户扩大到1997年的1.2万户。1998年6月，专门召开个体税收工作会议，制定管理办法，在城市市区专门设立个体税收管理机构。1999年，以专业市场、集贸市场、个体超市等薄弱环节为重点，从调负、清漏两个方面入手，强化个体税收征管，并对个体税收实行计划单列，单独考核，调动基层征收积极性。2000—2010年，省国税局不断加强集贸市场和个体大户的税收管理，对重点市场进行监控，提升个体税收征管质量。

强化国税发票管理　1995—2000年，省国税局先后制发《安徽省增值税专用发票及其他计税、扣税凭证稽核管理实施办法》《安徽省国税系统增值税专用发票内部管理制度》《增值税专用发票核算管理办法》和《普通发票定点承印企业年审办法》，对发票印制、使用管理的各个环节作出明确规定，有效堵塞发票管理漏洞。2003年，安徽开始推行有奖发票制度，奖励资金由各级财政部门列入预算，专项安排，鼓励消费者主动索要发票，促进全社会参与发票管理，共同协税护税。2004—2005年，省国税部门归并普通发票种类，实行集中统一管理，将原有240种发票简并为13种，并实行集中印制，降低发票成本40%，提高发票管理效率。2006—2007年，经省物价局审批，省国税局规范和统一国税系统普通发票销售价格和结算价格，解决各地同类发票价格不一的问题。2009年，制订《普通发票真伪鉴定管理办法》，从鉴定范围、鉴定程序、申请人提供的证件资料及税务机关的鉴定责任等4方面规范普通发票的鉴定手续和程序。

优化纳税服务　2001年，全国人大常委会修订《中华人民共和国税收征收管理法》

（简称新征管法），省国税局及时组织贯彻落实。2003 年，省国税局结合现行税收征管，从税务登记、纳税申报、税款征收、发票管理等环节，逐个与新征管法及其实施细则相对照，取消 8 种，合并 4 种，保留 42 种。2003 年，针对税收征管流程复杂、审批环节多、工作效率低等问题，省国税局实施业务重组工程，并先后在泗县、霍山县、芜湖市、六安市区、泾县、石台县进行试点。在试点取得成功经验基础上，制发《业务重组工程规划》，明确税收业务重组要达到办税申请“一站式”、信息采集“一次式”、办税服务“一窗式”、税务管理“一级式”、档案管理“一户式”、业务运行“一网式”6 个目标。2003—2008 年，省国税局制定《服务工程规划》，全面开通 12366 咨询服务热线，为纳税人提供优质服务。同时，积极开展纳税人信用等级评定，联合省地税局共同制定《安徽省纳税信用等级评定管理办法》，并成立评定工作委员会，指导和组织市县纳税信用等级评定工作。2009 年，省国税局制定《安徽省国税系统纳税服务工作规范（试行）》，从服务内容、服务项目和目标等方面，对宣传咨询、办税辅导、权益保障以及平台建设、监督制约等工作作出统一规范。

第三节　分税制后地税收入

1994—2010 年，地税收入范围包括营业税、个人所得税、土地增值税、城市维护建设税、车船使用税、房产税、屠宰税、资源税、城镇土地使用税、固定资产投资方向调节税、地方企业所得税、印花税、筵席税、遗产税（尚未开征）、地方税滞补罚收入等，由省地税局负责征收。安徽地税收入由 1994 年的 32.2 亿元增加到 2010 年的 1047.1 亿元，年均增长 24.3%。

安徽省地税收入统计表

表 3-1-2　　单位：万元

年份	营业税	企业所得税	个人所得税	城市维护建设税	土地使用税、增值税	房产税	资源税	教育费附加	其他税收、罚没收入	基金费收入	合计
1994	125082	77625	8889	43546	9392	15564	8033	12456	18693	3147	322427
1995	161054	113758	28800	60963	10936	23423	13015	24212	44561	9052	489774
1996	201645	140884	65546	76726	17015	33224	20482	27705	80009	13567	676803
1997	253576	172442	104657	85641	30233	36819	21232	28693	92493	16387	842173
1998	284814	181961	116537	79270	36130	43407	20874	31373	110572	73864	978802
1999	294382	169765	96697	87590	34023	45403	22671	33089	179403	316339	1279362
2000	319728	233530	94677	88339	37057	46043	18334	34305	25566	394870	1292449
2001	326477	382509	113130	98109	34484	48121	19329	40218	18493	568529	1649399

续表 3-1-2

年份	营业税	企业所得税	个人所得税	城市维护建设税	土地使用税、增值税	房产税	资源税	教育费附加	其他税收、罚没收入	基金费收入	合计
2002	389667	252180	124785	118198	39880	55052	21823	46792	21326	661070	1730773
2003	459638	262679	143722	133111	44636	59684	26468	54095	24543	860012	2068588
2004	602829	338655	180967	160475	51464	61587	34281	65897	32474	1083902	2612531
2005	781069	369324	226729	204870	73607	73564	45685	86534	41858	1400005	3303245
2006	1025804	434661	239153	234964	102052	84263	60499	107252	56387	1832909	4177944
2007	1366208	509940	326615	303803	162409	96948	74301	138751	73247	2374257	5426479
2008	1777028	654047	438893	380946	343476	113751	98458	176431	102560	3079842	7165432
2009	2197692	646438	530180	433412	438289	149662	115568	205751	138119	3466047	8321158
2010	2919302	869431	786287	565695	627435	176178	126488	266406	179137	3954522	10470881

说明：

1.1994—1995 年，国税、地税未单独核算，表中数据包含国税代征部分；

2. 企业所得税包含涉外企业所得税。其他税收、罚没收入包括车船税、印花税、烟叶税、投资方向调节税、屠宰税、筵席税、滞纳罚收入和其他罚没收入；

3. 基金费收入包括基本养老保险费、失业保险费、基本医疗保险费、工伤保险费、生育保险费、城镇居民医疗保障费、文化失业建设费、水利建设基金、地方教育附加、残疾人就业保障金

地税税制沿革 1995 年，省地税局会同相关部门下发文件，对从事广告刊播和承接户外广告业务的单位，从事旅馆住宿、出租房业务的宾馆、饭店、旅社、招待所等单位，以及在安徽境内城镇从事房地产开发的基建项目，征收地方教育附加费。同时，对水电部门增容费、公路部门过桥过路费征收营业税。

1996 年，安徽贯彻执行财政部《关于转发〈中华人民共和国土地增值税暂行条例实施细则〉的通知》，全面开征土地增值税。1997 年，省地税局出台《安徽省文化事业建设费征收管理实施办法》，开征文化事业建设费。

1998 年，省地税局研究制定《安徽省筵席税征收管理暂行办法》，确定泗县为试点单位，试行开征筵席税。8 月，省政府决定将企业基本养老保险基金征集工作移交地税部门。

2000 年 4 月，省地税局转发国家税务总局《关于做好固定资产投资方向调节税停征工作的通知》，停征固定资产投资方向调节税。同月，省政府颁发《关于在全省开展农村税费改革试点工作的通知》，明确取消屠宰税。6 月，省地税局取消征收筵席税。2003 年 1 月，安徽营业税起征点由 400 元 / 月调整至 2500 元 / 月。

2004 年 4 月，安徽营业税起征点由 2500 元 / 月调整至 5000 元 / 月。

2005 年 6 月，省地税局制定《安徽省房地产税收管理暂行办法》，执行新的房地产

税收政策。

2006年4月,安徽贯彻实施《中华人民共和国烟叶税条例》,全面开征烟叶税。8月,省地税局制发《来皖演出外籍人员个人所得税管理办法》,对到皖演出外籍演艺人员征收个人所得税。

2007年6月11日,省政府颁发《安徽省实施中华人民共和国车船税暂行条例》,决定从2007年纳税年度起征收车船税,同时取消车船使用牌照税和车船使用税。

地税收入征管 1994—2010年,地税部门通过建立征管秩序、改革征管制度、强化发票管理、建立执法保障、推行标准化分局和现代化分局建设、推行征管质量考核、提升纳税服务水平等多种手段,加强地税收入征管。

建立地税征管秩序 1995年,是地方税收工作独立运转的第一年,安徽地税部门开始加强税务登记工作,省地税局于年初下发《关于办理和检查税务登记证件工作的通知》,全面开展办理和查验税务登记证件工作。1996年,开展地方税务登记工作,统一印制和发放税务登记证。1998年,省地税局先后制发《安徽省地方税纳税申报制度》《安徽省地方税核定应纳税额暂行办法》《安徽省地方税务登记管理办法》《安徽省地方税纳税人、扣缴义务人办税员管理暂行办法》和《安徽省地方税征管基本业务流程》。1999年,省全面换发税务登记证,初步建立纳税资料档案,加强税务登记,规范征管程序,强化税源监控。2006年,根据国家税务总局要求,省地税局通过统一受理、联合办证、降低费用的方式,再次全面换发税务登记证。

开展地税征管改革 1995年开始,根据国家税务总局《税收征管改革实施意见》的要求,省地税局成立税收征管改革小组及其办公室,组织实施地方税收征管改革。1995—1996年为征管改革的试点阶段。1997年,征管改革在城市、县城全面推行,在县以下农村地区进行试点。1998年,征管改革全面实施。征管改革主要内容是:建立纳税人自行申报纳税制度;地方税务机关和社会中介组织相结合的服务体系;以计算机网络为依托的管理监控体系;人工和计算机相结合的稽查体系;以征管功能为主的机构设置体系。通过征管改革,所有征收单位实现机制转换;县以上城市基本建立新的征管模式,办税服务厅功能齐全,实现省、地(市)、县三级计算机网络化;县以下农村地区建立新的征管运行机制,所有征收单位实现征管业务计算机化,并与县局联网。2002年,省地税局启动以信息化加专业化为主要特征的新一轮征管改革。改革以推进信息化建设、调整征管机构设置、重组征管业务流程、明确征管查各系列职责、推行多元化申报缴纳方式、优化纳税服务、建立纳税人信誉等级制度等为主要内容,全面建立起地税征管信息系统,完善征管机构设置和征管基础工作,提升纳税服务水平,建立完善的纳税信用等级评定制度。1996—1998年,安徽地税部门改进税收征管方式,对个体私营经济实行建账管理。省地税局制发《安徽省个体工商户建账管理实施办法》,要求个体工商户按照相应类别、行业、层次设置复式账或简易账,主管地税机关对建账户实行查账征收方式征收税款。建账管理实现了个体、私营经济税收征管法制化和规范化。淮南市

地税局经验材料《强力推动建账，多管齐下管理》在1998年2月份全国个体私营企业户建账与查账征收工作会议上作交流。截至1998年10月底，安徽个体工商户已建账2878户，私营企业建账4598户。

强化地税发票管理　1997年，安徽更换新版发票，统一规范普通发票式样，并在个体饮食、娱乐业中推行定额发票，实行以票管税。1999年，安徽地税系统统一宣传、统一时间、统一行动、重点突破，采取普查和重点检查、随即抽查相结合，明查和暗查相结合，顺查和逆查相结合，内查与外查相结合的方法，组织3次统一发票突击检查活动，共检查2.6万户用票单位和个人，补税罚款1600万元。2002年，省地税局制定《有奖发票管理暂行办法》，积极推行有奖发票。2004年，对发票票种进行认真梳理、精简，最终确定由原来的102种精简至60种，并开始组织发票换版工作。2004—2006年，省地税局重点加强货物运输业发票管理，制定《安徽省地税系统公路、内河货物运输业税收管理操作规程》，对各级地税机关在货物运输业税收征管中的职责及其流程作了具体规定。2006年，省地税局开展货物运输业营业税自开票纳税人年审工作，共对798户纳税人进行年审，其中年审合格618户，限期整改99户，取消资格81户。

建立执法保障体系　1996年，省政府发文建立安徽省地方税务执法保障联席会议制度，常务副省长汪洋亲自担任联席会议主席，会议成员由公、检、法、司、工商、银行等部门领导组成。各级地税部门主动与当地公、检、法等相关部门联系，建立本级地方税务执法保障机制或相应协税护税组织。截至1998年10月，安徽县以上已成立各种形式的执法保障联席会议组织87个，税务治安机构67个，税务法庭7个，各类协税护税组织3420个，保障地方税收征管。

推行标准化分局和现代化分局建设　1999—2005年，省地税局制发《安徽省地方税务系统创建标准化分局（所）试行办法》，从队伍建设、业务建设（包括税政管理、税源管理、税务管理）、内务管理、基础建设4个方面对分局创建标准作了规定，要求全面推广，调动基层税干工作热情，增强系统凝聚力、战斗力。截至2005年年底，地税系统784个基层分局全部达到创建标准，受到社会各界好评。在标准化分局创建基础上，2008—2010年，省地税局推行现代化分局建设。现代化分局建设以"按照现代化服务观念支持地方经济社会发展，应用现代管理理念提高税收管理水平，依靠现代技术手段增强税收征收效能，突出现代人才结构打造专业化队伍"为主要内容。计划到2013年，地税系统30%基层分局达到省级先进单位，50%基层分局建成市级达标单位，20%基层分局建成县级达标单位。

推行征管质量考核　2000年，省地税局下发《安徽省地方税务系统质量考核暂行办法》，重点考核登记率、征期申报率、滞纳金加收率和稽查处罚率4个指标，反映征管质量的另外4个指标由各地结合当地具体情况自行考核。各地成立考核领导小组，相继细化考核办法，将征管质量考核列入岗位责任考核体系，考核到单位，责任到人。2005年，省地税系统开展"征管质量年"活动，围绕提升征收质量、管理质量、检查质量、服务质量等，布置开展征管质量讨论，税源普查、征管资料清理、普通发票检查及综合执法检查等活动。2006年，省地税部门引入ISO 9000（即国际标准化组织制定并颁布的关于质量管理体系的族标准）质量管理理念，积极推行税收全面质量管理，形成“岗责明晰、目标引领、过程控制、持续改进”管理标准，进一步提升了税收征管质量。

提升纳税服务水平　2004年，开展“纳税服务年”活动，重点强化为纳税人提供畅通的信息服务、快捷的办税服务、优质的税收环境服务和及时的法律援助服务，提升各级地税部门的服务意识。2005年，省地税局制定《安徽省地税系统纳税服务工作规范》，对纳税服务内容、办税服务厅管理、12366纳税服务热线管理等作出统一规范，提高纳税服务水平。2008年，省地税部门在着力完善原有纳税服务制度和服务措施的基础上，为帮助纳税人应对金融危机带来的影响，开展重点纳税人“一对一”服务活动，共确定1042户纳税人为“一对一”服务对象，主要包括省“861”行动计划中的企业主体、省委省政府表彰的优秀非公有制企业及民营经济、科技创新、新农村建设和节能减排、就业再就业等领域具有代表性的重点纳税户。

第二章　企业收入

企业收入是企业上交国家的财政收入，是财政收入的重要组成部分。1979—2010年间，企业收入科目不断调整，“利改税”之前企业收入科目主要有国有企业上缴利润、国家批准的价格补贴以及企业上缴基本折旧基金。“利改税”后，国有企业上缴利润逐步演化为企业所得税，国家批准的价格补贴更名为国有企业计划亏损补贴，企业上缴基本折旧基金改为国有企业调节税。1994年，新增企业所得税退税，并停征国有企业调节税。2010年，安徽企业收入包括企业所得税及退税、国有资本经营收入两项。1998—2010年，企业所得税由17.67亿元增至106.59亿元，年均增长16.2%；国有资本经营收入由0.69亿元增至20亿元，年均增长32.4%。随着财政为支持企业改革采取的放权让利、退税补贴等措施，安徽企业收入占财政收入的比重由1979年的29.7%，降至1993年的8.5%，之后逐年回升，2010年达11%。

第一节　国有企业上缴利润收入

利润是企业生产经营活动的成果。在政企不分期间，国营企业根据国家有关利润分配政策，按一定比例上交财政，形成国有企业上缴利润收入。企业上缴利润收入在财政改革初期，是财政收入的主要来源，发挥着重要作用。

企业上缴利润制度沿革　1978年，国务院批转财政部《关于国营企业试行企业基金的规定》，确定企业根据有关经济指标完成情况，按照职工工资总额的一定比例（3%～5%），从实现利润中提取企业基金，用于职工集体福利和职工奖励，企业主管部门还可以根据所属企业的盈利状况，从超计划利润中提取（5%～15%）的留成。

1979年，省财政转发财政部《关于改进国营企业提取企业基金办法的通知》，对提取企业基金的规定作了适当调整。原来规定由企业主管部门从超计划利润中统一提取的部分，改由基层企业从当年利润增长额中提取，即：盈利企业按当年上缴利润（扣除多交数）比上年应当上缴利润的增长额中提取，亏损企业按当年实际亏损比上年实际亏损的减少额中提取。企业从利润增长额中提取的企业基金，主管部门最高可以集中企业提取数的20%，用于所属企业的生产技术措施。

1980年1月，国务院批转国家经委、财政部《关于国营工业企业利润留成试行办法的通知》，把原规定的全额利润留成办法改为基数利润留成加增长利润留成的办法。

省商业厅、省财政厅、省医药管理局下发《关于商业企业继续试行利润留成办法的通知》,作了补充规定:从 1980 年 1 月起,安徽商业企业(包括医药企业,不包括饮食服务企业)实行全额利润留成加增长利润留成的办法,按照省核定的 1979 年利润留成比例和本年实际实现利润计算提取。

1981 年 8 月,省财政厅下发《关于国营工商企业利润留成和盈亏包干意见的通知》,规定已经试行利润留成的企业,要继续搞好利润留成试点;没有实行利润留成的企业,可继续试行企业基金办法,也可按下列不同情况实行盈亏包干或分成办法:微利企业可实行“利润包干上交,超收分成或留用”的办法;政策性亏损企业可实行“亏损包干,超亏不补,减亏留用或分成”的办法,其他企业可实行“利润包干上交,超收分成”的办法。

1983 年 4 月,国务院开始实行第一步利改税。安徽从 4 月 1 日起,对盈利的国营大中型企业,按 55% 的税率征收所得税;税后利润再根据企业的不同情况,采取递增包干、固定比例上交、缴纳调节税和定额包干 4 种办法。对盈利的小型企业,按 8 级超额累进税率征收所得税,税后由企业自负盈亏,财政不再拨款。对税后利润较多的企业,财政可收取一定的承包费或者固定上交一部分。经过测算,安徽应实行利改税的国营企业有 3552 家,除少数企业批准缓改外,有 3474 家按时实行了利改税的第一步方案,占企业总数的 98%。

1984 年 10 月,国务院全面试行第二步利改税,国营企业所得税和调节税的收入逐步取代企业利润在企业收入中的地位。核定调节税税率时,以企业 1983 年实现的利润为基数,在调整由于变动产品税、增值税、营业税税率以及开征资源税而增减的利润之后,作为核定的基期利润;基期利润扣除按 55%计算的所得税和 1983 年合理留利后的部分,占基期利润的比例,为核定的调节税税率。企业当年利润比核定的基期利润增长部分,减征 70%调节税。截至 1986 年年底,安徽财政决算汇总得出:地方国营企业第二步利改税原定 1038 家,年终决算时为 1045 家。

从 1987 年起,安徽按国务院《关于深化企业改革增强企业活力的若干规定》,对全民所有制企业推行承包经营责任制。按照所有权与经营权分离的原则,“包死基数、确保上缴、超收多留、欠收自补”,确定国家与企业的分配关系。企业承包上缴利润可以采用“递增包干”“基数包干,超收分成”“微利企业上缴利润定额包干”“亏损企业减亏或补贴包干”等形式。

1988 年 4 月,财政部印发《全民所有制工业企业推行承包经营责任制有关财务问题的规定》的通知,规定盈利企业承包上缴利润的范围是所得税、调节税、利润;实行所得税后承包的,是所得税后的调节税、利润。

1989 年,安徽开始进行以税利分流为内容的利润分配制度改革的试点。所谓税利分流,是指企业实现利润分别以所得税的形式和利润的形式上交给国家一部分,其余部分留给企业。具体内容包括降低所得税税率,试点地区改变原来大中型企业按 50% 的比例税率和小型企业按八级超额累进税率缴纳所得税的办法，即所有盈利的国营企业，一律改按 35% 的税率缴纳所得税。取消企业用所得税前的利润归还固定资产投资借款和提取"两金"的规定，取消调节税税种，对企业将原来含所得税在内的上交利润承包，改为所得税后上交利润承包。

1994 年，国有企业统一按国家规定的 33% 税率缴纳所得税，取消各种承包的做法。考虑到部分企业利润上交水平较低的现状，作为过渡办法，增设 27% 和 18% 两档照顾税率。企业固定资产贷款的利息列入成本，本金一律用企业留用资金归还。取消对国有企业征收的能源交通重点建设基金和预算调节基金。逐步建立国有资产投资收益按股分红、按资分利或税后利润上交的分配制度。作为过渡措施，对 1993 年以前注册的多数国有全资老企业实行税后利润不上交的办法，同时，微利企业交纳的所得税也不退库。

企业上缴利润征管　1981 年，省财政厅为推动企业实行经济责任制，对已经试行利润留成的企业作出规定：按部门或行业实行利润留成的，对所属企业中原来的试行企业基金办法的企业，要把从成本中开支的职工福利基金和奖金，调整增加应交利润后计算留成。按部门或行业实行利润包干，超收分成的，由企业主管部门申请，经同级财政部门批准，抄报上一级财政部门备案。实行盈亏包干或分成的企业，其利润或亏损基数，可以 1 年一定，也可以一定 2 年或 3 年不变。

1983 年，省财政厅按照财政部《关于国营企业实行利改税有关财政预算、金库报解等若干具体问题处理办法的补充规定》，确定：企业在本年内补交上年欠交利润（含欠交的资金占用费），仍应按规定，作为企业收入入库数，不得转作所得税；交纳所得税后没有上缴利润任务的企业，本年内入库数扣除补交上年欠缴利润后的余额，可全部转作所得税；交纳所得税后有上缴利润任务的企业，本年内入库数扣除补交上年欠缴利润的余额，可先按企业应交所得税额转作国营企业所得税，划转后尚有多余的部分，即为企业实缴本年利润。如不足划转不能列赤字退库，其不足部分，应作为企业欠交的所得税，并由财税部门，督促企业按照规定，将欠交的所得税和欠缴的利润，一并如期足额地补缴入库。

1984 年，省财政厅根据《国营企业第二步利改税试行办法》，规定：国营企业 1983 年的合理留利，一般应以 1983 年的决算数为准。但是对原来实行企业基金办法而今后有新产品试制任务的企业，可根据各行业的不同情况，分别按利润的 1% ~ 3%，核定一笔新产品试制基金；由于自然灾害等特殊原因，致使企业 1983 年留利过低的，可适当提高企业的基期利润和留利基数；对于包干基数过低、分成比例过高、留利过多以及其他不合理的留利项目，应将多留的数额予以扣除。

1992 年 12 月 31 日，国务院批准《企业财务通则》和《企业会计准则》，1993 年 7 月 1 日起正式施行。在利润分配上，新发布的《企业财务通则》和《企业会计准则》，规定利润分配顺序，允许企业自主决定税后利润的分配，扩大企业利润分配和支配权。

1993年年底,安徽国有工业企业没有因为实施新财务会计制度而发生大面积的亏损,实现了平稳过渡。从增减利因素分析,因实施新财务会计制度影响减利因素（10.2亿元）大于增利因素（7.9亿元）两者相抵净减利为2.3亿元，1205家国有工业企业中有448家企业发生亏损,有40户由于实行新制度影响而由盈转亏,占亏损企业户数的8.9%。

1994年,省财政厅、省国资局、中国人民银行安徽省分行贯彻财政部、国家国有资产管理局、中国人民银行《国有资产收益收缴管理办法》,规定:国有企业应上缴国家的利润,由财政部门会同国有资产管理部门根据企业情况核定收缴方案后下达执行。

1979年,安徽企业上缴利润为77614万元,占当年财政收入37%。随着企业改革的推进,企业上缴利润降至1997年的10064万元，1998年停止上缴。

第二节　国有企业调节税

国有企业调节税是为调节国有大中型企业交纳所得税后的留用利润,再从其生产经营所得和其他所得中集中一部分财政收入的一种形式。

企业调节税制度沿革　1983年第一步“利改税”时,国务院批转的《财政部关于国营企业利改税试行办法》中规定,凡有盈利的国营大、中型企业,均根据实现的利润,按55%的税率缴纳所得税,缴纳所得税后的利润,一部分上缴国家,一部分按照国家核定的留利水平留给企业。上交国家的部分,可根据企业不同情况,分别采取递增包干上缴、固定比例上缴、定额包干上缴和缴纳调节税的办法。缴纳调节税的办法是:按企业应上缴国家的利润部分占实现利润的比例,确定调节税税率。在执行中,基数利润部分,按调节税税率缴纳;比上年增长利润部分,减征60%的调节税,调节税税率原则上以1982年的决算数字为准计算,逐级核定,落实到每个企业,从而确定以企业应税所得额为计税依据,按每户不同的税率计算调节税的办法。

1984年第二步“利改税”时,维持第一步“利改税”调节税征收办法,增长利润的减征比例由60%提高为70%,增长利润的计算办法由环比改为定比,使企业从增长利润中能得到更多的好处。9月18日,国务院发布《国营企业调节税征收办法》,作出规定:国营企业调节税的纳税人是实行独立经济核算的国营企业。为了有利于搞活国营小型企业,体现对小型企业放宽的政策精神,小型企业在缴纳所得税和承包费后,自负盈亏,不缴纳调节税。国营企业调节税的税率,由财政部门同企业主管部门核定,汇总报财政部批准。

1986年,财政部、国家经委发出《关于核批1986年工业企业减征调节税额的复函》,共核批安徽省1986年工业企业减征调节税1647万元。根据财政部、国家经委核定的减征调节税总额,省财政厅、省经委印发《关于下达1986年国营工业企业减征调节税的通知》,对37家国营工业企业实行减征调节税。6月,财政部下发《关于调整部分企业第二步利改税实施方案的通知》，对受1985年开征城市维护建设税、商品批发营业税等新税影响较大的企业和减免调节税的部分企业，相应进行了调节税率调整。8月，财政部下发《关于核批国营企业第二步利改税调整方案的通知》，对安徽省国营企业第二步利改税调整方案作了批复，确定调整后实行利改税的盈利企业1097户。其中，确定应缴调节税企业157家，核定调节税率12.5%；经国务院工资制度改革小组批准实行工资总额同经济效益挂钩浮动办法的企业37家，核定调节税率21.11%。12月，省财政厅下发《关于免征纺织企业调节税的通知》，从1986年1月1日起，纺织工业企业免征调节税。

1987年，经国务院批准，财政部、国家经委下发《关于减免企业调节税有关问题的通知》，全年减免企业调节税15亿元。其中，核定安徽省减免调节税指标为1000万元。全年安徽国有企业调节税共实现3807万元，较上年减收1776万元，是历史水平较低的一年。

1994年，税制改革时，为企业实现税后还贷创造条件，增强企业实力，国家决定取消国营企业调节税。

企业调节税征管 1984年，省财政厅按照财政部规定，在核定企业调节税率时，基期利润不扣除归还基建改扩建借款和技术性借款数，企业应缴的调节税款和应上缴的承包费，在月份内按计划缴库。

1985年3月，省财政厅贯彻财政部《关于下达先进骨干企业减征调节税指标和测算表的通知》，把实现利润在500万元以上、调节税率在30%以上、人均留利不足600元等3个条件同时具备的先进骨干企业，作为给予减征调节税的对象，并对调节税率在35%以上的企业，按其应缴调节税数额减征17%，对调节税率在30%～35%的企业减征12%。通知对铜陵市化工总厂、巢湖水泥厂等6家安徽省骨干企业作了减征调节税测算，共减征调节税293万元。

1986年，为增强大中型企业自我改造和发展的能力，国家决定减征调节税20亿元，并将减征下来的调节税用于企业技术改造，下达的企业减征指标，在不减少大型骨干企业减征指标的前提下，可由省、自治区、直辖市和计划单列市在下达的总指标中适当调剂；地方切块指标应由省、自治区、直辖市和计划单列市的经委会同财政部门，有重点地落到企业，不要将减征指标再层层下放。

1979年，安徽国有企业调节税为3681万元，只占财政企业收入的6%。从1980年到1992年的13年间，除了1988年国有企业调节税陡然增至8881万元外，其余年份均维持在5000万元上下波动。到1993年，受国有企业严重亏损影响，调节税降至736万元，1994年停止征收。

第三节　国有企业所得税

国有企业所得税是国家实行“利改税”（上缴利润改为上缴所得税）的税制改革后对国营企业实现利润征收的一种税。

企业所得税制度沿革　1983年，财政部下发《关于对国营企业征收所得税的暂行规定》，开始对国营企业征收所得税。大中型企业适用55%的比例税率；饮食服务行业、营业性宾馆、饭店、招待所，适用15%的比例税率；小型企业、县以上供销社，适用7%～55%的八级累进税率。6月，财政部下发《关于国营企业实行利改税有关减征所得税问题的通知》，规定对企业税后利润达不到国家核定的留利，差额较大的，在一定时期内适当减征所得税。其中，大中型企业和县以上供销社，减征所得税税额最多不超过国家核定留利不足部分的差额；小型工商企业按八级超额累进税率征税后，其留利差额超过国家核定的留利10%～20%以上的，其不足部分可给予减税照顾。

1984年9月，国务院发布《国营企业所得税条例（草案）》，规定国营企业所得税的纳税人为实行独立经济核算的国营企业，大中型企业实行55%的比例税率，小型企业等适用10%至55%的八级超额累进税率。10月，财政部发布《国营企业所得税条例（草案）实施细则》，规定纳税人在纳税年度内，不论经营情况如何，都应当按照规定期限，向当地税务机关报送所得税申报表、会计报表以及财务计划和有关资料。

1985年4月，国务院发布《集体企业所得税暂行条例》，实行10%至55%的八级超额累进税率，原来对集体企业征收的工商税（所得税部分）同时停止执行。

1987年，省财政厅转发财政部《关于国营企业用税后留利进行生产性投资增加的利润减征所得税问题的规定》，明确工业部门及其他非工业部门所属按55%的比例税率征收国营企业所得税的国营大中型生产性企业（交通运输企业视同生产性企业），用税后留利进行生产性投资项目所增加的利润，可享受按40%税率征收所得税，免征调节税的照顾。减免税期限定为3年。

1993年12月13日，国务院将《国营企业所得税条例（草案）》《国营企业调节税征收办法》《集体企业所得税暂行条例》和《私营企业所得税暂行条例》进行整合，制定了《企业所得税暂行条例》，自1994年1月1日起施行。

1994年7月12日，省财政厅和省税务局转发财政部、国家税务总局《关于印发〈企业所得税若干政策问题的规定〉的通知》，明确对实行利润包干或承包上交办法的行业和企业、未实行利改税的企业和军工企业，均一律按企业所得税暂行条例及其实施细则的规定征收所得税。同时设定了2档照顾性税率，即对年应纳税所得额在3万元（含3万元）以下的，暂减按18%税率征收所得税，年应纳税所得额在10万元（含10万元）以下至3万元的企业，暂减按27%的税率征收所得税。9月19日，省财政厅下发《关于规范国家与企业的利润分配关系，强化国有企业所得税管理工作的通知》，明确规定所有实行独立核算的国有企业（包括国有股权占25%及25%以上的股份制企业），从1994年1月1日起，都必须按《企业所得税暂行条例》和《企业所得税暂行条例实施细则》中规定的33%税率缴纳所得税。同时对年应纳税所得额在3万元（含3万元）以下的，暂减按18%税率征收所得税，年应纳税所得额在10万元（含10万元）以下至3万元的企业，暂减按27%的税率征收所得税。企业原实行承包所得税（利润）办法的，一律停止执行。

2000年，国家税务总局印发《核定征收企业所得税暂行办法》的通知，规定应采取核定征收方式征收企业所得税的6种情形：依照税收法律法规规定可以不设账簿的或按照税收法律法规规定应设置但未设置账簿的；只能准确核算收入总额，或收入总额能够查实，但其成本费用支出不能准确核算的；只能准确核算成本费用支出，或成本费用支出能够查实，但其收入总额不能准确核算的；收入总额及成本费用支出均不能正确核算，不能向主管税务机关提供真实、准确、完整纳税资料，难以查实的；账目设置和核算虽然符合规定，但并未按规定保存有关账簿、凭证及有关纳税资料的；发生纳税义务，未按照税收法律法规规定的期限办理纳税申报，经税务机关责令限期申报，逾期仍不申报的。2007年3月，国家颁布了《中华人民共和国企业所得税法》，规定企业所得税的税率统一为25%。

2007年12月，国务院出台《企业所得税法实施条例》，对企业的应纳税所得额、应纳税额、税收优惠、源泉扣缴、特别纳税调整等内容作了细化规定。

企业所得税征管 1983年，省财政厅按照财政部《关于对国营企业征收所得税的暂行规定》，要求国营企业所得税分为按日、按旬、按月预缴，按月、按季或半年结算，年终汇算清缴，多退少补。具体纳税期限，由当地税务机关根据企业交税数额的大小，分别核定。并按纳税单位的隶属关系和预算级次，以“国营企业所得税”科目，分中央收入和地方收入缴入金库。

1993年8月，省政府下发《贯彻〈国务院关于加强税收管理和严格控制减免税收的通知〉的意见》，严格规定从当年1月1日起，将国营企业所得税全部交由税务部门征收和管理。12月，国务院颁布《企业所得税暂行条例》，自1994年1月1日起，开始对国有企业征收33%的所得税。《国营企业调节税征收办法》《集体企业所得税暂行条例》和国务院有关国有企业承包企业所得税的办法同时废止或停止执行。

1994年8月，省财政厅、省税务局贯彻财政部、国家税务总局《关于金融、保险企业有关所得税问题的通知》，规定从1994年1月1日起，金融、保险企业的所得税收入，作为中央财政固定收入，一律上缴中央金库；中国人民保险公司国内保险业务收入地方分成的50%收入，平时先就地交入中央金库，年度终了后由中央财政在进行两级财政结算时予以返还。9月，省财政厅下发《关于规范国家与企业利润分配关系，强化国有企业所得税管理工作的通知》，要求各地财政部门要切实加强对企业所得税工作的管理，认真编制和下达所得税收入计划，加强对所得税征收工作的监督检查，并督促企业严格按照《企业所得税暂行条例》和《企业所得税暂行条例实施细则》的规定上缴所得税,及时分析所得税计划的执行情况。

1995年,省地方税务局制发《关于加强国有企业所得税征收管理若干问题的通知》,规定:进一步理顺国有企业的征纳关系,收入计划必须由地税部门下达,各级地税部门根据下达的计划,及时、均衡地组织国有企业所得税款入库;坚决制止各种承包企业所得税的做法,凡越权制定企业所得税承包或变相包税的规定,要坚决清理纠正;严格按规定办理减免税,规范企业纳税行为。

1996年,省政府出台《关于加强地方税收征管工作的意见》,对上市公司及大集团、大公司的税收减免和一些重大的税收政策性问题,经财政、税务部门审核后,报省政府批准。任何单位和个人都不得干扰税务机关依法征管,严禁越权减、免、缓征税款或各种形式的包税。

1998年,针对国有企业生产下降、销售锐减、库存增加、亏损加大的困难局面,省财政厅加大企业所得税返还的力度,帮助企业渡过难关。如返还皖能股份有限公司所得税4035万元;对安徽海螺水泥股份有限公司、省能源投资总公司、合肥叉车集团和安凯汽车集团实行先征后返,分别返还所得税4035万元、654万元、1269万元和418万元。

1999年,为加强企业所得税的预缴管理,明确征纳双方的法律责任,规范税收征管程序,保证税款及时均衡入库,省地方税务局制定《安徽省企业所得税预缴管理暂行办法》,规定纳税人上一年纳税年度缴纳所得税在60万元以上的,必须按月预缴所得税。同年,省地方税务局转发国家税务总局《关于加强国有企业所得税征收管理工作的通知》,同时要求并对国有企业所得税展开清查工作,确保国有企业所得税做到应收尽收。省财政厅根据有关政策规定,继续执行税收返还政策,返还皖能股份有限公司所得税4864万元;返还安徽海螺水泥股份有限公司所得税1633万元;返还省能源集团有限公司所得税1406万元,返还合肥化肥厂所得税195万元;对皖通高速公路股份有限公司所得税按33%计征,财政返还18%,全年返还2690万元。

2000年,省财政厅、省国税局、省地税局联合下发《安徽省财税部门扶持国有企业改革和发展的意见》,规定省重点企业集团经省财政厅、省地税局批准,在确保上缴所得税不低于上年水平的基础上,其母公司与所属全资和控股子公司可合并财务报表,统一缴纳所得税。同时继续对省级外贸企业、上市公司、基础产业和高科技企业实施所得税先征后返,全年共办理所得税退税2.3亿元。

2003年,针对收入混库比较突出的问题,省政府下发《关于加强企业所得税征收管理工作的通知》,要求进一步规范企业所得税分享范围和缴库级次,规范和加强企业所得税征管。如出现企业隶属关系、投资比例界定不清等情况,由省财政厅负责界定地方分享办法和入库级次,并会同税务部门发文明确,税务部门严格执行。12月,为做好改革后所得税收入的征收入库和统计分析工作,省财政厅发出《关于进一步调整和完善所得税收入分享改革后有关预算管理问题的通知》,对各征收机关征收的所得税收入，按照确定的预算级次和分享比例，就地分别缴入中央、省级和市县国库。

2008 年 10 月，省地税局下发《关于加强企业所得税管理的实施意见》，提出加强企业所得税管理的总体要求是分类管理，优化服务，核实税基，完善汇缴，强化评估，防范避税。

1983 年，安徽国有企业所得税为 5.22 亿元，此后随着国企效益的逐年下滑，国有企业所得税也大幅减少，1993 年已降至 2.82 亿元。从 1994 年开始，国有企业效益开始好转，国有企业所得税收入开始不断增长，2010 年，安徽国有企业所得税达 9.66 亿元。

第四节　国有资本经营收入

国有资本经营收益是指国有资本经营、转让、清算等形成的财政收入，包括国有企业、国有独资公司依法上缴的税后净利润，国有控股、参股企业分配的国有股利以及企业国有产权转让收入和企业清算净收益中国家所得的部分。

国有资本经营收入制度沿革　1994 年，分税制改革后，国有企业的税后利润全部归企业所有。

1997 年，省政府颁发《安徽省国有非经营性资产转经营性资产管理暂行办法》，规定国有非经营性资产转经营性资产，其国有性质不变，资产投出单位对该部分资产享有收益权。国有资产部门按资产总值或资产评估确认总值 4% ~ 6% 的年率向资产投出单位征收国有资产占用费，年终上缴同级财政。

1998 年，以产权制度改革为核心的企业改革，在各地逐步深入，省国资委印发《关于完善改制国有资产管理的若干意见》，对企业改制中出售、租赁的国有净资产收入进行区分管理，原则上，对企业留用的资金实行有偿使用，收取不低于同期银行贷款利率的资金使用费。年底，财政部明确提出建立公共支出预算、国有资产经营预算和社会保障预算在内的预算管理体系。

2007 年，国务院出台《关于试行国有资本经营预算的意见》，开始试行国有资本经营预算。明确国有资本经营收入主要包括：国有独资企业按规定上交国家的利润；国有控股、参股企业国有股权（股份）获得的股利、股息；企业国有产权（含国有股份）转让收入；国有独资企业清算收入（扣除清算费用），以及国有控股、参股企业国有股权（股份）分享的公司清算收入（扣除清算费用）；其他收入。各级人民政府及其部门、机构履行出资人职责的企业要上交国有资本收益。

2007 年 12 月，省政府印发《安徽省人民政府关于试行国有资本预算的意见》，对国有资本经营预算的收支范围、国有资本经营预算的编制和审批、国有资本经营预算的执行等作进一步明确，规定试行期间，各级财政部门商国资监管、发展改革等部门编制国有资本经营预算草案，报经本级人民政府批准后下达各预算单位，各预算单位具体下达所监管（或所属）企业的预算，抄送同级财政部门备案。

国有资本经营收入征管　1994 年，省财政厅、省国资局、中国人民银行安徽省分行转发财政部、国家国有资产管理局、中国人民银行《关于颁发〈国有资产收益收缴管理办法〉的通知》，规定国有企业在分配现金股利、红利以及国有企业产权转让、股权转让等取得的收入，由国家资产管理部门会同财政部门确认后上缴。

2007 年，国务院在试行国有资本经营预算的同时规定，国有资本经营预算收入由财政部门、国有资产监管机构收取、组织上交。企业按规定应上交的国有资本收益，应及时、足额直接上缴财政。财政部门负责编制国有资本经营决算草案，并报本级人民政府批准。

2008 年 8 月，省财政厅、省国资委出台《安徽省省属企业国有资本收益收取管理暂行办法》，对省属企业国有资本收益的申报时间、申报程序、核定标准等都予以明确，规定国有独资企业上交年度净利润的比例，区别不同行业，分二类执行，第一类为 10%，第二类为 5%，省属金融企业和文化企业在试行期间暂不上缴。

1998 年，安徽国有资本经营收入为 6926 万元，从 2002 年开始，国有资本经营收入逐年增长，2010 年达 200537 万元。

第五节　企业所得税退税

企业所得税退税是指国家运用税收经济杠杆，为鼓励和扶持企业或某些特殊行业的发展而采取的一项灵活调节措施。

企业退税制度沿革　1983 年，财政部下发《关于对国营企业征收所得税的暂行规定》的通知，规定国营企业所得税分为按日、按旬、按月预缴当月的税款，按月、按季或半年结算，年终汇算清缴，多退少补。

1984 年，国务院颁布《中华人民共和国国营企业所得税条例（草案）》，规定国营企业所得税，按日、按旬或按月预缴本月税款，按月、按季结算，年终汇算清缴，多退少补。

1988 年，财政部印发《全民所有制工业企业推行承包经营责任制有关财务问题的规定》，对企业超过年度承包目标多得的部分，由财政部门采取收入退库方式，返还给企业，作为企业留利处理。

企业退税执行　1988 年，省财政厅贯彻执行财政部《全民所有制工业企业推行承包经营责任制有关财务问题的规定》，按照企业承包合同规定、企业报表反映数额以及入库数，按季度将企业应得部分的 80% 退库返还给企业，年终进行清算，多退少补，保证兑现。同时，明确规定退库款不能在企业缴纳所得税、调节税时直接进行抵交。

1994 年，省财政厅、省税务局贯彻执行财政部、国家税务总局《关于印发〈企业所得税若干政策问题的规定〉的通知》，规定联营企业投资方从联营企业分回的税后利润，如投资方企业所得税税率低于联营企业，不退还所得税。

2006 年 10 月，省财政厅、省国税局贯彻执行国家税务总局《关于货物运输业新办企业所得税退税问题的通知》，确定由国税部门负责征收管理企业所得税的货物运输业代开票纳税人既有应退税款又有欠缴税款的，将应退税款先抵扣欠缴税款。抵扣后有余额的，代开票纳税人向国税部门提出抵（退）税申请，可直接抵缴次年应纳企业所得税款，也可选择在汇算清缴后申请办理退税。

1988 年，安徽企业所得税退税为 493 万元，1994—1998 年是安徽企业所得税退税增长较快的一个时期，1999 年达到历史最高值 32794 万元。此后随着国有企业经济效益的逐步好转，企业所得税退税又回复到较低水平，2008 年下降到 2186 万元，2010 年未退税。

第六节　国有企业计划亏损补贴

国有企业计划亏损补贴，是地方财政收入的减项，主要是指国家为使国有企业能够按照国家计划生产、经营一些社会需要，但由于客观原因使生产经营出现亏损，而向这些企业拨付的财政补贴。

企业亏损补贴制度沿革　1979 年 1 月，国家经委和财政部制发《关于国营企业政策性亏损补贴试行办法》，规定企业生产经营部分产品或商品可以列作政策性亏损条件：商业、粮食企业由于执行国家规定的价格，商品的进价大于售价，进销同价，或者进销差价不足以支付合理的流转费用而发生的亏损；为了合理利用自然资源，经批准开采低品位、利用自然资源，经批准开采低品位、地热值、高灰分以及其他经济价值较低的矿产品（如褐煤、石煤等）和由于地质构造复杂、开拓任务重等原因，平均先进成本高于国家规定的售价而发生的亏损；生产农机等支农产品的企业，在组织专业化协作生产过程中，产品的平均先进成本暂时高于国家规定售价而发生的亏损；小钢铁、小化肥等企业，产品的平均先进成本暂时高于国家规定售价而发生的亏损；其他经国家专门批准的政策性亏损。办法同时规定：由于经营管理不善发生的亏损，一律不准列入亏损计划，财政不再补贴；由于企业外部的某些原因暂时发生的，企业主管部门要采取切实措施，帮助企业转亏为盈，暂时确实无法扭转的，按批准的计划补贴。

1979 年 4 月，省经委和省财政对《关于国营企业政策性亏损补贴试行办法》作进一步补充规定：当年实行定额补贴的政策性亏损工业企业，其实际亏损小于定额补贴的部分，可视同利润，实行四六分成（40% 交预算，60% 留给企业）；实际亏损大于定额补贴的部分，亦采取四六分摊的办法，40% 由预算拨补，60% 由企业留用的更新改造资金和企业基金弥补。

1988 年，财政部印发《全民所有制工业企业推行承包经营责任制有关财务问题的规定》，明确亏损企业承包的范围是国家拨补的亏损。

企业亏损补贴执行　1979 年，省经委、省财政贯彻执行国家经委和财政部《关于国营企业政策性亏损补贴试行办法》,规定企业的政策性亏损,要按核定的补贴定额和实际销售量计算,经企业主管部门和财政部门审批核准后,才能给予拨补。各地区、各部门、各企业都不得自行扩大政策性亏损产品、商品的补贴范围,不得自行提高补贴定额和产品、商品的售价。同时规定:当年凡是由于经营管理不善而发生亏损的企业以及1978年盈利,当年没有特殊原因而发生亏损的企业,一律不准列入亏损计划,财政不再补贴。由于外部某些原因发生亏损当年确实无法扭转的,应由企业编造亏损计划,提出扭亏措施和期限,经同级财政部门会同主管部门审查批准后,严格按计划进行补贴。

1988年,省财政厅贯彻执行财政部《全民所有制工业企业推行承包经营责任制有关财务问题的规定》,要求亏损企业一般不能高于承包前一年的实际补贴数,财政不再减税让利;少数企业受客观因素影响,利润或亏损增减变化较大的,可依据前二至三年上缴利润或者亏损补贴的数额的平均数作为基数,予以核定。

国有企业计划亏损补贴始于20世纪50年代,1979年安徽国有企业计划亏损补贴为18980万元,此后逐年上升,1993年达到最高值105409万元。从1994年开始,国有企业计划亏损补贴开始回落,2006年降至30908万元。

第三章 农业税收

农业税收，是农业税、农业（林）特产税、耕地占用税、契税的统称，由各级财政部门负责征收。农业税收是财政收入的重要组成部分。1950—1978 年，随着国家减轻农民负担政策的实施，农业税收占财政收入的比重逐年下降，由 1950 年的 69.1% 下降至 1978 年的 4.8%。1979—2004 年，由于农产品价格大幅度调整和农业生产的发展，各级财政依法征管，农业税收逐年增长，由 1.68 亿元增至 35.51 亿元，增长 21 倍；其间安徽农业税收税制变动较大，1987 年新开征耕地占用税，1989 年全面征收农林特产税，1997 年发布契税新条例，2000 年实行农村税费改革，农业税率逐年下调，2003 年取消农业特产税，2004 年取消农业税附加。2005 年全面取消农业税后，各级财政部门农业税收征管职能转向农村财政管理，推进社会主义新农村建设。

第一节 农业税

农业税是国家向一切从事农业生产、有农业收入的单位或个人征收的一种税。安徽农业税征收贯彻中央统一规定的税法，执行合理负担和稳定负担政策，实行“谁收益、谁负担”，采取评定“常年产量”、依率计征、依法减免的办法。1979—2000 年，安徽农业税收由 18522 万元增至 261237 万元，年均增长 1.8%。2004 年农业税收入降至 188654 万元，2005 年全面取消农业税。

农业税制沿革 1979—1999 年，安徽农业税征收制度保持基本稳定，农业税负担没有调整，农业税实际负担占农业实产量一般在 2% 左右。安徽按正税 15% 的比例征收农业税附加，主要用于农村道路、桥梁维护费用的补助、乡村小学的修建补助、小型水利、农村有线广播和乡（村）人民政府办公用房必需的简易维修费用等。此间，随着国家粮食购销体制改革、粮食价格的调整，农业税计税价格相应进行了 6 次上调和 2 次下调。1988 年，免征劳改、劳教系统 3 年的农业税；免征贫困地区、劳改劳教单位 1990—1992 年的农业税；从 1991 年起连续 3 年，减免蒙洼、邱家湖、唐垛湖、姜家湖、南润段、润赵段 6 个低标准行蓄洪区贫困户的农业税；1992—1995 年对龙河口库区按农业税社会减免办法继续免征贫困户农业税，减免税额一年一定。1993 年，对白湖、九成、南湖农场实行减半征收。1990—1999 年，省财政厅共分配下达农业税灾歉减免资金 80145 万元。

2000年，安徽进行农村税费改革试点，以农民第二轮承包用于农业生产的土地为依据调整农业税计税土地面积，以县（市、区）为单位，以1993—1997年5年间农作物（包括经济作物折粮）的平均产量为依据，调整农业税计税常年产量。农业税计税价格维持1999年的价格，农业税税率7%。对国有、集体农场以及有农业收入的机关、部队、企业、学校等单位，按其当年实际产量的4%征收农业税；对无固定收入土地按照当年或者当季实收农作物产量的4%计征农业税。按新政策调整后，计税土地面积6076.6万亩，计税常年产量354.6亿公斤，平均税率6.96%，依率计征税额24.67亿公斤，平均计税价格每百公斤117.69元。2000年安徽实征农业税正附税共计31.09亿元，其中正税26.1亿元。2000年，《安徽省农业税征收实施办法》进一步明确规定，乡镇农业税征收机关从当年依率计征税额中提取5%的农业税社会减免，用于农村特困户、烈军属、残疾军人、残疾人的农业税减免，实行“先减后征”的办法。

2000—2003年，安徽规定农业税附加比例最高为正税的20%，主要用于村干部报酬、五保户供养和办公经费所需费用。

2004年，省政府决定全面取消农业税附加，国有和集体农场、有农业收入的机关、部队、企业、学校等单位、无固定收入土地不征收农业税附加。安徽农业税税率降为4.8%，对国有、集体农场以及有农业收入的机关、部队、企业、学校等单位的税率降为2%。安徽农业税社会减免的比例一般控制在依率计征税额的5%左右。

2005年，安徽比全国提早1年全面免除农业税。7月，经省政府同意，省财政厅下发《关于免除农业税尾欠有关问题的通知》，决定对农民（包括农场等单位）农业税及附加尾欠，一律全部免除。至此，从公元前594年鲁宣公实行“初税亩”这一具有税收形式的制度开始，安徽农民告别了延续2600年的“皇粮国税”。

农业税征管　农业税实行全年一次计算、分夏秋两季征收，对农场、机关、部队等单位和无固定收益土地随收获季节一次征收。

1987年农业税折征代金后，农业税纳税人由“生产队”变为承包土地的农户，农业税征收方式由“队缴队结”改为“户缴户结”。

1993年以前，征收机关按照实际征收总额的5‰提取农业税征收经费，1994—1996年，规定另从调价新增收入中再提取5%的征收经费，1997年起全部改为按实际征收总额的3%提取，2000年提高到4%。

1998年后，安徽农业税征管及政策检查形成制度，随每年工作内容有重点地安排，主要是税收票证和会计管理、农业税政策执行和征管程序、农业税灾情减免资金落实等内容。每年开展农业税收征管先进单位和个人评比表彰活动，其中，1998年淮北市财政局农税科等10个征收单位获得省政府表彰的财政农税系统“十佳征收单位”。

2000年，省财政厅组织开发“金穗2000”农税征管软件，利用计算机直接征税开票，促进农业税征管规范化、信息化。

2001年，省财政厅制定《安徽省农业税和农业特产税征收管理程序（试行）》，建立纳税登记、纳税通知和纳税公示制度，在乡镇建设农税纳税服务厅和村级征收网点，推行“三定”（定时间、定地点、定税额）的征收方式。

2002年9月，国务院副总理温家宝在新华社《国内动态清样》第2559期刊登的“安徽创新农税征管机制化解收税难题”上批示：“建立新的农税征管机制，是农村税费改革的重要环节。安徽的做法值得重视。”

安徽的农业税会计制度随农业税政策变化和国家税务总局的要求，在1986年、1993年、1999年、2003年作了4次修改。1993年，省财政厅印发《安徽省农业税收票据管理试行办法》，将农业税收票证分为甲、乙两类，实行分类管理，对农业税票据管理逐年规范。2000年，根据国家税务总局规定使用全国统一式样的农业税收票证。2005年取消农业税后，省财政厅布置对已停用的空白票证、已使用的税票和征管电子资料按规定程序办理清理、缴销、保存等手续。

第二节　农业特产税

农业特产税全称农业特产农业税，是农业税的组成部分，它是国家对从事农业特产生产经营并取得收入的单位和个人征收的一项税收。1994年以前简称农林特产税，1994年分税制改革后简称农业特产税。根据国家统一税收政策，安徽适时调整税制，不断探索和完善征管方法。

农业特产税制沿革　1989年5月，省政府下发《关于调整农林特产农业税应税品种和税率的通知》，对农林特产税政策和征收办法进行完善和改进，规定凡属国务院确定的安徽尚未开征的应税品种，自1989年起予以征收；各应税品种的税率，凡国务院规定实行全国统一税率的，按国务院规定执行；新开征的品种和原税率低于5%的品种，一律按5%的税率计征。调整后农林特产税征收范围为园艺收入、林木收入、水产收入三大类，主要大宗品目税率是果类10%（其中苹果、柑橘15%）、果用瓜10%、茶叶6%，原木8%，淡水养殖10%（其中珠蚌、珍珠15%）。

1990年3月，经省政府同意，对水果、水产、果用瓜、原木等税负偏高的征收品种实行临时减征，果类、淡水养殖减征四成（其中苹果、柑橘、珠蚌、珍珠减征六成），果用瓜、原木减征三成。

1993年2月，安徽执行国务院调整后的农林特产税税率，其中苹果、柑橘降为12%，果用瓜降为8%，原木降为7%，淡水养殖降为8%。同时，将桑蚕茧、苗木产品收入列入农林特产税征税范围，税率分别为6%和5%，并取消对水果、水产品、果用瓜、原木实行临时减征的规定。上述各应税品种的税率包括15%的地方附加，对有农林特产收入的部队、机关、学校、企业以及国有果园场、茶场等征收的农林特产税不征收附加。

1994年1月，省财政厅印发《安徽省农业特产税征收实施办法（试行）》，规定农业特产税征收范围为烟叶产品、园艺产品、水产品、林木产品、牲畜产品和食用菌六大类

26 个品目。在收购环节征税的有烟叶产品,税率 31%;牲畜产品,税率 10%。在生产和收购两道环节分别征税的涉及四大类 7 个品目,主要大宗品目有:毛茶生产和收购环节税率分别为 7% 和 16%,淡水养殖生产和收购环节税率分别为 8% 和 5%,原木、原竹、食用菌生产和收购环节都为 8%。其他产品只在生产环节征税,主要品目有水果、干果税率 10%(其中柑橘、苹果和梨为 12%),果用瓜 8%,蚕茧 8%。根据财政部规定,安徽对收购猪皮的单位和个人在 1994—1995 年暂缓征收农业特产税,1997—1999 年免征。对收购牛、羊皮的单位和个人在 1994 年和 1995 年、1997—1999 年减按 5% 的税率征收。

1997 年,安徽省将毛茶收购环节税率由 16% 降为 12%;1998 年将茭白纳入水生植物品目的征税范围,税率 8%。1999 年将烟叶产品农业特产税税率由 31% 降为 20%。

2000 年,安徽对农业特产税政策进行调整,主要是取消两道环节征税的政策,将原在两道环节分别征税的应税品目改为只在生产环节征税,并适当降低总体税负,其中毛茶税率 13%、原木原竹 10%、淡水养殖和淡水捕捞 10%。烟叶产品、牲畜产品仍在收购环节征收,税率按国家规定执行;其他品目仍在生产环节征税,除个别税率略有调整外,如水果、干果提高到 13%,其余基本维持原税负水平。同时,为避免重复征税,规定对农业税计税土地上生产的农业特产品,其税款的征收按其应缴的农业税或农业特产税确定,以税额大的征收,不重复征税。经省政府批准,在生产环节征收的农业特产税可以征收附加,附加比例由县(市、区)政府根据村干部报酬、五保户供养、办公经费三项费用的实际支出需要从严核定,最高不超过 20%。

2001 年,安徽按照农业税与农业特产税不重复交叉征收的原则对农业特产税政策进行调整,对在农业税计税土地上生产的果用瓜、药材等农业特产品,由征农业特产税改征农业税。同时,适当调低部分应税品目生产环节农业特产税税率,将毛茶、水果、干果税率由 13% 调为 10%,原木原竹、淡水养殖、淡水捕捞税率分别由 10% 调为 8%。

2002 年,再次将毛茶、水果、干果税率由 10% 调为 8%。为了彻底解决农业税和农业特产税重复征税的问题,砀山县、萧县进行农业特产税改征农业税试点。

2003 年,省政府下发《关于开展农业特产税改征农业税试点工作的通知》,从 4 月 1 日起取消农业特产税,全面改征农业税。主要内容是,将农业特产应税品目以茶、桑、果、水产、竹木为基本税目,定产或者核定收入,统一征收农业税,除烟叶产品外均执行 7% 的农业税税率,改征后税收负担不得超过 2002 年农业特产税税负;将原烟叶产品在收购环节征收农业特产税改为按收购金额的 20% 税率计征农业税。原农业特产品不征收农业特产税附加的,改征后仍不征收农业税附加。

2005 年免除农业税后,安徽继续执行收购环节征收烟叶农业税政策,税率不变。

2006 年 7 月 20 日,根据《中华人民共和国烟叶税暂行条例》,烟叶产品农业税由财政部门划转地方税务机关征收烟叶税。

农业特产税征管　安徽农业特产税征收方式主要采取查账、查定征收(即核定收入征收)、查验征收、评产征收或定期定额征收,由收购农业特产品的单位和个人按照税法的有关规定负责代扣代缴。

1989—1999 年，县级征收机关可按实征总额的 20% 提取建立“扶持发展农林特产生产资金”，按照“取之于特产，用之于特产”的原则，采取有偿周转形式，用以扶持发展农林特产品生产；征收机关可按农林特产税实征总额提取 5% 的征收经费。2000 年后取消建立“扶持发展农林特产生产资金”，征收经费提取比例提高到 8%。

1994 年，农业特产税制变化后，为控制税源、加强征管、方便纳税人，省财政厅规定对山区或少数税源零星分散地区，征收机关可以与有关单位或个人签订委托代征税款协议书、发放委托代征证书后委托代征。

1995 年 2 月，省政府办公厅批复省财政厅、省农业厅、省公安厅、省监察厅和省工商行政管理局《关于茶叶农业特产税征收办法报告的通知》，同意设立适当的季节性检查站，设站验票、征收茶叶农业特产税，共批准设立季节性茶叶检查站 45 个，附设在木竹检查站内，涉及池州、黄山、宣城、安庆 4 市 20 个县（市、区），1998 年相继撤销。1994 年后，农业特产税征收范围广、应税品种多，部分品种在两个环节纳税，导致一些地方征管简单粗放、平摊税款现象严重。

1997 年，省财政厅总结金寨、萧县经验，于 4 月和 10 月分别在金寨、萧县召开农业特产税征管改革现场会，推行以“普查建档，据实征收”为重点的农业特产税征管改革，建立“以户建卡，以村建账，以乡建档”的农业特产税税源控制体系，推广“三定”（定点、定额、定时）征收方式，杜绝平均摊派，实行据实、依法征收。当年，国家税务总局向全国推广安徽农业特产税征管改革经验。

2001 年，省财政厅制定《安徽省农业税和农业特产税征收管理程序（试行）》，将上述征管模式和要求进一步细化，制定税务登记、纳税鉴定、纳税申报、纳税通知、税款征收、税务检查等规范化的具体操作程序。农业特产税的税收票证、会计制度合并在农业税中，税务检查、评比奖励等工作与农业税征管工作结合开展。

1979—1999 年，安徽农业特产税收入由 604 万元增至 75234 万元，年均增长 27.3%。2002 年，降至 21087 万元。2003 年，农业特产税取消。

第三节　耕地占用税

耕地占用税是国家为保护农用耕地于 1987 年新开征的一项税收，2007 年国家对条例进行修订。

耕地占用税制沿革　1987 年 4 月 1 日，国务院颁布《中华人民共和国耕地占用税暂行条例》，决定自发布之日起施行。省政府根据该条例和财政部《关于颁发耕地占用税具体政策规定的通知》，结合安徽实际，制发《关于贯彻执行〈中华人民共和国耕地占用税暂行条例〉有关问题的通知》，省财政厅制定《关于颁发〈安徽省耕地占用税具体政策的规定〉的通知》和有关规章制度。

1987年，财政部核定安徽省耕地占用税平均税额为每平方米4.5元，安徽以县为单位，按照人均占有耕地面积多少，采用地区差额定额税率，分为四类地区、菜地和其他耕地两种地类，共八个标准。一类地区税额标准菜地每亩6000元、其他耕地5000元，四类地区菜地和其他耕地均为2000元，农村居民占用耕地新建住宅减半征收。

1992年，安徽撤区并乡后区划变动大，经省政府同意，10月4日省财政厅下发《关于修订耕地占用税征收标准的通知》，将耕地占用税税额标准修订为三类地区、六个标准，一、二类地区标准不变，三、四类地区统一按三类地区标准执行。其他特殊项目按财政部规定的低限税额标准执行。

1999年，安徽耕地占用税减免税范围及优惠政策按照国家的统一规定执行。属于免税的用地，凡改变用途，不属于免税范围的，从改变之日起补缴耕地占用税。

2007年12月1日，国务院新修订《中华人民共和国耕地占用税暂行条例》，于2008年1月1日施行，省政府于2008年4月16日制定《关于贯彻执行新修订的〈中华人民共和国耕地占用税暂行条例〉有关问题的通知》，省财政厅制定《关于印发〈安徽省耕地占用税实施办法〉的通知》。耕地占用税的纳税义务人是在国内占用耕地建房或从事其他非农业建设的单位和个人，征税范围包括占用国家所有和集体所有的土地，以纳税人实际占用的土地面积为计税依据，按照规定税额标准一次性征收。

2008年开始对铁路线路、公路线路、飞机场跑道、停机坪、港口、航道占用耕地按每平方米2元征收耕地占用税。中外合资经营企业、中外合作经营企业和外商独资企业占用耕地，不适用耕地占用税条例规定。但是按照财政部规定，“三资”企业建造职工宿舍和外商别墅占用耕地，港澳台侨胞、外籍华人捐款建设项目占用耕地，“三资企业”兴建旅游、服务等娱乐服务设施、开发房地产项目占用耕地等应照章征收耕地占用税。

2008年，耕地占用税税率提高：一类地区菜地每平方米45元、其他应税耕地37.5元，二类地区菜地33.75元、其他应税耕地26.25元；农业户口居民建房和除一、二类以外的其他地区菜地和其他应税耕地均为18.75元；二、三类地区的矿产开发区均按一类地区标准执行。

耕地占用税征管　安徽耕地占用税采取“同级批地，同级征税”的分级征收方式。根据《中华人民共和国土地管理法》规定的用地审批权限，哪一级批准用地，就由哪一级财政部门负责征收。从1987年耕地占用税开征到2001年，省、市、县（市、区）、乡的征收级次一直未变。省财政厅负责征收报国务院和省政府批准项目的耕地占用税；省辖市财政征收机关负责征收报本级政府批准项目的耕地占用税；县（市、区）财政征收机关或乡（镇、街道）财政所负责征收本地农村居民建房等项目的耕地占用税；临时占用土地的耕地占用税，由所在地的市、县（市、区）财政征收机关负责征收。

1987年，根据国务院和财政部规定，耕地占用税收入的50%上缴中央，50%留给地方。规定留成地方部分：一类地区留成60%，二、三类地区留成80%；其余上交省财政，其中经过地市征收的，地市留成10%。从1989年1月1日起，调整为上交中央财政

30%，留给地方 70%。省对留成地方部分进行相应调整：属于一类地区的市（县）留成 50%，交省 20%（其中由市征收的，市留成 5%，交省 15%）；属于二、三类地区的县（市）留成 60%，交省 10%（其中由市征收的，市留成 5%，交省 5%）。

1994 年，实行分税制财政体制，财政部核定安徽耕地占用税上交中央财政基数 2100 万元。根据耕地占用税分成比例和 1993 年实际执行比例，省下达各地市上交中央财政和省财政基数 2900 万元。此后，各级征收的税款不再按分成比例上交中央财政和省财政，实行按基数定额上交办法。但省级直接征收的税款在入库后仍按原分成比例以追加财政支出的方式将分成收入返还给市、县。

2002 年，省委省政府下发《关于进一步扩大对外开放加快招商引资的若干意见》规定，从 2002 年 10 月到 2005 年 12 月，由省级统一征收的市县分成税款部分改为由占用耕地所在地的市县财政征收机关征收。2005 年 12 月政策到期后仍按这一划分征收。

安徽耕地占用税在具体征收中实行"先纳税、后批地"的征管程序，纳税人必须在纳税义务发生时间之日起 30 日内，向批准用地的同级财政征收机关申报纳税，纳税人必须办理纳税或免税手续后，再由土地管理部门凭纳税收据或免税证正式下达批准用地文件。为从严控制减免税，省建立耕地占用税减免申报和按征收权限审批制度。即在哪一级纳税，就在哪一级办理免税审批，其中占用耕地 1000 亩（含 1000 亩）以上的，报财政部批准。

2004 年，为落实国务院关于改革行政审批制度的精神，省财政厅制定《安徽省耕地占用税减免管理实施办法》，采取分级审核、逐级备案、限时办理的减免税制度。对备案类减免税不再需要层层审批，其中占用耕地 1000 亩（含 1000 亩）以上的，由省财政厅在办理减免税手续之日起 30 日内，报财政部备案。为堵塞税收漏洞，省加强税收稽查和检查，每 2 ~ 3 年组织一次耕地占用税检查，查补欠税，打击偷逃税款。

2008 年，省财政厅制定《安徽省耕地占用税征收管理操作规程（试行）》，进一步完善规章制度和征管程序，对耕地占用税征收减免权限和范围、纳税申报、税款征收、税收减免、税务检查等作出明确规定。

2010 年，省财政厅聘请 8 个会计师事务所人员，同时抽调市县财政局人员组成检查组，对 10 个省辖市及市辖区的两税（耕地占用税、契税）征管情况进行重点检查，检查出应征未征耕地占用税和契税 8909 万元，对 4 个市下发限期整改意见，依法追征应征未征税额，健全征管制度，促进两税科学化规范化征管。

从 1988 年起，根据财政部统一规定在耕地占用税收入中提取 5% 作为征收经费，其中上缴财政部 1%，1994 年后不再上交。省规定原行署和县提取的征收经费全部留用；省辖市提取的 60% 留用，上交省 40%，2005 年后不再上交。

1987—2010 年，安徽耕地占用税收入由 1191 万元增至 45.67 亿元，年均增长 29.5%。

第四节 契 税

契税是指在土地、房屋权属转移时,向取得土地使用权、房屋所有权的单位和个人征收的一种税。1997年前,安徽沿用新中国初期50年代的条例,1997年后执行新条例,在征管上由委托房产、土地部门代征向财政征收机关直接征收转变,2000年后契税收入逐年大幅增长。

契税税制沿革 1990年之前,安徽契税基本处于停征状态,只有少数几个县征收,收入不足100万元。

1991年,省财政厅将契税征管列入新设立的农业税征收管理处职责范围,逐步恢复契税征管。为支持城市住房制度改革,对全民、城镇集体所有制单位职工第一次购买本单位公有住房,在规定的标准面积以内免征契税的相关政策。

1997年,国务院颁发《中华人民共和国契税暂行条例》,10月1日实施。1998年1月14日,省政府颁布《安徽省契税暂行办法》,自发布之日起施行。新契税条例对税制进行重大改革,规定:契税税率为4%,契税的计税依据是国有土地使用权出让、土地使用权出售、房屋买卖,为成交价格;土地使用权赠与、房屋赠与,由契税征收机关参照土地使用权出售、房屋买卖的市场价格核定;土地使用权交换、房屋交换,为所交换的土地使用权、房屋的价格的差额。有下列情形之一的经县级以上征收机关批准可以减征或免征契税:国家机关、事业单位、社会团体和军事单位承受土地、房屋用于办公、教学、科研和军事设施;城镇职工按规定第一次购买公有住房的;土地、房屋被县级以上人民政府征用、占用后,重新承受土地、房屋权属的。因不可抗力灭失住房而重新购买住房的,酌情准予减征或者免征契税。经批准减征、免征纳税人改变有关土地和房屋的用途,不再属于规定减免范围的,应当补缴已经减征、免征的税款。此后,为配合国家宏观经济政策的实施,安徽按照财政部、国家税务总局的契税政策进行调整,主要是调控房地产市场和支持国有企业改革。

1999年8月1日后,对个人购买自用普通住宅,暂减半征收契税,对1998年6月30日以前建成尚未售出的积压空置的商品住房在2000年年底前予以免税优惠。

2001年,为支持企业改制,安徽就企业改制重组等国有企业改革中涉及的土地、房屋权属变动中的有关情形,制定免征或者不征收契税的优惠政策。2003年和2006年,根据当时企业改制中出现的新情况分别进行调整和明确,继续对企业改制实行契税优惠政策,延期执行至2008年12月31日。

2001—2002年,继续对积压空置普通商品住房免征契税。但对1998年6月30日以前建成的别墅、度假村等高消费性的空置商品房,从2001年起恢复征收契税。

2005年6月1日,省财政厅明确普通住宅和非普通住宅的标准,规定享受减半征收优惠政策的普通住房,应同时满足住宅小区建筑容积率在1.0以上、单套建筑面积在

120平方米以下、实际成交价格低于同级别土地上住房平均交易价格1.2倍以下的条件，允许单套建筑面积和价格标准适当上浮20%，对不符合标准的列为非普通住宅，不得减半征收契税。

契税征管 1998年以前，安徽契税征收采取委托房产部门代征、财政部门支付代征手续费的形式。新契税条例实施后，契税征管制度和措施逐步完善。

1998年，省财政厅贯彻执行国家税务总局《关于印发契税纳税申报表、契税完税证式样的通知》，统一契税纳税申报表、契税完税证式样。

1999年，省财政厅推行"先纳税、后办证"的征管办法，各地充实征管人员，设立"契税征收窗口"，逐步改变委托代征形式。

2000年，省财政厅组织开发统一的契税征管软件，全部使用电子税票，取消征管各环节的手工操作。

2004年，省财政厅制定《安徽省耕地占用税契税减免管理实施办法》，规定契税减免实行减免申报、分级管理和逐级备案制度。契税计税金额在10000万元（含10000万元）以上的减免，由省级征收机关在办理减免手续完毕之日起30日内，并上报国家税务总局备案。同年，省政府办公厅下发《关于进一步加强契税和耕地占用税征管工作的通知》，要求契税停止委托代征，从2005年1月1日起，一律实行由财政部门直接征收。

2006年，省财政厅印发《安徽省契税征收管理操作规程（试行）》，统一契税纳税申报、税款征收、税收减免、税收执法、档案管理等各环节的流程和统一契税税收文书。

2007年，各级征收机关全部运用网络软件征管契税，并与房产管理部门、地税部门、土地管理部门建立房产、土地契税征收共管的协税护税机制。

2009年，为消除金融危机对房地产市场造成的负面影响，省出台了"救市"政策。各级财政强化征管，加大税收执法力度，契税收入继续保持快速增长。

从1998年开始，省财政厅对各市契税征管考核工作进行考核奖励，评选先进单位和个人，采取激励措施，并每年组织征管检查和税收稽查。2008年，省财政厅印发《关于开展契税耕地占用税规范管理年活动的指导意见》，并组织对22个县进行重点检查，下达检查通报，年终进行考评。

1991—1997年，安徽契税收入表现出恢复性增长，由100万元增至4034万元。1998—2008年，契税收入呈现快速增长，由1.37亿元增至40.54亿元，年均增长40.2%。2009年，增至47.90亿元，同比增长18.2%。2010年，增至95.91亿元，同比增长100.2%。

第四章　政府非税收入

非税收入是指除税收以外，由各级政府、国家机关、事业单位、代行政府职能的社会团体及其他组织依法利用政府权力、政府信誉、国家资源、国有资产或提供特定公共服务、准公共服务取得并用于满足社会公共需要或准公共需要的财政资金，是政府财政收入的重要组成部分。

第一节　收入范围

非税收入征管范围主要包括：行政事业性收费、政府性基金、彩票公益金、国有资源有偿使用收入、国有资产有偿使用收入、国有资本经营收益、罚没收入、以政府名义接受的捐赠收入、主管部门集中收入、政府财政资金产生的利息收入等。

行政事业性收费　是国家机关、事业单位、代行政府职能的社会团体及其他组织根据法律、行政法规、地方性法规等有关规定，依照国务院规定程序批准，在向公民、法人提供特定服务的过程中，按照成本补偿和非营利原则向特定服务对象收取的费用。

政府性基金　是各级政府及其所属部门根据法律、行政法规和国务院有关文件规定，为支持某项公共事业发展，向公民、法人和其他组织无偿征收的具有专项用途的财政资金。包括各种基金、资金、附加和专项收费。

国有资源有偿使用收入　包括土地出让金收入，新增建设用地土地有偿使用费，海域使用金，探矿权和采矿权使用费及价款收入，场地和矿区使用费收入，出租汽车经营权、公共交通线路经营权、汽车号牌使用权等有偿出让取得的收入，政府举办的广播电视机构占用国家无线电频率资源取得的广告收入，以及利用其他国有资源取得的收入。

国有资产有偿使用收入　包括国家机关、实行公务员管理的事业单位、代行政府职能的社会团体以及其他组织的固定资产和无形资产出租、出售、出让、转让等取得的收入，世界文化遗产保护范围内实行特许经营项目的有偿出让收入和世界文化遗产的门票收入，利用政府投资建设的城市道路和公共场地设置停车泊位取得的收入，以及利用其他国有资产取得的收入。

国有资本经营收益　是政府非税收入的重要组成部分，包括国有资本分享的企业税后利润，国有股股利、红利、股息，企业国有产权（股权）出售、拍卖、转让收益和依法由国有资本享有的其他收益。

彩票公益金 是政府为支持社会公益事业发展，通过发行彩票筹集的专项财政资金。

罚没收入 是指法律、行政法规授权的执行处罚的部门依法实施处罚取得的罚没款和没收物品的折价收入。

以政府名义接受的捐赠收入 是指以各级政府、国家机关、实行公务员管理的事业单位、代行政府职能的社会团体以及其他组织名义接受的非定向捐赠货币收入。不包括定向捐赠货币收入、实物捐赠收入以及以不实行公务员管理的事业单位、不代行政府职能的社会团体、企业、个人或者其他民间组织名义接受的捐赠收入。

主管部门集中收入 是指国家机关、实行公务员管理的事业单位、代行政府职能的社会团体及其他组织集中所属事业单位收入。这部分收入必须经同级财政部门批准。

政府财政资金产生的利息收入 是指税收和非税收入产生的利息收入。按照中国人民银行规定计息，统一纳入政府非税收入管理范围。

第二节 收入管理方式

1979—2010年，财政管理体制发生变化，国家财权下放，鼓励行政事业单位积极创收，全省非税收入规模由此直线上升。同时，非税收入征管方式也由部门分散管理逐步转变为财政规范管理。

部门分散管理 1979—1985年，非税收入征管主体不明确，资金管理分散。非税收入的所有权和使用权均在部门和单位，非税收入基本上成为各个部门和单位的自有资金，“谁收取、谁所有、谁使用”，在资金的监管上完全游离于财政之外，在各个主管部门和单位内部也没能形成统一的财务管理。各执收单位对非税收入的多头征收、分散开户和自主管理，并引发了固定资产投资规模和消费基金的迅速膨胀以及一些腐败现象发生。

专户储存管理 1986—1995年，针对非税收入管理存在的突出问题，1986年，省政府下发《关于加强预算外资金管理的通知》，在明确预算外资金的概念、范围和管理原则的基础上，提出了在资金所有权不变的前提下，对国营企业及其主管部门管理的预算外资金，采取“计划管理、政策引导”的方式；对行政事业单位管理的预算外资金，采取“专户储存、计划管理、财政审批、银行监督”的方式。

1987年，省政府下发《关于对省级有关单位预算外资金实行财政专户存储的通知》，推进全省政府非税收入专户储存的管理。

1993年，省政府颁发《安徽省国家机关、事业单位和社会团体预算外资金管理办法》，提出具体要求和措施，推动了财政专户储存管理方式在全省范围内迅速确立。对预算外资金实行专户储存管理，标志着政府非税收入开始纳入了财政监管的视野。

财政专户管理 1996—2004年，省财政厅贯彻执行省政府颁发的《安徽省预算外资金管理办法》,对预算外资金实行“政府管权、部门管事、财政管钱”新模式。一是开展治乱减负。按照依法行政、依法收费的要求,结合行政审批制度改革,取消非法及不合理收费,归并重复交叉收费,对部分体现市场行为的收费逐步转为经营服务性收费。2002年年底,全省共取消行政事业性收费和基金项目3528项,累计减负金额达66亿元。二是明确预算外资金管理职责。确立财政部门在收费、基金立项审批中的主导地位,强化财政管理职能,理顺收费、基金、立项审批管理中财政与其他职能管理部门及其单位的关系。三是加强收费票据管理。省政府第104号令颁布《安徽省行政事业性收费票据管理办法》,对收费票据的种类和适用范围、印制和日常管理以及监督检查等作出了具体规定,从源头上规范收费行为。四是实行“收支两条线”管理。对全省乡镇以上具有行政事业性收费和罚没收入的执法执罚部门及单位全面实行“收支两条线”管理,对单位不按规定缴入财政专户的预算外资金,银行直接扣款。五是实行综合财政预算管理。在突出抓好芜湖、蚌埠两个市级预算外资金管理典型和对省直预算外资金先期实行预决算管理的基础上,1998年,省政府下发《安徽省综合财政预算管理办法》,在全省范围内全面推行综合财政预算管理,对预算内外资金以及其他资金实行统一编制、统一管理、统一核算、统筹安排使用,并将预算外资金“实行预算管理”和“专户缴交率”两项指标作为考核地市财政运行质量好坏的重要内容。

全口径预算管理　2005年,国务院提出要“改革和完善非税收入收缴管理制度,逐步实行全口径预算管理”。财政部下发《关于加强政府非税收入管理的通知》,对政府非税收入管理提出具体要求。省政府决定在全省范围内启动新一轮政府非税收入规范化管理改革,全面界定政府非税收入,确立财政部门在政府非税收入征收管理中的主管地位,并由其政府非税收入征收管理机构统一征收、统一管理;取消单位收入过渡账户,收罚缴分离,执收单位收取的所有非税收入统一缴入“非税收入汇缴结算账户”,再由非税收入征收管理机构按规定划缴国库或财政专户;建立以票证合一的“非税收入一般缴款书”为主体、专用票据为辅助的非税收入票据体系;扩大政府非税收入纳入预算管理范围,改进非税收入预算编制办法,细化政府非税收入收支项目,实行收支脱钩,完善综合财政预算管理,实现政府税收和非税收入统筹安排,提高政府非税收入使用效益。

第三节　收入征管实施

省财政厅坚持以建立和完善公共财政体制为目标,按照“正税清费”和“纳入预算”要求,开拓创新,规范政府非税收入征管。

行政事业性收费及政府性基金管理　1997年,安徽对行政事业性收费项目进行全面清理,首批取消105项不合理收费项目。省财政厅会同有关部门制发《1997年安徽省行政事业性收费项目目录》,增强收费政策的透明度。对已取消的10项基金进行跟踪调查，并按照省政府领导的批示，对群众举报的合肥、六安、安庆等地发生的乱收费问题进行调查处理。

1998年，省财政厅会同有关部门累计取消721项收费项目和29项基金项目，涉及金额7.2亿元。

1999年，全面实行收费目录公告制度，会同税务部门分批公布不征营业税的行政事业性收费项目。

2000年，全省共取消行政事业性收费和基金项目2749项。会同有关部门对全省农民负担情况进行一次大检查。起草《省财政厅、中国人民银行合肥中心支行、省监察厅、省审计厅关于省直单位行政事业性收费实行收缴分离改革的通知（讨论稿）》。

2001年，编印、公布安徽省《行政事业性收费项目目录》《涉及企业负担的行政事业性收费项目目录》和《涉及企业负担的政府性基金目录》。会同有关部门开展5次全省范围内的治理乱收费专项清查工作：全面清理整顿涉及住房建设的各种收费，共取消42项收费项目；对外商投资企业、个体工商户、私营企业实行收费明白卡制度，对全省80家重点乡镇企业实行挂牌保护；对全省23个省级以上开发区招商引资收费情况进行统一检查；开展农村中小学收费专项检查；开展涉农收费清理督查。同时，对全省28个公路设站收费站点收费期限的评估工作，在此基础上，组织专家公开评估听证，为政府决策提供准确翔实的依据。

2002年，落实国家对下岗职工从事个体经营收费减免政策。全面清理涉及个体经营的登记、证照和管理类的各项行政事业性收费，全年共取消行政事业性收费项目289项，降低行政事业性收费标准63项。

2003年，对下岗职工从事个体经营免收登记、证照和管理类的各项行政事业性收费。随着国家取消两批行政审批项目，相应取消18项行政事业性收费项目。出台地方教育附加、地方水利建设基金、散装水泥专项资金等征收使用管理办法。

2004年，会同省物价局公布取消28项行政审批等收费项目。全面清理涉及农民收费项目，减免及降低标准收费26项。出台残疾人就业保障金管理暂行办法。

2005年，全省共派出156个调查组455人参加对企业调查。会同公安等部门加大治理公路乱象的力度，取消收费12项，降低收费标准5项。会同有关部门先后印发《关于对整车运输鲜活农产品的本省车辆免征车辆通行费的通知》《关于对联合收割机跨区作业免征路桥通行费的通知》《关于免征拖拉机等农用机械养路费的通知》《关于对整车运输地产化肥车辆免征路桥通行费的通知》和《关于对鲜活农产品等运输车辆免征路桥通行费有关问题实施意见》，优化了农民增收环境。

2006年，对省级设立的133项行政事业性收费进行认真清理，取消61项，其中涉企收费项目39项，优化了企业发展环境。

2007年，向社会公布中央、省两级行政事业性收费项目目录，组织中介机构对3个到期的公路收费站收费期限进行评估，并提出相关政策建议。清理取消16项价格调节基金。印发《大中型水库移民后期扶持基金征收使用管理暂行办法》和《关于调整地方水利建设基金缴库方式问题的通知》。

2008年，取消工商、质监、药监部门3项省级行政事业性收费。在中央取消和停征100项行政事业性收费的同时，清理取消省级设立的船舶、船民证件费等11项行政事业性收费，涉及公安、交通、信息产业、物价、科技、安全生产监督等部门，发挥减费政策效应，促进经济平稳较快增长。水利工程水费转为经营服务性收费。同年，印发《安徽省大中型水库库区基金征收使用管理实施细则》。

2009年，对欧洲鳗鲡及其产品免征水生野生动物资源保护和野生动、植物进出口管理费，减免出口农产品和纺织服装产品出入境检验检疫费，公路渡口过渡费纳入经营服务性收费管理。印发《关于全面加强教育收费管理的通知》和《育林基金征收使用管理办法》，规范教育收费行为和育林基金的使用。

2010年，开展涉企行政事业性收费清理，优化经济发展环境。免收中小学校舍安全工程建设有关行政事业性收费。印发《政府性基金管理暂行办法》。

土地出让金征管　1995年，制定《安徽省国有土地使用权出让金征收管理实施办法》，要求土地出让金收入全部上缴财政，纳入“土地出让金财政专户”核算。

1996年，取消其他部门设立的土地出让金账户，土地出让金收入直接缴入财政部门设立的“土地出让金财政专户”。

1998年，会同有关部门制定《安徽省国有企业改革中划拨土地使用权处置若干规定》《关于加强职工公有住房土地产权管理若干问题的通知》等文件，加强土地资产管理，保障土地出让金收入及时足额上解财政。其中，《关于加强职工公有住房土地产权管理若干问题的通知》得到国家土地资源管理部门高度评价，并且全文批转全国借鉴。

2000年，会同有关部门制定《关于加强土地资产管理促进国有企业改革和发展的若干意见》，规定国有企业破产使用的划拨土地出让变现资金上缴财政，首先用于破产企业未参加养老、医疗社会保险的离退休职工的离退休费和医疗费，其次用于破产企业的职工安置。

2004年1月1日起，土地出让金收入按平均纯收益计提20%，用于农业土地开发资金，改善农业生产条件，促进农民增加收入。

2007年，进一步加强国有土地出让金收支管理，明确土地出让金收支范围，将土地出让收支金额纳入地方政府基金预算，规范土地出让收入使用范围，切实保障被征地农民利益，加强土地储备资金财政财务管理。

2008年，加大国有土地使用权出让收支管理力度，土地出让收入全额缴入地方国库。建立土地出让金收支预决算管理制度，严格收支两条线管理，支出一律通过地方政府基金预算予以安排。加强土地出让金收支管理，确保支出重点向新农村建设倾斜。

2010年，强化土地收支管理，严格落实国家土地宏观调控政策，督促市县将土地出让收支纳入预算管理。会同有关部门建立健全统计督查机制和激励约束机制，确保土地报表完整、准确、及时，进一步提高土地出让统计工作质量。

新增建设用地土地有偿使用费征管 2000年，对有偿使用方式取得新增建设用地的县市政府，征收新增建设用地土地有偿使用费。

2001年，调整新增建设用地土地有偿使用费缴库方式，按照中央、省、市、县分成比例分别就地缴入中央、省、市、县级国库。

2002—2005年，对新增建设用地土地有偿使用费省级集中部分，暂留市县按规定用途使用。

2004年，按照《财政部关于新增建设用地土地有偿使用费征管中有关政策问题的批复》要求，规定新增建设用地土地有偿使用费由取得新增建设用地的市、县政府缴纳，资金从土地出让金等财政性资金中解决。

2007年，明确新增建设用地土地有偿使用费由财政部门负责征收管理，省国土资源厅在办理审批手续时负责征收，财政部驻安徽省财政监察专员办事处和省财政厅共同负责监督解缴。自2007年1月1日起，按照国家规定调整新增建设用地土地有偿使用费征收标准和缴库方式，地方分成的70%部分缴入省级国库。

2008年，严格执行新增建设用地土地有偿使用费及时足额缴入中央和省级国库的规定，新增建设用地土地有偿使用费征收管理得到进一步规范。

耕地开垦费管理 1999年，根据《中华人民共和国土地管理法》有关规定，会同有关部门出台《安徽省耕地开垦费、土地复垦费和土地闲置费征收管理办法》，对非农业建设经批准占用耕地，没有条件开垦或开垦耕地不符合条件的征收耕地开垦费；对生产建设过程中因挖损、塌陷、压占等造成土地破坏的单位和个人，征收土地复垦费；对已经办理审批手续的非农业建设占用的耕地，征用1年以上未动工的征收土地闲置费，切实保护耕地。

2001年，省财政厅会同有关部门印发《安徽省耕地开垦费征收和使用管理实施细则》，调整耕地开垦费征收标准，由原来的每平方米3～6元，提高到每平方米6～9元，促进耕地占补平衡。

第四篇　财政支出

随着财政收入的快速增长,安徽省财政支出由1979年的20.35亿元,增长到2010年的2587.61亿元。其间,全省财政支出结构调整经历3个时期。1979—1998年,重点加大对农业、科技、教育等领域的投入,集中资金保证国家重点建设,加强基础设施和基础产业,为经济发展奠定了坚实基础。1999—2006年,随着政府职能转变和市场在资源配置中基础性作用的增强,财政保障范围进行了相应调整,逐步退出对一般性、竞争性领域的直接投入,着重保障政府履行经济调节、市场监管、社会管理等职能。2007—2010年,按照新的政府收支分类标准,全省各类支出占财政支出比重进一步向公共服务领域倾斜、向保障和改善民生倾斜,支出结构进一步优化,保障能力进一步提高。

安徽财政对于重点支出予以重点保障,全省大力推进以民生为重点的社会建设,财政牵头实施“民生工程”,从2007年的12项逐步扩容至2010年的33项,投入资金逐年增加。同时,着力提升“861”行动计划,安排企业挖潜改造资金,提高企业自主创新能力,筹集资金支持县域经济、园区经济、非公经济发展,为中小企业贷款提供担保和贴息等,支持安徽省经济社会发展。

第一章　行政支出

行政支出是财政为保障行政机关及其事业单位正常运转的财力支撑。省财政厅着力加强行政人员经费、行政公用经费和行政专项资金管理，保障行政机关及其事业单位正常运转和社会稳定。

第一节　行政人员经费

行政管理费包括人大经费支出、社会团体机关经费、政府机关经费、政协经费、共产党机关经费、民主党派机关经费等6项。人员经费包括政府收支分类的支出经济分类科目中的“工资福利支出”和“对个人和家庭的补助”。具体项目包括基本工资、津补贴及奖金、社会保障缴费、离退休费、医疗费、助学金、住房补贴和其他人员经费等。

消化历年欠发工资　截至2001年，安徽省仍有20个县存在历年欠发工资。2002年6月7日，省政府办公厅转发省财政厅《关于确保机关事业单位职工工资发放积极消化历年欠发工资的意见》，要求各地继续做好全省各级机关事业单位职工工资发放工作，并努力消化历年欠发工资。省财政厅为保障补发历年欠发工资工作顺利进行，督促各有关县组织力量，按照省统一规定的范围和标准进行一次全面清理，认真界定核实截至2001年年底欠发工资的项目和数额。各地结合当地实际，客观地测算和分析可用财力，按编制内实有人数测算财力余缺，并按照统一的标准和办法进行评估。对财力确实不能满足工资性支出的县，由市财政核算、经市政府审批后由市级财政给予适当补助；市级财力确有困难的，由省财政核算、经省政府审批后由省级财政通过规范转移支付给予适当补助。2002年3—8月，全省消化完历年欠发工资。全省一次性补发历年欠发工资8.07亿元，补发工资人数为35.59万人。同时，清理减少欠发工资人员1.68万人，核减欠发工资0.77亿元。地方性津补贴抵扣欠发国家规定的基本工资和津补贴1.75亿元。

确保工资正常发放　2001年4月18日，省财政厅、省人事厅、省编办联合印发《安徽省省级行政事业单位财政统一发放工资实施办法》，规定统一发放工资实行“编制部门核准编制和实有人数，人事部门核定人员和工资，财政部门核拨经费，银行代发到人”的管理原则。统一发放工资单位为：省级行政单位和省级财政全额预算拨款的事业单位。统一发放工资人员为：纳入统一发放工资范围的单位在职人员、离退休人员以及按省有关政策应由财政供给的其他人员。统一发放工资项目为：按国家和省现行工资制度、工资标准以及财政预算政策，应由省财政负担的工资和津补贴。财政部门负责按照编制部门和人事部门核准的单位性质、编制总额、实有人数、工资和津补贴标准，进行资金审核、资金拨付和预算安排，建立工资预算档案，并负责与代发工资银行签订服务协议，将资金分解支付到个人。代发工资银行收到财政部门拨付的工资款项后，按照财政部门提供的工资发放清单和各单位提供的代扣款项清单，将工资分解发放到个人工资账户，并将代扣款项划入指定账户。实行财政统一发放工资后，各单位预算指标暂仍按原渠道下达。各单位按月记账，于年底将全年发放工资总额与其他预算支出一并汇入单位决算上报有关部门。8 月 6 日，省政府办公厅转发由省财政厅、省监察厅等部门代拟的《关于实行企业离退休人员基本养老金、国有企业下岗职工基本生活费和机关事业单位职工工资发放责任制及行政责任追究的暂行规定》，要求各级政府分级负责，建立责任制，确保企业离退休人员基本养老金、国有企业下岗职工基本生活费和机关事业单位职工工资按时足额发放。为确保机关事业单位职工工资发放，省财政厅按统一标准和口径，对各县可用财力和财政基本支出需求进行测算，核定财力状况。对财力有缺口的县，由省、市两级按一定比例给予补足。

2002 年，省级行政单位本级全部纳入统发范围。

2003 年，工资统发范围延伸到省直二级行政单位、比照公务员管理的事业单位和监狱劳教单位。同时，将通信补贴纳入工资统发范围。至 2003 年年底，纳入省级财政统发工资的行政事业单位 116 个，参加统发工资人数为 13855 人，月统发工资额为 2227 万元。

2004 年，省直共有 100 多个单位、2.7 万人实行了工资统发，月发放额 4800 多万元。工资统发范围逐步向省以下垂直管理单位延伸。

2005 年，统发单位的津补贴全部纳入统发范围。省级财政工资统发人数为 28481 人，月统发工资额为 6536 万元。

2007 年，省级财政部门建立工资数据处理平台，实现工资统发数据运行各个环节能自动控制与处理，保障工资统发数据安全、准确、及时。至此，94 个省级部门进入财政统发工资范围，统发人数近 3.2 万人，年统发工资总额达 11.34 亿元。

第二节　行政公用经费

行政公用经费具体项目包括：办公及印刷费、水电费、邮电费、交通费、差旅费、会议费、物业管理费、日常维修费、专用材料费、一般购置费和其他费用等。

通信费　自 2001 年 9 月 1 日起，在安徽省范围内，各种通信工具以自愿原则过户给个人后，通信费用一律由个人自行交纳，单位不再报销。对党政机关工作人员发放通信补贴，实行“定额补贴、节约归己、超支自理”原则。通信补贴所需资金，由各级财政负担，单位发放。2004 年，安徽调整省直机关工作人员通信补贴标准。省直机关工作人员按职务级别和工作需要发放公务通信补贴。住宅电话补贴：正、副厅级每人每月80元，正处长每人每月60元，副处长每人每月40元；移动电话补贴：正厅级每人每月300元，副厅级每人每月250元，处级每人每月180元，科级以下（含工勤人员）每人每月100元；移动电话特岗补贴：每个特岗每月50元。

租赁费 租赁费定额供给范围包括办公用房租赁和宿舍租赁。办公用房租赁实行租用面积和租金标准双重定额供给的办法，宿舍租赁实行费用定额供给的办法。

临时性机构租用办公用房。临时性机构是指经省委、省政府批准成立的临时性的办事机构或工作机构。临时性机构工作人员从本单位内部抽调的，不得租用办公用房。由多个单位抽调人员组成且需要集中办公的，原则上由挂靠（牵头）单位调剂解决，挂靠（牵头）单位确实无法调剂的，可申请租用办公用房。临时性机构工作任务完成后，应及时将租用的办公用房退出，不得将租用的办公用房转做他用，或转移给其他临时性机构和新成立的临时性机构续租。确需转移续租且需省财政解决租赁费的，应按规定程序重新申报。

新成立机构租用办公用房。经省编制管理部门批准成立，财务上实行独立核算的新组建单位，确实需要租用办公用房的，按机构级别、人员编制和规定的办公用房人均建筑面积标准租用。其他新成立机构确实需要租用办公用房的，比照临时性机构租用标准执行。由多个部门合并组建的新机构和部门新组建的内设机构，原则上不得租用办公用房，所需办公用房从组建单位原办公用房中调整解决。租用办公用房的单位新建或由其他渠道解决办公用房后，租用的办公用房应全部退出，财政部门不再安排租赁费。

面积标准和综合定额。面积标准：临时性机构租用办公用房按人均使用面积不超过8平方米的标准租用；财务上实行独立核算的新成立机构租用办公用房，包括会议室、档案室、卫生间等公共部分，厅级单位按人均建筑面积不超过24平方米、处级单位按人均建筑面积不超过20平方米的标准租用。定额标准：办公用房包括租金、物业管理费等，每平方米每月最高不超过45元。

宿舍租赁是指从外地调入驻肥省直行政单位工作，且在合肥没有住房的在职厅级干部临时租用住房。宿舍租赁实行费用定额包干的办法，包括租金、物业管理费、水电费等，暂定为每人每天不超过120元。租住宿舍的省直行政单位在职厅级干部在合肥解决住房后，从解决住房后第四个月起，省财政停止支付租赁费；调离省直行政单位的，从调离的下个月起，省财政停止支付租赁费；退休后，从文件规定退休之日的下个月起，省财政停止支付租赁费。

办公用房租赁费由省财政根据单位编制或实际需要租用办公用房的人数，在规定的面积和定额标准范围内核定，并直接支付到房屋供给单位；在职厅级干部租住宿舍的租赁费，由省财政厅根据实际租住宿舍的人数和每人每天120元的标准核定，由单位包干使用。

交通费　交通费供给范围为省直行政单位本级编制内机动车辆。对省直行政单位交通费定额实行两档供给，一档标准为 2.6 万元 / 辆、年，具体供给范围为公检法司部门（含省监狱管理局、省劳教局）本级和省政府驻外办事处编制内机动车辆。供给内容包括燃料费、大中小修理费、保险费、过路过桥费等；二档标准为 2 万元 / 辆、年，具体供给范围为其他省直行政单位本级编制内机动车辆，供给内容包括燃料费、中小修理费、过路过桥费等。车辆大修费和保险费按有关规定执行。

水电费　水电费定额供给范围为省直行政单位本级。水费包括饮用水、卫生用水、办公绿化用水等费用。电费包括办公照明和办公设备用电、空调用电等费用。水费定额按单位人员编制数、年人均用水标准 24 立方米和当年水费单价核定。办公照明和办公设备用电，按单位人员编制数、年人均用电标准 900 千瓦时和当年电费单价核定。

网络运行维护费　网络运行维护费定额供给范围是已建成单位局域网的省直一级行政单位本级。网络运行维护费定额供给内容主要指为保证电子政务外网（含互联网）、局域网的软、硬件正常运行，所必须支出的设备维保、OA 系统软件维护、安全服务、日常维护及网络链路租用等方面的费用，不含办公设备（台式计算机、便携机、打印机、传真机等）、办公耗材、业务软件、局域网改造或服务器、小型机等关键部件更新费等。电子政务外网（含互联网）租线费，按照 6 万元 / 年（100m 带宽）供给安排。网络运行维护费按照"单位编制"×900 元 / 人·年供给安排。

物业管理费　物业管理费供给范围为有独立办公楼的省直行政单位本级，供给内容包括：单位支付的办公楼一般配套设施的日常维护保养费用（即供电系统、给排水系统、消防系统、中央空调及电梯）；聘用有关人员薪金（即保安人员、保洁人员、水电工技术人员）以及绿化费和垃圾处理费等。

办公用房供给面积标准按单位编制和 2008 年中共安徽省委办公厅、省政府办公厅关于印发《安徽省党政机关、事业单位办公业务用房建设项目管理办法（暂行）》规定的编制人员人均建筑面积 30 平方米供给。办公楼配备电梯的部门，每年每部电梯日常保养检修费和耗油（电）费按 2 万元供给。

公务用车车辆统保　2000 年，5 年的统保协议于 12 月 31 日到期。为进一步规范车辆统保工作，省财政厅通过政府采购招标形式确定承保公司。11 月，通过议标确定人保安徽分公司、平保合肥分公司、太保合肥分公司为省直机关机动车辆统一承保单位。2003 年是省直机关新一轮公务车辆保险的起始年，也是车险政策实行重大调整和改革的第一年。3 月，省财政厅委托省政府采购中心，通过竞争性谈判招标确定新一轮省直单位车辆保险承保单位。2008 年 12 月，为深入贯彻落实科学发展观，突出实践特色，本着节约行政成本、提高服务保障水平的原则，省财政厅采用竞争性谈判方式确定中国平安财产保险公司安徽分公司为 2009 年度省直单位公务用车统一保险供应商。至此，2009 年度省直单位公务用车统一保险政府采购工作圆满结束，服务期间为 2 年。2010 年年底，省财政招标采购确定 2011—2012 年省直机关公务用车统一保险服务供应商，中国平安财产保险公司安徽分公司、国元农业保险公司和中国人民保险公司合肥分公司等 3 家保险公司成为中标供应商。

公务用车车辆统配 2004 年 12 月，省行管局会商省财政厅，提出省直车辆购置计划。经省政府批准后，通过政府采购方式统一购置 40 辆轿车分配到各单位。2005 年，省直机关小汽车更新配置实施“三个统一、一个控制”的办法，即统一标准，严格执行省委办公厅《关于加快奇瑞公司改革发展专题会议纪要》精神，一律配置奇瑞东方之子；统一申报，车辆集中购置，先由各单位向省行管局申报计划，经省行管局初审汇总并报省财政厅再次审核后，集中向省政府申报；统一审批，除特殊情况“一事一议”外，小汽车购置报省政府一年集中审批一次；总量控制，在对省直单位现有车辆的购置时间、行驶里程、大修理等基本情况调研基础上，考虑省本级公务用车改革趋势，提出车辆购置总数控制在 30 台以内的建议，报省政府批准。

2005 年 12 月，省财政厅会同省纪委、监察厅联合召开全省车改试点单位工作座谈会。合肥市选定市质量技术监督局和肥西县商务局，铜陵市选定市卫生局和统计局，芜湖市选定芜湖县农委和方村镇，安庆市选定桐城市广电局和南演街道办事处，定远县选定桑涧镇为首批车改试点单位。

2006 年 7 月，省直机关推行公务用车管理年报制度。凡省直行政单位、全额拨款事业单位用财政资金、自筹资金、社会捐赠资金等购置的公务用车（不含大客、货车）一律实行年报制度，如实填写《省直机关公务用车管理年度报告书》，经单位主要负责人审签后，按规定时间报送省行管局，经审核确认后，抄报省财政厅备案。年报以会计年度为周期，每年 3 月 1 日前报送。年报的申报情况作为该单位车辆配备更新和使用经费保障的重要依据。对漏报、瞒报和弄虚作假的单位，一经查实将给予相应处罚。省财政厅会同省行管局对省直单位更新淘汰车辆实施了集中公开拍卖，共拍卖旧车 24 辆，实际成交价 68.6 万元，拍卖净收入全部上缴省财政。

2007 年 12 月 11 日，省直机关事务管理局、省财政厅、省监察厅联合下发《省直机关公务用车管理实施细则》，明确省直机关公务车辆的配备标准：正省级干部专车，排气量 3.0 升以下、价格 45 万元以内；副省级干部，相对固定用车，排气量 3.0 升以下、价格 35 万元以内；一般公务车辆，排气量 2.0 升以下、价格 25 万元以内。《实施细则》中还规定了省直各部门车辆的编制核定、购置审批程序、处置审批程序、使用管理、监督管理等内容。

2008 年 4 月 4 日，为进一步做好省直机关公务用车管理工作，根据省委省政府《关于规范和改进省直机关公务用车管理工作的通知》及省管局、省财政厅和省监察厅《省直机关公务用车管理实施细则》的有关规定，对省直机关公务用车（含比照公务员管理的事业单位，暂不含执法用车）实行统一管理（统一审批程序、统一经费渠道、统一预算保障、统一政府采购、统一车辆保险、统一车辆维修、统一报废处置）。

2009 年，严格控制车辆购置及运行费用支出，对部分职能发生变化的省直部门，重新复核调整部分单位的公务用车编制信息。纳入省财政统一管理的99个省直部门公务用车，除领导职数增加，职能调整的部门外，一律暂停配备公务用车。配备公务用车严格执行公务用车配备标准和政府集中采购规定。严格控制公务用车运行费用。对已纳入省财政统一管理的公务用车，实行统一保险和集中大修，最大限度减少公务用车运行费用。

2010年，规范公务用车的申报、审批、配备及处置程序，建立单车定额核算制度，加强公务用车燃油消耗和修理费用管理，做到一车一卡，单车核算，切实减少公务用车运行费用。10月，财政部副部长李勇在广西南宁召开的全国行政政法财务工作会议上对安徽省公务用车管理工作给予充分的肯定。

会议费 2000年，省直单位开支会议费2226万元，比上年增加57万元，增长2.6%。2003年，省财政厅审核省直部门会议91个，会议经费预算954万元，实际拨付832万元，核减率为13%。2004年，省财政厅审核省直部门有关会议189个，会议经费预算1433万元，实际拨付1296万元，核减率10%。2005年，省财政厅审核省直有关会议233个，会议经费预算780万元，实际拨付680万元，核减率12.8%。

2007年，省财政厅审核省直有关会议近200个，会议经费预算1430万元，实际拨付1240万元，核减率13.2%。2007年，经省政府同意，省财政厅印发《安徽省省直机关会议费管理办法》（简称“办法”），从2007年9月正式实行。“办法”规定各类会议实行分类管理：一类会议包括省党代会、省人代会、省政协全委会、省委全委会、省纪检委全委会、全省劳模表彰会；二类会议包括省人大常委会、省政协常委会和各民主党派、工商联、工青妇群团机关代表大会及其全委会等；三类会议包括省直各部门召开的工作会议。“办法”还规定了各类会议的开支渠道、标准、范围等。

2010年，省财政厅修订《安徽省省直机关会议费管理办法》，推进省直机关出差和会议定点管理。修订后，会议费定额标准改为综合定额，内容包括食宿费、公杂费、租场费等，一类、二类、三类会议的标准分别为330元/人、270元/人、240元/人。

差旅费 2006年，省财政厅出台《安徽省省直机关工作人员差旅费管理暂行办法》，从10月1日起，对工作人员出差住宿费管理实行“双控”，即住宿宾馆星级标准控制在三星级及以下，住宿费限额标准每人每天控制在150元（省内）、200元（省外）；适当提高出差伙食补助费标准，考虑省内、省外出差的不同情况，省内20元/人/天、省外30元/人/天，限额内凭据报销。取消出差人员乘坐火车硬座、夜间乘坐长途汽车（或轮船最低一级舱位）的乘车补助费；取消出差人员在飞机、舰艇上工作，必须吃空勤灶、舰艇灶个人负担2元、差额凭据报销的规定；取消出差期间发给的市内交通费（3元/人/天）；取消在职职工参加进修班、培训班等学习期间的伙食费补助（半年内2.5元/人/天、半年至1年2元/人/天、1年以上1.5元/人/天）等。工作人员因出差发生的订票手续费，往返机场、码头、车站的交通费，车辆通行费，旅客人身意外伤害保险费（限每人每次一份）等费用，明确规定凭据报销。工作人员调动工作视同出差，调动途中的差旅费，由调入单位报销。工作人员调动时，行李、家具托运费根据实际需要凭据报销。

2007年3月28日，安徽50家出差、会议定点饭店经财政部批准。

2008年6月，为扎实做好对口支援和援建工作，经省政府批准，省财政厅出台《关于援建汶川地震灾区工作人员出差费用问题的通知》，对由组织上统一安排到汶川地震灾区执行援建任务的省直党政机关和参照公务员管理的事业单位工作人员，出差费用中的住宿费按《安徽省省直机关差旅费管理暂行办法》规定执行；伙食补助费50元/人/天（提高20元标准）；增加发放个人公杂费（通讯、交通等）20元/人/天。按国家规定援建工作期限，暂定3年。

2010年年底，省财政厅积极推进省直机关出差和会议定点管理，对《安徽省省直机关差旅费管理办法》进行修订，明确规定自2011年1月1日起，省直机关出差和会议实行定点管理。修订后，出差人员实行定点住宿。出差人员应在财政部门定点的宾馆住宿，住宿费按定点宾馆在相关网站上公布的收费标准内凭票报销；因特殊情况没住定点宾馆的，在住宿费开支标准上限以内凭票报销。

出国人员经费 2001年，省财政厅贯彻执行财政部、外交部修订的《临时出国人员费用开支标准和管理办法》。出国人员在国外的伙食费和公杂费均按规定的标准发给个人包干使用，包干天数按离开、抵达中国国境之日计算。不宜个人包干的代表团组，其伙食费和公杂费由代表团组统一掌握，包干使用。出国人员所选航线有中国民航的应按规定乘民航班机，并尽可能购买往返机票。除特殊情况外，出国人员均应乘坐国际班机和国际列车，其国际旅费在规定标准内据实报销。据此，省财政厅全年办理出国人员用汇、经费预算及核销共415个团组，1630人次。

2003年5月，出国团组的城市间交通费、境外活动经费、培训费等收费必须进行事先审核，对未经财政审核的团组，省外事部门不予办理出国批件等手续。省财政厅全年办理出国人员用汇、经费预算及核销共812个团组5750人次，审批外汇限额5000万元。

2004年，省财政厅审批省直部门出国人员用汇、经费预算及经费核销共620批，3000人，审批外汇限额5500万元。

2005年，外汇核销由原财政部门改为组团单位财务部门办理。省财政厅全年审批出国人员用汇、经费预算及经费核销近700批，3500人，审批外汇限额5500万元。

2006年，省财政厅规定：省直党政机关、财政全额供给事业单位担任领导职务的正厅级人员及省委、省人大、省政府、省政协副秘书长，因公出国可乘坐飞机公务舱。

2007年，省财政厅审批出国人员用汇、经费预算及经费核销近300批次，1500人，外汇限额3300万元。

2008年12月，为认真贯彻落实财政部等四部委《加强党政干部因公出国（境）经费管理暂行办法》的精神，规范因公出国（境）经费管理，结合安徽实际，省财政厅制定《安徽省省直党政干部因公出国（境）经费管理暂行办法》，规定省直党政干部因公出国（境）经费必须纳入财政预算管理。同时，明确省直党政干部因公出国（境）经费财政供给的范围，规范省直党政干部因公出国（境）团组计划、预算、核销程序。办法的实行，从源头上、制度上强化省直党政干部因公出国（境）经费管理，控制了公款出国（境）旅游。

2009年，对全省2006—2008年党政干部因公出国（境）经费支出进行全面准确的统计，为全省压缩因公出国（境）经费20%做好基础工作。严格界定党政机关范围。按照“两办规定”，对省直因公出国（境）党政干部的单位性质和范围进行严格界定，明确党政群团机关和省政府直属的参公管理的事业单位共85个部门纳入财政预算统一管理，实行出国（境）计划与经费联动机制。集中审核2009年出国（境）计划。由制止公款出国（境）旅游领导小组成员单位，对85个省直党政机关2009年出国任务进行集中审核，共同确定2009年省直党政机关因公出国（境）计划。

2010年，严格控制因公出国（境）经费规模，实行预算指标、用汇指标“双控制”，不折不扣地完成中央和省委省政府确定的党政机关因公出国（境）压缩目标。副省长花建慧在省财政厅报送的《关于省直党政干部因公出国（境）经费管理情况的报告》上批示：“省财政规范因公出国（境）经费管理，完善因公出国（境）管理的工作机制、审批联动机制和经费约束机制的做法很好，应当予以大力支持。”

招待费　2003年，省财政厅印发《省直机关事业单位招待费管理暂行办法》，明确公务招待审批程序和开支标准，实行实名登记和“三单合一”（呈批单、菜单、发票）。

2007年，省财政厅审批省部级以上领导接待经费747批次。2008年，为进一步完善公务接待制度，安徽规定三星级以下（含三星级）饭店为政府采购定点饭店的对象，四、五星级饭店能够接受定点饭店政府采购的价格要求，并提供不低于饭店总客房数70%的协议客房，可以参加定点饭店政府采购。全省17个市共确定55个出差和会议定点饭店，为中央国家机关来皖出差或开会，提供价格合适、服务优良的公务接待。

2009年，严格控制公务接待费用支出，按标准核拨省级接待经费。按照现行接待体制，省部级以上接待由省委省政府接待办统一负责，省财政核拨经费，其余接待由各部门自行承担。对省部级以上接待经费，严把经费审核关，对照2008年部门决算，严格按照比上年压缩10%的要求予以调整，一律不得超支。全省17个市通过政府公开招标方式，确定55个出差和会议定点接待饭店，明确会议费、住宿费标准，此举对节约接待经费，有效控制行政成本起到积极作用。 2010年，积极探索公务接待、会议定点饭店管理制度。启动省直党政机关出差和会议定点饭店统一招标采购工作。严格控制超标准接待，大力推行公务接待工作餐、自助餐制度。

第三节　行政专项资金

行政专项资金，是指财政部门或上级单位下拨的具有专门指定用途或特殊用途的资金。资金按形成来源主要可分为专用基金、专用拨款和专项借款三类。单位工作经费不足，单独行文申请的业务经费，不属于专项资金。各种专项资金的形成、建立、提取和使用都必须符合国家统一规定，并且单独核算，划清与生产经营性开支的界限，不能互相占用。

旅游发展专项资金 2000年11月，省财政厅会商同省旅游局，选出45个旅游项目予以重点支持。

2003年5月12日，省财政厅、省旅游局联合下发《安徽省旅游发展专项资金管理暂行办法》，文件规定旅游发展资金来源于省财政预算拨款，按照“符合全省旅游发展总体规划和产业政策，坚持经济效益、社会效益和生态效益并重，统筹安排、突出重点、扶优扶强，发挥财政资金的引导作用，吸引社会投资”的分配原则，资金专项用于旅游规划编制补助、旅游建设项目补助、旅游宣传促销补助、全省性旅游人才培训开发补助及省政府确定的其他项目补助开支。2003年，省财政共安排各类旅游发展专项资金2560万元，重点用于全省旅游规划、宣传促销、景区景点建设以及旅游商品开发。从2006年起，省级旅游发展资金实行项目标准文本申报制。项目资金申报必须统一填报《省旅游发展资金项目申报标准文本》，资金管理实行责任追究制，对弄虚作假骗取项目资金和不按规定用途使用项目资金以及截流、挪用、挤占项目资金的，立即收回全部专项资金，并按有关法规严肃处理。

2006年，安徽省被财政部列为国家旅游发展基金试点改革6省市之一，并获得1000万元经费支持，占分配经费总量10%。全省全年共争取国家旅游发展基金项目补助经费1000万元。2007年，省财政安排旅游发展专项资金6000万元，争取国家旅游发展基金项目补助经费1250万元，支持黄山屯溪老街、绩溪鄣山大峡谷、肥西老母鸡生态园、宁国恩龙休闲山庄等省旅游重点项目，促进了旅游业发展。全省全年接待游客7955万人次，同比增长27.5%，旅游总收入首次突破500亿元，达到575.99亿元，同比增长39.9%。

2008年，省财政安排旅游发展专项资金7000万元，争取国家旅游发展基金项目补助经费1500万元，支持包括新安江水上旅游综合开发项目、紫蓬山旅游配套项目建设等在内的200个项目。全省全年接待游客1.01亿人次，同比增长26.6%；旅游总收入连续越过600亿、700亿两个台阶，达到737.12亿元，占全省GDP的8.3%，同比增长27.9%，提前2年实现“十一五”目标。

2009年，省财政安排专项资金5000万元，用于补助省重点支持培育的旅游航线航班、搭乘航班旅行社和旅游包机。组织开展全省旅游资金项目调研，通过开展绩效评论、资金审计、调研考察和修订管理办法等一系列举措，进一步发挥财政职能作用，提高旅游资金效益。省财政厅为安徽旅游节作出突出贡献，受到省政府通报表彰。

2010年，贯彻落实省委省政府开拓海外旅游市场，加快旅游业发展的决策部署，从2009年起，一定3年，省财政每年安排5000万元，合肥、黄山、安庆三市安排5000万元，共1亿元，专项用于补助省重点支持培育的旅游航线航班、搭乘航班旅行社和旅游包机。先后增开合肥—新加坡、合肥—澳门、合肥—哈尔滨、合肥—南昌等航班；加密合肥—香港、合肥—北京等航班，安庆、阜阳、黄山等3机场吞吐量大幅增加。

同时，在调研的基础上提出调整旅游发展资金投入方向、建立多元化投入机制等建议，得到了省领导的肯定。副省长花建慧在省财政厅报送的《关于进一步提高省旅游发展专项资金使用效益的建议》上批示："省财政关于进一步提高省旅游发展专项资金使用效益的建议很好。发挥财政资金的杠杆作用，形成带动社会投入的倍增效益，对旅游产业链的形成及加快发展至关重要"。

合黄航线专项资金　2004年，省政府第14次常务会决定恢复合肥—黄山航线（简称合黄航线），省财政安排专项资金1000万元，用于航班的运营补贴和奖励。

2005年，省政府第21号专题会议纪要决定建立季度例会制度。由分管副秘书长牵头，省旅游局组织，各有关部门、单位负责人参加，每季度召开一次会议，交流有关情况，研究解决合黄航线运营中存在的问题。

2006年，第21号省长办公会议纪要，原则同意2006—2007年对合黄航线的补贴仍按原有标准继续执行。省财政2006—2007年共安排合黄航线补贴2000万元。

2008年，根据省政府第7号常务会议纪要精神，合黄航线补贴剩余资金转为入境旅游营销专项资金，并从2009年起省财政每年安排1000万元，重点用于合黄航线的培育。

人才开发专项资金　2002年，根据省委省政府《关于加强人才工作若干问题的决定》，省财政设立安徽省人才开发专项资金（简称人才资金）。人才资金以省财政拨款为主，同时接受海内外企业、单位或个人的捐赠。人才资金使用范围是：经省委省政府和省人才工作领导小组批准的为引进、招聘人才（含留学回国人员）提供的量化资本和资金；省重点资助的高层次人才定向培训资金；奖励有突出贡献人才资金；经省委省政府和省人才工作领导小组批准的有偿使用资金，以及用于国内外人才招聘工作经费等。

2004年，省财政全年资助留学人员、高层次人才35人，聘请专家235人次，专家项目162项，派出技术培训508人，成果推广实施20项。2005年起，省人才资金在原有1000万元规模上增加至2000万元。其中1000万元列入省人事厅部门预算，项目安排相对固定，每年均无结余。另1000万元作为省财政厅行政处非部门预算，由省人才工作领导小组掌握使用。为加强人才资金管理，根据省委省政府《关于贯彻〈中共中央、国务院关于进一步加强人才工作的决定〉的实施意见》文件精神，省财政厅出台《安徽省人才开发专项资金管理暂行办法》，将人才资金使用范围扩大9项。同时明确，人才资金必须专款专用，如当年有节余，结转下年滚动使用。全年，省财政落实省直部门引进的23名博士住房待遇经费，资助留学人员、高层次人才39人，聘请专家248人次，专家项目166项，派出技术培训470人，实施外国专家来华工作等行政许可35项，实施农业引智成果示范推广项目26项。

2006年，省财政兑现30名省政府研究室招录的博士住房待遇经费；资助行政管理高级人才及学术带头人后备人才139人境外开展培训、科研活动；支持引进外国专家项目162项、外国专家人数255人次、成果示范推广项目26个；引进高层次人才及海外留学人员项目35个。

2007年，省财政落实20名省政府发展研究中心周转性事业编制人员住房补贴；共资助行政管理高级人才及学术带头人后备人才156人境外开展培训、科研活动；对高校、科研、卫生、农业、社科领域及留学生创业园等46个资助人选（项目）进行补助；支持引进高层次人才70人；配合省人才办开展省“115”产业创新团队评审、考核等工作（安排资金270万元支持27个团队）；会同省人事厅、省委组织部，安排资金600万元，保障700名“三支一扶”（支农、支教、支医和扶贫）人员顺利分赴基层单位开展工作。2008年，省财政厅积极贯彻落实《安徽省“十一五”人才队伍建设规划》，安排人才资金，重点支持“115”产业创新团队评审和带头人选聘工作，资助博士后研究人员、海外留学人员、学科技术带头人，以及支持千名专家服务千村百镇、高校毕业生到基层开展“三支一扶”等工作。全年共评选出“115”产业创新团队36个，资助25名博士后研究人员和5个博士后工作站，资助66个海外留学高层次人才引进项目，资助99个学科技术带头人项目，继续招聘到基层开展“三支一扶”工作的高校毕业生700名，建成47个省级专家大院、195个各类农业科技专家大院，选派科技特派员1500名、高层次专家300名参加“千名专家服务千村百镇”活动，选派48名中青年高级专家参加中青年专家理论研讨班。

世博会专项经费保障 积极履行成员单位职责，认真落实《安徽省参与2010年上海世博会工作方案》的各项工作措施，按照“总量控制、分段实施、量力而行、注重实效”的原则，切实做好相关经费保障工作。经过认真评审并经省领导批准，参与上海世博会经费预算最初审定为4206万元，后根据工作需要，追加预算1207万元，共5413万元。按照省领导的批示精神，根据世博会工作的进展情况，及时拨付世博会经费，满足各参与单位的工作需要，保证了参与世博会工作的顺利开展。为确保参与世博会筹备工作的顺利进行，与省贸促会密切配合，严格世博会经费的使用程序，完善报销手续，切实规范世博会经费管理，得到了省领导的肯定。副省长文海英在省财政厅报送的《关于我省参与上海世博会经费有关情况的报告》上批示：“感谢财政厅对世博会工作的支持。”副省长花建慧在省财政厅报送的《关于世博会经费安排和财务管理有关情况的报告》上批示：“我们既要通过财政专项支持和市场运作保证正常经费支出，更要严格管理，有效控制，做到勤俭办世博，廉洁办世博。”

“六普”专项经费 为做好全省第六次人口普查工作，采取多种措施，积极做好“六普”经费保障工作。预算安排“六普”专项经费3000万元，其中普查经费2800万元，户口整顿经费200万元。所需经费按工作量分年度安排，2009年安排480万元；2010

年安排1700万元,其中普查经费1500万元,主要用于人口普查省级试点、会议费、普查员、普查指导员培训、普查物资采购、宣传等支出;户口整顿经费200万元。积极争取中央对全省普查工作经费支持。2009年,中央通过专项转移支付方式安排安徽省普查经费补助2410万元,用于“六普”有关经费开支。根据各市、县(区)人口数量、财力困难程度等因素进行测算,及时下达“六普”专项转移支付经费,推动各市、县(区)六普工作的开展。配套安排“六普”专项经费。按照中央专项转移支付资金1∶1配套,省财政追加安排“两员”报酬及补贴资金2410万元,主要用于市县“两员”报酬及补贴,重点补助贫困地区。明确要求各级财政部门做好经费保障和监督工作。在经费保障上确立了充分保障、分级负担、分年到位、厉行节约的原则,明确要求各级财政部门做好“六普”经费的保障工作,并要求强化对经费使用情况的监督检查,保障“六普”工作经费的使用效益。

第二章 政法支出

政法支出是财政为保障政法机关及其事业单位正常运转的财力支撑。省财政厅从实际出发，突出重点与兼顾一般相结合，在做好省级政法部门经费保障的同时，支持贫困地区和基层政法部门开展工作，促进政法工作协调均衡发展，为“平安安徽”“和谐安徽”建设作积极贡献。

第一节 政法一般支出

政法部门是国家政权机关、国家机器，做好政法部门经费保障工作，对加强党的执政能力建设与构建和谐社会具有重大意义，省财政优化和调整财政支出结构，加大对政法部门投入力度，不断完善公共财政制度。

公共安全支出 公共安全支出涵盖的内容很广，主要有：保证国家机器正常运转、维护国家安全、巩固各级政府政权建设的支出；维护社会稳定，提高全民族素质、外部效应巨大的社会公共事业支出等。

公安部门重点项目建设支出 2000—2010年，省财政安排约1.3亿元，用于对省公安厅技术大楼进行维修改造，配备反恐应急通讯车、建设反恐综合调度指挥系统、DNA检测检验系统、无线侦控系统等大型案件侦破设备、建设指纹自动识别系统并对系统进行升级扩容，加快信息化建设步伐，确保公安四级联网运行，实现网上侦查办案。从2005年起，每年安排禁毒专项经费150万元，保证开展人民禁毒战争需要。同时积极支持公安部门开展专项工作，及时研究解决省公安厅机场公安局的经费保障问题。支持全省公安机关“三基”建设（抓基层、打基础、苦练基本功）；在原先对国家、省级扶贫重点县公安民警服装纳入省财政保障的基础上，从2007年起，将全省公安机关武器弹药经费和民警服装费全部纳入省级财政供给范围。2004—2006年，引进了3条“第二代居民身份证”设备生产线，与省公安厅共同研究出台“二代证”集中换发的相关政策，支持全省第二代居民身份证集中换发工作，确保2006年起安徽省“二代证”换发工作的全面启动。从2008年起，根据《安徽省公安机关2008—2012年科技强警推进计划》，省财政每年安排2000万元用于科技强警重点项目建设，并与省公安厅共同组织实施。从2009年起，根据《安徽省2009年政法干警招录培养体制改革试点工作实施方案》，对公安学院培养属于政法干警招录培养体制改革的学员，在校期间的学费、生

活费由省财政按规定标准承担。

法院部门办案支出　2007年4月1日，新《诉讼费用交纳办法》实施后，全省各级法院诉讼费收入大幅下降。为解决基层法院办案经费困难，2007—2010年，中央财政下达安徽省法院诉讼费改革资金53220万元，省级财政安排配套资金11042万元，共计64262万元。省财政本着保证重点、面向基层、扶持贫困、规范、公开、公正的原则，根据各地财政困难程度、贫困人口情况、案件办理数量、结案率、管理水平和诉讼费减收等情况，按照“因素法”计算分配专款，及时将专款下达到各市县（区），缓解各级法院经费困难，保障法院工作正常开展。

司法行政部门项目建设支出　2004年，全省利用中央政法补助专款和省财政配套资金为基层1500个司法所成套配置办公设备和交通工具，为基层政府和乡镇司法所的矛盾调处等工作创造条件。2005—2010年，中央和省财政安排法律援助专项经费5300万元，用于支持司法部门开展法律援助工作，为基层群众提供更好的司法服务。

监狱、劳教单位建设支出　为贯彻落实好《国务院印发关于解决监狱企业困难实施方案的通知》精神，配合主管部门争取核销国家开发行贷款12640万元。2003年，安徽被列入全国第二批监狱布局调整重点省份，获批准新建、迁建和改扩建13个监狱。2003—2010年，省财政共安排配套资金8000万元用于布局调整，通过省财政预算追加和统筹安排中央专项资金用于新监区的装备和设施配套。中央和省级财政每年安排专项资金，帮助监狱、劳教单位解决狱政（所政）设施维修和技术装备购置等方面存在的突出困难，较好地改善了监狱、劳教单位的基础设施和办公条件。同时，将监狱、劳教单位纳入省政法专网建设范围，促进了监狱、劳教单位信息化建设。

国家安全建设投入　2000年，市级安全系统上划省级管理后，先后解决国家安全干警特殊津贴、直属局基建经费缺口780万元、一期项目地方配套经费780万元、直属局增人增资782万元。2007—2008年，将8个直属局公用经费标准分别提高到1万元、2万元，促进了全省国家安全事业的发展。

部队和国防建设支出　部队和国防建设支出用于保障国防和军队现代化建设，在财政支出中占有重要地位。

武警部队建设支出　省财政每年安排专项经费保障武警官兵生活补助费、重大临时勤务补助费、抗洪抢险器材购置经费等。自2005年起，省财政每年专项安排武警部队反恐力量建设经费，用于购置反恐装备及模拟射击馆、轮胎靶场、反恐训练场的基础设施设备等，提高了武警部队反恐手段。2006—2010年，追加约3500万元帮助解决武警信息化建设、基层中队“四项设施”（执勤、训练、文体和生活设施）建设、直属支队和指挥学院配套设施建设等。

国防后备力量建设支出　中央和省每年安排全省农村民兵预备役人员训练经费、民兵事业费近9000万元，通过省国库支付中心直接拨付各使用单位。安排专项资金重点支持省军区指挥所、省预备役师训练基地及亳州军分区、某高炮旅等基础设施和配套

设施建设，保障省军区组织的大型演练及大项活动经费和省应急专业力量建设装备经费。支持全省重点设防城市指挥通信系统和重点人防工程建设。

公安消防特勤装备建设支出 全省公安消防特勤装备建设是2003年省政府作出的重大决定。2003—2006年，省财政共安排6000万元（每年安排1500万元）专项补助资金，市按2∶1配比，实施市级消防特勤装备建设。全省实际投入资金2.55亿元（其中省财政补助6000万元），通过公开招标共采购各类消防车163台、特勤器材救生类961件套、破拆类491件套、洗消类329件套等11大类共14万余件套。项目实施后，改变了全省消防装备落后的状况，提升了市级公安消防特勤装备水平。2007—2010年，根据国务院和省政府关于加强消防工作的要求，省财政继续安排6000万元（每年安排1500万元）专项补助资金，县（区）分别按1∶1和1.5∶1配比，用于全省县级消防装备建设。该项目实施以来，在实战中发挥了显著的经济和社会效益。全力配合和实施全国重点消防城市消防特勤装备建设。1997年后，省财政先后安排第一期和第二期消防特勤装备建设共770万元；2007—2010年省财政配套安排近500万元，在全省5个市（马鞍山、淮南、铜陵、阜阳、安庆）进行第三期消防特勤装备建设，按照“物有所用、优化品种、保证需求”的原则，重点加强举高、专勤、后援车辆、抢险救援器材和特种防护装备配备。

工商系统经费保障支出 2004—2007年，省财政共补助全省工商系统人员、办案经费4.2亿元，从根本上缓解基层工商部门人员经费不足和办案经费困难状况。安排850万元为各市工商部门配备食品检测车及检测设备，以保障工商部门履行商品质量监测职能。2002—2010年，为有效改善基层工商部门基础设施落后面貌和办公办案条件，结合中央专项补助资金，省级安排配套，累计对全省504个工商所（局）进行基础设施建设及维修补助。2008年，落实国务院关于全国停征工商“两费”（个体工商户管理费和集贸市场管理费）决定，中央财政和省财政弥补工商经费20126万元，在确保工商部门当年预算不作调整顺利执行的同时，还帮助工商系统解决办公、办案等经费困难问题。每年安排1000多万元，用于全省工商系统办公办案设备更新。2010年，贯彻落实省政府关于实施商标战略的意见，将首次获得驰名商标的企业奖励经费由30万元提高到50万元。

税务部门经费支出 对地税系统实行挂钩奖励政策，不断促进全省地税系统的信息化建设，帮助基层地税征管机构解决必要的装备和基础设施，使地税系统的征管手段和条件明显改善，为全省财政增收提供了保证。

第二节 政法重点支出

为确保政法部门履行职能，省财政加大政法部门重点业务投入，逐步改善政法部门基础设施和办案条件，提高政法部门装备配备水平。

中央政法补助专款项目　中央政法补助专款是为帮助贫困地区提高政法机关的经费保障水平，由中央财政安排的专项转移支付资金。中央政法补助专款从2001年起实施，实行项目管理（3年一次规划，分年实施），至2008年结束。安徽将中央政法补助专款主要分配用于国家和省级扶贫及低于人均财力的困难县。按照“保贫困、保基层、保重点”的原则，用“因素计算法”科学合理分配资金，确保向贫困地区和基层倾斜。2001—2008年，中央财政共补助安徽政法专款13.51亿元，省财政安排配套资金3.23亿元，共计16.74亿元，全部用于补助省以下政法部门装备、办案和维修。

加强装备力量　省财政利用政法补助专款为县级公安机关配备警用车辆、各类刑事技术器材、防护器材、信息通讯设备；为全省看守所建设监控系统、局域网、高压电网等安全防护设施；为检察机关配备多媒体出庭示证系统、自动举报受理系统、警用车辆、信息化设备、办公设备等；为法院系统配备庭审示证系统、专用庭审速录设备、信息化设备、档案管理设备、办公设备等；为司法行政机关配备办公设备、法制宣传设备、车辆等。

维修执法场所　利用维修专款，对公安系统派出所、责任区刑警中队的办公用房，监所的监室、审讯室、办公用房、围墙进行修缮；对法院系统审判用房进行维修；对司法行政机关办公用房进行维修。

补充办案经费　合理分配资金，确保资金向贫困县倾斜，及时下拨办案专款，解决基层单位办案的需要；结合政法部门办理大要案的情况，监督使用单位将补助专款主要用于刑事和经济类重大案件的办案支出。

基层政法机关及消防部队经费　为保证基层政法部门履行职能的基本经费需要，财政部先后与公安部、最高人民法院、最高人民检察院、司法部联合发文，要求各省在规定时间内制定县级公安、法院、检察院和司法行政机关公用经费保障标准及市县消防部队消防业务费保障标准。据此，省财政厅先后制定：

县级公检法司公用经费保障标准　2005年，省财政厅会同省公安厅印发《关于制定县级公安机关公用经费保障标准的指导意见》。2006年，会同省高级人民法院印发《基层人民法院公用经费保障标准的通知》，会同省人民检察院印发《县级人民检察院公用经费保障标准的通知》。2008年，会同省司法厅印发《安徽省县级司法行政机关公用经费保障标准的通知》。明确县级公检法公用经费保障标准最低是1.7万元/人、年。其中，县级法院、检察院标准从1.7万元/人、年到5万元/人、年，全省划分为四档。县级司法行政机关划分为三档：一档标准为2.1万元；二档标准为1.7万元；三档标准为1.4万元。县级公安、检察院、法院、司法行政机关公用经费保障标准的陆续出台，为安徽省基层公检法司部门依法履行职能的经费保障提供了政策和法规依据。

市县消防部队消防业务费保障标准　2008年，省财政厅会同省公安厅印发《安徽省市县消防部队消防业务费保障标准》，明确市级保障标准为3万元～4万元/人、年；县（区）级保障标准为2万元～3万元/人、年。对一线消防执勤车辆，水罐消防车按2万元/辆、年，泡沫等特种消防车按3万元/辆、年的标准安排车辆运行消耗经费。标准的出台进一步规范市县消防部队业务费的管理，使消防部队消防业务费的保障有了科学化、制度化、规范化的保证。

政法部门设备共建资金 政法部门设备共建和资源共享是公共财政支出改革的重要内容之一，也是提高政法部门办公办案效率的重要途径。从2001年起，启动全省政法部门信息通信专网共建，实行“统一规划、科学立项、逐年实施”。政法专网依托现行公安信息化网络，组成以各级公安局为中心站，检、法、司、政法委与之相连的既相互独立，又可互通互联的政法部门专用信息通信网。2003年，从省级政法部门开始实施一期项目，2004—2005年，实施并建设市级专网，2006年，启动县级专网建设。2007年6月29日，安徽政法部门信息通信专网全面建成并正式运行。截止2007年7月，全省政法专网建设共投入资金3.5亿元，共购置网络数据交换设备964台（套）、视频会议设备496台（套）、语音设备470台（套）。全省政法专网的全面建成，实现了省市县政法部门数据、语音、视频互联互通。

第三节 政法部门财务管理

政法部门财务管理是管好用好政法重点支出和一般支出的重要基础和根本保证。省财政厅把制度建设和体制改革贯穿于政法财务管理工作的各个环节，使政法部门财务管理具有根本性、全局性、稳定性和长期性。

制定经费管理办法和财务管理制度 2001—2010年，共制（转）发规范性文件47个，及时制定或修订各项政法专项经费管理办法和政法财务管理制度。这些制度的制定或修订，规范了政法财务工作管理，完善了工作规程，减少了专项资金使用的随意性，提高了财政资金使用效益。

政法财务管理体制改革 省财政厅按照建立公共财政体制的要求，认真开展调研，结合安徽实际，积极探索建立适合社会主义市场经济相适应的政法财务管理体制。

改革并理顺工商行政管理系统财政供给关系 按照国务院有关文件精神，工商行政管理机关实行办管脱钩、办管分离，将所办市场交当地政府，但当时全省只有黄山市、铜陵市顺利移交。工商系统的历史遗留问题成为影响工商部门公正执法的重要障碍。2006年年初，省政府召开会议，专题研究，由省政府牵头，省人事厅、省编办、省劳动与社会保障厅和省财政厅参加组成联合工作组，多次在省内外开展调研，研究工商系统办管脱钩改革方案。省财政厅多次与省工商行政管理局协商，共同研究解决人员分流、办管分离、所需经费等问题，进一步建立工商经费保障机制，充分发挥工商部门的职能作用。2008年，为支持全省工商系统市场“办管脱钩”工作，省财政安排专项资金7.6亿元，分流安置脱钩人员1万多人，顺利完成“办管脱钩”。同时，将编制内人员经费和专项经费全部纳入省财政预算，理顺了全省工商系统财政供给关系。

保障并推进监狱体制改革 根据国务院决定，2003年开始，全国有14个省（区、市）

分两批开展监狱体制改革试点工作，2008年在全国全面推开并实施监狱体制改革，改革的目标是：“全额保障、监企分开、收支分开、规范运行。”通过改革进一步强化监狱刑罚执行职能，确保监狱安全、公正执法和罪犯改造质量的提高。2008年2月，国务院批复安徽省监狱体制改革实施方案。省财政积极配合有关部门制定完善全省监狱改革方案，参加省政府组织的省内监狱调研，到省外考察学习监狱体制改革工作，借鉴兄弟省改革及财政保障具体做法，提出改革中的财政政策及措施，完善改革方案，确保改革的顺利实施。2008年，省财政按财政部规定支出标准落实人员经费和基本支出，争取中央财政监狱体制改革专项补助资金1亿元，保证了全省监狱体制改革的经费需要。同时，根据改革和规范管理的需要，及时出台监狱体制改革财政配套管理办法。会同省监狱管理局印发《安徽省省直监狱罪犯劳动补偿费管理暂行办法》等。

改革交警财政管理体制（不含高速公路交警） 2003年之前安徽省交警系统经费管理体制，总体框架是根据国务院1986年《关于改革道路交通管理体制的通知》确定的，主要是“以条为主、条块结合”。2003年，省财政厅与省公安厅进行协商，对现行交警经费管理体制进行适当改革，着手解决交警经费管理体制与财政管理和事权划分还存在不相适应的问题。2006年，省财政厅会同省公安厅交警总队，在调研基础上，于2007年制定初步改革方案，并向省政府作专题汇报，取得省政府的赞同和支持。2008年11月12日，在充分听取对公安交警系统财政经费管理改革意见和建议的基础上，会同省公安厅制定并下发《关于改革完善我省公安交警经费管理体制等有关问题的通知》，明确各级公安交警部门的收支及财务由市县财政管理，进一步理顺和规范全省各级公安交警经费管理体制，促进公安交警事业的发展。

2000—2010年，省财政厅政法财政管理部门进一步解放思想，开拓创新，积极进取，先后荣获全国“严打整治”先进单位、全民国防教育先进单位、中央政法补助专款管理工作优秀“一等奖”，多次获专项奖励和政法经费保障体制改革奖励资金。

第四节　政法经费保障机制

2009年10月12日至13日，全省财政政法经费保障体制改革工作会议在合肥召开，此次会议标志着全省政法经费保障体制改革工作正式全面启动。

根据中央政法经费保障体制改革要求，省以下政法机关经费保障体制改革为“明确责任、分类负担、收支脱钩、全额保障”的新体制。改革涉及范围为法院、检察院、公安、司法行政机关。

保障责任机制　省财政在做好本级政法机关经费保障的同时，将通过加大转移支付力度，对经济困难县级政法机关办案（业务）经费和业务装备经费给予较大比例的补助。市、县级财政承担起本级经费保障责任，本级支出不能比改革前减少，并根据政法机关实际需要和财力情况予以增加；严格按要求安排使用上级的转移支付资金和项目补助资金，不得将上级补助资金抵顶本级政府应安排的支出。市级对县级的政法转移支付资金继续按现行财政体制执行，不因改革而进行调整。

分类保障机制 分项目保障，进一步明确各级政府对政法部门经费保障的责任，人员经费和日常运行公用经费由同级财政负担；办案（业务）经费和业务装备经费，由中央、省级和同级财政按比例负担。分地区保障，充分考虑各地不同的经济与财力状况及工作任务，实行有区别的经费分担政策。分部门保障，根据各政法机关工作职责、业务特点、工作量、各系统业务发展指导规划和现有基础条件等方面的差异，明确中央、省级和同级对不同政法机关的保障比例和责任。

“收支脱钩”管理机制 各地区、各部门不得向政法机关下达或变相下达罚没收入指标，不得将政法机关的经费支出与其行政性收费和罚没收入挂钩；政法部门行政性收费和罚没收入仍实行分级管理，按规定的预算级次全部缴入国库。同时，坚决贯彻落实“收支两条线”的管理规定，确保政法部门收支脱钩、按标准全额保障。

资金分配机制 资金分配遵照公正、公平、公开、透明的原则，采用“因素法”进行测算分配。

第三章　教科文支出

教科文支出是财政为保障教科文事业发展的财力支撑。2010年,全省财政教科文支出495.97亿元,比1979年3.21亿元增长153倍,平均递增17.5%。财政教科文支出增长高于财政支出增长,有力推动教育、科技、文体广电和计生事业发展。

第一节　教育事业支出

2010年全省财政教育支出386.31亿元,比1985年5.59亿元增长69倍,年均增速18.5%。

基础教育事业支出　教育事业支出管理是财政对教育部门的投入与财务管理,其中,基础教育包括义务教育和中等教育。

支持中小学教育布局调整　2000年,省财政厅会同教育部门全面启动中小学教育布局调整及人事制度改革,计划用3年(2000—2002年)时间撤并一些规模小、质量低、效益差的学校,将全省中小学调减15%,共调减小学近6000所,调减初中700所。省财政厅通过转移支付加大财政支持,采取"省里监督检查,市地跟踪管理,县级负责实施"管理方式,安排专项资金1.5亿元拨付至各市县,专项用于中小学布局调整,严禁举债建设,财政部拨给专项奖励资金2000万元。2007年,省财政投入教育布局调整专项资金7000万元,促进教育教学资源的合理整合。2010年,进一步提高农村义务教育公用经费,小学生均达525元、初中达625元,贫困寄宿生补助生均提高到小学725元,初中1000元,全年投入义保资金47亿元,中小学经费保障能力进一步增强。

消化历年欠发教师工资　2001年,省财政厅出台鼓励县(市、区)消化历年欠发教师工资的办法,认真做好教师工资中有关数据测算,积极筹措资金,争取中央财政支持专款28800万元,促进消化历年欠发教师工资,至2002年8月底,历年欠发的教师工资全部消化完毕。

实施农村中小学危房改造　2001年,省财政厅会同有关部门共同组织对全省中小学危房进行全面的普查、鉴定、统计和上报工作,全省中小学D类危房(房屋危险性鉴定第四等级)面积438万平方米。在中央财政下拨的全省危改资金专款8000万元之外,又争取5000万元义教工程专款,并将阜阳市列入全国唯一中小学危房改造试点地区。全省改造农村中小学危房面积216万平方米,D类危房率由上年底的10.5%下降

到7.6%。2001—2004年，全省累计投入危房改造资金30.2亿元（其中：中央财政和省级财政专款13.8亿元），累计改造危房703万平方米（其中：改造D级危房519万平方米），超额完成危房改造计划。2005年，全省财政投入危房改造资金3.1亿元，改造危房110万平方米，基本实现了保安全的目标。2006年，继续实施农村中小学危房改造和农村现代远程教育工程，投入危房改造资金3.7亿元，改造危房70万平方米。2007年，进一步加大农村中小学危房改造的力度，对全省尚存的304万平方米D级危房，省政府决定集中18亿元资金（其中从开行贷款11亿元），分2年改造完毕。2008年，将中央财政和省财政校舍维修专项资金下拨市县，确保省政府下达的304万平方米D级危房改造任务如期完成，促进了校舍安全状况的明显好转。2009年，启动实施校舍安全工程，统筹安排补助资金16.6亿元，完成校舍安全工程3年规划抗震加固总任务的30%。2010年，安排校舍安全工程资金达50亿元，切实保障了校舍安全。

保障农村中小学校基本运转　2001年，省财政厅会同省教育厅选择5个县（市、区）开展对中小学生人均公用经费进行测算试点。在财政部确定的全国6所重点学校改善办学条件建设中，安徽争取了1所，首批获得500万元专款。2002年，对16个重点山区县和3个“一费制”试点县给予2078万元的专项补助。2003年，积极争取中央财政改善中小学办学条件专项资金3400万元，支持全省改善办学条件的中小学共196所，项目学校中的学生数达26.4万人。推动寄宿制学校建设，争取中央财政寄宿制学校改造专项资金2600万元，共支持寄宿制改造项目学校34所，项目学校中学生68305人。2006年，省财政厅向中央财政争取将金寨、青阳2县纳入国家实施农村义务教育经费保障新机制试点县，试点工作取得初步成效。2009年，对义务教育保障机制改革的投入达43.5亿元；其中，提高公用经费资金34.6亿元，免费教科书资金7.8亿元，农村困难寄宿生补助1.1亿元。共免除义务教育阶段832万名学生学杂费，向717万名农村中小学生提供了免费教科书，向14.2万名农村贫困家庭寄宿学生发放生活补助，生均减负达500多元。2010年，对义务教育保障机制改革的投入达53.8亿元。

开展“两免一补”改革　2001年，在岳西、金寨、利辛3县开展“一费制”（即：杂费、课本费和作业本费一次性收取）的试点，省财政分别按初中和小学注册学生数以每生每学期15元、5元的标准给予补助，专门用于补充其公用经费。2004年，提供教科书专项资金4700万元，资助贫困学生134.7万人。2005年，省财政厅会同教育厅，在全省推进“两免一补”（即：对农村义务教育阶段贫困家庭学生免除学杂费，免费提供教科书，对困难家庭寄宿生补助生活费），免费提供教科书专项资金1.25亿元，资助贫困学生134.7万人。专项安排20个贫困县68.4万贫困生的免除学杂费资金1.08亿元，部分县也按照每天0.5元的标准对贫困寄宿生给予生活补助。2006年，共投入“两免一补”补助资金2.5亿元，134.5万农村中小学贫困学生和部分城市困难家庭学生得到资助。由于工作成绩突出，安徽获得中央财政奖励资金3800万元。2007年，省委省政府决定在全国率先对城市义务教育阶段学生免除学杂费，实行城乡同步改革。这项政策使全省993.6万中小学生收益,财政筹集免学杂费资金21.8亿元,生均受益218元。同时,对134.7万贫困家庭学生免费提供教科书,补助贫困家庭寄宿生生活补助3000万元。2008年,全省财政投入免费教科书资金9.9亿元,农村困难寄宿生补助1.1亿元,共免除义务教育阶段900余万学生学杂费,向700余万农村中小学生提供免费教科书,向13万名农村贫困家庭寄宿学生发放生活补助,生均减负达500元。

实行农村中小学远程教育　2004年,投资12969万元(其中:中央财政投资4323万元、地方财政配套资金8646万元)支持金寨、霍山等15个县实施农村中小学现代远程教育工程试点,为试点县农村小学教学点建设教学光盘播放点1426个,为农村中心小学和村完小建设卫星教学接收点2600所,为农村初中和完全中学的初中部建设计算机教室517所。2005年,选择32个县继续实施农村中小学现代远程教育工程,工程总投资2.1亿元,其中中央财政投资7160万元,省财政配套资金7158万元。为农村小学教学点建设教学光盘播放点2695个,农村中心小学和完全小学建设卫星教学接收点3922所,农村初中和完全中学的初中部建设计算机教室970所。2006年,全省各级财政投入农村现代远程教育专项资金2.1亿元,对32个县实施远程教育教学点建设工程。2007年,继续实施农村远程教育工程,建设2466所播放点、1990所卫星教学收视点、760所计算机教室。截至年底,全省共建成8303所教学光盘播放点、11462所卫星教学收视点、2865所计算机教室,共投入资金6.4亿元。

巩固"两基"成果　2004年,投入资金4000万元,以阜南、岳西、利辛3个尚未实现"两基"(即:基本普及九年义务教育和基本扫除青壮年文盲)县为重点,新建、改扩建一批农村寄宿制学校,进一步巩固"两基"成果,提高"两基"水平。2005年,争取中央财政下拨安徽寄宿制工程专项资金7000万元,以阜南、岳西、利辛3个尚未实现"两基"县为重点,新建、改扩建128所农村寄宿制学校。2008年,省财政加大对薄弱地区学校的资金投入和项目扶持,共投入资金3.4亿元,支持1480所薄弱学校的改造,缩小城乡之间、地区之间教育差距,促进义务教育公平、协调、持续发展。

推进农村中小学人事制度改革　2006年,省财政厅会同有关部门进一步深化以中小学教师聘任制为重点的中小学人事制度改革,取得阶段性成效,全省中小学有20.15万名教职工实行聘用合同制。在2005年为19个山区县增加2588个编制的基础上,又为特教学校增加1237个编制。2009年,实施农村义务教育阶段教师特设岗位计划,争取中央财政资金8000万元,为安徽省19个国家级贫困县农村义务教育阶段中小学配备教师4076人,逐步解决农村学校教师总量不足和结构不合理问题。

高等教育事业支出　高等教育是培养高素质人才的主要途径,随着中国社会经济的发展,对教育的重视程度也在加强,财政对高等教育事业发展支出予以保障。

开展国家助学贷款项目　2000年,省财政厅会同省教育厅开展国家助学贷款项目,明确国家助学贷款一般按照学生人数的10%确定贷款规模,对来自灾区和贫困地区无固定收入来源以及城镇下岗职工家庭的特困生优先安排。贷款对象为省属院校全日制本（专）科生、研究生和第二学士学位生。省财政贴息比例为学生助学贷款利息的40%，学校从学生奖贷基金中贴息10%，其余50%的利息部分由学生个人负担。财政每年在省级教育事业费预算中安排省教育部门所属院校“助学贷款专项贴息经费”，半年划拨一次。助学贷款最高限额不超过学生在读期间所在学校的学费与生活费之和，国家助学贷款每生每年最高不超过6000元。2001年，省级预算专项安排省属高校开办国家助学贷款贴息经费，实际发放助学贷款2537万元，解决7654名经济困难学生入学问题。2003年，全省高校国家助学贷款学生人数21094人，贷款金额8714万元，省财政共贴付助学贷款利息218万元。2005—2006学年，为全省88所高校35797名学生发放助学贷款18255万元，省财政共贴付风险金和贷款利息3000万元。2008年，积极落实国家助学贷款政策。全省开展农村信用社承办的生源地信用助学贷款，共发放助学贷款7000万元，贷款1.2万人；启动国家开发银行承办的生源地信用助学贷款政策，发放贷款2800万元，资助5600人。国家助学贷款也在延续开展，共发放贷款7.6亿元，资助14.5万人次。积极落实2008年高校学生食堂补贴，全省共安排补贴资金1亿元，补贴近百万人次，有力缓解物价上涨给高校学生带来学习生活上的不利影响。

支持高校省部共建　从2001年起，省财政每年安排5000万元用于高校建设性贷款贴息，支持省属高校实施建设性项目贷款15亿元。安排高校后勤社会化改革奖励经费100万元，对改革成绩突出、效果明显的高校给予奖励。2002年，争取中央财政下拨高校共建专项资金2500万元。足额贴息高校建设性贷款5972万元、助学贷款98万元，并全部拨付到位。2003年，省属28所高校共发生建设性贷款17.4亿元，省财政贴付利息资金5000万元，争取中央财政高校共建专项资金2300万元。2004年，争取国家省部共建高校资金3700万元，配合做好2004—2006年中央与地方共建高校基础实验室建设专项资金的项目论证、申报工作。2005年，争取中央财政共建高校基础实验室项目专项资金4200万元，省属高校安徽师范大学、安徽农业大学列入省部共建高校支持范围，获得资金400万元。2006年，省财政安排3000万元用于高校建设性贷款贴息，重点支持省教育学院改制所需建设性贷款贴息资金。当年为安徽大学等6个共建高校争取国家共建资金5100万元，提高了高校的实验室能力和办学水平。同时，安徽师范大学、安徽农业大学，再次获得省部共建院校专项资金800万元。2007年，省财政为9所共建高校争取到中央财政共建资金1.95亿元，建设教学实验室71个，有效提升高校实验室水平。2008—2009年，继续抓住国家支持省部共建高校的政策，积极申报全省的高校共建项目。其中，2008年全省有7所高校的18个重点实验室项目获得批准，获得中央财政5900万元的资金支持；共有12所高校纳入省部共建范围，共有共建高校的实验室项目110个，获中央财政建设经费3亿元。2009年，共有14个重点实验室项目获得批准，获中央财政建设资金6900万元；全省11所院校共有共建高校实验室项目132个，获中央建设经费3.73亿元。

实施安徽大学“211”工程建设　2002年，省财政全面参与实施安徽大学“211”（面向21世纪,重点建设100所左右的高等学校和一批重点学科点）一期工程的验收和二期项目的论证、启动工作。至2007年,完成安徽大学“211工程”二期建设,财政总投入3.4亿元。2008年,省财政厅在认真调研论证的基础上,继续实施安徽大学“211工程”第三期建设,总投入资金5亿元。截至2010年,省财政已投入2.7亿元保障安徽大学“211工程”三期建设。

助推高等职业教育　2003年,省财政高等职业教育经费由2002年800万元增加到1100万元。争取中央财政职业教育专款330万元,重点支持国家级示范职业学校建设。2005年,省财政厅配合省教育厅做好中央财政支持的13所职业教育实训基地建设项目的布置、评审和申报工作,获得国家专项资金2270万元。2006年,安徽又有10个职业院校获得中央财政职业教育实训基地建设奖励专项资金1520万元。芜湖职业技术学院被财政部、教育部列为首批国家示范性高等职业院校建设计划,获得中央财政3500万元的项目支持。建立和实施中等职业教育贫困家庭学生助学制度,获得中央财政中等职业教育国家助学奖励资金4700万元。2007年,省财政支持职业教育发展,中央财政下拨安徽省国家示范性高职院校建设资金3820万元,安排职业教育实训基地建设奖励经费5120万元,共支持31所职业院校的实训基地建设。2008年,全省共推荐上报2所“国家示范性高等职业院校建设项目”,安徽机电职业技术学院被评为国家示范性高职培育院校。全省有11所院校被评为中央职教实训基地,获得中央财政支持1610万元。至年底,全省共支持42所职业院校的实训基地建设,获中央专项经费6730万元,加上地方财政部门和学校配套,共安排实训基地资金1.3亿元,为提高职业教育的办学水平和学生的动手实践能力创造了条件。2008年,省财政厅与省教育厅联合评选出全省5所示范高职和10个高校的重点学科,为加快高素质创新型人才和高技能应用型人才的培养步伐,提升全省高等教育办学水平和教学质量起到积极的促进作用。2009年,省财政积极配合教育等部门谋划《2008—2010年安徽省职业教育大省建设规划》,明确了职业教育发展方向。积极争取获得“国家示范性高等职业院校建设项目”资金2460万元。还有3所国家示范性院校和1所培育院校,共获得中央建设经费9800万元。全省共有11所院校被评为中央财政支持的职教实训基地,争取中央财政建设资金1630万元,省财政筹措建设资金2400万元。至2009年年底,省财政共支持53所职业院校的实训基地建设,获中央财政专项经费8360万元。

争取中央财政助学奖学金　2003年,争取中央财政支持国家奖学金343万元。2005年,争取到国家奖学金名额877名,国家助学金名额16534名,获得国家助学奖学金2831万元和专项补助资金1200万元。2006年,争取中央财政支持72所公办全日制普通高校国家助学奖学金2831万元,共有16534名学生获得助学资助和877名学生获得国家奖学金。

建立家庭经济困难学生资助政策体系　2007年,国务院决定建立健全普通本科高校、高等职业学校和中等职业学校家庭经济困难学生资助政策体系。全省各级财政投入4.9亿元，共有560万名学生享受资助。2008年，省财政继续扩大资助范围，提高资助水平。全省各级财政共筹集和发放资助资金10亿元，用于家庭经济困难学生资助政策的实施，惠及百万学子，解决了困难家庭学生上学难、上学贵的矛盾。2009年，全省各级财政共筹集和发放资助资金10亿元，用于家庭经济困难学生资助政策的实施，惠及了百万学子，有力地促进了教育公平、公正和健康发展。2010年，全省财政投入9.5亿元积极支持学生资助体系建设，确保各项政策措施顺利实施。

第二节　科技事业支出

科技事业支出管理是财政对科技部门的投入与财务管理。2010年全省财政科技支出57.99亿元，比1985年0.36亿元增长162倍，年均增速22.6%，有力推动科技事业发展。

财政加大科技投入　2002年，省财政厅会同省担保中心、资产运营公司分别采用投资参股和融资担保的形式（其中投资1530万元，担保1770万元）对13个重大高新技术产业项目进行扶持，全部建成投产，取得良好效益。省财政投资1300万元支持合肥国家大学科技园建设，有52家高科技企业入驻，实现销售收入9345万元。支持科普活动和其他科技事业，改革科技三项费用管理方式。

2006年，省财政增加省科技厅科技三项费用7000万元，使得省科技厅掌握使用的科技三项费用达1.2亿元，增长140%。同时，新设安徽省中小企业科技创新基金专项1500万元；追加安排“省部会商”专项资金700万元，用于“粮食丰产工程”“巢湖污水治理”等重大项目。对《安徽省科技发展“十一五”科技规划纲要》确定的重大专项，统筹落实专项经费，并配合有关部门拟定支持科技创新的优惠政策。积极向中央财政争取科技经费1370万元，重点扶持肥东、当涂、和县、明光、桐城等5个县市科技富民强县专项行动计划项目。

2007年，省财政投入应用科技研发经费1.5亿元，重点支持一批高新技术企业研发，开发出一系列具有自主知识产权的技术成果和产品，成为经济快速发展的科技带动力。大力支持高新技术产业发展。截至2007年，全省共有高新技术企业1141家，总产值达2518亿元。其中营业总收入亿元以上企业276家，国家重点高新技术企业55家，上市高新技术企业36家。合肥软件和生物医药、淮南生物医药、芜湖新材料、铜陵电子材料等高新技术产业基地发展迅速，已形成各具特色的产业集群。

2007年开始，安徽实施“科普惠农兴村计划”，即在全国评比、筛选、表彰并奖励一批有突出贡献的、有较强区域示范作用的、辐射性强的农村专业技术协会、科普示范基地、农村科普带头人、少数民族科普工作队等先进集体和个人，带动更多的农民提高科学文化素养，掌握生产劳动技能，引导广大农民建立科学、文明、健康的生产生活方式。省财政向中央财政争取“科普惠农兴村计划”专项资金360万元，科技富民专项资金

1097万元,国家科技支撑计划项目经费7707万元。2008年,省财政配合省科协组织实施“科技惠民兴村计划”,共争取中央财政专项资金355万元。

推进科技改革与自主创新 2003年,省财政厅开始推进省属开发类科研院所改革,在前期完善宏观改革政策的基础上,对科研院所的资产进行确认、评估和处置。至当年年底,19家转制科研单位中,省财政厅已批复14家资产处置方案。同时,加强省级重点实验室建设,为创新研究和人才培养提供平台,安排经费220万元,建立自然科学基金500万元;投入1000万元支持合肥大学科学院建设。

2004年,省财政厅参与和支持“合肥国家科技创新型试点城市”的研究与建设,继续推进省属开发类科研院所改制,批复15家开发类科研院所的资产处置方案,其中2家整体进入企业集团。选择2家公益类科研机构进行改革试点。

2005年,省财政厅配合科技部门开展科技基础条件平台资源状况专题研究,参与制定《安徽省“十一五”科技基础条件平台建设实施意见》草案。启动科技文献共享平台建设专项调研,参与制定科技文献信息共享平台建设方案。2008年,省财政积极整合资金和科技资源,调整支持结构,使省级应用科技研发经费保持快速增长,支持一大批企业和科研院所的重点项目研发。

2005年开始,省财政厅配合省科技厅积极申报国家富民强县专项行动计划。绩溪、黄山(区)、繁昌和怀远4县(区)进入国家科技富民强县专项行动计划2005年度试点县(市)系列。之后,全省先后有15个县(市)被列为国家试点县(市),宁国市、天长市被列为省试点县(市)。2005—2008年,共争取中央财政2337万元资金,省级财政累计安排经费2340万元,试点县(市)财政配套2340万元,引导社会资金3.3亿元,重点支持明光市水产品深加工、和县蔬菜品种改良升级等17个重点项目,促进试点县(市)农民致富和县域经济发展。

推进国家技术创新工程试点省建设 2009年11月,国家批准安徽为“国家技术创新工程试点省”。2010年,根据省委省政府制发的《国家技术创新工程安徽省试点工作实施方案》精神,省财政决定从2010年开始,每年安排试点省专项资金2亿元。其中,1亿元从合芜蚌自主创新综合试验区专项资金中支出,要求各市设立相应的专项资金,主要用于对创新型企业的奖励,产业关键技术研发,公共服务平台建设,引进关键技术、研发机构和高端人才,与国家重大项目配套,科技贷款风险补偿等。为充分发挥省级财政资金在推进试点省工作中的引领示范作用,专项资金的分配体现:突出针对性,紧紧围绕试点省实施方案中的十大产业;突出牵动性,解决结构调整中的重大科技问题;突出集聚性,集成国家、省、市的资源,共同推进。主要支持合芜蚌以外的14个市,共安排73个重点项目。该项资金的安排,充分调动全省推进自主创新工作的积极性与主动性,为安徽省“创新战略”的全面深入推进营造良好的氛围。

建立完善省创业风险投资引导基金 2010年,省财政安排1亿元省创业风险投资引导基金,市县财政共安排创业投资引导资金6.4亿元,支持创建13家投资基金公司

（其中国家级2家、省级直投3家、省市共同参股4家、市级4家），撬动的资金总规模达到40.2亿元，有效发挥了财政资金的乘数效应。重点投向符合安徽省相关产业政策、产业投资导向的创业期科技型、创新型企业，为全省科技型、创新型企业的融资提供坚实的资金保障。为加快培育和发展战略性新兴产业，努力抢占战略性新兴产业发展先机，省财政集中财力一次性安排专项资金20亿元，用于支持建立战略性新兴产业发展引导资金和风险投资引导基金。省财政通过专项转移支付方式补助每市1亿元，用于支持各市建立战略性新兴产业发展引导资金和风险投资引导基金。为规范风投引导基金管理，充分发挥财政性资金的引导和带动作用，制发《风险投资引导基金使用管理办法》。新增的风险投资引导基金，极大活跃了安徽省创业投资的环境和氛围，同时吸引更多省外创投的关注，力促风险投资在全省形成规模效应，为全省创新型企业提供强有力的融资渠道。

支持合芜蚌自主创新综合试验区建设 2008年，安徽启动建设合芜蚌自主创新综合试验区。从2008年起，省财政每年预算安排自主创新资金5亿元，专项支持试验区创新体系建设。2010年，省财政安排4亿元合芜蚌自主创新试验区专项资金。同时，严格要求试验区三市按照确保自主创新投入高于其他市、高于同期省级财政自主创新资金投入的精神，在年初安排15亿元配套资金。2008—2010年，省及三市财政共安排自主创新专项资金54亿元，其中，省财政安排14亿元。省市两级自主创新专项资金的及时到位，有力保障了试验区一批重大项目的启动和实施，为试验区建设提供了强有力的财力支撑。

完善财税奖励激励政策 认真落实国家自主创新政策，重点落实企业研究开发费用所得税前加计扣除、高新技术企业税收优惠、政府采购自主创新产品、发展创业风险投资机构和科技企业孵化器、研发机构和重大项目进口设备税收优惠等政策，支持高新技术企业发行企业（公司）债券，鼓励优质科技型中小企业发行集合债券等。全面落实合芜蚌自主创新综合试验区政策，对试验区内的高新技术企业、创新型企业各项行政性收费的省、市留成部分，实行免征。创新型企业所缴纳企业所得税新增部分的省、市留成部分，3年内全额奖励给企业。

其他扶持方式 支持部分银行在合芜蚌自主创新综合试验区开展科技金融合作模式创新试点，设立面向科技型中小企业的小额贷款公司，加大科技保险政策支持力度，深化专利权、商标权等知识产权质押和股权质押贷款试点，支持合肥高新区开展非上市股份公司进入证券公司代办股份转让系统试点，支持创新型企业和高新技术企业上市融资，发行企业（公司）债券。改革科技计划管理体制，统筹考虑项目、人才和平台建设，对符合条件的产业技术创新战略联盟，在科技计划中给予持续支持，并试行委托产业技术创新战略联盟牵头组织实施重大项目。设立人才专项资金激励创新创业，通过个人所得税优惠政策吸引人才，配合编制、职称评审等有关优惠政策留住人才。

截至2010年11月，试验区内高新技术产业实现产值占全省的比重达56.9%，高新技术产业增加值占全省的比重达56%，专利授权量达7493件，占全省的54.3%。

第三节　文体广电事业支出

2010年，全省财政文体广电支出51.68亿元，比1985年1.28亿元增长40倍，平均递增15.9%。

文化事业支出　2001年，省财政专项投资3700万元的安徽大剧院维修改造工程完工，发挥出较大的社会效益和经济效益。2003年，省财政厅筹措2000万元专项用于省图书馆新馆内部设施和设备购置。支持省杂技团参加意大利拉帝那国际马戏节杂技比赛，《空中秋千》和《抖杠》节目分获金奖和银奖。大力支持《孔雀东南飞》剧目，该剧在“中国第八届戏剧节”上获得优秀导演奖等6项大奖。支持省电视台和中央电视台投资拍摄大型电视连续剧《新四军》，在中央台一套播出后，社会反映良好。2004年，省财政厅落实省图书馆新馆内部设施设备二期投入配套资金1200万元。支持省直艺术表演团体改革。据实补齐省直剧团2003年在职和离退休经费缺口260万元。安排省歌舞剧院专业乐器购置经费100万元，改善剧团演出条件。2005年，省财政厅安排省级宣传文化发展专项资金3216万元。安排文化事业建设费2529万元，增长23%。多方筹措资金，保证省图书馆新馆内部设施设备购置三期经费1200万元。积极落实省黄梅剧院内部设备购置经费440万元和省话剧团小剧场内部设备购置经费200万元。支持省艺术学校与省电影学校合并组建安徽艺术职业学院，解决其新校区设备购置经费400万元。支持文艺创作及演出事业，获得较好的社会反响。2006年，省财政筹集资金3000万元，重点支持省博物馆、图书馆及部分地方博物馆、图书馆的建设和维护。

支持基层文化建设　2003年，以“杜鹃花工程”专项资金为调控手段，推进县市、乡镇基层文化建设。全省已建成“杜鹃花工程”省级示范点200个，省、市、县三级共500个。对农村16毫米电影拷贝实施专项补贴，推动全省“2131”（即：21世纪一村、一月、一场电影）工程建设取得初步成效。2006年，省财政厅安排1000万元设立农村文化建设专项资金，支持71个县乡文化和图书站馆建设。2007年，省财政厅安排农村文化建设专项资金，支持105个县乡文化站、图书馆建设和文化信息资源共享工程，其中，文化信息资源共享工程建设30个县乡分中心，448个村基层服务点。2009年起，为改变县级图书馆、文化馆面积狭小，设施设备落后的现状，用3年时间，对面积未达标县级两馆全面进行维修改造，力求全省所有县级两馆至少达到国家规定最低标准。2010年，全省共完成325个乡镇文化站建设任务，省级安排专项资金4586万元，争取中央乡镇文化站内部设备购置资金1605万元，确保工程顺利实施。

支持文物文联事业发展　积极争取中央财政补助安徽省重点文物保护经费1060万元。专门安排文物救灾经费200万元，用于水毁文物的修复。安排专项资金100万元，支持省文联顺利召开第四届代表大会。支持省文联成功举办“第三届中国油画展”

及中国著名书法家“咏黄山”书法精品邀请展。2007年，省财政文物支出15120万元，增长136%。省财政重点支持的六安双墩一号汉墓考古发掘被评为2006年度“全国十大考古新发现”。2009年，省级安排全国第三次文物普查经费210万元，省级重点文物及红色文物保护经费1600万元。

支持文化体制改革与文化事业发展　2006年，省财政厅参与文化、出版企事业单位改革前各项调研论证、改革方案设计，研究制定配套政策，从财政税收、投融资管理、收入分配、社会保障和人员分流安置等多方面提出政策措施，保证改革顺利实施。推进剧团改革，对离退休人员工资，由财政全额解决，对在职人员以现有编制内实有在职人数扣除符合条件即将退休人员为基数，将供给标准由60%提高到80%。积极支持安徽报业集团同南非MIH传媒集团合资参股，使其成为安徽文化产业第一家中外合资企业。2007年，省财政帮助安徽出版集团、省演出公司、省音像出版社等文化体制改革试点单位制定具体改革方案。推动文化产业发展，支持安徽日报报业集团积极探索新闻单位宣传业务与经营业务两分开，进行产权多元化改造，与南非MIH传媒集团合作组建新安传媒股份公司，共引进资金2.1亿元。支持省出版集团壮大主业、多元经营，为其筹备上市，提供财政政策支持和优质服务。支持安徽新华发行集团完成股份制改造，新华发行集团、出版集团双双进入“全国30强”。2010年，大力促进文化体制改革。配合制定“花钱买机制”改革方案。对于公益性文化事业单位，重点加大财政经费保障力度，支持其改善服务条件和提高服务水平；对转企改制文化事业单位，财政继续拨付原有事业费，总量不减；对转制文化单位支付改革成本确有困难的，财政也适当给予补助。积极支持和推进省出版集团重组、发行集团整体改制，积极研究有利于文化产业发展的财政、税费、分配等各项优惠政策，印发《安徽省省级文化强省建设专项资金管理暂行办法》，加强专项资金管理，提高资金使用效益。2010年，省财政投入5000万文化产业专项资金，积极支持符合安徽文化产业发展规划、体现安徽特色、市场前景好、自主创新水平高、示范性和带动性强的文化产业项目发展；支持设立文化产业创业投资基金，扶持中小文化企业和新兴文化产业、文化业态发展。

支持公共文化服务体系建设　2008年，省财政厅共争取中央财政文化事业发展资金1.63亿元，安排县乡文化站、文化信息资源共享工程和公益性电影放映。安徽着力推动文化体制改革，提高文化产业市场适应力，省财政厅积极参与改制单位和企业调研、论证，参与改革的方案设计，从财税政策、投融资管理、收入分配、人员分流安置、社会保障等方面，提出政策措施，保证改革的顺利实施，提高了文化产业的市场适应力。积极推进农家书屋工作，解决农民群众“买书难、借书难、看书难”问题。争取中央财政建设资金2800万元，省级配套资金2100万元，足额落实3000个农家书屋建设任务。2009年，认真做好博物馆免费开放工作。争取国家将安徽省新增22处博物馆、纪念馆纳入免费开放，争取中央财政免费开放资金近5000万元，保证全省70处博物馆、纪念馆免费开放顺利实施；努力构建农村公共文化服务体系。各级财政积极鼓励演艺团体走向市场，提高文化站、图书馆的服务能力和服务水平，丰富群众文化生活。

体育事业支出　2001年，省财政厅重点支持和保障参加全国九运会的经费需求，安排参加全国九运会专项经费1000万元及奖励经费508万元。2003年，省财政厅增加体育基础设施和训练比赛经费200万元，安排800万元用于省备战全国十运会，追加体育事业费80万元支持水上运动基地搬迁。2006年，省财政专项安排2000万元保证省第十届全省运动会在合肥成功举办，积极落实2005年度的700万元备战经费。根据省里制定的金牌战略，将金牌的奖励标准由上届的8万元提高到16万元。拨付安徽参加十运会有功人员奖励经费631万元。2007年，省财政厅为促进城乡体育事业发展，安排各类体育经费2000万元。2008年，全省各级财政积极支持体育事业发展，全省体育事业支出达2.7亿元。2009年，全年完成766个村的农民体育健身工程建设任务，共投入资金2298万元。2010年，完成1488个村的农民体育健身工程建设任务，投入资金4464万元。

广电事业支出　2003年，省财政厅针对省广播局直属事业单位的用人特点，与省人事厅、广电局反复研究，决定在省直属单位全面实行人事制度改革，并实行以工资总额包干为主的预算改革，进而促使电视台、广播电台等单位全面实行人员聘用制，做到以岗定薪，促进事业发展。2006年，省财政安排400万元支持贫困地区50户以上自然村广播电视村村通工程。2007年，省财政投入3449万元，支持广播电视村村通工程建设，启动20户以上已通电自然村的广播电视村村通工程。支持转播台管理体制调整，完成5座电视调频转播台成建制上划。2008年，省财政厅加快广播电视村村通建设，丰富农民精神文化生活。省财政积极落实配套资金9000万元，共完成9912个广播电视盲村建设任务，使全省偏远、贫困地区数百万农民群众解决了收听收看广播电视的问题。全省广播电视节目的覆盖率增加到80%以上。2009年，各级财政对广播电视村村通工程投入达到1.4亿元，在积极争取中央财政配套资金3510万元的基础上，省级财政积极落实配套资金1.08亿元，共完成9300个广播电视盲村建设任务。2010年，积极支持新时期农村广播电视“村村通”工程建设。2010年全省盲村建设任务是5628个，工程所需建设、维护资金共1.06亿全部由中央和省级承担，全部下达市县，切实减轻市县压力。

第四节　计生事业支出

计生事业财政管理是财政对计划生育管理部门的投入与财务管理。2010年，全省财政计生支出26.9亿元，比1985年0.23亿元增长117倍，年均递增21%，有力推动计生事业发展。

计生事业支出保障机制　2002年，省财政厅会同省计生委联合下发《关于进一步加大“十五”时期人口与计划生育事业投入的意见》，提出省、市、县三级财政的投入比例，强化市、县两级财政投入保障机制。争取中央财政计划生育事业费专项补助资金2470万元。2003年，省财政在年初预算增加1000万元计生事业费的基础上，又于年底追加计生事业费500万元。会同省计生委争取中央财政计划生育事业费专项补助资金2830万元。2004年，省财政增加计划生育事业费1000万元，用于基层计划生育服务网络和人口信息网络建设，以及4项手术等免费提供的技术服务支出补助。2006年，省财政在年初预算增加2000万元计生事业费的基础上，又于年底追加计生事业费1000万元。争取中央财政计划生育事业费专项补助资金5447万元，促进安徽计划生育事业发展。2007年，全省计生事业财政投入增长25%，高于经常性财政收入的增长幅度。2008年，全省计生事业财政投入增长32%，大大高于经常性财政收入的增长幅度。全省计生投入17.59亿元，人口和计划生育事业费人均财政投入达26元，较2005年翻一番。全省人口计生事业投入持续快速增长，为全省人口和计生事业的健康发展提供了可靠的财力保障。

建立计生奖励扶助制度 2005年，省财政厅在全省范围内进行农村部分计划生育家庭奖励扶助制度的试点。配合省计生委多次赴全省各地督查工作开展情况。会同省计生委经过反复协商和研究，制定具体实施方案。会同省计生委在和省信用联社进行反复多次协商，共同签订由信用社代发奖励扶助资金的协议。全省符合条件的奖励扶助对象共43969人，其中独女户10787人，奖励扶助金2767万元。2007年，农村部分计划生育家庭奖励扶助政策得到更好落实。在国家规定从60周岁起按每人每年600元标准发放奖励扶助资金的基础上，全省对其中只生育一个独生女的，另增发120元；从2007年起，子女死亡、且现无子女的奖励扶助对象，其奖励扶助金标准从每人每年600元提高到1200元，其中只生育过一个独生女且死亡、现无子女的，从每人每年720元提高到1320元。对全省出台的奖励扶助政策增加的奖励扶助资金全部由省财政负担。全省共确认奖励扶助对象67567人，发放奖励扶助资金4431万元。2008年，省财政继续完善落实计划生育家庭奖励扶助相关制度，按照统一的规范程序和工作进度要求，省财政积极会同有关部门对2008年度新增奖励扶助对象进行资格确认，对往年对象进行年审。当年的奖励扶助金全部通过财政补贴农民资金"一卡通"一次性划拨到奖励扶助对象个人账户，共有75942人享受这一政策优惠，有力地促进了计划生育政策的落实和巩固。2009年，全省共奖补计划生育奖励奖扶对象92128人，特别扶助对象10972人，发放奖励资金8108.6万元，省财政落实配套资金3477万元。皖北和沿淮23个县（市、区）开展长效节育措施试点，对农村双女户在规定时间内自觉落实绝育措施的，一次性给予3000元的节育奖励金。2010年，会同计生部门做好扶助、奖励对象的认定、确认和核实统计，确保中央和省级补助资金8400万元及时足额发放到人。

第四章　社会保障支出

社会保障支出是财政支持社会保障和医疗卫生事业发展的主要财力。省财政厅为适应市场经济发展，积极推进社会保障制度改革，着力加大就业再就业、社会保险、抚恤和社会福利救济、医疗卫生支持力度，加强社会保障支出管理，促进了经济发展和社会稳定。

第一节　就业再就业支出

安徽省就业再就业工作分为两个阶段，2004年以前主要以国有企业下岗职工基本生活保障为主，由政府筹措基本生活保障资金发放基本生活费，时间最长不超过3年。2004年以后，工作重心逐渐转为就业再就业。2009年，全面落实"五缓四降，三补贴"政策（允许困难企业在一定期限内缓缴养老、失业、医疗、工伤、生育保险五项社会保险费；阶段性降低城镇职工基本医疗保险、失业保险、工伤保险、生育保险等四项社会保险费率；使用失业保险基金向困难企业支付社会保险补贴或岗位补贴，使用就业专项资金支持困难企业开展职工在岗培训）。全省各级筹集就业专项资金21.6亿元，城镇登记失业率控制在4%以内。2010年，继续实施并完善"五缓四降，三补贴"政策，巩固了后危机时代企业向好、就业稳定的基本态势。全省累计认定困难企业4780家，累计缓缴社会保险费19.1亿元，因降费率累计减收四项社会保险费8.7亿元，发放社会保险、岗位和培训补贴5.07亿元。

国有企业下岗职工基本生活保障　1998年，省委省政府下发《关于切实保障国有企业下岗职工基本生活和大力做好再就业工作的通知》。根据文件精神，国企下岗职工可签订协议进入再就业服务中心，享受3年基本生活保障。基本生活保障资金采取财政、企业、失业保险基金各承担1/3的"三三制"办法解决。同时采取协议和按个体户办法继续参加养老保险等措施，推进国企下岗职工出中心。2000年，全省实现了出大于进的目标。

2004年，全省开始推进下岗生活保障向失业保险并轨，各级财政安排13亿元专项资金，30家国有企业得到重组，4.5万下岗失业人员得到妥善安置。1998—2004年，全省进中心下岗职工累计达78.8万人，于2004年年底顺利出中心，并提前1年完成下岗生活保障向失业保险并轨。

2005年，省地方税务局、省国家税务局、劳动和社会保障厅转发国家税务总局、劳动和社会保障部《关于下岗失业人员再就业有关税收政策具体实施意见的通知》。7月，省劳动和社会保障厅、财政厅下发《关于扩大下岗失业人员基本养老保险补贴范围的通知》。

2006年，省财政厅、省劳动和社会保障厅下发《安徽省就业再就业资金管理暂行办法》。7月，省劳动和社会保障厅印发《关于加强外国人来皖就业管理工作的通知》。

2008年，省政府下发《安徽省人民政府关于切实加强就业再就业开作的意见》《安徽省人民政府关于进一步做好促进就业工作的意见》。2009年省委、省政府印发《关于切实做好当前就业工作的意见》。2010年，省政府办公厅转发省人力资源保障厅等部门《关于进一步促进农民工就地就近意见的通知》，进一步规范新形势下再就业工作。在一系列促进就业再就业的政策措施的指导和带动下，安徽的就业再就业工作取得了显著成效。

就业再就业财政补贴 主要包括社会保险补贴、公益性岗位补贴、再就业培训补贴、职业介绍补贴、小额担保贷款、农民工就业补贴等项目。

社会保险补贴 对持“再就业优惠证”并符合条件下岗失业人员，凡以个人名义接续基本养老保险关系且由本人全部承担基本养老保险费的，凭相关证明给予基本养老保险缴费补贴。补贴标准为每人每月定额补助上年度全省社会平均工资60%的12%。享受社保补贴对象包括：“4050”（女40周岁、男50周岁以上）人员中，通过各种形式灵活就业的人员；获市级以上（含市级）劳模称号、企业军转干部、单亲（丧偶）家庭和夫妻双下岗失业家庭人员、现役军人家属、公安民警家属中特殊困难人员中灵活就业的人员；目前正在享受城市居民最低生活保障的下岗失业人员。2006—2010年，全省有203.1万人次下岗失业人员享受了26.2亿元社会保险补贴。

公益性岗位补贴 对在社区公益性岗位就业，原属国有企业下岗失业“4050”人员给予适当比例生活补助。享受范围是持“再就业优惠证”在社区公益性岗位就业的“4050”人员。补贴标准由当地人民政府确定，原则上用人单位补助和政府提供的公益性岗位补贴之和不低于当地企业的最低工资水平。补助资金由同级财政直接拨付社区，由社区统一发放。省财政采取重点扶持、以奖代补和直接购买等补助方式，创造社区公益岗位，安置“4050”下岗失业人员就业。2006—2010年，全省各级财政用于公益性岗位补贴资金8.1亿元，累计安排公益性岗位就业人员32.9万人次。

再就业培训补贴 对城镇登记失业人员和国有企业下岗职工提供免费再就业培训进行补贴。失业人员在领取失业保险金期间，国有企业下岗职工在领取“再就业优惠证”3年内，都可享受一次再就业培训（含技能培训和创业培训），按照培训工种和就业情况给予200～1000元的补贴。2006—2010年，全省各级财政用于再就业培训资金8.1亿元，有212.3万失业人员参加技能培训。

职业介绍补贴 对城镇登记失业人员和国有企业下岗职工提供免费职业介绍进行

补贴。失业人员在领取失业保险金期间,国有企业下岗职工在领取“再就业优惠证”3年内,都可享受一次职业介绍补贴。补助标准是根据介绍下岗失业人员再就业、并与用人单位签订劳动合同的时间长短确定。由职介机构申请并经同级财政、劳动保障部门审核、审批后,由同级财政直接拨入职介机构账户。2006—2010年,全省各级财政用于职业介绍资金9772万元，104.3万下岗失业人员通过免费职业介绍实现再就业。

小额担保贷款　为下岗失业人员自谋职业或自主创业由政府提供担保,担保按个人自愿、社区推荐、劳动保障服务机构审查、担保机构承诺担保、商业银行核贷的程序进行。贷款额度不超过2万元,期限不超过2年,到期需要延长的,可申请延期1年。贷款利息按同期人民银行公布的贷款利率确定,对从事微利项目的,由中央财政据实贴息,延期不贴息。小额担保贷款实施以后,全省共筹集小额贷款担保资金3.5亿元,累计为7.9万人次提供小额担保贷款。

农民工就业补贴　对进城求职农民凭“再就业服务卡”,享受有关就业服务进行补贴。具体标准是:签订正式合同的可享受100元/人次的补贴;没有签订正式合同但已签订用工协议的,给予60元/人次的补贴。农民工到定点培训机构参加技能培训的,对持卡人员给予200 ~ 1000元的补贴;农民工参加创业培训的,可以享受不高于1000元的补贴。2010年,全省各级财政用于农民工就业补贴资金2.87亿元，77.9万名农民工享受免费职业培训。

安徽省再就业部分项目补贴统计表

表4-4-1　　单位:万人、万元

年度 \ 项目		小计	社会保险	公益性岗位	再就业培训	职业介绍	小额贷款担保基金	小额担保贷款
2003	人数	26.01	4.5	2.0	10.9	8.5	0.1	0.01
	金额	16929	2111	2559	3493	802	7960	4
2004	人数	52.9	6.5	5.3	22.1	18.1	0.6	0.3
	金额	31303	4702	6363	5369	1649	13076	144
2005	人数	56.8	17.3	4.4	16.4	17.5	0.7	0.5
	金额	45757	12004	8910	6006	1578	16874	385
2006	人数	74.2	31.0	6.3	18.0	15.7	2.1	1.1
	金额	77550	30321	14961	5934	1371	24071	892
2007	人数	101.2	44.2	6.6	23.9	23.2	1.9	1.4
	金额	112588	48336	23611	7755	2134	29426	1326
2008	人数	126.6	47.7	5.9	47.4	21.3	2.5	1.8
	金额	139105	60831	22230	16445	2238	35422	1939

续表 4-4-1

年度	项目	小计	社会保险	公益性岗位	再就业培训	职业介绍	小额贷款担保基金	小额担保贷款
2009	人数	143.1	40.7	5.9	70.2	21.4	2.9	2
	金额	150713	54586	23875	25429	1910	42702	2211
2010	人数	127.4	39.4	8.3	52.9	21.7	3	2.1
	金额	180060	67920	24815	25247	2015	56600	3463

第二节　社会保险支出

1995 年开始，安徽在不断规范和完善养老、失业保险制度的基础上，逐步形成了社会保障体系。各项保险在资金筹措方面规范国家、企业和个人三方责任，促进企业经营机制的转换和社会主义市场经济体制的建立。2008 年，全省 154.9 万企业离退休人员和 13.1 万失业人员按时足额领取到养老金和失业金。

养老保险　1996 年，省财政厅印发《安徽省社会保障基金管理办法》，明确将全省社会保障基金纳入财政专户管理。同年，省财政对全省的“两金”进行专项财务检查，查出违纪金额 2.6 亿元，占基金滚存结余 21%。1997 年，省政府颁发《安徽省统一企业职工基本养老保险制度实施方案（试行）》，要求按统一政策、统一企业缴费费率、统一待遇标准，建立资金来源多渠道、保障方式多层次、社会统筹与个人账户相结合、权利与义务对应、管理服务社会化的养老保险体系。

1998年9月1日起，中央行业职工养老保险下划地方管理，基金由地方征收和发放。当年，中央行业职工养老保险下划安徽统管 47.8 万人，离退休职工 18.9 万人。

1999 年，省财政厅会同劳动和社会保障厅制定社保基金财务制度、会计制度和财政专户管理制度，将基本养老保险基金纳入社会保障基金财政专户，实行收支两条线管理。同时，省政府办公厅转发省劳动和社会保障厅、省财政厅文件，按应收基金 1% 建立省级调剂金。从 1999 年开始，省劳动和社会保障厅、省财政厅连续 8 次调整企业离退休人员基本养老金发放标准，人均累计约增加 450 元。

2000 年，省财政厅、省劳动和社会保障厅制定《社会保险基金财务管理办法》，规范养老保险基金收支核算及管理。

2001 年，省政府办公厅转发工程勘察设计单位、在皖部属科研机构转制参保政策。

2002 年，省政府办公厅下发《关于〈安徽省统一企业职工基本养老保险制度实施方案（试行）〉实施中有关问题的通知》，对缴费比例以及养老金计发方法等作进一步明确。同年，省财政厅、省劳动和社会保障厅、省地税局联合开展养老保险费稽核，对 86 个市县（区）2.5 万户参保单位、320 万参保职工缴费情况进行稽查，查出应补缴保险费 1.9 亿元，虚报冒领 577 人，冒领金额 173 万元。

2003年，省政府办公厅印发《关于省属农垦企业参加基本养老保险的实施意见》，省劳动和社会保障厅、省财政厅随即出台《农村信用社和农垦企业职工参加养老保险办法》。

2004年，全省农垦系统5万多职工和近3万名离退休人员按照属地管理原则参加养老保险；3万多农村信用社职工养老保险正式上划省级统一管理。

2004年5月，省政府办公厅转发省劳动和社会保障厅、省财政厅《关于加快实施全省基本养老保险市级统筹的意见》，明确实施基本养老保险市级统筹目的原则、基本形式、相关要求、工作进度安排等，截至2006年7月，全省企业养老保险初步实现市级统筹。2004年7月，省政府办公厅下发《安徽省事业单位转制为企业单位职工参加养老保险试行意见》。同年，省财政厅会同相关部门在全省开展社会保险费缴费基数稽核工作，实地稽核17个市12720户参保企业和61户省属行业统筹企业，共查出应补缴保险费3.5亿元。

2005年，继续抓缴费基数稽核工作，使行业参保单位缴费基数人均月净增389元，10个行业46万参保职工增收保费达6亿元，各市县增收近3亿元。同年，省政府出台《关于做好被征地农民就业和社会保障工作的指导意见》，要求做好被征地农民就业和参加养老保险工作，规定参保农民待遇享受标准原则上不低于每人每月80元。

2006年，省政府出台《安徽省人民政府关于完善企业职工基本养老保险制度的决定》，要求进一步扩大和做实个人账户，改革养老金计发方法，建立养老保险金正常调整机制，加快提高统筹层次。9月，省劳动和社会保障厅、省财政厅、省司法厅联合下发《关于监狱企业工人参加企业职工基本养老保险有关问题的通知》，全省19个监狱企业1.35万工人，参加了省级养老保险统筹。2008年年初，省政府决定将实行养老保险省级统收统支纳入省政府重点工作任务之一。省财政厅向省政府专题报送《关于养老保险省级统筹和做实个人账户有关问题的汇报》，提出全省养老保险省级统筹建议方式。2003—2008年，各级财政累计补助养老保险基金182.66亿元，年均增长37.5%。省财政厅会同省劳动等部门积极构建基金自我平衡机制，全省养老保险基金6年累计增收超过35亿元。2008年，全省积极推行社会保险费扩面征缴和“一票多费”征收工作，努力增收节支，全省养老参保579.7万人，养老保费收入204.8亿元，发放养老金188.7亿元，实现收支平衡，略有结余。

2009年，省政府出台《安徽省人民政府关于企业职工基本养老保险实行省级统筹的意见》，要求全省企业职工基本养老保险实行省级统筹，建立基金预算管理制度，实行省与市基金缺口分担机制，即：省对市调剂、市对所属县（区、市）统收统支，明确各级政府的责任。截至2010年年底，省级统筹调剂基金规模达63.6亿元，下达各市责任分担资金39亿元，为应对人口老龄化和基金保值增值奠定基础。2010年，全省企业退休人员养老金连续第6年调标，全省符合条件的162万退休人员月人均增加128元。

新型农村社会养老保险 2009年，中央决定开展新型农村社会养老保险试点，省财政厅贯彻省政府《安徽省开展新型农村社会养老保险试点工作的实施意见》，当涂等12个县作为全国首批试点单位，2010年濉溪等14个县被列入扩大试点范围。同时，省财政厅制定新型农村社会养老保险财政补助资金管理办法，建立新型农村社会养老保险基金收支情况定期报送、定期分析、定期核查制度，及时了解掌握试点开展情况，并积极筹措资金，做好农民的养老金发放和参保补助财政保障工作。2009—2010年，省财政厅共预拨新型农村社会养老保险补助资金9.95亿元，基金总体运行平稳。随着试点范围的扩大和保障人群的增加，这项政策逐渐从根本上解决全省农村居民的养老保障问题。

失业保险 1999年，省财政厅与相关部门制定安徽省失业保险有关规定，先后两次以省政府明传电报方式下发，将失业保险扩大到所有企事业单位，缴费比例统一为职工工资总额3%（单位2%，个人1%）。2000年，省政府颁布《安徽省失业保险规定》，对参加失业保险缴费资金渠道、基金支付标准和范围等问题作出具体规定。2002年，省财政厅、省劳动和社会保障厅重新制定失业保险基金支出范围，清理和追回原从失业保险基金中提取的生产自救费。2010年，全省参加失业保险364.1万人，基金收入16.5亿元，支出9.7亿元。

医疗保险 1995年，省财政厅会同有关部门在考察借鉴镇江市、九江市医疗保险制度改革试点经验的基础上，确定芜湖、铜陵、淮北三市开展医疗保险改革试点，并于1997年全面实施。

1999年，省财政厅与有关部门组建省医改领导小组办公室，开展医疗保险改革政策研究制定工作，组织召开全省医疗保险制度改革工作会议；出台《安徽省城镇职工医疗保险制度改革的若干意见》和《国家公务员医疗补助的实施意见》；对17个地市医改方案进行审批。

2000年12月底，全省医改全部启动。全省17个省辖市先后建立城镇职工基本医疗保险制度。单位缴费率控制在职工工资总额6%左右，职工个人缴费率为本人工资收入的2%，退休人员个人不缴纳基本医疗保险费。

2005年，对省直现行不同类别人群、不同性质单位医疗补助政策进行调整和完善。

2009年，召开全省财政系统推进医改工作动员会，对推进医改工作进行再部署、再动员。建立医改专项转移支付制度和医改新增投入省与地方分担机制。全年各级财政共安排医改资金55.9亿元，其中省财政拨付25.2亿元。12月2日，财政部在皖召开全国财政部门基层医疗卫生机构综合改革经验交流会，副部长王军充分肯定安徽的做法。省委书记王金山对此作出重要批示："祝贺开局良好，贵在扎实推进。"

2010年，全省城镇职工基本医疗保险参保555.6万人，比2001年增加451.8万人；医疗保险基金收入为79.7亿元，比2001年增加72.8亿元；医疗保险基金支出为71.6亿元，比2001年增加67.6亿元。

工伤保险 1997年2月，省政府颁布《安徽省企业职工工伤保险暂行办法》，规定企业职工工伤保险范围、鉴定程序及申报条件、参保和报销标准。2004年6月，省政府通过《安徽省实施〈工伤保险条例〉办法》，8月1日起施行。该办法规定工伤保险费根据以支定收、收支平衡原则，确定行业基准费率标准和费率浮动办法，基金实行财政专户管理，主要用于按规定支付工伤保险待遇等6个项目。全省各地工伤保险陆续实施。2004年，省劳动和社会保障厅、省财政厅联合下发《关于调整企业工伤人员伤残津贴、生活护理费和供养亲属抚恤金有关问题的通知》，规定2003年12月31日以前企业因工致残职工伤残津贴标准、生活护理费标准 、供养亲属抚恤金标准，规范工伤待遇支付方式。

2010年，全省参加工伤保险342.3万人，工伤保险费收入5.8亿元，保障了企业因工致残职工基本生活。

生育保险　1995年，劳动和社会保障部下发《企业职工生育保险试行办法》。2006年11月，省政府通过《安徽省职工生育保险暂行规定》，规范生育保险基金的筹集、使用和管理。

2007年，职工生育保险制度在全省陆续实施。2007年11月，省劳动和社会保障厅、省财政厅、省卫生厅、省地方税务局联合下发《关于驻肥中央和省属机关、事业单位实施职工生育保险的意见》，明确省直企业生育保险的覆盖范围、基金筹集方式、管理办法及待遇标准。

2010年，全省参加生育保险304.5万人，生育保险费收入3.5亿元，支持了生育保险事业的发展。

第三节　抚恤和社会福利救济支出

抚恤和社会福利救济主要是保障城乡低收入群体的基本生活和医疗需求，以扶老、助残、救孤、济困为重点，保障特殊群体的福利待遇，内容包括城市居民最低生活保障、农村居民最低生活保障、五保供养、城乡医疗救助、抚恤和救灾救济等6大项内容。全省各级财政用于抚恤和社会福利救济支出逐年增长，1995—2008年，支出额由3.8亿元增长到53.8亿元，增长14.2倍，年均增长22.5%。2010年，拨付社会（儿童）福利中心建设资金7560万元、光荣院建设资金1774万元、城乡医疗救助资金45968万元、农村居民最低生活保障资金161477万元、农村“五保户”供养制度资金38222万元、农村五保供养机构建设资金20655万元等，有力保障了各项社会福利和社会救济待遇政策落实。

城市居民最低生活保障　1996年，省政府出台文件，要求在全省建立城市居民最低保障线制度。截至1998年年底，全省17个地市、67个县（市）全部建立城镇居民最低生活保障制度。

1999年，省财政厅、省民政厅进一步规范和完善城市低保制度，确定城市低保的保障范围和享受对象；明确属地管理体制和资金实行省市区分级负担机制。同时规定，当年城镇居民低保标准调整为当地最低工资标准的50%。2000年，省劳动和社会保障厅、省财政厅、省民政厅下发《关于提高全省国有企业下岗职工、失业人员和城镇居民生活保障待遇有关问题的通知》。2002年，安徽颁布《城市居民最低生活保障实施方法》。2006年，省民政厅、省财政厅转发《民政部 财政部关于切实做好适当提高城市居民最低生活保障补助水平工作有关问题的通知》。

截至2010年年底，全省城镇居民享受最低生活保障88.36万人，各级财政低保资金支出19.1亿元，月人均实际补差176元。

农村特困群众生活救助和农村最低生活保障 2003年，省政府办公厅下发《关于切实做好农村特困群众救济工作的通知》。2004年，省政府办公厅转发《省民政厅、省财政厅关于建立和完善农村特困群众生活救助制度的通知》，规定将农村人均低于625元绝对贫困人口纳入救助范围，救助标准为年人均130元，所需资金按照省与市县7 ∶ 3比例承担。同时，建立农村特困群体子女教育救助制度，省财政安排4900万元，为家庭年均收入低于1000元的贫困农民子女提供助学金资助。2007年，省政府转发《农村居民最低生活保障暂行办法》，决定在全省建立农村居民最低生活保障制度，并纳入"民生工程"，明确规定在原农村特困群众生活救助基础上，将家庭年人均收入低于683元的困难群众纳入农村最低生活保障，年人均实际补差不低于260元，所需资金按照省与市县7 ∶ 3比例承担。各级财政投入资金约5.5亿元，其中中央和省财政3.9亿元，全省130.9万农村居民享受最低生活保障待遇。同年，省财政厅、省民政厅印发《安徽省农村居民最低生活保障资金管理暂行办法》。2008年，省民政厅、省财政厅印发《安徽省农村居民最低生活保障暂行办法》，在现有农村低保制度的基础上，实施提标扩面。全省农村居民最低生活保障线从家庭年人均收入683元提高到860元。家庭年人均收入低于683元的低保对象，实际补差标准不低于每人437元 / 年，家庭年人均收入高于683元低于860元的低保对象，实际补差标准不低于每人177元 / 年。全省共补助农村低保资金9.9亿元，186.3万农民享受了低保待遇，覆盖面由2.7%提高到3.5%；

未参保城镇集体企业退休人员生活保障 2005年，省劳动和社会保障厅、省财政厅印发《关于解决未参保集体企业退休人员基本生活保障问题的通知》，明确对于破产倒闭等无缴费能力且未参保的城镇集体企业正式职工，从2006年1月起按当地城市居民低保标准发给基本生活费。所需资金，市本级由当地政府统筹安排，县级由省财政与县财政按1∶1比例配套解决。2006年，各级财政投入2亿元，确保全省10.6万未参保退休人员按当地城镇居民低保标准领取基本生活费。2007年，省政府下发《城镇未参保集体企业退休人员基本生活保障实施办法》，决定将未参保城镇集体企业退休人员生活保障工作纳入"十二项民生工程"，保障全省未参保退休人员基本生活。2008年，省财政补助各县（市、区）资金5000万元，保障全省6万多未参保集体企业退休人员基本生活。2009年，省财政补助各县（市、区）资金5000万元，保障全省6万多未参保集体企业退休人员基本生活。2010 年,省财政补助各县(市、区)资金 3260 万元,保障全省 3 万多未参保集体企业退休人员基本生活。

农村五保户供养　2001 年,省委办公厅、省政府办公厅出台《安徽省农村特殊保障对象保障经费管理暂行规定》和《关于实施〈安徽省农村特殊保障对象保障经费管理暂行规定〉的有关意见》,实现“三级分管、以村为主”的五保户供养新机制,明确五保户供养经费来源主要是各级财政负担,使全省农村五保户“老有所养、老有所保”。2004 年,省财政厅下发《关于进一步加强省级财政农村五保户供养专项补助资金管理的通知》,决定从 1 月起,对五保户年人均补助 400 元生活费,五保户供养资金通过专户管理和社会化发放。2005 年,省财政在原补助基础上每人又增加补助 100 元,人均补助标准达到 500 元。2006 年,省政府下发《关于认真贯彻〈农村五保户供养工作条例〉的通知》,把省级财政对全省五保对象年人均补助从 500 元提高到 850 元。2007 年,省政府下发《关于实施十二项民生工程促进和谐安徽建设的意见》,将五保户供养工作纳入民生工程,将全省五保户供养标准从 850 元提高到 1200 元,所增加的 350 元按照现行财政体制,61 个县(市)和 15 个县改区由省财政承担,其他市辖区由市财政负担。全年省级财政补助市县五保户供养经费的标准为人年均 850 元,共计补助市县五保户供养经费 3.32 亿元。2008 年,全省财政支出五保户供养补助资金 4.6 亿元,惠及全省 45.7 万农村五保户。2009 年,全省财政支出五保户供养补助资金 6.4 亿元,惠及全省 45.7 万农村五保户。2010 年,全省财政支出五保户供养补助资金 6.2 亿元,惠及全省 46.76 万农村五保户。

城乡居民医疗救助　2004 年,省民政厅、省卫生厅、省财政厅印发《关于实施农村医疗救助试点暂行方案的通知》,安排专项资金建立农村特困群体医疗救助制度。覆盖对象主要是农村五保户、农村特困群众和参合农民患大病人群。2005 年,省民政厅、省卫生厅、省财政厅印发《安徽省农村医疗救助实施办法》。同年,省政府办公厅转发省民政厅等部门《关于建立城市医疗救助制度试点工作实施意见的通知》,安排专项资金开展城市医疗救助制度试点工作,21 个试点地区开展针对低保群体、参保个人负担过重的大病人员医疗救助工作,符合条件的城镇居民可享受 500 ~ 2000 元的救助。同时,省财政厅、省民政厅下发《关于加强城市医疗救助基金管理的通知》。2006 年,省民政厅、卫生厅、劳动和社会保障厅、财政厅等联合下发《关于在全省全面开展城市医疗救助工作的通知》。

2007 年,省政府下发《关于实施十二项民生工程促进和谐安徽建设的意见》,将提高城乡医疗救助水平纳入民生工程统一组织实施;省财政厅、省民政厅印发《安徽省城乡医疗救助资金管理暂行办法》,规范农村医疗救助资金的筹集、使用和监管;省民政厅、省卫生厅、省劳动和社会保障厅、省财政厅下发《城乡特困群众医疗救助实施意见》。在一系列政策措施下,省财政厅配合有关部门进一步完善城乡医疗救助制度,加大财政投入。各级财政用于城乡医疗救助支出近 1.5 亿元,救助特困农民 105 万人次,城镇特困居民6.2万人次。

2008年，省民政厅、省财政厅、省劳动和社会保障厅、省卫生厅印发《安徽省城乡困难群众医疗救助实施意见》，对救助病种和救助程序作进一步规范。全省各级财政用于城乡医疗救助资金达3.5亿元，救助城乡特困居民分别达到18.4万人次和181.3万人次。2009年，全省财政用于城乡医疗救助资金3.8亿元，救助城乡居民20.69万人次和192.43万人次；2010年，全省财政用于城乡医疗救助资金4.6亿元，救助城乡居民71万人次和242.11万人次。

城市无着的流浪乞讨人员救助（收容遣送） 1996年，针对收容遣送工作中存在负担不均的问题，重新修订《安徽省跨省收容遣送所需经费支付问题的暂行办法》，规定收容遣送对象留站天数和费用支付，省财政设立跨省收容遣送周转金，保障跨省收容遣送工作顺利开展。2004年，省政府出台《安徽省城市生活无着的流浪乞讨人员救助管理办法》，实行人性化关爱式社会救助制度，取代强制性收容遣送制度，救助经费渠道从“可以适当收费”转变为“完全列入财政预算”。2006年，省民政厅转发民政部等部门《关于进一步做好城市流浪乞讨人员中危重病人、精神病人救治工作的指导意见》。

军人抚恤优待 1998年，省财政组织对全省优抚对象进行全面普查，选择六安市和涡阳县进行普查试点，在此基础上印发《关于开展优抚对象普查工作的通知》，要求各地从1998年11月开始普查，共分为自查、微机建档和复查3个阶段。1999年，省财政厅对民政部门提供的所有享受财政供给优抚对象资料，进行逐一审核、输入微机、建立微机档案管理系统。2001年，省政府办公厅印发《安徽省城镇退役士兵安置有偿转移管理暂行办法》。2003年，省财政增加投入，提高了20世纪60年代精简武警老战士待遇水平。2004年，省政府办公厅转发省民政厅等13个部门《关于扶持城镇退役士兵自谋职业优惠政策实施意见》。同年，省民政厅、省财政厅下发《关于建立优抚对象抚恤补助标准自然增长机制和优抚对象抚恤定补款实行社会化发放的通知》。2005年，省财政厅等部门印发《关于省财政对各市县企业军转干部资金补助有关问题的通知》。2006年，省民政厅、省劳动和社会保障厅、省卫生厅、省财政厅联合下发《安徽省重点优抚对象医疗保障实施意见（试行）》。

2007年，省政府下发《安徽省实施〈军人抚恤优待条例〉办法》。截至2008年年底，全省伤残军人38472人、“三红”人员5816人、“三属”人员16958人、在乡复员军人83342人、带病回乡退伍军人129920人等各类优抚对象的保障资金已按时足额落实到位。2003—2010年，全省共投入抚恤定补经费519693万元。

困难企业军转干部生活补助 2003年，省委办公厅、省政府办公厅印发《关于认真贯彻落实中办发〔2003〕29号文件精神切实解决部分企业军转干部生活困难问题的通知》，明确按照“两个平均数”（在职按当地上年度平均工资、退休按当地平均养老金水平）对部分困难企业军转干部给予生活补助，所需资金由各级财政安排。当年，省财政建立了困难企业军转干部基本信息库。2004年，省劳动和社会保障厅、省财政厅印发《关于对1953年底前参军复员到企业的退休人员发放生活补助金的通知》,规定1953年12月31日前参军复员到企业工作的退休人员从2002年10月1日起,每人每月发放生活补助金150元。所需资金,由所在企业负担,企业负担确有困难的,由同级财政负担。2005年,省财政厅等部门印发《关于省财政对各市县企业军转干部资金补助有关问题的通知》,规定自2005年起,省财政对各市县企业军转干部生活困难资金统一改按“两个平均数”进行补助,即:当地在职、退休企业军转干部平均水平低于全省平均水平的,按当地水平补助;高于全省平均水平的,按全省平均水平补助,超过部分由当地财政承担。

自2006年起,省财政对各市县企业军转干部资金补助以2005年为基数,按照当地“两个平均数”形成的补助增量部分,实行分类补助政策。2010年,调整增加部分企业退休军转干部生活困难补助政策,下达专项资金2.3亿元,切实保障企业退休军转干部生活待遇。

应对公共突发事件支出　2008年,省财政建立应急机制,维护社会稳定。

完成冰冻雪灾倒房恢复重建任务　2008年,在雪灾应急期间,争取中央财政抗雪救灾应急资金和冬春救灾经费15360万元,省财政紧急下拨资金16520万元;多渠道筹措并下拨雪灾建房和损房补助资金29924万元,全面完成全省雪灾倒房恢复和重建工作。

规范救灾捐赠款物管理　2008年“5·12”四川省汶川特大地震发生以后,研究出台“所有非定向救灾捐赠资金全部上缴省财政专户”管理办法,确定管理新模式,这是财政部门在各类救灾捐赠款物管理上的重大突破,财政部社保司给予充分肯定,并向全国推广。截至当年年底,全省非定向救灾捐赠资金已缴入“安徽省救灾捐赠资金专户”5.8亿元。

支持滁河流域救灾及灾后重建　2008年,滁河流域特大洪涝灾害发生后,着重从完善抗洪救灾工作机制入手,做好查灾核灾及灾后恢复重建工作。特别是在完善救灾工作机制过程中形成的“因灾倒房重建成本核算法”,被中央有关部委转发全国参照执行,省委常委、常务副省长孙志刚给予表扬。

奶粉事件应急处置　2008年,三鹿婴幼儿奶粉被查掺入化学原料三聚氰胺,全省累计确任16564名婴幼儿因此患病,其中住院治疗2519人。截至2008年12月3日,各级财政部门共垫付资金14260万元,其中:中央财政下拨5193万元,省财政安排购B超设备款1340万元,市、县财政垫付的7727万元按程序上报中央由责任主体赔偿。

确保受灾群众生产生活稳定　2010年,长江流域等地区强降雨导致严重洪涝灾害,省财政厅按照“急事急办、特事特办”的原则,及时调度资金,确保受灾地区群众生产生活稳定。全年累计下达民政救灾资金2.8亿元,一次性下达冬春救灾资金1.33亿元,解决247万受灾群众基本生活困难问题;筹集专项8000万元用于因灾倒塌民房恢复重建;筹集农村危房改造资金3.44亿元,确保如期完成4.3万户农村危房改造任务。

安徽省抚恤和社会福利救济支出统计表

表 4-4-2　　　　单位：万元

年度＼项目	城市低保	农村低保	五保供养	城市医疗救助	农村医疗救助	抚恤	救灾救济
1995	—	—	—	—	—	11791	10735
1996	—	—	—	—	—	13423	14548
1997	—	—	—	—	—	17306	10921
1998	—	—	—	—	—	19605	12557
1999	—	—	—	—	—	21677	23065
2000	—	—	—	—	—	32168	11850
2001	14738	—	—	—	—	33302	14868
2002	43386	—	—	—	—	32930	16430
2003	63574	9500	—	—	—	37265	58262
2004	76394	11700	19100	3545	1525	42903	19049
2005	85413	11700	24300	3183	2251	61338	27050
2006	109260	11700	26900	3553	2419	85828	18311
2007	152209	54700	33256	2883	11602	89823	96106
2008	153615	99360	46394	13455	7414	119444	98519
2009	176342	157444	38603	10290	28003	94496.1	25251.5
2010	179450	161477	38603	12386	29082	103615	28306

第四节　医疗卫生支出

医疗卫生事业是造福人民的事业，关系广大人民群众切身利益和经济社会协调发展。医疗卫生体系建设主要包括公共卫生服务体系建设、医疗服务体系建设、医疗保障体系建设三个方面。在省政府出台规范文件的基础上，财政、卫生、劳动等相关部门加强改革创新，各级财政积极筹措资金，加大对医疗卫生的投入，逐步建立起覆盖城乡居民的集疾病预防、诊疗、保障为一体的医疗卫生体系。

公共卫生服务体系建设　主要包括对各项疾病的预防控制、妇女儿童保健以及重大传染病的救治等。1992 年，省政府印发《安徽省九十年代儿童少年工作发展规划纲要》。1994 年，省政府印发《关于进一步加强血吸虫病防治工作的决定》。1996 年，省政府下发《安徽省妇女发展纲要（1996—2000 年）》，省第八届人大常委会第二十六次会议通过《安徽省实施〈中华人民共和国母婴保健法〉办法》。1997 年，省政府印发《安徽省人民政府关于加强中医工作的决定》。1998 年，安徽省第九届人大常委会第七次会议通过《安徽省儿童计划免疫管理条例》。

2001年，省政府下发《安徽省妇女发展纲要（2001—2010年）》和《安徽省儿童发展纲要（2001—2010年）》。同年，省九届人大常委会第二十四次会议审议通过《安徽省发展中医条例》。2002年，省第九届人大常委会第三十一次会议通过《安徽省血吸虫病防治条例》。同时，省政府办公厅转发省卫生厅等12个部门《关于加快发展城市社区卫生服务的意见》。2004年，省政府办公厅印发《安徽省中药现代化发展纲要（2004—2010年）》。2005年，经省政府同意，省卫生厅、省发改委、省农委、省水利厅、省林业厅、省财政厅关于印发《安徽省贯彻〈血吸虫病综合治理重点项目规划纲要（2004—2008年）〉的实施意见》。2006年，省政府办公厅印发《关于贯彻实施<血吸虫病防治条例>的意见》；省财政厅、省卫生厅、省民政厅印发《安徽省重大传染病病人医疗救治与艾滋病病人生活救助资金管理暂行办法》。同年，省政府颁发《安徽省人民政府关于加快发展城市社区卫生服务的实施意见》。2007年，省政府办公厅转发省卫生厅、省财政厅、省发改委《城市社区卫生服务体系建设实施方案》；省卫生厅、省财政厅、省发改委联合印发《安徽省城市社区卫生服务体系民生工程2007年建设实施计划》《社区卫生服务机构规范化建设考核标准》；省卫生厅、省财政厅联合印发《安徽省社区公共卫生服务实施办法》《安徽省社区公共卫生服务考核标准》《安徽省城市社区卫生服务体系建设资金管理暂行办法》。安徽对国家规定的重大传染病患者实行免费救治政策，并对重大传染病防治及相关工作经费予以保障。

2007年，把重大传染病人医疗救治与艾滋病人生活救助实施部分纳入十二项民生工程。全省接受救治的艾滋病病人1600人，结核病病人5500人，血吸虫病人6000人，接受生活救助的因艾滋病导致父母双亡的孤儿、父母一方亡故的孤儿等5种情况人员3191人。政府免费接种疫苗14种，中央和省安排计划免疫专项经费1.3亿元。

2008年，省财政厅、省残联、省卫生厅出台《贫困白内障患者复明手术资金管理办法》，下拨贫困白内障患者复明工程专项资金1000万元，实施复明手术1万人。省财政下拨重大传染病病人救治及艾滋病病人生活救助专项资金1.3亿元。3月起，阜阳、亳州等17个市相继发生儿童手足口病（EV71感染）疫情，中央和省财政安排防治工作各类经费5570万元（中央1200万元，省财政4370万元），制定患者免费救治政策，促进全省手足口病防治工作开展，及时控制疫情。1995—2008年，全省公共卫生经费由9985万元增加到89894万元，年均递增18.3%。

城市医疗卫生服务体系建设　是指在城市构建由二级以上大医院、社区卫生服务中心、社区卫生服务站三级医疗卫生服务体系。

城市医院建设　1997年，各级财政认真贯彻执行省委省政府《关于贯彻〈中共中央、国务院关于卫生政策与发展的决定〉的实施意见》，积极调整财政支出结构，确保卫生事业支出增幅不低于同期经常性财政支出增幅。1998年，省卫生厅、省财政厅印发《关于贯彻执行新的医院财会制度有关问题的补充规定》。1999年，省卫生厅、省财政厅印发《关于对医院药品收入实行“核定收入、超收上缴”办法的通知（试行）》,对医院药品收入实行“核定收入、超收上缴”管理办法,医院药品收入超过医院收入 55% 以上部分,统一上缴医院主管部门,统筹用于支持社区公共卫生支出。2000 年,省卫生厅、省财政厅印发《安徽省医疗机构药品收入实行收支两条线管理试行办法》《安徽省医疗机构药品收入实行收支两条线财务管理及会计核算暂行规定》。2001 年,省卫生厅、省财政厅贯彻实施药品收支两条线制度,县及县以上非营利性医疗机构的药品收入和支出实行分开核算,分别管理;药品收支结余全部上缴卫生行政部门,纳入社保财政专户管理。2002 年,全省所有市县医院药品收入全面实行收支两条线管理。2002 年，17 个市全部实施药品集中招标采购,配合药监机构严把生产、经营准入关,制止低水平重复,全省药品生产企业已由 263 家减少到 231 家,批发企业由 1046 家减少到 612 家;安排专项经费支持药监机构开展打击制售假冒伪劣产品行动,全省共有 283 家企业被依法查处、56 家被责令停产，434 家无证经营户被取缔。

城市社区卫生服务建设 2002 年,省政府办公厅转发省卫生厅、省财政厅等部门《关于加快发展城市社区卫生服务的意见》。2006 年,省政府印发《安徽省人民政府关于加快发展城市社区卫生服务的实施意见》。2007 年,省政府决定把发展城市社区卫生纳入十二项民生工程。为全面推进城市社区卫生服务体系建设,中央、省、市、县 4 级财政共同出资,集中完善社区卫生服务机构的基础设施和设备,同时开展政府购买公共卫生服务的试点工作,免费向社区居民提供健康教育、预防、保健、康复、计划生育等公共卫生服务。截至 2007 年年底,全省城市社区卫生服务机构经费由 2003 年 808 万元增加到 16018 万元,年均递增 111%。全省已建成社区卫生服务机构 1186 个,其中服务中心 241 个,服务站 945 个;已培训从事社区卫生服务的全科医师 3976 人,社区护士 2163 人。2010 年,全省财政共拨付城市社区公共卫生服务经费 2580 万元,完成社区卫生服务机构建设 393 个,其中中心 48 个、站 345 个。

农村卫生服务体系建设 1994 年,省卫生厅、省财政厅等部门印发《安徽省农村卫生“三项建设”标准（试行）的通知》和《安徽省农村卫生“三项建设”项目管理实施细则（试行）》,各级财政安排专项资金,全面实施农村卫生“三项建设”（乡镇卫生院、县防疫站和县妇幼保健院改造建设）,要求在 2000 年前农村卫生“三项建设”都要达到“一无三配套”（即无危房和人才、房屋、设备配套）。

1998 年,省财政开始按照“集中财力办大事”的原则,对农村卫生“三项建设”资金分配进行改革,从年初预算安排的农村卫生“三项建设”专项设备费中拿出 80% 的资金,集中补助 20 个县（市）,扶持这些地方当年达标,计划用 3 年时间使全省所有县（市）全部达标。2003 年,省编办、卫生厅、省财政厅印发《关于乡镇卫生院体制调整有关问题的通知》;省政府办公厅转发省卫生厅等《安徽省 2001—2010 年农村初级卫生保健工作规划纲要》;省卫生厅、省财政厅等七个部门印发《安徽省农村卫生机构改革与管理的实施意见》;省财政厅、省计划委员会、省卫生厅印发《关于农村卫生事业补助政策的实施意见》。2006年,省财政厅、省发改委、省卫生厅印发《安徽省农村卫生服务体系民生工程建设资金管理暂行办法》。

2007年,省政府印发《关于进一步加强农村卫生事业发展的意见》,决定用5年时间,投资12亿元在全省建设1230所标准化乡镇卫生院和10000个标准化村卫生室。所投资金主要用于乡镇卫生院和村卫生室业务用房建设、设备购置与更新。2007年,全省建设乡镇卫生院300所,村卫生室1000所。2008年,建设标准化乡镇卫生院231所、村卫生室2500所。2009年建设标准化乡镇卫生院300所,村卫生室2500所;2010年建设标准化乡镇卫生院77所,村卫生室8400所。

医疗保障体系建设 主要包括城镇职工医疗保险、新型农村合作医疗、城镇居民医疗保险等。

公费医疗经费管理 1995年,省财政与卫生部门积极推进公费医疗经费由医疗单位管理转变为与多方挂钩的办法,明确省公费医疗经费由医疗单位管理为主,实行医疗费用与公费医疗享受者经济利益适当挂钩;推行超定额开支由财政、医疗单位、享受单位合理负担,具体负担比例为财政负担50%～70%、医疗单位负担10%～20%、享受单位负担20%～30%。1996年,省保健委、省财政厅、省卫生厅联合制定《省直行政单位享受住院保健人员公费医疗管理办法(试行)》。1997年,省财政厅与有关部门共同制定《安徽省公费医疗用药目录》,规范用药范围,避免浪费;建立健全奖惩制度,加大管理和监督力度。1998年,省财政厅积极推动有关部门研究开发公费医疗微机管理系统(IC卡)。该系统具有人员自动识别、药品管理、费用计算、费用控制4大功能。1999年,省政府印发《安徽省实施城镇职工医疗保险制度改革若干意见》,要求建立城镇职工医疗保险制度,并对缴费比例和保险基金管理等作了具体规定。2000年12月底,城镇职工基本医疗保险制度全面实施,实现公费医疗制度向基本医疗保险制度转轨。

新型农村合作医疗(简称新农合) 2002年,省政府办公厅下发《关于建立新型农村合作医疗制度意见的通知》。2003年,省卫生厅、省财政厅、省农委正式启动第一批10个县参加新农合试点工作。2004年9月,省财政厅印发《安徽省新型农村合作医疗基金会计核算办法(试行)》。省财政厅、省卫生厅先后印发《安徽省新型农村合作医疗基金财务制度(试行)》《建立新型农村合作医疗风险基金的通知》。全省各级财政部门主动参与方案制定和各项配套制度建设,在全国较早制定了新型农村合作医疗基金财务制度,做到收支分离、管用分开。2007年,省卫生厅、省财政厅先后制定《全面建立新型农村合作医疗制度实施办法》《安徽省新型农村合作医疗资金管理暂行办法》,提高财政补助,调整新农合负担比例,其中,中央财政补助20元、省级财政补助15元、县级财政补助5元、农民个人缴费10元。全省共有81个试点县(市、区)开展新农合试点。2008年,进一步提高新农合负担比例,其中,中央财政补助40元、省级财政补助30元、县级财政补助10元、农民个人缴费20元。全年筹集新农合资金35亿元,支出38.4亿元,省财政下拨新农合补助资金达31亿元,全省100个县(市、区)、4526

万农民参加了新农合，参合率达 90%。2003—2010 年，新农合资金共筹集 181.7 亿元，共支出 173.03 亿元。

城镇居民医疗保险　2007 年，省政府办公厅转发《安徽省劳动和社会保障厅、省财政厅、省卫生厅、省民政厅关于城镇居民医疗保障制度实施意见》，省财政厅、省劳动和社会保障厅、省卫生厅印发《安徽省城镇居民医疗保险资金管理暂行办法》，省政府出台《关于开展城镇居民基本医疗保险工作的意见》。省级财政每人每年补助 30 元、市级和县级补助分别不低于 30 元和 10 元，纳入国家试点城市的，中央每人每年补助 20 元。2007 年，合肥、芜湖、马鞍山等三市纳入国家试点城市。截至 2007 年年底，全省所有市、县（区）都已建立城镇居民基本医疗保险制度，全省参保人数达 467 万人，共筹集资金 48874 万元，资金支出 4405 万元。2008 年，安徽在全国率先将省境内高校大学生纳入城镇居民医疗保险体系，并在机制和体制方面有所创新。2010 年，全省共筹集城镇居民基本医疗保险资金 179342 万元，资金支出 125974 万元，省财政下拨补助资金 4.1 亿元，城镇居民参保人数达 785 万人。

安徽省公共卫生投入统计表

表 4-4-3　　单位：万元

年　度	防治防疫	妇幼保健机构	药品监督机构	重大传染病救治
1995	7582	1980	423	—
1996	8734	2257	688	—
1997	9824	2752	758	—
1998	10806	2711	762	—
1999	10025	3219	372	—
2000	10662	2972	507	—
2001	13385	3713	1517	—
2002	16644	4094	3413	—
2003	22312	4992	2301	5531
2004	25570	6143	3638	9639
2005	32239	7016	4702	9164
2006	33128	9069	7177	11012
2007	55262	9270	10509	14081
2008	81410	11499	11317	13000
2009	110275	9968	25573	30233
2010	123340	12684	25298	90296

安徽省城乡卫生服务机构建设财政投入统计表

表 4-4-4　　单位：万元

年度＼项目	医院经费	城市社区卫生机构经费	乡镇卫生院经费
1995	18485	—	12240
1996	18459	—	12651
1997	20282	—	12658
1998	19575	—	14438
1999	23888	—	16734
2000	22519	—	17357
2001	30451	—	17298
2002	32195	—	18412
2003	44395	808	23139
2004	54072	869	25590
2005	61527	1035	30759
2006	71047	1170	35671
2007	69747	16018	66581
2008	83429	24404	81740
2009	190315	35669	98565
2010	215406	87355	131673

安徽省医疗保障体系建设财政投入统计表

表 4-4-5　　单位：万元

年度＼项目	公费医疗	城镇职工医保	新农合	城镇居民医保
1995	28235	—	—	—
1996	32686	—	—	—
1997	39642	—	—	—
1998	42430	—	—	—
1999	46477	—	—	—
2000	46414	1995	—	—
2001	—	6573	—	—
2002	—	11721	—	—
2003	—	9259	4872	—

续表 4-4-5

年度＼项目	公费医疗	城镇职工医保	新农合	城镇居民医保
2004	—	13034	9528	—
2005	—	17143	15090	—
2006	—	21841	68889	—
2007	—	12228	165701	3230
2008	—	67742	291198	55260
2009	—	132505	361911	98672
2010	—	9725	57000	122509

第五节　社会保障基金

社会保障基金是根据国家有关法律、法规和政策的规定，为实施社会保障制度而建立起来、专款专用的资金。社会保障基金一般按不同的项目分别建立，如社会保险基金、社会救济基金、社会福利基金等。其中，社会保险基金是社会保障基金中最重要的组成部分。

编制社会保障基金预算　2010 年，省财政厅坚持“建机制、强管理、提绩效”工作思路，注重夯实基础、科学编制、强化执行、考核考评。在全国率先出台预算编制手册，率先印发《安徽省社会保险基金预算考核试行办法》，统一预算编制口径，规范预算编制程序，建立预算编制互动机制、预算审核制约机制、预算执行监控机制、预算管理长效机制，切实提高基金预算管理的制度化、规范化水平，促进社会保险基金科学持续发展。

建立社会保障基金机制　2010 年，省财政厅以编制基金预算为新契机，强化社会保险基金管理，进一步健全各项社会保险制度体系。在基金预算编制上，通过建立财政主导机制、横向联动机制、纵向互动机制等方式，严把启动部署、基金编制、审核报批等三个关口，成立预算编制工作小组，建立编制工作会商制度和会审制度，举办预算编制培训班、制定编制工作手册，召开省直协调会和反馈见面会，按时完成社会保险基金试编制工作，得到财政部充分肯定。在基金预算执行上，及时了解、掌握各地社会保险基金预算执行情况，建立社会保险基金预算执行分析和通报制度，定期分析基金预算执行情况，通过数据深入分析各地执行和管理中存在的问题，通报各地执行情况，推动市县工作开展。在基金预算监管上，进一步强化基金预算监督管理，提高基金预算编制的完整性、真实性，增强预算执行的科学性、计划性。会同社保部门出台《安徽省社会保险基金预算考核试行办法》，采取科学和规范相结合、定性和定量相结合、日常考核和年终考评相结合的方式严格组织实施，将考核工作贯穿预算的编制、执行、监督管理全过程，同时，建立社保基金预算通报制度、奖惩制度，调动各级各部门积极性。

加强社会保障基金监管　省财政厅先后出台《企业职工基本养老保险省级统筹责任分担办法》《新农保财政补助资金管理办法》《光荣院建设经费管理暂行办法》《农村卫生服务体系建设项目资金管理办法》《新型农村合作医疗基金对医疗机构住院费用支付总额预算管理意见》《基层医疗卫生机构预算管理及财政保障办法》等一系列专项资金管理办法,坚持投入和监督并重,加大监督检查力度。下发全省2009年年底就业资金专项检查中发现有违规问题、重度残疾人生活特别救助资金财政检查情况和整改要求情况的通报,要求针对发现的问题逐项分析,限期整改;对养老保险省级统筹项目进行清理、基金进行审计,提出整改意见;对医改、新农保、民政优抚、新农合等方面的财政补助资金开展专项检查。此外,将贫困重度残疾人特别救助、艾滋病防治等专项资金纳入绩效评估试点,将农村卫生服务体系建设、新农合补助资金纳入强农惠民资金专项检查,充分发挥资金的经济效益和社会效益。

第五章 经济建设支出

经济建设性支出是指用于生产性投资和基本建设方面的财政支出，这些支出或者是与社会公共需要有关，或者是与宏观调控有关，是国家财政最基本支出，安徽省经济建设支出不断优化投入比例和结构，以促进各项经济建设和社会事业发展。

第一节 财政基本建设支出

1979—1994年，全省基本建设投入完成60.22亿元，1995—2000年完成135.33亿元，2001—2008年完成424.42亿元。安徽实施“861”行动计划后，全省财政部门积极筹措资金，兴建一批水利、交通、电力、信息、城市基础设施以及生态环境保护等领域重大工程，全省基础设施条件得到进一步改善，投资环境进一步优化，为经济社会长远发展提供强有力支撑。32年间，全省各级财政部门对教育、文化、卫生，农村公共事业等社会发展基础设施投入累计达42.68亿元，其中政府性投入31.16亿元，促进了各项社会事业的全面协调发展，为安徽省跨越式发展奠定坚实基础。

财政基本建设投入规模 财政基本建设投入历经计划经济和市场经济两个阶段：计划经济时期，以国有经济为主导，财政基本建设投入成为投资的主导力量；市场经济时期，财政基本建设投入是引导全社会投资的重要杠杆，是政府宏观调控、促进经济平稳增长的重要手段。1979年以后，全省财政基本建设投入规模历经建设银行代行职能、基本建设处管理、经济建设处管理处3个不同时期，投资规模逐年增长。

建设银行代行职能时期（1979—1994） 1979年，全省财政基本建设投入45339万元，占同期财政支出比重22.3%。1994年，全省财政基本建设投入67338万元，比1979年增长48.5%，年均递增2.6%；占同期财政支出比重7.2%，比1979年下降15.1个百分点。

基本建设处管理时期（1995—2000） 1995年，全省财政基本建设投入83416万元，占同期财政支出比重6.1%。2000年，全省财政基本建设投入410893万元，比1995年增长3.9倍，年均递增37.3%；占同期财政支出比重12.7%，比1995年增长6.6个百分点。

经济建设处管理时期（2001—2010） 2001年，全省财政基本建设投入435524万元，占同期财政支出比重10.8%。2010年，全省财政基本建设投入884869万元（因财政支出科目调整，基本建设投入计算口径有变化），比2001年增长103.2%；占同期财政支出比重3%,比2001年下降7.8个百分点。

财政基本建设投入逐年增长,2010年比1979年增长18.5倍。在计划经济时期,财政基本建设投入占财政支出比重较大,1979年达22.3%。随着市场经济的发展,基本建设投入主体多元化,财政基本建设投资占财政支出的比重呈下降趋势,这是市场经济发育日益成熟的表现。

财政基本建设投入项目 1979—2010年间,省财政积极争取中央预算内基本建设资金,统筹使用各级财政预算内基本建设资金,集中力量实施长江干堤加固、淮河治理、农村电网改造、市政基础设施、企业技术进步和产业升级改造等一大批关系全省经济发展全局的重大基础设施项目。

水利项目 包括长江干堤加固、淮河治理工程、病险水库加固、大型排涝泵站更新改造和大型灌区续建配套及节水改造等。

长江干堤加固。1998年长江大水后,全面推进长江干堤建设,实施同马、安广、枞阳、无为、和县、池州、马鞍山、铜陵、芜湖等九大江堤加固项目。项目总投资52.54亿元。其中,中央财政投资41.73亿元,占总投资的79.4%;省财政配套投资2.31亿元,占总投资的4.4%;市县财政配套投资8.5亿元,占总投资的16.2%。

淮河治理工程。2003年以后,实施14项治淮重点骨干工程。截至2008年年底,全省14项治淮骨干工程中,全部完工9项。累计完成投资计划164.67亿元。其中中央财政投资119.81亿元,占投资计划72.75%;省财政配套投资27.51亿元,占投资计划16.71%,市县财政配套投资18.4亿元,占投资计划10.54%。2009年,全力保障治淮骨干工程顺利实施,安排拨付治淮资金7.07亿元,全省14项治淮骨干工程全面建成。

病险水库加固。1998年开始,积极开展病险水库除险加固,全省现有病险水库1909座(大型8座,中型81座,小型1820座)。其中89座大中型和206座重点小型水库列入全国水库加固专项规划,1614座小型病险水库列入安徽省加固专项计划。全省病险水库加固总投资45.6亿元。其中,中央财政投资13.9亿元,省财政配套投资18.5亿元,市县财政配套投资13.2亿元。截至2008年年底,共实施47座大中型、93座重点小型和862座省计划内小型病型水库加固,项目投资31.31亿元。其中,中央财政投资11.12亿元,省财政配套投资10.29亿元,市县财政配套投资9.9亿元。2010年,病险水库除险加固工程全面推进。争取中央资金7.75亿元,安排省级配套资金3.22亿元,全面完成国家规划295座大中型和重点小型病险水库除险加固任务,新开工建设省计划300座小型、新一轮国家规划129座重点小型病险水库除险加固工程。

大型排涝泵站更新改造。2005—2008年,33座大型排涝泵站更新改造,累计投资12.58亿元。其中,中央财政投资6.28亿元,省财政配套投资2.51亿元,市县财政配套投资3.79亿元。2009年,安排拨付资金5.44亿元,对33座大型排涝泵站、一批沿江排涝泵站、排灌泵站及滁河、淠河进行改造,恢复和改善农村排涝设施,为粮食增产增收奠定基础。

大型灌区续建配套及节水改造。1998—2008 年，实施淠史杭、驷马山、茨淮新河、女山湖、青弋江和花凉亭 6 大灌区续建，累计投资 13.02 亿元。其中，中央财政投资 6.92 亿元，占投资计划 53.1%；省财政配套投资 1.48 亿元，占投资计划 11.4%；市县财政配套投资 4.62 亿元，占投资计划 35.5%。2009 年，安排拨付专项资金 3.84 亿元，对淠史杭、驷马山、茨淮新河、女山湖、青弋江和花凉亭、新汴河等 7 大灌区进行续建及节水改造，提高用水效率，改善灌区末端的用水困难。2010 年，安排资金 13.55 亿元治理中小河流 31 条，持续推进淠史杭、驷马山等大型灌区续建配套和节水改造。

生态环保项目　包括巢湖和淮河流域水污染治理。2001—2007 年，全省实际投入巢湖流域水污染防治资金 33.02 亿元。其中财政性资金 25.16 亿元，包括中央财政资金 13.92 亿元，地方性财政资金 6.68 亿元，其他财政性资金 4.76 亿元；外国政府和金融组织贷款 6.07 亿元；国内银行贷款 1.59 亿元。共实施污水处理厂和配套管网等城镇环保基础设施建设项目 30 个，总投资 9.64 亿元。2008 年，省财政通过调整和优化支出结构，加大对巢湖流域水环境治理，共安排 1.85 亿元用于 46 个污水处理设施及配套管网项目建设。2001—2007 年，全省实际投入淮河流域水污染防治资金 68.61 亿元，其中财政性资金 47.98 亿元，包括中央财政资金 35.93 亿元，地方性财政资金 12.05 亿元，企业及社会资金 20.62 亿元。共实施污水处理厂和配套管网等城镇环保基础设施建设项目 23 个，总投资 9.55 亿元；工业污染治理等环保项目 136 个，总投资 1.47 亿元；生态建设及综合整治项目 34 个，总投资 1.91 亿元；河道整理及污染底泥清淤项目 6 个，总投资 10.41 亿元。2008 年，省财政通过调整和优化支出结构，加大对淮河流域水环境治理，共安排 1.06 亿元用于 16 个污水处理设施及配套管网项目建设。

城乡基础设施建设项目　包括城市基础设施建设、农村电网改造、村村通工程、农村安全饮水工程、小城镇建设等。

城市基础设施建设。1998 年，省财政充分利用积极财政政策的机遇，加大对城市基础设施的投入力度，引导各地完善城市基础设施功能。截至 2008 年年底，共投入 21.37 亿元对全省各地 87 个城市道路、供水、煤气改造等基础设施进行改造。2010 年，农村沼气工程建设有序开展。争取中央资金 2.87 亿元，拨付省级配套资金 0.85 万元，支持 12 万户户用沼气、1081 个乡村沼气服务网点、57 处养殖场大中型沼气工程建设。

农村电网改造。1992 年，省政府批准建立“扶持农村电网建设调节基金”（简称“农调基金”），至 1997 年年底，全省共征收农调基金 20443 万元。省财政大力支持农村电网改造，累计投入 1.79 亿元直接建设一批农电工程。截至 2008 年年底，全省乡村通电率 100%，扶持天长等 7 县（市）成为全国农村电气化县。

村村通工程。为大力改善农村基础设施条件，推进社会主义新农村建设，省财政大力支持实施村村通工程。2005—2006 年，省财政补助标准为每公里 10 万元，2007 年，省财政将补助标准提高到 12.5 万元。2005—2008 年，省财政共安排 1.3 亿元支持农村交通基础设施建设，完成 2.9 万公里村村通公路。2010 年，农村公路建设顺利实施。争取中央资金 5.5 亿元,安排省级配套资金 2.25 亿元,完成农村公路建设 5500 公里。

农村安全饮水工程。2006 年以后,全省将农村安全工程纳入民生工程,重点解决全省 1597 万人农村安全饮水问题。2006—2008 年,全省经建系统共投入专项资金 22.69 亿元,解决全省 583.5 万人的饮水安全问题。2010 年,农村饮水安全工程加快进度。争取中央资金 9.55 亿元,安排省级配套 2.34 亿元,解决 296 万人农村饮水安全问题。

小城镇建设。2001 年,省财政安排 2000 万元扶持 166 个中心建制镇的城镇建设,安排 670 万元用于小城镇的水厂、环卫设施建设补助,争取中央资金 800 万元用于小城镇建设,直接带动社会各方对小城镇建设投入资金 15.7 亿元,推动全省城镇化战略的实施。2000—2002 年,实施移民建镇工程,共投入 24 亿元,安排移民 5.9 万户 19.6 万人。2004—2006 年,省财政分 3 年时间集中支持省政府确定的 63 个重点镇的基础设施建设。从 2007 年起,省财政集中小城镇建设资金,扶持全省重点中心镇垃圾处理、污水处理设施建设。2007—2008 年,省财政共对全省 94 个中心建制镇农村垃圾和污水处理设施进行重点引导投入,带动社会投资 5.18 亿元。2010 年,省财政安排 2.24 亿元,以农村生活垃圾设施建设作为切入点,选择 245 个重点乡镇,集中完善乡镇生活垃圾转运设施,探索建立“村收集、乡镇运转、县处理”的农村生活垃圾处理模式。

土地复垦整理。2000—2008 年,全省财政共安排土地开发整理专项资金 30.67 亿元,实施土地开发整理项目 217 个,新增耕地面积 1.26 万公顷,为促进全省农业增产农民增收、推动新农村建设和经济可持续发展提供有力支撑。

财政基本建设投入监管　全省各级财政部门在全面参与基本项目管理的基础上,着重以资金、项目、财务、制度管理为中心,认真做好基本建设投入管理的各项工作,保障基本建设资金的合理使用和效益的充分发挥。

基本建设财务管理　财政基本建设投入管理历经 3 个不同的阶段,其财务管理不断深化:1995 年收回建设银行代行职能后,强化基建资金专户管理和资金拨付程序,资金拨付严格按财政预算、年度计划、建设程序、工程进度直接拨到建设项目,强化资金使用效率;加强自筹基建资金管理,坚持“专户储存,先存后批,先批先用,监督拨付”的原则,不断扩大基建资金管理范围,把预算内资金和自筹资金纳入统一管理,形成资金管理的合力;从 2003 年起,为减少资金周转环节,保证基本建设项目资金及时、准确、安全支付,提高财政资金的使用效益,积极推进基本建设项目国库集中支付,由财政直接将资金支付给设计、施工、监理等单位及供应商,减少中间环节。支付全程电子化,方便单位用款,提高财政资金支付效率。

基本建设制度建设　1996 年以后,省财政厅先后制发《安徽省基建项目工程预算、决算审查办法》《关于加强基本建设财务管理的通知》《治淮工程基本建设资金管理暂行办法》《安徽省基本建设资金管理暂行办法》《安徽省行蓄洪区移民迁建资金管理办法》等。

基本建设项目管理　省财政厅从基建项目前期入手,积极参与基建项目立项、投资

规模、资金筹措等评审论证工作，源头控制和减少超概算现象的发生；积极开展重大工程项目预算评审，从事前控制投资。注重项目建设过程资金使用的监管，在项目实施中加强对基建资金监管。1996—2010年，共审查基建项目2000多个，审查资金65.86亿元，核减资金7.56亿元，核减率达11.5%。同时，积极开展“拨改贷”转资本金审查上报工作。根据国家计委、财政部《关于中央级“拨改贷”本息余额转为国家资本金实施办法的通知》精神，1997—2010年，共完成中央级“拨改贷”138个项目，清理资本金余额35619万元。认真落实中央级经营性资金转资本金的审查上报工作，1996—1998年，累计办理中央级经营性项目251个，本息余额240146万元。

基本建设投入运作机制　1998年以后，全省各级财政部门积极探索基本建设实行“代建制”（通过招标的方式，面向社会选择具有专业化的项目管理单位，负责项目的投资管理和建设组织实施工作，项目建成后交付项目使用单位），部分城市推行公益性项目全过程代建。项目立项后，代建单位牵头组织项目可行性研究、初步设计等；项目明确后按批准的概算实行限额设计，防止项目设计环节造成超概算。2007年开始创新投资补助方式，对病险水库加固投资实行定额补助，探索政府基建投资管理补助方式。对列入国家规划的重点小型水库和小型病险水库除险加固投资，通过评审确定水库平均投资额，据此实行按市定额补助。同时，探索政府基建专项资金以奖代补机制，对于中央节能减排专项资金，改变原来按照项目分配资金的做法，按照以奖代补的思路，按因素法将专项资金分配到各项目。

安徽省财政基本建设投资统计表

表4–5–1　　单位：万元

项目 年度	财政支出		基本建设投资		
	数额	年增长（%）	数额	年增长（%）	占财政支出比重（%）
1979	203533		45339		22.3
1980	166632	–18	27185	–40	16.3
1981	154043	–8	20694	–24	13.4
1982	168654	9	23279	12	13.8
1983	203781	21	30765	32	15.1
1984	235579	16	39460	28	16.8
1985	338756	44	44524	13	13.1
1986	461758	36	49958	12	10.8
1987	445289	–4	32254	–35	7.2
1988	478131	7	35317	9	7.4
1989	552515	16	28069	–21	5.1

续表 4-5-1

项目 年度	财政支出		基本建设投资		
	数额	年增长（%）	数额	年增长（%）	占财政支出比重（%）
1990	615702	11	34213	22	5.6
1991	813906	32	39618	16	4.9
1992	741097	–9	37655	–5	5.1
1993	720085	–3	44587	18	6.2
1994	932746	30	67338	51	7.2
1995	1358776	46	83416	24	6.1
1996	1787143	32	121416	46	6.8
1997	2115260	18	149498	23	7.1
1998	2420656	14	237498	59	9.8
1999	2886031	19	350633	48	12.1
2000	3234728	12	410893	17	12.7
2001	4037988	25	435524	6	10.8
2002	4568579	13	538225	24	11.8
2003	5074398	11	474481	–12	9.4
2004	6015280	19	508578	7	8.5
2005	7130633	19	641160	26	9.0
2006	9402329	32	976248	52	10.4
2007	12193561	30	670000	–31	5.5
2008	16471253	33	699793	4	4.3
2009	21413263	30	861420	23	4
2010	25835283	21	884869	3	3

说明：2007 年开始，计算口径变化

第二节　支持区域发展支出

财政支持区域协调发展是财政集中力量办大事的体现，对于保障省委省政府重大战略决策部署，促进全省经济社会的全面、协调、可持续发展具有重要意义。

支持“861”行动计划　2003 年，省委省政府确立全面建设小康社会起步阶段建设八大产业基地（加工制造业基地、原材料产业基地、化工产业基地、能源产业基地、高新技术产业基地、优质安全农产品生产加工和供应基地、旅游基地、文化产业基地）、六大基础工程（防洪保安工程、通达工程、信息工程、生态工程、信用工程、人才工程）和

2007年人均国内生产总值达到1000美元以上的战略目标（后调整为:到2010年,全省国内生产总值达到1万亿人民币,目标实现后5年翻一番）的战略目标,简称为“861”行动计划。

2004年,全省各级财政投入“861”行动计划的资金150亿元,省财政直接拨付“861”基建专项资金33.3亿元。其中,安排治淮工程5.8亿元,“861”奖励资金1000万元,“生态安徽”专项资金1000万元,“数字安徽”专项资金1000万元,出口退税9800万元,挖潜改造资金11000万元,中小企业发展专项资金5500万元。同时,切实规范各项资金管理,先后出台《安徽省治淮工程基本建设资金管理暂行办法》、《安徽省生态建设专项资金管理办法》等5个资金管理办法,积极开展财政监督检查,及时跟踪问效,提高资金使用效益。

2005年,省财政共拨付“861”基建资金36亿元,支持一批事关安徽长远发展的重大项目建设。为保证治淮工程顺利实施,在国家资金未到情况下优先拨付资金,对配套困难市安排借款5000万元。

2006年,省财政调整支出结构,加大“861”行动计划投入力度,全年基本建设支出51亿元。加大落实治淮配套资金,集中资金用于治淮工程,对配套资金数额大、财力困难的6个市,主动协调借款1.38亿元,年底追加安排省级配套基金1.5亿元。大力支持“生态安徽”“数字安徽”“信用安徽”建设。“生态安徽”专项资金支持24个县开展生态试点,安排生态示范基地项目98个,改善城乡生态环境;“数字安徽”专项资金安排信息化项目68个、软件产业项目9个、电子产业制造项目20个,为促进全省信息产业发展发挥了重要作用;“信用安徽”专项资金帮助完成12万家企业信用信息入库,扶持50家企业信用内控制度建设。

2007年,省财政以争取中央支持、加大资金投入为重点,推进“861”行动计划顺利实施。全年共投入财政各类专项资金116亿元,较上年增长19%。安排拨付基本建设专项资金67亿元,重点支持淮河骨干工程建设、大中型病险水库除险加固、城镇污水处理设施及配套管网建设、农村饮用水、农村沼气、农村基层组织场所建设等事关国计民生的重大基础设施建设。安排拨付企业科技创新专项资金2.2亿元,重点支持电子信息、新材料、生物技术、现代中药等优势领域的一批产业化项目的实施。安排专项资金3500万元,积极支持“数字安徽”“生态安徽”“信用安徽”建设,确保省委省政府“加快发展、奋力崛起”战略的实施,为全省经济发展和社会和谐提供强有力的支撑和保障。

2008年,全省“861”项目总体进展顺利,项目计划投资2112.2亿元,实际完成投资2417.6亿元,新开工项目252个,竣工项目167个。省财政积极争取中央财政支持,会同有关部门,紧紧抓住财政部对经建专项资金实行“以奖代补”“按因素法分配”的改革机遇,千方百计争取财政部对安徽的支持倾斜,全年共争取中央财政各类专项资金192.4亿元。加大重点建设项目投入,重点支持淮河骨干工程建设、病险水库除险加固等事关国计民生的重大基础设施建设。积极支持生态、数字、信用安徽建设,安排拨付

“生态安徽”专项资金1300万元、“数字安徽”专项资金2300万元、“信用安徽”专项资金500万元，支持环境保护与生态文明建设，促进信息产业和信用体系的建设。

2009年，全省“861”项目完成投资3675.7亿元，为年度计划的122.5%；新开工项目608个，为年度计划的117.1%；竣工项目386个，为年度计划的199%。八大产业基地全年完成投资1700.1亿元，为年度计划127.8%。六大基础工程全年完成投资779.6亿元，占年度计划103.8%。包括城市建设和服务业在内的其他项目建设，全年共完成投资1254.9亿元，为年度计划136.3%。合蚌客专、京福客专安徽段等重大铁路项目先后开工建设，京沪高铁、宁安城际安徽段建设进一步加快。交通基础设施建设项目中，宁宣杭高速宣城至宁国段、泗许高速淮北段开工建设，望东长江公路大桥试桩开工，九华山机场开工建设，芜申运河整治工程马鞍山、宣城段工程继续推进。关系全省产业结构战略调整的煤化工项目获得较大进展，中盐合肥化工基地、三星化工586项目开工建设，淮化30万吨合成氨老系统改造项目竣工。

2010年，全省“861”项目共完成投资5294.3亿元，为年度计划的142.4%；累计新开工项目1077个，竣工项目602个，分别为年度计划的133%和165.8%。其中，八大产业基地建设完成投资2488.1亿元，为年度计划的146.7%；六大基础工程建设完成投资1183.4亿元，为年度计划的132.8%。竣工投产江汽年产4万辆中重型载货汽车、合肥三洋年产500万台洗衣机、蚌埠普乐年产50万兆瓦非晶硅薄膜太阳能电池、芜湖华强文化科技产业园等一大批重点项目，开工建设奇瑞年产30万台1.5L ~ 1.8L汽车发动机、马鞍山大型铸锻件装备制造、淮南年产20万吨甲醇制丙烯、芜湖三安LED、中建材（合肥）平板显示TFT ~ LCD玻璃基板、滁州天长吉阳新能源等一批重大投资项目。

支持皖江城市带承接产业转移示范区建设　2010年1月12日，国务院正式批复《皖江城市带承接产业转移示范区规划》，是安徽历史上第一个进入国家战略层面的区域性发展规划，也是党中央、国务院为促进中西部地区承接国内外产业转移而制定的首个国家级承接产业转移示范区规划。“规划”明确皖江城市带承接产业转移示范区范围为安徽省长江流域，主要包括合肥、芜湖、马鞍山、铜陵、安庆、池州、巢湖、滁州、宣城九市全境和六安市的舒城县、金安区，共59个县（市、区），辐射安徽全省，对接长三角地区。“规划”重点提出皖江城市带承接产业转移示范区建设的“六个着力”“四条原则”“四大战略定位”和“五项目标”，并提出构建“一轴双核两翼”的产业空间格局的构想。2010年4月，省委省政府《关于加快推进皖江城市带承接产业转移示范区建设的若干政策意见》，制定包括承接载体建设、产业升级创新、建设用地供给、税费价格政策、金融支持、环境承载能力、人才保障、内外贸发展、社会建设就业服务、政务服务环境等10个方面40条支持政策和措施，加速推进示范区建设。

省财政按照省委省政府的部署要求，立足科学发展，着眼区域发展总体战略，在政策支持上做文章，在资金保障上下工夫，积极谋划，主动作为，为示范区建设提供有力支撑。从2010年起连续6年，每年安排不少于10亿元的专项资金用于集中区建设，区内新建企业年新增企业所得税省级分成部分全额奖励市县,涉企行政事业性收费予以免收,合作园区新增增值税和所得税市县留成部分,全额补贴给合作园区。根据全省城镇土地使用税税额幅度,示范区内市县政府可自行确定当地等级土地的适用税额,并报省政府备案。对转移到示范区内的企业,其在建期间建设用地,纳税确有困难的,按程序报批后,可减征或免征城镇土地使用税。经营期间其自用的房产和土地,纳税确有困难的,按程序报批后,可减征或免征房产税和城镇土地使用税。对外省已认定的高新技术企业转移到示范区内落户的,有效期内不再重新认定,减按15%的税率征收企业所得税。对外省转移到示范区内的综合利用资源企业,凡在资格有效期内生产已认定符合国家产业政策规定产品的,不再重新认定,享受企业所得税资源综合利用的优惠政策。对以省政府名义表彰的有关科学、教育、技术、文化、卫生、体育和环境等方面的奖励,免征个人所得税。省财政对集中区内新建城镇生活污水处理项目按每万吨处理能力300万元奖补,新增污水管网建设按每公里40万元奖补。充分运用家电汽车下乡、万村千乡、双百市场、农超对接、商贸物流、再生资源回收、资源回用等政策,支持示范区扩大消费。综合利用省级外贸促进资金和中央切块资金,支持示范区培育出口基地和加工贸易梯度转移承接地,开拓国际市场。

支持县域经济发展 县域经济是国民经济和社会发展的重要基础,园区经济又是县域经济的排头兵和助推器。1992年,省财政厅以促进县级财政收入上亿元、上台阶为目标,对滁州、宣州、当涂等16个县市进行择优扶持,签订协议,明确扶持目标和奖罚措施。

1993年,省政府批转下发《安徽省扶持县市财源建设办法》和《安徽乡镇财政收入上台阶办法》。省财政厅多方筹集资金,择优扶持19个县市,使被扶持的县市达35个,1994年达40个。1995年,省财政厅进一步加大市县财源建设,在以往3年已扶持40个县市的基础上,新增扶持13个县市,并通过公开招标,扶持1个省辖市。同时,对第一轮扶持到期的宁国县、界首市进行第二轮扶持。

1996年,省财政厅先后筹集3亿多元,对蚌埠、铜陵2个省辖市和15个县进行一轮扶持,并对4个县开展二轮扶持。1992—1996年,省财政滚动投入8亿多元,扶持县级经济发展,培植财政源。1997年,省财政厅筹集2.34亿元,继续采取公开招标的方式,择优扶持8个县市财源建设;集中1000万元农业特产生产周转金,择优扶持5个县(区)大宗农业特产生产。1998年,省财政厅集中6000万元,扶持6个财政特困县发展经济。2002年以后,省财政厅先后制发《关于实施支持县域经济发展财政政策意见》《关于全面实施县乡财政振兴工程指导意见》《关于支持县域经济发展的若干意见》等文件,综合运用政策、资金、体制等手段,激发县域经济发展活力,对加快县域经济发展起到积极促进作用。

2003—2008年,省财政厅共安排县域工业园区贴息和奖励资金3.9亿元,直接带动金融和社会资金投入近100亿元。通过县级政府性投资公司或信用担保机构等市场化运作平台，多渠道筹集安排县域工业园区发展资金30亿元，支持县域工业园区基础设施建设和园区企业发展。累计投入各类专项资金近20亿元，支持县域企业发展，安排近1亿元资金，对县级出口退税超基数地方负担部分予以全额补助。实施县级税收增长奖励政策和财政强县奖励政策，对县级地方财政收入中的税收收入比上年增收部分，按增收额的20%奖励县级财政发展资金，对纳入财政强县奖励考核范围的19个县市，达到规定条件的，每年奖励发展资金1000万元；对未被纳入财政强县奖励考核范围，但到2010年经考核达到财政强县奖励条件的县市及15个县改区，一次性奖励发展资金4000万元，两项政策共兑现奖励资金17.2亿元。全面开展化解县乡政府债务试点工作，建立化解县乡政府债务激励约束机制，对化解债务确有成效的县实行"以奖代补"，共安排化解县乡政府债务奖补资金6.6亿元。

支持园区经济发展　2003年，省财政厅设立县域重点工业园区贴息资金，并制发《安徽省重点工业园区财政贴息资金管理办法》，对按规定程序认定的县（含县级市、农业比例较大的市辖区）办园区的基础设施进行贴息。2004—2006年，省财政厅专门设立县域园区基础设施建设贴息奖励资金，加大对园区经济发展较快、规模大、经济效益好的园区支持力度，3年共安排奖励资金3.1亿元。

2006年以来，省财政厅先后制定《安徽省支持县域经济发展间隙资金借款管理暂行办法》和《安徽省支持县域工业园区基础设施建设专项借款管理暂行办法》，明确通过各级库款调度支持园区基础设施建设和企业流动资金周转，全省各级财政每年通过库款调度安排约72亿元资金（其中省级40亿元），有效缓解园区经济发展资金紧张。

2008年，省财政厅继续支持县域园区建设发展，安排县域工业园区贴息资金2000万元，对全省74个县域开发区、筹建开发区等基础设施建设进行贴息补助。截至2008年年底，省财政厅共安排贴息资金1.2亿元，市、县财政部门也根据自身的财力状况，不断加大对园区建设实施财政贴息，促进全省园区经济快速发展。至此，全省共有开发区89个，其中国家级开发区4个，省级开发区85个。

支持东向发展　为贯彻省委省政府"东向发展"战略决策，推动毗邻苏浙地区县域经济加快发展，加速融入长三角，2005年，省财政厅制发《关于支持毗邻苏浙地区加快发展的意见》，每年安排"东向发展"专项资金2000万元，重点支持县级工业园区建设、中小企业信用担保体系建设、财政支农项目资金投入等。在分配资金方面，坚持"突出重点、扶优扶强"原则，对宁国、天长、广德、当涂等区域给予重点支持。同时，在安排"三高"资金、高技术产业化资金、环保资金等专项资金时，向毗邻苏浙地区倾斜，支持该地区进一步优化产业结构，促进企业科技进步，改善发展环境。2008年，省财政加大转移支付力度，继续支持"东向发展"战略，在安排县域园区等专项资金时，对毗邻苏浙地区的上规模、发展快的县级园区给予重点扶持，并统筹安排其他财政专项资金，积极支持"东向发展"战略的实施，为加速融入泛长三角奠定坚实的基础。

支持皖北发展　2001年，省财政厅积极贯彻落实省委省政府《关于进一步加快皖北地区经济发展的若干意见》,加大对皖北地区发展支持力度,制订《关于加快皖北地区经济发展重点项目贷款财政贴息管理办法》。办法规定:"十五"期间,省级财政每年安排3000万元财政专项资金,用于皖北地区经济建设重点项目的银行贷款贴息,以财政贴息方式引导社会资金投入。2006年,省委省政府下发《关于进一步加快皖北及沿淮地区经济社会发展的意见》,要求省财政对皖北及沿淮地区财力性补助原则上不低于上年水平,将皖北及沿淮地区经济发展重点项目贷款贴息资金总规模扩大到6000万元,进一步加大支持皖北发展的力度。在资金管理方面,省财政厅与省发改委配合,联合组织专家对申报项目进行评审、论证,联合下发通知要求各地对申报项目进行复核,并请各商业银行省分行进行核对,对筛选的项目进行网上公示,确保贴息项目的质量。2008年,省财政安排皖北及沿淮地区经济发展专项资金6000万元,通过贴息方式支持298个企业,引导金融等机构对皖北及沿淮地区企业的投入6.5亿元,为企业发展增强活力。同时,从2008年起连续5年,每年补助亳州、宿州、阜阳3市及沿淮6县(共3个省辖市、23个县)各1000万元,专项主要用于工业园区基础设施建设,2010年起连续3年3市7县增加至2000万元。2010年,省财政厅认真贯彻省委省政府《关于进一步加快皖北地区发展若干意见》文件精神,及时下达皖北地区发展专项引导资金6000万元,其中支持皖北地区青年创业小额贷款1000万元;提前下达皖北3市6县发展扶持资金2.6亿元,支持皖北地区发展;安排皖北地区现代农业生产发展专项资金1.73亿元,较2009年增长22.7%,占全省总额的54%。同时,发放良种补贴资金和农机购置补贴14.9亿元,占全省总额的44%;安排皖北地区农业综合开发土地治理项目资金达4.5亿元,治理面积40万亩,占全省总额的35%。

支持新农村建设 从2006年开始,省财政厅根据中央和省委省政府的战略部署,集中一部分财力,支持社会主义新农村建设全面展开。2006年,省财政安排建设社会主义新农村方面的项目支出31亿元,比上年增长20.2%,占省级项目支出36.3%。推进财政支农资金整合。省财政在县自主申报、市推荐基础上,确定肥西、望江等10个县开展以县为主支农资金整合试点,集中财政资金5000万元,引导带动10个县整合资金近10亿元支持新农村建设。同时,由农业处牵头跨部门整合涉农专项资金5000万元,重点扶持畜牧和粮油类深加工重点龙头企业。全省省级农业产业化龙头企业已达313家,其中超10亿元的6家,超5亿元的20家,超亿元的达120家。

2007年,省财政预算安排新农村建设专项补助资金2.64亿元,紧紧围绕"生产发展、生产宽裕、乡风文明、村容整洁、管理民主"的目标要求,重点用于"千村百镇"示范工程建设;整合支农资金6000万元,重点扶持畜牧、粮油类龙头企业和其他农业主导产业排头兵建设项目;争取中央财政立项扶持农业技术推广项11个、农业科技成果转化项目15个,中央财政补助项目资金1860万元,省财政配套安排农业科技示范基地建设资金1796万元,支持实施一批优质农产品基地建设、良种繁育、新技术推广项目。安排农业三增工程项目资金900万元,扶持项目30个;安排现代农业示范资金930万元,扶持项目20个；安排农民专业合作组织资金1100万元，扶持项目74个；安排农业产业化资金1090万元，扶持项目22个；安排农业社会化服务体系建设资金510万元，扶持项目26个；安排农业结构调整资金1070万元，扶持一批农业结构调整项目；安排专项资金3500万元，支持江淮分水岭综合治理开发。

2008年，省财政继续安排新农村建设专项补助资金2.645亿元，支持推进新农村"千村百镇"示范工程建设。为完善财政支持新农村建设政策和措施，省财政厅在总结2007年工作的基础上，通过深入调研，并报经省政府同意，制发《关于进一步加强财政支持社会主义新农村建设的指导意见》，进一步明确新形势下财政支持新农村建设工作思路和措施。同时，根据实际调研情况，本着突出重点、集中财力办大事的原则，对资金使用安排作适度调整：要求市、县不再按示范村平均分配资金，而是在示范村镇范围内统筹安排资金，力争使每个受支持的村在1年内能办成一两件实事；对资金整合较好、农民资金投入较多、示范工作进展较好的村，给予更多资金补助，充分体现多干多补，少干少补、不干不补原则，调动各示范村镇推进新农村建设的积极性。

2009年，省财政大力支持新农村"千村百镇示范工程"。为完善专项补助资金使用管理，提高资金使用效益，省财政厅会同有关部门印发《关于完善省财政支持新农村建设项目及专项补助资金使用管理的意见》，明确专项资金的使用范围应优先用于促进农业发展、农民增收项目，适当支持村容整治、土地整治、基础设施建设等。专项资金使用不搞平均分配，按照多干多补、少干少补的原则，实行以奖代补，对示范带头作用突出的示范村予以重点奖励，充分调动示范村的积极性。全年安排专项资金2.645亿元共支持1515个示范村。

2010年，省财政继续安排专项资金2.645亿元，支持新农村示范工程建设。为完善新农村建设专项资金管理，提高资金使用效益，省财政厅会同相关部门印发《关于进一步完善新农村建设专项资金使用管理的意见》，对财政支持新农村建设方式和资金使用管理作具体规定。明确专项资金重点用于促进示范村大力发展现代农业、农业产业化和特色农业，突出产业结构调整，大力培育农民专业合作社，拓宽农民增收渠道，促进农民收入持续增加。同时，加快资金拨付进度，于6月20日将全部资金拨付各地投入使用。在2009年省直单位帮扶新农村建设工作考评中，省财政厅认真落实分工任务，创新扶贫帮围思路，成绩突出，获得省社会主义新农村建设工作领导小组表彰。

第三节　生态环境支出

安徽财政十分重视对生态环境保护的投入，为切实加强生态文明建设，将环境保护和生态建设列为公共财政支出的重点，并根据环境保护和生态建设的情况进一步调整支出方向，优化投资结构。

支持节能减排　《国民经济和社会发展第十一个五年规划纲要》提出"十一五"

期间单位国内生产总值能耗降低20%左右，主要污染物排放总量减少10%的约束性指标。省财政积极发挥职能作用，促进节能减排目标任务的实现。

为促进排污者加强经营管理、节约和综合利用资源，加大治理污染、改善环境的力度，国家依法对排放污染物的单位和个人征收一定的费用。根据财政部、国家环保总局《排污专项资金收缴使用管理办法》规定，从2003年7月1日起，各地征收的排污费10%作为中央预算内收入就地缴入中央金库，15%作为省级预算内收入就地缴入省金库。征收入库的排污费作为环境保护专项资金重点用于污染源防治项目、区域污染防治项目、污染防治新技术、新工艺推广应用项目及规定的其他污染防治项目的补助和贴息。

2008年2月，省财政厅制发《关于财政支持节能环保推进生态文明建设的若干意见》，着力加大污染减排基础设施建设投入。在争取中央财政淮河、巢湖流域水污染防治3.1亿元、城镇污水处理配套管网设施建设以奖代补资金4.4亿元的同时，安排专项资金2.55亿元，对巢湖流域、长江、新安江流域县级污水处理厂建设进行以奖代补。安排4600万元对污水处理设施及配套管网建设运行良好、污染减排目标完成的市县进行奖励。安排专项资金9196万元，重点支持淮河、巢湖、长江等重点流域水质自动监测站建设，大力支持省级和17个市的环境监控中心建设，提升全省污染减排监测能力建设水平。"十一五"以来，省财政高度重视新兴产业发展，节能环保、新材料、新能源汽车等产业已显示出较为明显的优势。2010年，累计推广纯电动公交车180台，纯电动乘用车585台，建设大型充电站4个，乘用车充电桩585个，争取中央补助资金10716万元。

支持环境保护 省财政厅认真履行职责，在依靠市场机制解决环境治理和资源有效利用的同时，不断加大支持环境保护工作力度，促进国民经济与环境的协调发展。

设立环境保护专项补助资金 省环境保护专项补助资金，主要用于老污染源治理项目、国家补助投资的环境保护项目、环境保护监测设施自身能力项目。为加强此项资金管理，省财政厅、省环境局联合印发《安徽省省级环境保护专项资金管理暂行办法》，从项目申报和管理、资金拨付和财务管理等进一步规范专项资金管理。

发展循环经济 2010年，省本级安排循环经济、节能和生态安徽资金3500万元，支持重点项目69个。同时，争取中央财政支持"十大重点节能工程循环经济和资源节约重大示范项目及重点工业污染治理工程建设"补助资金48905万元；界首市被列为全国首批循环经济试点市，一次性争取中央财政资金8900万元。

支持国土资源保护 通过建立和完善探矿权、采矿权有偿取得为核心的矿产资源有偿使用制度，省财政厅积极支持矿产资源保护和地质环境治理，大力开展土地复垦整理，切实提高土地利用效率，国土资源得到有效保护。

支持土地复垦整理 2005年，安徽出台《安徽省省级土地开发复垦整理项目管理办法（试行）》。各级财政部门积极参与土地开发整理项目审查，加强资金管理，发挥财政职能作用。截至2007年，全省共有国家和省级投资土地开发整理项目185个，其中

国家投资项目 132 个，省级投资项目 53 个，项目建设总规模 121341 公顷，计划新增耕地 12221 公顷，项目预算总投资 26.63 亿元。

支持矿产资源保护与地质环境治理　为促进矿产资源保护，提高矿产资源的开采、回收和综合利用水平，国家在 20 世纪 90 年代开始从矿产资源补偿费中央所得部分中安排矿产资源保护项目补助经费。2005 年，为妥善解决计划经济时期建设的国有矿山因矿产资源开采活动对地质环境造成的破坏和影响，国家和省从探矿权采矿权价款中安排专项资金，对矿山环境开展治理，在 3 年时间内完成省政府确定的 129 个地质灾害危险点避让搬迁和工程治理任务。2006 年，省财政预算安排矿山地质环境专项资金 3000 万元，地质遗迹保护资金 250 万元，对因采矿活动造成的地面开裂、沉降、塌陷等矿山地质环境破坏的治理。

支持煤炭资源有偿使用制度改革　2004 年，省财政厅会同国土资源厅印发《安徽省探矿权采矿权使用费和价款收入使用管理办法》，明确规范矿业权有偿使用制度，对新设立矿业权一律通过招标、挂牌、拍卖等市场竞争形式进行出让。对过去无偿取得和已转增国家资本金的老矿业权进行全面清理，并补缴探矿权采矿权价款。对探矿权采矿权价款收入分成比例进行适当调整：对由省级地勘基金全额投资取得的探矿权采矿权价款收入，为调动本省地勘单位积极性，比照中央地勘基金的做法，首先给予本省地勘单位一定奖励（金属矿 20%，需井下开采的非金属矿 10%），其余价款收入按照中央 20%、省 56%、市（或县）24% 的比例分成；对过去无偿取得和已转增国家资本金的老矿业权补缴的价款收入，一律按照中央 20%、省 56%、市（或县）24% 的比例分成；对无偿取得由地方财政投资的矿业权的价款收入，企业以现金缴纳有困难的，可以折股缴纳，股权由省级地勘基金持有。2007 年 2 月，省财政厅会同省国土资源厅、省环保局及时转发《财政部 国土资源部 国家环保总局关于建立矿山环境治理和生态恢复责任机制的通知》。6 月 22 日，省人大常委会审议批准《安徽省矿山地质环境保护条例》，标志全省矿山环境治理和生态恢复责任机制、矿山环境治理保证金制度以地方法规的形式予以建立。

开展农村土地整治整村推进　2010 年，安徽被国土资源部确定为先行开展整体推进农村土地整治示范建设省，争取中央财政资金 28 亿元。省财政厅会同省国土资源厅共同编制《安徽省整体推进农村土地整治示范建设总体方案》，确定农村土地整治重大工程和农村土地整治示范项目两部分内容。确定地方配套资金筹措方案，省与项目所在地按 5∶5 承担。

第六章 支持企业支出

财政支持企业支出是指财政对国有企业除基本建设投资外，用于企业挖潜改造、科技三项费用和流动资金等的支出。在计划经济时期，财政此类支出对国有企业发展起决定性作用。随着社会主义市场经济体制的完善，财政企业投资转向对企业发展和自主创新资金的扶持。在中央财政和省财政共同支持下，安徽企业不断发展壮大。

第一节 企业挖潜改造资金

企业挖潜改造资金是财政专项用于企业挖潜、革新和改造方面的资金，主要支持应用高新技术或先进适用技术改造现有产业，促进企业产品结构和技术结构调整升级，提高产品质量和技术水平，促进企业环境保护、节能降耗。

1980年，省财政厅转发国家经委、财政部《关于下达1980年挖潜、革新、改造重点措施项目计划的通知》，争取国家补助资金1923万元，省财政厅安排配套资金638万元。

1984年，鉴于省木材公司技改任务重、资金紧张，省财政厅同意该公司实行亏损包干、减亏全留的办法，当年下达亏损计划70万元，列为生产发展基金，用于所属企业技术改造和扩大再生产。

1993年，为确保扭亏计划的完成，省财政厅要求各级财政部门把扭亏指标分解落实到部门和企业，在清理、兑现1992年扭亏增盈奖罚之后，又会同省经信委及时制定《安徽省1993年扭亏增盈奖罚细则》。同时，积极推广扭亏增盈的经验和做法，针对不同类型企业划分不同层次，给予不同的政策指导，对减亏企业在内部分配和技术改造上给予一定照顾。

1994年，省财政厅安排1500万元扭亏增盈基金、3500万元技改资金，并与省经信委联合制定《关于企业扭亏增盈工作的意见》，由省政府批转下发。

1996年，全省各级财政大幅度增加企业挖潜改造资金支出，全省共支出11.58亿元，增长94.6%，对推动国有企业技术进步、增强市场竞争力起到了杠杆作用。

1997年，省财政安排8000万元，支持企业技术改造和扭亏增盈。

1998年，省财政安排5000万元，用于水利、城市基础设施建设以及工业技改等。

1999年，全省各级财政大力支持国有企业改革，省财政安排1.37亿元专项资金，支持国有企业技改、扭亏和科技开发。

2000年，省财政对省级外贸企业、上市公司、基础产业和高科技企业实施所得税先征后返，共办理所得税退税23000万元。对60家企业实行扭亏脱困贴息，共拨付贴息资金950万元。

2001年，省财政安排7200万元企业挖改资金，支持90家企业技术改造和结构调整项目。

2004年，全省各级财政共安排企业挖潜改造资金20.67亿元，增长38.9%，支持一大批符合国家产业政策和有发展后劲的企业挖潜改造、扭亏增盈。其中，省财政安排企业挖潜改造资金11093万元，支持江淮汽车集团公司、安凯汽车集团公司、奇瑞汽车公司、海螺型材公司和合九铁路公司的发展；安排1537万元政策性亏损资金，支持淮南矿业集团公司扭亏增盈。

2005年，为实施“大集团、大发展”战略，省财政共安排企业挖潜改造资金7100万元，列支给企业，促进江淮汽车集团公司、安凯汽车集团公司、合九铁路公司、海螺创业投资有限公司和淮南、淮北矿业（集团）公司等企业的发展，进一步增强企业活力。

2006年，省财政拨付煤炭企业挖改资金1584万元，对淮南矿业、淮北矿业、皖北矿业、中煤三建的安全技改项目实行补助。

2008年，省财政安排18.8亿元，支持国有企业改组改制和结构调整。出台22项财税扶持政策，及时兑现县级财政发展、财政强县及县级企业所得税增长返还等奖励资金11.2亿元，推动县域经济加快发展。安排皖北三市六县发展扶持资金3.2亿元，协调区域经济发展，推动经济发展方式转变。拨付节能专项资金3800万元，对145个节能、节水和资源综合利用的项目予以补助或贴息。拨付贴息、补助资金6614万元，支持32个瓦斯治理利用项目，10个煤矿安全技改项目。拨付资金870万元，对全省重点帮扶的40户企业的流动资金贷款贴息给予补助。配合省经信委制定上报实施《安徽省财政补贴高效照明产品推广实施方案》，并汇总申报中央财政补贴，基本完成高效照明产品100万只推广任务。

2010年，会同省经信委下发《安徽省节能与资源综合利用专项资金使用管理暂行办法》。安排5000万元以补助、贴息的方式支持节能和资源综合利用项目；每年安排7284万元支持瓦斯治理利用和煤矿安全技改项目。

第二节　企业科技三项费用

科技三项费用是指国家为支持科技发展而设立的新产品试制费、中间试验费和重大科研项目补助费，是国家财政和地方财政科技拨款的重要组成部分。1991年以后，安徽科技三项费用投入逐年提升，特别是实施“科教兴皖”战略后，省财政厅积极安排资金，大力支持省内各类科研院所、高等院校及企业承担的国家和地方重点科技计划项目。

1991—1995年，省财政投入的科技三项费用分别为3103万元、3115万元、3123

万元、4716万元、7085万元，占同期地方财政支出总额的比重分别为0.39%、0.42%、0.43%、0.50%、0.52%。前3年科技三项费用增长速度虽较缓慢，但由于地方财政支出处于下降趋势，因此，科技三项费用投入占地方财政支出的比重呈稳定增长趋势；1994年是科技三项费用投入增长的转折点，比1993年净增加1593万元，年增长速度达51%，且科技三项费用投入占地方财政支出的比重达16%；1995年科技三项费用投入比上年增加的绝对值为2369万元，是5年中增长最快的一年。

1996年，全省财政共安排科技三项费用1.03亿元，同比增长44.7%。全省大中型工业企业共有416项科技成果获奖，比上年增加102项。其中，获国家奖励的43个，比上年增加24项；获省部级奖励的133项，比上年减少35项。

1999年，全省各级财政共投入科技三项费用、政策性补助等项资金1.85亿元。

2001年，省财政厅共安排科技三项费用1320万元。2004—2006年，全省科技三项费用逐年增加，由2004的0.41亿元上升到1.2亿元，年均递增71.1%。支持奇瑞、马钢、江汽、铜陵有色等一批骨干企业的重大科技攻关项目，用于支持工业企业的研发资金达7341万元，强化企业在技术创新体系中的主体地位，为工业强省增添动力。

2005年，为支持国家重点民族品牌企业技术创新，省财政厅给奇瑞公司安排7000万元研发资金，用于支持新产品研发和技术创新。

2006年，省财政拨付7000万元资金用于奇瑞汽车公司研发，支持企业自主创新。

2007年，省财政拨付7000万元、2000万元分别用于奇瑞汽车公司和江淮汽车集团公司研发，支持企业自主创新。

2008年，省财政分别拨付7000万元，以研发补助的方式，支持奇瑞汽车公司和江淮汽车集团公司自主创新。同时，先后制定《安徽省应用技术研究与开发资金管理暂行办法》《安徽省科技计划项目管理暂行办法》等管理制度。

第三节 企业流动资金

企业流动资金是指企业为维持正常生产经营活动，用于购买劳动对象、支付工资及其他生产经营费用所必不可少的周转资金。国有企业流动资金来源分为3个时期：在1983年7月以前为财政主导时期，1983年7月以后为银行统管时期，1987年起为企业自筹时期。为贯彻“工业强省”战略，省财政厅积极争取中央财政和银行支持，着力缓解企业流动资金周转困难。

1980年，省财政采取借款无利息方式安排给集体所有制企业资金495万元。

1986年，为帮助巢湖工艺美术公司扭亏为盈，省财政厅会同中国工商银行安徽省分行发文，同意用原巢湖工艺美术公司60万元国拨流动资金冲销该公司亏损；为改变马鞍山向山硫铁矿生产困难状况，特增加该市当年亏损指标200万元。

1988年，为解决新成立的六安市安徽客车总厂佛子岭客车厂自有流动资金的不足，从六安汽车齿轮厂原有国家流动资金中划转 50 万元给佛子岭客车厂作为该厂的国拨流动资金。

1995 年,省财政厅在继续配合有关部门抓好企业扭亏增盈工作的同时,千方百计筹措 1 亿元资金,用于化解企业流动资金紧张的矛盾。省财政厅还与各地市签订扭亏责任状,落实扭亏责任。同时还利用财政周转金,重点扶持几户骨干企业,取得良好的经济效益。

1996 年,对 1991 年以前的老贷款实行“前清后借、利息适当返还”的政策,加大资金回收力度,盘活资金存量,支持企业发展,特别是继续支持小化肥企业技改以及省级企业的扭亏增盈。

1997 年,针对银行贷款权限部分上收、资金供应偏紧的状况,各级财政想方设法筹集资金,缓解部分企业流动资金紧张的矛盾,仅省级财政就设法筹措两批亿元短贷;为减轻国有企业债务负担,省财政厅积极落实对国有企业的增资减债政策,通过省信托投资公司将 8000 多万元的周转金贷款本息余额转作企业资本金。

1998 年,省财政在财力比较紧张的情况下,千方百计筹措资金,在年初预算安排之外,增加 3.85 亿元资金,支持城市工商企业、乡镇企业和个体私营经济发展,其中用于个体私营经济发展资金达 1 亿元。

1999 年,全省各级财政大力支持国有企业改革,主动配合经贸等部门,争取国家“债转股”项目 22 个,转股金额 177.52 亿元。

2004 年,安排 400 万元,补助 34 家中小企业担保公司,帮助化解担保风险,扩大担保规模。省中小企业信用担保中心为 1074 家企业提供担保和再担保总额 7.1 亿元,支持中小企业发展。

2005 年,省财政厅拨付 8000 万元给省投资集团公司,用于支持合宁、合武铁路建设。

2006 年,省财政拨付 20533 万元给省投资集团公司,用于支持合宁、合武铁路建设。

2007 年,省财政厅拨付 4.4 亿元给省投资集团公司,用于支持省铁路建设。

2008 年,省财政安排 25 亿元支持各市县建立中小企业担保基金、贷款风险补偿和贴息资金,全省新成立中小企业信用担保机构 18 个,带动市县和社会向担保机构增资 25.5 亿元,平均担保费率由 2.3% 降至 1.7%,有效缓解中小企业融资难。为调动各类金融和担保机构加大对中小企业支持的积极性,省财政追加 3000 万元专项资金,全部用于中小企业新增流动资金贷款贴息,及时拨付资金,支持 216 个中小企业。同年,拨付 73378 万元,支持省投资集团公司扩大融资规模,加快省铁路建设;返还皖通高速公路公司企业所得税 5910 万元、合九铁路公司营业税 2046 万元,增强企业还贷能力。

第四节　企业发展扶持资金

为支持和鼓励企业向规模化、科技型方向发展，促进全省经济快速增长，省财政厅设立企业发展扶持资金，并列入年初预算安排。

扶持中小企业发展　2000年，省财政厅兑现1999年省内地产品出口奖励企业350家，奖励资金650万元；对60家企业实行扭亏脱困贴息，拨付贴息资金950万元；办理所得税退税2.3亿元。

2001年，兑现608家外贸企业的奖励贴息政策，拨付贴息资金5052万元。根据2000年收汇实绩和2001年收汇预计数，对出口收汇大户50家省属出口企业及650家一般贸易出口企业，按一定比例分两次由省财政厅直接预拨贴息款5163万元。对12个地市和31个省直出口企业计算兑现奖励资金1537万元。与省外经贸委联合制定了对本年度一般贸易项目下出口本省产品每出口收汇1美元，奖励人民币1分钱的政策，兑现奖励资金883万元。

2002年，兑现750户外贸企业贴息清算资金2500万元，共拨付本地产品出口贴息资金814万元。根据2001年收汇实绩和2002年收汇预计数，对出口收汇较大的省属出口企业及各市一般贸易出口企业，按一定比例由省财政直接预拨贴息款4500万元。根据省出台的超额出口每美元奖励3分钱的政策，对15个市和29个省直出口企业计算兑现奖励资金1082万元。拨付2001年度机电产品出口技术改造专项贷款项目贴息资金302万元、中小企业国际市场开拓资金450万元。调整外贸出口促进政策，将超基数出口奖励标准由1美元奖励3分钱提高到6分钱，对出口作出突出贡献的单位和个人给予奖励。省财政安排150万元奖励在引进外资工作中有较大成效的先进单位。

2003年，拨付进出口企业超基数出口奖励3000万元，出口企业贴息奖励1200万元，对当年出口净增额列全省前50名企业领导班子、列全省前8位的省辖市政府，当年出口额列全省前15名企业领导班子，对出口增长做出较大贡献的30名优秀业务员分别奖励5万元～20万元，当年奖励340万元。对全省各类出口企业申报当年一般产品出口应退未退税款，按1年期贷款利率计算的利息贴息15%，本省产品贴息21%，机电产品和高新技术产品贴息24%，全年奖励资金2200万元。对出口企业实际缴纳保费金额予以30%的补助，共补助260万元。2004年，兑现鼓励外贸出口的各项促进政策，省财政安排资金9000万元；审核2003—2004年中小企业国际市场开拓资金项目800多个，拨付资金1365万元；审核、拨付2003年出口信用保险资金、退税积压贴息资金784万元，拨付2003年本省产品出口补贴1447万元。按照外贸出口实绩比上年增加部分，兑现17个市和33个省属外贸公司奖励资金4482万元，兑现2003年度应由省财政承担对出口做出贡献的单位和个人奖励资金340万元。参与国家有关部门主办的各招商活动和由政府主办、省商务厅承办的会展活动，并对香港招商会、厦门投资洽谈会、深圳高交会等5个招商活动的经费进行审核,共拨付资金1086万元。

2005年,及时调整外经贸促进政策,对出口企业投保短期出口信用险,按其实际缴纳保费金额的40%给予补贴;对出口企业一般贸易下的本省机电、高新技术产品实际出口额、加工贸易产品为基数,超基数出口每美元按一定比例给予奖励;对开发区外资企业出口实现增长且出口总额在500万美元以上的开发区管委会及县市外资企业出口实现增长且出口总额在200万美元以上的县市人民政府进行奖励。全年共审核拨付支持外经贸事业发展资金19614万元,现代流通业发展资金1300万元,支持会展经济资金1655万元。

2006年,调整外贸出口促进政策,对出口企业投保短期出口信用险其实际缴纳保费金额的30%给予补贴;新增"企业出口本省农产品增量奖励",各出口企业以本省农产品实际出口额为基数,超基数出口每美元按一定比例给予奖励。及时兑现拨付各项涉及商务方面的财政政策资金2.8亿元。同时,拨付资金2150万元,为招商和会展活动的顺利进行创造条件。

2007年,调整外贸出口促进政策,新增进出口贡献奖励、贸易摩擦应对资金、机电高新出口基地建设资金等促进政策。及时兑现并拨付各项涉及商务方面的财政政策资金3.9亿元。拨付资金2274万元,补助招商和会展活动。

2008年,会同省商务厅对2008年外贸促进政策进行调整,制订《关于我省2008年外经贸促进政策的通知》《关于我省利用外资工作评价及经费补助办法的通知》《关于印发〈安徽省中小企业进出口企业专项担保资金管理实施细则〉的通知》等文件,引导部门和企业加大招商引资力度,扩大进出口总额。及时兑现各项促进商务发展资金,全年共下拨资金65238万元,其中:下拨中央财政资金52038万元,下拨省财政资金13200万元。在省财政的积极支持下,全省外贸进出口总额204.4亿美元,比2007年增长28.3%。

2009年,省财政新增3000万元省中小企业发展专项资金重点用于鼓励类中小企业项目贴息、补助。

2010年,省财政安排省级中小企业国际市场开拓资金1000万元,支持中小企业开拓国际市场业务。安排5000万元专项资金,优先扶持"专、精、特、新"企业项目和产业集群镇重点项目。争取中小企业担保机构补助资金5600万元,支持全省39个担保机构,缓解中小企业融资难问题。从中小企业发展专项资金中安排2000万元,建立产业集群专业镇专项贷款担保资金,发挥放大效应和杠杆作用,支持产业集群镇中小企业发展。制发《安徽省特色产业中小企业发展资金管理暂行办法》,组织特色产业基地和项目申报,拨付特色产业中小企业发展资金8966万元。

支持企业自主创新 企业自主创新扶持资金是一种引导资金,通过吸引企业、科技创业投资机构和金融机构对中小企业技术创新的投资,逐步建立符合社会主义市场经济客观规律、支持中小企业技术创新的新型投资机制。

2004年，省财政厅整合5500万元财政资金，专项用于扶持中小企业发展。安排4562万元，支持276个中小企业的技术改造和技术创新项目；安排400万元，支持中小企业信息网络建设和中小企业“515”人才培训，解决中小企业信息获取难和人才缺乏问题。对六国化工股份有限公司等2户磷酸二胺生产企业进行调查摸底，及时拨付2805万元补贴；争取关闭小企业中央财政专项补助资金800万元。

2005年，安排专项资金4400万元，重点支持“专、精、特、新”企业项目191个。安排专项资金1000万元，支持中小企业网站群建设以及对40家担保机构、44家人才培训机构开展相关业务给予经费补助。安排200多万元专项资金对全省中小企业发展综合考核先进市、县（区）予以表彰奖励。给予出国参展的中小企业经费补助75万元。对两户磷酸二铵生产企业继续按照国内销售量每吨100元的标准给予补贴，全年累计拨款4898万元。

2006年，安排1500万元，对上年获得国家创新基金支持的项目进行配套，并支持部分省级项目。会同省科技厅对2003、2004年度10个创新基金项目进行验收。争取国家包装研发资金50万元。会同省经委组织申报国家中小企业专项资金项目，共有12户企业（单位）获得800万元支持。拨付200万元专项资金对2005年度全省22个先进中小企业发展综合考核市、县（区）中小企业管理部门和101个先进中小企业予以表彰奖励。

2007年，省财政安排2660万元资金，对2006年获得国家科技型中小企业技术创新资金支持的项目进行配套，并支持部分省级项目；对2004—2005年度25个国家项目进行验收；安排700万元，对省中小企业服务体系项目进行扶持；会同省经委制定下发《安徽省企业技术改造专项资金使用管理暂行办法》《安徽省企业技术创新专项资金使用管理暂行办法》，拨付资金6400万元，以贴息的方式支持159个技术改造项目；拨付资金1000万元，以补助的方式支持107个技术创新项目。

2008年，省财政安排3510万元，对2007年获得国家支持的科技型中小企业按70%予以资金配套，对省里立项但未获得国家资金支持的科技型中小企业予以扶持。拨付资金7400万元以贴息的方式，支持汽车、装备制造、优质金属材料等八大支柱产业265个技术改造项目，47个生产服务业项目。拨付技术创新资金1900万元，以补助的方式，支持新产品、新技术、新工艺、新材料项目57个，产学研项目37个，创新能力建设项目17个，企业信息化项目33个。拨付中小企业发展专项资金1700万元，以补助的方式，支持90个成长型小企业上规模项目、35个创业基地项目、23个产业集群服务平台、21个创业辅导中心。2008年，省财政厅安排拨付企业科技创新专项资金1.5亿元，重点支持电子信息、新材料、生物技术、现代中药等优势领域的一批产业化项目的实施，并培育和建设一批高新技术产业基地建设。同时，出台《关于财政支持科技自主创新的若干意见》，对财政如何支持科技自主创新提出具体的政策措施。主要有：新增十大产业技术攻关项目15项，专项资金增长到2000万元。省财政每年安排高新技术产业化专项资金3000万元、支持“三高”企业资金3000万元、产业技术研究与开发资金1000万元，重点扶持电子信息、软件、新材料、生物技术、新医药、现代中医、先进材料、新能源、生物技术等优势领域，每年实施一批产业化项目，持续推进这些优势行业的壮大，逐步形成高新技术产业群体优势。如合肥软件和生物医药、淮南生物医药、芜湖新材料、铜陵电子材料、亳州现代中药、高沟特种电缆和蚌埠精细化工等高新技术产业基地，已形成各具特色的产业集群。专项资金对全省科技创新产生了巨大推动作用，全省企业自主创新积极性高涨，上报开发新产品、新技术、新工艺、新材料项目每年以百项递增，全省国家重点高新技术企业49家，上市高新技术企业31家。

支持“三下乡、两换新”　为扩大内需和实现可持续发展，2008年年底，按照国务院要求，省财政开始牵头实施“三下乡、两换新”政策。“三下乡、两换新”即家电、汽车、摩托车下乡和家电、汽车以旧换新，主要目的是通过对城乡居民购买纳入补贴范围的家电汽车产品或交售规定品种的旧家电汽车产品后购买新产品给予一定比例的财政补贴，从而激活城乡居民购买能力，促进内需和外需协调发展。在一系列有力有序的推进措施下，全省“三下乡、两换新”工作进展迅速，有效拉动了内需，惠及了广大群众。截至2010年年底，全省“三下乡、两换新”累计销售家电、汽车、摩托车等新产品926.5万台，拉动市场消费366.8亿元，财政发放补贴40.9亿元。

第七章　财政支农支出

财政支农支出渠道较多，1979—2002年，一般指财政支援农村生产支出、农林水气象部门事业费和支援不发达地区支出3个预算科目。2003年，财政支农3个预算科目调整为农业支出、林业支出、水利和气象支出和支援不发达地区支出4个预算科目。2007年，调整为农林水事务支出科目，下设款级科目农业、林业、水利、扶贫、南水北调、农业综合开发、其他农林水事务支出。1979—2010年，全省财政支农投入1118.5亿元。其中省财政支农投入369.2亿元，占33%，财政农林水投入呈现逐年增长态势。

第一节　支持农业支出

2000年以后，财政对农业投入项目不断增多，投入总额不断增大，投入结构不断优化。2008年，全省财政农业支出118.81亿元，比2000年6.57亿元增长17倍，年均递增50%。2009年，完成支农支出69.34亿元，为调整预算的100%，其中“农林水事务”完成支出55.66亿元，为调整预算的100%，圆满完成全年各项工作任务。2010年，省财政安排专项资金2.85亿元，支持以推广关键技术为核心，以高产优质示范区建设为重点，以支持良种良法配套补贴为手段的小麦高产攻关、水稻产业提升行动和玉米振兴计划“三大行动”。其中：水稻产业提升行动安排资金1.15亿元，重点支持48个水稻重点县（区）的1100万亩核心示范区实施推广良种良法配套技术；小麦高产攻关安排资金1.25亿元，重点支持36个小麦重点县（区）的1200万亩核心示范区实施新技术、新品种推广，提高单产和品质；玉米振兴计划安排资金4500万元，重点建设500万亩核心示范区，着力推进玉米播种、收获机械化。

优质农产品示范基地建设支出　2000年3月，省政府批转省农业厅《关于农产品优质化项目的实施意见》。2004年，以创建农产品优质化示范基地县为核心，通过推进优质良种引进、高产示范区建设、产销衔接等工作，促进双低油菜、高档优质稻米、专用小麦等大宗农产品的优质化进程。全省优质水稻面积达到1600万亩，优质专用小麦面积1140万亩，双低油菜面积1328万亩，主要农产品优质率达到53.1%，比项目实施前提高38.6个百分点。

2005年，重点建设25个优质农产品生产示范县，建立12个省级新品种试验和展示中心，开展县抓万亩片、乡抓千亩方、村抓百亩点示范活动，成效显著。全省小麦、水稻、油菜优质率分别达到 42.7%、51% 和 91%，较 2000 年分别提高 28.9、27.7 和 33.6 个百分点。

2006 年，开展新一轮优质农产品示范县创建活动，建立新品种新技术展示中心，切实抓好茶园产地认证，促进向清洁化加工方向转变，大力推进产销衔接，加快全省优质农产品市场化和产业化进程。全省粮食优质化率达到 56%，油菜优质率达到 91% 以上。

2007 年，各地加快棉花、油菜、玉米和大豆等优势农产品产业布局建设，开展优质高产示范样板活动，促进优质资源向优势产区集中，形成一批以麦、稻、棉、油优质农产品生产、加工和贸易基地，提高农产品的质量档次和市场竞争力，促进农民增收。粮食综合优质率达到 65%，较上年提高 9 个百分点。全省农民人均家庭经营纯收入 1821 元，增长 12.6%。

2008 年，以实施全国粮油高产创建年活动为契机，强化粮油万亩高产创建示范片建设，巩固新品种新技术展示中心，推进优势农产品区域布局，提高粮食综合生产能力和优质化水平。全省粮食产量突破 600 亿斤，达 604.7 亿斤，粮食综合优质率达到 65.4%，较上年提高 9.4 个百分点。

粮食自给工程资金支出 安徽粮食自给工程项目建设分为第一期（1996 年）和第二期（1997—1998 年）。按地理位置划分粮食自给工程为皖西、皖南和沿江江南三大项目区，分布在 6 个市的 19 个项目县（市、区）。第一、第二期总投入规模为 23908 万元，其中财政资金 11531 万元，集体和农民自筹资金包括投劳和物质折款 12377 万元。财政资金中，中央财政 3300 万元，省财政 4880 万元，项目地市县财政 3351 万元。中央财政资金与地方财政配套资金的比例为 1:2.5。通过项目建设，共改造中低产田 24608 公顷；新建、续建、除险加固小型水库 109 座 2114 万立方米，新增有效灌溉面积 11540 公顷，建成旱涝保收农田 12503 公顷，新增和改善排灌面积 25864 公顷，项目区农田灌溉保证率达到 75%；推广农业适用新技术 53088 公顷，引进推广良种 4689 吨、面积 44547 公顷；补贴购买农机具 3810 台（件），农业生产综合机械化水平提高到 50%。农业、水利、农机项目共建生产性用房 15360 平方米，购仪器设备 4093 台（件），培训农民技术员（农技、水利、农机员）43 万人次。项目区基本上达到田成方，林成网，渠相通，路相连，旱能灌，涝能排，旱涝保收，稳产高产，为确保丰产丰收，实现粮食自给打下坚实基础。三大项目区形成粮食生产能力 248 万吨，增产粮食 13 万吨，项目县人均占有粮食达到净增 16 公斤的目标，粮食自给程度达到平均提高 6 个百分点，基本达到预期目标。

小麦高产攻关支出 从 2005 年秋种起，省政府计划连续 5 年在 9 个小麦主产市启动实施以“依靠科技，主攻单产，全面提高小麦生产水平”为主题的小麦高产攻关活动。2006 年起，省财政每年安排专项活动经费预算 500 万元，用于支持小麦高产攻关活动。各地以现有关键技术推广为核心，切实加大政策支持、行动推动、示范引导、服务指导力度，扎实推进小麦高产攻关活动。全省小麦单产 300 公斤 / 亩，比 2005 年增加 44 公斤 / 亩，增长 17.3%；小麦优质率达到 52.4%，比上年提高 12.2 个百分点；全省小麦总产

207.8 亿斤，比上年增产 46.2 亿斤，增长 29%。

2007 年，全省小麦单产达到 317.9 公斤 / 亩，比上年提高 17.7 公斤，增长 5.9%，小麦优质率达到 61.3%，比上年提高 8.9 个百分点，小麦总产 222.3 亿斤，比上年增产 14.5 亿斤，增长 7%。

2008 年，全省小麦单产 331.8 公斤 / 亩，比上年提高 13.9 公斤 / 亩，增长 4.4%。小麦优质率达到 71.2%，比上年提高 9.9 个百分点。小麦总产 233.6 亿斤，比上年增产 11.3 亿斤，增长 5.1%。

2009 年，省政府安排 12500 万元专项资金支持小麦高产攻关发展。

2010 年，积极筹措资金 7000 万元支持小麦抢收和抗旱保苗。

水稻产业提升行动支出 2006 年，省政府在 14 个水稻主产区启动实施水稻产业提升行动。以现有关键技术集成推广为主要手段，以主攻单产、优化品质、创立名牌、提高效益为主要内容。

从 2007 年起，省财政每年安排 500 万元专项资金，用于保障活动开展。各地重点落实政策调控（良种补贴与良种挂钩试点、省良种良法配套补贴）、示范带动（建设 500 万亩核心示范区）、基础性服务（主导品种展示、苗情监测、联系大户）和病虫害防控等工作，促进水稻产量、质量、品牌和效益等目标全面提升。全省水稻平均亩产 410 公斤，比上年增加 7.4 公斤，其中核心示范区平均亩产 586 公斤，较非示范区亩均增产 110 公斤，增幅 23%，总产 271.3 亿斤，较上年提高 1.8%，水稻优质率达到 68%，较上年提高 8 个百分点，全省稻农因增产增收、节本增效、订单优质优价和政策性补贴等因素，亩均增收 78 元。

2008 年，全省水稻平均亩产达到 415.7 公斤，比上年提高 5.7 公斤，增长 1.4%。水稻总产 276.7 亿斤，比上年增加 5.4 亿斤，增长 2%。全省水稻优质率达到 76.2%，比上年提高 8.2 个百分点。

2009 年，省政府安排 11500 万元专项资金支持水稻产业提升行动。

农业产业化支出 2001 年，省财政安排农业产业化工程资金 1500 万元，主要用于农业产业化示范县示范项目和农业产业化重点龙头企业扶持项目。扶持农业产业化示范县项目 10 个，农业产业化龙头企业扶持项目 89 个，带动农户 17800 户，农户增收约 356 万元。

2002 年，省财政安排农业产业化工程资金 1500 万元，主要用于农业产业化示范县示范项目和农业产业化重点龙头企业扶持项目。经过专家评审，确定扶持农业产业化示范县项目 10 个，农业产业化龙头企业扶持项目 79 个，带动农户 15800 户，农户增收约 316 万元。

2003 年，省财政安排农业产业化工程资金 1500 万元，主要用于农业产业化示范县示范项目、农业产业化重点龙头企业扶持项目和农业产业化龙头企业品牌宣传推介项目。确定扶持农业产业化示范县项目 10 个，农业产业化龙头企业项目 52 个，品牌宣传推介项目18个,上海、深圳皖优农产品贸易中心项目2个,带动农户10400户,农户增收约208万元。

2004年,省财政安排省级龙头企业贷款贴息项目资金1400万元。确定扶持农业产业化示范县项目10个,农业产业化龙头企业项目83个,带动农户16600户,农户增收约332万元。

2005年,省财政整合涉农资金4000万元,用于省级龙头企业项目贷款贴息。确定扶持农业产业化示范县项目17个,农业产业化龙头企业项目56个,带动农户14800户,农户增收约350万元。

2006年,省财政整合涉农资金5750万元。共确定扶持农业产业化示范县项目17个,农业产业化龙头企业项目82个,带动农户18000户,农户增收约380万元。

2007年,省财政整合涉农资金6000万元。确定扶持农业产业化示范县项目17个,农业产业化龙头企业项目144个,带动农户28800户,农户增收约576万元。

2008年,省财政整合涉农资金6950万元。确定扶持农业产业化示范县项目10个,农业产业化龙头企业项目166个,带动农户36600户,农户增收约778万元。

2010年,省财政整合支农资金8900万元,重点扶持带动农民就业能力强、市场占有率高、具有创新能力的畜牧、粮油类龙头企业和其他农业主导产业排头兵建设项目。安排专项资金5000多万元,支持400多个农民专业合作组织建设,进一步完善扶持政策,改进扶持方式,重点支持粮食生产专业合作社提升服务功能,逐步将财政无偿补助改为以奖代补,充分发挥财政资金的引导激励作用,促进合作组织持续健康发展。

农村劳动力转移阳光工程培训补助 2004年,国家启动农村劳动力转移阳光工程培训项目,由中央财政、省级财政和市县财政共同负担,通过发放培训券方式或培训机构降低收费标准方式直接让农民受益。主要在粮食主产区、劳动力主要输出地区、贫困地区和革命老区开展农村劳动力转移到非农领域就业前的职业技能培训示范项目。当年财政投入补助资金4000万元,其中中央财政1600万元,省级财政1600万元,市、县财政配套800万元,人均补助达到250元。

2005年,财政投入补助资金6050万元,其中中央财政2300万元,省级财政2500万元,市、县财政配套1250万元,人均补助250元。培训农民工25.77万人,超额完成了25万人的计划任务,实现转移2197万人,转移率达到85.3%。

2006年,财政投入补助资金7800万元,其中中央财政3800万元,省级财政2500万元,市、县财政配套1500万元,人均补助260元。全年实际培训32.04万人,完成计划任务的107.9%,转移28.58万人,转移率达89.2%。

2007年,财政投入补助资金9750万元,其中中央财政5250万元,省级财政3000万元,市、县财政配套1500万元,人均补助325元。全省阳光工程培训31.62万人,转移28.71万人,转移率90.8%,超额1.62万人、10.8个百分点。

2008年,财政共投入补助资金1.1亿元,其中中央财政6510万元,省级财政3000

万元，市、县财政配套1500万元，人均补助366元。全省培训农民33.33万人，超额完成计划任务；实现转移30.51万人，转移率91.5%，高出全国阳光办规定11.5个百分点。

2009年，新型农民培训纳入民生工程，省财政安排资金1.33亿元，支持开展农村劳动力转移培训、新型农民科技培训、农业专业技术培训和农民创业培训，培养有文化、懂技术、会经营的新型农民，增强农民的就业、创业能力。全年累计培训农民58.37万人，超额完成培训任务。

2010年，省财政安排新型农民培训民生工程省级补助资金1.3亿元，共培训新型农民55.8万人，超额完成年度培训任务。

农机化新机具新技术示范推广支出 2005年，省财政投入全省农机化新机具新技术示范推广专项资金410万元。

2007年，安排农机富民工程专项资金600万元。

2008年，全省农机装备总量持续增长，到年底，全省拥有农机总动力4807万千瓦，比上年增长6%；大中型拖拉机9万台，同比增长35%；联合收割机7.8万台，同比增长15%，其中玉米收割机1024台，同比增长147%；水稻栽植机械达4100台，同比增长89%；旋耕施肥播种机达6000台，同比增长33%。大中型动力机械和配套机具保持较高增幅，农机装备结构进一步优化。

农机具购置补贴 安徽省从2004年开始实施，安排资金350万元。其中，中央财政150万元，省级财政200万元。

2005年，安排资金2100万元，其中中央财政1500万元，省级财政600万元。2006年安排资金3100万元，其中中央财政2500万元，省级财政600万元。2007年安排资金1亿元，其中中央财政9000万元，省财政1000万元，取得了非常好的效果。

2007年，全省拥有农机总动力达到4535万千瓦，比上年增长7%；大中型拖拉机6.67万台，增长39.8%，联合收割机67728台，增长11.3%，水稻插秧机1924台，增长89.7%。

2008年，中央财政安排我省农业机械购置补贴专项资金2亿元（省财政安排1000万元主要用于对全省范围内农民购买水稻插秧机、水稻直播机、深松机和旋耕施肥播种机进行累加补贴，以及对农机服务组织购机专项补贴），实施范围覆盖全省108个农业县（市、区）及部分国有农场。

2009年，为让更多的农民享受政策支持，新增补贴机具3大类8小类30个品目，选择当涂县实行财政涉农补贴“一卡通”直接发放农机购置补贴资金试点。全年共补贴农机具10.9万台，带动农民投入近16亿元，政策受益农户和农机社会化服务组织10.3万个。

2010年，争取中央财政农机购置补贴资金6.5亿元，农机购置补贴种类由2009年的11大类26小类65个品目，扩大到11大类27小类77个品目。全省补贴购置农机具数量10.7万台，受益农户9.5万户。

菜篮子工程支出　2001年，省财政安排菜篮子工程资金500万元，主要用于各市“菜篮子”工作考核“以奖代补”450万元。全省蔬菜、瓜类播种面积1188万亩，总产量2060万吨，总产值111.5亿元。

2002年，省财政安排菜篮子工程资金500万元，用于无公害蔬菜示范基地县创建工作100万元，蔬菜农残检测补助点建设155万元，科技兴菜120万元，部分市“菜篮子”工作考核“以奖代补”80万元，省本级45万元。补助支持各类项目40多个。全省蔬菜、瓜类播种面积1216.5万亩，总产量2263.6万吨，总产值123亿元。全省蔬菜面积超10万亩的县区27个，22个县进入省级无公害蔬菜创建示范县。

2003年，省财政安排菜篮子工程资金500万元，用于无公害蔬菜示范基地县创建工作200万元，蔬菜农残检测补助点建设110万元，科技兴菜160万元，省本级30万元。补助支持各类项目近50个。全省蔬菜播种面积1290万亩，总产量1988万吨，总产值135.9亿元。全省农民人均种菜收入312元。

2004年，省财政安排菜篮子工程资金500万元，用于蔬菜产业化30强奖补300万元，各市菜办工作考核“以奖代补”120万元，科技兴菜30万元。补助支持各类项目30多个。全年蔬菜、瓜类播种1252万亩，产量2233.4万吨。农民人均种菜纯收入突破300元，占农民家庭经营收入的五分之一。无公害蔬菜创建县达34个。

2005年，省财政安排菜篮子工程资金500万元，用于蔬菜产业化30强奖补300万元，各市菜办工作考核“以奖代补”120万元，科技兴菜30万元。补助支持各类项目30多个。全省蔬菜、瓜类播种面积1260万亩，总产量2231万吨。蔬菜播种面积超过10万亩的县区有37个，认定无公害蔬菜基地36个，认证无公害蔬菜品牌35个，无公害蔬菜基地面积177万亩，无公害蔬菜148个。

2006年，省财政安排菜篮子工程资金500万元，用于蔬菜产业化30强“以奖代补”262万元，蔬菜农残检测补贴106万元，科技兴菜82万元。补助支持各类项目近50个。全年瓜菜产值突破240亿元，农民人均种菜纯收入达到355元。全省已建10万亩以上的产菜大县42个。

2007年，省财政安排菜篮子工程资金500万元，用于蔬菜产业化30强奖补270万元，蔬菜农残检测补贴120万元，科技兴菜50万元，财政项目20万元。补助支持各类项目55个。全年蔬菜、瓜类播种面积1361万亩，产量2456万吨。农民人均种菜纯收入达到370元，增收15元。全年检测蔬菜样本79294个，合格率98.5%。企业年蔬菜加工360万吨，加工率由8%提高到12%，年销售收入20亿元，带动农户21.5万户。

2008年，省财政安排菜篮子工程资金500万元，用于高效规模化蔬菜示范县（区）和特色蔬菜基地建设奖补200万元，蔬菜质量安全体系建设项目资金120万元，蔬菜加工企业（专业合作社）项目资金100万元，科技兴菜项目补助40万元。补助支持各类项目60个。全年蔬菜瓜类播种面积1580万亩，产量3050万吨，产值252亿元。农民人均种菜纯收入达到375元。全年检测蔬菜样本83208个，合格率达99.33%。全省蔬菜加工企业 200 多家，其中省级产业化龙头企业达到 40 家，国家级龙头企业 2 家，年销售收入 30 亿元，带动农户 28 万户。

皖优农产品进超市工程支出 2004 年，根据省委省政府《关于贯彻〈中共中央、国务院关于促进农民增加收入若干政策的意见〉的实施意见》，省财政每年安排皖优农产品进超市工程资金 400 万元，用于扶持皖优农产品进超市补助。2007 年，经专家评审，全省确定扶持 44 个重点项目和 11 个农产品直销基地，涉及蔬果、水产、粮油、茶叶等 40 多个系列品种 350 多种产品。2008 年，经专家评审，全省确定扶持 47 个重点项目和 13 个农产品直销基地，涉及茶叶、蔬果、水产、粮油、禽蛋等 40 多个系列近 400 多种产品，产品主要销往“长三角”“珠三角”北京及省内大中型超市。

畜牧业进位工程支出 1997—2000 年，省财政每年安排 500 万元专项资金，全省财政共投入资金 2000 万元，重点扶持畜牧业商品基地建设、良种计划建设、畜牧兽医基础设施建设项目。通过 4 年投入，共建设畜牧业商品基地 100 个，扶持种畜禽场 15 个，建设完善畜牧兽医技术服务中心 60 个。到 2000 年，肉蛋总产达到 405.2 万吨，比实施前的 1996 年增长 44.0%，在全国的位次由第十位上升到第八位。

2004—2007 年，省财政安排 1436 万元，用于标准化优质畜禽生产基地建设，扶持畜禽生产基地（场）126 个。2007 年，畜禽规模养殖比重达 40%，比 2003 年提高 15 个百分点，肉蛋奶总产达到 573.93 万吨，畜牧业总产值 637.36 亿元，占农业总产值的 30.8%。

2008 年，建设畜牧业商品基地 29 个，扶持种畜禽场 6 个。畜禽规模养殖比重达 45%，肉蛋奶总产 475.15 万吨，畜牧业总产值 806.89 亿元。

渔业致富工程支出 1979—2000 年，省财政主要扶持农村社队和国有大水面鱼苗鱼种的投入和投放，实施渔业致富工程。2001 年开始，财政资金主要扶持农产品流通、农产品品牌和农业产业化三项工程。渔业项目以所在地自筹为主，省财政支持为辅。2001—2008 年，省级财政共投入资金 6110 万元，吸引社会投入和外资为补充的多渠道、多层次、多形式、多元化地筹集资金约 30 亿元。渔业基础设施明显改善和加强，新扩建和改造省级水产原、良种场 22 个，改造和扩建国家级河蟹原种场 1 个，省级水产良种场 19 个、市级水产良种场 50 个。2005—2008 年，全省累计建设无公害绿色和有机水产基地 230 万亩，认证无公害水产品 204 个，绿色水产品 80 个，有机水产品基地 8 个，部、省、市级标准化养殖基地 100 个，（面积 150 万亩，）示范场（区）核心面积 80 万亩，辐射面积 160 万亩，扶持省级水产龙头企业 22 个，国家级 1 个。

水稻、小麦、玉米、棉花良种补贴 按照“全面覆盖、因地制宜、补贴农民”的思路，对水稻、玉米、棉花良种补贴采取现金直接补贴方式，由乡镇财政所通过财政涉农补贴“一卡通”直接向补贴对象兑付补贴资金。2009 年，农作物良种补贴资金 11.56 亿元全部拨付到县（市、区）财政并及时兑现到农户。

2010 年，会同省农委制发《安徽省 2010 年农作物良种补贴项目实施指导意见》，及时下拨农作物良种补贴资金11.56亿元,其中水稻5.17亿元,玉米1.34亿元,小麦4.47亿元,棉花0.58亿元。

第二节　支持林业支出

省财政认真贯彻落实中央和省委省政府的各项方针政策,大力支持林业事业发展、重点项目建设,保护森林资源,促进生态环境改善,逐步形成与林业发展相适应的财政支持政策措施。省财政支持林业专项资金主要有两大类,一类是财政预算拨款安排的支出,包括森林生态网络体系建设专项资金、森林生态效益补偿基金、退耕还林工程资金、森林防火项目资金等,一类是林业主管部门收取的政府性基金收入纳入财政预算安排的支出,包括育林基金支出和森林植被恢复费支出。2001—2008年,省财政直接用于林业的投入累计71.5亿元。

森林生态网络建设支出　自1980年起,省财政设立造林补助费专项资金,用于农村集体和国有林场造林营林,当年投入1220万元。2001年造林补助费改为森林生态网络建设专项资金。1986—2008年,省财政共投入造林资金5.34亿元,其中1986—1990年投入7674万元。1991—1995年,为加快改善全省自然生态环境,加速消灭宜林荒山,按照省委省政府部署的"5年消灭荒山、8年绿化安徽"造林绿化规划,投入11950万元,年均2390万元,重点加快人工造林、封山育林、飞播造林步伐,到1994年,按时完成了消灭全省宜林荒山任务。1996—2000年,省委省政府作出开展林业第二次创业和建设万里绿色长廊工程等重大决策,5年投入13493万元,年均2698万元。到1997年年底,全面实现了"5年消灭荒山、8年绿化安徽"的奋斗目标,成为全国率先基本实现"灭荒"和绿化达标的省份,跨入全国造林绿化先进省份行列,受到党中央、国务院的表彰。2001—2005年,省财政继续支持林业加快发展,5年投入11802万元,年均2360万元,支持实施退耕还林、长防林、万里绿色长廊等六大重点工程,以城市、集镇、村庄绿化和森林公园、自然保护区建设为点,以铁路、公路干道和江河林带建设为线,以生态公益林和商品用材林基地建设为面,营造点线面相结合的布局合理、结构优化、功能完备的森林生态网络体系。2005年以后,省财政继续加大对造林绿化投入,改革林业投入政策,在继续巩固造林绿化成果的基础上,重点加快基地造林、林木种苗、万里绿色长廊、林业科技推广等工程建设。1986—2001年,省林业厅会同省财政厅根据林业生产计划研究决定使用原则,分配给有关市县。

2001年,制定造林资金使用管理办法,提出以各地自力更生为主,省财政补助为辅,重点用于扶持造林任务大,投入数量多,且造林营林有基础的重点县的农村集体和国有林业场圃单位。补助标准:经济林20元/亩,用材林15元/亩。每年由省林业厅对各地完成营造林的面积进行核查验收后拨付补助资金。2002年,为规范森林生态网络建设资金管理,省财政厅印发《安徽省森林生态网络建设专项资金管理办法》,主要扶持纳入全省林业“十五”发展规划和国家确定的森林生态工程项目。

1986—2008年,全省共完成人工造林3411万亩,抚育管理林10317万亩。到2008年,全省林业用地面积增加到6605亩,约占国土面积的30.1%,有林地面积增加到5401万亩,林木总蓄积量增加到1.62亿立方米,森林覆盖率达到26.1%。

2009年,省财政下拨森林生态网络建设专项资金1910万元,完成营造林293.9万亩以上。采取以奖代补方式,拨付奖补资金400万元,支持实施绿色长廊工程。安排油茶产业发展专项资金200万元,扶持高产油茶示范林基地建设。拨付资金700万元,支持优质林木良种繁育项目。投入森林防火和病虫害防治专项资金1800万元,支持实施森林防火以及林业有害生物防治等项目。

2010年,省财政下拨森林生态网络体系资金3000万元,对基地造林、封山育林、万里绿色长廊工程、世行造林省级配套、德援项目省级配套,林木种苗工程等项目给予重点扶持。争取中央财政追加林改工作经费398万元,全部用于林改,调动林农生产积极性。省财政拨付1700万元,扶持优质林木种苗、油茶、生物质能源林等优势特色林业产业,促进林农增收致富。争取中央和省财政林业有害生物防治补助费985万元,重点支持松材线虫、松毛虫及美国白蛾病防治。

森林生态效益补偿 从2001年起,中央财政安排专项资金设立“森林生态效益补助资金”,对划定为国家重点公益林的有林地,纳入中央森林生态效益补助资金范围。在全国选择11个省开展森林生态效益补助制度试点,安徽被列入2001年首批试点省。通过森林分类经营和区划界定,经国家林业局、财政部批准, 2001年全省1200万亩重点公益林纳入中央森林生态效益补助资金补助范围,中央财政补助6000万元（补助5元/亩）。2006年,国家确定全省重点公益林面积1686万亩,中央财政补助8434万元,并固定下来作为每年国家补偿的面积和补偿的金额。

2006年,省财政启动省级森林生态效益补偿制度,建立森林生态效益补偿基金。经区划确定并报省政府批准确定省级公益林面积406万亩,当年省财政安排资金3000万元,用于省级公益林的补偿。到2007年,全省划定省级公益林面积804万亩,省财政安排补偿资金4221万元。

2007年,全面建立中央和省两级森林生态效益基金补偿制度,纳入省以上公益林补偿面积2491万亩。其中国家重点公益林面积1687万亩、省级公益林面积804万亩。2001—2008年,共拨付各地森林生态效益补偿基金66744万元,其中中央财政55302万元、省财政11442万元。2007年3月15日,省财政厅会同省林业厅制定《安徽省森林生态效益补偿基金管理实施细则》,对用好管好中央财政和省财政森林生态效益补偿基金作具体规定。中央和省财政资金只对重点公益林和省级公益林保护和管理投入进行补助。平均按每年每亩5元的标准进行补助,其中4.75元用于承担管护任务的单位和个人的管护开支,并将补助资金支付给单位和个人,由单位和个人按合同规定承担森林防火、林业有害生物防治、补植、抚育等管护责任;0.25元用于省级林业主管部门组织开展的管护情况检查验收、跨重点区域开设防火隔离带等森林火灾预防、维护林区道路及森林资源监测的支出。各级财政部门设置专户，分账核算，封闭运行，确保补偿基金专款专用，及时到位。对补助给林农个人的管护等开支，经林业主管部门组织检查验收合格后，通过财政补贴农民“一卡通”直接发放到林农个人。补偿基金统筹项目支出实行同级财政报账制。

退耕还林补助　安徽退耕还林工程总体上分为两个阶段。1999—2006 年为第一轮补助（国家第一轮补助期将持续到 2013 年，安徽在 2012 年补助期满），称原政策未到期补助，包括粮食补助、现金补助两项资金；2007 年起开始实施新一轮补助，即延长一个周期补助（延长期补助政策兑现期将持续到 2021 年），称完善退耕还林政策补助，包括完善退耕还林政策补助资金、巩固退耕还林成果专项资金。

原政策未到期补助　自 1999 年起，国家在西部省份开展退耕还林工程，旨在加强生态环境，实现可持续发展，以治理因过渡开垦造成的水土流失问题，并逐步向全国推开。安徽抓住国家扩大试点机遇，从 2002 年起被国家列入实施退耕还林工程范围。2002—2005 年国家累计安排安徽退耕还林中退耕地造林面积 330 万亩（生态林面积 305.5 万亩、经济林面积 24.5 万亩），其中：2002 年 200 万亩、2003 年 100 万亩、2004 年 10 万亩、2005 年 20 万亩。全省有 84 个县、市（区）实施退耕还林工程，其中退耕地造林涉及户数 161.84 万户，涉及人数 608.18 万人。

原政策未到期补助包括粮食补助和现金补助。对坡耕地造林，一次性每亩补助种苗费 50 元；当年验收合格后，每年每亩补助原粮 300 斤（从 2003 年开始折成现金 210 元，称粮食补助资金，是国家为保证退耕农民口粮供应给予的专项补助）、补助现金 20 元（专项用于退耕还林农户的生活、医疗、教育等方面补助）。坡耕地造林补助年限：经济林补助 5 年，生态林补助 8 年。原政策未到期补助的两项资金实行财政专户管理。粮食补助通过在农业发展银行开设的财政专户拨付到各地县（市、区），再通过财政补贴农民一卡通向退耕户兑现。现金补助通过开设在一般商业银行的专户下拨，再按规定发放到退耕户手中。这项资金，不需各地申请和报送总结材料。每年由国家林业局负责组织验收，财政部根据验收结果拨付各省资金。省再按国家拨付的资金履行相应的审批程序分配下达。

完善退耕还林政策补助　2007 年，退耕还林的粮食和生活费补助期满后，国家继续对退耕农户给予适当的现金补助，解决退耕农户当前生活困难。补助标准为：长江流域及南方地区每亩退耕地每年补助现金 105 元（生活费补助）。原每亩退耕地每年 20 元生活费补助，继续直接补助给退耕农户，并与管护任务挂钩（管护费补助）。补助期为：还生态林补助 8 年，还经济林补助 5 年，还草补助 2 年。2007—2010 年，安徽退耕还林到期面积为 310 万亩，中央财政补助安徽完善退耕还林政策补助资金 70986 万元。省财政通过财政专户全部拨付到市县（区），由各地通过财政补贴农民资金“一卡通”兑付到林农手中。此项资金也无需各地报送资金申请和总结报告，由财政部根据国家林

业局阶段验收结果安排各省资金。省财政厅根据省林业厅提供的验收结果，逐年核定补助。

为集中力量解决影响退耕农户长远生计的突出问题，中央财政安排资金建立巩固退耕还林成果专项资金（延长期粮食补助资金中的另一半资金），主要用于退耕还林工程县的基本口粮田建设、农村能源建设、生态移民以及补植补造。中央财政按照退耕地还林面积核定各省（区、市）巩固退耕还林成果专项资金总量，并从2008年起按8年集中安排，逐年下达，包干到省。2002—2005年，安徽完成退耕还林面积330万亩，国家核定安徽巩固退耕还林成果专项资金总量23.69亿元。每年安排安徽巩固退耕还林成果专项资金29608万元。此项资金由财政部依据国家林业局阶段验收结果和国家发展改革委年度任务计划安排。省财政厅依据省发改委下达的年度任务计划和上年项目实施总结进展情况办理资金拨付，通过省财政专户下拨到各退耕还林工程县，再由县级分部门编制实施方案报省相关部门会省财政厅审批后组织实施。自2002年开始实施的退耕还林工程，取得了生态、经济和社会效益。截至2007年，全省退耕地保存面积合格率为99.5%、荒山荒地造林保存面积合格率为88%以上。

强林惠林补贴 2010年，大幅提高生态林补偿标准，拨付森林生态效益补偿基金2.41亿元，比2009年增加1.1亿元，增幅84.5%。进一步落实退耕还林政策，及时将退耕还林粮食补助、现金补助、完善政策补助资金计5.41亿元发放到退耕户，实现退耕农民直接增收；拨付巩固退耕还林成果专项资金2.96亿元，促进退耕还林工程县经济社会可持续发展。启动14个县和13个国有林场森林抚育补贴试点，获中央财政补助资金3000万元，提高林农和国有林单位收入。安徽被列为国家林木良种补贴试点省、首批成为开展全国湿地保护补助工作省，分别争取中央财政林木良种补贴试点资金680万元和湿地保护补助资金950万元，用于国家重点林木良种基地补贴和湿地生态系统保护恢复。

第三节 支持水利支出

1979年以后，省财政厅结合安徽实际，着力加强对水利事业发展的专项投入，主要包括防汛、抗旱项目、农田水利建设项目、农业排灌泵站技改项目等投入。

财政防汛抗旱支出 由于特殊的地理位置和气候特征，安徽省自然灾害频繁发生。省财政积极筹措资金，为全省防汛抗旱提供后勤保障。

1991年，安徽省遭遇特大洪涝灾害，中央和省财政共投入防汛经费18585万元。

1994年、1995年，安徽省连续遭遇特大旱灾，中央和省财政分别投入1950万元和2120万元。

1998年，长江流域发生特大洪水，全省共投入抗洪抢险资金20.05亿元，长江防洪工程减灾效益达457亿元。

2003年,淮河流域发生特大洪水,全省共对已运用的9个行蓄洪区发放3.5亿元补偿资金,对已转移未运用的8个行蓄洪区发放补偿资金0.92亿元,水利工程防洪减灾效益达334亿元。

2007年,淮河流域再次发生特大洪水,全省共安排资金37728万元进行行蓄洪区运用补偿,其中中央财政补助26956万元,省财政配套10772万元,12月15日,全面完成补偿资金放发任务,为行蓄洪区群众及时恢复生活生产提供了可靠保障。

2008年,受强降雨影响,安徽省滁河流域发生特大洪水,省财政安排资金1678.5万元进行行蓄洪区损失补偿,于11月下旬拨付。

2010年,调拨资金1.53亿元支持防汛救灾;紧急安排省长预备费6600万元,专项用于省级防汛仓库防汛物资器材储备和险工险段除险加固,确保汛期防汛抢险之需;争取中央财政4800万元防汛经费和3900万元应急度汛工程除险加固资金,支持防汛抗洪除险排涝,确保主汛期安全度汛。

财政农田水利建设支出 从1997年开始,安徽先后有66个节水增效示范项目列入国家投资计划,总投入1.6亿元。截至2008年,全省节水灌溉工程面积已发展到765万亩。2007—2008年,省政府逐步实施病险水库除险加固工程,共下达省计划除险加固水库822座,开工建设757座,完工261座,累计完成投入5.9亿元。改革开放30年来,全省共新建小型水库697座,应急除险加固小型水库3200座(次)。截至2008年,全省多渠道投入除险加固经费2.4亿元,完成3200座(次)小水库的应急除险加固,小型水库安全状况大有改观,垮坝事故逐年减少。2009年,中央财政安排小农水工程建设补助专项资金19400万元,省财政安排专项资金5000万元,比上年增加1000万元。对项目县实行公开遴选、竞争立项、阳光公示。在抗御50年不遇的特大旱灾斗争中,小农水工程经受住了考验,大灾之年确保了粮食增产、农民增收。财政部农业司领导到皖调研时对此给予充分肯定,中央电视台也进行了宣传报道。

财政农业排灌泵站技改支出 1984年,省政府办公会议明确规定,“从1984年起,省政府逐年安排一些经费对国营排灌泵站进行设备更新和技术改造”。1984—1994年,省财政每年安排300万元,市县自筹300万元。11年间全省财政共投入6600万元,其中省财政补助3300万元,市县自筹3300万元。1995年,省财政厅、省水利厅制发《安徽省泵站技术改造项目管理办法补充规定》,当年省财政安排1000万元。1996年安排1200万元。从1997年起,省财政每年安排1500万元,市县配套1500万元。2002年,省财政厅、省水利厅制发《安徽省排灌泵站技术改造项目资金管理办法》。从2007年开始,技改补助资金由省财政直接下达预算指标给市县财政。1984—2008年的25年间,全省财政共投入泵站改造资金47300万元,其中省财政补助23500万元,市县自筹23800万元。改造泵站装机32.8万千瓦,改善排灌面积518万亩。

财政农村饮水工程支出 从1986年开始,省政府从省统筹重点农水经费中划出专项资金,对严重干旱缺水地区给予重点扶持,并制定《安徽省解决农村人畜饮水工程项目管理办法》。1990年以后，每年从省统筹的重点农水事业费中拿出100万元～200万元用于解决农村人畜饮水困难。从2001年开始，省政府决定用3年时间，在全省组织实施农村饮水工程，解决176万农村人口的饮水困难，改善农民生活和生产条件。全省共投入4.4亿元，其中省级以上经费2.43亿元（国债资金1.86亿元），地方配套资金1.1亿元，群众自筹0.87亿元。建成各类饮水工程2万处，实际解决200多万人的饮水困难。在基本解决农村饮水困难之后，国家决定实施农村饮水安全工程。经水利部核定，截至2004年年底，全省有农村饮水不安全总人数为1626万人。省委省政府决定从2007年至2011年，用5年时间，解决全省剩余的1579万农村人口的饮水安全问题。到2008年，全省已经安排投入24.4亿元，其中中央投入8.8亿元、省级资金6亿元、地方配套和受益群众自筹9.6亿元，解决了630万农村人口的饮水安全问题。

小农水重点县工程建设补助 2009年，省财政厅以小农水重点县建设为平台，努力探索创新小型农田水利工程建设管理新机制，进一步加大财政投入，引导受益群众筹资投劳，深入推进小型农田水利工程建设，取得显著成效。全省安排小农水建设重点县19个、专项工程补助项目县18个，项目计划总投入4.6亿元。其中中央财政投入1.94亿元，省级财政配套5000万元，市、县、乡及群众自筹2.2亿元。总投入中，小农水重点县补助项目计划投入3.4亿元；其中中央投入1.54亿元，省级配套1520万元，市、县、乡及群众自筹1.76亿元。截至2009年年底，项目县共完成投入1.85亿元，完成新建修复水源工程450处、更新改造机电泵站7座、整治修复渠道560公里，桥、涵、闸等渠系配套建筑物及其他工程2200多处。新增灌溉面积3.3万亩，恢复和改善灌溉面积8.5万亩，发展节水灌溉面积3.2万亩。

2010年，省财政安排小型农田水利设施建设资金1.05亿元，比2009年增长110%。同时，争取中央财政资金3.35亿元，加大小型农田水利设施建设投入。各县逐级申报项目，通过专家评审，择优遴选两批共39个小型农田水利重点县实施项目，报财政部、水利部并顺利通过备案审查。省委常委、副省长赵树丛在省财政厅和水利厅联合报送省政府《关于2009年小型农田水利工程建设补助项目实施情况报告》上批示："抓好小型农田水利工程建设，是提高粮食生产能力的关键举措，财政厅、水利厅在项目落实上做了大量的创新性工作，富有成效。要进一步总结经验，紧紧围绕粮食高产创建三大行动，整合资金，建一片，成一片，受益一片，打牢粮食丰产的基础。"

水库扶持基金投入 为帮助水库移民改善生产生活条件，国家先后设立库区维护基金、库区建设基金和库区后期扶持基金。2006年，全省共有大中型水库移民116万人，分布在12个市、48县；三峡水库移民8093人，分布在8市、15个县。为做好省内库区移民工作，经积极争取，中央财政安排安徽大中型水库移民后期扶持资金17612万元，三峡水库移民后期扶持资金116万元。

2007年5月，省财政厅制发《安徽省大中型水库移民后期扶持基金使用管理实施细则》和《安徽省大中型水库移民后期扶持项目资金报账制管理暂行办法》，使大中型水库移民资金管理工作有章可循。对水库移民资金设立财政专户，专人管理。国家核定安徽每年移民资金70448万元，采取分季拨款，每季拨付17612万元。

2008年，对水库移民后期扶持基金实行专人、专户、专账管理。全年财政部下拨安徽库区移民资金79566万元，省财政下拨市、县（区）86450万元，其中：按每人每年补助600元拨付直补资金60248万元，拨付项目扶持资金26202万元。

2009年，省财政厅在拨付移民个人补助资金5亿元的同时，安排水库移民后扶资金1.8亿元，扶持项目2050个。

2006—2010年，安徽从国家争取大中型水库移民扶持资金342183万元，并全部拨付。拨付的直补资金和项目资金，在一定程度上帮助库区移民脱贫致富，促进库区和移民安置区经济社会发展。

第四节　支持农业综合开发支出

1988年，省农业综合开发机构成立以后，安徽开始组织实施农业综合开发。1988—1996年，实施黄淮海平原农业综合开发，项目实行3年一定。从1996年起，农业综合开发项目细分为：土地资源开发治理项目，包括中低产田改造、发展节水农业、灾毁修复、优质农产品基地、生态农业建设和工矿废弃地复垦等；产业化经营项目，包括种植业、养殖业，农产品储运、保鲜、加工和批发市场建设等；示范项目，包括高新科技示范项目、科技推广综合示范项目、现代农业示范项目、专项生态示范项目等。

农业综合开发资金投入　农业综合开发实行国家引导、配套投入、民办公助、滚动开发的投入机制，农业综合开发资金包括中央财政资金、地方财政配套资金、自筹资金以及采取补贴、贴息、有偿扶持等多种形式吸引的金融资金、民间资本、工商资本和外资等其他经过法定手续筹集的资金。1988—2010年，全省农业综合开发总投入170.43亿元。其中中央财政资金68.76亿元，占40.33%；地方财政配套资金42.93亿元，占25.20%；银行贷款资金13.41亿元，占7.87%；自筹资金45.33亿元，占26.60%。根据社会主义市场经济发展和农业与农村经济发展不同阶段的要求，为适应建立公共财政体制和农村改革的需要，农业综合开发投向和投入方式在实践中不断得到调整和完善。

资金投向　实施农业综合开发初期，由于主要农产品供求矛盾比较突出，因此农业综合开发资金主要用于中低产田改造和开垦宜农荒地，增加粮棉油等主要农产品产量。从1994年起，随着主要农产品供求矛盾趋于缓和，为使农业增产和农民增收有机结合起来，中央财政和地方财政投入的资金70%以上用于改善农业生产基本条件，30%以下用于发展产业化经营项目以带动农产品的系列开发；银行专项贷款原则上30%用于改善农业生产基本条件，70%用于发展产业化经营项目；农村集体和农民自筹的资金主要用于农业基础设施建设。安徽作为农业大省和全国13个粮食主产省之一，1997年之前实施的主要是农业综合开发土地治理项目，投入资金占总额的90%以上。1997

年开始实施产业化项目，当年农业综合开发投入总额为60224万元，其中土地治理项目投入46136.4万元，占投入总额的76.6%，产业化项目投入14088万元，占投入总额的23.4%。从2008年起，中央财政资金和地方财政资金75%以上用于土地治理项目，25%以下用于产业化经营项目。

资金投入方式 2008年以前，农业综合开发中央财政资金和地方财政配套资金一直实行无偿与有偿相结合的方式，原则上投入公益性的财政资金实行无偿使用，投入非公益性的财政资金实行有偿使用。为缓解市县财政还款压力，逐步降低有偿投入比例，从2009年起全部实行无偿投入。1988—1996年，安徽省实施的黄淮海一、二、三期农业综合开发项目，根据国家农业综合开发政策规定，中央财政资金和地方财政配套资金无偿与有偿投入的比例为50% ：50%。从1997年起，农业综合开发项目划分为土地治理项目和产业化经营项目，中央财政和地方财政配套资金70%以上用于土地治理项目，无偿与有偿投入的比例为50% ：50%；30%以下用于产业化项目，全部为有偿投入。从2001年起，根据各类项目公益性和非公益性投入的大小，土地治理项目财政资金无偿与有偿投入的比例确定为85% ：15%，产业化经营项目财政资金无偿与有偿投入的比例为15% ：85%。2003年，土地治理项目财政资金无偿与有偿投入的比例调整为90% ：10%，产业化经营项目财政资金无偿与有偿投入的比例调整为20% ：80%。从2004年起，土地治理项目取消有偿投入，全部实行无偿投入。同时，为切实减轻农民负担，大力促进农民增收，安徽从2004年起减免农民负担的土地治理项目财政有偿资金债务，实行省、市、县三级财政按5 ：3 ：2比例承担，共减轻农民负担38794万元。从2005年起，产业化经营项目无偿、有偿投入的比例调整为25% ：75%。2004—2007年，开展了经营性开发试点，即财政资金以参股形式投入，通过产权转让收入和国有资产投资收益实现自我积累和滚动开发。

农业综合开发资金管理 农业综合开发资金实行专款专用，专账核算，专人管理的“三专”管理制度。省财政适时调整农发资金分配原则，强化财政无偿资金和有偿资金管理，实施全过程监督，最大限度发挥资金效益。

农发资金分配原则 1998年以前，农业综合开发资金按“基数法”分配，即每年切块分配各市资金时，在承认其上年投入规模作为基数的基础上适当增加。从1999年起，每年对当年中央、省财政新增资金实行“基数+因素法”分配。即：综合考虑各地区的资源条件、配套能力和工作质量等因素，计算得出其应分配的新增资金额。各市上年的投资规模仍被列为其投资的基数。从2005年起，实行“综合因素法”分配，即综合考虑各地区的资源条件、配套能力和工作质量等因素，计算得出其应分配的资金总额。

财政无偿资金管理 2001年以前，由财政部门根据批复下达的项目计划逐级下拨，即省财政将中央财政资金和省级财政配套资金统一拨到地市财政农业综合开发资金专户，地市财政将上级拨入的资金和本级财政配套资金一并拨到县级财政农业综合开发资金专户，县级财政再加上同级财政配套资金，按照项目建设批复计划和建设进度通过乡镇财政农发资金专户支付到项目实施单位，项目乡镇、实施单位按项目建设计划、资金适用范围和规定等使用和管理资金。从2001年起，根据财政部制定的《农业综合开发资金报账实施办法》规定，对各级财政用于农业综合开发项目无偿资金实行县级报账办法，县级财政不再将资金拨付到项目乡镇或实施单位，由项目建设单位或施工单位按照工程进度，到县财政局报账。2005年，实行省直管县财政体制改革后，对直管县由省财政直接拨项目县，非直管县按原来规定执行。为加快资金拨付进度，规范资金管理，适应国库集中支付制度的新要求，从2008年起，农业综合开发财政无偿资金由省以指标方式直接下达到县（市、区）。

财政有偿资金管理　财政有偿资金通过财政部门逐级承借，统借统还，各级财政部门之间签订借款合同。为保证有偿资金的合理投放和回收，从2000年开始，省财政厅、中国农业银行安徽省分行选择颍上、太和、萧县等12个县进行委托银行贷款试点，即有偿资金借给用款单位时，由财政部门委托农业银行发放。2004年以前，省级拨借市级财政，再由市级拨借县级财政，县级财政直接拨借项目单位，实行财产抵押担保，或实行委托银行贷款试点的办法拨借给项目单位。从2005年起，实行省管县财政体制改革后，直管县（非直管县同2004年前）项目有偿资金，由省级财政直接拨借直管县财政，县级财政拨借给项目单位，实行财产抵押担保，或实行委托银行贷款试点的办法拨借给项目单位。2008年，根据财政部《农业综合开发财政有偿资金管理办法》规定，财政有偿资金由县级财政农发部门进行直接的担保、抵押放款。

现代农业综合开发示范区建设　2008年开始，省财政厅按照“推进科学理财，服务跨越发展”的思路，利用农发项目搭平台，科学整合支农政策与资金，开展现代农业综合开发示范区建设（简称“示范区”）。当年10月，首批选择合肥滨湖、淮北百善、黄山耿城、巢湖郭河、池州九华、阜阳红星六个示范区开展试点，到2010年，示范区发展到24个。经过探索，各示范区在管理机制建立起三种模式，即：芜湖大浦模式，由企业独立管理；巢湖郭河模式，政府成立管委会，开展服务协调；黄山耿城模式，政府和企业分管，政府管公共设施部分，企业管产业化经营部分。

示范区建设围绕现代农业、新农村建设和财政支农三大主题，开展“八个探索”，突出“八个先行”。“八个探索”即：探索统分结合的土地经营新方式；探索农业基础设施建设新模式；探索农业社会化服务新形式；探索实现农业多功能性新渠道；探索科技兴农新途径；探索延伸农业产业链条新办法；探索推进新村建设新举措；探索财政支农投入与管理新机制。“八个先行”即：财政投入突出规模化经营先行；中低产田改造先行；农业科技成果转化先行；优良品种推广先行；机械化作业先行；现代农业服务体系建设先行；农业企业与农民的利益连接机制先行；新农村建设先行。

省财政在政策范围内安排部分农发资金，搭建整合财政涉农资金和吸引社会资本的平台，主要是建设高标准农田，提供科技支撑，支持企业入驻。同时，按照“性质不变、渠道不乱、优势互补、共同建设”原则，采取与部门协商整合、系统内部整合、协调地方政府整合等多种方式,整合涉农资金。2008—2010 年，24 个示范区共投入农发资金 13.11 亿元、整合涉农资金 15.55 亿元、撬动社会资金 72.06 亿元。

2010 年安徽省 24 个现代农业综合开发示范区

表 4–7–1

序号	所在市	所在县（市、区）	示范区名称	建设乡镇	备注
1	合肥市	包河区	安徽滨湖示范区	烟墩乡	省政府下文的 6 个示范区
2	巢湖市	庐江县	安徽郭河示范区	郭河镇、同大镇	
3	黄山市	黄山区	安徽耿城示范区	耿城	
4	池州市	青阳县	安徽九华山示范区	庙前镇	
		九华山管委会		九华乡	
5	淮北市	濉溪县	安徽百善示范区	百善镇	
6	阜阳市	颍上县	安徽红星示范区	红星镇	
7	安庆市	怀宁县	安徽安庆平山示范区	平山镇	财政厅确立财政重点支持的 13 个市级示范区
8		大观区	安徽安庆大观示范区	海口镇、山口乡	
9	蚌埠市	禹会区	安徽蚌埠禹会示范区	秦集镇	
10	滁州市	明光市	安徽滁州滨河示范区	桥头镇、古沛镇	
11	芜湖市	南陵县	安徽芜湖大浦示范区	许镇	
12	宣城市	宁国市	安徽宣城恩龙示范区	港口镇	
13	六安市	金安区	安徽六安木南示范区	城北镇、翁墩镇、木厂镇	
14	淮南市	潘集区	安徽淮南芦集示范区	架河乡、芦集镇	
15	亳州市	谯城区	安徽亳州十八里示范区	十八里镇	
16		利辛县	安徽亳州永兴示范区	永兴镇	
17	宿州市	埇桥区	安徽宿州朱仙庄示范区	朱仙庄镇、灰古镇	
18	铜陵市	铜陵县	安徽铜陵顺安示范区	顺安镇、天门镇	
19	马鞍山市	当涂县	安徽马鞍山当涂示范区	姑孰镇	
20	六安市	舒城县	安徽六安桃溪示范区	桃溪镇	新确立的 5 个财政重点支持的市级示范区
21	巢湖市	无为县	安徽巢湖无为示范区	白茆镇	
22	淮北市	相山区	安徽淮北渠沟示范区	渠沟镇	
23	滁州市	南谯区	安徽滁州乌衣示范区	乌衣镇	
24	安庆市	望江县	安徽安庆合成圩示范区	华阳镇、雷池镇	

第五节 支持扶贫开发支出

1979—2010 年,中央和省财政累计投入财政扶贫资金 95.75 亿元。扶贫开发工作重点县农民人均纯收入逐年增长，贫困地区基本生产生活条件明显改善，为促进全省经济社会发展发挥了重要作用。扶贫开发历经 3 个阶段：

有计划、有组织、大规模的开发式扶贫阶段　1979—1993 年，中央和省财政投入财政扶贫资金 6.96 亿元。国家、省和各贫困地区成立专门扶贫开发机构，对过去救济式扶贫进行彻底改革，确立开发式扶贫方针，核定国家和省两级贫困县，制定专门针对贫困地区和贫困人口的一系列扶持政策措施。从 1986 年开始，国家有计划、有组织、大规模进行开发式扶贫。到 1993 年年底，全省贫困人口降至 360 万人（当年国家贫困标准为农民人均纯收入 370 元以下）。

“八七”扶贫攻坚阶段　1994 年开始实施的《“八七”扶贫攻坚计划》（即从 1994 年到 2000 年，集中人力、物力、财力，动员社会各界力量，力争用 7 年左右的时间，基本解决目前全国农村 8000 万贫困人口的温饱问题），标志着全国、全省扶贫开发进入攻坚克难的决战阶段。中央和省财政投入财政扶贫资金 26.87 亿元。金寨、岳西等 17 个县被确定为国家级贫困县，歙县、绩溪等 5 个县被确定为省级贫困县。全省扶贫开发成效显著，基本解决了温饱问题。从 2000 年开始，国家对贫困人口实行分类统计，分绝对贫困人口和低收入人口，到 2000 年年底，全省有绝对贫困人口 126 万人（当年国家绝对贫困标准为农民人均纯收入 625 元以下），有低收入人口 374 万人（当年国家低收入人口标准为农民人均纯收入 625 元至 865 元之间）。

21 世纪扶贫开发新阶段　2001 年，国务院颁发《中国农村扶贫开发纲要（2001—2010 年）》。以此为标志，全国扶贫开发进入新的阶段。石台县、泾县被新增列入，全省共有 19 个国家扶贫开发工作重点县。省里确定 10 个省扶贫开发工作重点县（区）和 65 个扶贫开发工作重点乡镇，扶持范围进一步扩大。2001 年和 2006 年分别制定《安徽省“十五”农村扶贫开发规划》和《安徽省农村扶贫开发“十一五”规划纲要》。主要扶贫措施是整村推进、劳动力转移培训和产业化扶贫。截至 2010 年年底，全省农村贫困人口由 2000 年的 500 万人（其中绝对贫困人口有 126 万人，低收入人口有 374 万人）下降为 209.33 万人。财政扶贫资金投入机制不断完善，2001—2010 年，中央和省共投入财政扶贫资金 61.92 亿元（含以工代赈资金），采用了因素法分配财政扶贫资金。

2001 年以后，省财政厅单独或会同有关部门先后制定《安徽省财政扶贫资金报账制管理实施办法》《安徽省财政扶贫资金报账制管理考评办法》《安徽省财政扶贫资金违规责任追究暂行规定》《安徽省贫困地区农村劳动力转移培训财政扶贫补助资金管理办法》《安徽省财政扶贫资金支持贫困地区农民专业合作组织管理暂行办法》《安徽省少数民族发展资金管理办法》《安徽省财政扶贫资金绩效考评实施办法》，推行财政扶贫项目资金公告公示制度等，进一步规范扶贫资金的使用、管理和监督。整村推进、劳动力转移培训和产业化扶贫三项重点工作持续推进，从 2004 年开始，在 19 个国家扶贫开发工作重点县，每年安排 500 个左右重点村实施整村推进工程。要求从到县财政扶贫资金中安排不低于 70% 比例用于整村推进。截至 2008 年年底，全省共有 2820 个重点村实施整村推进工程，基本达到省政府规定的验收标准。

2001—2008年，全省贫困地区共培训贫困劳动力26.33万人、转移近22.35万人；构建了1个国家级、35个省级、90个县级贫困地区劳动力转移培训基地。实施产业化扶贫，重点利用扶贫贷款进行扶持，每年扶贫龙头企业的贷款占总规模的1/4。到2008年年底，有21家企业被认定为国家扶贫龙头企业。贫困地区基本生产生活条件明显改善。2001—2008年，全省贫困地区新建和改扩建乡村道路2.6万公里，新增和改善灌溉面积515.05万亩，解决和改善了284万人的饮水困难；实施草危房改造和异地移民搬迁，改善了12.5万贫困人口的居住条件。

2007年，省财政共筹集财政扶贫资金6.4亿元（其中，争取中央财政扶贫资金5.9亿元），重点扶持592个重点村，实现重点村财政扶贫投入规模的历史性突破，有力地支持了贫困地区基础设施建设、生产生活条件的改善、劳动力转移培训和扶贫贷款贴息工作的开展；安排财政扶贫资金950万元，选择岳西县开展“县为单位、整合资金、整村推进、连片开发”试点。各试点县共筹集互助资金4639万元，其中，省财政安排3280万元，市县财政配套投入872万元，农户配套及其他资金投入486.8万元。建立互助资金小组683个，各互助资金小组累计发放借款3659.5万元，借款归还率97%。2.9万农户参加了互助资金小组，其中1.8万农户借用互助资金发展生产，人均增加收入500多元。

2009年，中央和省财政安排扶贫资金8.11亿元，全部分配到各扶贫工作重点县。安排产业化扶贫资金1000万元，重点支持46个扶贫重点县及重点乡镇县农民专业合作组织建设。安排贷款贴息资金2250万元，扩大对贫困地区的企业扶持。安排财政扶贫资金8400万元，用于扶贫重点县及重点乡镇农村饮水安全工程建设。安排3400万元资金用于试点县选择贫困乡、村集中连片区域，重点支持优势特色产业发展。按照“民有、民管、民用、周转使用、滚动发展”的原则，30个扶贫县累计投入互助资金1.43亿元，其中省财政扶贫资金1.29亿元，市县财政投入142万元，农户配套投入1242万元，其他资金投入102万元。

2010年，争取中央财政扶贫资金8.6亿元，比2009年增加1.1亿元，增长14.7%。省财政预算配套安排1.1亿元，比2009年增加5027万元，增长84%。财政扶贫投入不断增加，逐步形成财政扶贫资金稳定增长的投入机制。全省30个扶贫工作重点县规划了571个重点村，要求首批到县扶贫发展资金的70%用于整村推进村，每村投入规模不低于50万元。要求扶贫开发工作重点县（区）用于“雨露计划”的资金不低于年度到县扶贫发展资金的10%。安排扶贫资金2000万元，重点支持贫困地区农民专业合作组织建设，推进地方特色经济发展，带动农民增收致富。安排扶贫贷款贴息资金2505万元，支持贫困地区企业发展，大力推进产业化扶贫。安排到户贷款贴息资金1045万元，继续实施扶贫到户贷款贴息。安排互助资金3850万元，继续扩大互助资金试点，有效缓解贫困户发展生产资金短缺困难。安排资金3000万元，选择利辛、潜山等6县开展连片开发试点。安排资金4250万元，选择金寨、太湖两县开展利用中央专项彩票公益金支持贫困革命老区整村推进项目试点。由于省财政扶贫工作创新成效显著，被财政部、国务院扶贫办评为财政扶贫资金绩效考评A级先进省，获全国通报表彰并获1500万元财政扶贫项目资金奖励。

第六节　其他支农支出

财政农业专项投入主要包括财政开展行蓄洪区运用补偿、农垦农科气象财务管理等。

行蓄洪区运用补偿　是指列入国家行蓄洪区名录的、已经下令行蓄洪的、在行蓄洪区范围内的居民财产损失按照一定标准给予的财政补偿。行蓄洪区运用补偿工作的政策法令依据是国务院2000年第286号令《蓄滞洪区运用补偿暂行办法》、财政部2001年第13号令《国家蓄滞洪区运用财政补偿资金管理规定》和省政府2002年第146号令《安徽省〈蓄滞洪区运用补偿暂行办法〉实施细则》。行蓄洪是经省防汛抗旱指挥部的科学调度与淮河水利委员会的共同会商，执行国家防总的行蓄洪命令，为了减轻上游防汛压力和保障中游地区重要城市、工矿企业、铁路交通安全，缓解下游防汛压力而进行的。安徽开展行蓄洪区运用补偿工作共有3次，分别是2003年、2007年和2008年。

首次开展行蓄洪区运用补偿　2003年，淮河流域发生1954年之后的最大洪水，长江流域的滁河、西河也发生超过1991年的大洪水。根据防汛调度方案和国家防总的命令，安徽及时启用沿淮9个国家级行蓄洪区：蒙洼、城东湖、唐垛湖、上六坊堤、下六坊堤、石姚段、洛河洼、荆山湖、邱家湖，3个省级行蓄洪区：荒草二圩、荒草三圩、东大圩。对南润段、姜家湖、东风湖、汤渔湖、方邱湖、临北段、花园湖、城西湖共8个国家级行蓄洪区下达了人口转移准备行洪命令。已运用行蓄洪区涉及阜阳、六安、淮南、蚌埠、滁州5个市和阜南、颍上、霍邱、裕安、怀远、五河、蚌埠市郊区、凤台、潘集、八公山、谢家集、田家庵、大通、毛集、明光、凤阳、全椒等17个县（区）以及省农垦局和淮南矿业集团。已运用行蓄洪区总蓄滞洪量近30亿方，总面积828.8平方公里，耕地面积约73.4万亩。受灾人口61.1万人，其中转移人口22.23万人，下达人口转移准备行洪命令共转移人口21.94万人。行蓄洪区的运用，有效减轻了淮北大堤和沿淮重要城市、铁路交通干线的防洪压力，为夺取淮河抗洪抢险斗争的胜利发挥了重要作用。2003年10月至11月下旬，经过财政部、水利部组织的审核、检查，2003年11月24日，财政部对上报的补偿方案进行批复，下达补偿资金5.57亿元，其中已运用的9个行蓄洪区3.53亿元，已下达转移命令但未运用的8个行蓄洪区0.92亿元，午季损失补偿1.12亿元，中央财政负担3.9亿元，省财政负担1.67亿元。同时，安排7个行洪区砂压耕地恢复补助经费2000万元。

第二次开展行蓄洪区运用补偿　2007年，淮河再次发生流域性大洪水，为迎战淮河洪水，先后启用蒙洼等9个行蓄洪区，对花园湖等3个行蓄洪区下达转移命令。涉及

阜阳等5个市及省农垦局、阜南等13个县(区),阜蒙、二道河等3个农场。依照国务院、财政部和安徽省相关法令，7月15日,启动行蓄洪区运用补偿工作;9月底向国务院及财政部、水利部上报补偿方案;11月19日,在中央补偿资金尚未下达之前,省财政厅特事特办,紧急调度资金,将全部补偿资金预先拨给市、县财政,提前启动全省补偿资金发放工作;12月初,国务院批复安徽省补偿方案,共计安排补偿资金37728万元,其中中央财政补助26956万元,省财政配套10772万元;12月5日,在阜南王家坝举行全省行蓄洪区补偿资金发放仪式,补偿资金发放工作全面启动;12月15日,全面完成补偿资金放发任务。

第三次开展行蓄洪区运用补偿　2008年,安徽滁河流域遭遇特大暴雨洪水,为减轻滁河防洪压力,按照长江防汛抗旱总指挥部的调度指令,省防汛抗旱指挥部先后运用了全椒县荒草二圩、三圩,来安县汪波东荡、南谯区蒿子圩4个蓄滞洪区,涉及来安、全椒、南谯3县（区）的3个乡镇、2个国营农场和1个部队后勤基地。按照《安徽省人民政府办公厅关于切实做好2008年滁河蓄滞洪区运用补偿工作的通知》要求,省政府及时启动滁河蓄滞洪区运用补偿工作,指导组织滁州市具体承担滁河蓄滞洪区运用补偿工作事务。省政府相关部门成立省蓄滞洪区运用补偿工作核查办公室（简称“省核查办”),加强对滁河蓄滞洪区运用财产损失和补偿资金发放等工作的核查和监督。10月底,完成蓄滞洪区运用补偿居民财产损失登记核查工作;滁州市政府向省政府上报《滁州市蓄滞洪区运用补偿方案》;11月初,省核查办对滁州市蓄滞洪区居民财产损失情况进行核查;11月下旬,省财政厅下发《关于滁州市蓄滞洪区运用补偿资金的批复》,应补偿总金额2098万元,其中省财政负担1678万元。2008年11月底,所有补偿资金都通过“一卡通”发放到农户手中。

农垦农科气象支出　农垦企业、农业科学和气象财务管理是农业财政管理的有机组成部分。随着国家经济社会发展变化,这些单位的财务管理体制变化较大,特别是财务核算体制和财政拨款关系都经历了不同的演变过程。

支持农垦企业　省财政多渠道安排资金积极支持农垦经济社会发展,截至2008年,省财政扶持资金总额达8.1亿元（不含基本建设拨款),其中农垦企业亏损补贴2.4亿元,改善农场生产条件和支持农垦经济发展资金5.7亿元。1979年以前,农垦企业实行“统收统支”和“定收定支”办法,挫伤了职工积极性,助长了依赖思想,造成农场管理混乱、亏损严重。1979—1993年,实行财务包干（独立核算、自负盈亏、盈利留用、亏损不补）办法,农场内部试行联产计酬,兴办职工家庭农场,实行承包经营。从1994年起,农垦企业停止财务包干,实行统一企业所得税政策。

支持农科事业　省农业科学院是省政府直属的综合性农业科研事业单位。1987年前,财政拨款归口省财政厅农业财务处,预算列入农业事业费科目。1987年,归口省科委统一管理,列入科学事业费科目,预算管理由一级预算管理变为二级预算管理。1994年,财政拨款关系划回省财政厅农业财务处管理,列入科学事业费科目,预算管理由二级预算管理变为一级预算管理。

支持气象事业　省气象局一直实行中央与地方双重计划财务体制，1983 年体制收回中国气象局后，经费主要由中国气象局下拨。1988 年，省气象部门双重计划财务体制开始建立。全省地方气象事业逐年增长，省级财政投入由 1988 年的 41.7 万元，增加到 2008 年的 2881 万元。财政投入取得明显效益。1973—1999 年，全省所有县、市均开展人工降雨作业，高炮、火箭作业点次累计 6000 余次，受益面积 100 多万平方公里。1988—1998 年，飞机人工增雨 62 架次，累计飞行 90 个航时，总航程 5.9 万公里，受益面积达 57 万平方公里。2000—2005 年，全省连续开展大范围的高炮火箭人工增雨抗旱作业，共作业 2556 点次，受益面积 52.9 万平方公里。787 飞机成功飞行作业 33 个架次，累计飞行 74 个航时，总航程 3.8 万公里，受益面积 37 万平方公里。2006 年，全省共 18 个市、52 个县开展人工增雨 320 点次，消耗炮弹 1804 发，火箭弹 385 枚。北部地区共开展人工消雹 22 点次，消耗火箭弹 23 枚，炮弹 675 发。开展飞机增雨作业 7 小时，航程 2800 公里，耗用催化剂 3.2 公斤。全省飞机人工增雨、高炮火箭人工增雨增加降水 17.7 亿吨，产生经济效益 1.77 亿元，受益面积 17 万平方公里。全省防雹减少损失 3000 万元，受保护面积 1 万平方公里。同时，相继开展人工增雪、人工增雨蓄水、森林防火（灭火）、人工增雨防雹等服务。2007 年，全省共有 9 个市 19 个县（区）开展人影作业，累计发射炮弹 1244 发，火箭 112 枚。人工增雨增加降水 1.5 亿吨，产生经济效益 3000 万元，受益面积 1.3 万平方公里。2008 年，全省共有 6 市 21 个县（区）开展 55 点次人影作业，累计发射炮弹 47 发，火箭 232 枚。

第五篇　财政管理

财政管理是指政府为了履行职能,对所需物质资源进行的决策、计划、组织、协调和监督活动的总称,简言之,就是政府筹集、使用和管理资金的活动。财政管理是财政部门一项经常性的重要工作,贯穿财政预算编制、执行、监督、决算等全过程,几乎覆盖所有财政领域。

安徽财政管理工作始终走在全国前列。随着市场经济体制的逐步完善和财政体制改革的逐步深化,预算管理思路不断创新;始于 1985 年税收财务物价大检查的财政监督管理工作,随着改革的发展,至 1998 年 7 月,以一年一度全省突击性“大检查”的工作方式宣告结束,以促进财政管理为重点、日常检查和专项检查相结合的新型财政监督体制逐步确立;随着农业税征收管理向农村财政管理的转变,农村财政管理机构不断变更和完善。2000 年,省财政厅机构改革,新设、调整、更名一批处室单位,财政管理工作更加规范有序。随着部门预算管理、省直管县、乡财县管、公务卡管理、财政专户管理、预决算信息公开等一系列改革的推进,安徽财政逐步树立“主动理财、科学理财、民主理财、依法理财”的理财思路,财政管理工作更加科学精细,财政活动的管理水平得到有效提高。

第一章 财政预算管理

财政预算管理是政府为保障实现其职能的资金需要，对整个预算工作进行策划、组织、控制和反馈的过程。预算管理贯穿于预算编制、执行、监督各个环节，并发挥不同的作用。改革开放以后，随着市场经济体制的逐步完善、财政体制改革的逐步深化和预算管理思路的创新，确立“经济发展看效益，效益提高看利税，利税增长看上交”的指导思路。2007 年，针对财政经济发展的新阶段、新特点，省财政厅提出“主动理财、科学理财、民主理财、依法理财”的科学理财新思路，推动预算管理等各项财政事业的全面发展。2009 年以后，省财政厅又围绕财政工作中心和大局，把推进财政科学化精细化管理作为财政预算管理的重要内容。

第一节 预算编制管理

预算编制管理是预算管理的首要环节。省财政厅通过改革预算编制形式，改进预算编制方法，规范预算编制程序，不断推进预算编制的科学化、精细化，为预算管理创造了前提条件。安徽预算编制管理历经 3 个阶段。

单式预算编制管理 1979—1991 年，改革开放初期，安徽预算编制形式是传统的单式预算，将全部财政收支编入一个预算，通过统一的一个表格来反映。单式预算采用基数预算方法编制，即以上年度预算收支执行结果为基数，并考虑计划年度影响收支的多种变化因素而编制预算的方法，又称为增量预算（基数加增长）。在预算编制程序上，采用的是自上而下的做法，先有中央预算，再有地方各级预算。年度开始前，财政部召开全国财政工作会议，或与全国计划工作会议联合召开，对新一年里将要采取的改革措施进行研究部署，对因改革而影响的财政收支进行测算，并对全国财力分配进行相应调整。会后，省召开全省财政工作会议传达贯彻，并要求各地市县据以编制本级财政预算。单式预算编制形式和基数预算方法简单清晰，比较直观地显示政府的财力构成和财力分配的范围、领域，审核时能够一目了然，工作量小，易于操作，既便于控制和监督政府各部门的活动，又对预算是否平衡有个明确显示，保持预算收支的连续性，便于社会公众了解政府收支全貌。但其弊端也是明显的，单式预算编制法制性不强、透明度不高，部门间财力分配不公，存在非程序化和非规范化等问题。随着经济体制改革的深化，国民收入分配格局的变化，投资体制也出现多元化的局面。国家用于建设的资金投入，由国家财政拨款为主，变为财政、金融、举债等多渠道筹集。同时，财政收支的结构也发生巨大变化，财政收入占国内生产总值比重逐年下降，而部门掌握的预算外资金逐年增加。在这种情况下，单式预算编制方法已不能全面、准确地反映政府活动和国家对经济建设的投入规模和资金来源，难以对国民经济进行宏观调控。

复式预算编制管理　1992年，为适应市场经济发展的要求，省财政厅着手编制复式预算。按照《国家预算管理条例》及《安徽省预算管理规定》有关条款，复式预算把各项预算收支按其不同来源和资金的性质，划分为经常性预算和建设性预算两部分。经常性预算收入包括国家以社会管理者身份取得的各项税收和其他一般性收入；经常性预算支出是国家用于维持政府活动，保障国家安全和社会秩序，发展社会各项公益事业以及用于人民生活和社会保障等方面的支出。建设性预算收入包括国家以国有资产所有者身份取得的收入、各项专项建设基金和国家明文规定用于建设方面的收入；建设性预算支出是政府预算中用于各项经济建设活动的支出。复式预算的编制顺序是先编经常性预算，后编建设性预算，较好地体现"一要吃饭、二要建设"的方针。实行复式预算，强化预算的管理和监督职能，推动将预算外资金纳入预算管理的步伐。

1993年，省财政厅在省直单位进行"零基预算"试点，即在编制预算时，不考虑基期情况，不受以往各年增量预算的束缚，通过对原有的各项开支重新审核并测算来编制年度预算。

1994年，"零基预算"编制方法在省本级和各地市全面实行。省级单位按决算核实各类财政供给人数，根据财力状况调整各项人员经费和公用经费定额，坚持人头费用按定额供给，专项经费按项目安排，坚持收支平衡，预算资金的分配更加科学、合理和规范。

1998年7月3日，省政府办公厅印发《安徽省省级预算管理暂行办法》，切实加强省级预算管理，强化省级预算的分配和监督职能。"办法"明确省级预算的编制内容、方法和程序，并针对预算追加过于频繁问题，详细规定预算追加的程序和办理权限，强化预算约束。为增强财政决策的科学性、民主性和透明度，对一些数额较大、影响面较广的追加项目，实行有专家、学者和相关人员参加的听证会制度。部分地市财政根据自身实际情况，也相应制定预算管理办法。

部门预算编制管理　1999年，省财政厅成立预算编制领导小组，设立预算编制办公室，开始探索编制部门预算。部门预算以部门为主体和依托，实现一个部门各项经费（离退休经费除外）由省财政厅归口业务处管理，各单位预算和财务由部门统一管理，理顺和规范了财政厅各分管业务处与部门之间的关系，强化部门与所属单位之间关系。在预算编制方法上，细化预算编制，包括人员等基础数字、专项均细化到单位和具体项目。2000年，在明确部门预算总体思路基础上，加强政府预算编制，初步实施专项经费项目备选制度。

2001年，省财政厅相继出台《关于全面推行部门预算编制改革的指导意见》《安徽省省级部门项目支出预算管理暂行办法》，在实践中完善部门预算制度，推行预算统编，将财政预算内拨款、财政专户资金和其他收入，统一作为部门、单位的预算收入，统筹安排支出，“零基预算”、综合预算进一步完善。

2002年，省财政厅研发建立省级预算基础信息库，实现财政供给单位预算基础信息全部入库管理。同时，确立“三上三下”预算编制程序，进一步增强财政与部门、单位之间预算编制信息的沟通与交流。

2004年以后，省财政厅相继下发《安徽省省级项目支出预算编制管理办法》《安徽省省级基本支出预算编制管理办法》，规范基本支出预算供给政策，改革项目支出预算编审办法，大力推进综合预算，切实改进指标管理，标准的预算编制周期初步建立。

2007年，省直单位开始实施新的政府收支分类改革。省财政厅认真研究制定省直单位政府收支分类改革预算编制模拟实施方案，明确模拟编制部门预算的办法、流程和工作要求。对省直部门、单位具体从事预算编制、执行工作的人员进行政府收支分类改革知识培训。精心设计新科目下部门预算报表体系，本着“有利于财政加强预算管理、有利于部门加强财务管理、有利于人大的审查监督、有利于为领导分析决策提供参考依据”的原则，结合省级部门预算管理改革实际，研究设计新的政府收支分类科目下部门预算报表体系，制定部门预算报表14类43张，实现按支出类别、资金来源、功能科目、经济科目等多维、多视角反映政府、部门各项收支和职能活动。做好部门预算编制软件系统更新工作。按要求用新科目模拟编制2006年部门预算。在认真总结模拟编制经验的基础上，完善相关基础性工作，实现按新的政府收支分类科目编制2007年部门预算，提前1年完成财政部提出的项目支出预算按经济分类编制的目标。

国有资本经营预算编制　2007年，省财政厅为省政府代拟《关于试行国有资本经营预算的意见》，经2007年第19次省长办公会议原则通过，并以省政府皖政126号文件下发各地执行。

2007—2010年，省财政厅结合省属企业实际，研究制定完善省本级国有资本经营预算相关的配套制度，先后制发《安徽省省属企业国有资本收益收取管理暂行办法》《省级国有资本经营预算编报试行办法》和《省级国有资本经营预算支出项目资金管理暂行办法》，完善国有资本经营预算管理制度。同时，积极会同省国资委等部门组织收取省属企业国有资本收益，推进国有资本经营预算试行工作。2007—2010年累计收缴省属企业国有资本收益12.47亿元。根据省人大的要求，从2010年开始，首次编制省本级国有资本经营预算，与一般预算一并提交省人大审查批准后，正式下达各省级预算单位执行，标志着省本级国有资本经营预算工作已步入正常化轨道。作为全国率先开展国有资本经营预算编制工作的十个省市之一，此项工作得到财政部的充分肯定。

第二节　预算收入管理

加强预算收入管理,提高预算收入规模,优化预算收入结构,是预算管理的关键环节。省财政按照预算目标开展财源建设,积极组织收入,加强预算外资金管理,全省财政收入实现稳定增长。

税收收入征管　税收收入征管是财政收入目标完成的重要保证, 1979 年以来,财政部门联合税务、农业等部门,加强收入征管,各级政府财力均逐步壮大。

1993 年,全省财政部门强化依法理财治税意识,坚决纠正承包流转税行为,严格控制减免和退税,堵塞“跑冒滴漏”,切实减少收入流失。同时,广泛开展财税法规的宣传,提高整个社会的财政意识和财税法制观念,增强依法纳税意识。

1994 年,以分税制改革为契机,着力规范税收征管秩序,理顺税收征纳关系,挖掘潜力,开展清理欠税,抓税款入库进度,建立新税制运行情况监测网和跟踪调查联系户制度。

1995—1997 年,各级财税部门积极开展财政执法监督检查,纠正清理承包流转税、越权减免等做法。同时,积极挖掘新的收入增长点,规范行政性收费收入、罚没收入、土地流转收入等收入管理。

1998 年,省财政厅按照“加强征管、堵塞漏洞、惩治腐败、清缴欠税”16 字方针,开展税收稽查和执法检查,依法加强收入征管,清理企业欠税,制止税收流失、有税不收和收过头税行为。

2005 年以后,省财政厅与国税、地税等征收部门的进一步密切联系与沟通,准确掌握税源,及时协调解决财政收入征管和预算执行中的问题,在做大财政蛋糕问题上统一认识,保障年度财政收入目标的实现。

预算增收机制建立　省财政在确保完成本部门收入的基础上,完善增收“以奖代补”机制,将预算收入任务层层分解,纳入各级政府目标考核体系,有效调动市县组织预算收入的积极性。

1993 年,省委省政府制发《关于进一步加强财政工作的意见》,确立“财力充裕、功能健全、平衡稳定、后劲强足”的新型财政目标。省政府分别与省财政厅和各地市签订《财政收入和平衡目标责任书》,把财政收入进档达标和财政收支平衡作为考核市县政府政绩的重要指标。省财政厅印发《安徽省扶持县(市)财源建设办法》《安徽省乡镇财政收入上台阶奖励办法》和《安徽省财政平衡奖励办法》,促进各地完成或超额完成预算收入任务。

1994 年,为确保分税制财政体制的顺利实施,省财政厅制定“以月保季、以季保年,按季考核,分别奖励”制度。

1995 年,省财政厅印发《安徽省财政增收节支奖励试行办法》,完善“以奖代补”

政策，增设“年度财政收入增幅奖”“财政收入新上亿元县奖”“财政收入提前实现翻番奖”和“综合奖”，综合考核各地财政收入、支出、平衡及收支结构状况，逐步建立起较为完善的综合考核体系，有效调动各地政府增收节支的自觉性和积极性。

1996年，省财政狠抓地市收入任务落实，圆满完成省政府确定的“两个消灭、两个提高”目标。同时，修订印发《安徽省财政奖励办法》《安徽省乡镇财政收入上台阶奖励办法》。财政奖励由重增量向重结构转变，由较多单项奖项向综合奖转变，促进财政增收。

1997年，省财政厅综合考虑经济增长、企业效益、收入基数等因素，主动调低收入增长速度，不再向各地下达硬性收入任务，由追求高速度向追求高质量转变。印发《安徽省财政运行质量考核办法》，完善财政奖励办法，考核标准综合考虑财政平衡、财政执法、财政收支结构、财政与经济协调发展等多方面因素。

1998年，为进一步提高财政运行质量，坚持由各地根据经济发展速度和税源情况，实事求是地确定财政收入计划和速度。

1999年，再次修改《安徽省财政运行质量考核办法》，弱化单纯的收入增幅概念，废止以前的一些奖励办法，指导各地科学合理制定财政计划，使之逐步趋于科学、合理，促进各地优化财政收入结构，提高财政运行质量。

2000年以来，各级财政部门统一思想、提高认识，加强对收入工作的领导、组织、考核，通过横向和纵向及时分解落实省人代会批准的年度预算收入目标，积极沟通协调国地税、省直单位特别是收入大户加强组织收入工作。同时，印发《安徽省财政强县奖励办法》，继续完善财政收入激励机制，促使有条件的县市率先崛起。

预算外资金管理 预算外资金是指各级国家机关、社会团体、国有事业单位根据国家和省政府有关规定，征集、收取、提取的纳入财政专户存储的资金。随着中国财政改革工作的不断深化，2001年，财政部提出以“非税收入”替代“预算外收入”的概念，2005年以后，安徽省实施非税收入管理改革，预算外资金逐步纳入预算内管理，规范、透明、稳定的政府财政收入体系逐步建立。

1993年，省政府印发《安徽省国家机关、事业单位和社会团体预算外资金管理办法》，对预算外资金的概念、范围、专户存储、票据管理等作出明确的规定。据此，财政部门着力治理乱收费，加强票据管理，扩大财政专户存储。

1995年，全省预算外资金达66亿元，占当年财政收入的44.7%，比1990年增长3.19倍。为弥补财政预算资金不足，缓解财政困难，全省各级财政开展预算外资金清理检查工作，基本摸清预算外资金的规模、分布和使用情况。

1996年，省政府以72号令颁布《安徽省预算外资金管理办法》，省政府办公厅专门下发《安徽省省级预算外资金管理实施细则》，省财政确定“分类指导、分批实施、整体推进”的预算外资金管理新体制，突破“两权”，变专户存储为专户管理，实行预算外资金收支预决算管理。

1997年,对省级77个厅局193个单位的预算外资金实行预算管理,专户缴交率达到58%,为全面实行综合财政预算管理打下基础。

1998年,省政府转发省财政厅《安徽省综合财政预算管理暂行办法》,在全省范围内推行预算内、外资金统管的综合财政预算管理方式,统一编制预算、统一管理、统一核算、统筹安排使用预算内外资金,健全财政职能,提高财政资金效益,增强政府宏观调控能力。同时,在省级率先对公检法、工商四部门进行综合财政预算管理试点,印发《关于加强对省级公检法、工商管理等四部门"收支两条线"财务管理的通知》,就罚款决定与罚款收缴管理部门分离的实施作出规定,把落实"收支两条线"规定与实施综合财政预算管理工作结合起来,促进四部门依法组织收入,杜绝乱收乱罚行为,树立良好执法形象。

1999—2000年,省财政厅继续强化"收支两条线"管理,牵头组建省落实"收支两条线"规定联席会议及其办公室,在全省范围内组织开展对落实"收支两条线"规定工作的专项清理检查,积极推行行政事业性收费收缴分离制度,先后印发《关于省直部分单位预算外资金收缴实行"票款分离"改革试点的通知》《关于省直单位行政事业性收费实行收缴分离改革的通知》,设计开发"票款分离"管理软件,保证改革试点顺利进行。

2002年,将省公安厅、省高院等7个执法部门的预算外资金收入全部纳入预算管理,明确省外经贸厅、人事厅等15个单位试行收支脱钩管理,对各部门组织的行政性收费、罚没收入、预算外资金实行集中调剂,专项用于社会公益事业。

2004年,省级行政事业性收费全部纳入预算管理,理顺财政与部门之间的分配关系,增强政府宏观调控能力。

2005年,省委省政府决定在全省范围内启动新一轮政府非税收入规范化管理改革。全面界定政府非税收入,取消单位收入过渡账户,扩大政府非税收入纳入预算管理范围,改进非税收入预算编制办法,实行收支脱钩,完善综合财政预算管理。

2006年,省财政积极推进全口径预算管理,切实加强非税收入管理,在收支预算安排上,实现所有财力纳入预算统一管理,所有支出纳入预算统筹考虑。

2007年,省财政厅全面落实《安徽省政府非税收入管理暂行办法》,督促市县稳步推进非税收入征管,逐步建立政府非税收入征管新体制。

2010年,省财政厅出台《关于将预算外资金管理的收入纳入预算管理的通知》,决定从2011年1月1日起,将按预算外管理的收入(不含教育收费)全部纳入预算管理。

预算执行分析　1979—2010年,省财政把提高财政经济预测水平、政策制定水平和财政规划水平作为财政管理的重要基础工作来抓,每月召开一次有关处室及税务部门参加的预算执行分析会和每季召开一次全省各地市预算科及部分县预算股参加的全省预算执行分析会,突出季度分析,强化预算收支的横向、纵向比较,建立例会分析和报告制度,及时、全面、准确了解预算执行特点、存在问题,预测全年收支趋势,提出针对性建议，促进财政收入均衡入库和预算的顺利执行，并定期向省人大、省委政府等领导机关提供预算分析报告，为领导决策提供第一手资料和依据。同时，加强与省直有关部门及各地市的联系，建立典型企业跟踪分析制度，加强税源普查工作，定期召开协调会和座谈会，广泛收集信息，深入了解情况，实现信息资源共享，摸清家底和增长潜力，使财政收入目标建立在实实在在的税源基础上，提高财政收入目标制定的科学性、可行性，及时准确地掌握财政执行中的新情况、新问题。

第三节　预算支出管理

预算支出管理是预算管理的重要环节，加强预算支出管理，对于更好地发挥财政职能作用，实现经济社会又好又快发展具有重要作用。改革开放以来，省财政厅按照“量入为出、以人为本”的原则，保障重点支出需要，大力压缩一般性支出，优化财政支出结构，提高财政资金使用效益，提高支出管理规范化、科学化、精细化水平，促进全省各项事业的全面发展。

保证重点支出需要　改革开放以后，财政经济发展具有一定的阶段性，各个阶段预算支出管理的重点有所不同。

分税制改革前　预算支出管理的重点在于“节支”。1986年，省政府印发《关于严格控制财政支出的通知》。省财政厅认真贯彻“通知”精神，不断强化预算支出管理。

1988年，按照国务院《关于严格控制社会集团购买力，压缩开支的紧急通知》和省政府有关部署，在全省先后召开控购专业会议和电话会议，省控办严格控制专控商品的审批。

1989年，在继续推行专控商品定点供应办法的基础上，使用定点供应专用发票，对购买小汽车下达专项控制指标。

1991年，按照先保“吃饭”的要求，严格控制和合理安排财政支出，继续做好平价粮油压销工作，切实控制机构和人员编制，清理各项补贴、津贴。

1992年，省政府印发《关于切实加强预算管理的通知》，严禁乱开口子、擅自突破预算支出。

1993年，省财政厅进一步加强财政支出管理，严格控制压缩一般性支出，大力精简机构，压缩供给人数，重新核定单位人员编制和单位预算管理形式，积极推进事业单位产业化进程，加强对行政经费和公费医疗经费的管理。

分税制改革后　省财政厅转变预算支出管理理念，由过去控规模、压总量，变为调结构、提效益，有保有压，在压缩一般性支出的基础上，重点加大生产建设性投入和重点事业发展支出。

1994年，省委省政府给财政部门下达“确保当年收支平衡，力争略有结余”的任务，各级财政部门积极加强增收节支工作，努力完成“三保一控”（即保工改增资兑现、保机关正常运转、保办案经费，尽量控制消费性支出过快增长），保障分税制改革顺利进行。同时，按照市场经济和社会共同需要的要求，重新规范财政供给范围，印发《关于事业单位供给分类界定的意见》，集中有限财政资金，用于财政供给范围内的事业发展。积极调整支出结构，加大生产建设性投入，增强经济发展的后劲。

1995—1997 年，针对农业资金供需矛盾日益突出的问题，省财政积极争取中央财政、信托、世行资金支持，采用财政贴息办法吸引银行信贷资金，发挥财政资金引导作用，调动各投资主体对农业投入的积极性。

1998 年，在亚洲金融危机的影响下，财政支出压力明显加大，各级财政部门把保工资放在财政支出首位来抓，按照省政府《安徽省保障县乡工资发放的暂行规定》的要求：确保当月工资发放，不得再出现新的欠发工资，并用 3 年左右时间逐步消化以前年度的欠发工资。为确保这一目标实现，省财政厅不断增加对下转移支付，专门制定《安徽省鼓励县市工资正常发放奖励办法》，奖补并进，到 2003 年全面解决历史欠资问题。为保障国有企业等各项改革顺利进行，维护社会稳定，各级财政部门采取有效措施，加大社会保障投入，确保离退休人员基本养老金按时足额发放，确保下岗职工基本生活保障。同时，完善失业保险和城市居民最低生活保障制度，制定一系列财税优惠政策，支持下岗职工再就业。

2003 年，公共财政支出改革深入推进，各级财政部门进一步优化财政支出结构，加大对教育、医疗卫生、社会保障、科学文体等方面支持力度；整合财政支农资金，集中财力重点支持对经济社会发展具有全局性、牵动性的项目建设；优先考虑民生，优先保障民生，把保障和改善民生作为财政的重要任务。

2005 年，省财政厅建立财政应急机制，印发《安徽省财政应急保障预案》，确保突发公共事件发生后迅速调度资金，做到资金拨付特事特办、限时办理，有力支持“非典”防治、抗洪救灾以及禽流感防治工作。

控制预算追加　1999 年，省财政厅在全国率先实行预算追加听证办法，改变以往预算追加由财政部门审核报批的方式，规定对经济和社会事业有较大影响的项目，专业性和技术性较强、预算追加数额不易确定的项目，以及本级人民政府规定应当听证的其他预算追加项目进行公开听证。

2000 年，根据省政府颁发的《安徽省预算追加听证办法》，省财政厅召开首次省级预算追加听证会，对省教育厅“建立省教育电视台申请预算追加补助经费项目”进行听证，为项目的正确决策提供科学依据，标志着全省预算支出管理改革朝着法制化、规范化、科学化方向迈出重要一步。

加快预算支出进度　改革开放以后，财政部门普遍面临一般预算支出进度落后于时间进度的问题，部门上半年“等项目”，下半年尤其到年底“突击花钱”，造成财政资金的浪费和使用效益不高。为此，省财政厅采取有效措施，在加快预算支出进度上明确一系列要求。

2005 年,省财政厅印发《关于进一步加强省级预算支出管理的通知》《安徽省省级预算支出指标管理暂行办法》,加强指标管理与预算编制、国库集中支付之间的衔接,提高预算执行效率。

2006 年,省财政定期测算省级财力和平衡情况,及时安排下达各项预算支出,为加快预算支出进度创造条件。对省级预算部门,强化激励和约束,严格预算执行约束措施,加强预算结转管理;对市县财政部门,建立预算执行激励机制,下发《安徽省财政支出进度考核试行办法》,对预算支出执行率和决算结余结转率进行考评,努力实现预算资金的均衡支付。

2007 年,省财政厅研究制定《关于进一步加快省级预算资金拨付进度的意见》和《关于改进追加市县预算指标下达方式有关具体事项的通知》。通过改进资金拨付和预算指标下达方式,提高政府采购预算执行效率,着力加快预算支出进度。

2008 年,省财政厅印发《关于进一步做好加快财政支出进度工作的通知》,减少预算执行的中间环节,确立限时办理原则,不断提高预算执行效率。按照经常性经费均衡支出、专项经费限时支出、采购经费限期执行的原则,重点加快重点建设、“三农”、教科文和社会保障等法定支出及民生方面支出进度;实行支出归口管理责任制,落实支出进度实行月度分析和动态监控制,督促预算单位及时申报用款计划和拨付资金;建立健全激励约束机制,完善《安徽省财政支出进度考核试行办法》,将月度均衡拨款和全年支出进度纳入市县财政支出进度考核范围,继续对市县实施支出进度考核。

预算支出绩效考评 2009 年,进一步加强财政支出管理,建立科学、规范、高效的财政资金分配和管理体制,健全预算决策机制,提高资金使用效益。省财政厅制定《安徽省预算支出绩效考评实施办法》,召开全省预算支出绩效考评试点工作会议,选择 2 个市、10 个县开展绩效考评工作试点。

2010 年,省财政厅制发《关于进一步加强预算支出绩效考评工作的意见》和《关于做好 2010 年市县预算支出绩效考评工作的通知》,绩效评价试点工作扩大到所有省辖市和 30 个县明确全省绩效考评工作的指导思想和 3 年工作目标,提出全省绩效考评工作措施。

第四节　预算监督管理

财政预算监督是指人大、审计以及财政部门自身对财政预算编制、执行情况进行监督。加强财政预算监督,推进财政预算公开完整、科学规范、安全有效,可以有效促进依法理财、民主理财、推动经济和社会事业的健康发展。

财政预算监督 财政预算监督贯穿于财政运行和预算执行各个环节,是财政部门实施财政政策、实现宏观调控目标、规范财经秩序的重要手段,是财政内部监督的主要方式。财政预算监督始于 1985 年的税收财务物价大检查(简称“大检查”)。“大检查”

对于规范财经秩序，强化财税管理，防范财政资金流失起到积极作用。

1998年，为适应分税制财政体制，省财政厅取消“大检查”，逐步确立以促进财政管理为重点、以日常检查和专项检查相结合的新型财政监督机制。

2004年，为进一步加强对县级财政工作的指导、管理和监督，规范县级财政收支行为，促进县级财政依法组织收入、科学合理安排支出，保持收支平衡，省财政厅印发《安徽省县级财政预算审查暂行办法》。每年选择部分县（市），对其预算进行审查。预算审查的范围包括县本级财政预算和县级财政总预算。通过预算审查，真实掌握县级财政供给人员、财政收入构成、主要来源以及预算可用财力规模、预算安排合理性、综合预算管理水平、工资保障程度等情况。

2005年以后，省财政厅先后印发《关于开展省本级部门预算监督工作的通知》《财政监督检查工作流程》《财政监督检查工作纪律》等文件，在全省有步骤地开展事前、事中、事后全过程监督，积极探索并逐步建立以事前审核、事中监控为重点，以事后检查为补充的现代财政监督制约机制。

2007年，省财政厅先后对省科技厅、省民政厅等8个省直部门本级及其所属部分二级预算单位年度部门预算执行情况进行监督检查，并选择部分项目尝试开展绩效监督工作，扩大监督结果应用范围，推进监督结果与预算编制和预算执行的有效结合。

人大预算监督　人大预算监督是预算监督的重要方式，是“宪法”和法律赋予人大机关的重要职权。1979—2010年，省财政厅积极配合省人大及其常委会开展预决算审查监督工作。

2002年，《安徽省预算审查监督条例》经省九届人大第五次会议批准，自2002年5月1日起施行，条例详细规定人大及其常委会对预算审查和批准、预算执行、预算调整等多方面监督权限和要求，为人大预算监督管理提供明确的制度保障和工作规范，推进人大预算管理的法制化、规范化。为此，省财政厅不断加大部门预算草案报送力度，由2002年的25个部门逐步扩大到2005年的128个部门。同时，进一步修改规范部门预算文本，实现部门申报的预算建议草案、向人大报送的部门预算草案、财政批复的部门预算的规范统一。

2006年，省财政厅向省人大和省人大财经委报送预算安排、执行、调整和决算情况以及超收安排使用情况，自觉接受人大监督。

2007年，经过修订的《安徽省预算审查监督条例》于省十届人大第五次会议通过。新修订的条例完善人大预算监督的内容，更加注重预算执行的监督，为推进预算管理、强化人大监督职能起到积极的作用。

2008年，为解决预决算报告“外行看不懂，内行说不清”的问题，省财政厅进一步完善报告形式，对预决算报告中涉及的重点政策和专业术语予以解释说明，对预决算草案中的相关情况进行备注，确保预决算报告和草案更加准确细化和通俗易懂。同时，积极推进监督信息化系统建设，推进人大对预算执行的动态监督，认真开展向省人大及其常委会例行工作报告，严格执行专题报告制度，高度重视省人大及其常委会所作的决议决定，明确内部分工，严格监督考核，确保决议决定事项得到落实。

2010 年，省级 123 个一级预算单位的部门预算，全部按时报送省人大财经委审查，依法接受人大监督。"两会"期间编印《省级部门预算编制手册》《财政预算参阅材料》，设立部门预算查询台和查询热线，部门预算信息向人大代表和政协委员公开。

审计预算监督 审计预算监督是审计机关针对预算执行的审查和监督，目的是促进预算管理和执行的科学、规范和公开透明。自 1995 年《安徽省预算执行情况审计监督暂行办法》颁发以来，省财政厅强化预算审计监督管理，努力配合审计部门工作，注重预算收入和支出的双向审查监督，注重预算、执行、决算全过程监督。

2005 年，根据省级预算管理的有关规定，与省审计厅、省监察厅联合下发《关于进一步加强省级部门财务监督管理的意见》，针对部门财务管理中存在的一些倾向性、苗头性问题，制定规范管理的措施。

2007 年，省财政厅牵头承办年度同级审计工作，对审计中提出的有关问题及时进行说明，以落实审计整改意见为契机，研究制定《关于进一步做好预算审计整改工作的意见》，进一步提高预算管理水平。

2008 年，省财政厅积极配合审计署南京特派办对安徽省 2007 年财政收支和财政体制运行情况以及有关投资专项的管理使用情况的专项审计，认真落实审计整改意见，有效加强财政资金运行监督管理。

2010年，省财政厅明确专人负责，主动加强与审计人员联系，提供相关资料和数据，搞好各项后勤服务工作。积极配合省审计厅组织开展了 2009 年预算执行及其他财政收支情况审计、财政部专员办中央政府公共投资预算执行情况调查和审计署南京特派办中央转移支付及部分专项资金审计等，针对在审计中发现的问题，及时做好解释工作，并就有关问题作出书面整改意见。

第五节 省级部门预算编制

全省财政预算包括省级预算和各市汇编预算两部分。1979—2002 年，省级预算由省财政厅预算处编制。2002 年 7 月 23 日，省编办同意省财政厅设立省直预算编制办公室，具体承担省级部门预算编制等工作。2002 年以后，省级部门预算编制改革经过探索和实践，逐步走上规范化、制度化、科学化的轨道。预算编制程序不断规范，预算编制标准周期基本建立，基本支出和项目支出的划分更加科学、合理。基本支出定员定额管理、人员经费据实编制，公用经费分类分档供给，初步实现从单一的定员定额向定员定额与实物费用定额相结合的过渡，在公平、规范的基础上，进一步提高保障水平；项目支出预算管理逐步规范，项目申报制度和项目评审论证制度逐步完善，省财政项目库和省直部门项目库统一建立，在深化论证、按轻重缓急排序的基础上，进一步加大性质相类似项目资金的整合力度,绩效预算理念不断增强,综合预算管理水平不断提高。预算编制、执行与监督相互分离、相互制约的新型预算管理机制基本形成,财政支出结构进一步优化,更加体现依法理财、科学理财和民主理财的要求,更加体现科学发展观和以人为本的要求。

省级部门预算编制内容　省级部门预算编制是对省直单位财政收支的安排。2002年以后,省财政厅从建章立制、组织保障、人员培训、软件安装、具体编制、预算审批等环节着手,规范编制流程,完善编制内容,创新编制方法,高效、规范、全面推进省级部门预算编制。

编制程序和标准预算周期　自编制2003年度省级部门预算起,省级部门预算编制实行“三上三下”的程序。一上一下:各部门按规定的时间更新省级部门预算基础信息,并将审核汇总的部门预算基础信息报送省财政厅,省财政厅根据审核后的部门预算基础信息和预算供给政策测算各部门、单位的人员支出和定额公用支出,在此基础上,测算下达各部门预算编报限额,通知各部门核对人员及定额公用支出,编报本部门预算建议草案。二上二下:各部门根据省财政厅下达的预算编报限额编制项目支出预算,并反馈人员和定额公用支出核对意见,将完整的部门预算建议草案(包括一般收入预算、一般支出预算、基金收支预算等)报送省财政厅。省财政厅根据规定的预算编审程序,结合省级预算编制实际,对部门预算建议草案进行审核,结合省级财力等因素,确定下达部门预算控制数。三上三下:各部门根据省财政厅下达的预算控制数,认真核实收支项目,补充、完善政府采购预算的相关材料,修改部门预算草案文本,向省财政厅反馈意见。省财政厅对各部门反馈意见进行汇总、平衡,形成省级部门预算草案,在报经省人民代表大会批准后30日内,将预算批复至各部门,各部门在省财政厅批复本部门预算15日内,将预算批复至所属单位。标准预算周期是指从预算编制起,经历预算执行到决算的过程,一般为27—30个月。2002年以后,省财政厅开始建立预算编制周期制度,按照建立标准预算周期制度的要求,省级部门预算编制时间固定在省人民代表大会闭幕后一个月内开始启动编制下年度预算。从研究制定预算编制政策、布置预算编制到完成“三上三下”程序,已实现从当年的2月开始,到下一年度2月完成,预算编制周期时间约12个月,实现提前1年编制下年预算。另外加执行阶段12个月、决算阶段4个月,整个预算从编制、执行到决算约28个月,和国际惯例基本接轨。

部门收入预算编制　部门收入是预算单位从不同来源取得收入的总称,具体包括由财政拨款形成的一般预算拨款收入、行政事业单位依法组织征收的专项收入、行政事业性收费收入、罚没收入、预算外资金收入、政府性基金收入、社会保险基金收入、彩票资金收入和其他收入。部门的各类收入按照不同来源分别编制预算,汇总后形成部门收入预算。在编制部门收入预算时,分别编制部门预算收支总表、部门组织收入计划表、部门可支配收入预算总表、政府性基金收支预算表、社会保险基金收支预算表、彩票资金收支预算表。

基本支出预算编制　基本支出预算是行政事业单位为保障其机构正常运转和完成其日常工作任务而编制的年度基本支出计划，其内容包括人员支出和定额公用支出两部分。人员支出预算编制分为基本工资、津贴补贴及离退休费等工资性项目，行政单位和财政拨款事业单位，按国家、省统一规定的政策和预算供给政策核定到人；财政补助事业单位，按省财政厅规定的定额补助标准核定；对超编人员、部门自行出台的人员支出项目以及不属于预算供给范围的，财政不予负担，社会保障缴费、职工教育经费、工会经费、福利费、医疗费、住房公积金、提租补贴、助学金等，根据国家有关政策和预算供给政策，按部门工资性项目的一定比例或标准核定；公用支出预算编制分为综合定额和单项定额。综合定额按照部门所承担的职能和工作任务，分类核定；省直行政单位自编制2005年度预算起（含参照公务员法管理的事业单位）实行4类9档综合定额（2009年度部门预算实行4类13档综合定额）；正常供给的事业单位根据单位经费自给率实行分档综合预算定额和财政补助定额；省属高校实行生均定额；医院实行床位定额。综合定额支出内容包括：办公费、印刷费、水电费、邮电费、差旅费、维修（护）费、会议费、培训费等。单项定额根据国家方针政策和财务制度、财力状况、物价水平、资产等资料制定。对行政单位交通费、租赁费、网络运行维护费、物业管理费、水电费实行单项定额管理。

项目支出预算编制　项目支出预算是部门为完成特定行政工作任务或事业发展目标，在基本支出预算之外编制的年度项目支出计划。

项目申报条件：符合国家法律、法规和有关方针政策；符合财政资金支持的方向和财政资金供给的范围；属于本部门行政工作和事业发展需要安排的项目；有明确的项目绩效目标、组织实施计划和科学合理的项目预算，并经过充分的研究和论证；除因重大政策调整或难以预料因素而增加的临时性项目外，申报部门预算的项目，均从部门项目库中择优顺序选取。

项目申报程序：项目单位按照预算管理级次逐级申报项目，省直部门对所属单位申报的项目审核后，将符合条件的项目纳入部门项目库；对进入部门项目库的项目，部门按照规定，择优排序后统一汇总向省财政厅申报。

项目评审论证：项目评审论证包括召开评审论证会、委托专业机构评审两种形式。编制2005—2008年度预算，共选择22个项目，委托专业评审机构评审。评审前申报预算总额8309万元，评审审定金额5722万元，核减2587万元，核减率31.1%。

项目支出预算核定：省财政厅按照事业发展目标，确定当年项目安排的原则和重点，并根据年度财力状况和项目排序，从省财政项目库中选取项目，安排项目支出预算，列入部门年度预算。

政府采购预算编制　部门和单位项目支出预算中，凡属于列入政府采购目录的项目，全部编制政府采购预算。

省级部门预算审查监督　省级部门预算审查监督除财政、审计部门外主要是省人大的审查监督。《安徽省预算审查监督条例》规定:“各级人民政府财政部门应当及时向本级人民代表大会财政经济委员会或者常务委员会财经（预算）工作机构通报预算草案编制情况,并于本级人民代表大会会议举行的30日前提交本级预算草案的主要内容”,省财政厅积极配合省人大财政经济委员会做好省级部门预算审查监督工作。

自编制2002年度省级部门预算起,省财政厅按照人大审查监督的要求,完善省级部门预算建议草案文本格式,在每年省人代会召开前一个月,及时将省级一级预算单位的预算建议草案报省人大接受审查,其中,2002年25家,2003年31家,2004年62家,2005年128家，2006年125家，2007年124家，2008年126家，2010年123家。

为配合省人大代表对省级部门预算建议草案的审查监督,自编制2005年省级部门预算起,省财政厅在省人代会主会场和主席团、代表团驻地,分别设立省级部门预算查询室,宣传省级部门预算改革工作。并分别编制2005—2008年度的《安徽省省级部门预算编制手册》,公开省级部门预算编制政策。自2006年起,开发《安徽省省级部门预算查询系统》,为省人大代表提供电子查询服务。

省级部门预算编制制度建设　省级部门预算编制制度是省直单位预算编制的依据。2002年以后,省财政厅逐步建立起以综合定额标准为主体,单项定额标准相结合的公用支出定额体系;以省级部门预算编制管理办法为龙头,基本支出预算编制管理办法、项目支出预算编制管理办法、项目支出预算评审论证管理办法相配套的预算编制管理制度框架。

2002年以后,省财政厅先后制发《安徽省省级基本支出预算审核规程》《安徽省省级项目支出预算评审论证试行办法》《安徽省省级项目支出预算审核办法(试行)》《关于加强和改进省级预算编制工作有关问题的通知》《安徽省省直部门预算编制工作考核评比办法（试行)》《关于对省直行政单位租赁费实行定额供给的通知》《关于完善省直行政单位日常公用经费分类分档综合定额标准体系的通知》《关于对省直行政单位物业管理费实行定额供给的通知》《关于对省直行政单位网络运行维护费实行定额供给的通知》《关于编制2005—2007年度项目支出滚动计划的通知》《关于省直单位全面实施日常公用经费分类分档的通知》《关于省级财政拨款事业单位日常公用经费综合定额分档管理改革的通知》《关于完善省直行政单位交通费定额管理的通知》《关于实施政府收支分类模拟编制2006年省级部门预算的通知》《关于对省直行政单位水电费实行定额供给的通知》《关于建立部门预算项目库和开展部门项目支出预算清理工作的通知》《安徽省财政厅省级预算编制内部规程》等文件。2007年以后,省政府办公厅也多次修订印发《安徽省省级预算管理办法》《安徽省省级部门预算编制管理办法》等规范性文件。

省级部门预算编制信息化建设　省财政厅把省级部门预算编制信息化作为省级预算编制科学化精细化的有力支撑来进行建设。截至2008预算年度,为预算编制提供服务的应用软件有省级部门预算基础信息库管理系统、省级项目库管理系统、E财预算编制软件系统和省级工资统发管理系统。其中，省级部门预算基础信息库管理系统、省级项目库管理系统分别为编制基本支出预算和项目支出预算提供数据支持，并分步实现和E财预算编制软件的数据对接，省级工资统发管理系统为审核人员基础信息提供数据支持，四者相辅相成，共同为预算编制管理打下基础。

省级部门预算基础信息库建设　自2002年起，省财政厅研制开发预算基础信息库管理系统，建立和完善省级预算基础信息库，实现预算基础信息的审核、汇总、查询、分析功能。该信息库范围广，省级供给的一级预算单位和末级预算单位（包括所有垂直系统、上下划等单位）预算基础信息均已入库管理；内容全，包括单位性质、地址、编制数、在职人员、离退（职）休人员、运动员、老残人员、遗属、临时聘用人员，职务、职称、技术等级，各项工资、津补贴，预算单位的主要资产和设备等内容；数据细，人员信息细化到姓名、年龄、身份证号码、参加工作时间；各项金额细化到元、角、分；主要的实物资产也较为具体。根据审核后的预算基础信息和规定的预算供给政策，财政部门实现直接编制各单位基本支出，确保了基本支出预算真实、准确。

省级部门预算项目库建设　2006年，省财政厅组织开发部门预算项目库管理系统，编制2007年预算，选择部分单位试点；2007年继续完善项目库管理系统，编制2008年预算在省级一级预算单位试点。该库既是省级部门编制项目支出预算的信息库，也是项目管理的数据库，实现项目的申报、汇总、清理、审核、滚动管理。

E财预算编制系统建设　“E财”预算编制软件是实现基本支出预算和项目支出预算编制汇总的工具软件。其功能充分考虑到部门预算编制业务需求，实现预算数据的传送、定员定额管理、基本支出直接编制、项目支出审核管理、预算控制数下达、报表的输出与查询等，并与预算基础信息库管理软件、预算指标管理软件和国库集中支付软件实现数据对接。

工资统发数据库建设　自2001年起，省财政厅实施省级行政事业单位财政统一发放工资工作，并自行开发省级工资统发数据库管理系统。按照“编制部门核准编制和实有人数、人事部门核定人员和工资、财政部门核拨经费、银行代发到人”的管理分工和“分步推进，逐步完善”的实施原则，经过7年的全力推进，财政统发工作逐步走上规范化、信息化健康发展的轨道。截至2008年，省直单位工资统发市县全过程数字化传递，范围基本覆盖除工商垂直系统之外所有行政和参照《公务员法》管理的事业单位。通过省级财政工资统发系统的运行，构建机构编制、人员工资计划与预算拨款相结合的“编制部门审核人员编制，人事部门审核工资标准，财政部门核拨资金”的管理制约机制；规范单位的津补贴公开透明发放，实现单位津补贴的阳光操作，初步公平收入分配；便于财政资金的精细化管理，有效减少单位人员经费、公用经费之间任意调剂使用的混乱现象，提高财政资金的使用效益。

预算基础信息管理　按照财政部的要求，省财政厅在编制2011年省级预算时首次使用“部门预算管理系统1.0版”软件，并对该软件进行初始化设置和维护，全面更新省级 123 个部门预算基础信息。同时,对部门预算编制基础信息库和项目库进行整合,集成为一个系统,实现预算基础信息管理、项目库管理、预算编制管理“三库合一”,为预算编制规范化、精细化、科学化和整体化提供技术支撑。

第二章 财政国库管理

财政国库管理主要负责财政收支预算执行。1979—2000 年 7 月，全省财政国库管理由省财政厅预算处承担。2000 年 7 月至 2001 年 9 月，省财政厅先后成立国库处和国库支付中心，专司财政国库管理和省级国库集中支付事宜。

第一节 全省财政国库管理

财政总预算会计管理 财政总预算会计是各级政府财政部门核算、反映、监督政府预算执行和各项财政性资金活动的专业会计。其主要职责是进行会计核算、反映预算执行、实行会计监督、参与预算管理、合理调度资金等。

财政总预算会计管理制度的沿革 1997 年 6 月，财政部重新制定颁布《财政总预算会计制度》，并于 1998 年 1 月 1 日起执行，1988 制定的《财政机关总预算会计制度》同时废止。新的财政总预算会计制度，是预算管理方面的一项重大改革。新制度充实了资金核算和管理的新内容，规定了会计核算的一般原则为客观性原则、适应性原则、可比性原则、统一性原则、一致性原则、及时性原则、清晰性原则、收付实现制原则和专款专用原则；把适用范围扩大为中央、省（自治区、直辖市）、设区的市（自治州）、县（自治县、不设区的市、市辖区）和乡（民族乡、镇）五级总预算会计；重新划分会计要素，规定为资产、负债、净资产、收入和支出 5 项；规定预算会计从以资金活动为主体的收付记账法改为借贷记账法；规定年终会计核算的平衡公式为“资产 = 负债 + 净资产”，平时月份会计核算平衡公式为“资产 + 支出 = 负债 + 净资产 + 收入”；对包干经费实行以拨列支，规定财政部门对行政事业单位的包干经费，以拨出数列为支出数。

2001 年 7 月，财政部制发《财政国库管理制度改革试点会计核算暂行办法》，在《财政总预算会计制度》资产类和负债类分别增设“财政零余额账户存款”“已结报支出”会计科目。

2006 年 4 月，经国务院批准，财政部决定自 2007 年 1 月 1 日起全面实施政府收支分类改革。《财政部关于政府收支分类改革后财政总预算会计、预算外资金财政专户会计核算问题的通知》规定：“基金预算结余”科目根据《政府收支分类科目》中“收入分类科目”下应列入基金预算收入的最低一级科目逐一反映各项基金的结余；“一般预算收入”科目根据《政府收支分类科目》中“收入分类科目”下应列入一般预算收入的类、款、项、目级科目分设相应明细账；"基金预算收入"科目根据《政府收支分类科目》中"收入分类科目"下应列入基金预算收入的项、目级科目分设相应明细账；"一般预算支出"科目根据《政府收支分类科目》中"支出功能分类科目"下应列入一般预算支出的类、款、项科目分设相应明细账；"基金预算支出"科目根据《政府收支分类科目》中"支出功能分类科目"下应列入基金预算支出的类、款、项科目分设相应明细账。5月，财政部印发《农村义务教育经费保障机制改革中央专项资金会计核算暂行办法》，对中央农村义务教育专项资金拨付程序省、市、县财政部门的有关账务处理进行了规定。

2007年12月，财政部下发《财政部关于应发未发国债和预算稳定调节基金会计核算的通知》，在资产类增设"待发国债"科目，净资产类增设"预算稳定调节基金"科目，收入类增设"调入预算稳定调节基金"科目，支出类增设"安排预算稳定调节基金"科目。

科学调度财政资金　2004年，省财政厅印发《关于实行省直管县财政体制改革后省与各地资金往来账务调整的通知》，进行上下级往来资金分解，调整往来账，预算执行中的各项资金调度，由省国库直拨到市、直管县国库。根据各地收入形势和库款情况，全面分析各市县用款的实际需要，科学合理调度财政资金，保障全省各级财政工资正常发放、各级政府正常运转、民生工程和各项重点支出资金需求。正常资金和各项专项资金的调度，原则上每月10日前调度一次，救灾、防汛、抗旱等突发性应急资金及时调拨。

2010年，向财政部争取地方财政资金留用比例，由2009年的31%提高到2010年的84%，增强政府资金调控能力；省对市、县返还性资金和一般性转移支付资金和专项资金及时足额调度，提高全省预算执行的均衡性和有效性。

上下级财政年终结算　2004年以前，每年上下级财政年终结算由省财政与各市级财政办理。实行省直管县以后，每年年终结算按照财政体制和有关政策规定，由省财政与各市级财政和直管县财政分别办理结算，将结算表格及相关结算数据直接下达到市和直管县，并将结算结果抄送市财政局。

财政总决算　财政总决算是反映一年来各级政府年度预算收支的最终结果，是一年来财政预算执行工作的全面总结。财政总决算遵循"真实、准确、全面、及时"的原则，根据上级财政部门下发的决算编审草案、统一格式及编审要求，编制年终决算报表。各级财政根据本地的特殊情况，做适当的补充。财政总决算报表主要反映财政一般预算收支、政府性基金收支、预算外财政专户收支及结余情况。

2007年，全面实施政府收支分类改革后，财政部采用新的报表体系和软件。新的报表体系分为录入表、决算表和分析表三大部分，实现了财政支出功能分类和经济分类的"双维"定位，从不同侧面、以不同方式反映政府支出活动。同时，对2006年的财政总决算按照新的政府收支分类科目进行数据转换。

2008年，财政总决算报表按照一般预算、政府性基金预算、国有资本经营预算、预算外财政专户几方面来反映政府预算收支及结余情况。每年10—11月，根据财政部决算布置会议的精神要求和统一制发的决算表格，结合全省实际，召开全省财政决算工作会议，对市、县进行布置培训。各级财政部门采取层层汇总汇编各级财政决算，于次年3月采取集中会审的方式进行全省汇总，并于4月中旬上报财政部。安徽省财政总决算报表自1985年以来连续25年获得财政部的通报表彰。

财政银行账户管理 财政银行账户是指财政部门及预算单位在银行设立的财政资金账户。严格控制和规范银行账户管理，是加强国库管理的基础性工作，也是强化资金监管、从源头上预防和治理腐败的重要措施。

财政专户的清理和管理 财政专户是指财政部门以国务院、财政部、省级人民政府或省级财政部门文件为依据，按照规定程序开立、以实存资金方式管理、具有专门用途的财政资金账户。财政资金专户的设置是为了专项资金专户存储、专款专用，避免挪用专项资金、影响专项建设，增强管理意识。

1996年3月，省财政厅决定取消厅机关各有关处室局财政专户（含财政周转金），由预算处集中开户。清理后，绝大部分财政专户由预算处统一管理。

2000年8月，财政专户移交省财政厅国库处统一管理。

2002年3月，省财政厅国库处会同监督检查局对各有关处室局开设的财政专户进行全面清理，同时制定《厅机关各处室局银行账户管理办法》，规定厅机关财政专户（另有规定的除外）一律由国库处统一管理，由国库处“统一户名、统一印鉴、统一登记银行日记账”。各专户必须严格管理，规范操作，专户资金必须专款专用，不得挪作他用。专户资金产生的利息，除有文件规定转入本金外，一律上缴省级国库。对临时性、一次性账户，在政策执行到期或资金用完后撤销，并严格控制新开财政专户。

2006年5月，省财政厅印发《转发财政部关于加强与规范财政资金专户管理的通知》，规定“归口统一管理、严格按程序开设专户、同类专户归并、慎重选择开户银行”的原则及有关专户开设、管理和监督的具体要求。6月，对厅机关财政专户进行全面清理，并将账户的清理归并情况以《安徽省认真清理归并财政资金专户见成效》为题上报财政部国库司。9月，省财政厅印发《转发财政部关于切实加强地方财政资金安全管理的通知》，进一步强调财政专户要归口统一管理，以及慎重选择开户银行，防范管理外部风险。

2007年9月，省政府印发《关于改进和加强财政支出管理的若干意见》，要求进一步加强财政专户管理，账户资金产生的利息收入除有特殊规定外，一律缴入国库。

2008年7月，省财政厅对厅内各处室局财政专户开设情况进行了一次统计汇总，并将汇总情况向厅长办公会议作汇报。厅长办公会议决定，严格控制财政专户的开设，加强财政专户管理，除有规定的账户外，各处室局财政专户交由国库处统管，统管账户每季度向厅长和分管厅长报送一次账户变动和余额情况，非国库处统管账户每年由国库处统计汇总向厅领导报送一次账户变动和余额情况，新开或撤销财政专户按规定报监督检查局备案。

2010年3月，省财政厅印发《转发关于统计报送财政资金专户管理情况的通知》。要求各市县（区）财政部门进一步加强和规范财政专户管理，并对各市县（区）财政部门以实存资金方式在商业银行及其他金融机构开设的各类财政专户进行全面统计，做到工作部署快、工作开展细、统计内容实、统计情况全。4月，省财政厅向财政部上报《关于安徽省财政资金专户管理情况的报告》，受到财政部肯定。

预算单位银行账户的清理和管理 2001年，省财政厅根据国务院办公厅转发监察部、财政部、人民银行、审计署《关于清理整顿行政事业单位银行账户的通知》精神，对省直各部门和单位银行账户进行清理，摸清省直各部门和单位银行开户情况。

2003年1月，省财政厅会同中国人民银行合肥中心支行、省监察厅、省审计厅印发《安徽省省级预算单位银行账户管理暂行办法》，对银行账户的设置、银行账户的开立、银行账户变更和撤销、管理与监督等方面进行明确规定。6月，省政府办公厅转发《省财政厅等部门关于清理整顿省直行政事业单位银行账户意见的通知》，要求进一步摸清省直各行政事业单位银行账户的基本情况，撤并违规开设的银行账户，强化各单位银行账户财务统管制度，清理游离于单位法定账簿之外的资金，清查账外设账和私设"小金库"的行为。同时，要求规范开户行为，建立省直行政事业单位银行账户开立、变更、撤销的财政审批制度。此次清理整顿银行账户工作由省财政厅牵头，人民银行合肥中心支行、省监察厅、省审计厅配合，分自查自纠、核查和规范账户设置3个阶段进行。清理整顿的范围包括省直行政事业单位（含本级及所属行政事业单位）在各商业银行及其他金融机构开设的所有银行账户。

2004年，省财政厅共对109个省直部门和单位的5732个银行账户进行清理整顿。11月，省财政厅印发《关于省直预算部门和单位银行账户的批复》，对在肥省直预算部门和单位的2483个账户进行批复，同意保留账户1440个，撤销（合并）账户1043个。垂直管理部门及异地单位的3249个银行账户清理审批工作由其主管部门按有关规定和程序办理。

2005年，省财政厅建立省直预算单位银行账户的信息管理库，实行预算单位银行账户年检备案制度，做好预算单位开立、变更、撤销银行账户的财政审批和登记备案工作。同时，印发《关于2004年度省级预算单位银行账户年检有关情况的通报》，对预算单位进一步做好账户规范管理工作提出明确具体要求。

2006年12月，省财政厅印发《〈安徽省省级预算单位银行账户管理暂行办法〉补充规定》，要求省级各主管部门要建立健全和完善本系统银行账户管理制度，切实加强管理。

2007年5月，为做好预算单位银行账户变更的窗口办理工作，按照政务公开、简化程序、提高效能的要求和安徽省效能办的统一部署，省财政厅将预算单位银行账户的变更事项纳入省政务中心窗口直接办理。

2008—2010年，省财政厅继续做好预算单位开立、变更、撤销银行账户的财政审批、备案和年检工作。

省级预算外资金财政专户管理 省级预算外资金财政专户是省财政国库单一账户体系的组成部分，是由省财政部门在商业银行开设的，用于记录、核算和反映省级预算外资金收入和支出活动。

行政事业性收费收缴分离 行政事业性收费收缴分离，指国家行政机关、事业单位在依照国家法律、法规规定，征收各项行政事业性收费时，执收单位只开具收费票据，所有应收款项一律由缴款单位或缴款人直接缴入财政部门在银行开设的财政专户，保证收费资金全部及时足额缴入国库或预算外资金财政专户的一种资金征管方式。实行行政事业性收费收缴分离管理，是强化财政资金管理、理顺分配关系、规范收费资金收支行为、减少财政资金流失的重要手段，是从源头上预防和惩治腐败，加强机关廉政建设、勤政建设，促进公正执法、依法行政的重要保证。

2000年9月，省财政厅会同人民银行合肥中心支行、省监察厅、省审计厅、省物价局印发《关于省直单位行政事业性收费实行收缴分离有关事项的通知》，决定从11月1日起，对省直单位全面实施行政事业性收费收缴分离。收缴分离工作坚持“所有权归国家、使用权归政府、管理权归财政”的原则，对各项行政事业性收费实行“单位开票、银行代收、按期结报、财政统管”的管理制度，单位用款根据综合财政收支计划由省级财政部门核拨。实行收缴分离的范围是：依据国家法律、法规、具有法律效力的规章以及国务院、省政府和省以上人民政府财政、物价部门批准设立的行政事业性收费；依据国家法律、法规、具有法律效力的规章以及国务院、财政部批准设立的基金；以政府名义获取的捐赠款、社会无偿集资收入、主管部门按照国家规定从所属企事业和社会团体集中的管理费及其他资金；省级以上财政部门规定的其他应纳入财政预算外专户管理的资金。10月19日，省政府在合肥召开省直单位行政事业性收费实行收缴分离动员大会。此后，省直单位行政事业性收费收缴分离工作通过议标形式，确定工商银行、农业银行、中国银行、建设银行、交通银行、合肥商业银行、光大银行、中信银行等8家银行为代理银行，由省财政厅国库处与各代理银行签订“行政事业性收费收缴分离代理收费协议书”，取消省直各单位未经财政部门批准设立的收入过渡户，促进收缴分离工作顺利开展。

预算外资金财政专户管理 按照行政事业性收费实行收缴分离管理的原则，对纳入省级财政专户管理的预算外资金，由执收单位开具收费票据，所有应收款项一律由缴款单位或缴款人直接缴入财政部门在8家代理银行开设的财政专户。省直各单位用款按照综合财务收支计划，填写分月预算外资金用款申请单，经省财政厅有关业务处室审核同意后，由国库处办理拨付手续。

2002年，省财政厅进一步加强预算外资金财政专户管理。对省直部门共85个单位行政事业性收费收缴分离工作进行重点检查，向被查单位下达处理意见书，对38个单位的有关问题提出整改意见，规范省直单位行政事业性收费行为；对省直单位调剂部分预算外资金，全部缴入省国库，增强政府的宏观调控能力；印发《关于驻肥以外省直单位行政事业性收费实行收缴分离有关事项的通知》,省财政厅从 2003 年 1 月 1 日起,将驻肥以外省直单位的行政事业性收费收入纳入省级预算外资金财政专户管理。

2004 年,省财政厅印发《关于省级行政事业性收费纳入预算管理有关问题的补充通知》,明确从 2004 年 1 月 1 日起,凡按国家和省有关规定立项、应由省直部门和单位依法收取的各项行政事业性收费(不含教育、干训类院校收费及按规定纳入专户管理的广电系统广告收入),以及按规定从市县分成的收费收入,一律纳入省级预算管理,收入全额缴入省国库,支出通过预算安排。

2005 年 10 月 1 日,省本级政府非税收入管理改革正式启动, 2006 年省级政府非税收入管理改革全面实施。根据非税收入管理的有关规定,所有的非税收入一律缴入政府非税收入汇缴结算账户,预算外资金收入不再直接划入省级预算外资金财政专户,由省非税收入汇缴结算账户定期划入。未纳入非税收入管理的少数单位预算外资金,仍按原渠道办理。实行政府非税收入管理改革后,省级预算外管理的资金范围涵盖行政事业性收费、国有资源和国有资产有偿使用收入、彩票公益金、其他政府非税收入等,管理的单位范围覆盖省直全部预算单位,包括垂直管理系统及驻肥以外省属单位。

2007 年,为适应政府收支分类改革的需要,根据《2007 年政府收支分类科目》,对省级预算外资金财政专户核算软件进行调整和升级,对预算外资金财政专户支出按照支出功能分类和经济分类科目进行核算。

2008 年起,按照财政部要求,开始报送全省地方财政预算外资金财政专户收支月报。

国债转贷资金管理　1998 年以后,为应对亚洲金融危机冲击,中央采取积极的财政政策,向国有商业银行增发长期国债资金转贷给地方,主要用于农林水利、交通、城建、环保、城乡电网以及企业技改、高新技术产业化、高校扩招等方面,以扩大有效内需,拉动经济增长。为加强国债转贷资金管理,按照财政部《国债转贷地方政府管理办法》和省政府办公厅《安徽省转贷国债资金实施办法》等要求,省财政厅在完善国债转贷资金管理制度、办理国债转贷资金转免手续等方面出台一系列政策措施。

完善国债转贷资金管理制度　2001 年 7 月,省财政厅印发《关于修订〈国债转贷协议〉部分条款的通知》,将还本宽限期由 2 年调整为 4 年(农网项目仍为 10 年),转贷期限由 10 年调整为 15 年,与农网项目一致。

2002 年 8 月,省财政厅转发《财政部关于国债转贷资金归还本金账务处理的通知》,对归还国债转贷资金本金的账务处理作出规定。

2004 年 3 月,省财政厅转发《财政部关于进一步完善转贷地方国债资金管理办法的通知》,将国债转贷资金还本付息的时间由逐批统一调整为各季度最后月份的 15 日。

加强国债转贷资金管理　2000 年 8 月,国债转贷资金由省财政厅预算处移交给国库处管理。

2003 年 2 月,根据财政部办公厅《关于签订〈国债转贷协议(1998—2002)〉有关问题的通知》要求,省政府、省财政厅与财政部签订了《财政部与安徽省人民政府关于转贷国债资金的协议》。

2005年12月，财政部在甘肃兰州召开全国转贷地方国债资金管理工作会议，要求进一步完善国债转贷资金管理，加大还本付息力度。安徽省作大会发言，介绍在加强领导、专人负责、纳入国库综合考评、加强日常管理等方面的经验和做法，受到财政部肯定。

2006年1月，为加强国债转贷资金管理，增强管理的科学性和有效性，省财政厅委托开发“安徽省国债转贷资金管理系统”，计算、统计、测算、查询还本付息数和有关项目资金信息。9月，省财政厅将“安徽省国债转贷资金管理系统”配置到市级财政，并在合肥举办管理系统软件培训班。12月起，财政部不再拨付新的国债转贷资金。

办理国债转贷资金转免手续　2001年2月，财政部印发《关于将部分公益性项目国债转贷资金改为拨款的通知》，将生态防护林工程、公检法司设施建设、水利等部分项目国债转贷资金转为拨款。

2002年11月，财政部印发《关于将长江干堤加固国债转贷资金转为拨款的通知》，将长江中下游崩岸治理等部分项目国债转贷资金转为拨款。

2007年12月，财政部印发《关于将部分公益性国债项目转贷资金转为拨款的通知》，将教育、水利等部分项目国债转贷资金转为拨款。

2008年5月，财政部印发《关于豁免2008年农村电网改造国债转贷资金应归还利息等有关问题的通知》，支持冰雪灾害后的农村电网恢复重建工作。11月，财政部印发《关于将部分公益性国债项目转贷资金转为拨款的通知》，将所有水利项目、卫生项目以及部分农村公路项目等国债转贷资金转为拨款。根据财政部有关文件精神，省财政厅办理各批公益性项目国债转贷资金转拨款以及农村电网改造国债转贷资金利息豁免手续，支持各地经济和社会事业发展。

2009年11月，财政部印发《关于将部分公益性国债项目转贷资金转为拨款的通知》，将所有农村公路、城市防洪项目国债转贷资金转为拨款。

2010年6月，财政部印发通知，将所有城市道路、桥梁、社区服务设施项目等国债转贷资金转为拨款。

地方政府债券发行　2009年，为积极应对全球金融危机冲击，保持经济平稳较快发展，国务院决定2009年由财政部代理发行2000亿元地方政府债券，其中：安徽省地方政府债券发行规模为77亿元。省财政厅按照《财政部关于做好发行2009年地方政府债券有关工作的通知》《2009年地方政府债券预算管理办法》《财政部代理发行2009年地方政府债券发行兑付办法》《关于做好报送2009年地方政府债券发行计划建议有关工作的通知》《财政部代理发行地方政府债券财政总预算会计核算办法》等一系列文件规定和要求，全面掌握地方政府债券的相关政策规定。同时，积极汇报协商全省地方政府债券发行计划，于3月20日向财政部上报《关于报送安徽省政府债券发行计划调整安排的报告》，确认77亿元政府债券由财政部分两期代理发行，其中：3月31日招标发行40亿元，6月12日招标发行37亿元。

2010年，按照《财政部关于代理发行2010年地方政府债券（七期）（八期）有关事宜的通知》要求，省财政厅就地方政府债券发行数额、发行时间等要素多次向财政部国库司汇报协商。9月6日，省地方政府债券89亿正式招标发行，其中：3年期为62亿元，5年期为27亿元。

部门决算管理　部门决算是指列入年度部门预算编制范围的各部门和单位在每个会计年度终了后，根据国家有关法律法规、会计制度以及财政部门的编审要求，在日常会计核算的基础上编制的、综合反映本单位财务收支状况和各项资金管理状况以及人员、机构等信息的总结性文件。部门决算反映年度部门预算执行结果，是财政支出预算在部门和单位执行的具体体现。部门决算是国家财政决算的重要组成部分，是财政总决算的延伸和细化。

部门决算编报　2004年8月，部门决算工作由省财政厅统计评价处划归国库处承办，主要负责牵头组织、布置培训、审核汇总全省部门决算，并进行数据整理和分析。部门决算的具体程序是：在每个预算年度终了前，根据财政部统一制发的决算表格，进行布置培训；采用层层汇编的办法，由基层预算单位编制，各级财政部门汇编形成本级决算；次年3月集中编审，全省汇总后上报财政部。

2007年，实施政府收支分类改革，为保证部门决算数据的连续性和可比性，实现新旧科目的平稳过渡，按照财政部的统一要求，对2006年度的部门决算按照新的政府收支分类科目进行了数据转换。

向省人大常委会报送省直部门决算　按照省人大常委会要求，2003年起，省财政厅组织省直各部门向省人大报送部门决算。2004年报送29个省直部门的2003年度部门决算，2005年报送61个部门的2004年度部门决算，2006年起，每年报送所有省直部门的部门决算。向省人大报送的部门决算内容包括：财政部规定的部门决算报表，省人大常委会财经预算工委要求增加的反映部门预、决算差异情况等表格，以及有关报表数据分析说明。向省人大报送部门决算，进一步强化人大的监督作用，促进政府部门不断加强和规范财政财务管理，推进财政法制化建设。

省级部门决算批复　2010年，按照预算法规定，选择省审计厅等23个部门，实施省级部门决算批复工作，推进部门决算科学化精细化管理工作向纵深发展。

提高部门决算质量水平　2010年，为进一步提高全省部门决算编报质量和水平，确保部门决算数据的真实准确，促进部门决算的分析利用，制定并印发《安徽省部门决算工作考核评比暂行办法》，推动决算评比规范化、制度化。

第二节　省级国库集中支付

2001年9月3日，省编办批复同意成立省财政厅国库支付中心（简称支付中心），定编20名，主要承担省直机关和事业单位财政资金的审核支付、会计核算、系统维护等工作。2004年6月24日，省人事厅同意支付中心依照国家公务员制度管理。2007年7月18日，省人事厅批复同意支付中心参照“公务员法”管理。支付中心自成立以来，在深化省级国库集中支付改革，提高支付效率，创新支付内容，强化支付监督，拓展支付业务上进行了一系列探索尝试，支付规模由2001年的2.2亿元增加到2010年的661.17亿元，保障了省直预算单位的正常运行和社会事业的发展。

省级国库集中支付改革　国库集中支付改革是财政预算执行的根本性变革。2001年，省财政厅按照总体规划、分步实施的原则，开展省级国库集中支付改革。改革的目标是：建立以国库单一账户体系为基础、资金缴拨以国库集中收付为主要形式的现代财政国库管理制度。11月，省财政厅选择省政府办公厅、省发展改革委员会、省财政厅等16个省直部门（单位）进行首批试点，标志省级国库集中支付改革正式拉开帷幕。2002年，试点范围进一步扩大，4月和11月先后分两批将31个省直部门（单位）纳入国库集中支付。2003年8月和10月，省直其余71个部门及所属单位分两批纳入国库集中支付。至此，省直所有部门（单位）全部纳入国库集中支付。截至2008年年底，实行省级国库集中支付的有135个部门（一级单位）及所属1085个基层预算单位。

改革取得成效包括：提高了预算执行效率，所有财政性资金的支付，按规范程序在国库单一账户体系内运作，减少中间环节，直达商品或劳务供应商；增强了财政宏观调控能力，国库现金流量由过去各单位分散持有转变为财政部门统一持有，财政部门资金调度能力发生根本改观；强化了预算执行全过程监督，特别是“国库集中支付动态监控系统”建成运行后，省级国库集中支付实现了以国库单一账户体系为基础，以财政资金活动监控为重点，以动态监控系统为平台，根据事先设定的监控规则，对单位资金支付的操作流程、大额提现、收款人账户等资金活动的全程监控，能及时发现并纠正违规或不规范操作行为，提高了财政资金支付的安全性、规范性和有效性；提高了预算执行管理信息透明度，财政资金集中支付通过电子化系统实时运作，每项支出财政部门看得明明白白，信息全面、准确、及时、详细，为预算执行的管理和分析提供翔实的信息资源；体现了科学理财和依法理财观念，国库集中支付制度所确立的一整套管理流程，对预算执行的各环节都有严格的规范化、程序化要求。改革之后，各预算单位财务管理规范性增强，管理水平提高，重分配轻管理的现象明显改变，科学理财、依法理财的观念得到机制保障。

省级国库集中支付管理　2001年实施财政国库集中支付改革以后，集中支付资金规模快速增长、集中支付范围迅速扩大、财政资金使用效益有效提高，省级国库集中支付管理逐步规范化。

扩大国库集中支付范围　2001年11月,财政预算内资金纳入国库集中支付。2006年1月,纳入预算管理的政府性基金全部实行国库集中支付。从10月起,非部门预算资金逐步纳入国库集中支付。11月,农村义务教育中央专项资金纳入国库集中支付。2007年8月,能繁母猪中央专项资金纳入国库集中支付。截至2009年年底,省级财政预算内资金及政府性基金全部纳入国库集中支付,彩票公益金、农业保险补贴、新型农村合作医疗等中央专项资金也相继纳入省级国库集中支付范围。

提高国库集中支付效率　实行网上申报支付。2003年10月,省财政厅等7个部门55个基层预算单位开展网上支付试点。2003年基本支出用款计划采用按月均衡下达,不再要求预算单位报送用款计划。2004年7月,网上支付全面实施。实行网上支付后,改变了改革初期实行的大厅柜台式受理方式,预算单位用款计划、支付业务均通过网络申报,就近到代理银行办理,从而方便预算单位用款,提高集中支付效率。

简化计划申报程序。2002年,网上支付增加用款计划复制、对账类型、计划指标表生成等功能。2003年,开发统发工资数据接口导入软件和预算数据接口导入软件,实现工资数据和预算数据对国库集中支付软件的自动导入。2004年,增加受理退单、网上申报与受理情况统计、拒付情况分类统计等功能。2005年,增加指标细化、指标直接生成计划、工资数据分析等功能。2007年,基本支出用款进一步简化为按季均衡下达,方便预算单位及时用款。对国库集中支付系统软件进行修改和创新,完善支付软件功能,支付效率明显提高。2009年,支付中心设立动态监控分析岗位,专人负责收集整理、研究分析省级支付执行数据,充分发挥集中支付动态监控系统在加强省级预算执行管理中的作用。

创新国库集中支付手段　建立国库集中支付动态监控系统。2006年年初,组织修改国库集中支付系统,设计省本级预算执行数据转换软件,完成省级预算执行的数据转换工作。启动动态监控系统建设。7月,省财政厅赴财政部对系统的基本情况、运行原理、主要特点进行考察。10月,赴四川省考察预警规则设置和监控部门设置情况。2007年11月,完成国库集中支付动态监控系统软硬件招标程序。12月,进入软件开发阶段。2008年3月,赴山西省、河南省实地了解两省动态监控运行情况。4月,授权支付监控模块进行试点。2009年,动态监控系统正式上线运行。通过科学设置预警规则,实现授权支付申请自动审核预警,减少支付环节的人工受理时间;实现延伸财政监督关口,全程跟踪财政资金流向,改变过去财政资金一旦支付就脱离财政监管的弊端;实现支付信息的快速反馈,有利于财政部门及时掌握财政资金使用情况,了解预算执行进度,为预算编制和执行分析提供实时数据信息。

建设“直接支付财银直联系统”。2007年9月,针对国库集中支付系统与代理银行支付系统相对独立运行,代理银行在办理国库集中支付业务时,对支付信息进行的人工二次录入易造成支付出错率高、支付效率低下等问题,“直接支付财银直联系统”建设正式启动。2008年4月,“直接支付财银直联系统”试点运行,实现集中支付信息数据电子化、不落地传输,极大提高直接支付效率,保障资金支付安全。

规范国库集中支付工作流程 “十一五”时期，省财政通过规范国库集中支付用款计划管理；严格审核预算部门项目支出用款计划，落实审批限时制度；加强国库集中支付资金运行管理，督促预算部门按照规定的支付方式和程序，及时、规范办理财政直接支付和授权支付业务，严格按照批复的预算、用款计划和项目的进度支付资金；加强退回资金的安全管理等措施，规范国库集中支付工作流程提高工作效率，方便预算单位用款，保障财政资金安全。

强化国库集中支付监督 省财政厅加强预算单位支付申报有关信息核对、监督，规范预算单位支付行为，促使预算单位加强自身财务管理，提高财务人员的业务技能。2003—2008年，共退回各类不合规申请1.3万笔，涉及金额4.35亿元，

2010年，国库集中支付动态监控系统与财政一体化管理信息系统的顺利对接，在财政资金支付执行规范化管理上，起到相互促进和补充作用，实现预算指标、用款计划、支付数据及时传递与信息共享，能够对财政资金在集中支付执行全过程实时有效监控。

拓展国库集中支付业务 代扣代缴个税。依据2001年国税发19号文件，2002年起，省财政厅承担省直统发工资单位代扣代缴个人所得税义务。2002年6月，首批代扣代缴的有23个预算单位，到年底增至75个，全年代扣代缴税款113.9万元。截至2007年年底，代扣代缴预算单位已达139个，年代扣代缴税款突破1000万元。2009年，全年支付省级工资统发资金18.47亿元，代扣代缴个人所得税1500多万元。

统缴工会经费。2006年起，省财政厅承担省级预算单位的工会经费集中收缴和划转，分季度对省级近千家预算单位的4000多笔工会经费进行逐笔审核，及时拨付到相关账户，保证各级工会组织正常工作的开展。2009年，全年划转工会经费5846万元。

公务卡动态监控。依据省级公务卡试点工作的具体部署，省财政厅重点做好试点前调研、银行支持系统开发、国库集中支付系统修改等多项工作。在动态监控系统中增加公务卡监控功能，实现对公务卡消费的明细情况实时监控，提高预算单位公务卡开支的合规性。

省级国库集中支付建设 省财政厅国库支付中心是省级国库集中支付的执行机构，处于财政资金支付的最前沿，业务水平高低、服务水平优劣对集中支付改革的推进和深化影响重大。省财政厅通过采取业务工作与支付窗口建设两手抓、两促进，充分发挥在财政政务公开、效能建设等方面的窗口平台作用。

实施三项服务制度 实施服务承诺制。2003年，就省级国库集中支付“办事程序、首问负责”等方面内容向社会公开8项服务承诺，并从职业道德、仪容仪表、工作环境、接待规范、劳动纪律等方面对服务内容进行细化，初步实现服务工作标准化和规范化。

实施业务限时办理制。2004年，制定业务受理限时制，对受理时间进行量化，规定每笔正常业务受理应坚持“即到即办”的原则，审核时间最长不得超过20分钟，上午和下午下班前必须将当日的业务受理完毕。受理限时制对提高支付效率实现“量”的保证。

实施 AB 岗工作制。2004 年，制定支付中心 AB 岗工作制，规定每笔正常业务采用“一人为主，一人为辅”的受理方式，避免单一受理人员因出差等特殊原因，造成业务无人受理情况的发生。AB 岗制还要求受理人员在受理业务时应加强相互联系、相互交流、相互督促，从而对提高支付效率实现“质”的保证。

实行互动服务方式　从 2002 年起，省财政厅支付中心每年至少组织召开 1 次预算单位座谈会，听取预算单位意见，帮助预算单位解决支付工作中遇到的难题。同时，先后对省水利厅、安徽师范大学等多家预算单位开展上门服务，当场解答预算单位的业务咨询，加强业务交流。此外，多次向预算单位发放“征求意见卡”，征求预算单位意见，及时进行整改。

开展支付业务培训　2002 年以后，省财政厅先后为省质监局、工商局、药监局等单位上千名财务人员进行集中支付方面内容的培训，帮助预算单位财务人员提高支付业务技能，减少工作差错率。先后 3 次编印《安徽省省级财政国库集中支付培训教材》，供预算单位免费使用。

第三章　综合财政管理

1995年6月16日，省政府批准省财政厅内设综合计划处（与基本建设处分设）。2000年7月，省财政厅机构改革时更名综合处，主要职能是研究全省财政发展战略和编制财政中长期发展规划，参与工资、规范津补贴、住房等制度改革，加强政府非税收入管理和彩票市场监管等方面。

第一节　财政发展战略谋划

财政发展战略谋划是财政部门的一项重要任务。省财政厅主要围绕经济社会改革发展全局和财政中心工作，着眼于加强财政宏观调控和完善有利于科学发展的财政体制机制，建立财政经济形势分析例会和报告制度，做好财政经济形势分析预测，开展财经重点、热点问题研究，提出全省财政中长期发展战略。

牵头编制财政中长期发展规划　1995年，省财政厅研究提出安徽省“九五”时期和2010年财政工作的指导思想、奋斗目标、主要措施。

1996年，省财政厅印发《安徽省财政“九五”计划和2010年规划》。

1999年，省财政厅开始编制安徽省财政“十五”计划。

2001年3月，省财政厅印发《安徽省财政“十五”计划和2010年远景规划纲要》。

2003年，省财政厅对未来3年财政发展趋势进行预测和分析研究，形成《2004—2006年安徽省财政发展滚动计划》，上报财政部并获二等奖。

2010年4月，省财政厅开始着手编制《安徽省财政发展“十二五”规划》，全面总结“十一五”时期全省财政工作，研究提出“十二五”财政发展目标任务，形成“规划”文本。

财政经济形势分析　1998年，根据全国财政综合工作会议的部署，开始把经济形势分析预测工作纳入财政综合部门的职责范围。

1999年，建立例会分析和报告制度。每季度定期召开全省财政经济形势分析会，撰写全省财政经济形势分析报告，分送厅、省领导参阅，并上报财政部。

2001年，组织市级财政综合部门完成5个协作调研专题，其中4份专题调研报告编入《2001年度全省财政工作调研报告汇编》，提交全省财政工作会议代表参阅。同时，完成财政部布置的3个重点财经课题（《加入WTO对我国经济及财政的影响分析》《“十五”时期财政收入增长潜力分析》、《县乡财政困难问题研究》）。

2003年以后,省财政厅将撰写的财政经济运行形势分析按季上报财政部。

财政专题调查研究　1998年,省财政厅组织力量开展财政综合工作专题调研,形成9篇调研报告。其中,对湖南省本级和益阳市、河南省本级、湖北省本级和宜昌县、浙江金华市及安徽省蚌埠市、铜陵市、芜湖市、和县等地综合预算管理情况进行考察后形成的专题调研报告,为研究起草制定《安徽省综合财政预算管理办法》奠定基础。

2002年,完成《关于当前财政综合工作开展情况的调研报告》《关于浙江、广东两省统一机关工作人员津贴及奖金福利发放情况的考察报告》;完成财政部交办的《提高中部地区经济增长质量的财政政策研究》研究课题。

2003年,完成《安徽省行政区划与区域经济研究》《安徽省城镇职工收入水平差距、成因及对策研究》和《大力推进经济结构调整优化努力做大做强经济发展和财政收入蛋糕》3篇专题研究报告。同时,提出《关于加强我省政府非税收入管理的意见》,在财政部召开的全国部分省非税收入管理座谈会上进行交流。

2004年,编辑出版《公共财政下的政府非税收入管理》一书,在全国公开发行,并荣获"许毅基金奖";完成《以体制创新促县域财政发展》《如何规范政府非税收入管理》;完成《优化经济发展环境锻造信用安徽》专题研究,获省政府办公厅举办的"信用安徽"建设征文活动三等奖。

2005年,省财政厅出版《土地出让金管理与土地调控政策》一书,得到业界人士的广泛认可。

2007年,牵头组织撰写《关于改进和加强财政支出管理的若干意见》和《国家主功能区建设对我省的影响及地方财政对策》,为制定财政政策,提供有益参考。

2010年,在开展一系列调研基础上,形成《关于福建省财政票据种类和票据式样调研情况的报告》《关于安徽省捐赠票据使用管理调研情况的报告》和《关于安徽省水利建设基金调研情况的报告》。

第二节　财政综合改革实施

财政综合改革实施工作主要涉及到机关事业单位收入分配和住房等制度改革。

收入分配制度改革　1996年,根据省政府《关于实施财政振兴工程意见的通知》精神,提出适当提高职工工资水平的意见,并在增资标准、范围、出台时间及资金渠道方面做了大量工作。

1997年,省财政厅会同有关部门制定安徽省1997年工资改革实施方案,参与研究《安徽省特别奖励工资与地区发展经济挂钩分配试行办法》,并会同省人事厅、省教委出台《关于乡镇及其以下学校专任教师享受浮动职务工资的通知》。

2001年,贯彻落实国务院关于调整机关事业单位工作人员工资和增加离退休人员离退休费政策,保障全省机关事业单位增资足额兑现。

2003年，起草《关于规范省直机关工作人员津贴补贴管理暂行规定》，报经省政府常务会议和省委常委会议审议通过。会同有关部门制发《关于解决我省事业单位离休人员两年一次增加离休费时相应增加津贴（活工资）和机关离休人员5年增加级别工资问题的通知》，提高离休人员工资待遇。会同有关部门下发《关于建立信访工作人员岗位津贴的意见》和《关于调整司法助理员岗位津贴标准的函》。

2004年，制发《关于贯彻落实〈省直机关工作人员津贴补贴规范管理暂行办法〉有关问题的通知》。会同人事部门研究制定调整机关事业单位职务补贴的具体方案，提高全省公务员工资水平。适时调整退养民师生活费标准，提高弱势群体的生活水平和信访人员岗位津贴标准。

2005年8月16日，省委省政府召开改革公务员工资制度和规范公务员收入分配秩序工作会议，按照国家有关会议的精神，部署开展清理津贴补贴工作。

2006年，针对安徽省和省直机关津贴补贴管理实际，统筹测算财政增资水平，研究制定安徽省规范津贴补贴方案。12月23日，省政府向国务院上报全省和省直规范公务员津贴补贴实施方案。

2007年1月25日，国务院审核批复《安徽省规范公务员津贴补贴方案》和《安徽省省直机关规范公务员津贴补贴实施方案》。2月15日，在肥省直机关兑现公务员职级工资和规范津贴补贴，实行“四个统一”即：统一项目、统一标准、统一预算安排、统一打卡发放。6月17日，牵头召开省规范津贴补贴领导小组成员单位联络员会议，审核淮北等16市上报的市直机关规范津贴补贴实施方案，报省政府批复实施。11月29日，牵头召开省规范津贴补贴领导小组成员单位联络员会议，审核在肥以外省直单位驻市机构规范津贴补贴方案，审核意见上报省政府。

2008年，推进县级规范公务员津贴补贴工作，选择繁昌等9个县进行津贴补贴发放情况核查，摸清底数，设计多种备选方案并相应测算财政支出需求，5月，省政府批复了各市所属县级方案。建立健全省级规范津贴补贴工作机制，建立领导小组联席会议制度。配合有关部门对义务教育阶段教师收入情况进行调查摸底，研究制定统筹考虑保障教师待遇的政策意见。

2009年，督促各县（市、区）按照省政府批准的津贴补贴起步水平，实施津贴补贴规范和兑现工作。会同省纪委等六部门组织开展市本级及所属县第一步规范公务员津贴补贴总结工作。向国家申报缴纳津贴补贴调节基金。督促省直有关单位对违规发放津贴补贴问题进行认真整改。集中审核垂直管理部门驻县机构津贴补贴实施方案，并代省政府起草审批意见，会同有关部门研究制定退职人员津贴补贴政策。执行国家六部委提高离休人员补贴政策，配合相关部门对全省义务教育绩效工资实施工作进行督促和指导，并开展对其他事业单位实施绩效工资的调研。

2010年，对市直机关津贴补贴进行调控管理，实施部分市县津贴补贴调整工作并密切关注市县调整津贴补贴落实工作。继续开展规范津贴补贴监督检查，按照国家统一部署，做好规范改革性补贴、奖励补贴的准备工作。配合做好事业单位实施绩效工资相关工作。

住房制度改革　1995 年，制定《安徽省住房公积金管理机构财务管理实施细则》。配合省直房改办建立省直单位、中直驻肥行政事业单位住房公积金制度。印发“安徽省国有住房出售收入专用票据”，统一全省售房票据的管理和使用。对实施国家安居工程资金配套、落实情况的审查和相关税费减免进行审核，保障安居工程的顺利实施。

1998 年，对全省工商银行、农业银行、建设银行房贷部政策性住房资金进行专项检查，对政策性房贷资金经营税后利润部分进行分配。

1999 年，安徽省停止住房福利分配，实行住房分配货币化改革。印发《关于国有商业银行政策性住房金融业务财务管理若干政策问题的通知》，建立承办银行财务收支预决算管理制度，规范税后利润分配。制定《行政事业单位住房基金财务管理办法》及其配套文件，规范单位住房基金财务管理。

2000 年，会同省房改办代省政府草拟《关于贯彻落实〈住房公积金管理条例〉的通知》，协调省级驻肥行政事业单位开设单位住房基金账户工作。

2001 年，会同有关部门制定《省直行政事业单位住房货币化补贴的申报、审批、拨付和使用管理暂行办法》。会同省建设厅、省监察厅、人民银行南京分行对 15 个市及其所属 16 个县（区）贯彻《住房公积金管理条例》情况进行执法检查。

2002 年，研究制定《安徽省住房公积金管理机构调整方案》，对 17 个市《住房公积金管理机构调整方案》提出修改意见，并上报省政府。颁布《省直驻肥单位职工住房货币化补贴资金申报、审批、拨付和使用管理办法》，编制 2002 年省直驻肥财政供给单位住房货币化补贴收支预算，启动省直住房货币化改革。

2004 年，印发《省直住房公积金管理机构资产移交方案》，确保住房公积金安全。研究开发住房货币化补贴管理软件，调整住房公积金缴存比例和财政负担比例政策，进一步规范省直行政事业单位住房基金专用账户管理。

2005 年，印发《关于行政事业单位出售公有住房资产核销有关问题的通知》，制定《住房公积金管理中心业务管理工作考核办法》，对各市公积金中心业绩和管理工作进行全面考核。

2007 年，批复 2004—2005 年度 98 家省直驻肥财政供给单位 3744 名职工的住房货币化补贴，会同省直房改办审核 2006 年度 122 家省直驻肥财政供给单位 4999 名职工的住房货币化补贴。制定《安徽省廉租住房保障资金管理实施办法》和《安徽省廉租住房保障专项补助资金管理实施办法》，加强廉租住房资金管理。

2008 年，贯彻落实《国务院关于深化城镇住房制度改革的决定》，推进省直驻肥单位住房货币化补贴工作。对省直住房公积金管理分中心住房公积金业务的财务进行监督，维护住房公积金缴存者的合法权益；组织开展 2007 年度住房公积金管理机构业务考核，促进全省住房公积金管理机构提高管理水平。建立廉租住房保障租赁补贴发放月度报告制度，及时掌握工作动态，指导推进廉租住房保障专项工作，2008年全省廉租住房保障租赁补贴10.4万户，超额完成省政府年初确定的5.04万户年度考核目标任务。

2009年，做好城市廉租住房保障工作，全省发放租赁补贴12.6万户，比上年增长35%。推进省直单位住房货币化改革，组织实施2008年度省直驻肥单位住房货币化补贴申报、审核和兑付工作。

2010年，组织省直驻肥单位2009年度住房货币化补贴申报、审核、兑付工作。指导市县加强保障性住房资金管理，落实廉租住房租赁补贴和公共租赁住房建设目标任务。

车辆购置税改革 1998年，对实施道路和车辆有关收费改成税后对安徽省的财力影响进行测算，并向省政府作专题报告，提出建设性意见。

1999年，会同省直有关部门赴财政部，汇报安徽省税费改革中的特殊因素，争取有利政策。

2002年，协助有关部门做好安徽省车辆购置税费稽征人员划转安置工作。

第三节 彩票市场监管与财政票据管理

彩票市场监管与财政票据管理是财政综合管理的重要职能。省财政厅按照国家关于加强彩票市场监管和规范财政票据管理的有关规定，推动全省彩票市场监管和财政票据管理逐步迈上科学化、规范化、制度化管理轨道。

彩票市场监管 2000年，安徽省辖内彩票监管职责由人民银行合肥中心支行移交省财政厅，具体职责由省财政厅综合处承担。

2001年，省财政厅组织开展全省彩票发行和公益金上缴财政专户情况调查。建立彩票销售和兑奖情况月报制度，加强彩票发行和销售的安全管理。及时组织查处滁州、阜阳、池州等地电影放映单位违规变相发行彩票行为，促进彩票市场健康、稳定、有序运行。全省发行彩票5.9亿元，提取公益金2亿元。

2002年，规范即开型彩票发行方案和销售额度的审批，取消电脑彩票保底奖金，规范彩票信息发布和营销宣传。及时查禁滁州、阜阳、蒙城、舒城、铜陵、巢湖等地电影放映单位违规变相发行彩票行为，及时查处合肥等地彩票销售机构违规代售外省彩票行为。严格按照“收支两条线”规定，对发行费用实行收支预算管理。全省销售彩票5.76亿元，其中福利彩票2.32亿元，体育彩票3.44亿元。

2003年，支持福利彩票中心电脑销售系统全热线改造，推动彩票机构网点建设由市县延伸到乡镇，支持彩票机构扩大销售规模。

2004年，建立体彩与福彩即开型彩票分季度轮流销售制度，规范即开型彩票发行和销售行为。建立电脑型彩票安全监管定期报告和不定期抽查制度，清理即开型库存票，逐一核查登记。全年批准彩票机构新上市11种彩票玩法，开展15次促销活动，动用调节基金及一般调节基金达1440万元。建立和完善彩票机构财务收支计划预决算制度和彩票销售统计月报制度，进一步强化彩票资金的管理。

2005年，全省实现彩票销售收入19.72亿元，取得历史性突破。

2007年，省财政厅印发《关于进一步加强彩票市场监管的通知》，要求彩票机构暂停向电脑型彩票代销点实行资金“授信”，按照实际销售量进行资金结算，规范彩票资金管理，防范财务风险。

2008年，清理整顿利用互联网销售彩票行为，及时责令安徽境内利用互联网销售彩票的2个网站立即停止销售彩票，并移交公安机关查处，维护彩票市场健康发展。认真做好彩票公益金纳入政府性基金预算管理工作。从2008年1月1日起，彩票公益金分别缴入中央和省级国库，实行“收支两条线”管理。按季办理彩票公益金市县分成结算。严格公益金支出范围，提高资金使用效益，形成公益金使用与彩票发行的良性互动机制。支持彩票机构适度扩大彩票销售规模，引导彩票机构及时调整游戏玩法和适时开展促销活动，优化彩票的品种结构，扩大彩票销售规模。在“中福在线”即开型彩票下马及经济下滑等不利因素影响下，全年彩票发行仍取得较好成绩，全年完成彩票销售收入26.4亿元，筹集彩票公益金8.5亿元。

2009年，继续支持彩票机构扩大销售规模，全省完成彩票销售收入34.2亿元，比上年增长29.5%，筹集彩票公益金10.9亿元。全省共设立销售网点10988个，提供就业岗位1万多个。规范彩票机构财务管理，严格彩票机构业务费收支预算，细化彩票机构业务支出项目和标准。委托社会中介机构对彩票机构2008年度收支计划执行情况、彩票公益金上缴及分成拨付情况进行审计，发现问题，及时整改。加强彩票公益金预算编制工作，协调民政、体育部门，统筹资金使用，优先安排民生工程配套资金、大型体育场馆建设资金和重大体育比赛补助资金。实施彩票公益金公告制度，组织开展体育彩票公益金使用和管理情况专项检查，并对部分市、县自查情况进行抽查。积极向财政部争取青少年校外活动场所建设资金，新增8个活动场所。编撰《安徽彩票二十年》大型画册，总结和宣传安徽省彩票发行工作取得的成绩。

2010年，继续加强彩票机构财务监管，严格彩票机构业务费收支预算，努力降低发行成本。委托社会中介机构对彩票机构2009年度收支计划执行情况、彩票公益金上缴及分成拨付情况进行审计，发现问题，督促整改。加强彩票公益金使用管理，合理安排公益金使用项目，跟踪预算执行情况，提高资金使用效益，全年共筹集彩票公益金11.7亿元。

财政票据管理　1995年，建立健全收费票据领、用、存、销的管理制度，规范票据发放、核销，促进收费资金管理。

2000年，审定票据定点印刷企业，认真做好行政事业性收费和政府性基金票据的审批、印制、发放和核销等日常管理，加大对省直行政事业单位购领、缴销票据的稽查力度，对已转为经营性收费的，一律督促办理税务登记，使用税务发票。

2001年，省财政厅印发《关于加强行政事业性收费票据管理的通知》。

2005年，省财政厅印发《安徽省政府非税收入票据管理暂行办法》，改进票据种类设置和管理方式，提高票据管理效率。

2007年，省财政厅制发《关于省直社会团体财政票据领用事宜的通知》和《关于进一步规范社会团体票据使用管理有关问题的通知》，规范票据管理。

2008年，公布住宅专项维修资金票据式样；明确规定独立学院收费不使用财政票据。

2009年，省财政厅印发《财政票据检查规范》，规范财政票据检查工作行为。

2010年，省财政厅印发《行政事业单位往来结算票据管理暂行办法》、《公益事业捐赠票据管理暂行办法》，规范财政票据管理。

第四章 税政条法管理

税政条法工作是财政职能的重要组成部分。1991 年 6 月 20 日，经省编办同意，省财政厅设立政策法规处，专司各项财政政策法制管理、财政行政复议和财政普法工作。1995 年，省财政厅将税收政策管理工作职责由预算处转至政策法规处。2000 年 7 月，省财政厅机构改革后，政策法规处更名为税政条法处。2003 年，财政部成立关税司，省财政厅税政条法处相应增加地方关税管理职责。

第一节 财政法制管理

1991 年以后，随着财政改革的发展和促进依法行政、依法理财思路的转变，财政法制管理工作得到加强，逐步成为财政的一项基础性工作。

制定财政法制工作规划 1991 年，省财政厅制发《安徽省财政法规立法规则》《安徽省地方规范性文件备案办法》和《安徽省财政法制员联络制度》等文件，同时对建国 40 年（1949—1989）财政法规制度进行清理汇编，开始着手建立全省财政法规数据库。

1993 年，省财政厅制发《安徽省财政厅 5 年立法规划（1993—1997 年）》，其中，被批准列入省人大常委会地方 5 年立法计划的有 5 个项目，列入省政府制定规章 5 年规划的有 12 个项目。

2004 年，省财政厅按照《国务院全面推进依法行政实施纲要》和《安徽省人民政府贯彻国务院全面推进依法行政实施纲要意见》的要求，制定《安徽省财政部门积极推进依法行政依法理财工作意见》，并成为全省财政系统规范财政管理、严格执法行为的纲领性文件。

开展财政法制宣传教育 1992—2006 年，省财政厅先后制发“二五”“三五”“四五”和“五五”安徽省财政法制宣传教育规划，全省财政普法工作全面推开。省财政厅先后被财政部授予“全国财政法制工作先进单位”、全国财政“二五”“三五”“四五”普法先进单位。

1994 年，省财政厅组织全省财政系统干部和社会公众参加新财政法规知识竞赛活动，通过公开评奖，共确定个人一、二、三等奖和鼓励奖获得者 18 名，地市组织奖 3 名，省财政厅竞赛优胜处室 15 个。

1996年，省财政厅在《中国财经报》《财政法制动态》《安徽财会》《安徽财税报》《安徽财政信息》上登载有关财政法制宣传文章40余篇，安徽电视台播放财政法制新闻6次。

1997年7月，省财政厅组织全省财政法规知识竞赛。

1998年，省财政厅承办全国财政法规知识竞赛安徽赛区组织工作。共收回答卷106657份，参赛人员涉及工、农、商、学、兵等社会各阶层，财政系统参赛率为100%。同年，在全省开展"财政法制在我心中"有奖征文活动，至年底，收到征文100篇。

2000年4—5月，省财政厅组织在全省开展财政"三五"普法考核验收活动，共抽调税政法制干部组成4个检查组，深入17个市财政局及部分县乡财政部门进行检查。同年，省财政厅举办全省财政系统财税法规知识电视竞赛活动。通过层层选拔，17个市代表队队员于12月7日在安徽电视台演播厅现场直播决赛，获得观赛领导、广大观众一致好评。

2004年，省财政厅组织参加全国财政法规知识竞赛，全省财政干部参赛率为100%。共选拔15名选手参加全国财政法规知识竞赛，均获得个人奖项，其中一等奖1名。

2005年，省财政厅通过开展"财政普法、推进依法理财"征文活动，各市共提交40篇论文。

2006年，省财政厅对全省"四五"普法宣传教育工作进行全面总结，表彰一批先进单位和个人。同时制发《安徽省"五五"财政法制宣传教育规划》，并在全省组织实施。

2008年，省财政厅积极组织各市进行"五五"普法中期检查，形成中期检查报告18篇。同时，为广泛宣传财政法律法规，便于广大财政干部和财务工作人员掌握财税法规制度，自觉做到依法行政和依法理财，省财政厅对2006年度、2007年度财税方面的规范性文件进行收集、归纳、整理，编辑出版《安徽省财税法规制度汇编》。

2010年10月17—20日，由财政部条法司副巡视员赵超为组长，湖南、湖北、福建、广东省及深圳市派人参加的全国财政"五五"法制宣传教育验收检查组第七组一行6人，到皖进行验收检查。验收组充分肯定省财政厅财政法制宣传教育工作。

规范财政规章立法程序 1995年，省财政厅突出预算、会计、农税、外事财务、国有资产管理等财政业务重点，起草并向省政府法制局报送全年立法项目14个。其中，经批准列入省人大地方立法计划2项，列入省政府制定地方性财政规章4项。

2001年，省财政厅对新中国成立以来涉及财政有关行政审批、审核、核准及备案事项进行全面梳理。对省制定涉及财政55份规章进行清理，废止33份，提出修订6份。

2002年，省财政厅确定部分面向企业、面向社会、需要集中办理的行政审批事项，进入省政务中心办理。

2003年，省财政厅取消财政行政审批14项，下放行政审批权限1项。

2006年，省财政厅对全省财政规章进行全面梳理，确定财政执法行政许可5项、行政审批24项、行政处罚92项、行政征收4项、行政给付1项、行政强制1项、其他24项，业经省政府法制办审定后发布。4月，会同省物价局对省级批准的行政事业性收费133

项进行全面清理，取消 61 项，占 45.9%；保留 72 项，占 54.1%，减少收费资金 31 亿元。

2007 年，省财政厅对涉及财政 24 项行政审批项目和 9 项部门规章进行清理。办理全国人大、省人大、省政府法制办等有关部门转来各类法律、法规、部门规章及规范性文件征求意见稿 70 件。

2008 年，省财政厅办理全国人大、省人大、省政府法制办等有关部门转来各类法律、法规、部门规章及规范性文件征求意见稿 80 件。同时，起草《安徽省行政事业单位国有资产管理暂行办法》，上报省政府，经省政府常务会议通过，以省政府令的形式颁布。

2009 年，省财政厅办理全国人大、省人大、省政府法制办等有关部门转来各类法律、法规、部门规章及规范性文件征求意见稿 80 多件。完成《安徽省行政事业单位国有资产配置管理》《安徽省外国政府贷款管理规定》等规范性文件前置审查工作。

开展财政执法监督检查　1994 年，省财政厅在全省组织开展财政法规实施情况监督检查，对发现的问题进行分析研究，并向财政部提出完善新财政法规 10 条建议。

1996 年，省财政厅牵头会同有关厅局，特邀部分省人大代表和省政协委员参加，组成 3 个检查组，分别对安庆、六安、蚌埠、阜阳、宣城、芜湖 6 市财税执法情况进行检查。对存在的问题进行分析，提出建议。《检查报告》由省政府《政办通报》印发各地，《安徽日报》《安徽财税报》和财政部《法制工作动态》作了专题报道。

1998 年，省财政厅制发《安徽省财政行政执法责任制工作意见》《财政执法监督检查暂行办法》《财政执法错案追究暂行办法》和《财政规范性文件制定办法》，连同相关文件汇编成《财政执法必读》一书。7 月，举办市地税政法制干部执法资格认证培训班。10 月，与省政府法制局联合举行财政执法资格认证闭卷考试，全省财政干部 14700 人参加，及格率为 99%。

1999 年，省财政厅成立财政执法错案责任追究委员会，制定《安徽省财政行政执法证件管理办法》，在《安徽日报》《安徽财税报》上公布举报电话和举报信箱，并开展“加强财政法制建设，振兴国家财政”征文活动。

2000—2004 年，省财政厅先后办理 5 起诉讼案件和 6 起行政复议案件，维护财政资金安全和当事各方权益。

2006 年，省财政厅接待来访群众 110 多人次，接待满意率为 100%。

2007—2008 年，省财政厅先后办理 2 起行政复议案件。

第二节　税收政策管理

1994 年分税制改革以后，为创造良好税政工作环境，省财政厅在宣传贯彻落实国家税收政策、规范税收征管、开展调查研究、跟踪分析国家税收政策实施效果、提出税收政策调整建议以及争取和利用国家税收政策支持经济社会事业发展等方面均加大工作力度。

开展税源普查 1996年，省成立税源普查领导小组，副省长汪洋为组长，办公室设在省财政厅。省税源普查领导小组组织对1994—1995年度全省46.3万纳税户进行税源普查。通过税源普查表明，全省税基扩大，税源增加，综合省力显著增强。全省1995年应交税收177.7亿元，比1994年增长21.4%，其中增值税、消费税增长16%，地方各税增长28%。

建立财税工作协调例会制度 1996年2月7日，省政府批复省财政厅《关于建立安徽省财税工作协调例会制度的请示》，确定例会由省财政厅牵头，由省政府分管副省长或分管副秘书长主持，原则上每季度举行一次，主要内容是对贯彻国家税收政策、部署省内税制改革、界定税收征管范围、确定收入计划、组织收入进度等方面的重大问题进行协调研究。参加例会的单位为省财政厅、省国税局、省地税局、省政府办公厅秘书一室，以及省人民银行等相关部门。

加强税收统计资料分析研究 1996年，省财政厅组织力量编印《1995年度安徽省税收统计分析资料手册》，对税收收入增长特点、税收收入增收原因等作系统分析，并提出建议。

1997年，省财政厅依据税源普查资料，列出《全省税源整体实力显著增强》《分税种税源结构变化特点》《分经济类型税源变化特点》《各地市税源变化及潜力分析》《分预算级次企业税源变化特点》《分行业税源变化及增长潜力分析》《全省工业税源结构变化分析》《安徽省企业税负结构变化特点》等8个专题进行分析研究，8期《简报》予以刊发，受到省领导和各界好评。同时，编印《安徽省税源普查资料汇编》，加强财税定量分析。

开展专项税源调查 1996—2007年，省财政厅每年组织1次专项税源调查。在蚌埠市选择550家企业进行1995年度房产税、车船使用税、土地使用税等地方税税源调查；在全省开展1996年度地方税税源调查；在全省选定2000家企事业单位进行1996—1998年度税源调查；对歙县、全椒、蒙城3县1999年农村经济和农业税费情况进行调查；2002—2007年先后6次对全省1474家企业进行企业所得税税源调查。

2008年，省财政厅开展企业所得税税源调查工作，对全省企业所得税税源调查工作进行培训和布置。全省共完成调查1500家（超财政部任务200家），一次通过财政部的数据审核，并及时上报《分析报告》和《工作总结》。

2009年，省财政厅继续开展企业所得税税源调查工作。全省共完成调查企业户数1711家，比财政部要求完成的任务多出511家，调查范围包括17个市，涵盖机械制造、轻工业、商业、服务业等多种行业，涉及国有企业、私营企业、外商投资企业等不同所有制形式的企业。

2010年，省财政厅完成企业所得税税源调查户数1729家，超出财政部要求的样本数529家；参与重点产品调查企业户数为633家，调查产品范围涵盖236个企业生产的282种重点产品，调查户数位列全国第2位。

表彰依法征管和依法纳税　1998年，省政府决定在全省范围内开展评选表彰依法纳税先进单位和税务系统“十佳征收单位”活动，两项活动由省财政厅牵头组织。在《安徽日报》和《安徽财税报》分别刊登《税务系统“十佳征收单位”候选单位公开评选公告》和《依法纳税先进单位前十名候选单位公开评选公告》，分别收到评选卡5942份和2611份。在广泛征求意见的基础上，评选出30户税务系统“十佳征收单位”和300户依法纳税先进单位及前十名单位。

规范税收征管政策　2000年，省财政厅对各地自行制定的税收先征后返政策进行清理，不符合税法的一律停止执行；对擅自保留或自行制定税收先征后返政策的，相应扣减该地区转移支付和专项补助资金。

2003年，省财政厅对部分省属企业所得税缴库情况进行检查。先后对安徽省烟草公司、安徽省烟草工业公司下属的合肥卷烟厂和蚌埠卷烟厂及部分县市烟草公司、安徽电力股份有限公司、安徽铁路集团运输公司、安徽省新华书店及部分市县新华书店、华安证券有限责任公司、皖通高速公路股份有限公司、安徽电力供电有限责任公司等企业的所得税缴库情况进行检查，对将省级收入混入市县金库300万元进行调账。

2007年，省财政厅会同省地税局为省政府代拟稿《安徽省人民政府关于修改〈安徽省城镇土地使用税实施办法〉的决定》和《安徽省实施〈中华人民共和国车船税暂行条例〉办法》。省财政厅下发《关于做好房地产模拟评税试点工作的通知》，对做好模拟评税工作提出具体要求，并制定《安徽省房地产模拟评税试点工作实施方案》。

2008年，省财政厅联合省地税局为省政府起草的《安徽省人民政府关于修改〈安徽省城镇土地使用税实施办法〉的决定》，经省政府常务会议讨论通过并发布实施。随后，根据“实施办法”，省财政厅联合省地税局批复各市市区城镇土地使用税等级及税额标准。

争取税收优惠政策　2002年，省财政厅向财政部上报省调整冶金联合企业铁矿石资源税政策后地方减收情况的报告，经财政部批准，每年获得中央财政2000万元专项补助。

2005年5月，经过积极争取，财政部批复调整安徽煤炭资源税单位税额，由原来每吨0.8～1元统一调整为每吨2元。此项政策使淮南、淮北、宿州、阜阳、亳州5市每年增加地方财政收入共2亿元。同年8月，财政部同意从2005年1月1日起至2006年12月31日止，对奇瑞汽车有限公司2005—2006年实际缴纳的企业所得税超过按15%税率计算的税款部分，由中央财政与地方财政按企业所得税分享比例予以返还，专门用于企业的产品研发投入。

2006年，积极争取国家税收政策支持，合肥、芜湖、淮南、蚌埠、马鞍山5市被列入国家中部老工业基地城市，成为增值税转型试点城市。

2008年，针对安徽特色产业和企业发展情况，向财政部和国家税务总局专题报告，要求予以政策扶持。为支持奇瑞汽车有限公司小排量汽车的发展，省财政厅专题向财政部报告，要求调整小排量汽车消费税政策，得到财政部的高度重视，并及时调整小排量汽车消费税。为缓解石油资源短缺，支持丰原生化股份公司多生产燃料乙醇，省财政厅专题向财政部报告，得到财政部大力支持，同意该企业予以消费税免征、增值税先征后返的优惠政策。同时，积极邀请财政部、国家税务总局有关司局领导到皖调研，实地考察企业发展情况，争取国家对一些特色产业和有发展前途的企业在税收政策等方面予以支持。

2009年，根据合肥市政府的请求，省财政厅向财政部正式行文，争取解决合肥京东方科技集团股份有限公司进口设备增值税先征后退问题。同时，省财政厅向财政部行文，请求财政部按原批复给予奇瑞汽车股份有限公司因调账增加的企业所得税执行返还政策，使该公司获得税收返还9000万元。

2010年，继续争取优惠政策，扶持企业发展。为安徽鑫昊等离子显示器件有限公司所需进口设备可享受免征进口环节增值税的优惠政策。为安徽广电传媒产业集团争取对已享受营业税免征优惠政策的广电服务企业继续免征营业税。

第三节　地方关税管理

地方关税工作自2003年年底财政部成立关税司以后，即成为地方财政部门的一项重要工作。为充分利用关税政策，保护和支持国内和省内企业发展，省财政厅围绕国际、国内经济社会发展形势，开展一系列调研，多次向财政部提出关税政策调整意见，促进本省企业扩大出口，提高产品国际竞争力以及强化出口管理。

进行关税政策专项调查　2004—2010年，省财政厅对全省634家企业进行重点产品国际竞争力调查，涵盖国有大型企业、资源类产品上市公司、进出口业务比重大的生产型企业和有明显国际竞争优势的企业产品。同时，对全省重点产品的分布和规模情况进行系统分析，并向财政部关税司提出相关产业发展的进出口政策调整意见和建议。调查企业户数连续5年在全国名列前茅，得到财政部关税司5次通报表彰。

争取关税优惠政策　2004年，针对国内出口H型钢的主要企业马钢股份有限公司提出的由于税则号分类不合理，关税减免优惠政策有较大差别的情况，省财政厅会同马钢公司积极向财政部反映。财政部会同海关总署派人专程赴马钢实地调研后，重新确定税则号，使马钢公司H型钢享受合理的关税减免优惠。

提出调整关税政策建议　2007年，省财政厅向本省企业征求2008年关税政策调整意见和建议，共有14家企业在税则号增列与进出口暂定税率方面提出建议。经过审核整理，提出2008年关税政策调整建议共涉及6种产品。国务院关税税则委员会办公室（财政部关税司）采纳安徽省提出的2项增列税目和1项调整出口暂定税率建议。

2008年，省财政厅提出2009年关税政策调整建议共涉及5种产品。其中，1项增列税目和1项调整进口暂定税率建议被财政部采纳。

2009年，省财政厅向财政部提出关税税率调整建议有2项被采纳，提出增列进出口税则税目建议有3项被采纳。被采纳的调整关税暂定税率2项建议分别是对薄荷原油进口关税暂定税率由15%下调到8%，对部分小轿车加工模具进口关税暂定税率由8%下调到4%；被采纳的增列税则税目建议分别是增列“宣纸”“光学色差颗粒选别机”和“逆变器”税目。

第五章 政府债务管理

政府债务是指政府凭借其信誉，政府作为债务人与债权人之间按照有偿原则发生信用关系来筹集财政资金的一种信用方式，也是政府调度社会资金，弥补财政赤字，并借以调控经济运行的一种特殊分配方式。政府债务是整个社会债务的重要组成部分，具体是指政府在国内外发行的债券或向外国政府和银行借款所形成的政府债务。安徽省各级政府采取多种方式为经济社会发展举债融资，在加强基础设施建设，提高公共服务能力，改善民生等方面进行探索。

第一节 国债管理

1998年，面对国际经济环境严峻和国内有效需求不足的状况，中央实施积极财政政策，利用国债资金加强基础设施建设，抑制通货紧缩趋势，保持国民经济快速健康发展。

国债重点项目简介 1998—2008年，安徽省财政抓住机遇，争取和利用国债资金，21年共争取国债项目资金311.59亿元，集中力量实施一大批关系全省经济发展全局的重大基础设施项目。

重点公路建设项目 包括：六安—叶集公路、六安—合肥公路、界首—阜阳—蚌埠公路、合肥—徐州高速公路（南段、淮南连接线）、连云港—霍邱高速公路安徽段、沪蓉公路高界段、沪蓉干线含山连接线、宣城—广德公路、芜湖长江大桥连接线、沪蓉干线合高路、渔瑶公路。

贫困县公路建设项目 包括：无为—长岗公路、南溪—燕子河公路、梅山—古碑公路、六安—毛集坦公路、霍山—白莲岩公路、岳西—潜山公路、枞阳—桐城公路、宿松—两河口公路、利辛—楚店公路、颍上—国道105连接线、界临淮公路、长丰—白龙公路。

城市基础设施项目 包括：合肥市道路及水源治理工程、马鞍山市江东大道、蚌埠市胜利路及解放路立交桥三期、铜陵市天桥路及湖东路改造、安庆市三水厂、芜湖市城市道路桥梁改造工程、芜湖市煤气三期工程、阜阳市二水厂、蚌埠市龙河污水截流工程、淮北市寇湾垃圾无害处理厂、黄山市供水工程、芜湖市杨家门水厂、合肥市煤气改造工程、铜陵市燃气储备和净化工程、宿州城市燃气一期工程、合肥市二环路工程、蚌埠市三水厂、阜阳市二环路及接线工程、马鞍山市雨山湖排水、池州市市区主干道段扩建工程、淮南市水源及供水工程、铜陵市环天井湖环境综合整治工程、蚌埠市高新区道路工程、合肥市南淝河污水治理工程、滁州市外环路工程、淮北市城市路网扩建工程、黄山风景区供水工程、芜湖市神东生活垃圾处理工程、六安市外环路工程、宣城市道路路网扩建工程、合肥市北郊生活垃圾处理场、界首市外环路工程、宿州市自来水厂扩建工程、六安市二水厂扩建工程、合肥市城市污水回用工程、亳州市三水厂。

三河三湖治理项目 包括:宿州市污水处理厂、界首市污水处理厂、阜阳市污水处理厂、太和县污水处理厂、蚌埠市第一污水处理厂、亳州市污水处理厂、涡阳县污水处理厂及配套管网工程、六安市城北污水处理厂、淮南市污水处理厂、巢湖市污水处理厂、淮北市污水处理厂、合肥市王小郢污水处理厂、合肥市巢湖污染底泥疏挖子项目、巢湖市巢湖污染底泥疏挖及处置一期工程。

长江干堤加固项目 包括:无为大堤、同马大堤、安广江堤、枞阳江堤、和县江堤、池州江堤、铜陵江堤、芜湖江堤、马鞍山江堤。

高技术产业化项目 包括:安徽生物药业有限公司冻干治疗用母牛分枝杆菌菌苗项目、安徽省朝阳微电机厂新型太阳能光伏水泵、安徽华融电子工程有限公司城市安全防范系统、马鞍山瑞林生化制药有限责任公司注射用阿拉瑞林产业化、安徽铜陵宏光模具有限公司年产 200 套半导体集成电路专用模具、合肥丰乐种业股份有限公司离子束生物技术产业化、安徽新科电器电缆集团公司年产 6 万 KM 智能数据传输用六类电缆、安徽铜陵恒发电力实业总公司年产 4000 吨改性 MC 尼龙管材管件。

设备国产化项目 包括:国祯环保科技公司 5 万 ~ 40 万吨 / 天城市污水处理成套设备、蚌埠环境保护设备厂大型烟气除尘脱硫设备国产化项目、铜陵蓝天股份公司气动乳化脱硫除装置、蚌埠天润化学工业有限公司高效絮凝剂聚丙烯酰胺项目、芜湖天洁环保设备厂连续流序批式反应器成套化项目、铜陵市三佳电子（集团）有限责任公司插入式烟道二氧化硫在线监测系统国产化项目、安徽铜峰电子（集团）公司城市轨道交通机车电力容器项目、芜湖电气真空研究城市轨道交通模块化终显示器项目、国祯环保节能科技股份有限责任公司味精高浓度工业废水处理专用成套设备国产化项目、芜湖锅炉厂焚烧法处理高浓度有机废液关键设备项目、巢湖机械集团公司垃圾焚烧尾气净化用高效雾化喷淋装置项目。

高校项目 包括:淮南工业学院综合实验楼、安徽技术师院教学实验楼、滁州职业技术学院综合实验楼、安徽大学图书馆、蚌埠医学院实验楼、安徽医科大学临床教学实验楼、淮南学生公寓小区二期工程、安徽医科大学教学实验楼、安徽农业大学教学实验楼、安徽工业大学艺术楼、安徽师范大学田家炳教学楼、淮北煤师院教学楼、安徽技术师院教学楼、淮南师范学院图书馆、皖西学院教学实验楼、淮北职业技术学院教学楼、芜湖职业技术学院教学楼、阜阳职业技术学院教学楼、安徽师范大学老校区基础设施改造、安徽农业大学老校区基础设施改造、芜湖莘苑小区学生公寓、合肥学生公寓小区一期工程。

旅游基础设施项目 包括:天堂寨—燕子河旅游道路、环黄山旅游公路（石山—皮元段、古徽州—花山谜窟）、“两山一湖” 旅游区（呈坎—歙县）、九华山旅游公路、天柱山—司空山风景区(岩河—妙道山段)、滁州市神公山国家森林公园旅游基础设施、马濮旅游公路。

水利建设项目　包括:长江干堤加固、寿西淮堤退建、城西湖退水闸引河、怀洪新河、沙河集水库加固、泥河治理、港口湾水库、城西水库、黄栗树水库、众兴水库、龙河口水库、巢湖闸、奎濉河治理、汾泉河治理。

农业项目　包括:安徽省区域病虫测报站(蚌埠、合肥、潜山)、安徽省无规定动物弊病区、安徽省畜禽品种改良站扩建、凤台县蝗虫地面应急防治站、五河县蝗虫地面应急防治站、安徽省原种猪场、安徽巢湖100吨渔政船、安徽省优质果苗繁育场、安徽省优质小麦38种子生产基地、合肥国家水稻改良分中心。

机场和大桥建设项目　包括:蚌埠机场、黄山机场扩建工程、阜阳机场和芜湖长江大桥、安庆长江大桥。

国债专项资金管理　1998—2008年,省财政厅利用国债资金,集中实施一批重大项目。全省投入的国债专项资金311.59亿元,直接带动地方、部门、企业投入的配套资金和银行安排的贷款达1000亿元,集中力量实施长江干堤加固、淮河治理、芜湖及安庆长江大桥、农村电网改造、市政基础设施、企业技术进步和产业升级改造等一大批关系全省经济发展全局的重大基础设施项目。

强化国债资金制度建设　省财政厅根据国家有关规定和本省实际先后制定《安徽省国债转贷项目基本建设财务管理和监督办法》《安徽省转贷国债资金实施办法》《安徽省移民建镇资金管理办法》等。各地财政部门结合实际也相应制定一系列制度和办法,规范国债项目资金财务管理。

加强国债资金管理　省财政厅对各地国债资金实行专户存储、专款专用,严格按照基本建设程序和工程进度拨付国债资金。在资金管理上,要求项目单位严格执行基本建设财务制度的规定,单独设账、单独核算,并建立完善的内部控制制度。

加强国债资金监督检查　省财政厅对市县财政部门要求加强日常检查、监督,一方面做好资金到位和使用的监督检查工作,检查资金是否按照规定及时拨到项目,有没有中途截留、挪用和转移资金;另一方面,检查项目单位的资金使用是否符合基本建设的有关规定,工程进度与到位资金是否匹配,尽可能地减少资金的沉淀。此外,省财政厅每年都与省纪委、纪检监察等有关部门对国债资金开展专项检查。

积极开展国债项目决算审查　2000年,省财政厅受财政部的委托,对城市基础设施和交通等16个项目(投资概算101.74亿元)的概算和预算进行审查,共核减投资6.79亿元。

国债监督管理　全省各级财政部门积极履行国债发行监管职责,认真办理国债发行、兑付工作,确保国债在安徽顺利发行。

国债发行兑付监管　2000年,省财政厅加强全省国债发行市场的监管,全省财政系统共销售特种定向国债3100万元,兑付到期国债券本息2.3亿元,组织销毁以前年度已兑付国债券本金4.4亿元。制发《安徽省财政国债中介机构凭证式国债移交办法》,分步向中国工商银行安徽省分行移交。同时,清理全省财政部门历年发行的特种定向国债和凭证式国债,配合全国证券回购债券清欠办公室完成安徽省财政国债中介机构场内国债回购债权债务清欠工作,化解到期国债兑付风险。2001年,全省财政系统兑付到期国债本息10222万元,组织销毁以前年度已兑付国债券本金14304万元。

国债中介机构监管 省财政厅积极处理机构转制或撤销后遗留的债权债务问题,做好撤销机构的资产核查和账务清理工作,妥善安置撤销机构的人员,保证未到期国债顺利兑付。向财政部争取符合条件的国债中介机构转制为证券机构,全省有10家财政国债中介机构转制为证券机构。

推进储蓄国债发行 2006年,储蓄国债(电子式)发行由财政部门负责监管,银行具体发行。省财政厅通过厅外网转载《财政部中国人民银行有关方面负责人就储蓄国债(电子式)相关事宜答记者问》,增加人民群众对储蓄国债的了解;接受辖区内金融机构开办储蓄国债(电子式)代销试点业务情况备案;开通本地区储蓄国债(电子式)政策咨询热线电话,受理投资者对试点商业银行营业网点违规行为的举报,查处承办机构的违规行为;建立储蓄国债(电子式)发行统计报告制度,监控本地区国债发行情况;加强对市、县储蓄国债(电子式)管理工作的检查、指导和督促。

财政部代发地方政府债券 2009年,经国务院批准,财政部首次在全国范围内发行地方政府债券,除西藏外,全国30个省、自治区、直辖市和5个计划单列市由财政部代理发行地方政府债券2000亿元,其中,安徽省发行77亿元。2010年,财政部继续代理发行2000亿元地方政府债券,其中,安徽省发行89亿元。

2009年安徽省地方政府债券情况 2月18日,经国务院批准,财政部核定安徽省发行规模为77亿元,债券期限为3年。3月31日,安徽省40亿元地方政府债券(第一期)由财政部代理招标发行,票面利率为1.60%。安徽是继新疆之后,第2家发行地方政府债券的省份。6月12日,安徽省37亿元地方政府债券(第二期)由财政部代理招标发行。第二期安徽地方债和江西、贵州两省的第一期地方债同时招标,票面利率为1.72%。

财政部代发行政府债券后,报人大财经委并经人大常委会批准,省财政厅调整省本级预算,增加省本级预算收入“债务收入”77亿元,增加省本级一般预算支出37亿元,其中:社会保障和就业增加5亿元,农林水事物增加14亿元,交通运输增加18亿元。增加省本级返还性支出“债券转贷支出”40亿元。

根据中央扩大内需投资项目配套资金要求,安徽省77亿元地方政府债券省级使用37亿元,转贷市、县40亿元,其中市、县承担还本付息的政府债券336800万元,省级最终承担还本付息的政府债券为433200万元。市县承担还本付息政府债券的利率统一为1.6%,每年承担利息5389万元,省级每年承担利息7375万元。为切实加强全省政府债券资金的使用管理,省财政厅制定印发了《安徽省地方政府债券资金管理办法》,及时转发《财政部代理发行地方政府债券财政总预算会计核算办法》。

2010年安徽省地方政府债券情况　2010年地方政府债券期限为3年、5年。其中:全年债券在20亿元（含20亿元）以上的省、区、市，3年、5年债券分别占70%、30%;全年债券规模在20亿元以下的省、区、市，3年、5年债券各占50%。2010年安徽省地方政府债券发行流程与2009年基本相同。9月6日,安徽省89亿元地方政府债券由财政部成功代理发行。其中，3年期（2010年地方政府债券（七期））62亿元，票面利率2.36%;5年期（2010年地方政府债券（八期））27亿元,票面利率2.67%。发行结束后,按照财政部有关文件规定,及时支付发行手续费445万元,其中，2010年地方政府债券（七期）发行费310万元;2010年地方政府债券（八期）发行费135万元。2010年89亿元地方政府债券省级使用40亿元,其中,3年期13亿元,5年期27亿元。转贷市、县49亿元,全部为3年期。11月4日,省财政将转贷资金全部拨付到各市、县。

安徽省国债项目资金统计表

表5-5-1　　　　单位:万元

年度＼分类	农林水利	交通建设	城市基础设施	环保基础设施	卫生设施建设	教育旅游设施	产业化及技改	公检法	农网改造及其他	合计
1998	13960	32450	49500	22400				2240	22177	268437
1999	162130	64100	74800	27410		4050		6270	19400	358160
2000	145210	60000	46200	23830		8650	71318		26040	381248
2001	296790	62000	47300	18600	4204	19675	9295	8000	10000	475864
2002	109328	50100	42132	19700	843	18444	49157	17993	23000	330697
2003	147884	21440	12250	18400	11770	7300		11450	14800	245294
2004	125447	42000	19800	14040	29654	14316			55308	300565
2005	61015	5600	3200	27344	24472	11900	1900		64827	200258
2006	80232	35240		37735	11853	15653	19073	8075	57592	265453
2007	112449			3656	27580	11080	13322	2000	25878	195965
2008	6120		6600	22100	11970	25878	9248	4593	7510	94019

说明:表中“农网改造即其他”在1998—2002年为“农网改造”，2003—2008年为“其他”

第二节　外国政府贷款管理

外国政府贷款是指财政部经国务院批准代表国家向外国政府、北欧投资银行等统一筹借并形成外债的贷款,国务院批准的参照贷款管理的其他国外贷款,以及与贷款搭配使用的联合融资。安徽省从1982年开始利用外国政府贷款,第一个项目是宁国水泥厂利用科威特政府贷款5600万美元,由原外经贸部门负责这项工作的管理,财政部门主要根据外国政府贷款的有关条款规定,对贷款项目的还款进行财政担保。1998年机构改革时，外国政府贷款管理工作由原外经贸部门划入财政部门。10月，安徽省外国政府贷款划入省财政厅世行处，此前，全省利用外国政府贷款项目46个，贷款金额4.65亿美元。2000年7月，省财政厅机构改革时撤销世行处，外国政府贷款管理职能划入金融处，对外国政府贷款实行“借、用、还”全过程的管理。1998—2010年，全省利用外国政府贷款项目142个，贷款12.55亿美元。

外国政府贷款重点项目　安徽省主动调整外国政府贷款投向，由偏重于生产竞争性项目，转向经营良好、收益稳定、还贷风险小或应由政府出资兴办的基础设施及公益性项目。

长江防护林项目　1998年，首期项目获得德国政府赠款1200万马克（折合800万美元）。2001年，二期项目再次获德国政府赠款1200万马克。资金全部用于植树造林，改善长江流域生态环境。

淮河流域污水治理工程主体项目　项目包括宿州、阜阳、淮北、蚌埠、淮南、界首等沿淮6市污水处理厂。项目历时3年，使用荷兰、挪威、德国、西班牙等国政府贷款3000万美元。项目的建成对淮河流域的污水治理具有重大意义。

城市管网天然气项目　项目的建设主要是借国家“西气东输”主干线途经安徽的机遇，向合肥、芜湖、马鞍山、淮南、滁州、铜陵和阜阳7城市供应天然气，优化能源结构，减少大气污染，实现社会经济的可持续发展。项目总投资25.6亿元，其中利用日本政府贷款1.56亿美元。项目建设主要内容包括每个城市天然气城市门站储配站、汽车加气站、城市中压管网、调压设备、城市管网监控系统等。省财政厅为项目借款人，各城市煤气总公司负责具体实施。

高等教育人才培养项目　项目总投资3.79亿元。其中，利用日本协力银行贷款44.78亿日元（折合3700万美元），国内配套资金0.86亿元。10所高校是合肥工业大学、安徽大学、安徽农业大学、安徽医科大学、安徽师范大学、安徽理工大学、安徽工业大学、淮北煤炭师范大学、安徽工程大学和安徽财经大学。项目旨在通过10所高等院校教学实验设备的更新以及师资队伍的培训，缓解项目院校教学、实验设备严重短缺状况，满足教学和科研的基本要求，提高师资水平，扩大培养规模，提高办学质量。项目购置教学、科研仪器、设备9584台（套），国内外师资培训166人次。省财政厅为项目借款人，省教育厅负责组织实施。

心脑血管医院引进医疗设备项目　根据合肥市区域卫生规划，经省机构编制委员会批准，省立医院在合肥市政务文化新区按三级医院标准，建设一所500张床位的心脑血管医院。项目总投资1.38亿元，其中利用荷兰政府贷款1168万欧元（含赠款443.67万欧元，占总贷款比例35%）。引进的主要设备有多功能数学化减影造影机、64排螺旋CT机、磁共振成像系统、800MA多功能数学肠胃X光机、彩色超声仪、全自动生化仪等大型医疗设备15台（套）及部分辅助设施。

外国政府贷款管理　1998年开始，安徽一直把“制度化、规范化、科学化”作为外国政府贷款管理工作的基本原则，逐步建立起统一规范、管理严格、职责明确、运转高效的“借～用～还”管理机制。

完善外国政府贷款管理制度　2000年省政府印发《关于进一步加强安徽省利用外国政府贷款的管理意见》。2001—2007年，先后制发《安徽省外国政府贷款资金管理办法》、《安徽省外国政府贷款偿债准备金管理实施细则》、《安徽省外国政府贷款、赠款管理实施细则》。落实项目“借—用—还”全过程管理。

调整外国政府贷款使用方向　重点申报一批广电、高校、医院、农业、环保及城市基础设施建设项目。特别是安徽城市大气环境改善和人才培养2个日元贷款项目，利用日元贷款2.5亿美元，填补了财政部门负责外国政府贷款管理工作以来安徽日元贷款项目的空白。2004年，按照公共财政支出要求，调整外国政府贷款资金使用方向和结构，保证一批重点项目顺利实施。如日元贷款安徽公共卫生项目、省广播电视基础设施改造项目和省农业水稻机械化项目。2005年，遵循公共财政的原则，优先支持改善社会环境和社会事业方面的项目，优先支持高新技术产业、农业、林业以及贫困地区发展等领域的项目。

清理外国政府贷款历史债务　2003年，在解决宿州洗涤剂项目历史拖欠问题上迈出重要一步，按照2002年年底财政部镇江会议精神，省财政厅会同相关市财政部门，积极协调中国进出口银行，商讨债务化解方案。2003年10月，省政府召开有中国进出口银行参加的各方会议，专题研究该项目拖欠贷款问题，并形成变更债务人、减免有关费用、签订延期还款协议的会议纪要。新协议延长还款期限到2010年，并减免1400万美元的各种费用。其次，对于日本政府贷款拖欠，在有关市财政部门和项目单位的努力下，按财政部的优惠政策与中国进出口银行重新签订还款协议，缓解每年被动扣款的局面。2003年9月，牵头组织对2001—2002年度实施的外国政府贷款部分项目进行专项检查。检查组对宿州、蚌埠污水处理、宁国天迈公司项目进行监督检查，发现部分项目单位产权不清、资产不实、恶意拖欠等现象。省财政厅对这些单位下达了检查结论和处理决定，要求限期整改。同时，加大外国政府贷款偿债准备金的管理力度，各项目单位缴纳的省级偿债准备金1842万元。

控制外债风险　2006年，建立立项审批协商制度，会同省发展改革委对拟利用外国政府贷款项目，事前进行论证；规范财政担保，坚持从申报立项开始，同级财政就介入项目论证，重点考察贷款项目的盈利能力、国内配套资金筹措、偿还贷款的安排以及政府债务的承受能力等。财政部38号令下发后，对全省新上项目一律通过中介机构进行项目评估；在全省范围内组织开展外国政府贷款专项检查工作，对相关单位违规操作行为进行了处罚，并研究进一步加强外国政府贷款管理的新举措。2007年，开展控制外债风险研究，引导金融机构与项目单位合作，规避汇率风险。2008年，建立转贷银行项目信息反馈制度，要求转贷银行定期报送外贷项目还本付息情况，会同转贷银行深入项目单位实地检查。编辑出版《安徽省利用外国政府贷款十周年纪实》画册。同时，按照财政部的安排,对全省已经利用的外国政府贷款26个项目开展绩效评价工作。截至2010年累计对全省106个项目进行了绩效评价,评价等级为“优”“良”的共计96个,占项目总数的90%。

管理外国政府贷款“借、用、还” 2010年,省财政厅着力做好三项工作:积极争取新项目上马,获财政部新批外贷项目12个,贷款金额16216万美元;签订转贷款协议项目19个,协议金额10566万美元;正在执行中的贷款项目43个,贷款金额36515万美元。落实项目绩效评价,财政部安排2010年外贷绩效评价项目46个,省财政厅内组织7个评价小组,耗时2个月,赴各项目单位进行实地评价,并按向财政部上报有关评价报告。审计署上海特派办于2009年11月至2010年4月,对安徽省7个城市的日元贷款天然气管网工程项目进行专项审计,省财政厅及时召开项目市财政及项目单位通气会,主动配合做好项目审计。

外国政府贷款使用 安徽利用外国政府贷款主要涉及日本、德国、西班牙、荷兰、法国、意大利、以色列、丹麦、挪威、芬兰、北欧投资银行等18个国家和金融机构。外国政府贷款条件比较优惠,贷款期限10 ~ 40年不等,贷款利率0.5% ~ 3%,宽限期1 ~ 10年。同时,外国政府贷款又是“双边财政合作”,体现两国政府互惠互利、经济交往的关系,贷款资金50%以上需采购贷款国的先进设备和技术,但也有部分国家如科威特等国提供全部资金。

2000年,财政部批准贷款项目7个,协议金额2923万美元。

2001年,财政部批准贷款项目19个,贷款金额5458万美元;签订转贷协议项目8个,贷款金额3441万美元。黄山市黟县西递、宏村古民居保护列入外国政府贷款备选项目,这是财政部第一次将“历史文化遗产保护”列入外国政府贷款使用范畴。

2002年,财政部批准贷款项目15个,贷款金额31717万美元;签订转贷协议项目7个,贷款金额31510万美元。

2003年,财政部批准贷款项目26个,金额7000万美元;签约生效项目18个,金额31571万美元,同比增长40%。同时,获得外国政府贷款赠款350万美元。全省利用日本政府贷款工作取得进展,申报公共卫生项目、省广播电视基础设施改造项目和淮南城市大气改善3个项目,金额1.51亿美元。

2004年,财政部批准贷款项目13个,贷款金额12131万美元;签约生效项目13个,金额10674万美元。

2005年,财政部批准贷款项目6个、金额4730万美元;签约生效项目14个,金额11501万美元。

2006年,财政部批准贷款项目17个,金额10597万美元;签约生效项目20个,金额7021万美元。

2007年,财政部批准贷款项目7个,贷款金额13000万美元;签约生效项目11个,贷款金额6045万美元。

2008 年，财政部批准贷款项目 21 个，金额 21820 万美元；签约生效项目 6 个，金额 4032 万美元。

2009 年，积极开拓新的贷款领域，获得财政部批复项目 15 个，贷款金额 11155 万美元，完成年计划的 139.4%（年初计划完成 8000 万美元）；签约贷款协议项目 7 个，贷款金额 3359 万美元。

2010 年，财政部新批安徽省外贷项目 14 个，贷款金额 21900 万美元，超额实现全年目标；签订转贷款协议项目 19 个，协议金额 10566 万美元；正在执行中的贷款项目 43 个，贷款金额 36515 万美元。

第三节　国际金融组织贷款管理

安徽利用国际金融组织贷款始于 1982 年，涡阳、蒙城、濉溪三县利用世界银行贷款（简称世行贷款）1500 万美元，实施华北平原农业项目。1985 年，利用世行贷款 9200 万美元，实施淠史杭—巢湖地区开发项目。至 2010 年底，全省利用国际金融组织贷款项目 59 个，协议贷款 29.92 亿美元，约占全国利用国际金融组织贷款总额的 4%。其中：利用世行贷款项目 49 个，协议贷款额 18.67 亿美元；利用亚行贷款项目 9 个，协议贷款额 11 亿美元；利用国际农发基金会项目 1 个，协议贷款额 0.25 亿美元。贷款项目涉及农业、林业、水利、工业、交通、教育、卫生、城建及环保等行业和领域，覆盖全省所有市、县。2000 年 7 月，省财政厅机构改革撤销世行处，其世行、亚行贷款管理职能由新成立的国际债务管理处承担。

世行贷款重点项目　中国改革开放开启与世行合作，安徽成为全国最早利用世行贷款的省份之一。29 年间，安徽与世行开展多层次、宽领域、广覆盖合作，重点项目有：

淠史杭—巢湖地区开发和加灌农业及淮河流域重点平原洼地治理项目　1986 年，中国政府与世界银行签订的《淠史杭—巢湖地区开发项目贷款协定和信贷协定》正式生效。项目总投资 7.12 亿元人民币，贷款额 9200 万美元。1990 年，淠史杭—巢湖地区开发项目竣工验收，实际完成总投资 9.83 亿元人民币。1991 年 6 月，利用世行贷款 1.17 亿美元的加强灌溉农业项目签约。1996 年，加强灌溉农业项目进入还贷期。1997 年 3 月 16—22 日，加强灌溉农业项目顺利通过世行竣工检查团验收。4 月下旬至 5 月上旬，世行加灌二期项目谈判在华盛顿世界银行总部举行，安徽派员参加项目谈判。经过谈判，签订《贷款协定》《项目协定》《会谈纪要》等文件，世行执董会于 6 月批准该项目。2008 年 11 月，世行派评估团对淮河流域重点平原洼地治理项目进行正式评估。该项目拟利用世行贷款 7500 万美元，安徽总投资为 16.4 亿元。

造林和森林资源保护及林业综合发展项目　1990 年 6 月，安徽省第一个世行贷款林业项目——国家造林项目正式签约。1994 年 7 月，中国政府与世行签订森林资源发展和保护项目信贷协定，对安徽投资 13207 万元，省财政配套资金 5403 万元。该项目

于2001年实施完成。1995年，世行贷款国家造林项目圆满完成。1996年，安徽省被列入第三期国家造林项目——贫困地区林业发展项目省。项目涉及6个地（市）及15个县，总投资2.87亿元人民币，其中世行贷款1900万美元。1998年7月，贫困地区林业发展项目签约，于2006年年底竣工。2002年11月7日，财政部与省政府签署《关于利用世界银行贷款林业持续发展项目的转贷协议》。项目总投资41045万元人民币，其中利用世行贷款2485万美元。2008年，拟利用世行贷款2500万美元进行生态林和人工林种植的林业综合发展项目开始前期准备工作。

公路建设和路网改造及城市交通项目　1995年，安徽公路项目被列入经国务院批准的1996—1998财年全国利用世行贷款备选项目规划。1998年10月中旬，财政部组织安徽省财政厅、交通厅赴世行总部进行项目谈判。

1999年3月，世行贷款安徽公路项目正式签约，总投资37亿元人民币，其中世行贷款2亿美元。该项目有5个子项目，最大的子项目是全长153.43公里的合肥至安庆高速公路项目，为国家“九五”期间重点建设的“两纵两横”国道主干线的组成部分。7月15日，省政府与财政部签署《关于实施“安徽公路项目”的转贷协议》，并由省财政厅部署。

2002年年底，世行贷款合安高速公路项目建成通车。

2003年5月12—18日，省财政厅、交通厅通过互联网与华盛顿的世界银行总部就2.5亿美元的安徽公路项目Ⅱ进行越洋网上谈判，取得成功。

2004年7月14日，财政部与安徽省签订《关于实施世界银行贷款“安徽公路项目Ⅱ”的转贷协议》。项目总投资51亿元人民币，其中利用世行贷款2.5亿美元。其主项目为铜陵—汤口高速公路全长116公里。

2007年9月28日，安徽省利用世行贷款建设第一条生态高速公路—铜陵至汤口高速公路全线竣工通车。

2008年3月1日至10日，省财政厅组团赴华盛顿世行总部就安徽路网改造项目贷款进行谈判，并最终就安徽路网改造项目《贷款协定》和《项目协定》达成一致，世行将为安徽路网改造项目提供总额为2亿美元的浮动利差贷款，贷款期限为26年。

2008年11月25日，总投资达42.7亿元人民币的安徽省路网改造项目正式开工建设。2008年，拟利用世行贷款1亿美元的芜湖、六安、淮北、安庆四城市道路交通项目开始前期准备工作。

2009年2月13日，为执行财政部与安徽省人民政府签订的“安徽省路网改造项目”《转贷协议》，省财政厅与安徽省交通厅正式签订关于世界银行贷款“安徽省路网改造项目”的《转贷协议》，将2亿美元世行贷款转贷给安徽省交通厅，用于实施“安徽省路网改造项目”。

地方大学、中学教育和贫困地区教育发展项目　1986年7月，世行贷款地方大学项目正式签约。1988年4月，世行贷款中学在职教师培训项目成功签约。1989年6月，世行贷款教材开发项目签约。1993年9月，财政部与世行签约师范教育发展项目。年底，财政部、国家教委与安徽签订项目有关协议。

1996年7月，安徽利用世行贷款第三个贫困地区教育发展项目转贷协议正式生效。项目总投资2.89亿元人民币，协议贷款1852万美元。

2003年，教育发展项目实施完工。

传染病与地方病控制、农村卫生人力开发和基本卫生服务项目 1991年12月，世行贷款传染病与地方病控制项目签约，项目总投资9719万元人民币，其中世行贷款4170万元。

1992年，世行贷款传染病与地方病控制项目正式启动。项目覆盖8个地市，32个县（市、区），人口540万人。项目区开展查病治病、人员培训、健康教育、环境改造等活动。1997年年底，世行贷款传染病与地方病控制项目实施完毕。1993年8月，财政部与世界银行签约农村卫生人力开发项目，年底，省完成项目生效前的所有准备工作，该项目于2001年实施完成。

1998年6月，世行贷款基本卫生服务项目签约。经过9年实施，世行贷款基本卫生服务项目2007年年底正式实施完毕。

1999年12月1日，省政府与财政部签署《关于利用世界银行贷款第四期农村供水与环境卫生项目的转贷协议》。项目总投资2.3亿元人民币，协议利用世行贷款1400万美元，计划于2005年实施完毕。2006年年底，世行贷款第四期农村供水与环境卫生项目顺利竣工。

淮河流域水污染控制和蚌埠市综合环境改善项目 2000年10月27日至11月4日，世行贷款淮河流域水污染控治项目通过世行全部审查和评估。项目建设内容是在蚌埠、亳州、阜阳、涡阳、淮北、淮南、六安、宿州8个城市建设650公里污水管道、27个泵站和2个日处理4万立方米的污水处理厂。

2001年2月，省财政厅组团赴世行总部就引用世行贷款实施淮河流域水污染控制项目进行谈判。2月22日，世行执行董事会批准该项目。项目总投资12.8亿元人民币，其中世行贷款7125万美元。12月17日，省财政厅在蚌埠市召开安徽省淮河流域水污染控制世界银行贷款项目《转贷协议》签字会议。

2005年10月19日，世行与财政部修订世行贷款淮河流域污染控制项目《贷款协定》，同意将土建世行贷款融资比例由40%提高至75%，同时延长项目贷款账户关闭日2年，以保证2200万美元贷款的新增项目顺利完成。

2008年5月26日，财政部和省政府与世行分别正式签订蚌埠市综合环境改善项目《贷款协定》和《项目协定》。项目利用世行贷款1亿美元，总投资为15.12亿元人民币。

地方水泥工业和技术合作及小规模肉牛发展项目 1992年7月，世行贷款地方水泥工业项目签约并开工建设，主体工程为新建一条日产4000吨的水泥熟料生产线，是

国家“八五”重点建设项目。项目总投资14.5亿元人民币,其中利用世行贷款4762万美元。1996年10月,世行贷款铜陵水泥项目点火试车成功。

2000年6月5日,安徽与财政部签署《关于执行世界银行第四期技术合作项目的转贷协议》,执行期1年。1996年,世行贷款小规模肉牛发展项目开始项目前期准备工作。1999年11月,省财政厅派代表参加财政部组团赴华盛顿世界银行总部谈判世行贷款肉牛发展项目。2000年8月11日,安徽与财政部签订《世行贷款小规模肉牛发展项目》转贷协议。该项目协议利用世行贷款2400万美元,利用淮北地区丰富的秸秆资源,发展农户养牛以及加工和服务体系建设。

2005年4月13日至16日,世行检查团对安徽世行贷款小规模肉牛发展项目的执行情况进行实地检查。2005年年底,小规模肉牛发展项目实施完毕。

粮食流通和种子商业化及生态家园富民工程项目　1993年8月,财政部与世界银行签约粮食流通项目,年底,财政部与安徽签订转贷和向项目单位再转贷协议。2002年6月,世行贷款粮食流通项目全面竣工验收。项目完成5000吨级长江码头扩建、1万吨房式仓、8000吨立筒库、3个收纳库等土建工程和设备安装调试。2000年10月8日,安徽与财政部签订《关于利用世界银行贷款种子部门商业化项目的转贷协议》。2002年6月30日,种子商业化项目实施完毕。

2008年10月,世行贷款农民工培训与就业项目贷款协议签订,项目贷款1500万美元,并获得世行技术援助赠款30万美元。同月,省财政厅派员参加在北京世行代表处举行的生态家园富民工程项目谈判,项目贷款2500万美元。2009年5月14—15日,省财政厅与省劳动与社会保障厅在合肥市召开世行贷款农民工培训与就业项目启动会,标志着该项目已正式进入实施阶段。

淮河流域重点平原洼地治理和林业综合发展项目　2010年5月18—21日,省财政厅与省水利厅组团在北京与世行就淮河流域重点平原洼地治理项目的《贷款协定》《项目协议》和支付信等相关法律文件进行谈判,商定贷款7500万美元。2010年5月20—21日,省财政厅与省水利厅组团在北京与世行就林业综合发展项目的《贷款协定》《项目协议》和支付信等相关法律文件进行谈判,商定贷款2200万美元。

备选项目　2005年10月,经国务院批准,财政部下发中国2006—2008财年利用世界银行贷款规划,安徽有6个项目被列入规划:安徽省路网改造、生态家园富民工程、青年农民培训、淮河流域平原洼地治理、安徽蚌埠防洪生态环境治理、农业加强灌溉Ⅲ期等,共计利用世行贷款4.4亿美元。2006年8月,安徽世行贷款生态家园富民工程项目、淮河流域平原洼地治理项目、安徽省路网改造项目、青年农民培训项目、安徽蚌埠防洪生态环境治理项目被列入世界银行贷款2007—2009财年规划,拟利用世行贷款约3.9亿美元。

2007年11月,在国家出台的2008—2010财年世行贷款规划中,安徽有7个项目名列其中,分别是:安徽四市城市道路建设项目,拟利用世行贷款1亿美元;生态家园富民工程项目，拟利用世行贷款2500万美元；生态林和人工林种植项目，拟利用世行贷款2500万美元；安徽省路网改造项目，拟利用世行贷款2亿美元；农民工培训与就业项目，拟利用世行贷款1500万美元；蚌埠防洪、生态环境治理项目，拟利用世行贷款1亿美元；淮河流域平原洼地治理项目，拟利用世行贷款7500万美元。7个项目共计利用世行贷款5.4亿美元。

为加快水运建设步伐，省财政厅将沙颍河安徽段航道整治工程向财政部申请国际金融组织贷款1亿美元。经多方努力，该项目被国家列入2010—2012财年利用世行贷款规划。为更好地保护黄山生物的多样性，省财政厅向财政部申请利用全球环境基金300万美元赠款开展黄山风景区生物多样性保护项目。

经申请，马鞍山慈湖河流域水环境治理项目被国家列入2011—2013财年利用世行贷款规划，拟利用世行贷款1亿美元，这是马鞍山市第一次单独使用国际金融组织贷款。

亚行贷款重点项目 截至2008年，安徽省累计签约使用亚行贷款6.98亿美元，涉及项目7个，重点项目有：

安庆石化和安徽化肥行业贷款项目 1991年12月，亚行联合融资贷款安庆石化项目签约。项目贷款5392万美元及173875万日元，引进年产5万吨腈纶生产设备等。

1994年4月，利用4850万美元的亚行贷款安徽化肥行业贷款项目签约。2000年底，亚行贷款安徽化肥行业项目即安徽淮化集团技改项目建成投产。

合肥—九江铁路和苏皖省界至明光高速公路及连接线项目 1993年4月，亚行贷款合肥—九江铁路项目签约，合九铁路公司贷款1.1亿美元，建设合肥至九江段铁路。

2007年11月，在国家出台的2008—2010财年亚行贷款规划中，安徽省苏皖省界至明光高速公路及连接线项目名列其中，拟利用亚行贷款2亿美元。2008年，项目进入评估阶段。

安徽工业污染治理、城市污水处理和酸雨控制及环境改善项目 1997年7月，亚行贷款安徽工业污染治理和城市污水处理环保项目签约，协议金额分别为1.12亿美元、0.28亿美元。2001年3月22日，合肥四方化工集团举行庆典仪式，隆重庆祝亚行贷款安徽工业污染治理项目子项目813尿素工程项目竣工投产。该项目总投资5.16亿人民币，其中亚行贷款1537万美元，是省“九五”重点工程。4月8日，合肥氯碱集团举行庆典仪式，隆重庆祝亚行贷款城市污水处理环保项目子项目5万吨离子膜烧碱项目竣工投产。巢湖东关水泥有限公司和合肥钢铁公司按计划竣工投产。亚行贷款城市污水处理项目也顺利建成投产。1999年7月，省财政厅与财政部办理亚洲开发银行贷款安徽工业污染治理环境保护项目、城市污水处理环境保护项目和化肥行业贷款项目的移交和授权手续。3个项目协议共利用亚行贷款1.82亿美元。2001年11月6—11日，省财政厅组团赴马尼拉亚行总部进行安徽南部地区酸雨控制及环境改善项目谈判。项目总投资23.9亿人民币，其中亚行贷款1.47亿美元。2002年6月18日，省财政厅在

芜湖市举行亚行贷款安徽酸雨控制及环境改善项目《转贷协议》签字仪式。省财政厅与芜湖、铜陵、池州、黄山、马鞍山、安庆6市签订《转贷协议》。2005年2月10日,亚行正式批准安徽省铜陵焦化厂环保技改工程项目作为亚行贷款安徽酸雨控制项目的新增子项目,获得亚行贷款3000万美元。2006年3月,合肥城市环境改善项目被列入中国利用亚洲开发银行贷款2006—2008项目年度规划。建设内容主要是城市污水、垃圾处理,生态建设和市区道路建设等。2007年3月20—26日,省财政厅组团赴菲律宾马尼拉就合肥城市环境改善项目与亚行进行贷款谈判,并达成一致。项目总投资28.12亿元,其中利用亚行贷款1.5亿美元。8月28日,合肥城市环境改善项目《贷款协定》和《项目协议》正式成效。

备选项目　2008年,苏皖省界至明光高速公路项目被国家列入2008—2010年度亚行贷款规划,贷款金额2亿美元。为加强安徽省巢湖流域生态环境保护,省财政厅向财政部申请了利用亚行贷款建设巢湖流域水环境综合治理项目,被国家列入2011—2013财年利用亚行贷款规划,获得贷款2.5亿美元。

贷款项目组织实施　1986年,世行贷款《淠史杭—巢湖项目贷款协定和开发信贷协定》正式生效。为组织实施项目,省财政厅将世行贷款管理职能纳入外事处,安排专人办理此项业务。1991年7月,省财政厅成立安徽省世界银行贷款业务管理办公室,负责管理全省世界银行贷款项目资金、财务和债务,参与世行贷款项目立项、评估以及项目检查、监督和验收。1995年6月16日,省政府办公厅确定财政厅设世界银行贷款业务处(简称世行处),办理世行贷款项目管理。1996年5月,省政府决定把淮河流域污染治理项目管理办公室职能从省环保局划归省财政厅世行处。

加快项目实施进度　安徽各级财政部门采取多种措施,保证项目资金供给,加快项目实施进度,认真监督检查项目资金使用情况,积极配合项目主管部门加强对在建世行、亚行贷款项目的管理和指导,督促项目单位按时完成项目建设进度。2010年,全省正在执行中的世行、亚行等国际金融组织贷款项目共计7个,分布于林业、交通、城建、环保等经济社会发展行业。在项目招标采购、报账提款及项目会计核算等环节,重点加强管理和指导。同时,主动与省外汇管理局加强协调,加快报账提款速度。

积极培育新项目　严格按照财政部的规定和要求,在项目正式批准前对项目的经济和社会效益,尤其是对项目自身的还贷能力和地方财政的承受能力进行财政评审,认真落实好还贷来源和渠道,为决策提供依据。

规范项目管理　熟悉和掌握国际金融组织的管理方法和操作规程,严格按照国际金融组织制定的有关指南和要求实施和管理项目。建立健全各项管理制度,规范国际金融组织贷款管理工作。创造性地贯彻落实《国际金融组织和外国政府贷款赠款管理办法》。2007年7月,省财政厅、发改委联合制定《安徽省国际金融组织贷款投资项目管理规程》,明确规定:“国际金融组织贷款备选项目,由省发改委、省财政厅根据各自职能进行初步审核,经协商一致后,分别报送国家发改委、财政部。”

加强国际交流与合作　2001年7月8—24日,应德国艾西邦市市长赫尔姆特.盖特纳先生的邀请,省财政厅赴欧洲环保、财务考察团对德、法等国进行为期两周的访问和考察,汲取投资和管理经验。2002年10月26日至11月7日,省财政厅组团对意大利等欧洲国家进行环保考察。重点考察欧洲国家在水污染控制中所颁布的法律和政策,政府在环保事业上所起的作用,以及污水处理厂的运行等情况。2003年6月,应德国乌尔姆斯市德中友好协会的邀请,省财政审计监督考察团赴德国等5国进行考察,学习和借鉴发达国家财政审计监督经验。2004年9月4—19日,省财政厅组团对巴西等国利用外资促进本国经济和社会发展情况进行考察和学习。2007年6月8—22日,省财政厅组团赴加拿大、墨西哥考察农业利用外资工作。2009年9月2—3日,世界银行行长罗伯特·佐利克一行就世行在皖贷款项目和安徽如何应对国际金融危机进行实地考察。

贷款项目财务管理　安徽各级财政部门在全面参与贷款项目管理的基础上,着重以资金、财务、债务管理为中心,认真做好国际金融组织贷款项目财务管理。

完善规章制度　为加强淠史杭—巢湖开发项目财务管理,省财政厅1986年5月制定《安徽省淠史杭—巢湖开发项目会计制度》。1987年7月、11月,省财政厅陆续出台《安徽省淠史杭—巢湖开发项目财务管理办法》和《安徽省淠史杭—巢湖开发项目资金管理暂行规定》。1991年9—10月,根据加灌项目会计核算和财务管理需要,省财政厅陆续制定《安徽省利用世界银行加强灌溉农业项目会计核算试行办法》和《安徽省利用世界银行加强灌溉农业项目财务管理办法》。同时,省财政厅制定一系列世行、亚行项目财务管理手册,加强对项目办财务人员业务培训。

重视贷款回收　省财政厅严格按照签订的转贷协议履行还贷义务。认真按照省政府制定的《安徽省政府偿债准备金管理暂行规定》的要求,建立偿债准备金。按项目对项目区和项目单位每年分两次发给还本通知单和付息付费通知单。全省各级财政部门不断加大贷款回收力度,每年均获得世行、亚行利费减免数百万美元。省级财政主动利用间歇资金垫付部分到期欠款,并对部分项目采取预算扣款措施,以达到督促有关市县积极还款的目的。对部分过去由行业部门负责转贷和管理,地方财政从未参与的老项目,省财政厅也积极与相关项目单位联系,协调安排还贷事宜,妥善解决省气象学校、华北平原农业项目、电大发展项目、地方大学项目、师范教育发展项目等项目的还款问题。2009年共计归还财政部到期世行、亚行贷款本息6000多万美元,折合人民币约4.1亿元。2010年共计归还财政部到期世行、亚行贷款本息6000多万美元,折合人民币约4.1亿元,与2009年基本持平。

化解历史债务　2001年9月,省财政明确规定,对淠史杭—巢湖地区开发、华北平原、加强灌溉农业项目2000年年底前逾期及以后到期债务余额,从2001年起不再向农民和乡镇分摊收取,改由省、市、县三级政府按5∶3∶2比例共同承担。这一措施使项目区农民减轻负担13亿元。2002年9月6日,经省政府同意,省财政厅下发《关于世行贷款华北平原项目和淠史杭—巢湖地区开发项目债务余款处理问题的通知》,决定对从2002年起开始到期的债务，全部改由省级财政承担，并相应核销有关市（县）上述项目的剩余债务73676万元。

减轻还贷压力 积极落实国务院关于实施天然林资源保护工程的战略决策，2001年7月，根据财政部有关通知精神，省财政厅决定对全省世行贷款国家造林、森林资源发展和保护、贫困地区林业发展等3个项目的转贷条件进行调整，缓解天然林资源保护工程实施期间各项目单位还贷压力。2003年11月11日，经过省财政努力争取，财政部将安徽世行贷款加强灌溉农业一期项目转贷利率由原来的5%调整为2%，并核减安徽已上缴利息727万美元。2004年8月30日，根据财政部的有关要求，省财政厅规定，加强灌溉农业项目从进入还本期起，转贷利率由6%调减为2%，项目区已还款利息的差额用于抵付项目债务，共计核减各地转贷利差折合人民币6025万元，豁免各地省级有偿配套资金1514万元。省财政厅在积极筹措资金做好项目还款工作的同时，另一方面还积极向财政部申请减轻债务负担。2010年2月，财政部根据世行贷款项目利费减免的有关规定，对安徽省实施了利费减免，共计120万美元，折合人民币约820万元。

第六章 地方金融财务监管

2000年7月，安徽省财政厅机构改革成立金融处，主要负责全省地方金融财务监管和外国政府贷款管理工作。省财政厅在强化外国政府贷款管理的同时，加强对地方金融机构财务和资产监管，着力做好担保行业、国债及农业保险管理等工作。

第一节 担保行业管理

省财政厅在积极推进全省信用担保体系建设的同时，遵循市场经济原则，促进信用担保机构建立健全现代企业制度，完善法人治理结构和内部组织结构，依法经营，科学管理。

担保中心管理 2000年，省财政厅妥善处理省中小企业担保中心（简称省担保中心）与省信托投资公司的资产划分和原省财政厅开发处的资产划转问题。

2001年，省财政厅参与创建中小企业信用担保体系和担保风险控制系统。与省担保中心协作，研究创建全省中小企业信用担保体系和担保风险防范机制，制定《全省中小企业信用担保中心担保基金管理暂行办法》，成立“担保中心审核考核委员会”，对省担保中心2001年度工作情况和2002年度工作计划进行考核审查。

2002年，省财政厅与省经贸委、人行合肥中心支行、省担保中心组成联合调查组，开展调查研究工作，结合安徽实际情况，提出规范发展安徽省中小企业信用担保机构建设性意见。开展全省信用担保机构基本情况调查，加强对中小企业信用担保机构的监管与指导。

2003年，省财政厅对省担保中心提出调整担保业务构成、完善风险控制机制、构建全省担保体系、加大工作宣传力度、多方筹集担保基金、科学规范分配制度等6个方面的要求。联合省担保中心赴上海、浙江以及省内部分市开展调研，研究相关政策措施，形成《积极扶持发展信用担保业，促进民营企业繁荣发展》的调研报告呈给省委省政府，为省制定《关于加快民营经济发展的决定》提供参考。同时，对省财政现有支持乡镇企业、中小企业、民营企业的财政政策和资金进行梳理，研究制定支持民营经济发展的财政政策。规范运作下岗失业人员小额担保贷款，为下岗失业人员创业和组织下岗失业人员就业的小企业提供担保，对从事微利项目的小额担保贷款实行财政贴息。

担保集团管理 2005年11月28日，安徽省信用担保集团有限公司（简称省担保集团）正式挂牌。公司由省政府出资设立，注册资本 18.6 亿元，为省属大型国有独资企业，归省政府直管，先期授权省财政厅管理。省财政厅根据全省担保行业的现状，研究制定以省担保集团为龙头带动全省地方融资性担保机构特别是毗邻江浙地区县级担保机构建设的意见和政策，安排 1.2 亿元资金增加省担保集团资本金，用于毗邻苏浙地区县域担保机构建设。

2006 年，向省担保集团增资 1.61 亿元。根据《安徽省人民政府关于同意成立安徽省信用担保集团有限公司的批复》，制定《关于支持省担保集团加快发展的政策建议》，提出以预算资金增补省担保集团资本金、税收返还、允许灵活方式经营抵债资产和政府划拨资产等政策建议，上报省政府；通过目标任务考核和薪酬管理引导省担保集团规范内部业务操作规程，完善内控制度，积极做大做强主业，完成省政府交付的各项任务；要求以省担保集团为再担保人，在全省范围内通过业务合作的方式，把具有一定资本实力、运作规范的担保机构纳入全省担保、再担保体系，全年有 11 个市级和 3 个县级担保机构加入全省再担保体系；指导省担保集团制定支持毗邻苏浙 20 县（市、区）担保机构建设方案，通过股权投资、设立担保基金、资金合作等方式支持毗邻苏浙地区县域担保机构建设；印发《安徽省毗邻苏浙地区中小企业担保贴费暂行办法》，对 2005—2007 年期间，省信用担保集团及再担保成员单位办理的毗邻苏浙地区 20 个县（市区）中小企业申请贷款的担保、再担保费用，由省财政全额补贴。

2007 年，向省担保集团增资 8006 万元。省政府正式批复同意《关于支持省担保集团加快发展的政策建议》。

2008 年，将经济开发处建制划入省担保集团，增资 6.45 亿元。明确从重点“管领导班子、管薪酬制度、管重大投资项目、管国有资产监管”四个方面，加强对省担保集团的监督和管理。

2009 年，批准担保集团修订公司章程并变更注册资本至 28.66 亿元。

2010 年，研究批复并监督担保集团落实“三重一大”决策制度，促进集团领导人员廉洁从业，规范决策行为，提高决策水平，防范决策风险；研究制定与年度目标任务考核挂钩的《安徽省信用担保集团有限公司负责人薪酬管理暂行办法》，全面规范公司高管人员收入分配，推进集团薪酬结构调整；扎实做好对担保集团评估转让国有资产事项的审批备案工作，并针对工作实际，指导担保集团制定《安徽省信用担保集团国有资产转让管理办法（试行）》，明确集团及子公司向省财政厅申办国有资产产权登记、评估、转让事项的标准化流程。

扶持全省信用担保行业发展　省财政厅按照“一手抓扶持，一手抓监管”的思路，以建设规范有序的融资担保服务体系为目标，多方筹集建立和补充担保资本金，制定财税支持政策，加强财务和国有资产监督管理，引导担保机构规范经营运作、提升担保能力、降低担保费率，发挥在中小企业融资中的中介服务作用。

增强担保机构实力　2008 年 11 月，省财政下拨 15 亿元支持各市、县（区）建立担保基金，增加担保机构国有资本金并降低担保费率，共催生27个政府出资融资担保机构，全省93个市、县（市、区）成立了政策性中小企业担保机构。同时，吸引大量配套资金，共有108家担保机构获得47亿元注资（资本金5000万元以上的81家，其中44家超过1亿元）。

政策扶持担保机构发展 省财政厅积极牵头组织安徽融资性担保机构申报财政部专项资金补助，2008—2010年，共获得担保、再担保业务补助和保费补助五批共计2.36亿元。省财政厅下拨10亿元专项转移支付资金支持建立中小企业贷款风险补偿资金，用于担保机构和银行业金融机构对中小企业的贷款损失补偿。

支持省担保协会工作 省财政厅大力支持省担保集团牵头成立行业自律组织，2009年年底正式挂牌成立安徽省信用担保协会，并建立协会网站。协会成立后，组织开展一系列以帮助会员单位提高业务水平为主旨的业务考察与培训活动，并积极参与监管和扶持政策制定。

第二节 地方金融机构管理

按照国家有关法规和政策规定，财政部门负责金融类企业财务和国有资产的监督管理。金融类企业主要包括各类国有和地方商业银行（城市或农村商业银行、合作银行）、政策性银行以及保险公司、金融资产管理公司、城市信用社及联社、农村信用社及联社、信托投资公司、证券公司、期货公司、基金管理公司、财务公司、信用担保公司、租赁公司等非银行金融机构。

协调机构关系 2000年，省财政厅按照国务院有关清理整顿信托投资机构的方案和规定，参与省信托投资机构的清理整顿，对5家省级信托投资公司进行资产认定和呆坏账核销。参与省担保中心的筹建，妥善处理省担保中心与省信托投资公司有关资产的划分、划转工作。对省直非银行金融机构国有资产进行重新登记，做好2000年度统一会计报表的布置汇编工作。

2001年，组织全省开展地方金融机构财务和《中华人民共和国会计法》执行情况检查，提出整改建议，得到财政部好评。对部分借用中央专项再贷款数额较大的地方进行专项检查，及时纠正存在问题，通过省政府办公厅向全省通报。开展全省农村合作基金会个人债务普查工作，研究制定有效清偿措施。

强化财务监管 2002年，省财政厅以所得税分享改革为契机，建立驻皖金融机构、地方金融企业财务报表报送制度，实现月报正常化。加强专项再贷款管理，建立市县清欠情况报表制度。

2003年，加强中央专项再贷款的使用监督和偿还管理，对地方反映的专项再贷款发放过程中存在的一些情况，及时进行了解核实，并督促有关市县加强监督检查，发现问题，及时纠正。根据《中华人民共和国会计法》和《安徽省财政监督暂行办法》等有关法律法规的规定，省财政厅对国元证券有限责任公司进行财务检查。

2004年，开展全省地方金融企业国有资产产权登记，掌握金融企业国有资本占有和变动情况，加强地方金融企业国有资产管理。做好地方金融企业年度财务报表编制工作，受到财政部表彰。

推进金融改革　2004年，省财政厅积极参与农村信用社改革，与财政部驻皖专员办合作，对1994—1997年期间有年度经营亏损的农村信用社实际支付的保值储蓄贴息进行审核、申报，确保保值储蓄补贴工作顺利进行。

2005年，根据省政府要求，积极参与研究安徽省地方商业银行联合重组工作，向省政府提交合理的意见和方案。经中国银监会批准，合肥市商业银行更名为徽商银行，并吸收合并芜湖、马鞍山、安庆、淮北、蚌埠市商业银行和六安、淮南、铜陵市城市信用社，于2005年12月28日正式挂牌。

2006年，省政府研究决定，由省财政厅金融处协助，向财政部申请中央专项借款6亿元。为监控借款使用方向，避免证券风险转化为财政风险，省政府决定由省担保集团对华安证券公司借款的使用进行监管，确保债务能够按期偿还。

2009年，省财政厅对在县域新设的具有贷款功能的8家银行业金融机构分支机构、2家新型农村金融机构和1家农业担保机构给予一次性奖补366万元。

2010年，省财政继续支持县域金融机构网点建设，支持中国银行、徽商银行、浦发银行、农发行、农村合作金融机构在县域新设24家分支行和分理处，支持组建10家村镇银行和1家农村资金互助社。

支持经济建设　2007年，省财政厅积极引导金融机构支持县域经济建设。落实中央农村信用社深化改革的相关政策，鼓励农民、城镇居民、工商企业和民营资本等社会资金投入农村信用社；研究利用财政杠杆引导金融机构资金回流县域、回流农村的激励政策；加大政府对金融机构年终考核奖励政策中支持县域经济发展和支农小额信贷发放指标的权重，引导金融机构加大县域经济、农村基础设施建设和县域外向型经济发展的支持力度。开展政策性农业保险工作研究，落实能繁母猪保险财政扶持政策。明确能繁母猪保险的财政支持政策，规范保费补贴的筹集、拨付、结算和管理工作，将中央和省级财政承担的2007年能繁母猪保险保费补贴拨至各地。

及时编制报表　2006年，省财政厅召开全省电视电话会议，布置金融财务快报工作。根据财政部《金融企业国有资本保值增值结果确认暂行办法》按时上报全省金融企业分户保值增值数据和情况说明，纳入国有资本保值增值报表体系的20家地方金融企业，综合保值增值率为114.6%，实现国有资本保值增值的地方金融企业有17家，占85%。安徽地方金融企业财务报表编审工作，连续5年被财政部评为地方金融企业决算报表编制先进单位。2010年，对全省2008—2009年度金融企业国有资产情况进行摸底统计，做好金融国有资产的产权登记和年检工作；圆满完成2009年度全省地方金融企业财务决算汇编和数据分析工作；及时向财政部上报季度金融快报，并利用财务快报平台，强化对政策性融资担保机构的业务数据统计、分析；金融企业绩效评价工作得到财政部肯定。

第三节　小额担保贷款管理

2003年1月，中国人民银行、财政部、国家经贸委和劳动和社会保障部联合印发《下岗失业人员小额担保贷款管理办法的通知》，自此小额担保贷款工作在全国范围内推开。

2003年，中国人民银行合肥中心支行、省财政厅、省经贸委和省劳动和社会保障厅联合印发《安徽省下岗失业人员小额担保贷款实施细则的通知》；省财政厅和省劳动和社会保障厅联合印发《省级下岗失业人员再就业小额贷款担保基金管理办法的通知》；省财政厅和财政部驻安徽省专员办联合印发《安徽省下岗失业人员从事微利项目小额担保贷款财政贴息操作规程的通知》，安徽小额担保贷款制度框架基本形成。

2004年，省政府办公厅转发《中国人民银行合肥中心支行等部门关于加快推进下岗失业人员小额担保贷款工作意见的通知》，进一步明确小额担保贷款工作的操作程序和条件；省财政厅等三部门联合印发《转发财政部中国人民银行关于调整下岗失业人员从事微利项目小额担保贷款财政贴息资金申请审核程序有关问题的通知》，建立贴息资金的申报、审核和拨付机制；省财政厅等三部门联合印发《转发关于推进下岗失业人员小额贷款工作财政支持政策具体实施意见的通知》，进一步扩大贴息范围，将劳动密集型小企业纳入其中。截至年末，全省新增贷款0.9亿元。

2005年，全省新增贷款0.8亿元，累计发放1.7亿元。

2006年，省财政厅和中国人民银行合肥中心支行印发《委托划转下岗失业人员小额担保贷款微利项目中央财政贴息资金的协议的通知》，在银行建立周转金账户，提高贴息资金兑付效率。截至年末，全省新增贷款3.8亿元，累计发放5.5亿元。

2007年，全年新增贷款2.1亿元，累计发放7.6亿元。

2008年，中国人民银行合肥中心支行等三部门转发中国人民银行、财政部、人力资源和社会保障部《关于进一步改进小额担保贷款管理积极推动创业促进就业的通知》。截至年末，全省新增贷款2.8亿元，累计发放10.4亿元。

2009年，省财政厅等四部门联合印发《安徽省小额担保贷款财政贴息资金管理实施细则的通知》，进一步规范贴息资金的申报、审核和检查等程序；省财政厅印发《关于调整劳动密集型小企业（担保）贷款财政贴息资金申请审核程序的通知》，对劳动密集型小企业采取事后贴息的方式；省财政厅等三部门联合转发《财政部人力资源社会保障部中国人民银行关于规范小额担保贷款微利项目贴息比例的通知》，进一步明确个人贷款的贴息比例；省财政厅等四部门《转发财政部人力资源社会保障部中国人民银行中华全国妇女联合会关于完善小额担保贷款财政贴息政策推动妇女创业就业工作的通知》,将农村妇女纳入创业就业范畴,享受中央全额贴息。截至年末,全省新增贷款 6.2 亿元,累计发放 15.9 亿元。

2010 年,省人力资源和社会保障厅、省财政厅和中国人民银行合肥中心支行联合制定新增 6 亿元的年度贷款目标。截至年末,全省新增贷款 8.7 亿元,累计发放 24.6 亿元。

第七章 农村财政管理

改革开放以后，农村财政管理机构不断变更与完善。1979—1989 年，全省农业税收征管由安徽省财政厅农业财务处农税科负责。1989 年 8 月 3 日，省编办同意省财政厅增设农业税征收管理处。1990 年 8 月 20 日，省财政厅下发《关于农税处工作职责范围及各地农税机构设置等问题的函》，明确农业税征收管理处工作职责范围。至 1995 年 6 月，各行署、市、县（区）财政部门都内设农税科、股。2000 年 7 月，省财政厅机构改革设农业税收征管处。2001 年 4 月 26 日，省编办批复同意省财政厅农业税收征管处更名为农业税务局，5 月 10 日，省编办制发《关于乡镇财政所加挂农业税务所牌子的通知》。9 月 17 日，省政府法制办制发《关于确认省财政厅农业税务局执法主体资格的函》，明确省财政厅农业税务局是符合《中华人民共和国税收征收管理法》规定的行政执法主体，享有对外独立行使执法、处罚等权利的主体资格。同年，市县农税机构更名为农业税务局。2003 年，省委省政府决定选择部分县开展乡镇财政管理方式改革试点，其中对乡镇农业税征收机构实行由县财政（农税）机关垂直管理试点，2004 年后在全省全面推行。2005 年，全省免除农业税后，省财政厅农业税务局的职责范围随之发生变化，3 月 30 日，省编办同意省财政厅农业税务局更名为农村财政管理局，主要负责全省耕地占用税和契税的征管、指导全省农村财政管理工作以及有关涉农资金的管理。按照省财政厅的做法，各市县农税局更名为农村财政管理局（芜湖市为税费征收局），乡镇加挂的农税所牌子自动撤销。2006 年之后，省财政厅在完善农业税取消后的“两税”征管、强化涉农资金管理、加强乡财政管理等方面取得新进展。

第一节 两税规范管理

耕地占用税和契税征管是取消农业税后农村财政管理的三大职能之一。2008 年，安徽省认真贯彻执行耕地占用税新条例，耕地占用税和契税收入大幅度增长。

贯彻落实耕地占用税新条例 2008 年 4 月 15 日，省政府下发《安徽省人民政府关于贯彻执行新修订的〈中华人民共和国耕地占用税暂行条例〉有关问题的通知》，明确耕地占用税由财政部门负责征收管理，制定《安徽省耕地占用税税额标准表》。结合安徽实际，省财政厅印发《安徽省耕地占用税实施办法》《安徽省耕地占用税征收管理操作规程》，进一步明确耕地占用税征收、减免及征管程序等具体政策。4 月，省财政厅举办全省农村财政管理工作培训班,重点培训耕地占用税和契税政策及执法程序。5月,开展耕地占用税宣传月活动,在安徽电视台播放安徽省贯彻落实《中华人民共和国耕地占用税暂行条例》新闻稿,在《安徽日报》等主要媒体刊登厅领导答记者问,在《安徽财会》专辑刊发耕地占用税有关法规政策,在省财政厅外网开设"耕地占用税政策"宣传栏,与合肥市财政局联合在市府广场开展政策宣传咨询等活动。为指导各地做好宣传工作,省财政厅印发耕地占用税宣传提纲,统一政策宣传口径和重点。

开展"两税征管规范年"活动　2008年2月,省财政厅下发《关于开展契税、耕地占用税规范管理年活动的指导意见》,对全系统开展"规范管理年"活动做统一布置,提出把规范契税、耕地占用税征管作为活动的重点,要求各市县征收机关从规范工作秩序、规范征管行为、规范执法检查、规范基础管理、规范纳税服务、规范协税护税等各个方面,分阶段、分步骤,稳步实施、扎实推进。为促进两税收入的稳步增长,省财政厅根据各市上年实绩和本年税源情况,向各市下达两税指导性收入计划,由各市分解落实到所属县(市、区)。7月,省财政厅对22个县契税和耕地占用税征管及开展两税规范年活动情况进行检查,下发《关于契税、耕地占用税征管及规范管理年活动重点检查情况的通报》,并对2个县下达整改意见。12月上旬,省财政厅对各市县"两税征管规范年"活动进行考核总结,并将考核结果通报全省。2008年全省两税收入完成53.8亿元,同比增长42%。契税、耕地占用税收入总量分别居全国第10位和第9位。

推动两税收入创新高　2008年以后,面对契税和耕地占用税征管职能即将划转、房地产市场宏观政策调控抑制的形势,全省两税征管人员和乡镇财政干部保持思想不乱、工作不断,加强征管,全面落实国家调整房地产交易环节契税优惠政策,促进两税收入大幅增长,为全省财政增收做出积极贡献。2009年全省耕地占用税、契税收入累计完成75.2亿元,是全年预算任务的149%,比上年同期增加21.4亿元、增长40%。其中:耕地占用税27.3亿元、同比增长107%,契税47.9亿元、同比增长18%。2010年,全省耕地占用税和契税收入累计完成141.5亿元,同比增长88%。其中:耕地占用税收入45.6亿元,同比增长67%,契税收入95.9亿元,同比增长100%。

第二节　补贴农民资金管理

财政补贴农民资金是指按有关政策规定由各级财政安排的直接发给农民,用于发展农业生产、扶持农民、支持农村社会事业的资金。随着国家各项惠农政策相继出台,安徽在2003年实行粮食直接补贴政策后,财政补贴农民资金的项目和数额逐渐增多。

财政补贴农民资金支付方式改革试点　2004年9月,省财政厅在金寨县开展财政补贴农民资金管理和支付方式改革试点,探索统一、安全、高效的资金管理和发放方式。2005年5月8日,省长办公会审议通过《财政补贴农民资金管理和支付方式改革的指导意见》,决定在全省全面推行改革。5月22日,省财政厅在金寨县召开现场会进行全面动员和部署。财政补贴农民资金管理和支付方式改革的核心内容是整合各项面向农民的财政补贴资金，实行“统一渠道、统一方式、统一时间，公开补贴项目、补贴数额及政策依据”的“三统一、一公开”。在管理上，所有资金由财政部门设立专户统一管理；在发放上，由财政部门在金融代发机构统一为农民开设个人存折，资金统一由财政部门“一个口子”发放；在时间上，各项资金按规定时间集中发放，并在发放前对补贴项目、补贴数额及政策依据在乡村组进行张榜公示。操作模式归纳为五个“一”，即指标统一下、资金一户管、服务一站办、补贴一卡发、收支一本账。具体程序是：财政补贴农民资金由县财政部门按规定时间将补贴资金指标统一下达到各乡镇；县乡财政部门统一开设“财政补贴农民资金专户”，各项补贴资金实行封闭运行、集中管理、专款专用；乡镇财政所在“农村财政服务厅”设立面向农民的窗口，专门为农民服务，并负责与乡镇各部门联系，收集汇总审核各种补贴对象的基础资料，编制发放清册，公示到乡到村；各乡镇金融服务机构凭财政所提供的花名册，将各种补贴资金从专户打入农民个人存折，农户凭存折直接支取现金；县乡财政部门按照统一的会计制度建立账簿，实行专门核算、专款管理。当年，财政部门为全省1300多万农户开设财政补贴农民资金“一卡通”专用银行存折，通过“一卡通”直接发放财政补贴资金36亿元。

财政补贴农民资金支付方式改革推进 2006年，省财政厅下发《关于进一步加强省级财政补贴农民资金管理有关事项的通知》等一系列文件，初步建立省、市、县、乡四级财政联网的补贴资金管理信息化网络。全省14项财政补贴农民资金全部纳入“一卡”发放，发放资金达40亿元。

2007年，省财政厅在全省组织开展“财政补贴农民资金支付方式改革提高年”活动。6月，开展“财政补贴农民资金发放万户问卷调查”活动。9月1日起，在宁国等22个县（市、区）陆续开通财政补贴农民资金手机短信、电信语音信息查询服务试点，年终对全省各市县组织全面考评奖励。至年底，全省已基本构建省、市、县、乡四级财政补贴农民资金信息系统的技术平台。

2008年，省财政厅加大力度规范完善补贴农民资金管理。与省农村信用社、邮政银行联合印发《关于进一步规范“一卡通”存折补贴项目简称打印工作的通知》，将全部补贴项目归纳为27项，统一使用规范的资金代码和项目“简称”，要求各地发放补贴农民资金时，必须在存折上打录资金项目简称，让农民领到“明白钱”。选择在休宁、颍上、金寨、庐江4县开展“财政补贴农民资金ISO9001质量管理体系认证”，全面规范补贴资金管理发放各环节的工作程序和标准，在全省起示范带动作用。针对补贴资金发放工作出现的新情况、新问题，7月，省财政厅组织并聘请10家会计师事务所对22个县（市、区）进行重点检查，抽查43个乡镇和123户农户“一卡通”资金发放情况，并制定《关于对农民群众举报财政补贴农民资金打卡发放违规违纪行为实行奖励的通知》，公布148部财政补贴农民资金发放服务监督电话，进一步畅通监管渠道。同年，省财政厅汇编《安徽省财政补贴农民资金政策汇编》，共汇集12大类涉农资金政策文件

98份，帮助财政干部学习有关政策，提高政策水平。同时，对财政补贴农民资金“一卡通”软件进行修改，并组织软件公司人员历时3个月，分批分期巡回培训，全省114个市县区、1300个乡镇、近2000名经办人员接受培训。2005—2008年，“一卡通”专用银行存折覆盖全省1300多万农户，通过“一卡通”共发放各类补贴资金达261亿元。

2010年，省财政厅按照全省强农惠农资金专项清查工作的统一部署，在做好日常财政补贴农民资金管理工作的基础上，采取“调查与检查相结合、服务与监督相结合”措施，创新工作方法，提升“一卡通”管理水平。全省通过“一卡通”打卡发放各类财政补贴农民资金146.3亿元，比上年同期增加25.6亿元。

第三节　乡镇财政管理

乡镇财政是乡镇政府为实现其政治经济职能，根据党和国家的方针政策和财政法规，在本乡镇范围内，通过各项资金的筹集、管理、分配和再分配，来促进乡镇经济和各项事业发展所形成的国家、集体与农民的分配关系，具有国家财政的资源配置、收入分配、调控经济和监督管理4项职能。安徽省乡镇财政从1984年全面建立到2010年大体可以分为三个阶段：1999年前以农税征管为重心，大力组织收入，为县乡政府履行政治经济职能提供基本财力。2000—2004年以农村税费改革为重心，大力推进财政改革，规范乡镇财政管理，减轻农民负担。2005年后以转变职能为重心，大力推进机制创新，建立乡镇财政为民服务新模式，全面落实党的惠农政策，促进城乡统筹发展。

乡镇财政建设　1979年9月3日，省编制委员会、省人事局、省财政局根据财政部的要求，决定在全省建立农村人民公社一级财政。公社财政工作包括国家预算和人民公社的集体财务管理，受公社革命委员会和县（市）财政局的双重领导，业务工作由县财政局领导。公社财政工作由2～3人具体负责，包括原来配备的财粮员和新增事业编制1～2人，全省增加公社财政干部事业编制5300人。至1982年9月13日，已配备3024人，尚缺2276人。省财政局、省人事局、省劳动局通知各地，除从现有干部、军队专业干部、大中专毕业生中调剂236人外，其余2040人从全民所有制单位正式工人中招收，到1983年年初基本配齐。

1984年6月30日，省财政厅召开全省乡镇财政工作会议，总结交流建立乡镇财政经验，讨论乡镇财政管理办法，研究人员编制和配备问题。8月5日，省编委、省人事局、省财政厅印发《关于乡镇财政人员编制和聘用问题的通知》，规定乡设财政所、区设财政组一般由3人组成，乡镇财政人员一律为事业编制，编制总人数为12521名，除去原有编制5267名外，增加编制7254名。对缺额人员，实行聘用合同制。10月13日，省财政厅颁发《安徽省乡镇财政管理的若干规定（修订草案）》，对乡镇财政收支范围、管理体制、资金组成（包括财政预算内、预算外资金，乡自有资金）、职责、管理制度、机构设置等作了具体规定。

2009年2月，省财政厅下发《关于进一步加强乡镇财政管理的指导意见》，实行县级财政对乡镇财政机构垂直管理，稳定乡镇财政机构和人员，加强乡镇财政统一管理和业务指导。同时，省财政厅提出3年建设目标任务，明确乡镇财政“完善预算管理、支持经济发展、建立服务机制、强化资金监管”四项职能。同时，进一步梳理13项乡镇财政业务，细化乡镇财政职责范围，规范业务管理和操作流程。

2009年11月，全省启动实施乡镇财政所基础设施3年建设方案，其中，2009—2010年新建400个财政所办公用房，主要解决危房、租房、借房等问题，省财政共下达补助资金1.6亿元。为做好建设工作，委托省城乡规划设计院设计6套建筑图纸，制定《安徽省乡镇财政所建设资金管理办法》，多次召开会议布置推进，采用每半月上报工程进度、通报进展情况、深入实地督查等方式加快工程建设。下发了《关于做好2009—2010年乡镇财政所基础设施建设检查验收的通知》，要求各市统一组织验收，按照“一所一表一图”逐一验收登记。从实际情况看，各地对建设工作积极性较高，基本完成了建设任务，全省有72个县市区和部分乡镇共配套6400多万元用于建设，涉及300多个财政所。2010年，省财政筹资1亿元重点支持500个财政所改扩建，鼓励有条件的地方新建，主要解决办公面积不足、建筑年代长、办公用房各功能设置不全的问题。

实施乡镇财政解困工程 1999年6月11日，省财政厅印发《关于加强乡镇财政建设的通知》，决定从1999年起，以增强乡镇财政基本职能为目标，在全省组织实施“乡镇财政解困工程”。8月12日，省政府召开“加强乡镇财政建设电视电话会议”。按照省政府的部署，各地组织开展“全省乡镇财政普查”工作，制定乡镇财政解困攻坚计划。全省清退乡镇不在编人员11万人，年减少财政支出6亿元。省财政厅先后出台《关于进一步完善乡镇财政体制的意见》《安徽省鼓励乡镇减员财政奖励办法》和《安徽省乡镇财政解困工程实施意见》，指导各地进一步完善县乡财政体制，认真做好乡镇减员工作，推动乡镇财政解困工程向纵深发展。省财政在财力十分困难的情况下，安排转移支付资金3.11亿元，主要用于兑现乡镇欠发工资，特别是补发教师工资。

2000年，省委省政府办公厅印发《关于进一步完善乡镇财政体制的指导意见》，省财政厅制发《安徽省乡镇行政事业单位“零户管理”试行办法》（“零户管理”是指在乡镇财政核定的单位支出预算范围内，取消乡镇各行政事业单位银行账户，各单位财务收支由乡镇财政所统一核定、统一管理）。各县（市）都认真贯彻执行，进一步理顺县乡财政分配关系，逐步规范乡镇财政管理。为增加转移支付，壮大乡镇财力，省财政专项安排6936万元，对370多个特困乡镇实施转移支付；对各县（市）欠省财政的周转金，实行3年挂账，缓解县乡债务压力；专项安排5130万元，支持农业产业化等项目。同时，省财政多方筹集资金，投入财政贴息、以奖代补资金2000万元、城镇供水等建设资金1000万元，带动和引导社会资金12.8亿元，投入小城镇基础设施建设，支持小城镇建设。此外，争取国家移民建镇资金4.76亿元，移民2.8万户，集中建设小城镇。同年，省政府针对县乡欠发工资状况，制定《安徽省保障县（市）、乡（镇）工资正常发放办法》,各级财政部门认真组织实施。深入调查摸底,采取监管措施。省财政厅组织开展对100个乡镇欠发工资情况的典型调查,为决策提供依据。同时,在全省县乡建立工资专户,对乡镇行政事业单位实行“零户管理”,派出督查组检查各地工资发放情况,并建立工资发放通报制度,强化措施,保障工资正常发放。提供财政支持,确保工资发放。省财政全年累计安排对县乡补助20亿元(包括中央增资转移支付、农村税费改革转移支付、对县乡一般性转移支付、固定资产投资方向调节税停征后的固定补助、年终一次性补助等),支持县乡工资正常发放。加强组织领导,层层抓好落实。各地切实加强对工资发放的组织领导,严格实行责任制,管好工资专户,层层落实工资专项转移支付资金。7月,县乡两级基本做到工资正常发放。全年消化欠发工资6.6亿元。全省有10多个县(市、区)补发历年欠发的基本工资。

创建规范化乡镇财政所(分局) 2010年,省财政厅在全省开展创建规范化乡镇财政所(分局)工作。结合全省乡镇财政管理工作实际,重点抓好组织机构规范化、业务工作规范化、内部管理规范化、队伍建设规范化和基础设施规范化等五个方面。从2010年起,每年由乡镇自查自评、县评比推荐、市考核上报、省财政厅考评验收后,评比产生创建规范化乡镇财政所(分局)省级先进单位,并给予表彰奖励,对获得创建规范化乡镇财政所(分局)市级先进单位的乡镇财政所(分局)由市财政局表彰奖励。从2010年—2012年,通过开展创建工作,使全省乡镇财政所(分局)组织机构更加稳定,职能定位更加准确,业务基础更加扎实,内部管理更加规范,队伍素质明显提高,办公条件显著改善,工作效能全面提升,乡镇财政管理工作迈入一个新阶段。通过三年考评验收,每年有10%左右乡镇财政所(分局)达到创建规范化乡镇财政所(分局)省级先进单位,15%左右为市级先进单位,到2012年,全省乡镇财政所(分局)达到创建规范化目标,其中:省级先进单位达到30%,市级先进单位达到50%。2010年,在各级财政部门考核、推荐、评选和公示的基础上,评选出创建规范化乡镇财政所(分局)省级先进单位142个。

解决村干部个人垫交农业税历史遗留问题 2005年,全省全面免除农业税及尾欠后,为解决以前年度乡村及个人以借款、贷款等方式垫交农业税而形成的债务,省财政下达补助资金1.33亿元,专项用于村干部个人垫税而欠发的报酬,不足部分由各县从省财政免除农业税转移支付中安排资金。

2006年3月,省财政厅在望江、金寨2县开展农业税垫税清查试点工作,9月初在全省全面推开。年底,全省基本核实农业税尾欠数额及欠缴原因、垫税数额及垫税资金来源。经省政府同意,省财政厅按照“分类处置,共同化解”的原则,提出妥善解决农业税垫税的政策措施。对于乡镇、村集体垫交的农业税,列入乡村债务,按照国务院办公厅《关于做好清理化解乡村债务工作的意见》要求,统筹考虑,逐步化解。对于税改前的农业税和“三提五统”集资等混合征收的税费项目,由县里进一步核实后由县财政自行解决。对于税改后村干部个人垫缴的农业税由省财政帮助解决,省财政厅预拨补助资金66638万元。

2007年，省财政厅先后下发《关于做好村干部个人垫交农业税补助资金兑付和管理工作的通知》《关于进一步做好村干部个人垫交农业税补助资金兑付工作的通知》和《关于加快进度按时完成村干部个人垫税补助资金兑付工作的紧急通知》，提出“先试点、后推开，先核实、后兑付，先补助、后清算”的工作原则，对兑付条件、程序、纪律、时间要求及出现问题的处理做出规定。根据全省工作进展，先后在滁州、潜山、怀宁、蚌埠等地召开全省村干部个人垫税核查兑付工作会议，解决存在问题，完善政策措施，有序推进各地兑付工作。

2008年，省财政厅下发《关于对村干部个人垫税省财政补助资金兑付情况进行核查的通知》，要求各市县区自查自纠，各市财政局成立核查组，认真开展村干部个人垫税补助资金兑付核查工作，确认各县（市、区）实际兑付村干部垫税省财政补助资金数额。7月初，省财政厅组织对22个补助资金数额大的县（市、区）进行重点检查，并结合检查结果对各地省财政补助资金兑付数额进行最终认定，完成省财政与各市县财政的结算，基本解决税改后村干部个人垫缴农业税历史遗留问题。至2008年年末，全省85个县（市、区）为6万多名村干部兑付个人垫税款41083万元，占省财政预拨资金的61.7%。由于村干部个人垫交农业税形成原因复杂、时间跨度长、以前年度村级账务不规范，对于因手续不全、依据不足而无法认定的25555万元垫税款，省财政厅决定不予兑付。

第八章　会计管理

会计管理是一项十分重要的经济管理手段，对于维护国家经济秩序、规范社会经济生活、优化资源配置、提高经济效益具有不可替代的作用。1981年8月25日，省编办批复同意省财政厅增设会计工作管理处。1995年6月16日，省政府批准省财政厅内设机构时将会计工作管理处更名为会计处，主要管理全省会计工作。

第一节　会计法规贯彻

会计法规是规范会计行为、提高会计信息质量、加强会计管理的准则。1986年之后，省财政厅围绕《中华人民共和国会计法》（简称“会计法”）和会计新准则、新制度，开展宣传贯彻和执法检查，大力普及会计法规知识。

“会计法”宣传贯彻　截至1999年底，全省共召开或举办“会计法”宣传动员会、座谈会、纪念会和培训班等3000次（期）。

2000年，省财政厅成立宣传贯彻新“会计法”领导小组，先后组织对全省财政系统、省直单位、省属国有大中型企业厂长（经理）、各行各单位会计人员共16万人进行培训。与《安徽日报》联合举办“学习新‘会计法’”征文活动，收到稿件50篇，刊登20篇。《安徽财会》开辟新“会计法”知识讲座专栏。截至2003年年底，全省共培训新“会计法”1.5万人次。

2004年，召开纪念“会计法”实施20周年座谈会，在《安徽日报》刊登“会计法”宣传专版。以金寨县涉农资金“一卡通”发放为原型创作的小品《较真儿》被财政部纪念“会计法”实施20周年文艺晚会选用。

2008年，值会计法实施23周年之际，为加强全省会计管理工作，省财政厅副厅长左俊在《安徽日报》上发表题为《深入贯彻实施〈会计法〉，进一步加强会计工作》专题文章，对各项会计管理任务做出了总体部署。6月，省财政厅出台《关于进一步加强全省会计管理工作的意见》，并在《安徽日报》上刊载宣传，针对单位会计工作中的一些违法违规现象，从加强执法、贯彻制度、健全内控和加强教育等方面提出建设性意见。

“会计法”执法检查　1986—1994年，省财政厅先后组织3次大规模“会计法”执法检查。

2001年3月至11月，在全省范围内开展“会计法”执法检查。省财政厅成立执法检查领导小组，利用各种媒体广泛宣传，多次召开动员会，强化检查督促。在全省38135个单位自查的基础上，抽调499人组成127个检查组，对其中362户进行重点检查，并成立3个巡查组对各市检查工作进行验收。检查对象重点为外商投资企业，共检查30家，发现共有17名会计人员无证上岗，占会计人员总数16.8%；10.7%的会计机构负责人不具备任职资格；46.4%的单位未执行《企业会计制度》；资产不实，涉及667万元，负债不实，涉及500万元，成本、费用不实，涉及552万元。

会计诚信建设 2003年，对单位试行企业财务会计信用等级评定，制定《安徽省企业财务会计信用等级管理办法》，全省300个单位参加首次评定试点，2万名会计人员建立了个人诚信档案。开展"会计诚信建设有奖征文"活动，共收到应征稿件466篇，经评有16篇获奖，编入《安徽财会》专辑。

组织参加全国会计知识大赛 财政部分别于1990年、2000年和2007年共举办3届全国会计知识大赛，安徽代表队参赛成绩良好。2000年，第二届全国会计知识大赛安徽赛区第一赛程共有19.3万人报名，参赛率达80%。第二赛程选拔出6支代表队进入安徽赛区决赛，安徽电视台对决赛实况进行转播。在全国总决赛中，安徽省4名选手组成的代表队荣获团体三等奖、特别组织奖和个人第二名。

2007年，组织参加第三届全国会计知识大赛。全省第一赛程网上答题参赛人数达37.38万人，参赛率116%，其中持证会计人员参赛率93%，获全国特别组织奖。第二赛程由各市、各部门选拔组成21支代表队参加安徽赛区复赛，产生6支代表队进入决赛。蚌埠市代表队获第一名。在全国总决赛中，安徽代表队取得第20名，省财政厅获全国组织奖。

开展会计人员表彰 1995年，经省政府批准，省财政厅在肥召开全省会计工作会议。会议对62家财会部门和144名财会人员分别授予"全省先进财会工作集体"和"全省先进财会工作者"荣誉称号。

2004年10月至2005年8月，省财政厅、省人事厅联合开展全省先进财会工作集体和先进会计工作者（劳动模范）评选表彰活动，全省共评选出50个先进财会工作集体（行政单位16家、事业单位7家、企业单位26家、中介机构1家）和148名先进会计工作者（行政单位63人、事业单位25人、企业单位58人、中介机构2人）。经财政部评选，安徽合力股份有限公司总会计师徐琳被授予"全国优秀会计工作者"荣誉称号。

2006年1月16日，省政府召开全省财税工作会议，对30名会计"双先"代表进行了表彰。同年，省总工会授予全省先进会计工作者徐琳、周亚娜、严云友、张泽辉、许建胜5人以"安徽省优秀职工"称号并颁发"安徽省五一劳动奖章"。

2008年，经过各市县财政局及有关部门单位层层推荐选拔、广泛征求意见、面向社会公示和考核评定等环节，省财政厅评选出100名先进会计工作者，并授予"安徽省先进会计工作者"荣誉称号。在此基础上，向财政部推荐5名优秀人员，参选全国会计先进工作者。经过严格评选，华普天健会计师事务所（北京）有限公司安徽分所所长李友菊被评为“全国会计先进工作者”。

2009—2010 年,继续开展全省先进会计工作者（总会计师系列、会计管理工作者系列）评选表彰活动。省财政厅 2009 年评定左志鹏等 20 人为“安徽省先进会计工作者”（总会计师系列）;2010 年评定季必英等 12 人为“安徽省先进会计工作者”（会计管理工作者系列）。

第二节　会计基础建设

会计基础工作是强化单位财务管理,提高会计工作水平,保证会计信息质量的基础环节。省财政厅将会计基础工作规范化考核验收、会计委派制试点、非公有制企业会计管理等有机结合起来,营造会计工作良好氛围。

会计基础工作规范化　1987 年,省财政厅制发《会计基础工作验收标准和考评办法》,在全省开展会计工作达标升级活动,共对 16000 个单位会计工作进行考核验收。其中，1.3 万个单位达标，1000 个单位分别达到会计工作二级和三级。

1996 年,省财政厅等 5 厅局联合制发《会计基础工作考核标准和评分原则》和《会计基础工作规范化管理实施办法》。

1997 年,省政府第 94 号令发布《安徽省会计工作管理办法》。截至 1999 年年底,全省共有 2.2 万个单位通过考核获得会计基础工作规范证书。

2000 年,经过对各单位进行会计信息质量检查,全省共考核确认会计基础工作规范单位 1378 户。

2001 年,全省新考核确认会计基础工作规范单位 1012 户,累计共有 10661 户经考核确认取得会计基础工作规范化证书。

2002 年,建立会计基础工作联系点制度,全省共考核确认会计基础工作规范单位 500 户。

2003 年,省财政厅制定《安徽省会计核算中心会计基础工作规范化考核标准和评分原则》,对各县（市、区）会计核算中心会计基础工作进行规范化考核验收。对经考核确认达标的 200 个单位,颁发财政部统一印制的“会计基础工作规范化证书”。

会计委派制试点　2000 年,全省共 12 个市 28 个县(市、区)参加会计委派制试点,共委派会计人员 1472 人,试点单位 1257 户。

2001 年,开展财政投资基建项目会计委派制试点,试点首批选择省财政投资的光荣新村省级干部 5 号、6 号楼和稻香楼宾馆维修改造工程。会同省质量技术监督局在全省质监系统实行会计委派试点,试点首批选择阜阳、巢湖、滁州 3 市。截至 2001 年年底,全省共委派会计人员 349 人,试点单位 336 家。

2002 年,省财政厅制定《安徽省基建项目委派会计暂行办法》,重新修订《安徽省财务总监暂行办法》,组织编写《安徽省会计委派制探索与实践》。同时,会同安徽大学经济学院组成课题组，专题研究会计集中核算与国库集中支付的关系。

会计人员普查 2000 年，省财政厅通过《安徽日报》等媒体宣传、召开动员会、制发 40 万份普查表格等形式，全面统计全省会计人员基本情况和会计人员管理情况，建立全省会计人员信息基础数据库。

非公有制企业会计管理 2004 年，省财政厅明确提出加强非公有制企业会计管理工作总体要求、具体任务和主要措施，形成了“以规范非公有制企业的会计基础工作和会计核算行为为出发点，以提高非公有制企业会计工作水平为落脚点”的工作思路，做好非公有制企业会计服务。

会计电算化 1990 年前，会计电算化工做主要由一些大中型企事业单位自发摸索试点。1990—1995 年，省财政厅先后制发《安徽省会计核算软件评审和计算机替代手工记账审批办法》《关于发展安徽省会计电算化事业的意见》《安徽省会计电算化知识培训管理办法》和《安徽省企事业单位计算机替代手工记账管理办法》。截至 1999 年年底，全省近 400 家单位实现甩账。

2000 年，省财政厅组织开展以 windows 为基础的会计电算化培训，扩大 windows 版无纸化考试软件试点，全年累计培训 21700 人次，50% 以上市全面使用新版考试软件。2001 年，首次组织会计电算化中级知识培训，举办 2 期共 120 余人参加培训。

2002 年，初级培训 25552 人，中级培训 473 人。2003 年，初级培训 11627 人次，中级 600 人次。2006 年，全省组织会计电算化知识培训 24818 人。

2007 年，在合肥市实行会计电算化“考培分离”试点，即将考试管理机构和培训机构严格划分开来，以规范考试流程，提高培训质量。

2008 年，全省 17 市全部实行会计电算化无纸化考试，提升考务管理效率和考试公平公正性。

第三节 会计制度管理

贯彻实施国家统一的会计制度是会计管理工作的重要内容，也是保证会计信息质量、提高会计工作水平的重要环节。省财政厅会同有关部门，共同推动国家统一的会计制度的贯彻实施。

会计制度贯彻 1992 年年底，财政部先后制发《企业会计准则》和 13 项新的行业会计核算制度，要求自 1993 年 7 月 1 日起在全国范围内实施。1993 年 2 月，省财政厅成立安徽省企业财务会计制度改革领导小组，制定贯彻实施新制度的步骤和办法。7 月 1 日，新制度全面实施。

1998 年 11 月，举办全省企业会计准则和股份有限公司会计制度培训班。2000 年，学习贯彻《企业财务报告条例》《企业会计准则——或有事项》等项制度，建立“会计制度（准则）联系点”制度，及时了解制度执行情况，并开展监督检查。

2001年，制定国有企业执行《企业会计制度》审批办法，批复省徽商集团及其所属11家企业，自2002年1月1日起执行《企业会计制度》。

2002年，制定外商投资企业执行《企业会计制度》账务处理衔接办法。

2003年，选择100家省内国有企业，进行《企业会计制度》模拟执行测试分析。组织省内从事外商投资企业审计业务的会计师事务所，对265户外商投资企业执行《企业会计制度》情况进行专项调查。

2004年，举办全省财政系统新会计规章制度培训班，各地此类培训人数共78381人次。会同省国有资产监督管理委员会在安庆市召开省属企业实施《企业会计制度》座谈会，积极推动全省国有企业执行《企业会计制度》。

2005年，会同省民政厅举办3期民间非营利组织会计制度培训班，共500余人参加。会同省农委举办村集体经济组织会计制度培训班，共240人参加，同时免费向各县、乡镇、村发放3.5万册《村集体经济组织会计制度》。会同省国资委在厦门国家会计学院举办企业会计制度与财务管理实务培训班，共同推动省国资委监管企业带头执行企业会计制度。

2006年，举办为期一周的企业会计准则培训班，全省各市县财政系统会计管理机构共146人参加培训，并对拟执行新准则的江淮汽车（集团）有限公司进行上门培训和指导。

2007年9月12日，联合省证监局在合肥召开全省上市公司执行《企业会计准则》座谈会。截至年底，全省50家上市公司全部执行新企业会计准则，执行情况总体平稳有效。

2008年，跟踪全省55家上市公司2008年度年报披露进程。通过对马钢股份、海螺水泥和皖通高速3家A+H股上市公司的分析认为，执行企业会计准则后，内地与香港披露的年报差异基本消除，企业会计准则在全省的贯彻实施取得了实质性的成效。6月，开展《新型农村合作医疗财务会计制度》培训工作，帮助新农合基金管理部门提高会计核算水平，规范会计核算程序。7月，联合省国资委下发《关于省属企业全面执行<企业会计准则>的通知》，全面部署全省省属企业执行企业会计准则工作。截至年底，省属企业各项准备工作全部完成。

2009年，省财政厅联合省国资委举办三期《企业会计准则》培训班，对省属企业财务负责人和会计人员进行强化培训。截至年底，全省33家省属企业全面执行企业会计准则，总体情况良好。

企业内部控制制度建设　2008年，省财政厅配合财政部在安徽省选聘企业内部控制标准委员会咨询专家，安徽工业大学副校长林钟高入选为内部控制基础理论咨询专家组成员，华普天健会计师事务所（北京）有限公司安徽分所所长李友菊入选为内部控制评价标准咨询专家组成员。

2010年4月26日，财政部联合证监会等五部委联合发布18项《企业内部控制配套指引》。省财政厅转发相关文件。6月，省财政厅深入铜陵有色等企业实地开展内控建设调研，总结企业内控建设经验，并于《中国会计报》开设专题进行报道。

村级财务会计管理 2008年，省财政厅开展全省村级财务会计管理调研工作。调研组分赴各市实地走访部分村集体经济组织，并选取208户村集体经济组织进行问卷调查，完成《加强村级财务会计管理，促进农村经济社会发展》的调研报告，提出加强村级财务会计管理工作若干建议。在此基础上，以《提升村级财务会计管理执行力途径研究》为课题，深化对存在问题的研究。

第四节 会计日常管理

省财政厅遵循“规范有序、和谐高效、公开透明”的管理方式，围绕提高行政管理效能，做好各项日常会计管理工作。

会计人员管理 1989年7月，省财政厅制发《安徽省〈会计证〉管理办法（试行）》，开始在全省范围内施行“会计证”管理制度。

1991年，“会计证”管理实行验证制度，财政、工商、银行等部门共同对会计人员持证上岗情况进行监督检查。

1992年，省财政厅制发《安徽省〈会计证〉年检暂行规定》，开始实行“会计证”年检制度。

1997年，省财政厅相继制发《安徽省〈会计证〉考试暂行办法》、《安徽省会计人员信息管理系统》和《安徽省〈会计证〉考试题库》。

1999年，全省持证人员达174430人。2002年，全省累计有11.4万名会计人员换取新版“会计从业资格证书”。

2003年，全省发放“会计从业资格证书”53600万本。

2004年，全省发放“会计从业资格证书”26339万本，办理1500余人证书调转，完成20余万人“会计从业资格证书”年检。

2005年，全省发放“会计从业资格证书”12575本，累计2.9万本。

2006年，全省新发“会计从业资格证书”20469本，累计322205本。

2007年，全省共有“会计从业资格证书”持证人员35万人，新增2.9万人。

2008年11月，省财政厅组织开发会计人员综合管理信息系统，全面实现全省会计人员管理信息化。

会计继续教育 1998年，省财政厅印发《安徽省会计人员继续教育实施办法（试行）》，明确会计人员继续教育实行统一规划、分级管理。省财政厅负责全省继续教育的组织管理，各市财政局负责本地区继续教育的组织管理。继续教育分高、中、低三个层次，采取集中培训和自学两种形式。全省共组织会计人员继续教育培训92.4万人次。

2002年，省财政厅制发《全省会计人员继续教育培训规划》，举办全省新会计准则、企业会计制度和高级会计人员继续教育等培训活动，全省共培训会计人员 14.6 万人次。

2003 年，全省共培训会计人员 18 万人次。

2006 年，全省共组织各类会计人员教育培训 17 万人次。

2007 年 7 月 1 日，省财政厅制发《安徽省会计人员继续教育管理办法》。

2008 年，省财政厅制发《会计人员继续教育指导性意见》。

2010 年，省财政厅对全省会计人员继续教育情况进行全面摸底调研，查找管理上存在的漏洞，有针对性地提出完善措施，并在继续教育培训方式上不断探索创新。

会计师事务所管理　2003 年年初，省财政厅决定将原委托省注册会计师协会行使注册会计师行政管理的职能划归会计处。

2004 年，全省会计师事务所新设 17 家，并 1 家香港会计师事务所临时执业，注销 4 家。全省新批代理记账机构 18 家。11 月，省财政厅开展注册会计师行业检查。全省抽调 40 人组成 10 个检查组，共检查 80 家会计师事务所，内容包括设立条件、财务管理和执业质量 3 个方面。根据检查结果，对 1 家处以暂停执业 3 个月处罚，1 家处以罚款处罚，7 家处以警告并没收违法所得处罚，5 家 10 名注册会计师处以警告处罚，7 家下达关注函，19 家 42 名注册会计师进行约见谈话批评。

2005 年，全省会计师事务所新设 20 家，办理变更 45 家，终止 14 家。

2006 年，全省会计师事务所新设 35 家，办理变更 78 家，注销 17 家。

2007 年，省财政厅将所有涉及会计师事务所的办理事项均纳入政务中心，实行窗口“集中受理制”和“限时办结制”，落实“一站式服务”。全年共受理事务所设立申请 25 家，批准 21 家（其中合伙所 18 家、有限所 2 家、分所 1 家），不予批准的 4 家，办理变更 53 家，注销 12 家，撤销 1 家。同时，正式启用全国统一的会计行业管理系统，对事务所相关事项全部实行网上办理。

2008 年 11 月，省对会计师事务所设立审批时限再次进行提速，由以前的 30 个工作日提前到 28 个工作日。全年会计师事务所新设 19 家，撤回设立许可 1 家，注销 6 家，限期整改 7 家，不予批准 1 家，办理变更事项 99 家。截至 2008 年年底，全省共有会计事务所 213 家（其中有限所 100 家，合伙所 105 家，分所 8 家）。

2009 年，全省会计师事务所新设 11 家，撤回设立许可 4 家，撤销 2 家，注销 7 家，限期整改 7 家，不予批准 1 家，办理会计师事务所变更备案 78 家。截至 2009 年年底，全省共有会计师事务所 214 家（其中：有限所 96 家，合伙所 107 家，分所 11 家）。

2010 年，进一步加强对会计师事务所发展生存状况和存在问题的分析研究，省财政厅完成《促进会计师事务所做大做强措施研究》重点课题。全年新增设立 18 家会计事务所（其中：有限制 2 家，合伙制 12 家，分所 4 家），撤回 2 家，注销 9 家（有限制 3 家，分所 1 家，合伙制 5 家），限期整改 11 家，变更备案 60 家。截至 2010 年年底，全省共设立会计师事务所 228 家，其中有限责任会计师事务所 94 家，合伙制会计师事务所 121 家，省内分所 2 家，外省分所 11 家。

代理记账机构管理 2005年，省财政厅制发《安徽省代理记账管理实施办法》，全省批准设立代理记账机构42个。2006年，全省批准设立代理记账机构67个。2007年，全省批准设立代理记账机构11个。2008年，全省批准设立代理记账机构12个。截至年底，全省累计批准代理记账机构154个。

第五节 会计人员评价

为提高会计人员素质，财政部逐步在全国建立和实施会计人员从入门、评价到后续教育的考试制度。省财政厅本着“依法治考、严格标准、公平公正、万无一失”的工作理念，周密部署各项会计考试考务管理工作。

考试政策沿革过程 1992—1994年考试分为甲、乙类；1995—1997年改为A、B类；1998年以后改为初、中级资格考试；高级会计师一直由省级集中实行评审制度，2005年高级资格考试开始试点；2008年高级资格考试全面实施。至此，全省已形成了会计从业资格（省级管理）、初、中、高级会计专业技术资格评价体系。

会计从业资格考试 2001年，举行全省首次会计从业资格统一考试，全省共20850人报名参加考试，合格人数为10651人。

2002年，全省共有14010人报名参加考试，合格人数为4572人。

2003年，全省共有12596人报名参加考试，合格人数为3213人。

2004年，全省共有15770人报名参加考试，合格人数为4808人。

2005年，全省共有31591人报名参加考试，合格人数为17164人。

2006年，全省共有45796人报名参加考试，合格人数为11477人。

2007年，全省共有72009人报名参加考试，合格人数为25942人。

2008年，省财政厅开发全省会计从业资格考试网报系统和网络阅卷管理软件，实现网上报名和计算机读卡阅卷。同时，整合会计从业资格考试科目，变更会计电算化考试时间，实行“集中安排，三门课一次性通过有效”的管理方式。全省共有80411人报名参加考试，合格人数为29922人。会计电算化考试共有40630人报名参加考试，合格人数为23654人。

2009年，全省会计从业资格考试共有10万余人报名。

2010年会计从业资格考试全省报名数为76267人，实考64758人。11月25日至12月8号，顺利完成2011年会计从业资格考试14.9万考生网上报名工作。截至2010年，全省累计有40.5万人参加会计从业资格考试，有8万人通过考试取得会计从业资格证。

会计专业技术资格考试 1988年，全省各市县财政部门及省直业务主管部门均成立会计专业技术职务评审组织。

1990年年底，全省共评审会计师10127人，助理会计师36987人，会计员47581人。

1992年，全国实行会计专业技术职务资格认定与管理考试制度。

截至 1999 年年底，共组织 7 次考试，全省累计报考人数达 55 万人，合格人数达 94753 人，其中取得初级资格 73435 人，取得中级资格 21318 人。

2000 年，全省共 46729 人报名，实考 25047 人，初级合格人数 4367 人，中级合格人数 1968 人，综合合格率为 25.3%。省财政厅获全国会计资格考试组织工作一等奖。

2001 年，全省共有 58000 人报名参加考试，初级合格人数 5087 人，中级合格人数 1169 人。

2002 年，全省共有 40174 人报名参加考试，初级合格人数 3819 人，中级合格人数 4532 人。

2003 年，全省共有 22131 人报名参加初级考试，合格人数为 3874 人；共有 14049 人报名参加中级考试，合格人数为 2899 人。

2004 年，全省共有 43566 人报名，实考 23399 人，初级合格人数 3205 人，中级合格人数 3636 人。

2005 年，全省共有 19077 人报考初级，合格人数 3189 人；23095 人报考中级，合格人数 3553 人。

2006 年，合肥市进行网上报名试点。全省共有 17411 人报考初级，合格人数 3558 人；20744 人报考中级，合格人数 2389 人。

2007 年，全省共有 22606 人报考初级，合格人数 4359 人；12203 人报考中级，合格人数 1873 人。同时，安徽进一步扩大考试“网报”范围，由单一试点合肥市拓展到芜湖市和淮南市。

2008 年，全省共有 47053 人报名，实考 26840 人，初级合格人数为 4415 人，中级合格人数为 2025 人。同时，省会计专业技术资格考试领导小组办公室制定《安徽省会计专业技术资格考试管理工作考评办法》，逐步建立和完善全省会计类考试管理工作的考评机制，体现“以制度管事、管人”的理念。

2009 年，全省共有 53930 人报名，初级合格人数为 7272 人，中级合格人数为 1387 人。

2010 年，首次实行网上评卷。全省共计 72422 名考生报名，初级合格人数为 8565 人，中级合格人数为 1528 人。

高级会计师考评　截至 1999 年年底，全省高级会计师评委会共召开评审会 21 次，评审出高级会计师 1004 人。

2000 年，省财政厅举办“全省申报高级会计师人员继续教育培训班”，聘请专家学者就新“会计法”、WTO 与会计及会计改革与发展的前沿问题开展专题讲座。经评审，全省共有 62 人取得高级会计师任职资格。

2001 年，联合安徽大学工商管理学院举办全省高级会计人员继续教育培训班，共有 300 余人参加培训。经评审，全省共有 56 人取得高级会计师任职资格。

2002 年，首次举行申报高级会计师任职资格专业知识测试和论文论著答辩会，经评审和答辩，全省共有 57 人取得高级会计师任职资格。

2003 年，全省 98 名申报人员中有 78 人取得测试和答辩双合格，经评审表决，65 名申报人员取得高级会计师任职资格。

2004 年 12 月 25 日，104 人参加测试和答辩，经评审表决，82 人取得高级会计师任职资格。

2005 年，安徽首次组织高级会计师考评结合试点，全省共 658 人报名参加考试，116 人达到全国合格标准（60 分，下同），108 人达到省合格标准（50 分，下同）。经评审，44 人取得高级会计师任职资格。

2006 年，全省共 533 人报名参加考试，147 人达到省合格标准以上。11 月 18—19 日，省财政厅会同安徽大学工商管理学院在合肥举办全省高级会计人才继续教育培训班，300 余人参加培训。12 月 29—31 日，经评审，72 人取得高级会计师任职资格。

2007 年，安徽省高级会计师考评结合考试由试点转入全面实施阶段。全省共有 475 人报名参加考试，73 人达到全国合格标准，103 人达到省合格标准。经评审，66 人取得高级会计师任职资格。

2008 年，安徽全面取消省级合格标准。全省共 508 人报名参加考试，合格人数为 207 人。12 月，省财政厅在安徽大学工商管理学院举办全省高级会计人才继续教育培训班，共有 280 余人参加。同月，在合肥召开全省高级会计师任职资格评审会议，共 143 人取得高级会计师任职资格。截至 2008 年年底，省财政厅累计培训高级会计人才 3600 余人次，全省共有高级会计师 1583 人。

2009 年，全省高级会计师考试共有 824 人报名，实考人数为 563 人，出考率为 68.33%。同时，在合肥召开全省高级会计师任职资格评审会议，共 49 人取得高级会计师任职资格。

2010 年，全省高级会计师考试共 794 人报名，实考 586 人，出考率为 73.8%，合格 104 人，合格率为 17.75%。截至 2010 年年底，全省共有高级会计师 1708 人。

实施会计领军人才培训 2006 年，通过选拔和推荐，安徽省服装进出口公司蒋洪文和淮北矿业集团李明入选全国会计领军人才。2008 年，安徽中烟工业公司财务部夏登梅入选全国会计领军人才。2010 年，根据财政部《全国会计领军（后备）人才培养十年规划》的要求，结合安徽省实际情况，省财政厅实施全省会计领军人才“三五”工程选拔培养工程，制订并发布《安徽省会计领军人才“三五”工程培养规划》和《安徽省会计领军人才“三五”工程培养实施方案》，计划用 5 年时间，在全省范围内，培养出 50 名左右省级会计领军人才、500 名左右省级会计领军后备人才、500 名左右市县级会计领军人才。8 月 27 日至 9 月 25 日，组织全省首批会计领军人才前往上海国家会计学院参加为期一个月的集中封闭式培训。全省首批 15 名省级会计领军人才参加培训。

2010 年 6 月，省会计学会在上海财经大学继续教育学院举办为期一周的全省企业中层以上财务会计人员培训班。培训内容涉及企业会计准则、企业内部控制、企业投融资决策分析,当前国际税收政策和制度改革的新方向,政府宏观调控等。

第六节　注册会计师和资产评估师行业管理

1990 年 1 月 18 日,安徽省注册会计师协会(简称省注协)在合肥成立。1997 年 1 月 27 日,省注协和省注册审计师协会在联合的基础上重新组建了新的省注协。1997 年 11 月 28 日,安徽省资产评估协会(简称省评协)在合肥成立。2000 年 8 月 31 日,省财政厅同意省评协并入省注协。省评协的职能随之划转至合并后的省注协,省评协作为社会团体组织仍保留登记。2005 年 6 月 12 日,经省财政厅同意,省评协的名称和公章重新启用,省评协与省注协合署办公,一个机构两块牌子。

截至 2010 年年底,全省共有会计师事务所 229 家,资产评估机构 74 家,执业注册会计师 2431 人,执业注册资产评估师 694 人,注册会计师非执业会员 3755 人。2010 年,全省行业总收入达 6.2 亿元,其中会计师事务所业务收入 5.5 亿元,资产评估机构业务收入过 7 千万。全省最大的会计师事务所业务收入近一亿元。全省最大的资产评估机构业务收入达 1200 万元。

注(评)师统一考试　1991 年开始实行注册会计师全国统一考试制度。为确保注册会计师考试工作顺利进行,省成立注册会计师考试委员会,下设考试办公室,考试办公室设在省注协,负责考试的具体组织和实施。全省 17 个市相应成立以财政局主要负责人为组长的考试领导小组及办公室,负责领导和组织实施本地区的各项考试工作。2009 年,中注协实施注册会计师考试制度改革,印发了《注册会计师考试制度改革方案》,改革后的注册会计师考试分为两个阶段进行。第一阶段,即专业阶段,设会计、审计、财务成本管理、公司战略与风险管理、经济法、税法等 6 科。第二阶段,即综合阶段,设综合 1 科。考生在通过第一阶段的全部考试科目后,才能参加第二阶段的考试。两个阶段的考试,每年各举行 1 次。2009 年的注册会计师考试,新旧考试制度双轨运行,2010 年开始全面实施新的考试制度。(1991—2010 年全省注册会计师考试通过情况见附表 1)

2003 年以后,由省人事考试院和省评协统一组织实施全省注册资产评估师全国统一考试。截至 2010 年,共组织 8 次。

注(评)师行业年检　根据财政部和省财政厅文件规定,省财政厅每年年初对全省注册会计师、注册资产评估师进行一次年度检查,年检结果通过有关媒体向社会发布。

注册会计师任职资格年检　依据中国注册会计师任职资格检查办法,主要检查 7 个方面的内容:是否在会计师事务所专职执业;是否在当年从事了注册会计师业务;执业质量和职业道德情况;当年是否受到过刑事处罚或行政处罚;当年接受后续教育培训情况；会员义务是否履行，如交纳会费等；应当进行任职资格检查的其他内容。

注册资产评估师年检　依据中国注册资产评估师年检办法，主要检查9个方面的内容：注册资产评估师是否具有完全民事行为能力；注册资产评估师是否在资产评估机构专职执业；注册资产评估师是否停止执行资产评估业务连续满12个月；注册资产评估师年龄在年检基准日是否超过70周岁；注册资产评估师是否按规定接受后续教育；注册资产评估师是否受到刑事处罚；注册资产评估师是否按规定办理变更备案及离所备案手续；注册资产评估师是否按规定履行《中国资产评估协会章程》规定的义务；是中评协及地方协会规定的其他内容。

注（评）师行业检查　根据财政部、中注协、中评协有关文件规定，省财政厅每年对全省会计师事务所、资产评估机构进行一次执业质量自律性检查。2004年，中注协发布《会计师事务所执业质量检查制度》，正式确立以行业协会为主体的会计师事务所执业质量检查制度，并组织开展了五年一轮的执业质量检查工作。2011年，中注协新修订了《会计师事务所执业质量检查制度》和《中国注册会计师协会会员执业违规行为惩戒办法》。2006年，中评协发布了《资产评估执业质量自律检查办法》和《资产评估执业行为自律惩戒办法》（试行），开展行业协会对资产评估机构五年一轮的执业质量检查工作。

会计师事务所执业质量检查　安徽根据中注协新修订的《会计师事务所执业质量检查制度》规定，每年组织开展事务所执业质量检查。截至2010年年底，省财政厅完成对省内229家会计师事务所的一轮检查，对15家会计师事务所和38名注册会计师进行惩戒。

资产评估机构执业质量检查　根据中评协《资产评估执业质量自律检查办法》，每年省财政厅同行政主管部门对全省资产评估机构和资产评估师遵守法律、法规、规章和制度的情况，遵守资产评估准则和职业道德准则的情况，资产评估机构内部质量管理和控制的情况进行检查。截至2010年年底，完成对省内74家评估机构的一轮检查，对4家评估机构和6名资产评估师进行惩戒。

注（评）师行业建设　2005年11月，经省政府同意，省财政厅向全省各级政府、省政府各部门、各直属机构印发《关于进一步加强注册会计师和资产评估行业管理的意见》的通知，要求各部门在对行业的监管中，加强沟通、提高效率，杜绝多头监管、重复检查和重复处罚；行业协会要充分发挥自律管理的作用，强化诚信意识，加强后续教育，完善监管体系，遏制业内不良现象。

“两师”继续教育　以提高会员的专业素质和职业道德水平为目标，省财政厅不断调整培训思路、改进培训方式，不断加强继续教育的基础性管理工作，建立培训管理档案，充实师资队伍、建立优胜劣汰的师资竞争机制，打破单一的继续教育培训模式，尝试多形式、多渠道、分层次、分类别的培训方式。采取授课与研讨相互补、理论与实务相结合、基础知识与专题讲座相联系的教学模式开展行业培训。1990—2010年，共举办注册会计师继续教育培训班237期、资产评估师继续教育培训班76期，选派部门经理以上人员参加中注协、中评协在北京国家会计学院、上海国家会计学院和厦门国家会计学院举办的各类培训班108期，共培训各类人员3.23万人次。

管理制度建设　省财政厅先后制订、实施一系列行业管理制度。推进综合评价，根据《安徽省会计师事务所综合评价暂行办法》和《安徽省资产评估机构综合评价暂行办法》的要求，推进执业机构综合评价工作，2010年共评选出A级会计师事务所20家、资产评估机构10家、B级会计师事务所30家、资产评估机构20家；把关市场准入，2009年8月，制定《安徽省注册会计师办理从事审计业务经历证明暂行办法》。为注册会计师拟任新设会计师事务所股东或合伙人以及会计师事务所变更股东或合伙人，出具自取得注册会计师证书后最近连续5年在会计师事务所从事审计业务经历证明。2010年，根据《财政部关于科学引导小型会计师事务所规范发展的暂行规定》文件精神，组织相关专家建立针对超过60岁拟任股东人员进行相关考评的题库；加强注册管理，先后转发财政部《会计师事务所审批和监督暂行办法》《注册会计师注册办法》和中评协《注册资产评估师注册管理办法（试行）》《注册资产评估师年检办法》《中国资产评估协会会员管理办法》，并结合全省行业实际提出实施意见；规范执业行为，先后制发《安徽省注册会计师行业不正当竞争警示制度》《安徽省注册会计师行业不正当竞争行为处罚暂行办法》和《合肥地区会计师事务所和资产评估机构公平竞争自律公约》。2010年7月，省物价局、财政厅联合下发《转发国家发展改革委、财政部关于发布资产评估收费管理办法的通知》，并与同年9月下发《转发国家发展改革委、财政部关于印发会计师事务所服务收费管理办法的通知》，规范行业收费行为；加强内部治理，2007年，组织业内专家根据国家相关法律法规和行业标准，下发《安徽省会计师事务所和资产评估机构内部治理参考文本》，包含《劳动合同书》等在内的各项内部管理制度示范文本；建设诚信行业，省注协制发《安徽省注册会计师协会会员诚信档案管理暂行办法》，建立健全会员诚信度测评和考核机制，明确规定会员诚信信息采集、录入、维护、查询、发布的具体程序；实行防伪管理，2008年1月1日起，对全省会计师事务所鉴证业务统一实行防伪标识管理。截至2010年年底，已发放防伪标识55万枚；建立考试奖励制度，制发《注册会计师考试组织工作考核奖励评比办法》及实施细则，每年对各市考办的工作进行一次考核。

行业党建工作　2009年11月17日，省财政厅党组发出《关于成立中国共产党安徽省注册会计师行业委员会的通知》，决定成立中国共产党安徽省注册会计师行业委员会，负责指导和协调全省注册会计师行业党建工作。2009年12月31日，中共安徽省委组织部、中共安徽省财政厅党组印发《关于进一步加强和改进全省注册会计师行业党的建设工作的实施意见》，明确全省注册会计师行业党建工作的管理体制。全省17市均依托财政局建立健全行业党组织。全省有82家会计师事务所成立独立党支部；62家会计事务所成立30个联合支部；向没有党员的会计师事务所选派25名党建工作指导员和联络员，全行业644名党员的组织关系全部转入行业党组织，党的组织和党的工作实现全覆盖。2010年6月，省财政厅成立创先争优活动领导小组注册会计师行业指导办公室，指导全行业把创先争优活动引向深入。

厅属会计师事务所简介 1988—1993年，省财政厅为适应市场经济发展对会计中介机构的需求，先后成立3个会计师事务所，均为厅属单位并于1999年进行脱钩改制。

安徽会计师事务所（华普）简介 1988年5月31日，经安徽省编制委员会批准，安徽会计师事务所在合肥成立，为省财政厅下属县级事业单位，经费实行自收自支，独立核算，自负盈亏。经工商行政管理部门核准登记，安徽会计师事务所于1989年4月11日在合肥宣布正式开业。事务所成立之时有商业、外贸、粮食、交通、机械、建材、农业等15个分部，注册会计师62名，聘请顾问4名，陈学鲁为首任负责人。1998年12月21日，执行证券、期货相关业务的安徽会计师事务所完成脱钩改制，改制后名称为安徽华普会计师事务所，改制后的事务所内设四个审计业务部、资产评估部、造价咨询部、质量监管部、综合部和财务部等部门，从业人员45名。

华安会计师事务所简介 1993年10月16日，经安徽省财政厅批准，安徽华安会计师事务所在合肥成立，事务所隶属省财政厅，为县（处）事业单位。1999年11月24日，根据《中华人民共和国注册会计师法》和财政部《有限责任会计师事务所审批办法》以及事务所脱钩改制的有关规定，安徽华安会计师事务所完成脱钩改制，其原有在编员工不再保留国家编制，其人事档案交由人才交流中心保管。改制后的安徽华安会计师事务所是由注册会计师出资发起设立的有限责任会计师事务所。

中华会计师事务所简介 1993年3月16日，省财政厅与中华会计师事务所协商，同意在合肥建立安徽中华会计师事务所。1993年8月20日，经安徽省机构编制委员批准，安徽省中华会计师事务所在合肥成立。事务所为省财政厅直属的具有法人地位的事业单位，不定机构级别，核定事业编制20名，实行独立核算，自负盈亏。安徽中华会计师事务所的人员编制、日常的行政管理、人事管理、财务管理由省财政厅负责，业务上接受中华会计师事务所的领导。

第九章　政府采购管理

政府采购是市场经济条件下公共财政支出的一项管理制度,经过10多年的发展和完善,已由单一的财政支出管理手段,演变成兼有财政支出管理和国家宏观调控双重功能的重要工具,成为政府介入经济运行的最直接方式之一。

第一节　全省政府采购管理

经过实践与探索,安徽省政府采购制度体系基本建立,采购范围和规模逐年扩大,资金使用效益逐步提高。2000—2010年,全省累计实现政府采购1458.91亿元,节约采购资金349.16亿元,节约率达19%。

政府采购范围规模　根据《中华人民共和国政府采购法》规定,政府采购范围包括货物、工程和服务三大类。

拓宽政府采购范围　2000年,省财政厅通过制定集中采购目录和限额标准,先后将汽车加油及保险、会议、培训、信息系统开发设计、会展等服务类项目纳入政府采购范围。2001年,对棉衣、棉被等救灾物资实行政府采购。将中小学免费教材、农业综合开发、良种补贴、防疫药品、农村中小学远程教育设备支出项目等纳入政府采购。2003年,依照《安徽省工程项目试行政府采购制度暂行规定》,明确财政投资的工程项目必须纳入政府采购范围。政府采购范围由改革初期以货物类为主,逐步拓展为货物、工程和服务齐头并进。2009年,将民生工程、中小学免费教科书、新农村建设、农机具、良种等国计民生项目逐步纳入政府采购范围,加大对财政性资金偿还的借(贷)款、中央和省级补助专款、国债资金项目实施政府采购的力度。扩大服务类项目实行政府采购的范围,将小汽车维修、部门预算安排的专项经费中利用社会服务或中介服务等项目,纳入政府采购范围。2000年全省货物、工程和服务政府采购比重分别为45.0%、43.7%、11.3%,2010年比重分别为19.2%、78.7%和2.1%。

扩大政府采购规模　经过各级政府采购部门的努力,全省政府采购规模逐年扩大,由2000年的8.46亿元增长到2010年的412.11亿元,增长48.7倍,年均增速47.5%。

政府采购预算管理　2001年,省财政厅出台《安徽省政府采购预算管理暂行办法》,加强政府采购预算编制、执行、监督和政府采购资金管理。

政府采购预算编制和审批　政府采购预算由本级各部门、单位的政府采购预算组

成，各预算单位在编制综合预算时，必须同时编制政府采购预算，各主管部门负责审核、汇总本部门及所属各单位的政府采购预算，随同年度部门预算一并报送同级财政部门。财政部门将政府采购预算随同年度综合预算批复至各部门。各部门、单位在年度预算执行过程中，经批准追加、追减预算，其中属于政府采购范围的，财政部门同时追加、追减有关部门、单位的政府采购预算。

政府采购预算执行 各部门、单位政府采购预算的执行形式分为集中采购和分散采购。属于集中采购目录内的项目，必须委托集中采购机构实施采购，属于分散采购的项目，由采购人自行采购或委托政府采购代理机构进行采购。各部门、单位根据财政部门批复的年度政府采购预算，按月编制政府采购计划，采购计划应当列明采购项目的数量、型号、规格及资金构成。财政部门对各部门、单位报送的政府采购计划进行审核、汇总后，委托集中采购机构实施项目采购。

政府采购预算监督 财政部门负责监督各部门、单位政府采购活动，定期检查政府采购预算的执行情况。同时自觉接受审计、监察等部门的监督检查。采购人不得随意调整列入政府采购预算的项目，确需调整项目的，要经省财政厅预算、政府采购、国库和相关业务处共同批准，否则调整无效，国库处和支付中心不予拨付资金。各部门、单位自行采购属于集中采购范围内的货物、工程或服务的，财政部门按其实际采购额的5%～10%扣减当年专项经费并给予通报批评；各部门、单位不严格执行政府采购预算、计划的，财政部门不予拨款。自2004年起，省财政厅建立省级政府采购预算执行情况通报制度，每季度对各预算单位政府采购预算的执行情况通报一次。

政府采购资金管理 自2004年起，政府采购预算中，凡确定为集中采购项目的资金，均由财政部门实行国库直接支付或从财政部门设立的“政府采购资金专户”统一拨付。各部门、单位对未经批准擅自采购属于集中采购范围的货物、工程和服务的，省财政厅各相关业务处及支付中心拒付资金。政府采购项目结余资金，可以继续用于部门、单位其他项目的政府采购。

政府采购基础建设 省财政厅坚持公开、公平、公正、诚实信用的原则，加强政府采购基础建设，提高政府采购透明度和规范化水平。

推行政府采购公开招标 2001—2010年，全省公开招标项目数额占政府采购总规模的比例分别为58.4%、62.3%、62.8%、61.0%、72.2%、77.3%、82.2%、81.6%、83.8%和84.2%。2010年比2001年提高25.8个百分点。

政府采购信息发布 2004年起，省财政厅将省级和各市县政府采购的有关制度、办法及采购招标、中标公告等信息，在“中国安徽政府采购网”《中国财经报》《政府采购信息报》等媒体上公开发布，使采购人和社会各界了解政府采购动态。2010年，省级共计发布政府采购信息1452条，其中采购需求信息公告760条，中标、成交结果公告687条，政策法规公告5条。

建立政府采购评审专家库 2004年，省财政厅建立省级政府采购专家库，公开征

集省级评审专家，开发评审专家管理软件，对评审专家实行动态管理。2005年，建立政府采购评审专家工作情况反馈制度，采购活动组织单位及时反馈专家参加采购活动表现情况，政府采购监督管理部门建立专家工作档案，对违规专家依法予以处罚。2009年，升级政府采购专家管理软件，实行专家网上自助注册，远程抽取、语音及短信通知；加强政府采购评审专家管理，依法处罚违规违纪专家，将5名专家从专家库中除名；全年新征集专家100余人。2010年，对经审核符合条件的政府采购专家及时充实到专家库中，新征集专家100余人，至年底，省级专家库在库专家1278人。

制发政府集中采购目录　经省政府采购联席会议审议批准，省财政厅先后发布2001—2003年省级政府采购采购目录。2004年省级政府集中采购目录由省财政厅制定，省政府办公厅转发。2005年起，经省政府授权，省级政府集中采购目录由省财政厅制定并发布。2009年，省级政府集中采购目录有效期由一年增加为二年，省财政厅两年制定发布一次。

认定政府采购代理机构资格　2006年起，省财政厅依照财政部《政府采购代理机构资格认定办法》（财政部令第31号），严格按认定程序审批和确认乙级政府采购代理机构资格。通过单位申请、省财政厅审核、初审合格单位信息在"中国安徽政府采购网"上公示7天，公示期满无异议者，省财政厅正式认定为政府采购乙级代理机构，发给"政府采购乙级代理机构资格证书"。2006—2010年共认定政府采购代理机构86家。

规范政府采购信息统计　省财政厅每年下发关于做好政府采购信息统计工作的"通知"，对信息统计工作的组织领导、报表报送时间、统计分析材料的撰写等提出要求。2003年、2007年、2010年，省财政厅分别举办政府采购信息统计业务培训班。2005年，省财政厅对各市政府采购信息统计工作进行评比，表彰奖励先进单位。2007年起，全省政府采购信息统计使用网络版软件，各市及省政府采购中心、省教育装备中心直接通过网络版报送政府采购信息统计报表，省财政厅也采用网络版向财政部报送信息统计报表。2005年起，省财政厅政府采购信息统计工作连年受到财政部通报表扬。

举办政府采购产品展示交易会　经省政府批准，2003年9月25—27日，省财政厅在合肥安徽国际会展中心举办"首届安徽省政府采购产品展示交易会"。共设400个国际标准展位，吸引国内外150家知名企业参展，4万多人参观。江苏、浙江、福建、山东、大连等省市政府采购监管部门负责人也参加展交会。展交会期间，还举办政府采购说明会、现场开标会、重点供应商推介会等活动。2004年6月29日至7月1日，省财政厅在合肥举办"第二届安徽省政府采购产品展示交易会"，参展企业150家，设标准展位450个，展出商品12000余种。展交会期间，还举办安徽省政府采购成果展、政府采购高层论坛、采购人与供应商供需座谈会、政府采购政策咨询和现场开标会等活动。通过举办展交会，达到宣传政府采购政策、交流政府采购经验、扩大政府采购规模的效果。

政府采购监督检查　政府采购监督检查，主要围绕政府采购法规、采购范围、采购方式和采购程序的执行情况进行督查。

实行政府采购“三权”分离　即在政府采购的管理、使用、操作环节形成相互独立、相互制约的监督管理机制，财政部门负责政府采购监督管理，采购人拥有采购项目使用权，采购代理机构负责具体操作。

完善内部监督制约机制　省财政厅制发相关文件，建立内部政府采购运行程序和各处室政府采购责任制度，划分职能，明确责任。

建立政府采购特邀监察员制度　2001年6月，省财政厅聘请8人为省级政府采购特邀监察员。同时，要求各级财政部门建立政府采购特邀监察员制度，聘请具备一定综合分析和判断能力、坚持原则并且熟悉相关法规政策的人大代表、政协委员及民主人士担任政府采购特邀监察员。

开展政府采购专项检查　2000—2005年，省财政厅、省监察厅、省审计厅、省教育厅联合开展省级政府采购专项检查3次：对省直单位政府采购进行专项检查，在全面自查的基础上，抽调10人组成3个检查组，按不低于10%的比例进行抽查，填制抽查情况表，形成专题检查报告；对省属院校政府采购进行专项检查，在院校自查形成书面报告的基础上，组成2个检查组，重点检查6所院校，对违纪行为予以相应处罚；对8个单位进行重点抽查，在自查的基础上，分别对省科技厅、省民政厅、省卫生厅、省水利厅、省国土资源厅、省质量技术监督局和安徽大学、安徽医科大学等8个单位及其所属二级机构的政府采购工作情况进行重点抽查，检查结果进行公开通报。2005年，在安徽省中央补助公共卫生专项网络设备项目采购中，上海某科技有限公司提供虚假“银行资信证明”材料谋取中标，省财政厅联合省公安厅派专人到上海调查取证，在核实的基础上，依法对该公司进行严肃处理（罚款1.98万元，列入不良行为记录名单，2年内禁止参加政府采购活动），并将《行政处罚决定书》在“中国安徽政府采购网”予以公告。

全省组织开展政府采购执行情况专项检查　2008年，根据中央统一部署，省成立政府采购执行情况专项检查工作领导小组，省财政厅厅长陈先森担任领导小组组长，省财政厅、省监察厅、省审计厅分管副厅长担任副组长，领导小组下设办事机构，设在省财政厅政府采购处，各市及省直各部门也相继成立领导小组及其办事机构。召开全省电视电话会议，省财政厅、省监察厅、省审计厅等部门领导到会并讲话，动员部署全省开展政府采购执行情况专项检查工作。开展专项检查各阶段工作，转发全国专项检查有关文件，要求各地区、各部门切实加强对专项检查工作的领导，要求省垂直部门切实做好本系统的专项检查工作。组织发放自查自纠统计软件，指导各地、各单位认真开展自查自纠。先后组织6个重点检查小组，分别对25个省直一级预算单位、25个省直二级预算单位以及2个省级集中采购机构进行重点检查。

治理政府采购领域商业贿赂　2006年，省财政厅成立治理政府采购领域商业贿赂领导小组和办公室。召开领导小组会议，研究部署治理工作方案，提出治理工作要求，并制发《安徽省治理政府采购领域商业贿赂实施方案》。同时，开展调查摸底，通过问卷调查和召开座谈会，初步摸清政府采购领域商业贿赂发生环节、存在方式、形成特点与规律等。建立投诉举报制度，在省财厅办公大楼设立举报信箱，在“中国安徽政府采购网”公布投诉举报电话和传真电话，并利用现有的信访渠道，受理投诉举报案件。

政府采购投诉处理　2004年以来，全省各级政府采购监督管理部门贯彻财政部《政府采购供应商投诉处理办法》，依法慎重处理供应商投诉。

依法受理投诉　收到供应商提交的投诉书后，在规定时间内进行审查，针对不同情况进行分别处理：投诉书内容不符合规定的，告知投诉人修改后重新投诉；投诉不属于本部门管辖的，转送有管辖权的部门，并通知投诉人；投诉不符合其他条件的，书面告知投诉人不予受理，并说明理由；对符合投诉条件、手续齐全的投诉，及时予以受理。2010年，全省各级政府采购监管机构共受理供应商投诉84起，其中省级受理5起。

慎重处理投诉　在调查核实的基础上，依法做出投诉处理决定，并将投诉处理决定书在指定政府采购信息发布媒体“中国安徽政府采购网”上予以公告。2005—2010年，省级政府采购监管机构受理并处理供应商投诉案件29起，所有提起投诉的供应商对投诉处理决定均表示接受，无行政复议或行政诉讼。

注重预防投诉　要求采购人、集中采购机构严格按采购程序规范操作，因供应商对政策理解不清或者对采购程序不熟悉而产生的质疑和询问，要耐心细致地解释，并给予书面答复；暂时不能答复的，要积极主动地做好投诉的前置性处理工作，力争使问题得到化解。

政府采购政策功能　实施政府采购以来，在促进节能环保、自主创新、产业发展等方面发挥了政策导向作用。

促进节能环保　贯彻财政部和国家发改委2004年印发的《节能产品政府采购实施意见》，要求全省各级国家机关、事业单位和团体组织用财政性资金进行采购的，应当优先采购节能产品。落实财政部和国家发改委印发的《政府强制采购节能产品制度》。2007年，全省节能产品政府采购金额占同类产品政府采购总额的比重达到66%，比2006年增加3个百分点，高于全国平均水平。协调将奇瑞轿车、江淮汽车列入政府采购“绿色清单”。2006年，省财政厅就奇瑞轿车、江淮汽车列入“绿色清单”事宜向财政部汇报，并与国家环境标志认证机构及省环保局进行沟通。2007年3月，奇瑞轿车入围政府采购“绿色清单”。6月，江淮汽车所申报的26个型号的汽车通过“中国环境标志”认证，并列入政府采购“绿色清单”。2009年，转发财政部、国家发改委《关于调整节能产品政府采购清单的通知》，扩大节能产品政府采购范围。2010年，贯彻落实国家关于计算机、空调、复印机等强制采购节能产品政策，协议供货项目，要求投标人在标书中注明“节能产品证书号”所在“清单”页码。在国家发布新空调国标后，协议供货定速空调只采购“节能产品政府采购清单”中能效为1级的产品，同时增加变频式空调采购。在响应国家节能政策的同时，进一步扩大采购单位的选择余地。

促进自主创新　2006年，成立由省财政厅牵头，省科技厅、省发改委、省经委、省质监局组成的“安徽省政府采购促进自主创新协调机构”，负责研究制定运用政府采购政策促进自主创新产品发展的有关政策规定。2007年，省财政厅制发《安徽省自主创新产品政府采购管理暂行办法》，明确各级财政部门是自主创新产品政府采购活动的监督管理部门，在部门预算审批过程中，优先安排自主创新产品的采购预算。同时，支持具有自主知识产权品牌奇瑞、江淮汽车等产品的发展，引导采购人采购奇瑞、江淮汽车。2010年11月底，省政府采购中心组织公检法司等10余省直单位及部分市、县基层单位代表约30余人，赴奇瑞公司参观考察并召开“发挥政府采购政策功能、支持自主创新、服务企业发展”工作座谈会，加大政府采购政策功能宣传，营造支持自主创新、服务企业发展的氛围。奇瑞、江淮汽车在全省政府采购活动中所占份额逐年攀升，得到省委省政府肯定。

促进产业发展　坚持政府采购应当采购本国产品，对确需采购进口产品的，按照财政部《政府采购进口产品管理办法》规定，实行严格的审批制度。2004—2007年，全省政府采购规模中采购本国货物、工程和服务的比例分别为98%、97.6%、96.4%和99.1%。在授予国外企业的合同中，主要是国内没有生产或达不到技术要求的大型医疗器械及设备。2008年，全省政府采购授予本国企业合同共计255.19亿元，占政府采购总规模的99.6%。2010年，严控采购进口产品，认真贯彻公务用车采购规定。对所有需采购进口产品的项目，一律要求事先经政府采购监管部门审批同意，否则在采购文件中明确规定不接受进口产品，充分发挥政府采购宏观政策功能。对信息安全产品实施政府采购，认真落实财政部、工业和信息化部、质检总局、认监委《关于信息安全产品实施政府采购的通知》，要求全省各级采购人使用财政性资金采购信息安全产品的，必须采购经国家认证的信息安全产品。

第二节　省级政府采购

1998年9月1日，省编办同意成立安徽省政府采购中心（简称采购中心），不定机构规格，列入自收自支事业单位序列，核定事业编制13名，主要从事省本级政府采购业务。2000年8月，采购中心调整内设部门，下设综合信息部、采购执行一部、采购执行二部、采购执行三部和财务监督部5个部门。2003年7月18日，省编办将采购中心调整为不隶属于任何部门的独立事业单位，依法接受采购人的委托办理采购事宜，业务上接受省财政厅指导和监督，由省财政厅代管。2007年12月12日，省编办同意采购中心为处级建制，列入全额预算事业单位管理序列，核定事业编制25名，其中领导职数4名（主任1名，副主任3名）。2010年9月，采购中心内设部门全部由“部”改为“科”。2011年5月11日，省人力资源和社会保障厅通知，采购中心列入参照公务员管理事业单位。1998—2010年，省级政府采购规模逐年扩大，从1998年完成9个采购项目、采购预算资金1200万元，到2010年完成948个采购项目、采购预算资金40.3亿元。省级政府采购13年累计完成采购项目5359个，采购预算资金156.81亿元，合同资金

138.01 亿元，节约资金 18.8 亿元，节约率 12%。

建章立制与规范管理　安徽政府采购工作在全国起步较早，采购中心通过开展实践探索，建章立制，扩大影响，推动政府采购工作顺利开展。

建章立制　1998—2010 年，省财政厅先后印发《安徽省省级政府采购管理实施细则》《安徽省省级政府采购资金会计核算暂行办法》《安徽省省级政府采购财政厅内部运行规程（试行）》《关于做好省级国库集中支付政府采购资金的通知》《关于进一步加强省级政府采购预算执行工作的通知》《关于加强厅内工作配合做好省级政府采购工作的通知》《关于省级政府采购计划实行网上申报工作的通知》《关于省直行政事业单位选择经济鉴证类社会中介服务实行政府采购的通知》《关于实行政府采购特邀监察员制度的通知》《关于印发加强集中采购执行工作意见的通知》《关于规范政府采购监督管理审批工作的通知》《安徽省财政厅内部政府采购工作管理办法》《关于进一步加强政府采购工作的意见》《安徽省政府采购供应商诚信档案管理办法》及《安徽省电子化政府采购管理暂行办法》等。

内部管理　省财政厅先后制定《安徽省省级政府采购供应商资格审查登记制度》《安徽省省级货物与服务采购招标文件（范本）》《安徽省省级政府招标采购评标工作规程》《安徽采购中心岗位轮换制度》《安徽采购中心服务承诺制度》《项目登记制度》《采购项目周报制度》《合同送达制度》《项目档案送达制度》《采购项目档案查阅和保密制度》和《采购项目限时办结制度》等管理制度。2008 年，《安徽省政府采购中心项目评审现场管理暂行办法》《安徽省政府采购中心采购方式选择报批管理暂行办法》《安徽省政府采购中心聘请政府采购特邀监察员工作暂行办法》和《安徽省政府采购中心采购项目质疑受理暂行办法》等 4 项制度被省监察厅选为“制度建设推进年”活动备案制度。内设机构中，综合信息科负责采购项目事前管理，包括供应商的审核登记、专家抽取、项目登记与存档、质疑受理等；财务监督科负责事后监督，通过项目资金运转监督项目进展；3 个采购执行科负责具体项目采购。

全面推进　2001 年 2 月 12 日，政府采购联席会议第一次会议召开，常务副省长张平主持会议，省政府副秘书长高钟、省财政厅厅长朱玉明、副厅长余焰炉及省计委、省监察厅、省审计厅、省建设厅、省工商局、省质量技术监督局、省直机关事务管理局、省物价局有关领导出席会议。会议强调，各部门、单位统一认识，积极推进政府采购工作。扩大政府采购范围，提高政府采购资金占财政总支出的比重；尽快出台规范的管理法规和操作办法；加大政府采购监管力度，建立规范分设的政府采购管理机构和集中采购机构，保证高效、廉洁运转。

规范采购与强化监督　在实施政府采购过程中，省财政厅注重规范，加强监督，不断推动政府采购工作向前发展。

规范采购　1998 年，省财政厅进行供应商库、专家库和商品库建设，分为计算机、汽车、建筑装潢、办公家具、机电设备、办公设备、厨房设备和影视设备等 8 类。10 月 19

日，省社科院计算机网络采购项目发标，安徽省省级政府采购工作正式启动。1999 年 10 月 9 日，全省政府采购工作会议期间，各地市代表现场观摩省财政厅的 1999 年农村卫生 3 项建设设备采购开标会。省财政厅开始在“中国政府采购网”刊登采购公告、征集供应商。12 月 21 日，中央政法补助专款装备器材采购项目开标，全国各地 89 家供应商参加投标，采购项目预算 3000 万元，涉及省公、检、法、司四部门，涵盖办公设备、刑侦专用器材、汽车等品目，共分 35 包。2002 年，采购中心进行“安徽省部分通用货物政府采购大市场”招标采购工作，在合肥（皖中片）、芜湖（皖南片）和蚌埠（皖北片）3 市分别确定空调、计算机、复印机和汽车安徽省政府采购大市场定点采购供应商。同时，开始承办省直单位车辆定点保险采购项目和图书采购项目，采用一年一定的方式进行。8 月，省财政厅承办“2002 中国（上海）国际旅游交易会安徽展区特装采购”项目，项目实施后在上海旅交会上获得好评，省旅游局被国家旅游局授予“优秀组织奖”和“优秀展台奖”。2004 年 6 月，在杭州举行的全国旅游交易会上，省财政厅采购的展台获得“最佳展台奖”。8 月，省财政厅为濉溪、蒙城和庐江 3 县农民采购农机产品，并在中国（芜湖）医药器械展示交易会现场进行“省立儿童医院医疗设备采购项目”开标，吸引全国多家供应商前来投标和参展。2004 年省财政厅承办的预算资金额超过 1000 万元的采购项目有 9 个，包括省公安厅居民身份证制作、省司法系统服装采购、省农委牲畜疫苗采购、省卫生厅疾病防治控制中心防疫药品采购、省消防车辆和消防特勤设备采购等项目等，其中“中央政法补助专款装备器材采购项目”预算资金 7400 万元，全国各地 110 家公司参与投标。2005 年，省财政厅首次进行代理银行招标和论坛广告宣传采购，使服务类采购内容和规模得以扩展。省财政厅组织采购的“2005 年中国（昆明）国际旅游交易会安徽展馆招标项目”，赢得国家旅游局颁发的“优秀展台奖”。2006 年，省财政厅首次对小型农田水利工程建设补助项目县选择进行招标采购，确定 20 个县（区）小型农田水利工程为补助项目。对省直单位选择经济鉴证类社会中介机构服务实行政府采购，如省公安厅和省工商管理局工程审计中介机构的选择，淮南市淮化集团有限公司利用丹麦政府贷款项目、池州市广播电视中心和淮北市广播电视中心利用北欧银行贷款项目的经济审计中介机构的招标采购。2007 年，省财政厅特事特办，有效做好防洪救灾设备、小麦良补贴项目、棉花良种补贴项目和水稻病虫害防治器械和农药项目采购工作。2008 年，省财政厅组织“三聚氰胺”检测设备、援助四川松潘灾区重建等采购项目，启动第一期省直单位办公设备协议供货工作。2009 年，省政法转移支付资金装备及全省政法网续建采购项目预算金额 9.2738 亿元，是省政府采购中心成立后办理的资金额最大、项目涵盖内容最广的综合性项目。2010 年，组织实施 10.4 亿元的全省小麦优势产区良种推广补贴采购项目，采购小麦良种 6.12 亿斤，为广大农民节约资金 4000 万元。

强化监督　2003 年，省财政厅坚持采购信息在指定媒体发布，全年发布公告信息近 300 条。加大对违约供应商的处罚力度，处理 2 起违约供应商以次充好、弄虚作假的采购案例。全年累计邀请省级政府采购特邀监察员监督开标、项目评审50人次。对特别重要或复杂的采购项目,直接邀请省监察厅人员全过程参与,保证开标、评标工作顺利进行。2004年,在指定媒体上发布采购信息近500条。2005年,在评标会议室内安装监控设施,对项目评审情况进行录音录像,加大对评审现场管理力度。与律师事务所、省公证处等单位签订服务协议,从法律角度对采购文件以及有异议的投标文件和质疑答复等进行把关。6月,同政府采购信息报社共同举办全国集中采购机构工作交流研讨会,25个省市200多名政府采购工作人员参加会议。2006年,在中国政府采购网发布采购信息1000条,邀请公证人员52人次,邀请省政府采购特邀监察员80人次。同时,开展治理政府采购领域的商业贿赂专项工作,重点加强效能建设,实行"AB岗"工作制度。2007年,在中国政府采购网发布采购信息近1500条,邀请公证人员51次,邀请省级政府采购特邀监察员78人次。2008年,在中国政府采购网发布采购信息近2000条,邀请公证人员46次,邀请省级政府采购特邀监察员91人次。2009年,推行全面目标责任管理,在"安徽政府采购网"和其他指定媒体上发布各类采购信息1500余条。全年邀请公证员17次34人、监察员86次122人。2010年,探索延伸政府采购合同履约监督,加快推进项目办理和合同履约进度,全年在指定媒体上发布各类采购信息1800余条。全年共邀请公证人员48人次,邀请省级政府采购特邀监察员81人次,电脑自动抽取专家1800余人次。

采购为民 2001年10月,省财政厅首次进行救灾物资政府采购,采购预算200万元,为灾区群众购买棉衣棉被。在保质保量前提下,节约采购资金10万元,连同招标服务费近3万元,全部追加购买棉被发送给灾区。2004年,濉溪、蒙城、庐江三县农民购机补贴设备采购项目全部免收采购服务费。2005年,采购奇瑞汽车348辆,金额4300多万元;江淮汽车224辆,金额3000多万元。两种汽车采购量占全年汽车采购量880辆的65%,采购金额占全部汽车采购金额的49.3%。2006年,采购奇瑞和江淮汽车1110辆,采购金额11603万元。2007年,首次对棉花良种补贴项目和小麦良补贴项目进行采购,同时承办小型农田水利工程建设补助、农机具购置补助和牲畜口蹄疫疫苗等民生项目,采购棉花良种项目预算金额3000万元,节约320万元,采购小麦良种预算金额2.6亿元,节约1200万元。全省乡镇卫生院医疗设备采购项目预算金额7085万元,节约资金4080万元。全年采购奇瑞汽车569辆,金额6170万元;江淮汽车391辆,金额5570万元,两种汽车采购量占全年汽车采购量1283辆的75%,采购金额占全部汽车采购金额的73%。2008年,组织采购小麦良种5亿元,节约2000万元;承办"农家书屋"采购项目5100万元;卫生系统各类设备采购项目预算金额1.8亿元,节约资金2000万元。全年采购奇瑞汽车501辆,金额3934万元;江淮汽车392辆,金额5093万元。2009年,全省小麦优势产区良种补贴项目采购创下省级政府采购单笔项目金额之最。共为全省32个项目县(市、区)采购小麦良种5.9亿斤,预算金额9.74亿元,实际成交金额9.275亿元,节支率4.8%。2010年,10.4亿元的全省小麦优势产区良种采购,

给广大农民节约资金4000万元，并先后顺利组织实施各类免疫疫苗采购、乡镇卫生院设备采购、农家书屋采购、农民体育健身器材采购、电动车下乡、家电以旧换新等一大批民生采购项目。

安徽省政府采购统计表

表5-9-1 单位：万元

年份	采购金额	其中		
		货物类	工程类	服务类
2000	84654	38074	36994	9586
2001	138073	72886	46999	18188
2002	171415	84147	76757	10511
2003	283222	139359	128529	15334
2004	450631	204622	221285	24724
2005	742224	252548	454473	35203
2006	908657	297605	579061	31991
2007	1621805	432075	1129330	60400
2008	2561622	665807	1847052	48763
2009	3505739	1173916	2143971	187852
2010	4121122	790767	3243833	86522

第十章　国有资产管理

国有资产包括国有企业国有资产、行政事业单位国有资产和资源性国有资产三大类。国有资产管理是财政工作的有机组成部分，体现着国家财政战略和财政政策。

第一节　国有企业国有资产管理

国有企业国有资产具有经营性，是国有资产收益不断增长的基础，也是国有资产管理的重要对象。1990 年以前，国有企业国有资产管理由安徽省财政厅相关业务处室承担，自 1990 年 5 月起，由省国有资产管理局承担。

国有资产管理机构建设　1990 年 5 月 30 日，省编办批复成立省政府国有资产管理局（处级建制），归口省财政厅领导，配备处级干部职数一正二副，核定人员编制 40 人。8 月 24 日，省财政厅批复省国有资产管理局内部机构设置为三科一室，即综合科、工业交通建筑国有资产管理科、商业经贸农业文教行政国有资产管理科、办公室。

1991 年 7 月，省编办下发《关于安徽省国有资产管理局工作任务和职责范围的通知》，明确省国有资产管理局是省政府管理全省国有资产的职能机构，其主要任务是在国家授权的范围内，对全省国有资产行使管理职能，重点是管理本省投入各级企业的国有资产，规定省国有资产管理局的主要职责是作为国有资产的代表者，为维护全民所有制财产，保护所有者利益，行使国家赋予的国有资产所有者的代表权、国有资产监督管理权、国家投资的收益权、资产处置权。截至 1993 年年底，全省各地市县基本都成立副局级的国有资产管理机构。

1994 年 4 月 20 日，省委省政府下发《关于实施省直党政机构改革方案的通知》，明确省国有资产管理局为省政府部门管理机构（副厅级建制），归口省财政厅管理。

1995 年 6 月 16 日，省政府办公厅印发省国有资产管理局“三定”方案，明确省国有资产管理局是专司国有资产管理的职能机构，配合有关部门共同进行国有资源性资产管理，加强对地市县国有资产管理工作的指导、监督；省国有资产管理局内设五处一室（副处级建制），即办公室、综合处、工交处、商贸处、行政事业资源处、资产评估管理处，行政编制 50 人。

1996 年 1 月，省政府成立由常务副省长汪洋为组长，副省长王秀智、省长助理黄岳忠为副组长的省国有资产管理工作领导小组，以加强对国有资产管理工作的指导，统一决策和协调解决国有资产管理中的重大问题，领导小组办公室设在省国有资产管理局。

1997 年 8 月 18 日，省政府下发《关于推进国有资产管理体制改革的决定》，确立省国有资产管理和运营新体制的基本框架是建立“国有资产管理委员会—国有资产运营机构—企业”三个层次分明、职能任务明确的国有资产管理、监督和运营体系。10 月，省国有资产管理委员会成立，省长回良玉任主任，常务副省长汪洋任常务副主任，省委组织部部长乔传秀和副省长黄岳忠为副主任。省国资委是省政府委托统一行使国有资产所有者职能的决策和管理机构，下设办公室，与省国资局合署办公。

2000 年 7 月 13 日，根据省政府办公厅《关于印发安徽省财政厅职能配置、内设机构和人员编制规定的通知》，省国有资产管理局并入省财政厅，原内设机构同时撤销。

2006 年 10 月 30 日，经省编办批准，省财政厅设立国有资本经营预算处，并明确其主要职责是执行国有资本经营预算的制度和办法，审核和汇总编制全省国有资本经营预决算草案，负责国有资本收益（不含省国资委监管企业）的征收和监缴。

国有资产管理实施 1991 年 1 月，省政府下发《关于加强国有资产管理工作意见的通知》，明确由省财政厅和省国有资产管理局行使国有资产所有者的管理职能，省国有资产管理局专职进行相应工作，并由省财政厅归口领导。9 月，召开全省第一次国有资产管理工作会议。11 月，召开全省国有资产责任化管理理论研讨会。省政协副主席滕茂桐、省顾委常委欧远方、省财政厅厅长杨连珠、副厅长马素英等出席研讨会并发表讲话。

1992 年 6 月，省国资局、省财政厅、省工商局联合发布《关于开展国有资产产权登记管理公告》。

1993 年 6 月，全省完成首次企业国有资产产权登记工作，共登记企业 8614 家，资产 761 亿元，国有资产 241 亿元。

1995 年 1 月，省政府主持召开全省国有资产管理暨清产核资工作会议。财政部副部长兼国家国资局局长张佑才，省长回良玉、副省长汪洋到会讲话。

1996 年 11 月，全面完成全省首次行政事业单位产权登记工作。共登记行政事业单位 19367 户，资产 372 亿元，国有资产 291 亿元。

1997 年 12 月，省政府颁布《安徽省国有非经营性资产转经营性资产管理暂行办法》。

1998 年 5 月，省财政厅、省国资局印发《安徽省国有资产占用费征收使用管理暂行规定》。11 月，成立资产评估行业清理整顿工作领导小组，对全省范围内的资产评估行业进行清理整顿。

1999 年 7 月，省编办、省国资局印发《关于事业单位租赁承包兼并联合实施问题的通知》。8 月，省国资局印发《安徽省资产评估机构脱钩改制实施意见》。

企业国有资产产权登记年检 2000 年，省财政厅办理 1999 年度全省企业国有资产产权登记年检 5528 家，占有国有资产 578 亿元；重新办理企业占有产权登记工作，办理省级企业开办产权登记24家，占有国有资产18亿元，变动登记19家；办理省级资产评估立项57项，验证审核27项，评估资产账面净值21.58亿元，评估净值24.27亿元，增值2.69亿元，平均升值率为12%。同年，省政府批准海螺集团、安徽生物研究所、省高等级公路总公司、省进出口公司转让部分国有股股权，共转让国有股39447万股，其中转让给公司内部职工723万股。

2001年，对全省企业占有国有资产进行重新登记5012家。其中省级企业381家、省级以下企业4631家，共登记所有者权益839亿元、国有资产708.72亿元。

2002年，办理2001年度各类企业产权登记年检4655家，共计占有和使用资产2810.41亿元、负债1886.21亿元、所有者权益924.2亿元，其中国有资产791.38亿元。

2003年，全省财政共办理2002年度产权登记年检各类企业4405家，共占有和使用资产3508.85亿元、负债2251.42亿元、所有者权益1257.43亿元，其中国有资产1062亿元。

企业国有资产评估　2002年，根据国家对国有资产评估行政管理方式改革要求，省财政厅制发相应配套政策和具体实施细则。据此办理第一批18家趸售县供电局资产和美菱集团公司向美菱股份公司转让商标权的评估审核；办理合肥钢铁公司、新华印刷厂、铜陵水泥厂、蚌埠橡胶厂和六安瓜片茶叶股份有限公司股份制改造的资产评估。共评估立项66项，评估合规性审核39项，审核项目的资产账面价值38.28亿元，调整后账面值37.94亿元，评估净值34.37亿元，增值–9.4%。同时，配合省有关厅局办理第二批趸售县供电局改制评估，全省广电系统出资组建省广电网络股份有限公司涉及的评估，安徽省高速公路总公司转让资产、省粮油总公司、交通投资集团公司授权经营资产评估。全年省级财政共完成评估立项157项，评估合规性审核148项，审核项目的资产账面价值108.75亿元，调整后账面净值99.99亿元，评估净增值4.67亿元，增值率4.7%。

2003年，办理资产评估的核准和备案，先后完成安能热电、合肥四方化工、安徽军工等组建为股份有限公司，省13家外贸企业组建为企业集团，黄山金马、国风塑业等上市公司进行资产置换涉及的资产评估项目核准26项，核准评估项目净资产账面值28.3亿元，调整后账面值29.43亿元，评估值32.37亿元，增值额2.95亿元，增值10%。办理省爱普公司、省新华书店下属合肥、亳州、蚌埠、淮南书店、省外贸国际旅行社为企业改制而涉及的评估备案21项，备案评估项目净资产账面值2.3亿元，调整后账面值2.44亿元，评估值3.2亿元，增值31.4%。

2004年，办理省新华书店下属13家企业拟组建集团公司，省劳教局下属5家企业拟实行授权经营，省二轻供销公司、省消防工程公司、省水利建筑安装总公司、裕溪口贮木场等拟进行企业改制而涉及的资产评估项目核准及备案31项，评估项目资产账面值20.61亿元，调整后账面值20.85亿元，评估值30.57亿元，增值46.6%；负债账面值9.19亿元，调整后账面值9.26亿元，评估值合计9.66亿元，增值4.3%；净资产账面值11.42

亿元，调整后账面值 11.58 亿元，评估值 20.92 亿元，增值 80.5%。

2008 年，依据有关规定，加强对事业单位转企改制的资产评估项目核准，共办理安徽省水利厅物资供应总站等单位资产评估核准和备案项目 13 项，其中核准类 7 项，备案 6 项。

第二节 行政事业单位国有资产管理

行政事业单位国有资产具有非经营性，是国有资产管理的一项重要内容，它与财政管理密不可分。1992 年 8 月，省政府颁布《安徽省行政事业单位国有资产管理办法》。2007 年 5 月 31 日，经省编办批复，省财政厅增设行政事业国有资产管理处，专门负责研究制定行政事业单位国有资产管理制度和组织开展行政事业单位资产管理等工作。

开展行政事业单位国有资产清查 2007 年上半年，按照财政部的统一部署，在全省开展行政事业单位资产清查工作。清查结果显示，截至 2006 年末，全省 24641 户行政事业单位国有净资产总额为 1207.08 亿元，同 1999 年的 450.40 亿元相比，净增加 756.68 亿元，增幅为 168%。其中行政单位 299.41 亿元，占 24.8%；事业单位 907.67 亿元，占 75.2%。2006 年全省行政事业单位出租出借资产原值为 15.25 亿元，出租出借收入达 1.18 亿元。根据资产清查的有关政策，对清理出的各项资产损益及资金挂账进行核实批复。

2007 年 12 月，省财政厅被财政部评为“全国行政事业单位资产清查工作先进单位”，并获二等奖。省财政厅对资产清查工作成绩突出的淮南等 6 个市财政局、省监狱管理局等 10 个省直单位以及 140 名工作者进行通报表彰。

理顺行政事业单位资产管理体制 2007 年 6 月，经省编办批准，省财政厅正式设立行政事业国有资产管理处，并明确其主要职责是：贯彻执行国家有关国有资产管理的法律、法规和政策；制定行政事业单位国有资产管理的规章制度，并对执行情况进行监督检查；会同有关部门研究制定省本级行政事业单位国有资产配置标准，审核资产配置，按规定审核资产处置、产权变动和出租、出借国有资产事项；监督管理省本级行政事业单位国有资产收益。

完善行政事业单位资产管理制度 根据财政部第 35 号、36 号令，结合安徽实际，省财政厅研究起草《安徽省行政事业单位资产管理暂行办法》，并多次召开专题座谈会，广泛征求省直有关单位以及市、县财政部门的意见，修改完善后上报省政府。

2008 年 10 月 31 日，省政府以第 214 号令正式颁布《安徽省行政事业单位资产管理办法》，自 2009 年 1 月 1 日起实施。该文件成为规范和加强全省行政事业资产管理的指导性文件。

2009 年，省财政厅结合省直单位实际，相继研究出台省级行政事业单位国有资产配置管理、处置管理以及收入管理等配套办法，制定财政厅资产管理内部工作规程、资产配置预算编审业务流程,为促进行政事业单位资产的规范管理提供制度保障。

推进资产管理与预算管理有机结合　2008年,按照财政部的有关要求,省财政厅积极探索资产管理与预算管理相结合的有效实现方式。通过对广东、深圳等地资产管理工作的考察学习,结合安徽实际,研究制定《关于推行资产管理与预算管理相结合的通知》,提出省级行政事业单位推进资产管理与预算管理相结合的基本原则和实施计划。从2008年开始,结合部门预算编制,积极开展资产购置预算编审工作。通过在部门预算报表中增加资产购置支出预算表,将单位新增房屋建筑物、机动车、单价20万元以上大型设备和批量价值50万元资产等项目购置列入资产配置预算审核重点。从2008年开展资产购置预算编审试点,2009年扩大试点单位和审核范围,到2010年修改完善审核流程和工作机制,通过边实践、边总结、边改进,逐步建立和完善资产管理与预算管理相结合的工作机制。

规范行政事业单位资产处置行为　为规范省级行政事业单位国有资产处置行为,省财政厅于2007年先后出台《安徽省省级行政事业单位国有资产处置业务规程》《关于进一步规范安徽省省级行政事业单位国有资产处置管理工作的通知》,明确资产处置审批权限、报批程序、处置收入的处理方式以及各部门、单位在资产处置工作中的职责等,积极督促省直各单位按照"先报批后处置"的工作流程进行资产处置。同时,进一步加大对资产处置情况的监督检查力度。

2008年6—8月,省财政厅专门聘请中介机构对174家省直单位资产处置情况进行了重点抽查。针对检查中发现的部分单位不按规定上缴处置收入的问题,及时下发整改通知。省政府以政办通报的形式专门就此次检查情况进行通报。

推进资产管理信息化建设　根据财政部的统一部署和要求,以信息化技术为支撑,积极推进全省行政事业单位资产管理信息系统的实施应用。2009年下半年正式启动实施工作,通过开展业务培训、建立网络平台、开通电话专线和组织实地核查等方式,保证资产管理信息系统的顺利推广。按照财政部的要求,2010年年底圆满完成全省资产管理信息系统建设和资产数据汇总上报任务。通过建立"财政部门—主管部门—行政事业单位"横向联网和"省—市—县(区)"纵向联网,全面、及时、准确地掌握各地各单位资产总量、构成以及分布等情况,为强化资产管理提供技术支撑。

开展资产管理调研　赴省委、省人大、省政府和省政协等部门,就规范党政机关所属国有经营性资产管理进行专题调研。结合资产清查督查,深入部分市、县就财政部门统一管理行政事业资产进行调研。在2007年11月财政部召开的全国事业资产管理工作会议上,省财政厅报送的《促进事业资产共享共用,提高国有资产使用效率》调研报告,被安排在会上作典型经验介绍。2007年4月,组织到湖北省考察学习行政事业资产管理工作,研究提出安徽下一步加强行政事业单位国有资产管理的意见,并形成《专题送阅材料》上报省委省政府。2008年3月,省财政厅组成由厅资产管理处、预编办和黄山市、芜湖市财政局参加的调研组,专程赴广东省考察学习资产管理与预算管理相结合等方面的经验和做法。2010 年，组织对部分省和合肥、芜湖、马鞍山等市资产管理工作进行专题调研。借鉴省内外的成功实践，专题向省委、省政府提交了汇报材料，从加强组织领导、开展资产清理等七个方面提出管理建议。10 月 25 日，省政府第 62 次常务会议听取并原则同意省财政厅关于进一步加强省级行政事业单位资产管理工作的汇报。

国有资产管理宣传 通过编发资产管理简报、利用新闻媒体报道、开辟资产管理网上专栏以及开展“我为行政事业单位资产管理献计策”有奖征文等活动，加强对行政事业资产管理工作宣传。2008 年 3 月 3 日，省财政厅在合肥召开全省行政事业资产管理工作会议，贯彻落实全国行政和事业资产管理工作会议精神，全面总结交流近年来全省行政事业资产管理工作经验，研究新形势下资产管理工作思路，推动各地各部门行政事业资产管理工作深入开展。

第十一章　财政监督检查

改革开放以后的财政监督，始于1985年的税收财务物价大检查（简称“大检查”）。随着社会主义市场经济的逐步确立，以及分税制财政体制的实施，1998年7月，以突击性方式为特征的一年一度的全省“大检查”工作宣告结束，以促进财政管理为重点、以日常检查和专项检查相结合的新型财政监督体制逐步确立。财政监督工作由安徽省财政厅监督检查局负责实施。改革开放以来，财政监督为整顿和规范财经秩序，为维护财税法令的统一和权威，为财政正常运转提供了保障。

第一节　税收财务物价大检查

改革开放初期，财经领域监督机构不健全，财政收入“跑、冒、滴、漏”现象非常严重，特别是在新旧体制转轨过程中，偷逃骗税、截留收入、挥霍浪费等行为屡禁不止。针对这种情况，1985年，国务院决定采取“大检查”的方式，进行大规模突击检查，集中查处一批大案要案，堵住财政收入流失黑洞，严肃财经纪律。根据财政部的统一部署，1985年8月4日，省委省政府召开全省“大检查”工作电话会议，对全省“大检查”工作进行安排部署。会后，省政府从省直各部门抽调80人，组成8个检查组，由8个厅、局负责人分别带队，分赴各地检查督促，安徽省“大检查”工作就此拉开序幕。

税收财务物价大检查内容　在实施“大检查”的过程中，全省各级财政部门在各级政府的统一领导下，负责组织协调财政、国税、地税、物价、审计等有关部门，在全面检查行政企事业单位财政、税收、价格法规执行情况的基础上，重点开展9个方面的监督检查工作：擅自越权减税、免税、退税，自行改变税率或税种等违法违纪行为；擅自把应交中央财政的税款和其他收入缴入地方财政的混库行为；采取非法印制、伪造、虚开、使用假发票、真票假开或倒买倒卖发票等手段，偷骗增值税、消费税、营业税等工商税收的行为；乱挤乱摊成本、随意核销费用、擅自冲减资本金、截留国家收入、偷逃所得税的行为；截留、转移国家和单位收入，私存或私设“小金库”的行为；违反国家规定，随意支用财政资金，或采取非法手段将预算内资金转到预算外、将国有资产转为集体或个人所有的行为；居民生活必需品、公用事业和垄断行业价格执行中的乱涨价行为，以及违反国家规定擅自提价的行为；中小学教育、医疗和其他服务收费中，群众反映强烈的乱收费行为；各地区、各部门认为需要检查的其他问题。

税收财务物价大检查过程 省“大检查”基本上分为宣传发动、单位自查、重点检查和总结整改4个阶段。检查方式以行政手段为主导，通过政府下文，层层学习，新闻媒体广泛宣传等方式营造气氛，把每一次“大检查”工作都转变为一次财税法规宣传活动。1994年，各级财政部门在普遍检查各部门单位执行国家财政、税收、财务、物价等法规情况的基础上，对企业单位执行新财税政策中出现的各类财税违法违纪行为展开重点检查，仅增值税一项，全省查补入库税款和罚款达16726万元，并对30多名责任人实施罚款处罚。为增强“大检查”工作的透明度，1994—1995年，全省还邀请1180名人大代表、政协委员和民主党派成员参加大检查工作，充分发挥社会各界的监督指导和参政议政作用，以增强“大检查”工作的知名度和公开度。随着中国社会主义市场经济的逐步确立以及分税制财政体制的实施，1994年，财政部将大检查管理业务收归新成立的专门负责财政监督的财政监督司，并取消物价检查。1997年，财政部提出“理清思路，依法行政，收支并举，监管并重”的财政监督工作方针和目标，要求以“大检查”为特征的地方财政监督，必须以促进财政管理为重点，开拓财政监督新领域，实行工作职能的转换。1998年7月，国务院取消持续开展13年的“大检查”工作，以突击性方式为特征的一年一度财务税收物价大检查正式退出历史舞台。

第二节 公共财政监督

公共财政监督，是指按照公共财政运行模式，将财政监督工作贯穿于深化财税体制改革、加快公共财政体系建设的财政中心工作大局之中，贯穿于财政管理的体制、机制建设和改革的总体设计之中，贯穿于财政管理全过程之中，围绕财政资金的安全性、规范性和有效性，强化严肃财经纪律的源头治理和财政工作的事前、事中、事后监督，提高财政监督信息化水平，促进财政管理和财政机关内部管理水平提高，推进经济社会事业发展。

公共财政监督机制试点 2003年，省财政厅在蚌埠市和枞阳县开展适应国库集中支付改革需要的监督机制试点工作。蚌埠市从本级预算收入征管监督、财政资金运行全过程监督、非税收入审查监督、政府采购招标监督、依法行政监督、绩效问责监督等“六个监督机制”入手，不断完善财政监督机制建设，基本实现对财政资金的全过程监督。枞阳县在监督体系上成功构建财政收入征管情况再监督、财政预算编制和财政决算监督、财政资金运行全过程监督以及财政内部管理监督等“四大机制”，提高财政监督效能。为发挥试点地区在全省财政监督体制创新工作中的示范作用，省财政厅对两地的试点经验及时进行总结，并于2004年下发《关于进一步加强财政监督工作构建财政监督新机制的通知》，在全省范围内推广两地做法。

财政支出绩效监督试点 为提高财政资金使用效益，确保资金使用规范、安全和有效，2005年年初，省财政厅在马鞍山市开展财政资金的规范性、安全性和有效性监督试点工作。马鞍山市制定《关于开展财政支出绩效监督工作的意见》和《财政专项资金绩效监督工作规程》,对农村饮用水工程、城乡特困群体医疗保障、廉租房建设等6个市政府“为民办实事”项目以及江心乡土地治理项目开展财政资金“三性”检查。为提高监督工作的操作性,规范监督检查行为,马鞍山市还制定《为民办实事项目财政资金绩效监督暂行办法》和《农业综合开发项目财政资金绩效监督暂行办法》,对绩效监督原则、考核指标、监督流程、评分方法、监督结果应用等作出具体规定。从江心乡土地治理项目绩效监督情况看,市县两级财政部门高度重视,开发部门与监督部门密切配合,经常深入项目区检查工程实施情况,并建立信息通报制度。在检查工作中,农业开发部门认真听取监督部门的意见,并改进工作中的不足。该项工程决算后,经中介机构审计,节约工程资金42万元,加之部分设备实行集中采购,节约资金12万元,资金节约率达6.8%,监督成效明显。

公共财政监督体制理论探索　为发挥全省财政监督机构在探索公共财政监督体制工作中的积极性和创造性,2003年,省财政厅在全省范围内开展财政监督理论调研活动。100多名财政干部参加该项活动,共提交调研论文43篇,从财政资金绩效监督体系、构建公共财政监督机制、财政农业专项资金政策改革、改进和完善会计信息质量检查、政府采购监管、注册会计师监管等方面进行广泛研讨。

省级部门预算监督　为建立“预算编制、预算执行和财政监督相分离”的现代财政管理监督模式,实施事前、事中、事后全方位监督,2005年年初,省财政厅印发《关于开展省本级部门预算监督工作的通知》,决定自2005年起在全省有步骤地开展事前、事中、事后全方位监督工作,积极探索并逐步建立以事前审核、事中监控为重点,以事后检查为补充的现代财政管理监督制约机制。监督内容为纳入年度省级财政预算管理的各类财政资金的收入和支出,监督的具体资金范围包括年初预算数、实际执行数和变更调整数等。监督检查结论和处理意见,作为下一年度省级部门预算安排的重要参考依据。截至2008年,省财政厅先后对省人口计生委、省信息产业厅、省科技厅、省民政厅、省商务厅、省体育局、省林业厅和省审计厅等8个省直部门本级及其所属部分二级预算单位年度部门预算执行情况进行监督检查。对检查中发现的问题,区分产生问题的不同原因及问题出现的不同环节,分别采取不同的方式予以处理:对财政财务管理中存在的问题,在责成被查单位限期整改的同时,依法进行查处。共追缴入库财政资金892万元,补收税款10万元,对违规的16550万元财政性资金进行规范管理,对其中直接责任人员,按规定提请有关主管部门予以查处;对涉及省直部门预算执行与日常管理中存在的问题,要求相关业务处室研究提出加强日常监管的具体措施,并负责做好被查单位违规违纪问题的督促整改工作。同时,要求厅国库处继续做好银行账户管理工作,了解掌握各单位年度账户结余情况,对结余结转资金较多的单位,严格控制新增预算和预算追加;对政府采购中存在的问题,要求厅政府采购处加强监管,并采取措施予以解决;对涉及省直部门预算编制管理等方面存在的问题,要求厅预算编制办公室继续加强预算编制审核工作，在做好程序性审查的基础上，继续深化实质性审查，提高年初预算的准确性。同时，要求预算编制办公室在编制被查单位下一年度部门预算时高度重视检查中反映的问题，并在部门预算草案提交政府讨论前反馈厅监督检查局，以实现监督结果与预算编制和预算执行的有效结合。

第三节 财政专项监督检查

财政专项监督包括财政收入监督和财政支出监督两个方面。财政收入监督是财政部门为保证财税政策的全面落实和财政收入的及时完整，依法对财政收入征缴、退付、留解、划分等行为进行的监督活动。财政支出监督是财政部门为保证财政分配活动正常进行，依法对国家机关、企事业单位、社会团体和其他经济组织或个人涉及财政支出的安全性、合规性和有效性进行的监督活动。

非税收入监督检查 2004 年 7 月，省财政厅对省工商行政管理局、省国土资源厅、省药品监督管理局等省直 10 个部门 2003 年度非税收入的征收、管理和使用等情况开展专项检查，并委托各市、县财政部门对全省工商行政管理系统进行检查。同时，采取上下联动的方式，由各市、县财政部门组织开展对本级国土资源部门的检查。检查发现，一些部门和单位存在收入解缴不及时、坐支截留收入、挤占行政经费、违规收费、票据使用管理不规范、财务管理不到位等问题，共涉及资金达 7.48 亿元。针对检查中发现的违规违纪问题，省财政厅依据相关法律法规及时做出处理：对少报和未及时解缴的收入限期补缴入库，补缴额达 6.7 亿元；对违规收费问题，在责令立即停止收费的同时，并针对不同情况做出收缴违规所得或补办审批手续的处理，共收缴 222 万元，其中抵减省国土资源厅 2004 年度财政预算拨款 120 万元，收缴省工商局违规收入 101 万元。在及时查处违规违纪问题的同时，从完善非税收入管理制度的角度，监督检查机构向财政厅党组提出建议：对因制度欠缺而导致的问题，建议财政部门在严格执行《安徽省行政事业性收费票据管理办法》的同时，积极探索政府非税收入预算、执行、征收、监督四位一体的制衡机制，以提高政府非税收入征收管理水平和管理效率；对因成本核算不健全而导致的坐支挪用政府非税收入问题，建议财政部门内部各业务处室在科学测算的基础上，建立合理的非税收入成本费用核算体系，保证应收尽收、应缴尽缴；对执收部门因财务管理松懈而导致的问题，由财政部门按照《会计法》的规定，责令有关部门和单位建立健全财务管理制度和专项资金管理办法，加强会计核算，及时清理往来款项，以发挥财政性资金的最大效益。

省直行政事业单位银行账户清理整顿 2003 年 7 月，由省财政厅牵头，人民银行合肥中心支行、省监察厅、省审计厅配合，对省直 111 家行政事业单位银行账户进行清理整顿。检查分自查自纠、重点核查和规范账户设置 3 个阶段，历时 1 年半。在第一轮清查中，共登记银行账户 5719 个，截至 2003 年 6 月末，账户余额共计 78.58 亿元。针对第一轮清查过程中反映的账户开设随意性较大、账户类别过多、违规现象较为普遍等问题，为进一步摸清省直部门银行账户基本情况，真正达到以核查促管理的目的，按照30%左右的检查面，对省广电厅等30个省直部门及相关金融机构银行账户自查阶段的清理整顿工作开展重点核查，查出该30家单位账户漏报率为24.5%。

2004年1—3月，省财政厅对省直各单位银行账户进行第二轮清查与规范，共登记银行账户6324个，截至2003年12月末账户余额共计152.34亿元，对一些出现大额存单、以个人名义开设存款户以及在非银行金融机构开立存款户等违规行为的单位作出限期整改或收回部分财政资金的决定。4月，根据第二轮清查情况，对账户开设较多、资金量较大的省交通厅、地矿局、农委、水利厅、林业厅等5部门，就各账户资金的来源、性质、用途以及余额形成的时间进行进一步核查。5月，省财政厅对照银行账户清理整顿有关文件，对省直6000多个银行账户逐一进行审查，分别作出保留、撤销、合并与审查意见。

2005年7月，对在肥省直单位的2483个银行账户下达最终审批意见。对其中不符合要求的1043个账户作出撤销决定，撤销率达42%。

财政资金专项检查　主要包括11项检查。

高校建设性贷款贴息及扩容建设项目资金专项检查　为了解高校有关财政性资金使用情况，2003年年初，省财政厅对全省15个市、县26所省属高校建设性贷款财政贴息以及12所高校扩容建设项目资金进行专项检查，并就进一步提高高校财政性资金的安全性及绩效性问题提出建设性意见。

县乡财政状况专项调查　根据财政部的统一部署，2003年，省财政厅按照财力的好、中、差原则，对3个县1998年至2002年5月间的财政状况进行调查了解。对调查中反映的县乡财政收支矛盾突出、政府债务包袱沉重、财政收入结构单一、财政职能弱化、预算执行不规范等问题进行分析，并从进一步完善省以下分税制财政体制、合理调整转移支付政策等方面提出建议。

企业所得税缴库情况检查　为贯彻落实《安徽省人民政府关于印发安徽省所得税收入分享改革实施方案的通知》精神，2003年6月至8月中旬，省财政厅对安徽省烟草公司、安徽电力供电有限责任公司等7家单位企业所得税缴库情况进行检查。通过检查，发现在企业所得税征管方面存在省级收入混入市（或县）库、征管工作不规范、所得税分享改革政策宣传力度不够、国库会计核算及税收征收软件与所得税分享改革方案不配套等问题。对检查中发现的问题，责成有关市、县立即调库，督促税务部门加大清理欠税力度，数百万被混入市、县库的省级收入及时得到调整。

部分财政专项资金检查　2006年10月，省财政厅在全省17个市开展农村中小学危房改造专项资金、工业园区基础设施财政贴息及奖励资金、贫困地区农村劳动力转移培训财政扶贫补助资金监督检查。此次检查采取各市交叉检查方式进行。在实施“农村中小学危房改造专项资金”监督检查时，检查组共抽查17个市30个县（市、区）

309 所中小学，检查资金 8661 万元；在“县域工业园区基础设施财政贴息及奖励资金”检查过程中，共抽查 32 个县（市、区），检查资金 8072 万元；在开展“贫困地区农村劳动力转移培训财政扶贫补助资金”检查时，抽查 3 个市、15 个县（区），检查资金 635 万元。11 月下旬，省财政厅召开专项资金监督检查情况汇报会，对检查中存在的问题进行集中分析与研究，并对专项资金监督检查方法进行探讨，为进一步完善专项资金检查工作探索经验。

2008 年 8 月，省财政厅对合肥、六安、安庆、池州、宣城、黄山 6 市市直及其 20 个重点县（区）雪灾资金、水库移民资金、重大安全事故隐患整治技改贴息补助资金等专项资金立项、资金拨付、财务核算、项目进展等情况进行跟踪问效检查，检查共涉及财政资金 40143 万元，其中：2008 年雪灾资金 16446 万元、2007 年重大安全事故隐患整治技改贴息补助资金 603 万元、金寨县近两年水库移民资金 23094 万元。对检查中发现的部分市县资金拨付率较低、资金被截留、项目支出进度缓慢、虚报项目投资规模套取财政资金、项目申报资料不齐全、资金未按规定标准或用途分配使用、项目单位套取财政贴息资金等问题进行查处，并在全省财政系统、安监系统、农业以及林业系统进行通报，要求各地认真查找问题，进一步规范行为、强化管理。对检查中暴露的财政业务主管部门和项目主管部门在日常监管中存在的问题，监督检查局约请厅机关相关处室负责人以及有关项目主管部门负责人进行谈话，就强化财政专项资金监管提出管理建议，落实整改措施。

2009 年，对 16 个县（区）开展扶贫资金检查，检查资金 4.14 亿元；对合肥等 16 个市（县）开展科技型中小企业技术创新基金检查，并对马鞍山等六市及部分县（区）企业技术改造贴息资金和六安等 8 个市、县（区）10 个土地开发复垦整理项目资金管理使用情况组织专项检查；对农村安全饮水建设经费、义务教育经费保障机制改革经费分配等民生资金使用情况开展检查，针对管理中的问题，提出整改建议。

中央政法补助办案专款监督检查 2007 年 10 中旬，省财政厅对全省 17 个市 2006 年度中央政法补助办案专款使用情况进行专项检查。检查共涉及 17 个市所辖的 30 个县，涉及资金 2683 万元。检查组通过检查会计报表、会计账簿、会计凭证以及实地查验资金项目实施点等形式展开检查。对检查中发现的政法部门资金使用未按规定与具体案件挂钩、部分专款拨付不及时、个别单位挪用专款等问题，在分析问题产生原因的基础上，提出针对性与操作性较强的建议。

交通警察支队办案经费和突发事件经费监督检查 2007 年 10 下旬，省财政厅对安庆、蚌埠两市公安局交通警察支队及下辖的怀宁县、固镇县公安局交通警察大队 2007 年 1—9 月办案经费和突发事件经费管理使用情况进行检查。对检查中发现的专项经费使用缺乏制度约束、经费支出被挤占挪用、经费拨付随意等问题，在向被检查单位提出完善专项经费管理办法、设置专项经费收支台账并实施明细核算建议的同时，针对检查中发现的因预算安排过大而导致的经费开支随意问题，向财政预算编制部门提出合理安排专项经费、严格支出项目审核的建议。同时，向省公安厅通报检查情况。

再生资源增值税退税审核　2009年至2010年，省财政厅开始为期两年的再生资源增值税退税审核工作，至该项政策执行完毕，对763家再生资源回收企业退税资料进行复审，累计办理增值税退税83.95亿元。

扩内需促增长政策落实情况监督检查　2009年，根据省扩内需促增长政策落实监督检查领导小组安排，省财政厅先后4次深入17个市、17个省直单位和102个县（市、区），对708个新增中央投资项目进行检查，督促各地迅速落实中央政策，监督资金使用，严控资金投向，确保各项政策落到实处。

"小金库"治理　2009年，按照中央和省委、省政府的统一部署，全省各地各部门全面启动"小金库"专项治理工作。通过强化整改和综合治理，全省共发现"小金库"2067个，涉及金额超过6亿元，处理处罚169人次，同时从加强教育、完善制度、深化改革、强化监督方面入手，建立一系列长效措施，遏止"小金库"盛行的势头，保障国家资产资金规范、安全、高效运行。

财政支出绩效评价　2009年，省财政厅着手实施财政支出项目绩效评价工作，当年共完成森林生态效益补偿资金等8个项目的绩效评价，对指标制定、评价程序、评价方法等进行探索。2010年，省财政厅具体实施4个重点项目的评价工作和10个自评项目的自评报告审核工作。重点评价工作实施期间，财政厅抽调28人、成立4个评价组，深入18个市县119个乡镇和34家企业、走访400余名受益农民、电话回访690余名受益群众、发放530余份调查问卷、填制186份现场调查表和347份工作底稿，对项目实施情况进行深入细致的了解，按照评价指标进行评分，并对评价中发现的问题提出有针对性的政策建议。

清理化解义务教育债务资金和贫困重度残疾人生活救助资金检查　2010年，省财政厅对全省26个市、县（区），开展清理化解义务教育债务资金和贫困重度残疾人生活救助资金检查。抽样检查清理化解义务教育债务资金锁定金额122,769万元，贫困重度残疾人生活救助金额3,215万元，分别占全省总额39.87%、26%。检查工作结束后，形成"财政监督专报"，对经验做法予以发掘，对产生问题的原因进行分析并提出完善、整改的建议。

第四节　内部监督检查

财政内部监督是财政监督专职机构为了维护国家财经纪律，规范财政部门管理行为，完善财政内部控制机制，促进财政部门全面履行工作职责，提高财政管理整体效能，对财政部门的财政管理行为、内部控制运行以及财政部门本级和所属单位的财务收支和内部管理等情况实施的监督与控制活动。

以规范财政管理为目标　2002年，省财政厅对厅机关及厅属单位银行账户进行一次全面、细致清理检查，共清理撤销银行账户68个。对银行账户清理过程中发现的资金多头开户、财务制度执行不力、财政财务管理不到位、个别单位巧立名目滥发奖金补助等现象，制定《安徽省财政厅银行账户管理规定》，取消所有处室（局）经费开支账户，明确规定机关所有银行账户由厅国库处统一管理。同时，为方便监督检查机构实施动态监管，规定厅机关及厅属单位新开设银行账户一律报厅监督检查局备案。2003年，在对处室领导干部实施离任审计时，针对部分处室动用专项经费大量订阅报刊等不规范做法，制定《安徽省财政厅机关财务管理暂行办法》和《安徽省财政厅机关专项经费管理办法》，发挥财政监督对完善财政管理制度的促进作用。

离任经济责任审计 2003年，省财政厅依据《安徽省财政厅领导干部离任审计暂行规定》，结合厅机关及厅属单位13位人员的离任审计工作，对10个机关处室和4个厅属单位财政财务收支情况进行全面监督检查。针对检查中发现的厅属事业单位财务管理不规范等情况，在全厅范围对内审情况进行通报，并从加强制度建设、改进管理方式、健全责任追究、完善监管体系等方面，对厅机关及厅属单位提出具体要求，同时改进厅属单位和厅机关的福利发放办法，并责成厅纪检监察部门起草对离任审计中违法违纪领导干部的责任追究办法，以推动依法行政和依法理财工作。

全省财政系统内部监督 2003年，省财政厅下发《关于进一步加强财政监督检查工作的通知》，要求市县统筹安排好内部监督工作，在检查对象上，要以机关内部业务科室为主；在检查内容上，要以预算编制、预算执行、财政资金运行及决算、专项资金管理等为主；在检查范围上，要按照财政部的要求，每年内审检查面不低于业务科室和下属单位总数的30%，3年全部检查一遍，要确保离任审计面达到100%。从2003年起，省财政厅将内部监督情况作为一项重要指标列入对各市财政工作的综合考评内容。2009年，对安徽省财政科学研究所、安徽省注册会计师协会等两家厅属单位2008年预算执行及财务管理情况进行了监督检查，针对资产管理、会计核算等方面存在的问题，剖析原因，提出整改建议。

第五节 财政监督制度建设

财政监督制度，是指规定财政监督职能、权限、程序等内容的法律、行政法规、部门规章和规范性文件，是财政监督工作遵循的办事规程或行动准则，是财政部门履行财政监督职能的重要保障。

制定内部控制相关制度 1998年11月24日，省财政厅制定《安徽省财政厅内部监督检查暂行办法》，规定：每年选择部分处室和厅属单位进行一次内部审计；根据厅领导指示和实际工作需要随时进行专项检查；对厅内各业务处室负责人和厅属各单位主要负责人以及分管财政工作的负责人实行离任审计。内部监督检查范围主要包括预算收支管理情况、预算外资金收支管理情况、财政部门管理的专项资金及拨付地方的各项专项资金的使用情况、财政部门管理的各项收费情况、厅属单位财务管理情况、厅机关经费财务收支管理情况、厅机关及厅属各单位基本建设项目的财政收支管理情况等。2000 年 8 月 24 日,省财政厅制定《安徽省财政厅领导干部离任审计暂行规定》,规定:领导干部在任期内发生晋升、转任、辞职、调出、离退休等情况时,应当接受任期经济责任审计;审计结束后监督检查机构要对审计事项和被审计的领导干部作出评价及审计结论,人事教育机构依据审计结论,对领导干部的使用等提出意见,供厅党组参考。2010 年,根据财政部《财政部门内部监督办法》,结合全省财政工作实际,印发《安徽省财政部门内部监督检查实施办法》,确立内部监督检查工作主要领导负责制、内部监督检查专题报告制度、内部监督检查负责人专题会议制度以及内部监督检查资料报送和联络员制度等。同时,参与财政部《财政部门内部监督检查指南——业务管理机构》的修改与完善。同时,印发《选聘会计师事务所等社会中介机构协助财政监督检查工作规程》,对厅机关各处室（局）选聘专业人员协助开展财政监督检查行为起到规范作用。

省政府颁发《安徽省财政监督暂行办法》 历经 4 年调查研究与科学论证，2002 年 3 月 31 日,省政府以第 142 号政府令颁布《安徽省财政监督暂行办法》,对财政监督体制、监督主体、监督事项、监督职责权限、法定监督程序、制裁措施、监督经费等作出明确规定。省政府于 4 月 28 日上午举行新闻发布会。20 余家中央驻皖媒体及省市新闻单位记者，40 多家省直单位、20 多家大型企业负责人，17 个市和部分县财政局负责人以及财政厅机关各处室和厅属单位负责人计 150 多人参加新闻发布会。

统一财政对外监督相关措施 2002 年,省财政厅制定《安徽省财政厅对外监督检查规定》,确定财政监督检查工作必须坚持的“五个统一”原则,即:统一财政监督机构在监督检查工作中的组织、协调作用;统一检查文书格式;统一实行检查与审理分离制度;统一下达处理决定;统一安排并支付监督检查经费等。

强化财政监督工作机制 2003 年和 2004 年,省财政厅连续下发 2 份文件,对进一步加强全省财政监督检查工作提出 5 点具体要求:一要提高对财政监督的认识,重视并支持财政监督机构依法实施财政监督。强调各级财政部门一定要把财政监督检查工作摆上重要议事日程,每年要安排时间专门听取财政监督检查工作情况汇报。二要采取切实措施解决好财政监督工作中存在的实际问题。要求有关市、县财政部门尽快解决部分市、县在财政监督机构和人员编制上存在的不符合依法行政要求的问题,保证执法主体的合法性;对财政监督和其他机构合署办公以及人员编制不足 3 人的市,要依照《安徽省财政监督暂行办法》的要求及时分离机构、充实监督力量;对尚未通过预算安排财政监督检查经费的市、县,要保证财政监督检查工作所需经费;市一级财政监督机构名称不统一的,要统一更名为“财政监督检查局”。三要积极有效地开展内部监督检查工作,加强财政部门自身建设。确保离任审计面达到 100%。四要依法实施监督,创造性地开展各项监督检查工作。各级财政监督机构要围绕公共财政改革,逐步探索、建立和完善财政监督检查新机制。五要加大对财经违法违纪行为的处理力度，维护财政监督的权威。在实施财政监督过程中坚持做到把处理人与处理事结合起来，把行政处罚与刑事处罚结合起来，把内部通报与舆论曝光结合起来，充分发挥财政监督对各种违法违纪行为的威慑和遏制作用。

实现“大监督”理念制度化 2010年，省财政厅报经省政府同意，向市、县（区）人民政府印发《安徽省财政厅关于进一步加强财政监督工作的若干意见》，明确财政部门内部各机构要加强沟通协调，形成财政部门内部纵横联动、齐抓共管的大监督格局，构建“全员参与、全程监控、全面覆盖”的财政监督新机制。“全员参与”是指，将财政监督是财政监督专职机构一家的事，转变为财政所有职能部门的共同职责，树立“监督就是管理，管理必有监督”的新观念，达到管理与监督同步运行，有效实现管理与监督有机融合。“全面覆盖”有两层涵义，一方面指财政监督要覆盖所有政府性资金，包括预算资金、政府基金、非税收入等内容；另一方面是指财政监督要覆盖财政资金运行和财政职能所涉及的经济客体，财政资金流向哪里，监督范围就要覆盖到哪里。“全程监控”是指，财政监督要贯穿于财政管理活动的全过程，既包括业务管理机构的资金分配活动、财政监督机构的活动，还包括到基层、到各个环节的财政资金使用和管理的所有活动。

第十二章　财政投资评审

财政投资评审是财政部门对财政性资金投资项目的工程概算、预算和竣工决（结）算进行评估与审查，以及对使用科技三项费、技改贴息、国土资源调查费等财政性资金项目情况进行专项检查的行为。财政投资评审是财政职能的重要组成部分，其主要作用是对财政性基本建设投资进行审核与监督，确定投资成本，开展绩效考评，规范项目管理，促进财政投资效益的提高。1999 年 12 月 17 日，安徽省编办同意省财政厅成立安徽省财政投资评审中心（简称评审中心），为厅属全额事业单位，处级建制。2001 年，省财政厅明确评审中心主要任务是，行使对财政投资资金监督管理职能，承担财政性投资和地质勘察项目前期评估及后评价，承担已立项目的概（预）决算和标底审查，具体实施对财政性基本建设资金使用的监督管理。2008 年 1 月 23 日，省人事厅同意评审中心参照公务员法管理。评审中心成立后，立足自身职能，为公共财政预算管理、项目投资决策和财政监督管理服务，狠抓评审质量和队伍素质，截至 2010 年，共完成 3500 多个各类项目评审工作，评审投资超千亿元，其中评审预决算项目 490 个，审减资金近 40 亿元。

第一节　财政投资项目预算评审

财政投资项目预算评审是在项目预算下达前或预算执行过程中对项目所需投资的合理性、真实性、准确性的评审，为财政部门合理安排基本建设项目预算、拨付资金提供真实、客观的依据，从而达到事前控制项目投资、提高财政资金使用效益的目的。

中央财政投资项目预算评审　2001 年 4 月，省财政厅对合徐高速公路、合肥王小郢污水处理厂、芜湖长江大桥接线等 16 个国债项目进行预算评审，16 个项目送审额 106.17 亿元，审定额 99.69 亿元，审减额 6.49 亿元，审减率为 6.1%。9 月，对江西省 2000 年 200 亿斤国家储备粮库进行预算评审，24 个项目送审额 35090 万元，审定额 31011 万元，审减额 4079 万元，审减率为 11.6%。

2002 年 4 月，对江苏省太湖湖西引排工程进行预算评审，送审额 78295 万元，审定额 67585 万元，审减额 10710 万元，审减率为 13.7%。5 月，对世行贷款芜湖禿矶山、湾址粮库、省机械化粮库填平补齐项目进行预算评审，送审额 545 万元，审定额 506 万元，审减额 39 万元，审减率为 7.2%。

2004年2月，对河南省开封碳素有限公司石墨电极项目进行预算评审，送审额93246万元，审定额85737万元，审减额7509万元，审减率为8.1%。12月，受财政部委托，对农业部上报的拟编入2005年中央预算179个项目进行预算评审。项目分布在29个省（市）、自治区，总投资24.34亿元（其中中央投资16.06亿元），评审建议调减财政年度预算投资6204万元，占预算6.2%。

2005年3月，对国家4个民航基础建设基金项目进行预算评审，送审额74912万元，审定额72711万元，审减额2201万元，审减率为2.9%。

2006年5月，对天津市等海事项目预算和沙颍河近期治理工程预算进行评审，送审额26.65亿元，审定额25.33亿元，审减额1.32亿元，审减率为5.0%。

省财政投资项目预算评审 2002年，省财政厅对省林业厅技术管理综合楼、省审计厅综合办公楼、省委办公厅及省人大的部分改造项目、庐阳饭店消防改造工程、稻香楼北苑改造等基本建设及改造工程进行预算评审，审减资金4018万元。

2003年，对稻香楼宾馆南苑改造、省行管局征地费进行预算评审，审减资金1200万元。

2004年，对省委东西高干宿舍热水系统改造工程、省政协集中供热工程、省国资委办公楼维修、省劳动和社会保障厅办公楼改造工程、省贸促会办公用房、《人民日报》安徽记者站业务设备和装修、省社会科学院办公楼地下室整修、稻香楼临湖楼翻建工程、省药品检验所实验综合楼、省公安职业学院教学综合楼等11个项目进行评审，送审额7908万元，审定额6223万元，审减额1685万元，审减率为21.3%。

2005年，对省政府办公南楼北楼维修费用、国际徽商大会费用、黄梅戏剧院改造、省农业种质基因库建设、省劳动及社会保障厅供电系统改造等项目进行预算评审，审减资金1676万元。

2006年，对省政协常委会议室内部设备及家具购置项目、和平花园专用通信建设工程、省社会科学院办公楼增容水管网改造工程等14个项目进行预算评审，送审额4046万元，审定额3233万元，审减额813万元，审减率为20.1%。

2007年，对安徽省政府驻京办事处安徽大厦门厅改造、省委机关大院部分电源电缆改造、省直机关老干部第二活动室维修、省信息产业厅无线电技术中心装饰和设施配备、省国资委办公楼改造等20个部门预算项目进行投资评审，送审额8205万元，审定额5970万元，审减额2235万元，审减率为27.2%。

2008年，对全省小型病险水库除险加固项目投资进行抽样测算，抽取的20个小Ⅰ型、小Ⅱ型水库测算投资分别较原批复投资降低23%和17%，按照3年规划需要加固的小型水库计算，减少省财政资金安排近亿元。对省新闻出版大厦维修项目、和平花园建设工程、省住房公积金管理中心办公用房装修工程等7个预算追加项目投资进行了评审，评审资金9886万元，审减2358万元，审减率为23.9%。

2009年，对第四届中部博览会文艺晚会经费项目、省农村饮水安全工程项目、省委机关大院省级干部住宅楼修缮工程、安徽老年大学新校舍改造及设备投资等 11 个项目进行预算评审，送审额 92395.83 万元，审定额 86205.36 万元，审减额 6190.47 万元。

2010 年，在年初开展的省博物馆布展经费评审中，经过调研，对博物馆布展各项费用内容、标准迅速提出评审意见，建议将报审的 15522 万元开馆经费调整为 8900 万元。

第二节　财政投资项目决算评审

财政投资项目决算评审是在项目竣工后，准确核实项目实际建设成本，为项目编制竣工决算、移交资产“划好句号”的重要环节。包括对项目建筑安装工程投资、设备投资、待摊投资和其他投资完成情况，项目建设程序、组织管理、资金来源和资金使用情况、财务管理及会计核算情况、概（预）算执行情况和竣工财务决算报表的评审。

中央财政投资项目决算评审　2002 年，省财政厅对财政部经济建设司安排的 16 个国债项目进行竣工决算评审，送审额 102.61 亿元，审定额 93.15 亿元，审减额 9.46 亿元，审减率为 9.2%。2002 年，对江西省 21 个国家粮库建设项目进行竣工决算评审，送审额 30279 万元，审定额为 28323 万元，审减额 1956 万元，审减率为 6.5%。

2004 年，对山东省京沪高速齐河至开山段进行竣工决算评审，项目概算投资 16.95 亿元，涉及山东省交通厅、高速公路总公司鲁西分公司、济南市公路局等多个单位，审定决算 12.87 亿元，较概算审减 4.08 亿元，审减率为 24.1%。

省财政投资项目决算评审　2001 年 10 月，省财政厅对安徽境内长江堤防加固 97 个水利项目进行工程竣工决算评审。项目包括堤身加固、崩岸治理、防洪墙、水土保持、排灌站闸、堤顶公路、护岸护坡等 10 多种工程类型，分属 35 个项目法人单位，跨 6 个市 20 个县。经评审，97 个项目总送审额 53564 万元，审定额 46659 万元，审减额 6905 万元，审减率为 12.9%。

2002 年，对皖南医学院教学实验楼、安徽省建筑工程学院教学实验楼、皖西学院教学实验楼、安徽师范大学田家炳教育书院等高校教学楼建设项目；安徽省楚利凤公路建设工程；省公益性项目中心承担的九运工程和省政协培训中心、安徽剧院改造等 10 个公益性项目进行竣工决算评审，送审额 16362 万元，审定额 13857 万元，审减额 2505 万元，审减率为 15.3%。

2003年，对省审计厅办公楼、省体育场加固工程和体委射击中心、省政协培训中心、安徽剧院、省 9811 人防工程、省经济管理学院教学楼、省黄梅戏剧院、省人大变电所等项目进行竣工决算评审，送审额 3.94 亿元，审定额 3.41 亿元，审减额 5344 万元，审减率为 13.6%。

2004 年，对安徽省水利、林业、公用事业、办公综合楼、基础设施等 5 大类 20 种类型的 61 个国债项目进行竣工决算评审，送审额 9.95 亿元，审定额 8.89 亿元，审减额 1.06 亿元，审减率为 10.6%。发现项目建设管理方面存在 14 个问题，对项目投资控制、资金安排和项目管理提出相应建议。

2005年，对淮河曹台孜退水闸除险加固、王家坝闸除险加固、茨淮新河上桥节制闸加固等治淮项目和黄山机场扩建、稻香楼宾馆改造等9个项目进行竣工决算评审，送审额6.88亿元，审定额5.77亿元，审减额1.11亿元，审减率为16.1%。

2006年，重点开展病险水库和治淮项目竣工决算评审。先后对霍山县佛子岭水库、金寨县磨子潭水库、黄山市丰乐水库等10个病险水库和淮河荆山湖进洪闸、汪临段河道疏浚、淮干临王段大堤应急加固工程、正南淮堤加固工程等11个治淮重点项目进行评审，送审额9.80亿元，审定额8.54亿元，审减额1.26亿元，审减率为12.9%。

2007年，对淮河干流蒙洼蓄洪区堤防加固工程、姜唐湖蓄（行）洪区退水闸工程等10个项目进行决算评审，送审额7.66亿元，审定额6.70亿元，审减额0.97亿元，审减率为12.7%。

2009年，第四届中部博览会暨徽商大会会议经费项目，评审中心经过审核、测算、反馈，压缩会议经费1139万元，审减率达到14.3%。

2010年1月，完成淮河干流南润段和邱家湖进（退）洪闸工程两个治淮项目的评审；5月至7月，完成梅山水库除险加固工程和颍上县润左润赵古城保庄圩应急加固工程的评审。四个水利重点工程评审投资37942.89万元，审减4643.94万元，审减率达到12.24%，将投资全部控制在概算之内。

第三节 财政投资项目绩效考评

财政投资项目绩效评价是财政部门加强财政投资项目资金管理、提高财政资金使用效益的重要手段。省财政厅在全国率先探索并实践财政投资项目绩效评价工作，建立一系列主要评价指标体系。

财政投资项目绩效考评探索 2005年上半年，省财政厅对农田基础设施、大学教学楼、县乡公路、污水处理和生物工程5个不同行业的项目，在全国率先进行绩效评价试点工作，对财政投资项目绩效评价的范围、原则、内容、对象、方法、程序、主要指标等进行初步探索，摸索出有关技术经济、资金管理、投资控制、功能实现、财务效益等主要评价指标。当年8月，财政部投资评审中心和安徽省财政厅在合肥共同举办全国部分省市财政投资项目绩效评价研讨会。财政部科研所、中国社会科学院财贸研究所、国家发改委产业经济研究所、国务院发展研究中心、北京师范大学的知名专家学者和来自18个省市财政投资评审中心代表参加会议。会议旨在为了更好适应公共财政支出、部门预算改革和财政投资体制改革需要，充分研讨地方财政部门如何利用财政投资评审工作成果，认真总结近几年来各地财政投资项目绩效评价的探索经验，归纳提炼出可操作的绩效评价指标体系，更好地为公共财政支出管理服务，为公共财政投资决策服务。与会专家充分肯定了安徽省财政厅提交会议研讨的5大项目评价指标体系，认为这一经过多个项目评审而探索出的成果具有开创性和可操作性。

2010年，省财政厅印发《关于进一步加强预算支出绩效考评工作的意见》。同时，不断探索考评指标体系建设，不断创新考绩问效方法机制，共完成绩效考评项目5批次609个，考评资金137.06亿元。7月，在全国率先制定《安徽省财政投资评审中心项目绩效考评操作细则》，为进一步规范评审、提高评审工作质量建立长效机制；同时以外国政府贷款项目绩效考评为突破口，开发“安徽省外贷项目绩效考评系统”软件，并在2010年的46个外国政府贷款项目绩效考评工作中予以应用。

财政投资项目绩效考评实践　2006年1月，省财政厅对皖优农产品进超市项目以及血吸虫病防治专项经费项目进行绩效评价试点。5月，对国家安排的老区转移支付资金用于农村基础设施建设项目进行前期评价，为财政投资项目绩效评价工作全面开展做好准备。

2007年5月，对安徽省21个县（区）109个革命老区2006年专项转移支付资金项目进行绩效考评，同时从项目的优势、劣势、风险、政策建议4方面对21个县（区）2007年72个新申请项目进行评审论证，出具21个县的2006年项目绩效评价报告和2007年项目评审论证报告。

2008年4—5月，继续对全省21个老区县（市、区）2006、2007年申报并实施的180个项目进行绩效考评，对21个县(区)2008年65个新申请项目进行评审论证。7月，圆满完成财政部安排的合肥市望塘污水处理厂等26个外国政府贷款项目的绩效评价，先后举办项目单位和评审人员两期绩效评价培训班。10月7日，在芜湖召开的外国政府贷款项目绩效评价专题座谈会上，财政部金融司领导和科技部绩效评价专家对安徽省财政评审工作给予高度评价。

2010年，完成2009年度加快皖北三市及沿淮六县发展专项补助资金、五保供养服务机构建设经费和革命老区专项转移支付资金3批重点项目的绩效考评。完成5个2011年部门预算项目的评审论证和绩效考评工作，5个项目送审投资838万元，审定投资606万元，审减232万元，审减率达到27.7%。

第四节　财政专项资金核查

财政专项资金核查是财政投资评审重要职责，省财政厅在完成省内财政专项资金核查的同时，承担财政部经济建设司直接安排的各项全国性重大基本建设资金的专项核查任务。

省内财政专项资金核查　2000年11—12月，对安徽省7个拟上划中央储备粮库进行专项核查，涉及资金10.71亿元。

省外财政专项资金核查　2001年4月和8月，对山西省42个科技三项费用项目专项核查，涉及资金1562万元。

2002年8月，对江苏省矿产资源补偿费征管情况进行专项核查，核查江苏省省本级及13个市63个县共77个征管机构，抽查432家企业，涉及资金45248万元。10月，对河北省10个污水处理国债项目进行专项核查，10个项目概算投资17.19亿元，其中国债资金6.05亿元。

2003年8月，对黑龙江省第三、四批中央储备粮入库成本进行专项核查，审减收购成本515万元。10月，对浙江省、河北省和上海市的44个污水处理项目进行追踪问效核查，核查投资累计140亿元，其中仅上海市合流污水处理二期项目投资就达42亿元。

2004年4月，牵头对国家医药总公司中央医药储备资金进行专项核查，核查中国医药集团总公司及其下属6个全资子公司、18个省市公司、9个协议储备企业共7.26亿元的资金和实物储备，提出的9条建议全部被财政部采纳。

2005年，分别于4月、9月、11月连续对湖南省2005年车辆购置税支出预算的一般公路建设项目、河南省农村卫生服务体系国债项目和四川、宁夏、青海3省农村沼气项目进行了专项核查，3批次共核查913个项目，核查投资14.88亿元。

2006年，先后对四川、山东两省及青岛市病险水库治理资金、四川省人畜饮水安全、可再生能源利用、新农村建设等7批次431个项目进行专项核查，核查投资72.24亿元。其中对农村人畜饮水工程的核查，根据项目管理和资金管理中存在的问题，以及农村人畜饮水情况、农村水资源配置和支农资金整合情况，提出8条建议。

2007年1月、6月、9月，先后完成对河南省中央财政投资土地开发整理项目、海河流域水污染防治项目和新疆维吾尔自治区、新疆建设兵团国债投资大型灌区项目专项核查，涉及334个项目，核查投资230亿元。其中在海河流域水污染防治项目核查中，发现项目建设运行存在的24类问题，并对水污染治理机制提出对策建议。

2008年，先后完成湖南省污染物减排项目、广东省节能项目、广西壮族自治区淘汰落后产能和节能项目、安徽省生物能源引导示范项目等5批项目的核查工作，核查项目188个，资金近30亿元。

2009年9—10月，对湖北、广东、广西三省（区）的2008年中央农村环保专项资金项目进行核查。本次核查是全面核查前的试点工作，涉及三个省（区）“以奖代补”和“以奖促治”两类项目共60个，分布在30个市（州）48个县，中央财政专项资金4344万元（总投资10583万元）。

2010年，受财政部委托对河南省重点小型病险水库除险加固项目进行专项核查，从项目规划组织实施到除险加固效益十个方面对544个项目进行全面评价。为优质、高效完成任务，通过试点摸索从政策指导、专业标准控制、现场情况印证等方面，制定反映项目建设全貌的76项指标，于12月底完成评审任务。

第十三章　财政信息化管理

改革开放前,财政工作手段落后,以纸质账簿和算盘、计算器作为信息载体与计算工具。20 世纪 80 年代,计算机和中文信息处理技术开始在国内推广应用。在财政部示范推动下,安徽财政部门积极创造条件,采用计算机及其数据处理技术,为财政改革和发展提供技术支撑。

第一节　财政信息化机制

完善财政信息化工作机构　财政信息化工作专业技术性强,需要专职机构组织实施,安徽省财税信息中心(简称信息中心)应运而生。1990 年 7 月 17 日,安徽省编办批准成立安徽省财税信息计算中心,编制 15 人,为财政厅直属县级全额拨款事业单位,主要职责是处理全省财税业务信息,建立财政预决算数据库和分级网络系统等。财税信息中心内设办公室、软件部、硬件部和技术培训部。1993 年 6 月 3 日,省财政厅批准信息中心创办“安徽爱普科技公司”,公司为集体所有制,财务独立核算,员工从社会招聘(2003 年 7 月 28 日,爱普公司改制为员工持股、信息中心控股的有限责任公司。2005 年 12 月,信息中心撤出了在公司的法人股,爱普公司自此成为自主经营的民营企业)。1996 年 12 月 3 日,省编办批准财税信息中心在原 15 名全额拨款事业编制基础上,增加自收自支事业编制 5 名。2007 年 11 月 1 日,省编办批准省财税信息计算中心更名为安徽省财政信息中心,全额拨款事业编制 18 人,主要负责全省财政信息系统、信息网络及预算数据库的规划建设和日常管理等工作。同时,经省财政厅批准,内设机构调整为综合科、网络科、软件科和应用培训科。

2007 年 8 月 29 日,为推动市级财政信息机构建设,省财政厅与省机构编制办联合印发《关于建立健全全省财政信息机构的通知》,要求各市尽快组建财政信息中心,各县(区)财政部门配备专职技术人员,以便加强对信息化设施的集中统一管理。

建立领导协调机制　财政信息化工作伴随财政改革而推进,业务涉及面广,与业务管理结合紧密,省财政厅为此建立“信息化工作领导小组”的领导协调机制,即主要负责人兼任厅信息化工作领导小组组长,分管厅领导兼任副组长,相关处、室(局)和厅属单位的主要负责人为领导小组成员,以领导小组会议形式,研究部署和协调相关工作。信息中心承担领导小组办公室职能,负责牵头、承办具体工作。2002 年 8 月 20 日至22日，财政部在哈尔滨市召开全国财政系统“金财工程”建设座谈会，确立“金财工程”建设目标。为贯彻落实会议部署，省财政厅成立金财工程建设领导小组，研究制定全省的金财工程建设方案和阶段性目标。2003年1月16日，省财政厅在合肥召开全省财政广域网工程验收暨“金财工程”建设座谈会，对前期省、市、县三级财政局域网、广域网建设进行工作总结和项目验收，对全省“金财工程”建设工作进行动员部署。2004年10月22日，省财政厅在合肥召开全省财政信息化工作会议，部署各级财政部门加强信息网络应用及其管理工作。2007年9月3日，省财政厅在合肥召开全省金财工程建设推进会，研究制定金财工程建设项目与建设经费管理办法，以及组织市县（区）财政开展计算机机房达标建设等工作。2008年6月2日，省财政厅在原金财工程建设领导小组基础上，调整成立信息化工作领导小组，以适应财政信息化工作统筹协调与发展需要。

健全信息管理制度 省财政厅先后制定出台《安徽省金财工程建设项目管理办法》《安徽省金财工程建设经费使用管理办法》《安徽省金财工程集中采购资金支付及设备资产调拨规程》《安徽省财政计算机机房建设指导意见》《安徽省市县财政计算机机房技术规范》和《安徽省财政系统计算机机房管理守则》等一系列管理制度与办法，规范金财工程和信息化建设管理工作。

第二节 财政信息网络设施

财政系统建设与使用的计算机网络为财政专网，属于电子政务内网范畴，与国际互联网物理隔离。安徽财政专网建设与应用范围历经局域网、广域网两个阶段，应用深度与广度历经由省市应用到县乡应用，由各级财政部门内部使用，到与同级预算单位及其主管部门共享使用。

厅机关办公局域网建设 1994年5月，省财政厅应用国内刚兴起的Novell局域网技术，将分属10个处室的20台微机（长江路221号省政府大院南一楼），通过同轴电缆串接组成局域网，开始微机间交换、共享信息的应用尝试。1998年年初，位于合肥阜南西路238号的省财政厅新办公楼落成，每间办公室都预设综合布线系统连接的网络接入点，将近百台微机连接成办公局域网，为办公网络化奠定基础。

财政系统局域网和广域网建设 2000年，省启动县级公共财政支出改革，配套的技术支撑工作同步展开。安徽作为全国财政系统计算机广域网建设试点省份之一，省财政厅组织市县（区）财政部门开展网络建设。至2002年年底，全省市县（区）财政局机关全部完成办公局域网建设。在此基础上，通过租用X.25专线，连接组成全省财政广域网。2003年1月，省财政厅在合肥召开全省财政广域网工程验收会，进行工作总结和工程项目总体验收。从2000年开始，为满足县级公共财政支出改革关于开展会计集中核算业务的需要，3个试点市和76个县（区）新成立的会计核算中心建设的业务局域网陆续投入应用。

2001 年 11 月，省率先开展财政国库管理制度改革。为适应集中支付业务需要，建设省支付中心服务大厅业务局域网。

2002 年 8 月，省财政国库管理制度改革推向市级，纳入改革的 14 个市级财政国库支付中心根据工作进展，先后建设适应支付柜台业务需要的局域网。

2003 年 11 月，为适应建设省市财政视频会议系统的需要，省财政厅依托省电子政务城域网和省市专网主干线路，采取自架光缆连接各市财政局与市政府网络中心的方式，拓宽与 17 个市财政局的网络通道，并在此基础上，建设连接省、市财政部门的视频会议系统。

2005 年 12 月，为配合省财政直管县改革，省财政厅将 57 个直管县财政局连接市财政的 X.25 线路拓宽为 2 兆 SDH 专线，并统一支付原先由市县承担的财政广域网专线月租费。同时，通过扩容和延伸建设，使财政视频会议系统应用覆盖直管县财政局。此外，还改造升级广域网电子邮件系统，实现与财政部和兄弟省市电子邮件系统的联通，满足各级财政部门间、财政用户间通过财政专网收发电子邮件的需要。

2007 年 10 月，针对市、县财政部门普遍存在的计算机机房面积小、标准低、隐患大，不符合信息化建设与应用要求的问题，省财政厅开始组织市、县（区），分批对原有机房实施改扩建，使之符合相关计算机机房场地标准，为财政管理信息系统提供安全的运行环境保障。至 2008 年年底，全省有 52 个市、县（区）财政部门完成机房改扩建。

2009 年，配合完成厅新建综合楼的综合布线与计算机网络系统的设计、施工，沟通与厅主楼间的网络与电话连接。将连接部里的 512KDDN 专线升级为 2M 带宽的 SDH 专线，并安装网络安全设备，提高省财政厅连接财政部网络的通信速度和安全性。同时，完成省市县三级财政局域网、广域网升级改造、全国财政视频会议系统安徽分会场建设、视频会议系统向非直管县和县改区的延伸建设。继续组织市县财政开展计算机机房达标建设，完成 19 个市县的机房达标建设，使达标单位总数达到 71 个。

县乡财政网络建设　2004 年 5 月，为配合“乡财县管”改革，满足县级财政部门对乡镇财政支出实行网络化的“报账制”管理需要，各县（区）财政部门通过租用 ADSL 电路或裸光纤方式实现了县级财政网络延伸到乡镇财政所。

第三节　财政管理信息系统开发与应用

财政信息化工作的重要内容，就是结合财政改革和加强业务管理需要，开发和推广应用各类业务管理信息系统。此项工作可大致分为起步阶段、广泛应用阶段和整合建设阶段等 3 个阶段。

计算机应用起步阶段（1998 年以前）　从 1985 年起，省财政厅机关处室陆续开始配备微型计算机（台式机和笔记本），用于日常办公文稿编辑打印和业务数据存储计算。但在微机应用过程中，存在诸多问题。一是微机价格贵、性能低、台数少（每个处室仅有 1 ~ 2 台）；二是缺少网络支撑，微机间只能通过存储量很小的软盘交换数据；三是懂得微机操作应用的业务人员少；四是适合工作需要的应用软件少，仅有财政部下发的 YS、CRPG 等几种报表软件。从 1991 年起，为帮助地方财税部门解决较大型业务数据处理问题，财政部分批为地方财政部门采购进口中小型计算机。省财政厅于 1993 年安装带有多终端的 IBMAS-400 中型机系统，开始数据处理方面的开发应用尝试。1994 年，信息中心研发依托省财政厅机关 Novell 局域网的应用软件“财政办公系统”，并通过人工录入和外部电子文档加载方式，开始入网微机间的信息交换与共享尝试。从 1995 年起，微机应用于日常业务管理的优点逐渐为更多业务人员所了解，部分处室陆续与信息中心合作，开发一批单机应用的业务管理软件在专项资金管理工作中应用，如专项预算指标管理、财政周转金管理、省直单位经费预算管理、省直离退休人员经费管理、省保健对象医疗经费管理、省优抚对象经费管理、预算外资金专户管理、控购商品管理、会计电算化考试、财税法规查询、财政统计报表查询等软件。1997 年，信息中心建设通过电话拨号线路接入的 Notes 电子邮件系统，为综合、国债、行财和农业开发等业务及时收集市、县财政电子报表提供便捷的途径。

计算机广泛应用阶段（1998—2007 年） 省财政厅新办公楼及计算机网络建设，奠定了信息技术应用的硬件基础，伴随着财政改革的不断深入，财政信息化建设与应用逐步进入规模化推广应用阶段。

1998 年 3 月，省财政厅机关及部分厅属单位迁入新楼办公。分布在各楼层的上百台微机通过综合布线系统连接组成办公局域网，在信息中心开发的自助式网上办公软件支撑下，实现信息交换、发布和查询的网络化。7 月，为帮助处级干部学习掌握计算机应用操作技能，省财政厅组织举办处级干部培训，重点是帮助处级干部提高微机基本操作和汉字输入技能。1998 年年底，财政部组织开通连接各省财政厅的 X.25 数据专线，实现部、省网络的互联。同时，省财政厅新办公楼的计算机用户开始使用国际互联网。

1999 年，安徽省率先开展农村税费改革。为规范基层单位的农业税（农业税、农业特产税、契税和耕地占用税）征收，省财政厅在全省推行“三定征收、微机管理”工作模式，应用微机和“金穗 2000”农业税征管软件实施税款、票据、报表和税源档案管理，规范税收征管作业，提高工作透明度。至 2002 年年底，全省 1800 多个乡镇全部实现农业税的微机化征管。在此过程中，全省总计 4000 多名县乡财政干部职工接受微机操作培训，为县乡财政计算机应用打下基础。

2000 年 5 月，省启动县级公共财政支出改革。76 个县（市、区）财政部门均组建会计核算中心，开始应用会计集中核算信息系统，按照“预算统编、会计统配、国库统付、采购统办和工资统发”的要求开展集中核算业务。

2001 年初，开始实行省级行政事业单位由财政厅统一发放工资。按照“编制部门核准编制和实有人数、人事部门核定人员和工资、财政部门核拨经费、银行代发到人”的分工，应用省级工资统发数据库管理系统进行人员工资信息管理，按时将复核后的金额转入统发人员的个人工资账户，规范省级行政事业单位的人员工资与津补贴发放。11 月，省财政率先启动财政国库管理制度改革，试行省级预算单位财政国库集中支付。在单一账户体系和集中支付信息系统支撑下，纳入试点的首批 16 个省级行政部门及所属预算单位开始通过集中支付柜台办理预算支出业务，使财政部门由以往对预算支出的事后监督开始转变为事前审核、事中监督。

2002 年，省财政厅开始在省、市两级预算单位推广应用部门预算编制信息系统，进行年度预算编制和审核，规范统一定员定额标准、基本支出编制、项目支出审核管理、预算控制数下达等预算业务管理。7 月，财政部在合肥召开全国财政国库管理制度改革工作会议。会议安排安徽省财政厅介绍财政国库管理制度改革工作经验，演示“国库集中支付信息系统”。会后，省财政厅部署在市级推行财政国库管理制度改革，并选择滁州、铜陵和黄山 3 市作为试点，配合实施国库集中支付信息系统的推广应用。

2003 年 10 月，在人民银行和代理商业银行的参与配合下，省财政厅开始推广由信息中心开发的国库集中支付网上查询、申报、审核系统，使预算单位可以通过电子政务专网或电话拨号办理集中支付业务、凭业务受理号在就近开户的银行网点办理用款，解决大厅柜台方式需要单位财务人员频繁跑腿、排队的问题，加速数百个异地办公预算单位纳入省级财政国库集中支付的进程。至 2005 年底，省级 1000 多个预算单位全部实现网上申报、办理财政资金支付。12 月，财政厅开通建立在省电子政务专网平台上的财政政务网站，通过网络向省级党政部门宣传财政改革、开展网上服务。

2004 年 5 月，为巩固和深化农村综合改革成果，规范乡镇财务核算管理，省财政厅全面推行“乡财县管”改革。并推广应用乡财县管财务核算信息系统，支撑县财政对乡镇支出实行网络化“报账制”管理，满足“预算共编、账户统设、集中收付、采购统办、票据统管”的改革需要。7 月，省财政厅门户网站“安徽财政信息网”开通，面向互联网用户公开财政政务信息，宣传安徽财政改革及其成果，并通过“领导信箱”受理网民的咨询、举报和投诉，增强财政工作透明度，方便社会对财政部门依法理财的监督。网站提供的会计人员考试成绩查询，业务表格下载等功能，方便工作、提高效率。

2005 年，省财政厅开始在省、市、县三级财政部门和预算单位推行“单位开票、银行代收、财政统管”的非税收入征管新模式，推广应用非税收入征管信息系统，推行大厅收缴、非税管理机构直征、银行 POS 刷卡和网上支付等多种非税收入收缴方式，用信息化手段规范非税收入征管工作。同年，省财政厅建设的财政扶贫资金管理监测信息系统投入应用。系统将财政扶贫资金监管与贫困状况监测、扶贫开发规划、扶贫项目管理、扶贫资金报账制度、扶贫投入与产出评价等跨部门、跨区域的扶贫工作各环节的信息交流与共享，统一到财政网站上进行，满足省、市、县三级政府的财政、扶贫办、发改委、民委和统计局等 400 家相关单位联合扶贫和业务管理的需要。同时，针对企业财务快报填报户数大幅递增的新情况，省财政厅开发启用网站报送系统，取代沿用多年的传真报送与人工汇总。分布在全省的 1000 多户国有、非公和财政直接监管企业的财务信息全部实行网上报送，保证企业财务信息收集与统计的时效性、准确性。

2005年，安徽省比国家规定提前1年全面取消农业税，并开始按照城市反哺农村的方针，完善惠农支农政策措施。省财政厅推行以“指标统一下、资金一户管、补助一卡发、服务一站办、结算一线通、收支一本账”为核心内容的涉农补助资金发放管理改革，组织将全省1000多个乡镇原先用于农业税征收的微机系统改造为直接向农民发放补贴的信息管理系统，实现财政补贴农民资金的“一卡”式发放。

2006年3月，按照财政部关于政府收支分类改革工作的部署，为确保下年度全面启用新的政府收支分类科目标准，省财政厅组织省、市、县三级财政部门对财政收支预算科目、项目名称及代码进行全面调整，对在用的各类业务管理信息系统的预算收支科目代码库进行修改升级，保证新的多维预算收支分类科目标准在新年度的应用执行。9月，省财政厅组织县级财政部门推广应用债权债务信息管理软件，并通过县乡网络对乡镇政府债权债务清理工作进行监督，对乡镇申报债权债务信息进行审核监管，力求把债务风险控制在乡镇财政可承受的范围。同月，信息中心开发政府采购项目申报、审核系统，实现与原有国库集中支付信息系统的衔接和信息共享，简化政府采购项目资金支付流程，免除预算单位原先既要报送政府采购项目计划，又要报送采购资金支付计划的重复劳动，提高工作效能。

2007年8月，省财政厅组织推行县级会计集中核算向国库集中支付的转轨工作，部署用3年时间，在县（市、区）原先会计集中核算制度基础上，建立和实行以国库单一账户体系为基础、资金缴拨以国库集中收付为主要形式的财政国库管理制度，在此过程中，各县（市、区）财政按照统一要求，开始分批实施应用县级国库集中收付信息系统。

整合建设阶段（自2008年开始） 2008年1月，省财政厅机关的办公自动化系统正式投入应用，实现公文拟办会签和收发文信息等资源的共享，提升机关办文办事效率，为财政政务信息公开工作提供信息源保障。4月，省财政厅按照政府信息公开条例和相关要求，开通政务公开网站，在推进财政政务主动公开方面发挥主渠道作用。5月，按照省政府的部署，省财政厅组织芜湖市、滁州市、金寨县、太和县和合肥市蜀山区，试点实施以管理“一体化”、平台“一网联”、审核“一线实”、发放“一卡通”和服务“一站办”为内容的惠民直达工程。其中，平台“一网联”就是通过开发惠民直达信息管理系统，沟通同级政府部门信息系统间的横向联系，在信息资源共享的基础上，建立集补助对象审核、资金发放、信息汇总、动态监管为一体的惠民工作协调机制和管理监督体系。7月，按照国家发改委、财政部关于“金财工程”整体立项，分级编制和批复可行性研究报告的要求，省财政厅组织编制的《金财一期工程安徽省建设项目可行性研究报告》，通过财政部信息化领导小组办公室审查和省发改革审批。8至12月，为提高财政干部的科学理财能力，推进财政管理科学化、精细化，省财政厅举办全省财政系统信息化与电子政务应用技能竞赛。报名参赛的省、市、县（区）三级财政共980多名选手和170多支代表队，分布在全省各地参加预赛答题，胜出选手和代表队在合肥参加个人决赛和团体半决赛、决赛活动。财政厅信息化工作领导小组主要负责人出席了竞赛颁奖仪式,并为选手代表和获奖单位颁奖。

2008 年 11 月,财政部部署“金财工程”应用支撑平台推广工作,要求各级财政部门依托全国财政统一的信息平台,对原有的财政管理信息系统进行整合改造,通过解决信息互通和资源共享问题,实现以业务规范统一、基础数据统一、技术平台统一为基础的财政业务一体化管理,支撑财政收支的及时汇总与决算即时生成,进一步提升财政管理与决策水平。省财政厅向财政部报送《安徽省金财工程应用支撑平台推广实施方案》,开始安徽财政一体化管理信息系统建设进程。

2009 年,完成在财政部推广的金财工程应用支撑平台上开发构建“安徽财政一体化管理信息系统”,组织对省级 1000 多个预算单位财务人员的新系统应用操作培训;按照财政部的统一部署建设完成财政内网 CA 数字认证系统,并为省级部门和基层预算单位制发一千多块用于电子身份认证的 CA 数字证书;完成安徽电子化政府采购管理应用系统的开发建设,部分功能先期投入使用;“全省会计从业资格考试网上报名管理系统”投入应用,顺利完成全省 5 万多名报考人员通过互联网自助进行的网上报名、缴费和准考证打印工作。

2010 年,省级财政的一体化管理信息系统上线运行,实现将原先多个业务软件替代整合成标准统一、信息共享、数据集中处理的平台运行模式,以及系统应用覆盖全部业务处室、全部省级预算单位和大部分省级财政资金的目标,全年累计处理省级预算指标 8.6 万笔、用款计划和支付业务 29 万笔、工资统发业务 50 万笔、政府采购项目 2700 多个、电子税票等 275 万笔。7 月,省财政厅部署在全省市、县财政部门推广应用财政平台一体化信息系统。省级电子化政府采购应用系统全面上线运行,实现内网平台一体化系统的采购指标与计划数和外网采购执行数据的及时交换、业务流程的全程贯通。

由于财政信息化建设及其应用推广工作成效显著,在财政改革和业务管理工作中充分发挥技术支撑作用,省财政厅也因此获得多项成果及荣誉。1995 年,在安徽省国民经济信息化联席会议主办的省直单位首届数据资源网展示会上,省财政厅参展的 Novell 局域网及其“财政办公系统”应用项目获二等奖。1998 年 11 月,在省博物馆举行省信息化领导小组主办的全省首届信息化成果与应用展上,省财政厅参展的办公局域网建设及其应用项目获二等奖。2004 年,省信息化领导小组授予省财政厅“《安徽省‘十五’国民经济和社会信息化三年实施意见》信息化工作先进单位”称号。2007 年年初,在安徽省优秀政府网站评比活动中,财政厅门户网站“安徽财政信息网”由于不断完善栏目设置、及时更新信息和解答回复网民来信,网站点击率逐年攀高,而获得“2006 年度优秀政府网站”荣誉。2008 年,由于组织开展金财工程、“数字安徽”和电子政务建设工作扎实,信息技术应用推广成效显著,省财政厅获省政府“数字安徽五年建设(2003—2007 年)先进单位”的通报表彰。2009 年年初,在安徽省优秀政府网站评比活动中,安徽财政信息网获“2008 年度政府网站特色栏目奖”。

第十四章　财政信用担保

安徽财政信用担保工作起步于21世纪初。2001年1月，安徽省中小企业信用担保中心（简称省担保中心）成立，注册资本2亿元，是隶属于安徽省政府，委托安徽省财政厅管理的事业法人单位。2001—2005年，省担保中心累计为4357户（次）中小企业提供担保和再担保27.99亿元。2005年，省担保中心被全国中小企业信用担保机构负责人联席会议评为首批全国十大最具影响力中小企业信用担保机构。

2005年，为进一步缓解中小企业融资难，促进县域经济发展，推进信用担保体系建设，省委省政府决定整合安徽省中小企业信用担保中心（安徽省创新投资有限公司）、安徽省科技产业投资公司、安徽省经贸投资集团有限公司（包括其全资子公司安徽省中小企业信用担保有限公司）等担保和投资类公司，成立安徽省信用担保集团有限公司（简称省担保集团）。2005年11月28日，省担保集团挂牌成立，注册资本18.6亿元，为省属大型国有独资企业，归省政府直管，先期授权省财政厅具体管理。

省担保集团秉承服务至上、发展共赢的经营理念，坚持支持中小企业发展、构建信用担保体系、促进地方经济建设的经营宗旨，主要经营范围包括：贷款担保、票据承兑担保、贸易融资担保、项目融资担保、信用证担保业务；为其他融资性担保公司的担保责任提供再担保和办理债券发行担保业务；诉讼保全担保，投标担保、预付款担保、工程履约担保、尾付款如约偿付担保等履约担保业务，与担保业务有关的融资咨询、财务顾问等中介服务，以自有资金进行投资等业务。

省担保集团自成立以后，发挥省级金融综合服务平台功能，努力成为政府资金的“放大器”、银行信贷风险的“减压器”、培育中小企业的“孵化器”和支持县域经济发展的“助推器”。截至2010年年末，集团累计实现担保再担保682.82亿元，其中直接担保302.81亿元，再担保380.01亿元，担保、再担保在保客户突破1万户。通过担保、再担保的支持，累计使受保企业新增销售收入1335.34亿元，新增利润118.58亿元，新增税收67.05亿元，新增就业岗位30.66万个。省担保集团综合实力得到提升，累计实现利润总额4.71亿元，注册资本由18.6亿元增至28.66亿元，净资产超过33亿元。

省担保集团直接融资担保规模位居全国同行业前列，社会认可度和影响力逐年提高，先后获得“全省金融工作突出贡献奖”“全省金融工作最佳贡献奖”“省直机关文明单位”“全国首批省级再担保体系建设试点单位”“中国担保500亿上榜机构10强”“全国万亿担保规模上榜机构30强”和“全国中小企业融资担保创新奖”等诸多称号。

第一节　扩大直接担保规模

省担保集团以扶植中小企业发展、促进地方经济建设为己任，着力改善中小企业的融资环境，通过创新与金融机构的合作模式、创新担保品种、创新安全措施设置等多种方式，大力推进直接担保快速发展。同时，集团坚持政府战略导向，担保业务在资源配置、保费收取等方面重点向高新技术企业、农业产业化和民生工程领域倾斜，支持“三小”发展、皖江城市带承接产业转移示范区和皖北地区建设。集团在示范区融资贷款担保规模占直接担保总额的80%，在皖北地区直接担保额也逐年上升。

创新担保合作模式　省担保集团与在肥的绝大多数金融机构签订全面合作协议并创新合作模式。与银行直接合作“趸买趸卖”式批量处理业务的模式，以实现节约资源，提升效率目的。与中国银行安徽省分行推出的“保贷通”业务模式，合作后有10个市的上百户企业受益，累计担保责任发生额近10亿元。与金融机构共同选择借款主体（主要是地方城投公司），统一贷款并转借给双方共同审查认可的实际用款的中小企业，每个借款主体对应当地5～10家客户，并帮助借款主体落实其与实际用款企业间的安全措施，确保操作系统整体风险可控。通过该方式，引进进出口银行南京分行在皖拓展批量业务，继“出口小企业统借统还贷款”宁国试点后，又将该项业务扩大到天长、广德、霍山等地区，累计担保贷款26.07亿元。这一模式成为利用域外金融资源发展安徽省地方经济的一种崭新的尝试。

为促进安徽省县域经济的发展和壮大，探索解决县域中小企业融资难的有效途径，省担保集团研究推出“县域经济增信计划”，2007年开始在石台、宁国、天长等地开展“县域经济增信计划”试点，后来又扩大到临泉、太和等县。截至2010年年底，集团在县域担保的在保余额为40.71亿元，占同期担保余额的41.82%。“县域经济增信计划”，为中小企业增加信用、为金融机构增加信心、为地方政府增加抓手。直接设立分支机构，与宿州市、明光市政府合作成立担保基金，组建分公司，累计办理担保6.29亿元，支持当地中小企业的发展。

创新担保业务品种　省担保集团从单纯融资担保到非融资担保等多领域转变。开展债项担保业务，重点开拓发债担保业务，引进国内担保业实力雄厚的中国投资担保公司联合为铜陵开发区企业债共保，为铜陵城投10亿元企业债券开出保函。推出“富民兴业”农户担保贷款计划，2009年推出“富民兴业”农户担保信贷计划，成功搭建“三农”融资平台，把城市相对富余的金融资源引向农村，改善农村金融环境。霍山县“万户毛竹富民工程”项目，首批已放款0.1亿元，解决181户林农发展之需。参照此模式，在池州市与池州九华农商行共同推出“江南土鸡专业合作社”项目和“池州双园茶叶”项目，惠及400余农户。开发政府采购融资担保业务，与省政府采购中心、徽商银行，共同开发政府采购项下的融资担保业务。发挥政府采购“黄金合同”的增信作用，帮助中小型供应商提升竞标能力，该品种正从个案试点向批量过渡。拓展非融资领域担保，在预付款担保、履约担保、诉讼保全担保、保本基金担保等品种上取得一定突破。先后为安徽路桥集团承接的开发区道路建设向芜湖建投提供0.3亿元履约保函，为安徽建工集团承接的阿尔及利亚大学城项目向中建集团提供3.18亿元的预付款保函，开创了国内担保公司直接向业主方出具工程保函的先河，实现多方共赢。

创新安全措施设置 集团适度进行反担保措施设置创新，扩大知识产权质押、商标质押、应收账款质押、存货质押、大型农机具抵押、林权抵押等新型抵质押方式的适用范围及多种反担保措施的综合运用，探讨尝试土地、房产二次抵押。帮助客户将零散、难以直接在银行发挥信用价值的资产进行优化组合，灵活运用境内资产和境外股东信用的组合等方式，以满足不同类型客户的需求。

此外，集团通过信息化建设，为快速发展的担保业务提供技术支持，建立并运行担保业务网上评审系统，提升评审工作的效率和质量。该系统的实施在全国担保行业处于领先地位。

第二节 全省担保体系建设

省担保中心从2001年年初开始，在全省以再担保方式构建全省信用担保体系，受到国务院发展研究中心的关注，其发行的《调查研究报告》中刊发《我国中小企业信用担保的几种运作模式比较》一文，将安徽再担保模式作为典型加以推介。2002年，国务院发展研究中心将安徽以再担保方式构建全省信用担保体系定义为“安徽模式”加以推介。

2005年，省担保集团成立后，按照“因地制宜、形式多样、覆盖面广”的总体要求，创新思路、规范运作，运用资金合作、再担保、股权投资、共同设立担保基金等方式，着力推进全省信用担保体系建设。截至2010年年底，基本形成省、市、县三级“纵横贯通、上下联动、点面结合、合作发展”的信用担保体系。

担保体系建设模式 分为4种：其一，担保合作方式。省担保集团通过选择经营规范、发展态势较好的市县级担保机构，对其承担的全部担保责任提供补充清偿责任的合作方式。目的是提高市县担保机构信用等级，帮助其快速提高担保业务量；其二，资金合作方式。由省担保集团以资金委托的方式，有偿、有期限地让渡给市县财政局使用，由市县财政局提供资金本息的安全承诺，再由当地财政局对当地担保机构增资，增强该机构的资本实力。其三，股权投资方式。省担保集团作为出资人与市县政府以参股、控股和增资扩股等方式，建立以产权关系为纽带的紧密型合作，提升信用，扩大影响。其四，共同设立担保基金方式。省担保集团与地方政府通过共同设立担保基金在当地成立担保机构，委托省担保集团按照基金委托管理的方式进行运作，以解决当地因专业人才、财力欠缺难以快速开展担保业务的矛盾。

担保体系建设成效　2006年年初，为贯彻省委省政府"东向发展"战略，省担保集团启动毗邻苏浙地区担保体系建设，采用上述四种模式，推进毗邻苏浙地区信用担保体系建设，共投入资金1.07亿元，东向发展18个县级担保机构全部完成组建工作。截至2010年年底，集团信用担保体系成员65家，与59家建立了再担保合作关系，体系建设覆盖全省17个省辖市和三分之二以上的县（市）。65家体系成员实收资本达57亿元，其中资本规模达1亿元的有33家。

第三节　担保投资业务整合

投资为省担保集团担保再担保主业发展提供强力支撑。截至2010年年底，集团累计投资项目43个（含12个担保类投资项目），对外投资达23亿元，涉及工业、金融业等领域。重大投资项目有省科技产业投资公司、徽商银行、奇瑞汽车、长盛基金、国元农保及3家上市公司。按照把省担保集团建设成为地方金融综合服务平台的总体发展目标要求，先后实现对国元投资、交通银行、徽商银行、国元农保的增资扩股，增强集团的盈利能力，支撑担保主业发展。

集团本部投资业务　按照"整合投资、加强回收、确保收益"的工作思路，加大项目运作和整合力度，加强投资全过程管理，规避投资风险，确保投资收益。截至2010年年底，省担保集团本部累计实现投资分红5.77亿元。加强项目管理，对投资的项目，进行科学分析，分类出优质、良好、风险较大三类，并针对不同类型提出继续持有、加大关注和择机退出的管理思路和处置预案。争取政府政策和资金的支持，参与对徽商银行的增资扩股。2008年完成对徽商银行9.59亿元的增资工作，这项投资为省担保集团的长期盈利和可持续发展奠定基础。省担保集团探索担保、投资产业链联动功能，通过在保项目，挖掘投资资源，参股拟上市的在保企业，为集团培育新的利润增长点。

科投公司投资业务　省担保集团控股的安徽省科技产业投资有限公司（简称科投公司）注册资本1.7亿元，是省内主要风险投资公司之一，集团通过科投公司平台，参股支持安徽省高新技术企业和中小企业，新投资项目10家，投资额1.31亿元。省委、省政府设立省创业投资引导基金，引导社会资金参与创业投资，更好地支持科技创新型企业成长，是扶持安徽省科技创新，推动创业投资的重大举措。2009年，科投公司成功中标省创业引导基金，其后发起成立安徽省创投资本基金有限公司和安徽誉华投资管理有限公司，完成投资金额为0.46亿元。科投公司和创投基金在投资地域上重点支持合芜蚌自主创新综合实验区。

第四节　承担政策担保业务

承担政策性业务是省担保集团的重要职责。省担保集团贯彻省委省政府决策部署，各项政策性业务进展良好。

国家开发银行转贷业务　省担保集团作为省政府指定的国家开发银行（简称国开行）政策性借款平台之一，承担了第三轮200亿元和第四轮政策性贷款的转贷任务，主要用于县域经济园区、农村中小学危房改造、医疗卫生项目等安徽省社会“瓶颈”领域基础设施项目建设。为推动该项工作，省担保集团成立国开行转贷工作领导小组和办公室，制定项目管理办法，做好国开行贷款项目的申报、核准和放款工作。2006—2007年，共实现放款19.52亿元。2008年，为加快放款进度，省担保集团加强与省政府国开行办公室和省财政厅的协调，使国开行转贷工作取得了新的进展，2008年新增放款25.12亿元，2009年新增放款78.78亿元，集团获“安徽省利用国家开发银行开发性金融合作贷款工作先进单位”。2010年，在继续做好第三轮国开行转贷工作的同时，正式启动第四轮开发性金融贷款合作工作，并首先启动安徽省14个市108所中小学校舍安全工程项目33亿元和49个城（镇）污水处理项目13.4亿元，2010年，集团新增放款73.53亿元。截至2010年年底，国开行政策性贷款共实现放款196.95亿元，支持县域园区、民生工程等领域的项目建设。

省级再就业担保基金管理工作　省担保集团成立后承继省担保中心省级再就业担保基金管理办公室职责，指定专人负责管理和处理省级再就业担保基金办公室各项业务和相关事务。集团累计办理下岗再就业小额贷款担保11715笔、担保额4.64亿元，支持3.86万名下岗失业人员再就业和创业。拓展下岗再就业担保业务的主要做法：与省有关部门沟通，争取上级主管部门和合作银行的支持，协调落实相关的创业扶持优惠政策，解决操作中的实际问题，推动小额贷款工作；调研了解需求，研究政策，以扶持规模再就业为主要方式，通过“互保”等形式，开展“批量”小额贷款担保业务；扩大服务对象，改变过去单一为个人和合伙经营者提供小额担保的状况，开展了为非正规就业组织和符合条件的小企业提供贷款担保；优化工作程序，对再就业担保基金统一管理，与承办银行协调，简化银行内部的审批程序。此外，对委托市县运作的担保基金的运作情况进行检查、统计和指导，确保该项工作的正常开展。

华安证券专项借款监管　根据省政府要求，2006年，省担保集团承担华安证券6亿元的中央专项借款的监管工作。2007年，省担保集团按照既定的安排实施监管，严格按照备忘录的相关约定，监督借款专门用于申购新股并规范操作，保证专项资金使用安全。2008年，华安证券顺利通过中国证监会的券商综合治理验收工作，在全国券商等级评定中，被中国证监会评定为B类证券商，至此华安证券走出困境，省担保集团按时收回阶段性专项借款。

不良资产打包处置工作　2006 年 4 月省长办公会决定由省担保集团控股子公司安徽省科技产业投资公司接收和分包处置华融和信达公司在皖 17 个市及省属的金融不良资产（金额 149.06 亿元，涉及债务企业 6993 家）。作为省政府的处置平台之一，科投公司打包办开展项目尽职调查，协议谈判等工作，截止 2010 年底，分包处置合肥、安庆、滁州、淮北、阜阳、亳州、芜湖、淮南、池州、马鞍山、宣城 11 个地市，共涉及债权金额 9.28 亿元，债务企业家数 4742 家，清收回款 4.56 亿元。同时，科投公司打包办对涉及省属企业的不良资产进行梳理、调研和处置，共接收涉及省属企业债权金额 12.05 亿元，企业户数为 101 家，截至 2010 年年底，共清收项目 14 项，清收资金 0.22 亿元。

安徽省财政信用担保统计表

表 5-14-1

年度	担保业务发展（亿元）	再担保业务发展（亿元）	担保、再担保户数（户）	再担保成员发展（家）
2001	0.94	1.15	380	2
2002	1.73	1.76	532	4
2003	2.66	2.37	979	6
2004	3.50	3.61	1074	8
2005	5.17	5.10	1392	11
2006	17.62	17.84	2098	16
2007	35.81	31.33	3029	27
2008	52.18	48.22	3850	37
2009	85.71	79.4	5756	48
2010	111.49	203.22	10621	59

第六篇　组织机构

省财政厅机构和人员配置随着改革开放的深入发展而动态变革。改革开放以后，财政职能不断出现“越位”和“缺位”现象。为此，省财政厅分别在1995年和2000年实施两次较大规模的机构改革，着重强化财政宏观调控和管理职能，将一些与其他部门有交叉的职能进行剥离。按照构建“公共财政”的要求，2009年，省财政厅实施新一轮机构改革，进一步完善财政职能。至此，历经三轮改革，省财政厅主要职责规定、内设机构规定和人员编制规定清晰明确，财政机构人员配置总体与社会发展形势相适应。

在机构改革的过程中，省财政厅着力加强干部队伍建设，深化干部任用改革，1990年开始通过公开考试等方式公开录用干部，1995年开始实行领导干部竞争上岗，2006年开始实施岗位交流。与此同时，通过教育培训、制度建设、廉政建设等多种方式，不断提升财政干部素质，为安徽财政改革发展提供人才保障。

第一章 机构设置

1979—2010 年间,省财政厅机构人员配置依据省委省政府决策部署而及时调配,确保财政改革发展的需要。

第一节 省财政厅机构沿革

为解决财政职能对市场经济的“越位”和“缺位”问题及构建公共财政的要求,省财政厅历经两轮较大规模的机构改革,两次改革分别在 1995 年和 2000 年。2009 年,省财政厅又开始新一轮的机构改革。

1995 年 6 月,按照“转变职能、理顺关系、精兵简政、提高效率”的总体要求,省财政厅实施机构改革,初步建立公务员制度。经省政府批准,省财政厅内设办公室、综合计划处、预算管理处、工交企业财务处、商贸企业财务处、外事财务处、行政事业财务处、省直财务处、社会保障处、农业财务处、农业税收处、基本建设处、会计处、政策法规处、财政监督处、控制社会集团购买力办公室、农业综合开发办公室、世界银行贷款业务处、人事教育处、机关党委。10 月 12 日,省编办同意将政策法规处改名为财税政策法规处。11 月 1 日,省编办同意成立离退休工作处。

1996 年,对厅属 14 个事业单位进行“两个过渡”(全额向差额、差额向自收自支过渡)的界定工作。撤销省财税电大工作站、省农业综合开发办公室、省世界银行贷款业务管理办公室、省资产评估管理中心 4 个事业单位。同时对省财校等 12 个事业单位的机构规格、人员编制、领导职数、经费管理形式进行重新界定。经省编办批复同意:保留省财政学校、省中华会计函授学校、省直职工大学财会分校、省财政科学研究所、省财税信息计算中心、省财政厅招待所、省国债服务中心、安徽省会计师事务所、华安会计师事务所、中华会计师事务所、省产权交易所,将安徽省经济开发处更名为安徽省财政经济开发处。

2000 年 7 月,按照省委省政府的统一部署和要求,省财政厅再一次实施机构改革,改革历时 4 个月。省财政厅划出 3 项职能,将原省国有资产管理局组织实施国有企业财产监管的职能,交给省经济贸易委员会承担;将原省国有资产管理局承担的省直行政事业单位国有资产产权界定、清查登记等项工作,交给省直机关事务管理局承担;将原省国有资产管理局承担的国有资源实行资产化管理的有关职能,交给省国土资源厅、省林业厅承担。划入8项职能,即:原省外经贸委承担的外国政府贷款项目的管理职能;原省人行承担的亚洲开发银行贷款的管理职能;原省人行承担的对彩票发行的监管职能;中国银行安徽省分行承担的日本国际协力银行贷款的管理职能;省审计厅承担的指导和管理社会审计的职能;原省国有资产管理局承担的企业国有资产(国有资本金)的基础管理职能;原省国有资产管理局承担的制定政府公共财产管理规章制度的职能;负责会计委派制度试点工作。转变7项职能,即:改进预算制度、强化预算约束,逐步建立起政府公共预算、国有资本金预算和社会保障预算制度;实行规范的转移支付制度;根据建立现代企业制度的要求,一般不再承担审批国有企业具体财务事项、下达财务计划和考核指标的职能;改革国有事业单位财务管理制度,减少具体审批事务,扩大事业单位财务管理自主权;取消财政周转金,不再审批与之相关的生产经营项目;在强化预算约束的基础上,改进对社会集团消费的控制管理办法,调整了审批对省直部门社会集团消费的专项控制商品政策;取消年度税收财务物价检查,相应取消安徽省税收财务物价大检查办公室的名义。

改革过程中,省财政厅建立职责清晰、运转协调、相互制约、办事高效、行为规范的厅内设机构,撤销原来按支出功能归口管理和企业资产、财务分开管理的处,根据部门预算、实行预算编制和执行分开、加强预算管理以及企业资产财务统管的原则,重新设置处室,实现预算内外资金统管和企业资产、财务统管,进一步理顺各处室之间关系,推动财政工作朝规范化、信息化、标准化迈进。财政厅共设24个处室,精简幅度为19.2%。其中,设21个职能处室:综合与宏观政策法规机构3个,即办公室、政策规划处、税政条法处;预算编制和执行机构2个,即预算处和国库处;部门预算管理机构6个,即行政处、政法处、教科文处、经济建设处、农业处、社会保障处;企业资产和财务管理机构2个,即企业处和金融处;其他职能机构8个,即国际债务管理处、农业税收征管处、会计处、统计评价处、监督检查局、省农业综合开发办、政府采购处。设3个综合处室:机关党委、纪检监察室、离退休工作处。

2001年1月,安徽省信托投资公司、省国债服务中心(省财政证券公司)与省财政厅脱钩。2月23日,省编办批复同意成立安徽省农业综合开发投资评估中心,核定事业编制15名。4月26日,省编委批复同意农税处更名为农业税务局(处级建制)、省农村税费改革领导小组办公室使用临时编制5名,处级领导职数2名。5月21日,省财政科学研究所与省职大财会分校合并,两单位合并后,仍称省财政科学研究所。7月13日,安徽安兴联合总公司、安徽省国有资产运营有限公司划归省属企业国资办管理。8月24日,省财政厅同意铜陵财经专科学校由省教育厅管理。8月27日,省人事厅批复同意安徽省农业综合开发投资评估中心依照国家公务员制度管理。9月3日,省编办同意成立省财政厅国库支付中心,定编20名。

2002年1月30日,省财政厅致函国元集团,收回安徽省财政经济开发处。5月9日,省编办同意省农业综合开发办公室与省农业综合开发投资评估中心合并,成立省农业综合开发局，处级建制（其中局长按副厅级高配），定事业编制 30 名（含原省农业综合开发办公室 4 名行政编制、省农业综合开发投资评估中心 15 名事业编制，另从省直职大财会分校调剂事业编制 5 名，从省财政科学研究所、省财税信息计算中心、省财政投资评审中心各调剂事业编制 2 名）。5 月 13 日，安徽省财政经济开发处与安徽省中华会计函授学校合并，两单位合并后，对外称安徽省财政经济开发处。7 月 23 日，省编办同意设立省直预算编制办公室，编制内部调剂解决。

2003 年 4 月 3 日，省人事厅同意安徽省农业综合开发局依照国家公务员制度管理，职位 30 个（其中局长按副厅级高配）。4 月 22 日，省编办同意撤销省职工大学财会分校。6 月 3 日，省编办同意在省财政厅农村税费改革领导小组办公室挂农村税费改革处的牌子。7 月 28 日，安徽爱普科技公司改制，与省财税信息计算中心脱钩。

2004 年 6 月 24 日，省人事厅同意省财政厅国库支付中心依照国家公务员制度管理。8 月 16 日，省编办同意成立安徽省非税收入征收管理局，处级建制，核定事业编制 17 名。

2005 年 3 月 28 日，省人事厅同意安徽省非税收入征收管理局依照国家公务员制度管理。3 月 30 日，省编办同意省财政厅农业税务局更名为农村财政管理局。6 月 17 日，省财政厅决定将安徽省中华会计函授学校的机构、编制、职能成建制划转到省财政科学研究所，一个机构、两块牌子。9 月 20 日，省政府办公厅同意成立安徽省惠农投资管理有限公司。11 月 21 日，省政府同意成立安徽省信用担保集团有限公司，归省政府直管，先期授权省财政厅具体管理。

2006 年 4 月 30 日，省编办同意成立省财政厅社会保障资金管理中心，核定事业编制 5 名。10 月 25 日，省编办同意撤销统计评价处，设立国有资本经营预算处。

2007 年 1 月 19 日，省编办重新核定省财政厅行政编制 191 名。2 月 26 日，经省编委会研究并报省委常委会同意，增加省财政厅 1 名副厅长职数。5 月 31 日，省编办同意增设省财政厅行政事业国有资产管理处，增加行政编制 3 名，处级领导职数 2 名。7 月 18 日，省人事厅同意省农业综合开发局、省非税收入征收管理局、省国库支付中心参照公务员法管理。8 月 3 日，省编办同意增加省财政厅 1 名军转干部专项行政编制。11 月 1 日，省编办同意省财税信息计算中心更名为安徽省财政信息中心，编制 18 名（其中领导职数 3 名）。11 月 29 日，省编办同意安徽省中华会计函授学校更名为安徽省财政干部教育中心，与省财政科学研究所实行一个机构、两块牌子，为厅直全额预算事业单位，处级建制，核定事业编制 15 名（其中领导职数 4 名）。12 月 12 日，省编办同意省政府采购中心列入全额预算事业单位管理序列，处级建制，核定事业编制 25 名（其中领导职数 4 名）。12 月 21 日，省编办同意省农村税费改革领导小组办公室（省财政厅农村税费改革处）更名为省农村综合改革领导小组办公室（省财政厅农村综合改革处），相应增加行政编制 8 名、副处级领导职数 2 名。

2008 年 1 月 8 日，省编办同意安徽省农业综合开发局和安徽省非税收入征收管理局各增加 1 名副处级领导职数，调整后，核定省农业综合开发局领导职数 4 名、省非税收入征收管理局领导职数 4 名。1 月 23 日，省人事厅同意省财政投资评审中心、省社保资金管理中心参照公务员法管理。4 月 9 日，省编办同意省财政厅增加 2 名军转干部专项行政编制。

2009 年，省财政厅结合财政部“三定”方案（主要职责规定、内设机构规定、人员编制规定）和安徽财政工作实际，制订新一轮机关机构改革方案。1 月 15 日，省编办同意增加省财政科学研究所（省财政干部教育中心）全额预算事业编制 6 名；省人事厅同意省财政厅增加军转干部调研员职数 1 名。7 月 14 日，省政府批准《省财政厅主要职责、内设机构和人员编制规定》，核定省财政厅机关行政编制 225 名，其中：厅长 1 名，副厅长 6 名，纪检组长 1 名，监督检查局局长（高配副厅级），处级领导职数 66 名（正处级 25 名，副处级 41 名）；同时，首次明确地方金融机构和国有文化资产的监管职责划归省财政厅。9 月 2 日，省编办同意省财政厅增加军转干部行政编制 1 名。9 月 9 日，省编办同意增加省财政投资评审中心全额拨款事业编制 6 名，副处级领导职数 1 名。

2010 年 4 月 28 日，省编办同意省注册会计师管理处为全额拨款。11 月 11 日，省编办同意撤销省产权交易所，收回原有 24 名自收自支事业编制。12 月 30 日，省编办同意撤销省中小企业信用担保中心和省财政经济开发处，分别收回原有 40 名、20 名自收自支事业编制。

第二节　省财政厅机构设置及其职责

省财政厅及其内设机构主要职责是规范财政工作执行的依据。其主要职责历经 1995 年、2000 年机构改革之后逐步完善。

省财政厅主要职责　省财政厅是省政府主管财政收支、财税政策和国有资本金工作的组成部门。

贯彻执行国家财税方针政策和法律法规；拟订财税发展战略、规划、政策和改革方案并组织实施；分析预测宏观经济形势，参与拟订各项宏观经济政策；提出运用财税政策实施宏观调控和综合平衡社会财力的建议；拟订省与市县、政府与企业的分配政策，完善鼓励公益事业发展的财税政策。

起草财政、财务、会计管理的地方性法规规章草案，参与涉外财政、债务等的国际谈判，并草签有关协议；与省地方税务部门共同上报地方性税收法规规章草案；在国家规定权限内，提出地方性税收政策调整建议。

负责全省财政收支管理工作，承担省级财政收支管理的责任。负责编制年度省级财政预决算草案并组织执行；受省政府委托，向省人民代表大会报告全省和省级预算及其执行情况，向省人大常委会报告决算；组织拟订经费开支标准、定额，负责审核批复部门（单位）的年度预决算。完善转移支付制度。

负责政府非税收入和政府性基金管理，按规定管理行政事业性收费；管理财政票据；拟订彩票管理有关政策和办法，管理彩票市场，按规定管理彩票资金。

组织制定国库管理、国库集中收付相关制度办法，指导和监督省级国库业务，按规定开展国库现金管理工作；组织实施政府采购制度，监督管理政府采购工作。

拟订促进全省经济发展的财政政策，负责办理和监督省级财政经济发展支出；制定全省基本建设财务管理相关制度办法；负责有关政策性补贴和专项储备资金财政管理工作；负责农业综合开发管理工作。

会同有关部门管理省级财政社会保障、就业及医疗卫生支出，会同有关部门拟订社会保障资金（基金）财务管理的相关制度办法，编制省级社会保障资金预决算草案。

负责统一管理政府性债务，执行国家政府性债务管理的制度和政策，拟订地方政府性债务管理制度和办法，防范财政风险。

负责制定行政事业单位国有资产管理规章制度；制定需要全省统一规定的开支标准和支出政策；负责全省财政预算内行政机构、事业单位和社会团体的非贸易外汇管理。

执行国有资本经营预算的制度和办法；审核和汇总编制全省国有资本经营预决算草案；负责国有资本收益的征收和监缴（不含省国资委监管企业）；组织实施企业财务制度；按规定监管地方金融类企业国有资产和省级国有文化资产，参与拟订企业国有资产管理相关制度，按规定管理资产评估工作。

负责管理全省会计工作，监督和规范会计行为，组织实施国家统一的会计制度；指导和监督注册会计师、会计师事务所的业务，指导和管理社会审计。

负责监督检查财税法规、政策及预算的执行情况，反映财政收支管理中的重大问题；依法查处违法违规行为。

承办省政府交办的其他事项。

省财政厅处室局主要职责 是省财政厅财政收支管理等主要职责的分解。

办公室 负责政务和有关事务的综合协调工作；负责文电、会务、机要、档案等机关日常运转工作；承担综合性文稿起草、政策研究、信息、新闻、保密、信访、政务公开等工作；承担机关和部分直属单位的财务、国有资产管理工作。

综合处（清理规范津贴补贴办公室） 分析预测全省宏观经济形势并提出宏观调控政策建议；研究提出有关收入分配政策和改革方案；管理住房改革预算资金；会同有关方面拟订土地、矿产等国有资源收入政策；拟订政府非税收入管理制度和政策；管理行政事业性收费和政府性基金，承担物价部门预算有关工作；承担彩票管理的有关工作；承担清理规范公务员津贴补贴的相关工作，管理财政票据。

税政条法处 组织起草地方性税收法规，提出税目税率调整及减免、退税的建议；承担机关有关规范性文件的合法性审核工作；承担国家赔偿费用管理工作；承担有关行政复议、行政应诉工作。

预算处 研究提出财政政策、财政体制、预算管理制度和中长期财政规划的建议；负责全省收支预算编制的指导、监督和管理；编制年度省级预算草案和办理预算追加事宜；承担省级部门支出标准体系建设工作；研究建立财政支出绩效评价制度和评价体系；承担省对市县的转移支付工作，汇总年度全省财政预算；编制全省财政年度收支决算草案；拟订全省地方性政府债务管理有关制度办法。

省直预算编制办公室 承担省直部门预算编制的具体工作；承担省级部门预算审核、批复、调整工作；承担省级部门预算项目库和基础信息库管理工作。

国库处 负责全省财政收支预算执行；执行国家金库管理制度及总预算会计、行政事业单位会计和政府会计制度；组织拟订全省国库管理、国库集中收付相关制度办法；管理省级财政和预算单位账户；负责总预算会计和预算外专户会计核算；负责全省和省级年度财政总决算和部门决算；负责省级财政国库资金调度；承担国库现金管理的有关工作；承担国债和地方政府债券的有关管理工作；负责办理与市、县财政年终结算工作。

行政处 承担行政、党派团体以及外事、旅游、质监等部门预算有关工作，研究提出相关财政政策；牵头拟订行政经费财务管理制度；研究提出行政经费（包括外事经费）开支标准和定额；承担非贸易外汇管理有关工作；负责对所联系部门（单位）财政资金的监督管理。

政法处 承担政法、省军区、武警、人防、工商、地税等部门预算管理工作，研究提出相关财政政策，拟订相关财务管理制度；承担统一着装管理工作；负责对所联系部门（单位）财政资金的监督管理。

教科文处 承担教育、科技、文化、体育、计划生育等部门预算有关工作，研究提出相关财政政策；拟订事业单位通用财务管理有关制度办法；拟订新闻、出版发行和电影行业的有关财务制度；按规定管理重大科技专项资金；承担省级国有文化企业资产与财务管理的有关工作；负责对所联系部门（单位）财政资金的监督管理。

经济建设处 承担发展改革、交通、国土资源、住房和建设、环保、安全生产、粮食、供销等部门预算有关工作，研究提出相关财政政策；参与拟订基本建设投资的有关政策和项目安排；拟订基本建设财务管理制度并监督执行；承担有关政策性补贴和专项储备资金财政管理工作；承担财政投资评审管理工作；负责对所联系部门（单位）财政资金的监督管理。

农业处 承担农业、林业、水利、气象等部门预算有关工作，研究提出相关财政政策；拟订财政支农资金管理办法和有关行业事业、企业财务管理制度；管理支农专项资金，承担财政扶贫资金管理有关工作；负责对所联系部门（单位）财政资金的监督管理。

社会保障处 承担人力资源和社会保障、民政、卫生等部门预算有关工作，研究提出相关财政政策；会同有关方面拟订和执行有关资金（基金）财务管理制度；会同有关方面管理省级财政社会保障、就业及医疗卫生支出；编制省级社会保障预决算草案；审核全省社会保险基金预决算草案；负责对所联系部门（单位）财政资金（基金）的监督管理。

企业处　承担省国资委、省经济和信息化委员会、省商务厅等部门预算有关工作；负责管理科技型中小企业技术创新基金；研究提出支持全省企业和有关行业改革和发展的财政政策；贯彻企业财务制度及企业财务会计报告编制办法；承担有关资产评估管理工作；负责对所联系部门（单位）财政资金的监督管理。

金融处　拟订地方金融类机构财务管理的有关制度办法，按规定监管地方金融类企业国有资产；拟订促进地方金融业发展和服务地方经济的相关财政政策；按规定管理政策性金融类业务；承担政府外债的有关管理工作，按规定管理外国政府贷（赠）款。

国际处　办理财政部转贷给省政府的国际金融组织贷款的日常管理工作；参与有关贷款项目的申报、评估、执行、监督和检查，并负责落实还贷；承担省政府与国家开发银行开发性金融合作的有关工作。

农村财政管理局　指导全省乡镇财政管理工作，拟订乡镇财政管理的有关制度、办法；指导和监督财政补贴农民资金管理工作；管理有关涉农资金。

会计处　组织实施国家统一的会计准则制度、内部控制规范、注册会计师行业规章制度；按规定承担会计专业技术资格管理工作；管理会计从业资格；指导和监督注册会计师、会计师事务所业务；组织实施会计信息化标准。

行政事业国有资产管理处　拟订全省行政事业单位国有资产管理规章制度，并对执行情况进行监督检查；会同有关部门拟订省本级行政事业单位国有资产配置标准，审核资产配置，按规定审核资产处置、产权变动和出租、出借国有资产事项；监督管理省本级行政事业单位国有资产收益；指导市县行政事业单位国有资产管理工作。

国有资本经营预算处　承担国有资本经营预算有关工作，执行国有资本经营预算有关制度办法，审核和汇总编制全省国有资本经营预算、决算草案；承担国有资本收益（不含省国资委监管企业）的征收和监缴工作。

监督检查局　拟订全省财政监督检查有关制度办法；监督检查财税法规、政策的贯彻执行和财政财务管理情况；承担监督检查全省会计信息质量和注册会计师行业执业质量有关工作；反映财政收支管理和重要财政政策执行中的重大问题，提出加强财政管理的政策建议；依法查处违法违规行为。

政府采购处　拟订政府采购有关政策办法并监督执行；拟订并调整省级集中采购目录和公开招标限额标准；审核监督省级部门政府采购预算；监督省级政府采购活动；指导市县政府采购工作。

农村综合改革领导小组办公室（农村综合改革处）　承担省农村综合改革领导小组的具体工作；与相关部门共同拟订有关农村综合改革政策和配套措施办法；承担农村综合改革财政体制改革方面的有关工作。

人事教育处　负责机关和直属事业单位机构编制、人事管理工作；指导全省财政系统精神文明建设；拟订并组织实施全省财政系统教育培训规划。

机关党委　负责机关和直属单位的党群工作。

省纪委（监察厅）派驻省财政厅纪检组（监察室）　按照《省纪委省委组织部省编办省监察厅关于对省纪委省监察厅派驻机构实行统一管理的实施意见》的规定履行职责。

离退休工作处　负责机关离退休人员的服务管理工作，指导直属单位离退休人员的服务管理工作。

省财政厅厅属单位主要职责　是省财政厅财政事业管理主要职责的分解。

安徽省中小企业信用担保集团　以"支持中小企业发展，构建信用担保体系，促进地方经济建设"为经营宗旨，以信用担保体系建设为重点，以担保和再担保业务为主线，以信用支撑和融资支持等多种方式，为中小企业提供担保、股权投资以及中介服务，为市县担保机构提供再担保服务，积极打造为中小企业服务的综合平台，通过担保、投资和各种配套服务手段，培育一批具有自主创新能力、自主知识产权和核心竞争力的强势中小企业，推动全省经济发展。

安徽省农业综合开发局　负责全省农业综合开发总体规划和年度计划的制订，并组织实施；负责国家和省农业综合开发项目财政资金及世行、国外金融组织等相关项目资金的统一管理工作；负责省管农业综合开发项目申报、评估、审核、报批和检查验收工作；负责农业综合开发信息统计、人员培训和科技成果的推广应用等工作。

安徽省非税收入征收管理局　负责省本级行政事业性收费、政府性基金、罚没收入、国有资源使（占）用费收入以及其他非财政性资金的征收管理工作；负责省本级非税收入的计划编制、执行和决算审核、汇编工作；负责省本级非税收入的管理操作规程制定、票据管理、财务会计核算等工作；负责省本级非税收入政策执行情况检查和征费稽查工作；负责对全省非税收入征收管理的工作指导。

安徽省财政厅国库支付中心　承担省直机关、事业单位财政资金的审核、支付、会计核算、系统维护等工作。

安徽省财政信息中心　负责全省财政信息系统、信息网络及预算数据库的规划建设和日常管理工作；负责省级财政信息网络的运行维护工作；承担全省"金财工程"的具体组织实施工作；负责全省财政信息的收集、整理、分析和利用。

安徽省财政投资评审中心　承担省级和国家财政部委托的财政性投资项目的概、预、决算评审及相关咨询服务工作。

安徽省政府采购中心　依照《安徽省政府采购管理暂行办法》的规定，负责代理本级政府采购业务。

安徽省财政科学研究所（安徽省财政干部教育中心）　开展财政科学理论研究；承办财政宣传工作和组织财政学会学术活动；承担全省财政系统干部教育培训、会计人员继续教育工作。

安徽省注册会计师管理处（省注册会计师协会）　依法承担我省注册会计师行业

管理职能；拟定我省注册会计师执业准则、规则和职业道德守则；负责审批会计师事务所和批准注册会计师工作，并对其进行业务监管和年度检验；对国外会计组织申请在我省临时执业进行审批和监管；组织注册会计师和非执业会员的业务培训及国际交流与合作；组织我省注册会计师全国统一考试；依法接受省财政厅、审计厅的监督、指导，承办中国注协、省财政厅交办的其他工作。

安徽省财政厅机关服务中心　负责统一管理厅机关后勤服务工作，承担办公大楼的物业管理工作。

省财政厅社会保障资金管理中心　负责纳入财政专户的社会保障资金的日常管理；指导各级财政社会保障资金专户的管理工作。

安徽省财政厅领导班子成员更迭表

表6-1-1

姓　名	职　务	任职时间
周道炯	厅长	1978.2—1983.8
杨连珠	副厅长	1983.10—1985.3
	厅长	1985.4—1993.3
匡炳文	副厅长	1983.10—1993.2
	厅长	1993.3—1998.2
朱玉明	厅长	1998.2—2007.4
陈先森	副厅长	1994.12—2001.4
	厅长	2007.4—2012.2
罗建国	党组成员	2007.1—2007.6
	副厅长	2007.6—2011.4
	党组书记	2012.2—
	厅长	2012.4—
项仕安	副厅长	1993.12—2004.1
	巡视员	2004.2—2008.1
王林建	副厅长	2007.8—2012.9
	党组副书记（正厅级）	2009.12—2012.9
张广寿	副厅长	2004.3—2013.11
	巡视员	2013.12—2014.3
许遵普	副厅长	1972.12—1983.9, 1985.4—1987.7
黄惠忠	副厅长	1978.2—1983.9
马云章	副厅长	1978.2—1980.11
张伯言	副厅长	1978.2—1981.1
刘孝民	副厅长	1978.2—1981.11
吕　毅	厅顾问	1981.11—1983.11

续表 6-1-1

姓　名	职　务	任职时间
黄宗吾	副厅长	1982.1—1983.9
	厅顾问	1983.10—1989.3
任印传	副厅长	1982.1—1983.12
朱曼亚	厅顾问	1983.12—1992.5
王传清	副厅长	1985.3—1991.1
马素英	副厅长	1985.3—1993.5
李有德	纪检组长	1985.12—1992.5
刘开明	副厅长	1990.5—1994.1
张书箱	纪检组长	1992.5—1996.8
吕厚发	副厅级调研员	1992.6—1994.1
朱道国	副厅级调研员	1992.11—1994.6
	助理巡视员	1994.7—1997.1
沈卫国	副厅长	1993.3—1998.2
余焰炉	副厅长	1993.9—2001.4
丁美采	纪检组长	1996.8—1997.2, 1998.2—2002.12
张国器	助理巡视员	1996.11—1997.2, 1998.2—2002.12
戴克柱	副厅长	2000.11—2003.7
汪建国	副厅长	2001.4—2007.4
周春雨	副厅长	2001.4—2007.4
楚建平	助理巡视员	2001.4—2002.3
	副厅长	2002.3—2004.2
刘　刚	助理巡视员	2002.9—2005.12
汪晓琴	助理巡视员	2003.4—2005.6
迟本能	纪检组长	2003.4—2008.9
毕小彬	副厅长	2003.9—2008.12
黄　然	副厅长	2005.1—2010.10
左　俊	助理巡视员	2005.9—2007.5
	副厅长	2007.6—2015.2
吴天宏	助理巡视员	2005.9—2009.4
	副厅长	2009.5—
李友兰	副巡视员	2008.10—
刘　浩	纪检组长	2009.5—
陈传文	副巡视员	2009.6—
朱长才	副厅长	2012.9—
孟照红	副厅长	2013.11—

说明：人员名单收录时限截至 2015 年 7 月

第二章 队伍建设

20 世纪 80 年代以后，全省财政系统紧紧围绕财政中心工作，提升干部素质，改善干部结构，优化干部成长环境，为安徽财政改革发展提供人才保障。

第一节 干部管理

公开录用干部 1990 年 5 月，省财政厅首次实行公开考试、择优选调财政干部。通过笔试、面试、政审，在合肥市范围内，择优选调 20 名财会业务干部。1996 年，面向社会公开择优录用 9 名公务员，充实到新组建的厅预算外资金管理办公室。1997 年，面向社会公开择优录用 5 名公务员，充实到厅机关。2001 年，面向社会公开择优录用 15 名财会专业技术人员，充实到新组建的省财政厅国库支付中心。2003 年，面向社会公开择优录用 7 名公务员，充实到省农业综合开发局。2004 年，面向社会公开择优录用 2 名公务员，充实到厅机关。2005 年，面向社会公开择优录用 5 名公务员，分别充实到厅机关金融处、预算处和省农业综合开发局。2006—2010 年，充分运用公开招考、招聘、选调等形式，持续补充新生力量，改善干部队伍结构，厅机关及厅属事业单位新进人员 114 人，其中：选调生 58 人，公开招考、招聘 30 人，军转安置 14 人，其他形式 10 人；厅机关 72 人，厅属事业单位 42 人；研究生学历 19 人，本科学历 93 人。厅机关公务员中，具有本科以上学历的 208 人，其中研究生学历 64 人，占厅机关公务员 29.4%。

干部竞争上岗 1995 年 12 月，省财政厅深化干部选拔任用改革，将会计处和社保处副处长 2 个职位，实行竞争上岗。在厅机关范围内，通过个人报名、公开答辩、民主推荐、组织考核并报厅党组研究决定职位人选。1998 年 8 月，通过竞争上岗，确定厅机关服务中心副主任职位。2004 年月 12 月，通过竞争上岗，选拔 5 名副处级干部担任厅机关省直预算编制办公室、国际债务处、会计处、省非税收入征收管理局、省财政厅国库支付中心副处级领导职位。2006 年 6 月，开展一次性拿出职位最多、参与人数最多的竞争上岗活动，共拿出 9 个副处级领导职位（厅机关经济建设处、教科文处、农村财政管理局、税改处、省财政投资评审中心、省财政经济开发处、省政府采购中心、省财政厅社保资金管理中心、省财税信息计算中心各 1 个职位），共有 58 人报名参加竞争上岗。2008 年，拿出监督检查局 4 个副处级领导职位公开竞争上岗。通过开展竞争上岗活动，省财政厅营造出想干事的有机会、会干事的有舞台、干成事的有结果的人才氛围。

干部岗位交流　2006年4月,省财政厅机关首次实施岗位交流。岗位交流的对象:厅机关非领导职务公务员;岗位交流的条件:厅机关非领导职务公务员在同一职位工作满5年以上者,原则上应进行岗位交流。在同一职位工作满3年以上者,因工作需要或本人自愿的也可进行岗位交流;岗位交流的人数:7人以下的处室(局)原则上交流1人,8人(含)以上的处室(局)原则上交流1~2人。通过开展协调和沟通工作,共实现厅机关24个非领导职务公务员岗位交流,处室(局)轮岗面达100%。

2006—2010年,根据工作需要,共办理处级干部交流34人次、厅机关科级干部交流44人次。

选派省直管县联络员　2004年3月,根据省直管县财政体制改革的要求,省财政厅从厅机关选派57名处级干部到57个省直管县担任联络工作,每期3年。联络工作的主要任务是调查研究,摸清情况,上传下达,下情上传。这是实行省直管县财政体制改革的一项重要保障措施,旨在进一步掌握县级财政真实情况,提高县级财政管理水平,加强省与县之间的工作沟通和联系,锻炼财政厅机关干部队伍。

人事制度建设　1998年,省财政厅先后制发《关于进一步加强全省财政干部队伍建设意见》《安徽省财政部门国家公务员管理暂行办法》《省财政厅国家公务员职务升降暂行办法》《省财政厅国家公务员职位轮换(轮岗)办法》《省财政厅机关考勤暂行办法》《省财政厅机关工作人员请销假规定》《省财政厅机关工作人员因公出国(境)审批暂行办法》等一系列办法和规定。2000年,制发《安徽省财政厅领导干部离任审计暂行规定》《省财政厅国家公务员年度考核办法》。2001年,制发《关于规范厅机关安排离退休人员工作的意见》《安徽省财政厅选拔任用处级干部考察工作暂行办法》和《关于实行处级领导干部任前公示和任职试用期制度的通知》。

2003年,制发《安徽省财政厅机关处级干部选拔任用工作程序暂行办法》。2004年,制发《安徽省财政厅机关处级干部选拔任用工作暂行办法》《安徽省财政厅机关处级领导职位竞争上岗工作实施办法》。2005年,制发《关于加强机关干部队伍建设的意见》。2006年,制发《安徽省财政厅非领导职务公务员岗位交流暂行办法》《省财政厅2006年副处级领导职位公开选拔竞争上岗工作实施细则》。2008年,修订《安徽省财政厅机关处级干部选拔任用工作暂行办法》,制发《安徽省财政厅机关部分副处级领导职位竞争上岗实施办法》《安徽省财政厅新录用公务员下派基层锻炼实施方案》《省财政厅选派干部到省政务服务中心财政窗口挂职锻炼的意见》《关于规范财政厅厅属社会团体管理的意见》和《安徽省财政厅临时聘用人员管理暂行办法》等。2009年,先后制发《安徽省财政厅公务员职务任免与职务升降暂行规定》《安徽省财政厅新录用公务员任职定级暂行规定》和《安徽省财政厅处级领导干部离任审计暂行规定》等文件。一系列人事制度的建立,使干部人事管理工作向制度化、规范化方向迈进。

第二节 财政教育培训

省财政厅教育培训工作注重干部教育培训制度建设，拓展教育培训渠道，创新培训内容和形式，大规模地开展财政干部学历教育、业务培训和岗位培训，提升全省财政系统干部队伍综合素质。

在职学历教育 从1984年起，全省财税系统开展在职干部学历教育，通过广开门路，采取多种渠道，有计划、分期分批把各级财政干部输送到各级党校、大中专院校、电大、函授、夜大脱产和业余学习。截至1987年年底，全省财税系统干部职工取得大中专毕业证书2268人。其中：本科生45人，专科生1134人，中专生1089人。大中专以上文化程度增至6435人，占职工总数31324人的20.5%。与1984年相比，人数增加4806人，比率提高13.8个百分点。1986年，开展以电化教学手段，运用多种媒体进行远距离教学。省、市、县各级财政部门陆续成立电大工作站，配备专职人员和电教设备。1986年共开办84个电大教学班，1987年开办93个电大教学班，在校学生3014人（其中财税系统2141人），招生人数在全国财政系统位居第二，基本实现每县办一个电大班的目标。2006年，省财政厅与合肥工业大学联合举办第一期全省财政系统公务员公共管理硕士（MPA）学位班。通过层层推荐、审核和参加全国统考，全省财政系统共有42人成为首届公共管理硕士（MPA）学位班学员。为保证学员顺利完成学业，省财政厅作出明确规定：各级财政部门学员凭学费收据和学位证书经本单位人教部门审核后报销学费总额的80%，上限不超过2万元；不在肥人员参加考前辅导、集中面授所发生的交通费和住宿费依据机关事业单位工作人员差旅费有关开支规定标准的50%报销。2007年，省财政厅与合肥工业大学联合举办第二期全省财政系统公务员公共管理硕士（MPA）学位班，全省财政系统共有16人参加学习。

干部业务培训 省财政厅配合建立健全公共财政体制框架为主要内容的新的财政改革，通过开展一系列业务培训及时跟进，促进财政改革各项政策和措施的贯彻落实。1979—2010年间，厅机关各处室（局）、厅属各单位每年根据工作需要，坚持“需要什么、培训什么”的原则，牵头举办各类政策法规、财政业务和应用软件培训班，讲解和研讨财政改革相关政策及业务程序，确保各项财政改革工作以及相关财政业务工作顺利实施。此类培训，主要采取“一事一训”方式，培训针对性强，效果直接，对象广泛。省财政厅每年举办各类业务培训班40多期，培训本系统业务骨干和全省各类财会人员6000多人次，为财政改革和业务开展提供有力保证。

干部岗位培训 1992年，全省财政系统开展大规模乡镇财政干部岗位培训，共抽调4473名乡镇财政干部参加岗位职务培训。省财政厅统一对全省岗位培训情况进行检查和抽考，参考2985人，仅7人不及格。全省财政系统岗位培训工作，得到省直工委的充分肯定。2001年开始，省财政厅在上海财经大学继续教育学院举办全省财政系统首期财政干部岗位培训班，双方形成各负其责、齐抓共管，责、权、利三者关系明晰的培训管理体制。培训班按照市场化运作的培训模式，利用上海财经大学及上海地区的人才优势，不需要增加培训基地建设、师资队伍建设和管理成本投入，解决没有专门培训机构和培训管理不到位的问题。截至2008年年底，全省财政系统共在上海财经大学继续教育学院举办35期岗位培训班，共有1800名各级财政干部参加培训。2009年，省财政厅着力做好各级各类调学培训，全年共完成财政部21个班次42名干部的调训任务；完成省委党校、省直党校和省行政学院等22个班次32名干部的调训任务。2010年，完成省委党校、省直党校和省行政学院等20个班次、41名干部的调训任务；完成财政部17个班次、34名干部的调训任务。

岗位大练兵　2007年5月，省财政厅开展岗位大练兵活动，历时7个月，历经“精心计划，周密部署”“落实计划，有序推进”“联系实际，注重实效”三个阶段。活动主要内容是：编印《财政基础知识读本》；举办14期财政业务知识系列讲座；厅机关13个业务处室（局）主要负责人作专题讲座；开展调研活动，共收集调研报告36篇、处室单位总结33篇、个人心得体会312篇；组织财政业务知识闭卷测试，参考率100%，参考成绩均在90分以上。岗位大练兵活动一方面使广大干部掌握财政新理论，熟悉财经新政策，拓展理财新思路；另一方面使处室局财政工作制度、措施规范，提升财政部门社会形象。

开展创建学习型财政机关活动　2008年，为全面提高理财能力、管理水平和干部素质，省财政厅在全厅开展创建学习型财政机关活动。通过大力开展业务培训、坚持岗位练兵、突出岗位培训、健全学习制度、完善激励机制等措施，进一步确立现代学习理念，树立“终身学习、学以致用、实践为本和专博统一”的理念，使广大干部职工把学习当做是一种精神追求、一种时代要求、一种生活习惯，当做推进财政改革与发展的第一动力，养成学习工作化、工作学习化的良好风尚；进一步健全学习机制，建立和完善科学、规范的学习培训制度、学习考核制度、学习激励制度等，营造“人人学习、时时学习、处处学习、我要学习”的良好环境，使学习型机关建设走上制度化、规范化轨道；进一步完善人才使用机制，树立“人才资源是第一资源”的理念，建立和完善尊重知识、尊重人才，有利于优秀人才脱颖而出、健康成长、以业绩和能力为导向的人才使用机制，坚持把品德、知识、能力和业绩作为衡量人才的主要标准，努力把优秀人才集聚到财政事业上来；进一步加大人力资源开发，优化干部知识结构和专业结构，突出加快专家型、复合型和专门型人才的培养，以加强高层次人才队伍建设带动整个系统干部队伍的综合素质、理财能力和整体形象的提升，努力建设一支专业齐全、结构合理、素质优良、充分满足财政事业不断发展的财政人才队伍。

干部培训制度建设　1998年，省财政厅先后制发《安徽省财政系统国家公务员培训实施意见》《全省财政干部培训工作考核评奖暂行办法》《财政干部培训班质量评估办法》《安徽省财政厅机关工作人员在职参加学历教育暂行规定》《全省乡镇财政干部培训教学计划》《计算机应用能力培训教学方案》等一系列办法和规定。2001年，制发《2001—2005年全省财政系统干部教育培训规划》和《关于进一步加强厅机关工作人员在职参加学历教育管理有关问题的通知》。2005年，制发《安徽省财政厅公务员培训管理工作暂行办法》。2006年，制发《2006—2010年安徽省财政系统干部教育培训规划》。2008年，制发《安徽省财政厅机关工作人员在职参加学历学位教育管理暂行办法》和《关于创建学习型财政机关的实施方案》。制度建设为培训工作的规范化、制度化奠定基础。

第三节　廉政建设

1983年，省财政厅内设监察处，开始加强财政廉政建设，主要通过通过警示教育、廉政谈话、健全制度，防范和查处财政系统腐败现象，为安徽财政改革发展保驾护航。

运用反面典型进行警示教育　1991年，对长丰县财政局一个参加工作不到半年的乡财政干部贪占公款276万元案例进行通报。1998年，对1993—1997年全省财政系统中发生违纪违法案件进行一次集中分析，对一些重大腐败案件及时进行通报。2000年9月11—15日，在全厅开展以江西省原副省长胡长清、全国人大常委会原副委员长成克杰等违纪违法重大典型案件为反面教材的警示教育。2003年，通报安徽省原副省长王怀忠受贿案、池州市原市委常委兼贵池区委书记钱学明严重违纪案。2006年，将省财政厅原厅长匡炳文（因受贿人民币96万元、美元5万元，伙同其子收受人民币32万元，被判处有期徒刑15年，并处没收个人财产人民币20万元，扣除在案的赃款人民币128万元、美元5万元予以追缴国库）的案情，通报全厅党员干部职工，加强警示教育。

运用教材及电视录像片开展警示教育　2001年，组织收看《厦门走私大案》录像片。2002年，组织学习全国财政系统案例选编《财苑警示录》。2004年，组织收看安徽省原副省长王怀忠、河北省国税局原局长李真等案件警示教育录像片。2006年，组织收看中央纪委制发的警示教育录像片《忏悔录》。组织收看宿州市原副市长李兴民受贿案、宣城市原副市长赵增军受贿索贿和生活腐败案等警示教育片。2007年，组织收看安徽省原政协副主席王昭耀受贿案、滁州市人大常委会原副主任陈兆丰受贿案警示录。2008年，组织观看《慎交友警示录》等录像片。通过开展警示教育，做到警钟长鸣。

廉政谈话　自2001年起，省财政厅实行廉政谈话制度，教育防范在先。2001年，对新任命的2名副厅级和6名处级干部进行廉政谈话。2002年，对10名处级干部进行廉政谈话。2003年，对2名副厅级和11名处级干部进行廉政谈话。2004年，对4名处级干部进行廉政谈话。2005年，对2名副厅级和3名处级干部进行廉政谈话。2006—2008年，对新任命的27名处级干部进行廉政谈话。着重就廉政勤政、拒腐防变提出要求，勉励他们做人民满意的公仆。同时，对群众反映和发现有违纪苗头干部进行提醒谈话，防微杜渐。2009年，对25名新提升职务干部任免过程进行监督并进行廉政考核，厅党组先后两次对新任处级干部进行集体廉政谈话。

健全制度　1991年，建立《机关廉政建设规定》，对干部的廉政行为进行规范。1996年，制定《安徽省财政厅县、处级干部党风廉政档案暂行办法》，建立干部廉政档案制度。1997年，制发《关于厉行节约制止奢侈浪费行为的规定》，坚决纠正奢侈浪费行为。2000年，对原有处级以上领导干部廉政档案进行清理和重建，实现一人一卷，专人管理。2001年，制定《省财政厅工作人员个人证券投资行为限制性规定》，对工作人员行为进行规范。2005年，完成安徽省惩治和预防腐败体系评价监测系统指标体系中财政方面的构成项目，构建全省财政系统反腐倡廉防范体系。2006年，制定《省财政厅关于建立健全教育、制度、监督并重的惩治和预防腐败实施意见》，将目标任务分解为30项，落实到相关处室和单位。2007年，建立健全和进一步完善处级以上领导干部廉政档案，严格领导干部重大事项报告、礼品礼金上缴登记、述职述廉、民主评议和经济责任审计等制度的落实。2008年，出台《安徽省财政厅关于推进惩治和预防腐败体系建设2008—2012年工作任务的实施意见》《省财政厅处级领导干部述职述廉和诫勉谈话实施办法》。全厅处级领导干部进行厅内网上述职述廉。2009年5月，省财政厅开展规范权力运行工作，全厅共“搜索”权力事项390项，制定工作规则1490条，研究并绘制权力事项流程图390个，为确保财政资金和财政干部“双安全”增加安全屏障。

案件查处　1986—2000年，共立案查处688件，受到党纪处分180人，其中开除党籍46人；政纪处分387人，其中，开除公职43人，追究刑事责任44人。2001年以来立案查处件数呈下降趋势，当年立案19件，受党纪处分12人，其中开除党籍6人；政纪处分9人，其中撤职5人。2002年，立案26件，受党纪处分19人，其中开除党籍5人；政纪处分9人，其中撤职6人。2004年，立案29件，受党纪处分17人，其中开除党籍2人；政纪处分12人，其中撤职3人，追究刑事责任2人。2005年，立案37件，党纪处分16人，其中开除党籍6人；政纪处分23人，其中撤职7人，开除公职4人，追究刑事责任8人。2006年，立案10件，党纪处分9人，其中警告1人，严重警告2人，留党察看3人，开除党籍3人；政纪处分5人，其中警告2人，降级1人，撤职2人。通过案件查处，教育一批干部，促进廉洁从政，秉公理财。2007—2008年，共收到信访举报49件，其中立案20件，有18人受到党纪、政纪或刑事处分。

附 录

安徽省乡镇财政管理办法

省政府令第12号

1990年3月7日

第一条　为完善乡镇财政管理制度,加强基层政权建设,促进农村商品经济和各项事业的发展,制定本办法。

第二条　经批准建制的乡镇均应设置财政所,建立一级财政(以下简称乡财政)。

第三条　财政所的主要任务是:(一)贯彻执行国家财政法规和政策;(二)协助本级政府研究、制定和实施经济、社会发展规划;(三)组织管理乡(镇)预算内资金、预算外资金、自有资金以及财政周转资金的收支;(四)严格执行财政预、决算制度,监督检查乡镇所属单位的财务收支;(五)指导和监督乡镇企事业单位和农村集体经济组织建立健全财务制度;(六)完成上级财政部门和乡镇人民政府交办的其他任务。

第四条　乡财政管理体制的基本形式是:(一)收支包干,即:划分收支,收支包干,超收分成,短收分担,结余留用,超来自理;(二)收支挂钩,即:划分收支,核定基数,定额上交(补助),超收分成。包干的期限,一般定为三至五年。超收分成、短收分担的比例,由县(市)确定。

第五条　乡财政由预算内资金、预算外资金和自有资金组成。预算内资金的收入包括:县(市)下划的工商税、农业税、农林特产税、契税和其他收入等。支出包括:县(市)下划的农业、农机、畜牧、林业、水利事业费,文化、教育、卫生、广播、计划生育事业费,抚恤、社会救济福利事业费(不包括临时救济经费,民政事业发展经费及其他不列入包干支出基数的专项经费),其他事业费,行政支出等。预算外资金的收入包括:各项附加收入,各项征收提成,公房租金等。支出包括:按省有关规定由预算外资金安排的各项支出。自有资金的收入包括:乡镇事业单位上交的收入,乡镇筹款收入等。乡镇企业按规定上交的利润也暂列入自有资金收入范围。支出包括:农业生产投资、公共事业投资、发展生产基金、按规定开支的人员工资费用等。

第六条　乡财政预算内资金、预算外资金和自有资金的收入,由财政所负责组织收缴或委托有关单位收缴。工商税收,由税务所或驻乡税务专管员负责征收入库。税务部门征收的集市贸易市场税以及集市交易税中应提成给乡镇的部分,按省税务局有关规定办理。

第七条　乡财政预算内资金、预算外资金和自有资金的支出,由财政所根据年度预算,按季分月确定用款计划,逐月拨给乡镇所属会计单位使用。可实行单位预算包干,结余留用,超支不补的办法。县(市)追加的专项指标,必须专款专用。

第八条 乡镇自有资金是属于乡筹乡用的集体所有资金，纳入乡财政管理后，不改变其所有权和支配权。其定项筹集的部分，必须定项使用；统筹的部分，主要用于经济和社会发展事业。列为有偿支出的，应同时转入乡财政周转金，统一管理；用于事业开支和人员经费的，应核实列支。

第九条 乡财政应建立并逐步扩大财政周转金。其来源是：乡镇安排的周转金，代办投放周转金的回收分成和承借的外部资金（包括上级财政和其他部门的借款）。

第十条 财政周转金只准用于发展生产事业，并按照有偿计息，讲究效益，定期收回的原则发放使用。财政所应与用款单位、个人签订书面借款合同，规定用款利率及归还期限。逾期不还的，应加收占用费。

第十一条 财政所应建立支出反馈和分析研究制度，定期检查资金使用情况，督促用款单位讲求资金使用效益。

第十二条 乡财政具备下列条件，并经县（市）财政部门批准，可以进行金库试点：（一）财政收入有一定规模；（二）有银行营业所代办业务；（三）有征税机关；（四）财政、税务、银行业务人员素质较好。建立金库的乡财政，应合理确定预算内收入的留解比例，搞好资金调度，严格按留成收入掌握支出。未建立金库的，仍执行收入上解，支出下拨，年终按体制结算的办法。

第十三条 乡财政应建立健全预、决算制度。乡财政的年度预算和决算，由乡镇人民政府提出，经乡镇人民代表大会审议通过，报县（市）人民政府批准。财政所应按期向县（市）财政部门和乡镇人民政府编报月份、季度和年度会计报表，接受监督检查。

第十四条 乡财政在组织收入和管理支出时，不得有下列行为：（一）擅自提高税率或扩大减免税范围；（二）随意提高自有资金收入的提取标准或扩大提取范围，增加群众和企业负担；（三）截留、挤占应上交国家财政的收入；（四）擅自改变预算内资金、预算外资金和自有资金的收支性质；（五）违反规定提高开支标准或扩大开支范围；（六）编造假账和假决算；（七）其他违反财经法规的行为。

第十五条 财政所及其工作人员有违反财经法规行为的，任何人都有权揭发、举报。乡镇人民政府和县（市）财政、审计部门应依据国家规定，严肃查处。

第十六条 财政所的人员配备，由县（市）财政部门在省下达的总编制数内统筹安排，其经费由县（市）财政按规定供给。财政所按规定招聘的干部享受乡镇干部同等待遇。

第十七条 各级财政部门应加强对乡财政工作的统一领导，帮助财政所建立健全各项管理制度，并搞好乡财政干部的业务培训。各级税务、银行等部门应支持乡财政做好工作。

第十八条 本办法由省财政厅负责解释。

第十九条 本办法自发布之日起施行。省人民政府1984年1月20日发布的《安徽省乡镇财政管理的若干规定（试行草案）》同时废止。

安徽省人民政府
关于实行分税制财政管理体制改革的决定

皖政〔1994〕45号
1994年7月18日

行署，各市、县人民政府，省政府各部门、各直属机构：

根据《国务院关于实行分税制财政管理体制的决定》（国发〔1993〕85号），中央对地方从1994年1月1日起实行分税制财政管理体制。为与中央对我省的财政体制改革相衔接，进一步理顺省与地市的财政分配关系，调动地市发展经济、增收节支的积极性，促进社会主义市场经济体制的建立，省政府决定，从1994年1月1日起，改革省对地市的财政管理体制。

一、改革财政管理体制的基本原则

根据中央对我省实行的分税制方案，省对地市财政体制改革的基本原则是：

（一）与中央对省的财政体制改革相衔接，以保证中央对我省分税制财政体制改革的顺利实施。

（二）保证各地既得利益，省对地市财力存量部分不作调整。

（三）省级财政适当集中增量财力，以增强省级宏观调控能力。

（四）省对地市财政体制管理只到地市一级。进一步健全分级决策、分级负责、自求平衡的财政约束机制。

二、改革财政管理体制的具体内容

（一）省与地市支出的划分。根据现在省与地市事权的划分，省财政主要承担省级党政机关运转所需经费；省本级直接管理的事业发展支出；调整全省国民经济结构，协调地区发展，实施宏观调控所必需的支出。具体包括：省统筹基本建设支出，省属企业挖潜改造资金支出；省本级行政管理费、公检法司支出，部分武警经费和民兵事业费；由省本级负担的农林水利等部门事业费，工业、交通等部门事业费，商业部门事业费，文教卫生事业费，科学事业费，其他部门事业费，抚恤和社会福利救济费，价格补贴支出和其他支出，以及由省财政安排的科技三项费用，支农支出，支援不发达地区发展资金等。

地市财政主要承担地市党政机关运转所需经费以及本地区经济、事业发展支出。具体包括：地市自筹基本建设支出，企业挖潜改造资金，简易建筑费，科技三项费用，支援农村生产支出，农林水利等部门事业费，工业、交通等部门事业费，商业部门事业费，城市维护费，文教卫生事业费，科学事业费，其他部门事业费，抚恤和社会福利救济费，行政管理费，公检法司支出，价格补贴支出，专项支出和其他支出。

（二）省与地市收入的划分。中央按照税制改革后的税种和收入项目，将维护国家权益、实施宏观调控所必需的税种划为中央税；将同经济发展直接相关的主要税种划为中央与地方共享税；将适合地方征管的税种和收入划作地方固定收入。中央固定收入包括：关税，海关代征消费税和增值税，消费税，中央企业所得税，地方和外资银行及非银行金融企业所得税，海洋石油资源税，铁道部门、各银行总行、各保险总公司等集中缴纳的收入（包括营业税、所得税、利润和城市维护建设税），中央企业上缴利润等。外贸企业出口退税，除1993年地方已经负担的20%部分外，以后发生的出口退税全部由中央财政负担。中央与地方共享收入包括：增值税、证券交易税。增值税中央分享75%，地方分享25%；证券交易税，中央与地方各分享50%。地方固定收入包括：营业税（不含铁道部门、各银行总行、各保险总公司集中缴纳的营业税），个人所得税，遗产和赠予税，土地增值税，城市维护建设税（不含铁道部门、各银行总行，各保险总公司集中缴纳的部分），车船使用税，房产税，屠宰税，资源税（不含海洋石油资源税），城镇土地使用税，印花税，固定资产投资方向调节税，农牧业税和耕地占用税，农业特产税，地方税税款滞纳金、罚没收入，地方企业所得税（不含地方和外资银行及非银行金融企业所得税），地方企业上交的利润，国有土地使用权有偿使用收入，专项及其他收入等。

省属企业的所得税、利润、计划亏损补贴以及其他收入等，列入省级财政收入范围。

（三）税收返还基数的核定和收入增量的分配。省对地市财政的税收返还以1993年为基期年，按地市上划中央的消费税和75%的增值税减去中央和省上下划收入后的净额核定税收返还基数，全额返还，以保证地市既得财力，并以此作为以后省对地市税收返还基数。从1994年起，如果净上划中央收入达不到1993年基数，则相应扣减税收返还数额。从1994年起，中央对地方按全国上划增值税和消费税平均增长率的1 ∶ 0.3确定税收增长返还额。对中央返还我省的税收增长额，省级留一半，另一半返还地市。

（四）体制上交、补助定额和定额上交递增比例的确定。为保证省和地市的既得利益，以各地1993年收入为基础，按原体制规定应交省或省应补助的数额确定上交或补助定额。具体包括：定额上交或定额补助数，递增上交数或递减补助数，地市超1990年实绩或超基数上交数，城镇土地使用税和印花税上交50%或70%。

省对上交地市按上交定额确定适当比例，实行逐年递增上交。合肥、蚌埠、芜湖、淮南、淮北、马鞍山、铜陵、安庆市递增比例为6%；滁州、黄山市，宣城、宿县、阜阳、巢湖、池州等地区递增比例为5%。六安地区为定额补助，补助定额不再递减，也不予递增。

三、配套改革和其他政策措施

（一）改革国有企业利润分配制度。根据建立现代企业制度的基本要求，结合税制改革和实施《企业财务通则》和《企业会计准则》，合理调整和规范国家与企业的利润分配关系。从1994年1月1日起，国有企业统一按国家规定的33%税率交纳所得税，取消各种包税的做法。考虑到部分企业利润水平较低的现状，作为过渡办法，国家增设

27%和18%两档照顾税率。1993年经国务院批准已在海外发行H股的企业，继续按15%的税率征收所得税。企业固定资产贷款的利息列入成本，本金一律用企业留用资金归还。取消对国有企业征收的能源交通重点建设基金和预算调节基金。逐步建立国有资产投资收益按股分红、按资分利或税后利润上交的分配制度。

（二）同步进行税收管理体制改革。建立以增值税为主体的流转税体系，统一企业所得税制。在现有的税务机构基础上，分设国家税务机构和地方税务机构。

（三）建立适应新体制需要的国库体系和税收返还制度。一级政府一级财政，相应要有一级金库，中央金库与地方金库分别向中央财政和地方财政负责。实行新的财政管理体制，地市财政支出有一部分要靠税收返还来安排，为此，要建立省财政对地市税收返还和转移支付制度，并且逐步规范化。

（四）改进预算编制办法，硬化预算约束。省对地市的税收返还和补助列省财政预算支出，地市相应列收入；地市对省财政的上解列地市财政预算支出，省财政相应列收入。省与地市财政之间都不得互相挤占收入。按照分级预算制度，省每年提前向地市提出编制年度预算的指导思想和基本要求，由地市按照收支平衡、略有结余的原则自行编制年度财政收支预算，报省财政厅汇编全省预算。

（五）妥善处理原由省政府批准的减免税政策问题。为了保持政策的连续性，对于1993年6月30日前，经省政府批准实施的未到期的减免税项目或减免税企业，重新报财政部和国家税务总局审查、确认后，继续执行到1995年。但从1994年起，对这些没有到期的减免税项目和企业，实行先征税后退还的办法，其中中央收入部分，由中央统一返还给省，省财政根据企业隶属关系，直接或通过财政逐级返还给企业，用于发展生产。

（六）积极推进地市以下财政体制改革。各地市要根据本决定研究制定对所属县（市）的财政管理体制，并报省政府备案。地市对县（市）的体制要有利于县级经济发展，壮大县级财力，并通过体制改革进一步理顺分配关系，调动县级增收节支的积极性。要在深入调查研究的基础上，有步骤地改革和完善乡镇财政体制，进一步加强乡镇国库建设。在财政体制改革过程中，各地要注意调查研究，及时总结经验，解决出现的问题，确保分税制财政管理体制顺利实施，并取得预期效果。

本决定由省财政厅负责解释。

安徽省人民政府批转省财政厅关于实施振兴财政工程确保实现“两个消灭”“两个提高”的意见

皖政〔1996〕32号

1996年6月27日

省政府《关于1996年着力抓好14项重点工作的意见》（皖政〔1996〕26号）中要求：“以促进财政良性循环为目的，全面实施振兴财政工程，今年内全省实现‘两个消灭’、‘两个提高’，即：消灭历年赤字，实现当年净结余；消灭历年欠发工资，实现当年不欠账；在财政增长的同时，提高建设性支出比重，提高工资水平，增大各级政府的调控能力，促使全省财政经济向良性循环方面迈出坚实的一步”。围绕这一要求，我们在不久前召开的全省财政工作会议上，进行了认真的研究和部署，形成如下实施意见：

一、统一思想，提高认识，坚定完成任务的信心

实现“两个消灭”、“两个提高”，是省政府着眼我省财政跨世纪发展作出的战略决策，是全面振兴我省财政，加快实现财政经济良性循环的关键步骤，也是进一步提高政府调控能力的重大举措。实现这一目标，既有经济意义，也有政治意义。因此，各级政府必须充分认识和高度重视，把“两个消灭”、“两个提高”作为今年财政工作的中心任务来抓，进一步坚定信心，加大工作落实力度，保证这项任务不折不扣地完成。

二、千方百计保证财政供给的工资按时发放，消灭历年财政工资欠账

尚有欠发工资的县（市）要在保证当年工资按时发放的基础上，千方百计补发财政历年欠发工资，为消灭工资欠账画上句号。首先，要核准数字，在认真核定财政供给范围和标准的基础上，核实财政应补发的工资数额；属于财政承担，但已由单位从预算外资金中兑现的，财政不再承担。其次，要制定工资发放和补发计划，结合当地收入入库情况，加强资金调度，分步分段实施，力争提前完成。财政比较困难的县（市），可实行工资专户办法，在资金足够支付当月行政事业单位人员工资后，多余部分全部用于补发工资；资金不足时，要优先发放教师工资及无预算外收入来源的单位职工工资。第三，上下齐心协力，共同采取措施。按照分税制财政体制，各级的工资应该由各级承担，欠发工资的县（市）可采取收入增一块、节支压一块、预算外调一块的办法，多方筹集资金，兑现欠发工资。为了帮助各地补发工资，今年农业税提价部分，省财政不参与分成。同时，参照国家的转移支付办法，科学、规范、合理地建立我省的转移支付制度，对符合转移支付条件的地方予以支持。第四，实行“工资兑现一票否决制”，凡不能按要求保证当年工资发放并补发历年欠发工资的，取消财政工作的各项评先、奖励资格。

三、积极调度资金，做好提高工资水平的准备工作

适当提高职工工资水平，是实现省委六届二次全会提出的到“九五”末实现全省城镇居民人均生活费收入翻番目标的重要措施，是在生产发展、财政收入增加的基础上促进人民群众生活水平提高的具体体现。各级财政部门要想方设法，克服困难，未雨绸缪，早作安排。要尽快组织力量对本地区财政供给单位的工资水平进行摸底，研究测算新的增支数额，在此基础上，预留相应的财力，保证提高工资及时兑现。增资方案出台后，各地要严格按照规定的标准和范围执行，不得突破；预留财力不够的，要设法筹集和调度资金予以补足，不留硬缺口，坚决避免出现补旧欠添新欠，背上新的包袱。

四、继续保持财政当年收支平衡，消灭历年累计赤字

确保地方财政收支平衡，是《预算法》的基本原则之一。尽管今年财政平衡的压力很大，特别是还有历年赤字的地方，任务更加艰巨，但早一天甩掉包袱，就能早一天轻装上阵，加快发展。因此，各地一定要继续坚持财政平衡不动摇，坚持消化赤字不动摇，确保当年收支平衡，并消化完历年赤字。不能因为平衡压力大而丧失平衡的信心，出现新的财政赤字。要结合开展税源普查，摸清收入潜力，在此基础上，调整收入计划，依法组织收入，把该收的税收上来。同时，主动调整支出计划，严格控制一般消费性支出，除了重点支出外，其他事情能缓办的尽量缓办。根据近年来我省财政发展态势，省政府要求提前一年消化完历年累计赤字，为了从政策上予以保证，省财政对各地消化历年累计赤字的奖励政策也相应提前一年中止。

五、加强支出管理，优化支出结构，努力提高财政生产建设性支出比重

加大财政生产建设性投入，大力培植财源、税源，是实现我省财政经济良性循环的必由之路。各地要进一步调整支出结构，努力使财政生产建设性支出占财政总支出的比重有明显提高。能不能做到这一条，关键在于能否控制住一般消费性支出过快增长，能否建立起控制消费性支出过快增长的约束机制。近几年来，各地在这方面进行了大量探索，采取了一些措施，比如行政经费包干、下管一级、零基预算、重新界定财政供给范围等，对控制行政经费过快增长起到了明显作用。今年，要继续加快支出管理改革，尽快完善配套、建立健全控制一般消费性支出增长的约束机制。各地要结合清理清查预算外资金工作，切实加强对预算外资金的管理，对集中管理的本级预算外资金，根据省政府《关于加强预算外资金管理办法》的要求，可调用一部分用于重点建设项目和社会公益事业。近期，省财政厅将研究制定相应的激励政策，鼓励各地在确保收支平衡的前提下，优化支出结构，努力提高生产建设性支出比重，力争全省生产建设性支出比重比上年提高一个百分点。

六、继续严格依法组织收入，努力保持财政收入快速健康增长

要顺利实现“两个消灭”、“两个提高”，必须保持财政收入有较高的增长，保证地方可用财力有较大的增加。首先，要进一步统一认识，坚定加快财政发展的信心。近几年，我省财政收入虽然增长较快，但财政收入占国内生产总值的比重却逐年降低，既低于全国30个省市平均水平，也低于经济发展水平与我省相近的其他省份。随着国民经济的快速健康发展，财政收入的增长仍有较大潜力。各级财税部门必须统一思想，坚定信心，形成“依法征税没有错，有税不收就是过”的共识，坚决克服松劲、畏难和自满情绪，严格坚持依法征税，保持财政收入持续增长的良好势头。同时，要把更多的精力放在提高财政运行质量上，一方面严格禁止和纠正越权减免税、变相包税等行为，另一方面坚决反对和防止征管方式简单化及虚列收入等倾向，确保财政收入真实可靠。其次，要扎扎实实地搞好税源普查工作。开展税源普查，摸清税源家底，是依法治税的前提，也是财政管理工作走向科学化、规范化的重要基础。各级财税部门要按照省政府的部署和要求，认真组织实施，务求税源普查全面、准确、翔实。第三，要努力调整收入结构，确保地方财力的增长高于财政总收入的增长，并以此为导向，引导和规划财源建设，尽快壮大地方财政实力，在实现“两个消灭”、“两个提高”的基础上，加快实现我省财政经济的良性循环。

安徽省政府采购管理暂行办法

皖政〔1998〕25号

1998年7月3日

第一章　总则

第一条　为了增强政府宏观调控能力,加强财政支出管理,提高财政资金使用效益,促进经济与社会发展,根据国家有关规定,制定本办法。

第二条　本办法所称政府采购,是指纳入本省各级预算管理的国家机关、事业单位和社会团体,为了完成本单位管理职能或者开展业务活动以及为公众提供公共服务的需要,购买商品或者接受服务的行为。

第三条　政府采购应当遵循公开、公平、公正和效益优先的原则。除涉及国家秘密外,政府采购应当公开,引入市场竞争机制,在同等质量情况下,优先购买价格低的商品或者接受费用低的服务。

第四条　县级以上地方人民政府应当加强对政府采购工作的领导,监督有关部门或者单位按照本办法实施政府采购,保障财政资金安全、高效、有序地运转,维护社会经济秩序。

第五条　县级以上地方人民政府财政部门是政府采购工作的主管部门,其主要职责是:(一)编制政府采购预算;(二)组织部分政府采购;(三)协调和管理政府采购事务;(四)对政府采购进行统计、分析和评估;(五)省人民政府规定的其他职责。

第二章　政府采购形式与范围

第六条　政府采购采取集中采购和分散采购的形式。集中采购是指由财政部门统一组织的采购。一般适用于单位价值在1万元以上的商品或者接受等值的服务,以及单位价值在1万元以下,但是当年需要批量购买累计价值超过10万元的同类商品或者接受等值的服务。分散采购是指由需要购买商品或者接受服务的单位自行组织的采购。一般适用于本条第二款规定以外的商品或者服务。

第七条　政府采购范围主要包括办公、教学、科研、医疗、体育、广播电视等设施、设备以及有关的服务,具体商品目录和服务项目由县级以上地方人民政府财政部门会同有关部门确定。

第三章　政府采购方法与程序

第八条　财政部门以及需要购买商品或者接受服务的单位可以委托县级以上地方人民政府依法成立的具有企业法人资格的政府采购公司或者其他具有相应资质的代理机构（以下简称代理人）代理政府采购业务。

第九条　政府采购的方法包括公开招标采购、议标采购、协商采购。公开招标采购是指公开发布采购信息，吸引3个以上的供应商参加投标，并按照规定程序择优选定供应商的采购方法。一般适用于采购数量较大、质量不易确定或者采购价格波动较大的商品或者接受等值的服务。议标采购是指直接邀请3个以上的供应商参加投标，并按照规定程序择优选定供应商的采购方法。一般适用于质量、价格等容易确定的商品或者接受等值的服务。协商采购是指直接到市场了解、比较商品或者服务的质量、价格等情况，并按照规定程序择优选定供应商的方法。一般适用于采购数额较小、质量与价格易于确定的商品或者接受等值的服务。

第十条　需要购买商品或者接受服务的单位应当根据实际需要，对属于本办法第七条规定范围内的商品或者服务，拟定本单位年度采购计划，并附拟采购商品或者接受服务的名称、数量、质量、规格、供货时间等有关材料，按照规定报同级财政部门审核。财政部门应当根据实际需要和节约的原则，审核各单位拟定的年度采购计划，汇总编制本级政府年度采购计划，并按照本办法第六条确定采购形式。

第十一条　政府采购应当依法签订采购合同，明确采购商品或者接受服务的名称、数量、规格、质量、性能、价格（酬金）以及履行合同的时间、地点、方式和违约责任等内容。

第四章　政府采购经费

第十二条　政府采购经费的来源包括：（一）同级财政预算安排的资金；（二）需要购买商品或者接受服务的单位预算外资金、自有资金和其他收入；（三）国内外贷款、捐款、赠款；（四）省人民政府规定的其他资金。

第十三条　政府采购经费由财政预算安排的，财政部门应当按照采购合同的规定将采购经费直接拨付给其委托的代理人或者供应商；由需要购买商品或者接受服务的单位预算外资金、自有资金和其他收入或者国内外贷款、捐款、赠款等安排的，有关单位应当按照采购合同的规定将采购经费自行支付给其委托的代理人或者供应商。

第五章　政府采购监督

第十四条　需要购买商品或者接受服务的单位应当按照本办法实施政府采购，并主动接受财政、审计、监察等有关部门依法实施的监督检查，如实提供有关资料，不得拒绝、隐匿或者谎报。

第十五条　财政部门应当定期向有关单位通报集中采购商品或者接受服务的情况，接受监督。

第十六条　财政、审计、监察等有关部门应当协调配合，加强对政府采购行为的监督，定期组织检查，发现问题，依法处理。

第六章　附则

第十七条　省人民政府财政部门根据本办法，制定本级政府采购管理的具体规定。各行署和市、县人民政府根据本办法，结合本地实际情况，制定具体规定。

第十八条　本办法自发布之日起施行。

安徽省综合财政预算管理暂行办法

皖政〔1998〕41号

1998年10月9日

第一章　总　则

第一条　为了加强财政资金管理，提高财政资金使用效益，增强政府宏观调控能力，促进本省经济和社会发展，根据国家有关规定，结合本省实际，制定本办法。

第二条　本办法适用于本省有预算内、预算外及其他收支活动的各项国家机关、事业单位和社会团体（以下简称各单位）。

第三条　本办法所称综合财政预算，是指统一编制、统一管理、统筹安排各单位预算内、预算外及其他收支的预算管理办法。

第四条　综合财政预算实行统一政策与分级管理相结合的原则。

第五条　各级人民政府应当加强对综合财政预算管理工作的领导，保障财政资金安全、高效、有序地进行。

第六条　县级以上地方人民政府财政部门是本行政区域综合预算管理的主管部门，具体负责组织实施本办法。

第二章　综合财政预算的编制与审批

第七条　综合财政预算按照以收定支、量入为出和统筹兼顾、确保重点的原则编制，做到收支平衡、略有结余。

第八条　综合财政预算由本级各单位综合财政预算组成。

第九条　各单位应当按照同级财政部门的要求，编制本单位年度综合财政预算草案，报送同级财政部门审核。各单位综合财政预算收入包括财政预算拨款收入、预算外资金收入、上级补助收入、事业收入、经营收入、附属单位上缴收入和其他收入。各单位综合财政预算支出包括经常性支出、专项支出、上缴上级支出、经营支出、对附属单位补助支出、自筹基建支出。

第十条　财政部门按照规定对本级各单位年度综合财政预算草案审核后，编制本级综合财政预算草案，报送本级人民政府。

第十一条　各级人民政府应当依法将本级综合财政预算草案中预算内收支预算草案提请本级人民代表大会审查和批准，并按照规定审计和批准本级综合财政预算草案中预算外收支预算。

第十二条 综合财政预算经批准后，财政部门应当及时向本级各单位批复。

第三章 综合财政预算的执行

第十三条 综合财政预算由各级人民政府组织执行，具体工作由本级人民政府财政部门负责。

第十四条 预算年度开始后，各单位应当按照批复的综合财政预算执行。经批准的单位综合财政预算，年度执行中一般不作调整；因特殊原因必须调整的，按照规定程序办理。

第十五条 各单位应当依法组织收入，按照规定及时、足额、准确地将预算内、预算外收入缴入国库或者财政专户，不得隐瞒、拖欠、截留、坐支、挪用和私分。

第十六条 各单位应当按照批复的综合财政预算，编制本单位预算内、预算外分月用款计划，报同财政部门核拨资金。

第十七条 财政部门应当加强对综合财政预算拨款的管理，根据批准的综合财政预算，按照规定的预算级次和程序，对各单位的经常性经费按月均衡拨付，对各单位的专项经费按照项目进度拨付。财政部门应当根据国库库款及财政专户存款情况，及时、足额地拨付资金，不得办理无预算、无用款计划的拨款，不得越级办理预算拨款，以保证各单位工作正常开展和事业发展的资金需要。

第十八条 各单位应当厉行节约，按照规定的支出用途使用资金，不得擅自扩大支出范围、提高开支标准。

第四章 综合财政决算

第十九条 综合财政决算草案的编制，必须符合法律、法规的规定，做到收支数额准确、内容完整、报送及时。

第二十条 预算年度终了后，各单位应当按照规定编制本单位年度综合财政决算草案，报送同级财政部门审核。

第二十一条 财政部门对本级各单位年度综合财政决算草案审核后，发现有不符合法律、法规规定的，有权予以纠正。财政部门应当按照审核后的各单位年度综合财政决算草案，编制本级综合财政决算草案，报送本级人民政府。

第二十二条 各级人民政府应当依法将本级综合财政预算草案中预算内收支决算草案提请本级人民代表大会常务委员会审查和批准，并按照规定审查和批准本级综合财政决算草案中预算外收支决算。

第五章　综合财政预算的监督

第二十三条　各单位应当加强对本单位综合财政预算收支活动的管理，建立健全财务制度和会计核算体系，并自觉接受财政、审计、监察等有关部门依法实施的监督检查，如实反映情况，提供资料，不得拒绝、隐匿或者谎报。

第二十四条　财政部门应当加强对本级各单位综合财政预算收支活动的监督，定期检查本级各单位综合财政预算的执行，并向本级人民政府报告综合财政预算执行情况。

第二十五条　审计、监察等有关部门应当按照各自的职责，对财政部门和各单位综合财政预算执行情况进行检查，做好综合财政预算的监督工作。

第六章　附　则

第二十六条　省人民政府财政部门根据本办法，制定本级综合财政预算管理的具体规定。各地级市人民政府、行政公署、县（市）人民政府根据本办法，结合本地实际，制定具体规定。

第二十七条　本办法应用中的具体问题，由省人民政府财政部门负责解释。

第二十八条　本办法自 1999 年 1 月 1 日起施行。

中共安徽省委　安徽省人民政府
关于在全省开展农村税费改革试点工作的通知

皖发〔2000〕10号

2000年4月26日

各市、地、县委，各市人民政府、行署，各县人民政府，省直单位，各大学：

按照《中共中央、国务院关于进行农村税费改革试点工作的通知》（中发〔2000〕7号文件，以下简称中央7号文件）精神，省委、省政府决定在全省范围开展农村税费改革试点工作。现就有关事项通知如下。

一、统一思想，充分认识农村税费改革的重大意义

农业、农村和农民问题，始终是我国现代化建设的根本问题。当前，农村形势总体上是好的，但是也存在着一些比较突出的问题，特别是农民收入增长缓慢、农民负担过重、税费收取不规范的问题尤为突出。有些地方和部门不顾国家三令五申，随意向农民伸手，面向农民的各种收费、集资、罚款和摊派项目多、数额大；有些地方虚报农民人均纯收入，超标准收取村提留和乡统筹费，强迫农民以资代劳；有的地方违反国家税收政策，按人头或田亩平摊征收农业特产税及屠宰税；各种名目的达标升级活动屡禁不止，所需资金大多摊派在农民身上；有些地方基层干部采取非法手段强行向农民收钱收物，酿成恶性案件和群体性事件等。这些问题，严重侵害了农民的经济利益和民主权利，加重了农民负担，挫伤了农民的生产积极性，影响了党群、干群关系，损害了农民对党和政府的感情，影响了农村的稳定。尽快采取切实有效的措施，从根本上解决这些问题，已成为整个农村工作的当务之急。

党中央、国务院总揽全局，审时度势，决定开展农村税费改革。这是从我国农村经济发展新阶段的实际出发作出的重大决策，是解决新时期农业、农村和农民问题的战略性举措，对于保护农民利益和农民生产积极性，促进农村经济发展和农民增收，巩固农村基层政权，保持农村社会稳定，具有十分重要的意义。农村税费改革是我国农村继土地改革、家庭联产承包责任制之后的又一次重大改革，其根本目的就是要减轻农民负担，并保持农民负担的长期稳定，让广大农民休养生息。在减轻农民负担的基础上，规范国家、集体、农民三者之间分配关系，遏制面向农民的乱收费、乱集资、乱罚款和各种摊派，从根本上解决农民负担过重的问题。

中央经过慎重考虑，决定选择我省以省为单位进行农村税费改革试点，这是对我省前一阶段开展农村税费改革试点工作的肯定，是对我省的高度信任，也为我省农村经济发展、农民收入的提高和农村社会的稳定提供了一个重要机遇。各级党委和政府一定要从讲政治、讲大局的高度，认真学习中央7号文件，统一思想，充分认识进行农村税费改革的重大意义，充分认识搞好改革试点工作的重大责任，深刻理解中央改革精神，以对党对人民极端负责的态度，切实按照中央7号文件的要求，积极稳妥、扎扎实实地做好农村税费改革试点工作。

二、全面准确地把握农村税费改革的指导思想、基本原则和主要内容

根据中央7号文件精神以及经中央批准的《安徽省农村税费改革试点方案》（以下简称省试点方案），这次农村税费改革总的指导思想是：按照社会主义市场经济发展和推进农村民主法制建设的要求，从根本上治理对农民的乱收费，切实减轻农民负担并保持长期稳定，建立规范的农村分配制度；进一步加强农村基层组织建设，巩固农村基层政权；调动和保护农民生产积极性，促进农村社会稳定和农村经济持续健康发展。

农村税费改革的基本原则是：总体部署，统筹安排，全面推行；从轻确定农民负担水平并保持长期稳定，兼顾乡镇政府及基层组织正常运转的需要；采取简便易行的征收方式，规范税费征收行为；实行综合配套改革，积极推进乡镇机构和教育体制改革，完善乡镇财政体制，促进乡镇财政良性循环；健全农民负担监督管理机制；坚持群众路线，促进农村民主与法制建设。

农村税费改革的主要内容：（1）取消现行按农民上年人均纯收入一定比例征收的乡统筹费。（2）取消农村教育集资等专门面向农民征收的行政事业性收费和政府性基金、集资。（3）取消屠宰税。（4）全省用3年时间逐年减少直至全部取消统一规定的劳动积累工和义务工。（5）调整农业税政策，重新确定农业税计税土地面积，调整农业税计税常产，合理确定农业税税率。全省农业税税率最高不超过7%。（6）调整农业特产税政策，适当调整部分农业特产税税率，取消部分一个应税品目两道环节征税，实行一个应税品目只在一道环节征税，农业税和农业特产税不重复征收。（7）改革村提留征收和使用办法，采用新的农业税附加或农业特产税附加方式统一收取。农业税附加比例最高不超过改革后农业税的20%；农业特产税附加比例根据村干部报酬、五保户供养、办公经费三项费用的实际支出需要从严确定。改革后的农业税及附加和农业特产税及附加采取征收代金制，在一定时期内保持相对稳定。农业税及附加、农业特产税及附加统一由财政机关负责征收，使用财政部门统一印制的专用票据，可以由粮食、林业、供销等部门在收购农副产品时代扣代缴。对农民应承担的税费，由有关部门通过纳税通知书、农民负担监督卡的形式通知广大农户。对通知书、监督卡规定之外的任何行政性收费、集资等，农民有权拒绝缴纳。

各地一定要顾全大局，全面准确地理解和把握中央7号文件精神及省试点方案的内容，在指导思想、具体政策上坚决与中央保持一致，特别是对中央和省里要求取消或调整的，要坚决取消或调整，确保各项改革政策的贯彻落实。

三、切实加强领导，认真做好宣传动员工作

农村税费改革是农村分配关系的一次重大调整，不仅涉及千家万户农民的切身利益，而且关系基层政权和基层组织的职能转变及正常运转。在全省范围内进行农村税费改革试点能否取得成功，关键在于加强领导。各级党委、政府务必充分认识农村税费改革的重要性、紧迫性和复杂性，充分估计试点过程中的工作难度，切实加强对组织实施工作的领导。党政一把手要亲自抓，负总责，分管负责同志要负具体领导责任。各级都要成立农村税费改革工作领导小组及其办公室，抽调得力人员，专门负责这项工作。各地的农村税费改革领导小组及办事机构要加强与省农村税费改革领导小组及办事机构的联系，及时研究和妥善处理改革方案实施中出现的矛盾和问题。各级都要建立领导责任制，加强对农村税费改革工作的督促检查。

各地、各有关部门要重视和加强农村税费改革的宣传，制定切合实际的宣传计划和宣传提纲，把握宣传导向，突出宣传重点，注重宣传效果。充分利用多种宣传媒介，对农村税费改革的重大意义、内容和有关政策，采用农民群众喜闻乐见的形式，进行广泛、深入、细致的宣传，做到进村入户，家喻户晓，让农民真正了解改革的精神，明确应尽的义务，掌握纳税的具体要求和方法步骤，并能够依法保护自己的合法权益。各级都要开展政策和业务培训，认真学习中央 7 号文件和省试点方案，掌握农村税费改革的基本原则、主要内容、具体政策，提高领导和组织实施农村税费改革的水平，建立一支政策水平高、业务能力强的农村税费改革骨干队伍。

四、深入开展调查研究，认真制订改革方案

我省地域跨度广，不同地区农业生产特点及自然条件差别较大。各地要紧密结合本地农业经济发展现状和农业生产条件，深入开展调查研究，全面、准确地掌握本地各项基础资料和农村税费征收的真实情况，对计税土地面积、计税常产、计税税率等各项改革要素进行认真调查和测算。测算工作必须坚持实事求是，确保各项数据的真实、可靠。在此基础上，严格按照中央 7 号文件精神和省试点方案的要求，结合本地实际，制定具体实施方案和配套措施。

各地在调查研究、制订实施方案时，要根据中央确定的原则，以减轻农民负担为立足点和出发点，正确处理改革的力度与各方面可承受程度的关系，既要考虑使农民负担有相当的减轻，又要考虑县乡财政的承受能力，保证乡镇政府和村级组织履行职责、基层政权正常运转所必需的经费开支。不能不算财政平衡账，但也不能光算财政平衡账，更重要的是要算农民减负账。在确定农民负担水平时，决不能把以前的不合理负担合法化。要通过规范农村分配关系，从根本上减轻农民负担，促进农村经济发展。

各市地负责对所属县（市、区）的实施方案进行审核，经党政主要负责同志签字后，报省农村税费改革领导小组审批。各县（市、区）要按照省批复的实施方案，及时做好对所属乡镇方案的审批工作。方案的审批工作要做到认真细致，严格要求，确保与中央 7 号文件、省试点方案和省批复的方案相一致。

五、精心组织实施，积极稳妥地推进改革试点工作

全省农村税费改革工作分三步走：第一步是制订方案和配套措施，试点工作全面推开；第二步是分析、研究改革中出现的问题，进一步修改、完善试点方案和配套办法；第三步是检查试点情况，全面总结试点工作。具体分五个阶段进行，即：组织、发动、宣传阶段；制订方案和配套措施阶段；审批方案阶段；组织实施阶段；检查、总结阶段。

各级、各部门要根据中央7号文件的统一部署，按照省试点方案的具体要求，确定工作计划和步骤，精心组织实施本地方案，实行分类指导，积极稳妥地推进改革。要加强对农村税费改革的督查和指导工作，及时研究解决改革中出现的矛盾和问题，加大对改革中违规违纪问题的查纠力度，确保政令畅通。同时要认真总结改革的经验和教训，为全国改革提供借鉴。

各地在农村税费改革中，要认真贯彻各项配套措施，大力发展农村经济，增加农民收入；改革乡镇机构，清理和精简人员；调整农村教育布局，提高办学效益；规范农村收费管理，建立健全农民负担监督管理机制；加强基层组织建政，提高基层民主管理水平；加强农村精神文明建设，抓好农村社会治安综合治理，为农村税费改革的顺利进行创造良好的环境。

省直各部门要带头贯彻落实中央关于农村税费改革的精神，识大体，顾大局，认真履行自己的职责，积极支持和配合搞好试点工作。要适应改革的要求，及时调整工作思路、工作方法和有关政策，坚持一切从实际出发、量力而行的方针，有多少钱就办多少事，可办可不办的事不办，能缓办的事情缓办，办农民群众赞成和拥护的事，不办超越财力许可、劳民伤财的事，决不能以牺牲农民利益为代价谋取事业的发展。

农村税费改革是一项复杂的系统工程。各地、各部门要全心全意地依靠广大基层干部和农民群众，做深入细致扎实的工作，正确处理改革、发展与稳定三者之间的关系，真正做到既切实减轻农民负担，又保证农村基层组织的正常运转。既顺利推行农村税费改革，又促进农村经济发展，维护农村社会稳定，确保全省农村税费改革试点工作达到预期目的，让广大农民满意，让基层干部满意，圆满完成党中央、国务院交给的任务。

安徽省人民政府
关于全面推进县级公共财政支出改革的意见

皖政〔2001〕23号

2001年4月2日

为全面推进县级公共财政支出改革（以下简称改革），规范改革的各项工作，保证改革的健康顺利进行，逐步建立公共财政基本框架，特提出以下意见。

一、改革的指导思想

县级公共财政支出改革，必须坚持以江总书记“三个代表”的重要思想为指导，按照党的十五届五中全会提出的“逐步建立适应社会主义市场经济要求的公共财政框架”的基本目标，从转变政府职能和县级的实际出发，坚持以预算管理改革和界定支出范围、优化支出结构为核心，以实行国库集中收付制度和创新支出方式为主要内容，深化改革，系统配套，稳步推进，逐步建立起范围清晰、分配科学、支出高效、管理规范、监督有力的县级公共财政支出体系。

二、改革的重点内容

（一）界定公共财政支出范围。按照满足社会公共需要的原则，界定和调整财政支出范围。当前，要确保工资性支出，保障国家政权建设的需要；提高社会保障支出比重；加大对农、科、教等重点领域的投入；增加环境保护和公益性基础设施建设的支出，促进社会生产力的发展，提高人民群众的生活水平和质量。按照公共财政支出管理的要求，将现行财政供给单位划分为三类：

第一类，属于向社会提供公共产品和公共服务的，由财政全额供给。如党政群机关、公检法司机关和义务教育等公益性事业单位。对财政金额供给单位，实行综合财政预算管理，其收费、罚没收入等全额上缴财政，依据财力状况和满足单位基本需要的原则，在科学定额的基础上，由财政对其支出实行全额供给。

第二类，属于既部分向社会提供公共产品和公共服务，又部分向市场有偿提供产品和服务（即提供半公共产品和半公共服务的单位），财政实行补助制。如非义务教育机构（包括职业教育）、医疗卫生机构、部分技术研究和推广单位等。对财政补助单位，实行综合财政预算管理，根据财力和单位自身情况，实行定额或定项补助。

第三类，属于提供非公共产品和非公共服务的、可以取得经营性或服务性收入的单位，财政一般停止供给。如社会中介机构、机关后勤服务单位、经营性单位等。具体划分目录由省财政厅会同省编办另行制定。

（二）深化预算管理改革。

1. 明确预算编制的原则。支出预算的编制要坚持以下原则:（1）以收定支、量财办事、综合平衡;（2）一是吃饭、二是建设;（3）公平、公开、科学;（4）年度预算与中期预算相结合。

2. 确立预算安排的顺序。财政资金主要用于满足社会公共需要,做到量力而行,尽力而为,有所保有所不保。预算安排的顺序是:（1）财政全额供给单位的人员工资、必要的公用支出以及政法等部门必要的办案经费;（2）财政负担的社会保障方面支出;（3）农业、科技、教育等法律法规明确的重点支出,以及国有企业、粮食流通体制、住房和医疗保险制度等重大改革的政策性支出;（4）公益性基础设施建设和环境保护支出;（5）地方政府对经济运行实施宏观调控的支出,如投资补贴、基金、贴息等引导产业结构优化升级的支出;（6）按照政府职能应由财政负担的其他支出。

3. 改革预算编制。（1）成立预算编制领导小组。预算编制领导小组由政府分管领导负责,确定预算编制原则,搞好年度预算编制的组织、协调。财政部门全面负责预算的具体编制工作。（2）改革预算编制方式。一是全面推行部门预算,将按支出性质编制预算改为按部门编制预算,预算直接编制到部门,下达到部门,部门所属二级单位的预算全部归口到部门管理;不论何种经费,部门只对财政编制一本预算,一个部门的预算要全面反映该部门的各项收支;调整财政部门内部的职责分工,做到一个部门经费归口财政部门一个业务机构管理,理顺财政与部门、部门与所属单位之间的预算分配关系。二是进一步完善综合财政预算和零基预算,积极探索和推行绩效预算和目标预算。打破预算内外资金界限,统筹安排预算内外财力,实行综合财政预算管理,增强政府宏观调控能力。健全各种定员定额,制定科学的定额标准,逐步改变低定额、频追加的不规范状况。改变财政对事业发展的投入方式,由对机构和人员的一般支持,逐步转为对以项目为主的重点支持。进一步细化预算编制,依据财力状况和同级人民代表大会及其常委会的要求,将预算编制到“目”或“节”级科目。延长预算编制时间,一般提前半年至一年编制下年预算。（3）建立预算项目备选制度。凡是符合预算安排范围的项目,一律进入项目库,由财政部门根据财力情况,按照一定的顺序,在预算编制中统筹安排,并逐步编制滚动预算。（4）实行预算论证制度。成立预算论证委员会,对年度预算编制的科学性和合理性进行论证,具体工作由财政部门负责,社会有关方面的代表和专业技术人员参加。预算论证委员会论证后的预算方案,经政府审核后,按规定程序报同级人民代表大会审查批准。预算经人民代表大会审议通过后,要汇编成册,以适当形式向社会公开。

4. 严格预算执行。预算一经同级人民代表大会批准,即具有法律效力,必须严格执行,原则上不再调整。确应安排而当年预算未能安排的,列入预算项目库,待下一年度预算统筹安排;确需当年追加的,定期（每半年或每一季度）由政府领导集体研究决定,政府分管财政的领导具体负责。成立预算追加听证委员会,对数额较大或涉及面广的预算追加实行听证制度。预算追加的情况要适时进行公布，增强预算公正性和透明度。

（三）实行国库集中收付制度。除少数经营性、服务性收入比重较大的财政补助单位外，对财政供给的单位，全面实行国库集中收付制度。即在单位预算资金使用权不变、单位核算主体不变、单位财务审批管理权不变的前提下，单位的所有收入均上缴国库和预算外资金财政专户，所有支出由财政统一支付。

1. 全面取消财政供给单位的银行账户和会计机构，由财政部门统一办理单位的财务收支，单位对财政实行报账制。

2. 财政部门设立会计核算中心，负责办理财政供给单位的资金结算、会计核算、会计监督、会计档案管理等；财政供给单位的一切支出都通过国库或会计核算中心统一办理。单位设财务经办员，具体承担部门预算编制、日常财务管理和零星结算等事项。

3. 全面实行收缴分离、罚缴分离，建立银行代收制。收费、罚没款委托银行统一收缴，通过计算机网络结算，建立部门征管、银行收缴的新模式。

4. 财政供给单位的人员工资，在人民银行国库部门对有关商业银行进行资格认证后，由财政部门委托商业银行代理统一发放；属于政府采购范围的支出，由会计核算中心直接向供应商支付；日常公务开支在预算额度内的，根据单位性质和业务需要，由会计核算中心核定备用金，由单位财务经办员负责管理。

5. 对上下级单位之间下拨、上缴的资金或同级单位的资金往来，一律纳入会计核算中心管理，按规定使用，接受财政监督。按照现代国库管理制度的基本要求，积极创造条件，逐步建立国库单一账户体系，即所有财政性资金全部纳入国库单一账户体系管理，收入直接缴入国库或财政专户，支出通过国库单—账户体系直接支付到商品和劳务供应者或用款单位。

（四）改革财政支出方式。

1. 实行工资统一发放制度。对财政供给单位的人员工资实行统一发放。具体由编制部门核准人员编制和实有人数，人事部门核定人员和工资，财政部门核拨经费，委托代理的商业银行发放到个人。

2. 全面实行政府采购制度。制定和完善政府采购的规章制度，编制政府采购预算，建立政府采购的监督约束机制。政府采购工作实行“政、事”分开，建立规范分设的政府采购管理机构和政府集中采购机构，保证政府采购工作高效廉洁运转。对行政事业单位列入集中采购的货物、工程、服务等，主要实行政府招标采购。部门向政府采购管理机构申报，采购机构负责采购，会计核算中心负责结算。

3. 推进日常消费性支出的货币化改革。（1）除不宜实行货币化改革的会议外，对各部门召开的其他会议，不再统一安排食宿，改为分类确定食宿补助标准，以现金形式发放给参会人员，参会人员不得报销会议食宿费。（2）对按规定安装配备的住宅公务电话和移动通讯工具，按标准发放通讯费补贴；对办公电话实行持卡用话或限额包干。（3）严格车辆配备，改革用车办法。除几大班子领导和公检法司、防汛救灾等特殊用车外，其他部门不再配备新车和更新车辆，由财政部门核定标准安排交通费，单位用车从市场解决，费用在额度内报销。可利用现有车辆组建车辆出租公司，实行社会化服务。

（五）加强财政监督管理。对没有实行国库集中收付的事业单位，实行会计委派制，以切实加强对这些单位的财务管理，维护财经纪律。对财政供给的单位，全面实行财务“两公开一监督”（单位财务制度公开、财务结果公开、接受群众监督）的民主理财制度，提高财务工作的透明度。建立健全各项管理制度，实现财政的全程监督。财政部门要按照公共财政支出改革的要求，调整内部职责分工，实行预算编制、执行、监督相分离，建立健全内部管理机构之间相互制约、相互监督的运行机制，强化自身监督管理。健全预算管理、国库集中支付、政府采购等各项管理制度和操作规程，公开办事程序，增强工作的透明度，广泛接受各部门和社会各方面的监督。要牢固树立为部门和单位服务的意识，切实转变工作作风，增强服务观念，寓管理于服务之中；要改进工作方法，建立服务承诺制度，提高工作效率，保障党政机关、事业单位的正常运转。

三、改革的时间与步骤

按照一年到位、两年完善、三年规范的总体要求，对2001年县级公共财政支出改革的时间与步骤安排如下：

（一）筹备和方案设计阶段（2000年12月至2001年3月）。省及各市、县（市、区）成立公共财政支出改革领导小组（以下简称领导小组）；各县（市、区）研究制定改革方案，并报市财政局审查；组织业务培训和学习；开展公共财政支出改革宣传活动。

（二）方案审批阶段（2001年3月至2001年4月）。各市上报所属各县（市、区）公共财政支出改革方案；省改革领导小组审查后由省财政厅审批各县（市、区）改革方案。

（三）实施准备阶段（2001年4月至2001年5月）。各县（市、区）召开公共财政支出改革动员会；对单位的财产物资、财务收支、银行账户、收费票据等进行全面清理；组建会计核算中心和政府采购中心，做好计算机应用的准备；选择收费、罚没收入代收银行，确定银行代收网点；做好工资统一发放的各项准备工作。省、市两级要加强检查指导，了解改革准备情况。

（四）全面实施阶段（2001年6月至2001年9月）。各县（市、区）按照省审批的方案，有计划、按步骤地稳步实施、积极推进，条件具备的地方可以提前实施。2001年9月底前，各项改革措施必须全面实施。省、市两级深入县（市、区）指导督查。

（五）总结考核阶段（2001年10月至2001年12月）。各县（市、区）对改革情况进行自查和总结；各市对县（市、区）的改革情况进行检查，交流经验，分析问题，研究进一步完善的政策措施；省里进行抽查，并对全省公共财政支出改革工作进行总结。

四、组织实施

县级公共财政支出改革涉及多方面利益的调整，政策性强，触及一些深层次、体制性矛盾，不可避免地会遇到各种各样的困难和阻力。因此，各地必须切实加强领导，精心组织，积极稳妥地推进。

（一）统一认识，加强组织领导。各级政府必须充分认识县级公共财政支出改革的必要性、紧迫性和艰巨性，高度重视这项改革工作，切实加强领导。政府的主要负责同志要亲自抓，分管领导要统筹安排和指导改革工作，协调好各方面的关系，保证改革顺利推进。各市、县（市、区）都要成立领导小组，全面负责本地区的县级公共财政支出改革工作。各级财政部门要成立专门的办事机构，在领导小组的统一领导下，具体负责改革的组织实施工作。

（二）深入调研，制订改革方案。各地要深入开展调查研究，紧密结合本地实际，制定切实可行的改革方案。要进一步解放思想，勇于探索，大胆创新，在改革方案上不搞一刀切、一个模式。在审批方案时，要坚持高标准、严要求，成熟一个审批一个；对条件不具备的地方，可适当推迟审批时间。

（三）周密组织，认真实施改革方案。改革方案审批后，各县（市、区）要按照方案规定的内容和时间步骤要求，认真进行筹划，制定详细的时间进度表，按计划、分步骤地落实，做到全面推进、系统配套。各地在公共财政支出改革中，要进一步落实农村税费改革的各项政策措施，大力推进政府机构改革、事业单位体制改革和事业布局调整，完善县乡财政体制，缓解乡镇财政困难；要加强督促检查工作，及时了解改革的进展情况和工作成效。省将对各地的改革情况进行督促检查，并将督查结果作为考核奖励的重要依据。

（四）加强学习，开展业务培训。实行公共财政支出改革，需要转变观念，更新知识，提高业务水平。在改革方案正式实施以前，要组织一次大规模的业务培训工作。上级财政部门要对下级财政部门进行培训。各县（市、区）要对各部门、各单位负责人及财务人员进行业务培训。

（五）加强宣传，营造改革氛围。公共财政支出改革是一项新事物，社会的认识和理解有一个过程，观念的转变也有一个过程。因此，要注重宣传教育工作，让社会特别是行政事业单位充分了解这项改革的重大意义和基本内容，统一思想，形成合力，营造良好的改革氛围。在改革方案制定、审批之后，各级要立即研究制定详细的宣传工作计划，及时组织各项宣传活动。

（六）明确责任，实行考核奖惩。各级政府要制定和完善激励政策，加大对这项改革的考核奖惩力度，对改革进展快、质量高、成效好的地方予以奖励；对不能如期推进改革的，实行财政考核评比“一票否决制”；对搞形式主义、弄虚作假的，要追究有关领导的责任。省政府将把公共财政支出改革纳入财政运行质量考核指标体系进行考核。各级、各部门要从讲政治、讲大局的高度，积极参与、配合、支持公共财政支出改革，不允许随意干预和人为设置障碍。各级财政部门要把公共财政支出改革摆上重要工作日程，认真做好具体组织实施工作，提高服务质量和管理水平。

安徽省人民政府关于实行省直管县财政体制改革的通知

皖政〔2004〕8号

2004年1月21日

各市、县人民政府，省政府各部门、各直属机构：

为进一步理顺财政分配关系，加快县域经济发展，省政府决定，从2004年起，改革现行省管市、市管县的财政体制，对全省57个县（包括县级市，不包括市辖区和马鞍山、铜陵、淮南、淮北市辖县，下同）实行省直管县的财政体制。现将有关事项通知如下：

一、改革的必要性

1994年国家实施分税制财政体制改革后，我省实行了省管市、市管县的财政管理体制。总体上看，这一管理体制调动了市、县增收节支、当家理财的积极性，促进了经济和社会事业的发展。但是随着社会主义市场经济体制的建立和政府职能的转换，县级财政供养人员过多、债务沉重、财权与事权不对称、资金调度困难等矛盾日渐突出，已到了必须认真解决的时候。

解决现行县级财政困难，主要立足于加快县域经济发展，同时要积极改革和创新财政管理体制。实行省直管县的财政体制，有利于进一步理顺和规范省以下财政分配关系，调动各级政府加快发展的积极性；有利于省直接掌握县级财政真实状况，更好地帮助和指导县级财政提高管理水平；有利于省、市财政共同加大对县级财政的支持力度，加快财政资金流速，提高财政支出效率；有利于推动市级财政改革创新，加快自身发展。

随着财政改革的不断深入，分税制财政体制的逐步完善，各级财政收支范围基本规范，主体税种基本实现了按统一范围和统一比例分享；省财政积极支持县域经济发展的一系列措施得到落实；"金财工程"建设进展顺利，覆盖全省的财政管理信息网络系统已初步建成，这些都为实行省直管县财政体制提供了必要的条件。

二、改革的基本原则

实行省直管县财政体制，要适应社会主义市场经济和公共财政发展的客观要求，进一步理顺省以下政府间的财政分配关系，充分发挥省级财政的宏观调控职能，逐步建立激励与约束并举的财政分配机制，更好地调动和发挥各级政府发展经济、增收节支的积极性，促进全省经济和社会事业的持续快速协调健康发展。改革的基本原则是：

（一）维持现行利益分配格局。保证各级财政现行体制和政策规定范围内的既得财力不受影响，促进市、县财政平稳运行。

（二）共同支持县域经济发展。妥善处理省、市、县三级政府间的利益分配关系，在充分调动县级政府自我发展积极性的同时，省、市财政继续加大对县级财政的指导和支持力度。

（三）坚持权责统一。在调整财政管理体制的过程中，省、市、县财政要承担相应的管理责任。省财政要加大对县财政的支持力度，帮助县乡财政逐步解决困难；市财政要继续履行对县财政指导、支持和监督的职责；县财政要加强自我约束，规范管理，努力加快发展。

（四）坚持积极稳妥、循序渐进。先建立省直管县财政体制改革的基本框架，再逐步完善和规范。

三、改革的主要内容

（一）收支划分。对现行符合省财政支持县域经济发展要求的市、县财政收支范围暂不作调整，逐步创造条件，按财政体制规定，进一步严格规范市、县财政收支范围。

（二）财政收入目标的下达和考核。省财政及国税、地税的收入目标在征求市意见后，直接分解并下达到县，考核到县。市继续承担汇总平衡和协助督促完成考核目标的责任。

（三）体制补助（上解）基数。以2003年省核定的县体制补助或上解基数为基础，将2003年市对县的体制补助调整为市对省的定额上解基数，相应增加省对县的体制补助基数。

（四）税收返还。

1.“两税”（指消费税和增值税的75%，下同）和金融企业所得税返还基数，以2003年财政结算中各市核定的所属县2003年“两税”返还额和金融企业所得税返还额作为省对各县的返还基数，相应调整省对各市市本级的返还基数。“两税”增量按规定系数和各县的“两税”增长幅度计算返还。

2.所得税收入基数和返还基数。根据《安徽省人民政府关于进一步调整和完善所得税收入分享改革方案的通知》（皖政〔2003〕105号），所得税收入分享改革以后，所得税收入基数、返还基数由省财政直接核定到县。所得税收入完不成基数的，省财政直接扣减该县的基数返还额。

（五）转移支付。省对县的转移支付，按照公平、公正、科学、规范的办法，统一计算分配到县。

（六）财政结算。年终财政结算项目、结算数额，由省财政直接结算到县。市对县的各项补助、转移支付及资金往来扣款等，年终由省财政根据市财政有关文件分别与市、县财政办理结算。

（七）资金调度。省财政直接确定各县的资金留解比例。预算执行中的资金调度，由省财政直接拨付到县。

（八）专项资金补助。各县要求专项资金支持，直接向省直有关主管部门和省财政厅申报，但对按规定需市财政配套资金的项目，应经市财政审核同意后上报。省财政的专项补助资金，由省财政厅或省财政厅会同省直有关部门直接分配和下达到县，同时抄送市财政及有关部门。

（九）债务偿还。各县举借国际金融组织贷款、外国政府贷款、国债转贷资金和中央财政有偿资金等，由县财政直接向省财政承诺偿还，到期后由省财政直接对县进行结算扣款。

（十）市对县的补助。市对县的各项补助，继续由市财政直接下达到所属县，补助数额原则上应在2003年的基础上逐步增加。

（十一）工作部署及联系。省财政厅部署工作直接到县，各县财政工作中的有关情况和问题可直接向省财政厅及有关部门反映。

四、改革的有关要求

（一）统一认识，加强对改革的组织领导。实行省直管县财政体制，是省委、省政府作出的一项重要决策。各市、县人民政府和省直各有关部门要统一思想，适应改革要求，加强调查研究，抓好各项工作的衔接和落实，密切关注改革的进展情况，不断完善改革措施，及时解决改革过程中出现的问题。

（二）加强指导，确保改革顺利实施。省财政厅、省国税局、省地税局、中国人民银行合肥中心支行等有关部门，要尽快制定改革的配套办法。省财政厅要进一步强化对县财政工作的指导、支持、管理和监督，对部分县财政收支预算组织审查，充分掌握县级财政收支的真实状况，规范县级财政收支行为，促进县级财政依法组织收入，科学合理安排支出，保持收支平衡；进一步完善省对市和县财政收入目标考核办法，建立健全省对县级财政的激励和约束机制；加强资金调度，确保各县国家规定的工资和津补贴的正常发放；加快“金财工程”建设步伐，强化财政管理的技术手段，提高财政管理水平。同时，省财政厅要会同省编办和省人事厅，严格控制县、乡新增机构、编制和财政供给人员。

省财政对未实行省直管的县（区），要继续给予支持和帮助，并确保过去已明确的扶持政策、资金不因改革而受到影响。

（三）市财政要继续支持和帮助县级财政发展。各市要抓住改革机遇，加快自身发展。与此同时，对中央和省已经明确要求给予所属县区配套的专项资金，要按规定配套到位；要按照《安徽省人民政府转发国务院批转财政部关于完善省以下财政管理体制有关问题意见的通知》（皖政〔2003〕8号）要求，建立健全市对县的转移支付制度，进一步加大市对县的转移支付力度。市域范围内的重点项目建设及市里出台的减收增支政策，市财政要给予县相应的补助。继续履行对县级财政的业务指导、督促检查、报表汇总等职能。在实施改革过程中，妥善处理好市与县的债权债务关系，不得突击扣还县财政欠市财政的债务，不得将应属于县级收入范围的收入收归市级，不得将应属于市级支出范围的支出转嫁给县级，不得以任何名义、任何形式集中或变相集中所属县的财力和资金。否则，省财政厅将采取相应的措施予以纠正，并通报批评。

（四）各县要进一步加快发展。解决县级财政困难，基础在管理，根本靠发展。各县必须进一步转变理财思路，坚决克服“等、靠、要”的依赖思想，牢固树立自力更生、自我发展、自求平衡的意识，进一步深化改革，加快发展，壮大实力，加强管理，抓好增收节支，争取早日实现财政状况的根本好转。具体实施办法由省财政厅另行制定。

安徽省人民政府
关于全面推行乡镇财政管理体制改革的通知

皖政〔2004〕13号

2004年2月21日

各市、县人民政府,省政府各部门、各直属机构:

为规范和加强乡镇财政管理,进一步适应农村税费改革后乡镇政府职能转变的需要,2003年我省在部分县开展了以“乡财县管”为核心内容的乡镇财政管理方式改革试点。经过一年的实践,改革成效明显,达到了预期目标。为深化乡镇财政管理方式改革,省政府决定,从2004年起,在全省范围内全面实施乡镇财政管理方式改革。现将有关事项通知如下:

一、充分认识乡镇财政管理方式改革的重大意义

乡镇财政建立以来,对促进农村经济和各项社会事业发展,巩固和加强农村基层政权建设起到了重要的作用,为全省财政事业发展做出了积极贡献。随着我国社会主义市场经济建设的深入和财政体制改革的不断深化,乡镇财政的管理职能发生了很大变化,同时在运行过程中暴露出一些矛盾和问题,现行乡镇财政管理方式已不能适应建立公共财政体制和农村税费改革后新形势的需要。

为解决乡镇财政管理中的矛盾和问题,缓解乡镇财政困难,2003年,我省选择部分县开展以“乡财县管”为核心内容的乡镇财政管理方式改革试点,既调动了乡镇依法组织收入的积极性,规范和节约了乡镇支出,也堵塞了乡镇乱收费、乱开支和乱进人、乱举债的漏洞,控制了乡镇财政供给人员和债务的不合理增长,为彻底解决乡镇财政困难创造了经验。

2004年,在全省全面实行乡镇财政管理方式改革,是省委、省政府为深化农村税费改革、巩固农村税费改革成果,建立科学规范的公共财政管理体制,帮助乡镇财政尽快走出困境进而加快发展而做出的一项重要决策。各地、各有关部门要充分认识这项改革的重大意义,统一思想,加强领导,精心组织实施,确保改革顺利推进。

二、认真做好乡镇财政管理方式改革的各项工作

此次在全省全面推开乡镇财政管理方式改革,改革的基本原则、主要内容、配套措施和有关要求,仍然按照《安徽省人民政府办公厅转发省财政厅关于开展乡镇财政管理方式改革试点意见的通知》(皖政办〔2003〕29号)中有关规定执行。各地、各有关部门要精心组织实施,逐项加以落实,认真做好改革的各项工作。同时,注意抓好以下几项工作：

（一）认真开展乡镇账户、票据、财政供给人员和债权债务等四项清理工作。四项清理是实施乡镇财政管理方式改革的重要基础工作，关系到改革的成败。县、乡财政部门要全面清理乡镇银行账户、各类票据、财政供给人员及编制、债权债务，摸清乡镇家底，为全面实施改革做好准备。清理情况要逐一登记造册，并报县级财政部门审核。

（二）调整完善县乡财政管理体制。按照积极稳妥、简明规范和让利于乡镇的原则，进一步调整和完善县乡财政体制，加大对困难乡镇的扶持力度，充分考虑农村税费改革对乡镇财力的影响，从体制上保证乡镇工资发放和正常运转等基本支出需要，并保持县乡财政体制的相对稳定。正确处理好加强乡镇财政管理与调动乡镇积极性的关系，采取切实可行的激励措施，调动和保护好乡镇发展经济、培植财源和组织收入的积极性。对经济较为发达、财政收入规模较大、财政收入增长能够满足自身支出需要的乡镇，可不纳入改革范围，具体由县级人民政府确定，并报省、市财政部门备案。实行乡财县管以后，县财政不得截留、挪用或平调乡镇财政的资金。

（三）切实加强财政支出管理。根据乡镇收支规模和实际情况，各地要明确各乡镇财政支出范围、支出标准、审批程序等。按照“保工资、保运转、保重点”的原则，优先保证人员工资正常发放。分类制定公用经费定额，切实加强支出管理，严格控制会议、招待、小车、电话等费用开支，严禁搞劳民伤财的“形象工程”和“政绩工程”。对发展较快、财力较好的乡镇应在基本支出审批权限上赋予较大的自主权。

（四）合理调度资金，确保工资正常发放。确保工资正常发放是财政最基本的职能要求。各级政府及财政部门，要根据乡镇财政收入季节性较强的实际情况，千方百计筹措资金，加强资金调度，确保县、乡财政供给人员国家规定工资和津补贴的正常发放，保持社会稳定。

（五）严格控制财政供给人员和债务的不合理增长。认真贯彻落实《中共安徽省委办公厅、安徽省人民政府办公厅关于加强机构编制管理严格控制财政供给人员增长的通知》（厅〔2003〕37号）精神，县、乡新增财政供给人员一律报经省人事厅、省编办、省财政厅审批，否则财政不予供给。要采取有力措施，清理清退乡镇各类超编人员、不在编人员和自聘人员，净化财政供给范围。乡镇机构改革事业单位分流人员从2004年4月起财政停止供给。严格控制新增债务，制定防止新增债务和消化旧债的具体措施，财力较好的乡镇在保证基本支出后应安排一定资金用于偿还合理债务。

（六）进一步理顺乡镇财政所管理体制。乡镇财政所与农税所实行一个机构、两块牌子，保留少数人员管理乡镇预算和报账，其余人员主要转向农业税征管，加强农业税征管力量，并实行县财政局（农税局）对乡镇财政所（农税所）的垂直管理。

（七）积极推广应用微机网络技术。各地要适应乡镇财政管理方式改革的需要，合理调整县财政会计核算中心人员编制和岗位设置，开发应用乡财县管核算软件，逐步实现县财政会计核算中心与乡镇联网，乡镇支出网上申请和审核，提高财政管理水平和工作效率。

三、加强领导,确保乡镇财政管理方式改革顺利推进

乡镇财政管理方式改革工作由县政府统一领导,县财政部门具体负责组织实施。各地要切实加强领导,精心组织,周密安排,完善措施,严明纪律。各有关部门要密切配合,确保改革的顺利进行。要在广泛调研的基础上,借鉴试点县的改革经验,结合本县实际,认真研究制订改革方案,并报省、市财政部门备案。上半年各县要全部完成宣传发动、方案制定和清理清查工作,7月份开始全面实施乡镇财政管理方式改革。各县要密切跟踪改革运行情况,及时研究解决改革中出现的新情况、新问题,认真总结改革经验,不断完善改革措施。2003年已先行进行改革试点的县,2004年要重点抓配套、完善和提高,巩固改革成果。

各市人民政府及财政部门要加强对所属县改革工作的指导,负责组织实施本市改革工作,开展对县乡改革的督促检查,并帮助解决改革过程中遇到的困难和问题。省直有关部门和单位要从大局出发,发挥各自职能,积极参与和支持乡镇财政管理方式改革。年终,省财政厅要组织对各县改革情况进行检查和考核,并对先进单位予以表彰和奖励。

安徽省政府非税收入管理暂行办法

省政府令第184号

2005年6月24日

第一章 总 则

第一条 为了规范政府非税收入管理，加强政府宏观调控，促进经济和社会发展，根据有关法律、法规，结合本省实际，制定本办法。

第二条 本办法适用于本省政府非税收入的征收管理、预算管理、票据管理及监督检查。

第三条 本办法所称政府非税收入，是指各级国家机关、事业单位、社会团体及其他组织依据有关法律、法规和本办法规定，履行公共事务管理职能、利用国有资源或者国有资产、提供特定服务收取的税收以外的财政资金，包括：（一）行政事业性收费；（二）政府性基金；（三）国有资源和国有资产有偿使用收入；（四）国有资本经营收益；（五）彩票公益金；（六）罚没收入；（七）其他政府非税收入。国有资本经营收益的收缴管理，按照国家和省有关规定执行。

第四条 政府非税收入是财政收入的组成部分。地方各级人民政府应当加强对政府非税收入管理工作的领导，将政府非税收入纳入综合财政预算，实行收支两条线管理。

第五条 县级以上地方人民政府财政部门是政府非税收入管理的主管部门，其所属的政府非税收入管理机构负责政府非税收入征收管理的具体工作。审计、价格、监察、人民银行等部门按照各自的职责，做好政府非税收入的有关监督管理工作。

第二章 征收管理

第六条 政府非税收入按照下列规定收取：

（一）行政事业性收费依据法律、法规以及国务院、省人民政府或者省级以上人民政府财政、价格部门的规定收取；

（二）政府性基金依据法律、行政法规以及国务院或者国务院财政部门的规定收取；

（三）国有资源和国有资产有偿使用收入依据法律、法规以及国务院或者国务院财政部门、省人民政府的规定收取；

（四）彩票公益金依据国务院或者国务院财政部门规定的彩票资金分配比例收取；

（五）罚没收入依据《中华人民共和国行政处罚法》和其他有关法律、法规、规章的规定收取；

（六）其他政府非税收入依据法律、法规、规章和国务院、国务院财政部门或者省人民政府的有关规定收取。

第七条 法律、法规、规章规定了收取部门、单位（以下统称执收单位）的政府非税收入，由执收单位收取；执收单位根据法律、法规、规章的规定委托其他单位收取的，应当报本级人民政府财政部门备案。法律、法规、规章没有规定执收单位的政府非税收入，由政府非税收入管理机构直接收取；尚不具备直接收取条件的，政府非税收入管理机构可以委托有关单位收取。

第八条 执收单位或者政府非税收入管理机构应当向社会公布由本单位负责收取的政府非税收入项目及其依据、范围、对象和期限。委托其他单位收取政府非税收入的，委托单位应当将受委托单位和受委托收取政府非税收入的内容向社会公布。

第九条 执收单位或者政府非税收入管理机构应当依照本办法第六条的规定收取政府非税收入，不得多收、少收或者擅自缓收、减收、免收。缴款义务人确因特殊情况需要缓缴、减缴、免缴政府非税收入的，应当提出书面申请，经执收单位或者政府非税收入管理机构审核后，按照法定批准权限办理。

第十条 政府非税收入实行收缴分离制度。未经本级人民政府财政部门批准，执收单位不得当场收取政府非税收入现款，法律、法规、规章另有规定的除外。

第十一条 经县级以上地方人民政府财政部门会同中国人民银行当地分支机构确定，有代理收付款项业务的商业银行和信用合作社，均可作为政府非税收入的代收机构。代收机构按照前款规定确定后，由财政部门会同中国人民银行当地分支机构向社会公布。

第十二条 县级以上地方人民政府财政部门应当在代收机构开设政府非税收入汇缴结算账户，用于归集、记录、结算政府非税收入款项。执收单位不得开设政府非税收入账户或者过渡性账户。

第十三条 缴款义务人应当按照规定的时间、数额，到指定的代收机构将有关款项缴入政府非税收入汇缴结算账户。执收单位依法当场收取政府非税收入现款的，应当在规定时间内到代收机构将所收款项全额缴入政府非税收入汇缴结算账户。执收单位不得隐匿、转移、截留、坐支、挪用、私分政府非税收入款项，或者将政府非税收入款项存入政府非税收入汇缴结算账户以外的其他账户。政府非税收入收缴的具体办法，由省人民政府财政部门会同中国人民银行合肥中心支行制定。

第十四条 缴入政府非税收入汇缴结算账户的待结算资金，符合返还条件的，缴款义务人可以向执收单位或者政府非税收入管理机构提出返还申请，由执收单位或者政府非税收入管理机构签署意见，经本级人民政府财政部门审核确认后返还缴款义务人。经确认为误收、多收的政府非税收入，由执收单位或者政府非税收入管理机构提请本级人民政府财政部门直接退还缴款义务人。

第三章　预算管理

第十五条　地方各级人民政府应当按照预算管理的规定，统筹安排使用政府非税收入。政府非税收入有法定专项用途的，应当专款专用。

第十六条　政府非税收入管理机构应当将政府非税收入汇缴结算账户内的资金，按照收入级次和规定的科目类别定期划解国库或者财政专户，不得拖延、滞压、挪用。

第十七条　政府非税收入上下级分成比例，按照下列规定办理：

（一）涉及中央和省级分成的，分成比例按照国务院或者国务院财政部门的规定办理；

（二）涉及省级与市、县级分成的，分成比例按照省人民政府或者省人民政府财政部门的规定办理；

（三）涉及部门、单位之间分成的，分成比例按照本级人民政府财政部门的规定办理。

第十八条　上下级分成的政府非税收入，由政府非税收入管理机构按照本办法第十七条的规定，通过政府非税收入汇缴结算账户定期划解、结算，不得滞留、截留。执收单位不得以任何形式将政府非税收入资金直接缴付上级执收单位或者拨付下级执收单位。

第十九条　政府非税收入的管理经费，由本级人民政府财政部门核定，并纳入预算，统一安排。

第四章　票据管理

第二十条　省人民政府财政部门应当依照有关法律、法规的规定，制定政府非税收入票据管理的具体办法，统一印制和管理政府非税收入票据。

各级政府非税收入管理机构具体负责政府非税收入票据的保管、发放、使用、核销、检查等日常管理工作。

第二十一条　政府非税收入票据由省人民政府财政部门确定的印刷企业定点印制，其他任何单位和个人不得印制政府非税收入票据。

第二十二条　执收单位收取政府非税收入的，应当向缴款义务人出具省人民政府财政部门统一印制的政府非税收入票据；不出具省人民政府财政部门统一印制的政府非税收入票据的，缴款义务人有权拒绝缴款。

第二十三条　执收单位使用的政府非税收入票据，按照财务隶属关系向本级人民政府财政部门领购。执收单位应当建立健全政府非税收入票据领用、保管、缴销、审核等制度，保证政府非税收入票据安全。遗失政府非税收入票据的，应当及时报告本级人民政府财政部门，并公告作废。

第二十四条　禁止政府非税收入票据使用中的下列行为：

（一）转让、出借、代开政府非税收入票据；

（二）伪造或者擅自印制政府非税收入票据；

（三）使用非法票据或者不按照规定开具政府非税收入票据。

第五章　监督检查

第二十五条　县级以上地方人民政府应当加强对本级各部门、单位和下级人民政府执行政府非税收入管理法律、法规、规章的监督，依法处理政府非税收入管理中的重大问题。

第二十六条　县级以上地方人民政府财政部门应当加强对政府非税收入收取、使用、管理的日常监督和专项稽查，及时依法查处政府非税收入管理中的违法行为。执收单位应当如实提供账册、报表、票据等有关资料，如实反映情况，接受本级人民政府财政部门监督检查。

第二十七条　审计机关依法对政府非税收入的收取、使用、管理情况进行审计监督。

第二十八条　县级以上地方人民政府财政部门应当编制本级政府非税收入项目目录，向社会公布，接受社会监督。对违反政府非税收入管理的行为，任何单位或者个人均有权向县级以上地方人民政府财政、价格、审计、监察等部门举报、投诉。有关部门应当为举报、投诉者保密，并在20日内依法处理，书面答复举报、投诉者；有关部门认为举报、投诉事项不属于本部门职责的，应当先行受理，并自接到举报、投诉之日起3日内移送其他有关部门。前款规定的期限，法律、法规、规章另有规定的，从其规定。

第六章　法律责任

第二十九条　违反本办法，有下列行为之一的，由县级以上地方人民政府财政部门或者有关部门责令改正，有违法资金的，追缴违法资金。对直接负责的主管人员和其他直接责任人员，由县级以上地方人民政府监察机关或者任免机关按照人事管理权限，依法给予行政处分；构成犯罪的，依法追究刑事责任：

（一）违反规定设立政府非税收入项目或者擅自改变政府非税收入项目的范围、标准、对象和期限的；

（二）违反规定权限或者法定程序缓收、减收、免收政府非税收入的；

（三）开设政府非税收入账户或者过渡性账户，或者隐匿、转移、截留、坐支、挪用、私分政府非税收入款项，或者将政府非税收入款项存入政府非税收入汇缴结算账户以外的其他账户的；

（四）未按照规定实行政府非税收入收缴分离的；

（五）滞留、截留应当上缴或者下拨的政府非税收入资金的；

（六）违反规定将政府非税收入资金直接缴付上级执收单位或者拨付下级执收单位的；

（七）转让、出借、代开政府非税收入票据，或者使用非法票据，或者不按照规定开具政府非税收入票据的；

（八）违反规定发放、销毁政府非税收入票据，或者保管不善造成政府非税收入票据毁损、灭失的。

前款第（一）项行为所取得的款项，限期退还缴款人；无法退还的，收缴国库。

第三十条 违反本办法，伪造或者擅自印制政府非税收入票据的，由县级以上地方人民政府财政部门依照国务院《财政违法行为处罚处分条例》的规定给予处罚；构成犯罪的，依法追究刑事责任。

第三十一条 县级以上地方人民政府财政部门和其他有关部门工作人员在政府非税收入管理工作中，有下列行为之一的，由县级以上地方人民政府监察机关或者任免机关按照人事管理权限，依法给予行政处分；构成犯罪的，依法追究刑事责任：

（一）从政府非税收入管理工作中获取非法利益的；

（二）包庇或者纵容违反政府非税收入管理行为的；

（三）违法实施行政处罚，或者以行政处罚代替纠正违法行为的；

（四）对承办的举报、投诉事项拖延、推诿或者不依法处理的；

（五）违反管理职责的其他行为。

第七章 附 则

第三十二条 本省各级国家机关、事业单位、社会团体及其他组织派驻省外的机构收取的政府非税收入，按照本办法的规定管理。

第三十三条 本办法自2005年10月1日起施行。1996年6月20日安徽省人民政府发布的《安徽省预算外资金管理办法》同时废止。

安徽省预算审查监督条例

省十届人大五次会议修订

2007 年 1 月 28 日

第一章 总 则

第一条 为了加强对预算的审查监督,规范预算行为,确保预算的执行,保障经济和社会各项事业的健康发展,根据《中华人民共和国预算法》、《中华人民共和国各级人民代表大会常务委员会监督法》和有关法律、法规,结合本省实际,制定本条例。

第二条 本条例适用于本省县级以上各级人民代表大会及其常务委员会对预算的审查监督。

第三条 对预算的审查监督,应当按照真实、合法、效益和具有预测性的原则进行。经本级人民代表大会批准的预算,非经法定程序,不得改变。

第四条 县级以上各级人民代表大会(以下简称人民代表大会)审查本级总预算草案和本级总预算执行情况的报告;批准本级政府预算(以下简称本级预算)和本级预算执行情况的报告;改变或者撤销本级人民代表大会常务委员会关于预算、决算的不适当的决议;撤销本级人民政府关于预算、决算的不适当的决定和命令。县级以上各级人民代表大会常务委员会(以下简称常务委员会)监督本级总预算的执行;审查和批准本级预算调整方案;审查和批准本级政府决算(以下简称本级决算);撤销本级人民政府和下一级人民代表大会及其常务委员会关于预算、决算的不适当的决定、命令和决议。

第五条 省、设区的市的人民代表大会财政经济委员会或者常务委员会财经(预算)工作机构根据主任会议的决定,对本级人民政府提请人民代表大会及其常务委员会审查和批准的预算草案、预算执行情况、预算调整方案、决算草案进行初步审查(以下简称初审),承担常务委员会监督本级预算执行的具体工作。县、不设区的市、市辖区的人民代表大会常务委员会对本级预算草案进行初审。财经(预算)工作机构承担常务委员会预算草案初审和预算执行监督的有关具体工作;根据主任会议决定,可以对预算执行情况、预算调整方案、决算草案进行初审。

第六条 人民代表大会及其常务委员会可以采取听取和审议专项工作报告、规范性文件的备案审查、执法检查、特定问题调查等方式,对本级和下级政府预算、决算进行监督。

第七条 人民代表大会及其常务委员会举行会议时,代表或者常务委员会组成人员，依照法律规定程序就预算、决算中的有关问题提出询问或者质询，受询问或者质询的有关的人民政府或者部门、单位必须及时给予答复。

第八条 县级以上各级人民政府（以下简称各级人民政府）审计部门依法对本级预算执行情况和本级各部门、单位以及下级政府的预算执行、决算进行审计监督。

第九条 公民、法人或者其他组织对违反预算法律、法规的行为，有权向各级人民代表大会及其常务委员会或者其他有关国家机关进行检举、控告，任何单位和个人不得压制和打击报复。

第二章 预算的审查和批准

第十条 各级人民政府应当按照量入为出、收支平衡编制预算，坚持先有预算，后有支出，严格按预算支出的原则，细化预算编制。各级人民政府编制的本级预算草案应当包括一般预算草案和政府基金预算草案。预算科目一般列至款级，重要的列至项级。各部门、各单位应当按照综合预算方式编制部门预算和单位预算。

第十一条 各级人民政府财政部门应当及时向本级人民代表大会财政经济委员会或者常务委员会财经（预算）工作机构通报预算草案编制情况，并于本级人民代表大会会议举行的30日前提交本级预算草案的主要内容，并应当创造条件提交下列相关材料：

（一）一般预算收支表和政府性基金收支表；

（二）一级预算单位的部门预算；

（三）专项资金支出类别表；

（四）本级人民代表大会常务委员会指定的项目表。

前款各项材料均应当附有关说明。

第十二条 省、设区的市的人民代表大会财政经济委员会或者常务委员会财经（预算）工作机构应当在收到预算草案主要内容之日起15日内进行初审，提出初审意见，并反馈财政部门。财政部门应当在10日内将采纳初审意见的情况向财政经济委员会或者财经（预算）工作机构通报。县、不设区的市、市辖区人民代表大会常务委员会应当在收到预算草案主要内容之日起15日内进行初审，提出初审意见，并交本级人民政府。政府应当在10日内将采纳初审意见的情况向常务委员会报告。在预算初审过程中，初审机构可以就本级预算草案和部门预算编制情况提出询问和进行调查，有关部门应当予以配合。

第十三条 预算草案的初审内容：

（一）预算编制的指导思想、原则；

（二）预算收支平衡情况；

（三）预算收支规模与经济、社会发展实际相适应的情况；

（四）部门预算的编制情况；

（五）上一年度结余用于本年度安排的支出；

（六）上级返还或者补助的收入和返还或者补助下级的支出；

（七）上解上级的支出和下级上解的收入；

（八）预备费和预算周转金设置的合法性；

（九）编制程序的合法性；

（十）为实现预算拟采取的措施是否合法、可行；

（十一）需要初审的其他内容。

第十四条 各级人民政府应当在本级人民代表大会会议举行的7日前将预算草案正式文本送达本级人民代表大会常务委员会。预算草案正式文本应当包括本级预算草案和关于预算草案的报告、本级部门预算收支表及其他必要的资料。

第十五条 省、设区的市的人民代表大会常务委员会财经（预算）工作机构对预算草案的初审意见报本级人民代表大会常务委员会主任会议。县、不设区的市、市辖区的人民代表大会常务委员会对预算草案的初审意见提交本级人民代表大会设立的预算审查委员会。在人民代表大会会议期间，人民代表大会财政经济委员会或者预算审查委员会应当根据代表、各代表团和有关专门委员会的审议意见并结合初审意见，对预算草案进行审查，提出审查结果的报告。审查结果的报告经大会主席团通过后，印发全体代表。

审查结果的报告应当包括以下内容：

（一）对上一年度预算执行情况的评价；

（二）本年度预算安排合法性、合理性的情况；

（三）本级人民政府关于实现预算措施的合法性、可行性；

（四）关于本级预算草案的修改意见和实现预算的建议；

（五）其他应予报告的内容。

第十六条 人民代表大会批准预算的决议和财政经济委员会或者预算审查委员会的审查结果的报告，应当一并公布。

第十七条 各级人民政府的预算草案经本级人民代表大会批准后，财政部门应当自人民代表大会批准之日起30日内，批复本级各部门预算。各部门应当自财政部门批复本部门预算之日起15日内，批复所属各单位预算。

财政部门应当将预算的批复文件同时抄送本级人民代表大会财政经济委员会或者常务委员会财经（预算）工作机构。

第十八条 各级人民政府财政部门及其他预算部门、单位应当依照法律、法规和国务院财政部门的规定，及时、足额地拨付预算支出资金。

第十九条 各级人民政府应当在本级人民代表大会闭会后，及时将本级人民代表大会批准的本级预算以及下一级人民政府报送备案的预算汇总，报上一级人民政府备案。各级人民政府应当将下一级人民政府上报备案的预算汇总后，报本级人民代表大会常务委员会备案。各级人民政府对下一级人民政府报送备案的预算，认为同法律、法规相抵触或者不适当，需要撤销批准预算的决议的，应当提请本级人民代表大会常务委员会审议决定。

第三章　预算执行的监督

第二十条　预算执行的监督内容：

（一）执行人民代表大会决议、决定的情况；

（二）预算收支进度、平衡及资金入库、拨款进度情况；

（三）预算收入征收部门、单位依法征收各项税费和其他财政收入的情况；

（四）国库按规定收纳、划分、留解、拨付预算资金以及退库的情况；

（五）法定及重点支出项目资金执行情况；

（六）财政部门无预算、超预算拨款以及擅自进行预算科目之间资金调剂的情况；

（七）政府及其有关部门挪用预算资金的情况；

（八）政府及其财政部门违反规定对外提供财政担保、举借债务的情况；

（九）部门预算执行情况；

（十）预算超收收入的安排和使用情况；

（十一）上级财政补助资金的安排和使用情况、向下级财政转移支付情况；

（十二）常务委员会认为应当监督的其他事项。

第二十一条　预算执行过程中，需要动用超收收入追加支出的，财政部门应当及时向本级人民代表大会财政经济委员会或者常务委员会财经（预算）工作机构通报；各级人民政府应当向本级人民代表大会常务委员会作预计超收收入安排使用情况的报告。预算超收收入可以用于弥补必要的支出。

第二十二条　各部门、各单位的预算支出应当严格按照预算科目执行，确需进行预算科目之间资金调剂的，应当报本级人民政府财政部门批准。

第二十三条　在本级预算执行中，财政部门应当及时向本级人民代表大会财政经济委员会或者常务委员会财经（预算）工作机构通报预算收支变化情况。

第二十四条　在预算执行中，因上级人民政府返还或者给予补助而引起预算收支变化的，接受返还或者补助款项的人民政府应当每半年向本级人民代表大会常务委员会报告有关情况。

第二十五条　各级人民政府应当在每年 6 月至 9 月期间向本级人民代表大会常务委员会报告上半年本级总预算和本级预算执行情况，在下一年第一季度向人民代表大会报告上一年度本级总预算和本级预算执行情况。

政府财政部门应当每半年向本级人民代表大会财政经济委员会或者常务委员会财

经（预算）工作机构通报一次预算执行情况。

第二十六条 常务委员会组成人员对预算执行情况报告的审议意见交由本级人民政府研究处理。本级人民政府应当将研究处理情况向常务委员会提出书面报告。常务委员会听取的预算执行情况报告及审议意见,本级人民政府对审议意见研究处理情况或者执行决议情况的报告,向本级人民代表大会代表通报并向社会公布。

第二十七条 各级人民政府财政部门应当按月向本级人民代表大会财政经济委员会或者常务委员会财经（预算）工作机构报送预算收支报表和财政收支简况。各级人民政府有关部门应当及时向本级人民代表大会财政经济委员会或者常务委员会财经（预算）工作机构提供有关经济、财政、国库、金融、审计、税务等综合性统计报告、规章制度及有关资料。

第二十八条 在预算执行中,常务委员会可以要求本级人民政府责成审计部门进行专项审计,并报告审计结果。政府审计部门在日常审计中,对预算执行中的有关重要情况及发现的重大问题,应当向本级人民政府报告,并及时向本级人民代表大会财政经济委员会或者常务委员会财经（预算）工作机构通报。

第四章 预算调整的审查和批准

第二十九条 各级人民政府在本级预算执行中,确需对预算进行调整的,应当编制预算调整方案,列明调整预算的原因、项目、数额、措施及有关说明,提请本级人民代表大会常务委员会审查和批准。

第三十条 各级人民政府的预算调整方案一般应当于当年 10 月 31 日前提出,并在本级人民代表大会常务委员会举行会议的 30 日前,由本级人民政府财政部门将预算调整的初步方案送交本级人民代表大会财政经济委员会或者常务委员会财经（预算）工作机构。财政经济委员会或者财经（预算）工作机构应当在收到预算调整初步方案 15 日内,提出初审报告或者提出意见,并反馈本级人民政府财政部门。政府财政部门应当在 10 日内,将采纳意见的情况向本级人民代表大会财政经济委员会或者常务委员会财经（预算）工作机构通报。各级人民政府应当在本级人民代表大会常务委员会会议举行的 7 日前,将预算调整方案的正式文本送达本级人民代表大会常务委员会。

第三十一条 预算调整方案初审的重点内容:

（一）调整的理由和依据;

（二）调整的项目与数额;

（三）收支结构调整的合法性和合理性;

（四）收支平衡情况。

第三十二条 严格控制不同预算科目之间的资金调整。预算安排的农业、教育、科技、文化、卫生、社会保障等资金以及人民代表大会批准的预算决议中强调确保的其他预算资金预计需要调减的，各级人民政府应当提请常务委员会审查和批准。

第三十三条 常务委员会对本级人民政府的预算调整方案进行审查和批准。预算调整方案未经批准，本级人民政府不得调整预算。

各级人民政府应当根据常务委员会提出的审查意见对预算调整方案进行研究、修改，并向常务委员会报告。

第五章 决算的审查和批准

第三十四条 各级人民政府应当在每年6月至9月期间，向本级人民代表大会常务委员会提交上一年度本级决算草案和关于决算草案的报告，并同时报送上一年度本级预算执行和其他财政收支的审计工作报告。决算草案及其报告，必须真实、准确、完整地反映预算执行结果，不得隐瞒收入或者虚列支出。

第三十五条 决算草案应当按照本级人民代表大会批准的预算所列科目编制，按预算数、调整数或者变更数以及实际执行数分别列出，并作出说明。决算草案的报告应当载明以下内容：

（一）预算执行情况；

（二）实现或者未实现预算的主要原因；

（三）预算执行中存在的主要问题；

（四）对审计工作报告提出的问题及整改情况的说明；

（五）决算编制程序的执行情况；

（六）政府认为应当说明或者常务委员会要求说明的其他事项。

第三十六条 对本级决算草案，主要审查以下内容：

（一）遵守预算法和有关法律、法规的情况；

（二）本级人民代表大会关于批准预算的决议的执行情况；

（三）上级财政补助资金的安排和使用情况、向下级财政转移支付情况；

（四）预算年度内预算收支完成情况；

（五）法定及重点支出完成及收效情况；

（六）部门决算的情况；

（七）预算结余、结转情况。

第三十七条 各级人民政府财政部门应当在本级人民代表大会常务委员会会议举行的30日前，向本级人民代表大会财政经济委员会或者常务委员会财经（预算）工作机构通报本级决算草案编制情况，并同时提交本级决算草案及相关材料。财政经济委员会或者财经（预算）工作机构依照本条例对本级决算草案进行初审，并向主任会议提出初审意见。

第三十八条 各级人民政府审计部门应当在本级人民代表大会常务委员会会议举

行的30日前，向本级人民代表大会财政经济委员会或者常务委员会财经（预算）工作机构通报对本级预算执行和其他财政收支的审计结果，并提交处理违法问题的审计决定和有关材料。财政经济委员会或者财经（预算）工作机构在初审决算草案的同时，对本级预算执行和其他财政收支的审计工作报告进行初审，并向主任会议提出初审意见。

第三十九条　决算经审查和批准后，各级人民政府财政部门应当自批准之日起20日内向本级各部门批复决算，并将批复部门决算的文件抄送本级人民代表大会财政经济委员会或者常务委员会财经（预算）工作机构。

第四十条　各级人民政府应当自常务委员会批准本级决算之日起30日内，将本级决算及下一级人民政府上报备案的决算汇总，报上一级人民政府备案。上级人民政府对报送备案的决算认为同法律、法规相抵触或者不适当，需要撤销批准该项决算的决议的，应当提请本级人民代表大会常务委员会审议决定；经审议决定撤销的，该下级人民代表大会常务委员会应当责成本级人民政府依法重新编制决算草案，提请本级人民代表大会常务委员会审查和批准。

第四十一条　常务委员会组成人员对审计工作报告的审议意见交由本级人民政府研究处理。本级人民政府应当将研究处理情况向常务委员会提出书面报告。常务委员会认为必要时，可以对审计工作报告作出决议；本级人民政府应当在决议规定的期限内，将执行决议的情况向常务委员会报告。常务委员会听取的审计工作报告及审议意见，本级人民政府对审议意见研究处理情况或者执行决议情况的报告，向本级人民代表大会代表通报并向社会公布。

第六章　法律责任

第四十二条　违反本条例规定，有下列行为之一的，常务委员会应当责成本级人民政府予以纠正。有关政府应当予以纠正，并依法追究直接责任人员和其他责任人员的行政责任；构成犯罪的，依法追究刑事责任：

（一）挪用预算资金的；

（二）不依法征收或者上缴预算收入的；

（三）将应当纳入综合预算管理的非税收入不纳入综合预算管理，或者不按规定管理使用非税收入的；

（四）擅自动用国库库款或者擅自以其他方式支配已入库的库款的；

（五）未经批准，擅自进行预算科目之间资金调剂的。

第四十三条　有关机关或者工作人员有下列行为之一的，常务委员会应当追究其责任：

（一）故意隐瞒事实或者虚列收入、支出，造成预算、决算失实的；

（二）不按规定程序、时限和内容报送或者提交预算草案、决算草案、预算调整方案、审计工作报告以及相关资料的；

（三）违反人民代表大会及其常务委员会关于预算、决算、预算调整的决议或者决定的；

（四）未经法定程序调整预算的；

（五）对常务委员会审议的审计工作报告提出的问题不及时纠正的；

（六）其他妨碍常务委员会预算审查监督工作的。

有前款所列行为之一的，常务委员会应当根据不同情况作如下处理：

（一）对有关机关或者个人进行通报批评；

（二）责成有关机关或者人员向常务委员会作出书面检查；

（三）责成有关机关、单位对责任人员给予行政处分；

（四）造成严重后果的，属于常务委员会任命的国家机关工作人员依法决定撤职。

第七章　附则

第四十四条　乡、民族乡、镇的人民代表大会可以设立预算审查小组（非常设机构），承担预算草案、预算执行情况、预算调整方案、决算草案审查的具体工作。预算审查小组由乡、民族乡、镇的人民代表大会主席、副主席和若干名代表组成。乡、民族乡、镇的人民代表大会开展预算审查监督参照本条例的有关规定执行。

第四十五条　本条例由省人民代表大会常务委员会负责解释。

第四十六条　本条例自 2007 年 3 月 1 日起施行。

中共安徽省委 安徽省人民政府
关于全面推进农村综合改革试点的意见

皖发〔2007〕8号

2007年3月4日

2005年以来,我省在部分县(市、区)开展农村综合改革试点,取得了明显成效。为贯彻落实《国务院关于做好农村综合改革工作有关问题的通知》(国发〔2006〕34号)精神,巩固扩大农村税费改革成果,积极发展现代农业,扎实推进社会主义新农村建设,构建社会主义和谐社会,省委、省政府决定从2007年开始,在全省全面推进农村综合改革试点。现提出如下意见:

一、全面推进农村综合改革的重大意义、指导思想和基本原则

我省在取得农村税费改革历史性重大成效之后,以农业税的取消为标志,全省农村改革进入了一个新的阶段,即以深化三项改革(乡镇机构、农村义务教育和县乡财政管理体制改革),建立农村工作新机制为主要内容的综合改革阶段。全面推进农村综合改革,建立农村工作新机制,是巩固扩大农村税费改革成果,从根本上解决农民负担问题的必然要求;是密切党群、干群关系,巩固党在农村的执政基础的重大举措;是进一步解放和发展农村生产力,促进农村生产关系调整和上层建筑变革,完善体制机制的紧迫任务;是树立和落实科学发展观,推进社会主义新农村建设,构建社会主义和谐社会的重要内容,具有重大而深远的意义。

全面推进农村综合改革的指导思想是:以邓小平理论和"三个代表"重要思想为指导,全面落实科学发展观,深入贯彻党的十六届六中全会、全国农村综合改革工作会议和中央农村工作会议精神,坚持以解放和发展农村生产力为主线,围绕发展现代农业、建设社会主义新农村的要求,着力推进乡镇机构、农村义务教育和县乡财政管理体制等改革,建立服务优先、依法行政、上下协调、廉洁高效的农村工作新机制,使农村基层组织更加充满活力,为"三农"服务更加落实,农民群众更加满意,农村基层政权更加巩固,为推进社会主义新农村建设提供强大动力。"十一五"期间,全面完成乡镇机构、农村义务教育、县乡财政管理体制改革任务,基本建立农村基层工作新机制。

农村综合改革试点工作要遵循以下基本原则:

1. 鼓励开拓创新。保护创新热情,鼓励创新实践,完善创新机制,宽容创新挫折。充分发挥群众和基层的首创精神,支持各地大胆探索、实践。鼓励各地因地制宜,允许不同改革模式并存。先行试点的地方可以继续完善原定的改革办法。

2. 坚持服务为先。适应新形势新任务的要求，把服务于发展现代农业、建设社会主义新农村作为改革的出发点和落脚点，切实加强农村基层组织建设，着力提高和改进农村基层干部的素质、能力和作风。

3. 做到“三个确保”。确保农民负担不反弹，确保乡镇机构编制人员只减不增，确保农村经济发展和社会稳定。

4. 稳步扎实要推进。坚持社会主义市场经济的改革方向，努力提高改革决策的科学性、民主性和改革措施的协调性，精心操作，有序推进，正确处理好改革发展稳定的关系，确保改革试点取得实效。

二、农村综合改革试点的工作重点

（一）切实转变乡镇政府职能。乡镇政府要重点履行好以下职能：稳定农村基本经营制度，维护农民的主体地位和权益，组织农村基础设施建设，完善农业社会化服务体系，推进现代农业建设；加快农村社会事业发展，为农民提供更多的公共服务；加强社会管理，开展农村扶贫和社会救助，化解农村社会矛盾，保持农村社会稳定；推动农村民主政治建设和村民自治，提高农民的民主法制意识。

调整和完善乡镇政府经济管理职能。乡镇经济工作重心要转移到加强政策引导、制定发展规划、服务市场主体和营造发展环境上来，努力培育和发展农村先进生产力，发展现代农业，做好农村富余劳动力转移就业工作，促进农民收入较快增长。

建设服务型政府，强化社会管理和公共服务职能。健全以政府投入为主的公共服务经费保障机制，加快农村教育、科技、卫生和文化等事业的发展，切实做好计划生育工作。加强农村公益性基础设施建设和管理，努力改善农村生产、生活条件。建立重大灾情、疫情等公共突发事件预防和应急机制。积极开展农村扶贫和社会救助，加强农村社会治安综合治理，促进农村社会稳定和谐。积极推进农村社区建设，完善村民自治，实现政府行政管理和社区自我管理有效衔接、政府依法行政和村民依法自治良性互动。

理顺县乡、条块关系。凡属县级可以完成的行政事务，必须实行以县为主、乡镇协助体制。凡已规定由县级政府部门承担的责任，不能转给乡镇政府。上级有关部门需要乡镇协助完成的工作，要赋予乡镇办事权限，并提供必要的经费保障。严格控制上级部门向乡镇派驻机构。上级部门派驻乡镇的机构要服从服务于乡镇工作大局，其工作绩效考核实行县乡结合、以乡镇为主。各地、各有关部门要对在乡镇一级开展的各种考核评比进行全面清理，坚决取消各种不切实际的达标升级和检查评比验收活动，严格控制对乡镇领导干部的“一票否决”事项。加强农村基层党组织和基层政权建设，加大对农村基层组织阵地建设的投入。

建立政情民意互动制度。拓宽政情民意互动渠道，搭建形式多样的沟通平台，宣传政策，公布政情，沟通情况，畅通民意，接受群众监督，促进决策民主化和科学化，逐步把群众利益诉求纳入制度化、规范化、法制化的轨道。

（二）进一步深化乡镇机构改革。坚持转变职能、权责一致、强化服务、改进管理、提高效能的原则，进一步深化乡镇机构改革，优化机构设置，精简机构人员，提高行政效率，建立行为规范、运转协调、公开透明、廉洁高效的农村基层管理体制和运行机制。

深化乡镇党政机构改革。综合设置乡镇党政机构，一般应控制在3~4个以内。严格控制领导职数，乡镇领导职数一般控制在5~9名，实行党政领导交叉任职，提倡乡镇党委书记和乡镇长一人兼。全面推行岗位目标责任制。

深化乡镇事业单位改革。推行政事分开，实行公益性职能和经营性职能分开，大力整合乡镇事业站所。原乡镇事业站所承担的行政管理职能收归乡镇政府承担，原乡镇事业站所受委托承担的行政执法职能原则上划县直有关主管部门，也可保留在乡镇公益性事业单位。综合设置精干高效的公益性事业单位，经费主要由财政保障。经营性服务单位实行市场化运作。按照国家规定加快建立乡镇事业单位人员社会保障制度。乡镇不再保留和设立自收自支事业单位。

加强机构编制管理。建立编制、组织、人事、财政等部门间的协调机制，乡镇行政编制和事业编制由省重新核定控制数，实行总量控制。全面推行乡镇人员编制实名制管理，严把乡镇机构进人关，在5年内乡镇机构编制和财政供养人员数量只减不增。

深化干部人事制度改革。坚持“公开、平等、竞争、择优”的原则，在乡镇党政机关、事业单位普遍实行竞争（竞聘）上岗和“凡进必考”制度。关心爱护乡镇干部，妥善安置分流人员。农村税费改革中省里实行的乡镇机构改革分流人员安置政策，继续适用于此次改革试点。

积极稳妥地推进乡村区划的合理调整。全省乡村规模原则上可定为：平原地区乡镇5万人以上，行政村0.4万人以上；丘陵地区乡镇3万人以上，行政村0.3万人以上；山区乡镇1.5万人以上，行政村0.15万人以上。平原、丘陵、山区县城人口分别为10万、8万和5万人以上，中心镇人口分别达到7万、5万和2万人以上。乡村区划调整要同社会主义新农村建设规划结合起来，现有规模超过上述标准的不必划小。

各有关部门要积极支持乡镇机构改革工作，不得以机构“上下对口”、项目安排、资金分配、年终考核等手段干预乡镇机构设置和人员配备。鼓励各地积极开展县级行政管理体制改革，根据实际需要科学合理设置机构，压缩编制，精简人员，为乡镇机构改革提供有利条件。

（三）深化农村义务教育管理体制改革。全面贯彻党的教育方针，深化农村教育改革，坚持公共教育资源向农村倾斜，逐步缩小城乡教育发展差距，推动公共教育协调发展。

全面推进农村义务教育经费保障机制改革。建立和完善政府投入办学、各级责任明确、财政分级负担、经费稳定增长的农村义务教育经费保障机制。各级政府要强化对义务教育的保障责任，确保农村义务教育经费的正常投入。不准减少本级政府对农村义务教育应承担的经费投入；不准挪用学校公用经费发放教师津贴；不准乱收费加重学生的经济负担。县级人民政府在财政预算中要将义务教育经费单列并纳入财政预算。

对农村中小学的教育经费实行县级集中管理。县级财政用于实施义务教育财政拨款的增长比例应当高于财政经常性收入的增长比例。从2007年起，全部免除农村义务教育阶段学生学杂费，继续对贫困家庭学生免费提供教科书并补助寄宿生生活费。

加快教育体制改革和机制创新。县级机构编制部门要严格中小学教职工的编制管理，实行总量控制、动态管理。县级教育行政部门在核定的编制总额内，具体分配农村中小学教职工编制，均衡配置本行政区域内学校师资力量。全面实施教师资格准入制度，创新教师补充机制，坚决清退不合格和超编教职工，全面建立教职工聘用和考核制度，切实提高教职工综合素质，建立教育教学质量监测考评制度。对教师编制缺额严重的县（市、区），结合县乡机构改革和促进高校毕业生就业工作，由县级教育部门根据国家和省的相关规定，面向社会，统一招聘（选聘）。

加快教育部门自身改革，创新教育管理体制和机制。教育主管部门要进一步转变职能，改进作风，改善管理，强化服务，不断提高教育管理水平。要进一步改进和完善教育督导制度，坚持以人为本，尊重教育教学规律，为教育教学服务，使督导制度更加科学全面，并将督导工作重点逐步转到提高教育质量和办学水平上来。

合理配置城乡教育资源。加强薄弱学校建设，积极做好城镇支援农村，强校支援弱校工作，促进教育均衡发展。建立健全城镇教师、大学毕业生到农村支教制度和特设教师岗位制度。加快危房改造步伐，除利用国家开发银行贷款和争取中央补助外，其余资金全部由省财政统筹解决，用2年时间全面完成现存农村中小学D级危房改造任务。全面实施农村远程教育工程。合理调整农村教育布局，严禁超标准建设和搞不切实际的各种达标升级活动，提高教育资源利用效率。

（四）完善县乡财政管理体制改革。继续推进和完善“省直管县”财政管理体制改革和“乡财县管乡用”财政管理方式改革。

加快建立覆盖农村的公共财政制度。调整财政支出结构，不断增加对农业和农村的投入，特别要加大财政在农村教育、卫生、文化、就业服务、社会保障、生态环境、公共基础设施、社会治安等方面的投入。财政新增教育、卫生、文化等事业经费和固定资产投资增量主要用于农村，逐步加大政府土地出让金用于农村的比重。进一步扩大新型农村合作医疗试点，建立健全农村医疗救助制度，逐步改善农村医疗卫生条件。加强公益性文化设施建设，加快建立覆盖农村的公共文化服务体系。建立农村最低生活保障制度，有条件的地方先行探索建立多种形式的农村养老保险制度。完善农村五保户供养和灾民救助制度。

明确划分县乡财政收入范围。按照便于征管的原则，将适合乡镇征管的收入全部留给乡镇，合理确定乡镇财政收入基数，充分调动乡镇加快发展、增收节支的积极性。

合理界定县乡政府支出责任。乡镇政府主要承担乡镇财政供给人员经费，乡镇财政供给单位正常运转经费，以及乡镇社会事业发展支出。农村中小学人员和公用经费、乡镇卫生院补助经费等按有关政策规定列入县级财政支出范围。对于财力确实难以保障基本支出需要的乡镇,县级财政对缺口部分要从体制上予以补助,建立乡镇财力与其承担的支出责任相匹配的财政体制。乡镇财政供给人员工资全部上收县级财政统一标准、统一时间发放。落实和完善财政对村级的补助制度,逐步探索建立村干部社会养老保险制度。

着力解决县乡财政困难。加大对县乡的一般性转移支付力度,县对乡镇转移支付规模要随县级财力增长而逐步增加,对政策性因素或自然灾害影响乡镇预算执行的,县级财政要在财力上予以补助,增强乡镇财政保障能力。规范专项补助。各级财政给基层的转移支付和补助要坚决落实到位,不能把基本支出缺口留给乡镇一级。

建立对农村"一事一议"公益事业财政奖补政策,逐步形成以政府投入为引导、农民积极筹资投劳、社会力量广泛参与的多元化投入体系。积极开展农村公益事业产权制度改革试点。

(五)建立健全农村基本公共服务体系。创新公共服务体制,改进公共服务方式,提高公共服务质量,逐步建立健全政府扶持和市场引导相结合、多元化的农村基本公共服务体系。

完善为民服务全程代理制。建立和完善以乡镇政务服务中心为龙头,县、乡、村三级联动的为民服务全程代理网络。对农民需要办理的事项,要简化办事程序,创新管理制度,采取统一受理、分类承办、上下联动、限时办结的方式,实行一个中心对外、一个窗口受理、一条龙服务,为群众和基层提供方便快捷优质服务。乡镇不单设为民服务机构,不新建为民服务场所,不新增机构、编制和人员,不准搞强迫代理。

改革和加强基层农业技术推广体系建设。县级农技推广机构实行综合设置,在乡镇或跨乡镇设置区域站,或派出农技人员。畜牧兽医机构按照《安徽省人民政府关于推进兽医管理体制改革的实施意见》设置。农村经营管理系统不再列入基层农技推广体系,农村土地承包管理、农民负担监督管理、农村集体资产财务管理等行政职能列入政府职责。确保在一线工作的农技人员不低于全县农技人员总编制的三分之二,专业农技人员的比例不低于80%,并保持各专业人员之间的合理比例。公益性农技推广机构人员编制不得与经营性服务人员混岗混编。各级财政对公益性推广机构履行职能所需经费要给予保证,并纳入财政预算。

积极探索农村公共服务的有效实现形式。积极推进水利等涉农部门管理机制和经费保障机制改革,增强其为"三农"服务能力,提高服务效率。逐步推行和规范政府"花钱买服务"、"以钱养事"等可行办法,支持专业合作经济组织、农产品行业协会等社会组织参与公共服务,其他有利于为农民提供公共服务的形式,也都可以进行尝试。

(六)强化改革配套措施。认真实施体现科学发展观要求的综合考核评价办法。建立与乡镇组织新职能相适应的工作考核评价体系,突出对发展现代农业、推进新农村建设和构建和谐社会的绩效进行考核,将农民和服务对象的评价作为重要的考核依据。积极整合财政支农资金。坚持以县级为主,以现代农业和新农村建设的各项规划为依据，以主导产业、优势区域和重点项目为平台，以切实提高支农资金使用整体效益为目的，积极开展支农资金整合试点。支农资金的整合，由财政部门牵头，建立支农投资规划、计划衔接和部门信息沟通工作机制。加强对支农资金的监管，确保资金使用安全。

稳妥开展乡村债务清理化解工作，制止新债发生。各地要积极探索化解乡村债务的有效办法，积累经验，逐步推开。要牢固树立控制新债、化解债务也是政绩的观念，健全和落实对县乡领导干部控制和化解乡村债务工作的考核制度。全面清理核实乡村债务，彻底摸清债务底数，建立完整齐全的债务管理档案和台账，锁定旧债。在此基础上，分清债务结构，明确债务责任，综合运用经济、法律、行政等手段，区别情况，分类处理，逐步化解。结合实际情况确定化解债务的优先顺序，注意优先化解与农民利益直接相关、基层矛盾比较集中的农村义务教育、基础设施建设和社会公益事业发展等方面的债务。认真落实我省关于豁免农业税尾欠的政策，妥善解决乡村干部个人垫付农业税问题。省、市要安排一定奖励资金，鼓励基层主动化解乡村债务。严格执行制止新债的各项制度，加大监督检查力度，严肃查处违反规定发生新债的各种行为。特别是在新农村建设中，决不允许盲目举债搞建设。

建立健全农民负担监管机制。坚持标本兼治，强化约束机制，推进基层民主监督，健全法制保障，做到预防与查处相结合。继续坚持减轻农民负担工作政府主要领导负责制和“谁主管、谁负责”的部门责任制。严格规范涉及农民负担的行政事业性收费、罚款等管理，加强对涉及农民负担文件出台、项目公示的审核。有关部门要加强对村民“一事一议”筹资筹劳、向专业合作经济组织收费、财政对农民补贴补偿和对村级补助资金等事项的监管。加强对村级组织收费的监管，严禁政府部门或单位委托村级组织向农民收取税费，严禁将部门或单位经费缺口转嫁给村级组织，严禁村级组织擅自设立项目向农民收费，或采用押金、违约金、罚款等不合法方式约束村民、管理村务。加强村级财务管理，健全民主理财，加强审计监督，促进村级财务监管工作经常化、规范化和制度化。

三、加强对农村综合改革试点工作的领导

（一）加强组织领导。各地、各部门一定要从全局和战略的高度，充分认识推进农村综合改革试点的紧迫性、艰巨性和长期性，坚持正确的改革方向，统一思想，坚定信心，摆上位置，加强领导。各级党委、政府要把农村综合改革工作列入重要议事日程，主要领导亲自抓、负总责。要加强组织协调，对各项改革措施做到周密部署，细致安排，充分发动干部群众参与改革，调动一切积极因素支持改革，坚定不移地通过深化改革破除各种障碍。按照上下统一的要求，建立健全统一、协调、高规格的农村综合改革领导机构和办事机构，赋予相应的工作职能，充实力量，配备专职人员，为改革提供坚强的组织保障。省财政将安排一定资金，对各地推进农村综合改革给予奖励补助。

（二）认真制订方案。各地要在吃透中央和省里精神的基础上，全面开展调查研究，广泛听取广大干部群众的意见，借鉴其他地方的经验，抓住制约农村经济社会发展的突出矛盾和问题，找准改革的突破口和切入点，使改革方案科学合理符合实际，具有较强的针对性和实效性。各市、县（市、部分区）都要制定改革试点方案，并报省农村综合改革领导小组备案。其中，县（市、部分区）方案由市级批准。

（三）形成改革合力。各级党委、政府的有关工作部门要服从、服务于农村综合改革大局，认真履行自己的职责，积极支持和配合搞好改革试点工作。省直有关部门要抓紧制定具体的改革实施意见。要把农村综合改革试点与新农村建设紧密结合起来，统筹兼顾，协调推进，并注意做好农村综合改革与其他改革政策之间的配套衔接工作。要妥善化解改革中的各种矛盾，营造良好的改革环境。已经先行试点的县（市、区）要继续完善各项改革措施，巩固和扩大改革成果，为全省提供更多有益的经验。

（四）严肃改革纪律。加强对改革试点的党纪监督、行政监督和社会舆论监督。严禁从局部利益或部门利益出发阻碍改革，严禁阳奉阴违、弄虚作假、做表面文章。对在改革试点中不顾大局、违反纪律、以权谋私的单位和个人，要给予党纪、政纪处分，触犯法律的要依法处理。

安徽省省属企业国有资本收益收取管理暂行办法

财资〔2008〕892号

2008年8月19日经省政府同意，省财政厅、省国资委印发

第一章 总则

第一条 为建立国有资本经营预算制度，规范国家与企业的分配关系，加强省属企业国有资本收益的管理，依据《公司法》、《预算法》和《安徽省人民政府关于试行国有资本经营预算的意见》（皖政〔2007〕126号）等规定，制定本办法。

第二条 本办法试行范围为省人民政府及其部门、机构履行出资人职责的一级企业。具体包括省国资委和省直其他有国有企业监管职能的部门、单位（以下统称省级预算单位）分别所监管（或所属）的企业（以下简称省属企业）。

第三条 本办法所称国有资本收益，是指国家以所有者身份依法取得的国有资本经营收益，具体包括：

（一）应交利润，即国有独资企业按规定应当上交国家的税后利润；

（二）国有股股利（股息），即国有控股、参股企业国有股权获得的股利（股息）收入；

（三）国有产（股）权转让收入，即转让国有产权、股权获得的收入（扣除转让费用）；

（四）企业清算收入，即国有独资企业清算收入（扣除清算费用），国有控股、参股企业国有股权分享的清算收入（扣除清算费用）；

（五）其他国有资本收益。

第四条 省属企业国有资本收益应当按规定直接上交省财政，纳入省本级国有资本经营预算收入管理。国家及省对省属企业国有资本收益另有规定的，从其规定。

第五条 省属企业国有资本收益由省财政厅负责收取；省级预算单位分别负责组织所监管（或所属）企业上交国有资本收益。

第二章 省属企业国有资本收益的申报与核定

第六条 省属企业上交国有资本收益应当按规定申报，具体申报时间如下：

（一）应交利润，在年度结束后5个月内，由省属企业一次申报；

（二）国有股股利（股息），在股东会或股东大会（没有设立股东会或者股东大会的为董事会，下同）表决日后30日内，由国有控股、参股企业据实申报；

（三）国有产（股）权转让收入，在签订产（股）权转让合同或协议后30个工作日内，

由省属企业或者省级预算单位授权的机构据实申报；

（四）企业清算收入，在清算组或者管理人编制剩余财产分配方案后30个工作日内，由清算组或者管理人据实申报；

（五）其他国有资本收益，在收益确定后30个工作日内，由有关单位申报。

第七条 省属企业应当如实填报《省属企业国有资本收益申报表》，并区别以下情况提交相关资料：

（一）申报应交利润，附送年度财务报表和中国注册会计师出具的审计报告；

（二）申报国有股股利（股息），附送股东会或股东大会的决议文件；

（三）申报国有产（股）权转让收入，附送产（股）权转让合同或协议和资产评估报告及核准或备案文件；

（四）申报企业清算收入，附送企业清算报告和中国注册会计师出具的审计报告；

（五）申报其他国有资本收益，附送有关经济事项发生和金额确认的资料。

第八条 省属企业在向省级预算单位申报上交国有资本收益的同时，应将《省属企业国有资本收益申报表》及相关材料报送省财政厅。

第九条 国有独资企业拥有全资、控股子企业的，应当由国有独资企业以年度合并财务报表反映的“归属母公司所有者的净利润”（未编制合并报表的，为“净利润”，下同）为基础申报。

省属企业在计算应交利润的年度净利润时，可以抵扣以前年度未弥补亏损。

第十条 国有独资企业上交年度净利润的比例，区别不同行业，分以下二类执行：

（一）第一类为10%；

（二）第二类为5%。

省属金融企业和文化企业在试行期间暂不上交。

第十一条 国有控股、参股企业应付国有股股利（股息），按照股东会或者股东大会决议通过的利润分配方案执行。

国有控股、参股企业应当依法分配年度净利润。当年不予分配的，应当说明暂不分配的理由和依据，并出具股东会或者股东大会的决议。

第十二条 省属企业上交国有资本收益区别以下情况核定：

（一）应交利润，根据经中国注册会计师审计的企业年度合并财务报表反映的“归属母公司所有者的净利润”和规定的上交比例计算核定。

（二）国有股股利（股息），根据国有控股、参股企业关于利润分配的决议核定。

（三）国有产（股）权转让收入，根据企业产（股）权转让合同或协议和资产评估报告及核准或备案文件等资料核定。

（四）企业清算收入，根据清算组或者管理人提交的企业清算报告核定。

（五）其他国有资本收益，根据有关经济行为的财务会计资料核定。

第十三条 省属企业由于政策等原因发生重大调整，或者由于遭受重大自然灾害等不可抗力因素造成巨大损失，需要减免应交利润的，应当向省财政厅、省级预算单位提出申请，由省财政厅同省级预算单位报省政府批准后，将减免的应交利润直接转增国家资本或者国有资本公积。

第三章　省属企业国有资本收益的上交

第十四条　省属企业国有资本收益上交，使用《政府收支分类科目》中“国有资本经营收入”款级科目中相应的项级科目。

第十五条　省属企业国有资本收益上交，按照以下程序执行：

（一）省级预算单位在收到所监管（或所属）企业上报的《省属企业国有资本收益申报表》及相关材料后15个工作日内，提出审核意见，报送省财政厅；

（二）省财政厅在收到省级预算单位的审核意见后15个工作日内完成复核工作；

（三）省级预算单位根据省财政厅的复核结果，向所监管（或所属）企业下达收益上交通知。省财政厅直接向省属企业开具“安徽省政府非税收入一般缴款书”；

（四）省属企业凭省级预算单位下达的国有资本收益上交通知和省财政厅开具的“安徽省政府非税收入一般缴款书”在规定期限内办理国有资本收益缴款手续，将应交款项及时交入省政府非税收入汇缴结算户。

第十六条　对已缴入省政府非税收入汇缴结算户的国有资本收益由省非税收入征收管理机构按照收入级次和规定的科目类别定期直接划解省国库，纳入国库管理。

第十七条　省属企业当年应交利润应当在申报日后5个月内交清。

第十八条　省属企业应当按时上交国有资本收益。对省属企业欠交国有资本收益的情况，省财政厅、省级预算单位应及时查明原因，采取措施予以催交。

第十九条　省财政厅会同省级预算单位对省属企业国有资本收益上交情况进行监督检查。

第四章　附则

第二十条　本办法由省财政厅、省国资委负责解释。

第二十一条　本办法自下发之日起执行。

安徽省行政事业单位国有资产管理暂行办法

省政府令第 214 号

2008 年 10 月 31 日

第一章 总 则

第一条 为规范行政事业单位国有资产管理,合理配置国有资产,提高国有资产使用效益,维护国有资产的安全和完整,根据国家有关规定,结合本省实际,制定本办法。

第二条 本办法适用于本省各级党的机关、人大机关、行政机关、政协机关、审判机关、检察机关、各民主党派机关(以下统称行政单位)和各级各类事业单位的国有资产管理活动。

第三条 本办法所称行政事业单位国有资产,是指由各级行政事业单位占有、使用的,依法确认为国家所有的资产,表现形式为固定资产、流动资产和无形资产,具体包括:

(一)行政事业单位使用财政性资金形成的资产;

(二)国家调拨给行政事业单位的资产;

(三)行政事业单位按照国家规定组织收入形成的资产;

(四)接受捐赠等依法确认为国家所有的资产。

第四条 行政事业单位国有资产管理实行国家统一所有,政府分级监管,单位占有、使用的管理体制,并遵循下列原则:

(一)资产管理与预算管理相结合;

(二)资产管理与财务管理相结合;

(三)实物管理与价值管理相结合。

第五条 县级以上地方人民政府应当加强对行政事业单位国有资产管理工作的领导,协调解决行政事业单位国有资产管理工作中的重大问题。

第六条 县级以上地方人民政府财政部门负责对本级行政事业单位国有资产实施综合监督管理。

行政事业单位负责对本单位占有、使用的国有资产实施具体管理,并负责对所属单位的国有资产实施监督管理。

第二章　资产配置

第七条　行政事业单位国有资产配置，应当执行有关法律、法规和规章制度，并遵循下列原则：

（一）与行政事业单位履行职能的需要相适应；

（二）科学、合理优化资产结构；

（三）调剂、租赁、购置相结合。

第八条　行政事业单位国有资产配置，应当符合规定的配置标准；对没有规定配置标准的，应当从实际需要出发，从严控制，合理配置。

财政部门对要求配置的资产，能通过调剂、租赁解决的，不得重新购置。

行政事业单位国有资产配置标准，由县级以上地方人民政府财政部门会同有关部门根据国家有关规定和本级财力状况等制定。

第九条　行政事业单位国有资产配置按照下列程序报批：

（一）在年度部门预算编制前，行政事业单位应当根据存量资产的质量、结构和分布情况，依照本级资产配置标准提出下一年度拟购置资产的品目、型号、主要性能指标和数量，测算经费额度，报本级人民政府财政部门审批；有主管部门的事业单位及实行垂直管理的行政单位报主管部门审核同意后，由主管部门报本级人民政府财政部门审批；

（二）财政部门根据本级资产配置原则、配置标准和行政事业单位资产存量状况进行审批；

（三）经财政部门批准后，行政事业单位应当将资产购置项目列入年度部门预算，并在上报年度部门预算时附送批复文件等相关材料，作为财政部门审批部门预算的依据；未经财政部门批准，行政事业单位不得将资产购置项目列入部门预算和单位经费支出。

行政事业单位因工作需要确需临时增加资产配置的，应当提出资产购置申请，报本级人民政府财政部门审批；有主管部门的事业单位及实行垂直管理的行政单位报主管部门审核同意后，由主管部门报本级人民政府财政部门审批。

第十条　经本级人民政府批准，由财政安排专项资金召开的重大会议、举办的大型活动等需要购置资产的，由会议或者活动主办单位提出申请，财政部门按照先调剂、后租赁、再购置的原则进行审批。

第十一条　行政事业单位用上级补助资金购置资产的，应当报本级人民政府财政部门备案。有主管部门的事业单位及实行垂直管理的行政单位应当报主管部门审批后，由主管部门报本级人民政府财政部门备案；上级补助资金项目明确有设备购置的，不再审批，由购置单位登记入账后报本级人民政府财政部门备案。

对上级直接配置、调拨、奖励的资产和接受捐赠的资产以及其他依法确认为国家所有的资产，行政事业单位应当及时入账，并在年终资产统计报告中披露。

第十二条 行政事业单位购置的资产，属于政府采购范围的，应当依法实施政府采购。

第十三条 行政事业单位应当对配置的资产进行验收、登记，并及时进行账务处理。

第三章 资产使用

第十四条 行政事业单位应当建立健全国有资产使用管理制度，规范国有资产使用行为，充分发挥国有资产使用效益，保障国有资产安全、完整。

第十五条 行政事业单位应当定期对所占有、使用的实物资产进行清查，做到账账、账卡、账实相符。

事业单位应当加强对本单位的专利权、商标权、著作权、土地使用权、非专利技术等无形资产的管理，防止国有资产流失。

第十六条 行政单位不得利用国有资产对外投资、担保，公益性事业单位和社会团体不得利用国有资产对外担保，法律另有规定的除外。

第十七条 行政单位不得以任何形式利用占有、使用的国有资产举办经济实体。

本办法施行前，行政单位已经利用占有、使用的国有资产举办经济实体的，应当按照国家有关党政机关与所办经济实体脱钩的规定进行脱钩。脱钩之前，行政单位应当按照国家有关规定对其经济实体的经济效益、收益分配及使用情况等进行监督管理，财政部门应当加强监督检查。

第十八条 行政单位拟将占有、使用的国有资产对外出租、出借的，应当报本级人民政府财政部门批准；实行垂直管理的行政单位，应当报主管部门审核同意后，由主管部门报本级人民政府财政部门批准。未经批准，不得对外出租、出借。

事业单位拟将占有、使用的国有资产对外投资、出租、出借和担保等，应当进行可行性论证后，报本级人民政府财政部门批准；有主管部门的事业单位，应当报主管部门审核同意后，由主管部门报本级人民政府财政部门批准。未经批准，不得对外投资、出租、出借或者担保等。

事业单位拟将占有、使用的固定资产、无形资产对外投资的，应当委托具备相应资质的评估机构进行评估，并将评估报告报本级人民政府财政部门核准或者备案。

第十九条 行政单位出租、出借国有资产的收益，按照政府非税收入管理规定，缴入财政专户或者国库，实行收支两条线管理。

事业单位对外投资收益以及利用国有资产出租、出借和担保等取得的收益，除国家另有规定外，纳入单位预算，统一核算，统一管理。

第二十条 对行政事业单位超标准配置、利用率低或者长期闲置的国有资产，由本级人民政府财政部门调剂使用或者处置；有主管部门的事业单位及实行垂直管理的行政单位，由主管部门在系统内调剂使用，报本级人民政府财政部门备案。

第二十一条 县级以上地方人民政府财政部门应当加强对行政事业单位国有资产使用的监督管理，提高国有资产使用效率，对行政事业单位国有资产有偿使用逐步实行集中统一管理。

第四章 资产处置

第二十二条 行政事业单位国有资产处置，是指行政事业单位国有资产产权的转移及核销，包括各类国有资产的无偿转让、出售、置换、报损、报废以及货币性资产损失核销等。

行政事业单位国有资产处置范围包括：

（一）闲置资产；

（二）因技术原因并经过科学论证，确需报废、淘汰的资产；

（三）因单位分立、撤销、合并、改制、隶属关系改变等原因发生的产权或者使用权转移的资产；

（四）盘亏、呆账及非正常损失的资产；

（五）已超过使用年限无法使用的资产；

（六）因召开重大会议、举办大型活动等临时购置的资产；

（七）依照国家有关规定需要进行资产处置的其他情形。

第二十三条 行政事业单位处置国有资产，应当按照规定的审批权限报经批准。未经批准，行政事业单位不得处置国有资产。

行政事业单位处置国有资产的审批权限，除国家和省另有规定外，由县级以上地方人民政府财政部门根据本办法制定。

第二十四条 行政事业单位处置国有资产，应当遵循公开、公平、公正的原则，采取招标投标、拍卖、协议转让等方式处置。

第二十五条 行政事业单位出售、置换房屋建筑物、土地、车辆及大型仪器、设备等，应当委托具备相应资质的评估机构进行评估，并将评估报告报本级人民政府财政部门核准或者备案。

行政事业单位处置国有资产的价格，不得低于经核准或者备案的资产评估结果。当处置价格低于经核准或者备案的资产评估结果时，应当暂停处置，在报经本级人民政府财政部门批准后方可处置。

第二十六条 经批准召开重大会议、举办大型活动等临时购置的国有资产，由主办单位在会议、活动结束时按照本办法规定报经批准后处置。未经批准，主办单位不得擅自占有或者处置,并对资产的安全、完整负责。

第二十七条 行政事业单位分立、撤销、合并、改制及隶属关系发生改变时,应当对其占有、使用的国有资产进行清查登记,编制清册,报本级人民政府财政部门审核后方可办理移交、调拨、封存、处置等手续。

第二十八条 行政事业单位国有资产处置收入,按照政府非税收入管理规定,缴入财政专户或者国库,实行收支两条线管理。

第二十九条 县级以上地方人民政府财政部门应当加强对行政事业单位国有资产处置活动的监督管理,防止国有资产流失,并逐步实行国有资产集中统一处置。

第五章 资产评估与资产清查

第三十条 行政事业单位有下列情形之一的,应当委托具备相应资质的评估机构对有关资产进行评估:

(一)取得没有原始价格凭证资产的;

(二)出售、置换国有资产的;

(三)合并、分立、清算的;

(四)将国有资产整体或者部分租赁给非国有单位的;

(五)确定涉讼资产价值的;

(六)依照国家有关规定需要进行资产评估的其他情形。

事业单位涉及整体或者部分改制为企业,或者以非货币性资产对外投资的,应当按照前款规定进行资产评估。

第三十一条 行政事业单位有下列情形之一的,可以不进行资产评估:

(一)经批准,行政事业单位将资产整体或者部分无偿划转的;

(二)行政事业单位的下属单位之间合并或者无偿划转资产的;

(三)其他不影响国有资产权益的特殊产权变动行为,报经本级人民政府财政部门确认可以不进行资产评估的。

第三十二条 行政事业单位国有资产评估项目实行核准制和备案制。经县级以上地方人民政府批准实施的重大经济事项涉及的行政事业单位国有资产评估项目,由本级人民政府财政部门负责核准;其他国有资产评估项目,由行政事业单位报本级人民政府财政部门备案。

实行核准制或者备案制的具体办法,按照国务院财政部门的有关规定执行。

第三十三条 行政事业单位有下列情形之一的,应当进行资产清查:

(一)国家专项工作要求或者本级人民政府组织资产清查的;

(二)遭受重大自然灾害等不可抗力造成资产严重损失的,

(三)会计信息严重失真或者国有资产出现重大流失的;

（四）会计政策发生重大改变，涉及资产核算方法发生重要变化的；

（五）年度终了时，按照财务制度规定进行资产清查的；

（六）本级人民政府财政部门认为应当进行资产清查的其他情形。

事业单位进行重大改革或者整体、部分改制为企业的，也应当进行资产清查。

第三十四条 除国家专项工作要求或者本级人民政府组织资产清查外，行政事业单位进行资产清查，应当向本级人民政府财政部门提出申请，经财政部门批准后实施；有主管部门的事业单位及实行垂直管理的行政单位，应当向主管部门提出申请，经主管部门审核同意，并报本级人民政府财政部门批准后实施。

第三十五条 行政事业单位资产清查工作的内容主要包括基本情况清理、账务清理、财产清查、损益认定、资产核实和完善制度等，具体办法按照国务院财政部门的有关规定执行。

第六章 产权登记与产权纠纷调处

第三十六条 国有资产产权登记工作按照统一政策、分级管理的原则，由县级以上地方人民政府财政部门按照国有资产权属关系组织实施。

第三十七条 行政事业单位应当向本级人民政府财政部门申请产权登记，并由财政部门核发国有资产产权登记证。

行政事业单位国有资产产权登记的内容主要包括：

（一）单位名称、住所、负责人及成立时间；

（二）单位性质、主管部门；

（三）单位资产总额、国有资产总额、主要实物资产额及其使用状况；

（四）行政事业单位对外出租、出借资产情况，事业单位对外投资、担保情况；

（五）需要登记的其他事项。

第三十八条 行政事业单位发生分立、合并、部分改制，以及隶属关系、单位名称、住所和单位负责人等产权登记内容发生变化的，应当办理产权变更登记；因依法撤销或者整体改制等原因被清算、注销的，应当办理产权注销登记。

第三十九条 行政事业单位之间或者行政事业单位与其他国有单位之间发生产权纠纷的，由当事人协商解决。协商不能解决的，可以向本级人民政府财政部门或者共同的上一级人民政府财政部门申请调解，必要时报有管辖权的人民政府处理。

行政事业单位与非国有单位或者个人之间发生产权纠纷的，行政事业单位应当提出处理意见，报本级人民政府财政部门批准后，与对方当事人协商解决；有主管部门的事业单位及实行垂直管理的行政单位经主管部门审核同意，并报本级人民政府财政部门批准后，与对方当事人协商解决。协商不能解决的，依照司法程序处理。

第七章　监督检查

第四十条　行政事业单位国有资产监督应当坚持单位内部监督与财政监督、审计监督、社会监督相结合，事前监督与事中监督、事后监督相结合，日常监督与专项检查相结合。

第四十一条　财政部门、行政事业单位及其工作人员，应当认真履行国有资产管理、监督职责，依法维护国有资产的安全、完整，提高国有资产使用效益。

财政部门、行政事业单位应当建立和完善国有资产管理信息系统，对行政事业单位国有资产的占有、使用实施动态管理、监督。

第四十二条　财政部门、行政事业单位应当建立举报制度，公开举报电话号码、通信地址或者电子邮件信箱等。

任何单位和个人有权对违反本办法规定的行为进行举报，财政部门、行政事业单位及其他有关部门收到举报后，应当依法及时处理。

第八章　法律责任

第四十三条　行政事业单位及其工作人员违反本办法规定，有下列行为之一的，由本级人民政府财政部门责令改正，并依据国务院《财政违法行为处罚处分条例》的有关规定给予处理：

（一）以虚报、冒领等手段骗取财政资金的；

（二）擅自占有、使用和处置国有资产的；

（三）未按规定缴纳国有资产收益的。

第四十四条　财政部门、行政事业单位的主管部门及其工作人员在上缴、管理国有资产收益或者下拨财政资金时，违反本办法规定的，依据国务院《财政违法行为处罚处分条例》的规定给予处理。

行政事业单位的主管部门在配置行政事业单位国有资产或者审核、批准国有资产使用、处置事项时违反本办法规定的，由本级人民政府财政部门责令限期改正，予以警告。对直接负责的主管人员和其他直接责任人员依法给予行政处分；构成犯罪的，依法追究刑事责任。

第四十五条　财政部门及其工作人员违反本办法规定，有下列行为之一的，对直接负责的主管人员和其他直接责任人员依法给予行政处分；构成犯罪的，依法追究刑事责任：

（一）不按照规定的权限、程序办理审批事项的；

（二）利用职务便利索取、收受贿赂的；

（三）不依法履行监督管理职责的。

第九章　附则

第四十六条　社会团体和民办非企业单位占有、使用国有资产的，参照本办法执行。

实行企业化管理并执行企业财务会计制度的事业单位，以及事业单位创办的具有法人资格的企业，由本级人民政府财政部门按照企业国有资产监督管理的有关规定实施监督管理。

第四十七条　本办法自2009年1月1日起施行。1992年9月21日省人民政府发布，1997年12月25日省人民政府修订发布的《安徽省行政事业单位国有资产管理办法（试行）》同时废止。

编纂始末

《安徽省志·财政志》编纂工作启动于2007年4月,历经成立组织、制定大纲、组织撰写、编校审稿、评议修改五个阶段,在安徽省财政厅机关各处室、厅属各单位编纂人员的共同努力下,于2015年7月完成编纂任务。

2007年3月,省地方志编纂委员会会议暨《安徽省志》续修工作会议召开后,省财政厅开始启动本志编纂工作。经过研究和筹备,当年7月,成立本志编纂委员会,厅党组书记、厅长陈先森任主任,其他厅领导任副主任,各处室、单位负责人为委员。同时,设立本志编辑室,分管副厅长任主编,安徽省财政科学研究所相关负责人任副主编,日常工作开展由科研所承担。2012年2月,省财政厅新一届党组成立,本志编纂委员会相应作调整,厅党组书记、厅长罗建国任主任。在整个志书编纂过程中,编辑室人员力量也不断得到充实。

2008年1月,本志编纂委员会研究通过《〈安徽省志·财政志〉(1986—2007)编纂大纲》,决定暂行实施。编纂大纲是在全面查阅省财政工作历史资料,并经过认真梳理、多方征求意见后拟定,共分为概述、6篇(地方预算执行、财政综合改革、公共财政管理、经济建设投入、财政事业发展、财政队伍建设,共54章)和附录。之后,编纂大纲于2010年12月、2013年5月经历两次修改,正文部分最终定为"财政发展""财政改革""财政收入""财政支出""财政管理""组织机构"6篇共36章。考虑到记述年限内安徽有多项财政改革走在全国前列,在篇目结构上专门设立财政改革篇,在编纂大纲两次调整时未予变动,这一做法较之前出版的财政志书有所创新。另外,本志在记述年限上亦作两次调整,最终上限溯至1979年,下限延至2010年,旨在完整反映改革开放至"十一五"时期末安徽财政改革发展历程及成效。

在研究通过编纂大纲的同时,编委会决定采取"对口撰写、协同推进"的修志思路,将撰写任务分解落实到财政厅各处室、单位,由各处室、单位确定1名业务骨干担任联络员,负责修志工作的联络、资料搜集和稿件撰写等工作。编辑室亦承担部分篇章撰写任务。2008年3月,省财政厅组织召开撰稿人员培训会议,对本志所有撰稿人员进行培训。至此,本志编纂工作正式进入稿件撰写阶段,各处室、单位撰稿人员着手搜集资料、拟定提纲、撰写稿件,编辑室人员进行辅导督导、编辑加工。整个过程纷繁浩杂、曲折反复,调阅文件1000多份,搜集资料800万字,几经修改补充,于2010年5月完成本志初稿,计100万字。志稿以"改革创新、为民理财"为主线,实事求是地记述安徽财政发展历程。在内容取舍上详近略远，2000年之前的历史略述，2000年之后的详述。

本志稿共经历四次审稿，四审各有侧重。一审是在初稿形成后，各篇章返回相应处室单位内审，主要审核资料真实性、内容完整性和表述准确性；二审是编辑室主编、副主编对志稿整体审阅，着重从编辑角度进行审核，细察用字、用词、用句及标点符号是否符合规范，同时统筹全稿，察纠先后矛盾、重复和颠倒之处；三审是编委会主任、副主任及各委员对志稿进行全面审阅，整体把关；四审是省地方志办公室审稿，着重从框架、体例、语言方面进行审阅。四审过后，形成评议稿。

2013年4月，《安徽省志·财政志》稿评议会召开。省地方志办公室、省财政厅负责人和有关方面专家参加会议，从体例、架构、表述、档案、法制等多角度提出修改意见。会后，编辑室对诸多评议意见进行认真梳理，综合分析，结合财政工作实际拟定修改方案，并组织人员修稿改稿。此次改稿幅度较大，按照相关要求删减篇幅，亦对部分篇章合并同类项、调整架构，还对志书语言进行全面规范。11月，志稿送审稿形成，报省地方志编纂委员会审定。

2015年6月，省地方志办公室、省财政厅组织对本志稿进行集中会审，省地方志办公室主任朱文根、巡视员刘成典，省财政厅厅长罗建国、副厅长朱长才，以及省地方志办公室和省财政厅相关人员参加会审会。根据会审意见，编辑室对志稿进行了修改、补充、调整、完善，最终交付出版。

本志编纂工作，得到了各级领导的关心支持。副省长谢广祥在2012年5月份第八次全省地方志工作会议上对本志编纂工作给予了表扬，省地方志办公室对本志编纂工作进行全过程精心指导。在省财政厅党组的高度重视下，各编纂人员倾注心血、开拓创新、精准细致，志稿终得完成。安徽大学外语学院傅悦、省地方志办公室杨永成对目录进行了英文翻译。在此，谨向关心、支持本志编纂工作的各级领导、各位专家和全体编纂人员，表示衷心的感谢。

编修本志，汲取前人之鉴，亦有探索创新。但受限于编纂人员思想、知识和业务水平，所作志稿难免有不妥之处，敬请广大读者批评指导，也望后人正之弥之。

《安徽省志·财政志》编辑室

2015年7月